친절한 단계별 예제로 내공을 쌓는

엑셀 2019

기초부터 차근차근 익혀 실무 자신감을 키우는 엑셀 2019

컴퓨터를 활용한 데이터 이용이 보편화 되면서 많은 데이터를 손쉽게 처리하는 기술에 관심이 높아지고 있습니다. 엑셀은 여러 종류의 데이터 중에서도 수치 데이터를 다루기 위해 만들어진 스프레드시트 프로그램입니다. 행과 열로 이루어진 표 형태의 공간인 워크시트에 데이터를 입력하여 자동으로 계산하고 정보를 분석하기 좋습니다. 숫자 계산을 할 뿐만 아니라 업무 양식을 작성하거나 그래픽과 차트를 활용하여 문서를 보기 좋게 꾸며서 데이터를 쉽게 파악하고 분석하도록 돕습니다.

이처럼 엑셀 프로그램은 여러 분야에서 다양한 목적의 문서를 작성하기 위해 많은 기능을 갖추었습니나. 그래서 처음 사용하는 사람은 복잡하고 어렵다고 느끼기도 합니다. 엑셀의 기능을 효과적으로 활용하지 못하고 직접 숫자를 계산하거나 동일한 작업을 수고스럽게 반복하는 경우도 많습니다. 실제로 엑셀에서 지원하는 많은 함수를 적절하게 사용해 데이터를 계산하고 분석하거나 데이터를 변환하여 재구성하는 단계까지 이해하려면 꾸준한 노력과 시간이 필요합니다. 각 기능을 정확히 알고 용도에 맞게 잘 활용하면 업무 효율을 높이고 데이터 처리와 분석에 관련된 여러 가지 문제를 손쉽게 해결할 수 있습니다.

엑셀은 사용자의 편의를 최대한 고려해 만든 프로그램이므로 기초부터 한 단계씩 익히면 그리 어렵지 않습니다. 먼저 워크시트에 데이터를 입력하고 서식을 설정하는 등 문서를 만드는 기본 기능부터 시작해 합계나 평균과 같이 자주 사용하는 계산 도구를 익힙니다. 복잡한 수식을 사용한 계산이나 조건에 맞는 데이터의 검색 등 실무에 많이 쓰는 기능은 함수를 이용해 간단하게 처리할 수 있습니다. 쉬운 예제를 따라하며 많이 사용하는 함수 중심으로 사용법을 익히다 보면 새로운 함수도 큰 어려움 없이 활용할 수 있게 될 것입니다. 엑셀에서 제공하는 함수가 워낙 많아 모두 사용해 볼 수는 없으므로, 몇 가지 함수를 다뤄보면서 추후 실무에서 적절한 함수를 찾아내 올바르게 사용하는 능력을 기르는 것이 더욱 중요합니다. 다음으로 데이터를 요약하고 분석하는 도구를 학습하고 그래픽이나 표, 차트나 그림 등을 활용한 엑셀 문서도 만들어봅니다. 또, 데이터를 관리하고 통합할 때 편리하게 사용할 수 있는 파워 쿼리와 데이터 처리 반복 작업을 자동화하는 매크로 기능까지 차례대로 학습하다 보면 어느새 엑셀을 자신 있게 다루고 있을 것이라 확신합니다.

이 책은 엑셀을 처음 접하는 사람이 기초부터 실무 기능까지 익힐 수 있도록 기본적인 내용과 핵심 기능을 함께 소개합니다. 기초부터 시작해 고급 기능과 실무 기능까지 차근차근 학습하도록 충분한 실습 예제를 제공합니다. 엑셀의 기능에 대한 설명과 이해를 돕는 기본예제를 먼저 다루고, 학습 내용을 정리하며 부가적인 기능까지 실습하는 종합예제를 제공하여 다양한 형태의 문제를 풀어보도록 합니다. 마지막으로 각 장에서 학습한 내용을 스스로 점검하는 연습문제로 반복 학습 효과를 얻을 뿐 아니라 문제 해결을 위해 습득한 지식을 적용하는 응용력까지 기를 수 있습니다.

책에서 다루는 모든 예제는 엑셀 2019 기반입니다. 엑셀 2019에는 새로운 함수들이 추가되었는데, 기존 함수를 사용하기 좋게 향상한 형태입니다. 지도 차트나 깔때기형 차트 등 새로운 차트와 아이콘과 같이 시각 효과를 높이는 기능들도 추가되었습니다. 하지만 몇 가지 새로운 기능을 제외하면 이전 버전에서도 충분히 학습할 수 있습니다. 최근 많이 사용하는 클라우드 서비스 방식의 Microsoft 365를 구독하는 경우에도 기본 메뉴와 핵심 기능이 크게 다르지 않아 실습이 대부분 가능합니다.

이 책으로 엑셀 활용법을 익히고 응용력을 향상해 필요한 영역에 사용하고 목표하는 일에 만족스러운 결과를 얻기를 바랍니다. 책이 나오기까지 지원해주신 김성무 팀장님, 안비단 님을 비롯해 한빛아카데미(주)의 모든 분들께 감사의 마음 가득 전합니다.

지은이 **김지연**

실습 자료

실습에 필요한 자료는 다음 주소에서 내려받을 수 있습니다.

http://www.hanbit.co.kr/src/4611

연습문제 해답 안내

이 책은 대학 강의용 교재로 개발되었으므로 연습문제 해답을 제공하지 않습니다.

이 책의 구성요소

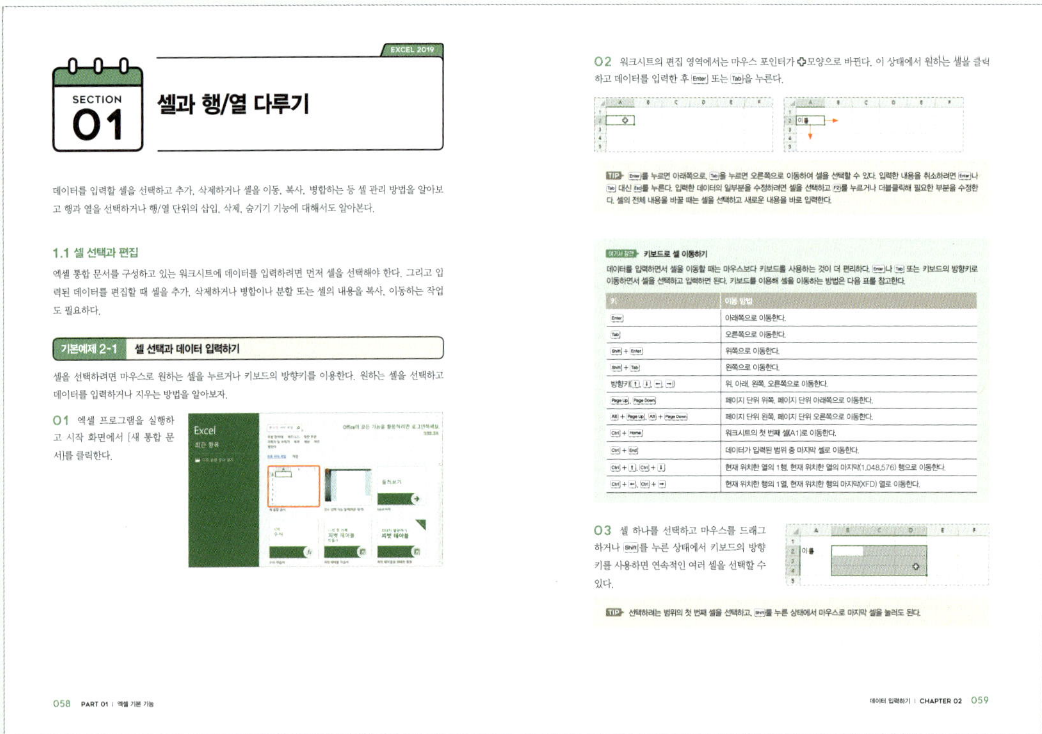

EXCEL 2019

SECTION 01 셀과 행/열 다루기

데이터를 입력할 셀을 선택하고 추가, 삭제하거나 셀을 이동, 복사, 병합하는 등 셀 관리 방법을 알아보고 행과 열을 선택하거나 행/열 단위의 삽입, 삭제, 숨기기 기능에 대해서도 알아본다.

1.1 셀 선택과 편집

엑셀 통합 문서를 구성하고 있는 워크시트에 데이터를 입력하려면 먼저 셀을 선택해야 한다. 그리고 입력된 데이터를 편집할 때 셀을 추가, 삭제하거나 병합이나 분할 또는 셀의 내용을 복사, 이동하는 작업도 필요하다.

기본예제 2-1 셀 선택과 데이터 입력하기

셀을 선택하려면 마우스로 원하는 셀을 누르거나 키보드의 방향키를 이용한다. 원하는 셀을 선택하고 데이터를 입력하거나 지우는 방법을 알아보자.

01 엑셀 프로그램을 실행하고 시작 화면에서 [새 통합 문서]를 클릭한다.

02 워크시트의 편집 영역에서는 마우스 포인터가 ✚모양으로 바뀐다. 이 상태에서 원하는 셀을 클릭하고 데이터를 입력한 후 Enter 또는 Tab을 누른다.

TIP Enter를 누르면 아래쪽으로, Tab을 누르면 오른쪽으로 이동하여 셀을 선택할 수 있다. 입력한 내용을 취소하려면 Enter나 Tab 대신 Esc를 누른다. 입력한 데이터의 일부분을 수정하려면 셀을 선택하고 F2를 누르거나 더블클릭해 필요한 부분을 수정한다. 셀의 전체 내용을 바꿀 때는 셀을 선택하고 새로운 내용을 바로 입력한다.

여기서 잠깐 키보드로 셀 이동하기

데이터를 입력하면서 셀을 이동할 때는 마우스보다 키보드를 사용하는 것이 더 편리하다. Enter나 Tab 또는 키보드의 방향키로 이동하면서 셀을 선택하고 입력하면 된다. 키보드를 이용해 셀을 이동하는 방법은 다음 표를 참고한다.

키	이동 방법
Enter	아래쪽으로 이동한다.
Tab	오른쪽으로 이동한다.
Shift + Enter	위쪽으로 이동한다.
Shift + Tab	왼쪽으로 이동한다.
방향키(↑, ↓, ←, →)	위, 아래, 왼쪽, 오른쪽으로 이동한다.
Page Up, Page Down	페이지 단위 위쪽, 페이지 단위 아래쪽으로 이동한다.
Alt + Page Up, Alt + Page Down	페이지 단위 왼쪽, 페이지 단위 오른쪽으로 이동한다.
Ctrl + Home	워크시트의 첫 번째 셀(A1)로 이동한다.
Ctrl + End	데이터가 입력된 범위 중 마지막 셀로 이동한다.
Ctrl + ↑, Ctrl + ↓	현재 위치한 열의 1행, 현재 위치한 열의 마지막(1,048,576) 행으로 이동한다.
Ctrl + ←, Ctrl + →	현재 위치한 행의 1열, 현재 위치한 행의 마지막(XFD) 열로 이동한다.

03 셀 하나를 선택하고 마우스를 드래그하거나 Shift를 누른 상태에서 키보드의 방향키를 사용하면 연속적인 여러 셀을 선택할 수 있다.

TIP 선택하려는 범위의 첫 번째 셀을 선택하고, Shift를 누른 상태에서 마우스로 마지막 셀을 눌러도 된다.

058 PART 01 | 엑셀 기본 기능

데이터 입력하기 | CHAPTER 02 059

핵심 기능 소개

엑셀의 핵심 기능을 소개합니다. 예제를 통해 학습할 수 있는 내용이므로 가벼운 마음으로 읽어 보세요.

기본예제

엑셀의 기본 기능과 활용 방법을 학습할 수 있는 예제 120개입니다. 설명과 그림을 보며 차근차근 따라해 보세요.

TIP/여기서 잠깐

예제를 따라할 때 알아두면 좋은 내용입니다. 실무 활용 팁도 얻을 수 있으니 꼼꼼히 살펴보세요.

강의 보조 자료

한빛아카데미 홈페이지에서 '교수회원'으로 가입하신 분은 인증 후 교수용 강의 보조 자료를 제공받을 수 있습니다. 한빛아카데미 홈페이지 상단의 [교수전용공간] 메뉴를 클릭하세요.

http://www.hanbit.co.kr/academy

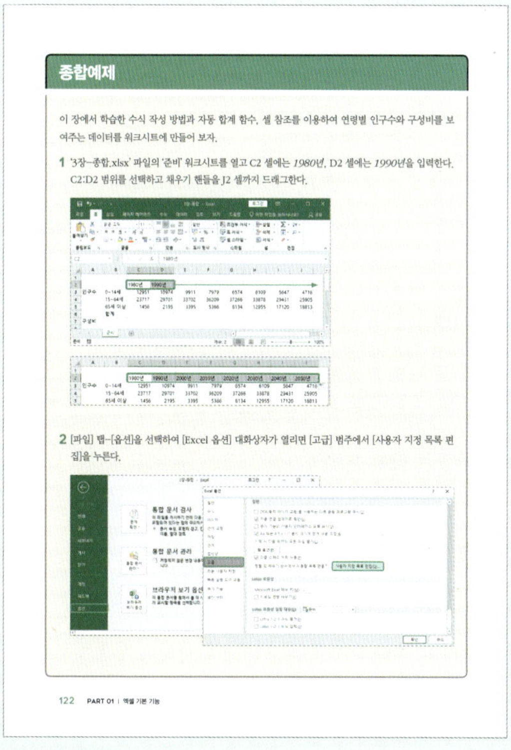

종합예제

이 장에서 학습한 수식 작성 방법과 자동 합계 함수, 셀 참조를 이용하여 연령별 인구수와 구성비를 보여주는 데이터를 워크시트에 만들어 보자.

1 '3장–종합.xlsx' 파일의 '준비' 워크시트를 열고 C2 셀에는 *1980년*, D2 셀에는 *1990년*을 입력한다. C2:D2 범위를 선택하고 채우기 핸들을 J2 셀까지 드래그한다.

2 [파일] 탭–[옵션]을 선택하여 [Excel 옵션] 대화상자가 열리면 [고급] 범주에서 [사용자 지정 목록 편집]을 누른다.

122 PART 01 | 엑셀 기본 기능

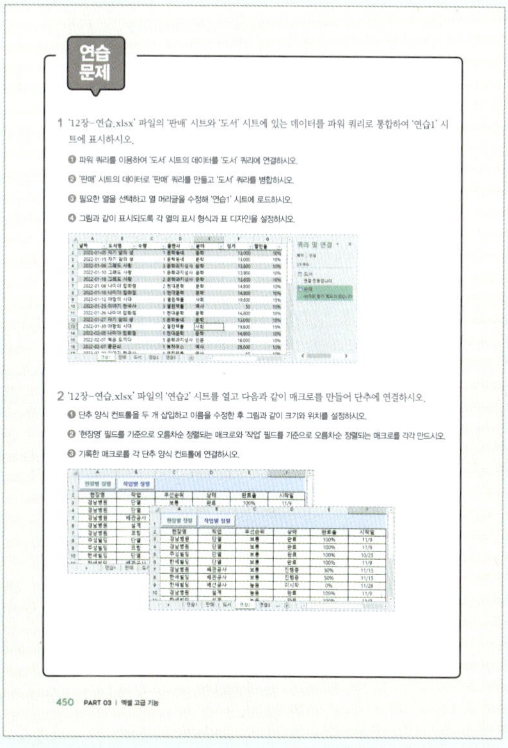

연습문제

1 '12장–연습.xlsx' 파일의 '판매' 시트와 '도서' 시트에 있는 데이터를 파워 쿼리로 통합하여 '연습1' 시트에 표시하시오.

❶ 파워 쿼리를 이용하여 '도서' 시트의 데이터를 '도서' 쿼리에 연결하시오.

❷ '판매' 시트의 데이터로 '판매' 쿼리를 만들고 '도서' 쿼리를 병합하시오.

❸ 필요한 열을 선택하고 열 머리글을 수정해 '연습1' 시트에 로드하시오.

❹ 그림과 같이 표시되도록 각 열의 표시 형식과 표 디자인을 설정하시오.

2 '12장–연습.xlsx' 파일의 '연습2' 시트를 열고 다음과 같이 매크로를 만들어 단추에 연결하시오.

❶ 단추 양식 컨트롤을 두 개 삽입하고 이름을 수정한 후 그림과 같이 크기와 위치를 설정하시오.

❷ '현장명' 필드를 기준으로 오름차순 정렬되는 매크로와 '작업' 필드를 기준으로 오름차순 정렬되는 매크로를 각각 만드시오.

❸ 기록한 매크로를 각 단추 양식 컨트롤에 연결하시오.

450 PART 03 | 엑셀 고급 기능

종합예제

각 CHAPTER에서 배운 내용에 추가 기능을 적용해 만든 종합 예제입니다. 엑셀의 기본 기능을 빠르게 공부하고 싶거나 배운 내용을 복습하려는 학습자, 수업 중 과제가 필요한 강의자에게 유용합니다.

연습문제

각 CHAPTER의 핵심 내용을 제대로 이해했는지 확인할 수 있는 연습문제입니다. 예시 화면을 보고 어떻게 만들면 될지 구상한 후 상세 항목을 따라 실습하면 활용 능력을 키울 수 있습니다.

PART

01 엑셀 기본 기능

CHAPTER 01 엑셀 개요 및 기초

CHAPTER 02 데이터 입력하기

CHAPTER 03 수식과 셀 참조

CHAPTER 04 표시 형식과 조건부 서식

PART

02 엑셀 핵심 기능

CHAPTER 05 기본 함수

CHAPTER 06 고급 함수

CHAPTER 07 실무 함수

CHAPTER 08 데이터 관리

CHAPTER 09 그래픽 활용

CHAPTER 10 차트와 스파크라인

PART

03 엑셀 고급 기능

CHAPTER 11 데이터 분석

CHAPTER 12 파워 쿼리와 매크로

PART

01

엑셀 기본 기능

EXCEL 2019

CHAPTER 01

엑셀 개요 및 기초

학습목표

- 엑셀의 특징과 새 기능을 설명할 수 있다.
- 엑셀의 기본 화면과 메뉴 구성을 설명할 수 있다.
- 워크시트를 관리하고 다룰 수 있다.

SECTION 01

엑셀 소개하기

엑셀(Excel)은 표 모양으로 된 계산용 프로그램인 스프레드시트(spreadsheet) 프로그램의 한 종류이다. 엑셀에서는 행과 열로 이루어진 워크시트라는 공간에 데이터를 입력하고, 입력된 값에 식을 적용해 계산하거나 분석 및 시각화 등의 여러 작업을 할 수 있다. 로터스 1-2-3, 구글 스프레드시트, 애플의 넘버스(Numbers), 한글과 컴퓨터의 한셀 등 많은 종류의 스프레드시트 프로그램이 있지만 엑셀이 가장 널리 알려져 광범위하게 사용되고 있다. 엑셀은 마이크로소프트(Microsoft) 사의 다른 오피스 제품과 함께 배포되므로 파워포인트나 워드 등의 프로그램과 손쉽게 연동되는 장점이 있다.

1.1 엑셀의 특징

엑셀에서는 셀(cell)이라는 데이터 입력 공간이 모여 하나의 작업 영역인 워크시트(worksheet)를 이룬다. 각 셀에는 데이터나 수식을 입력할 수 있으며, 셀의 위치를 나타내는 셀 주소는 열 번호와 행 번호를 조합하여 만든 이름이다.

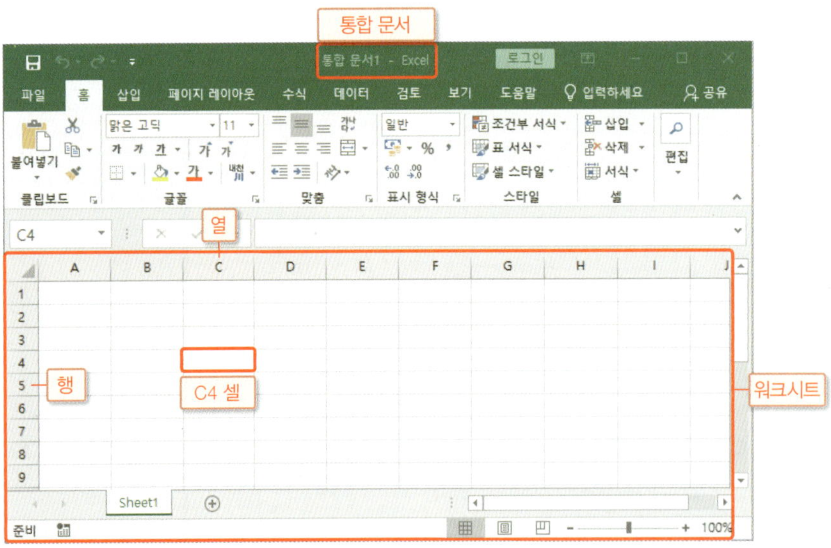

▲ 엑셀의 작업 단위 구성

1,048,576개의 행과 16,384개의 열을 조합한 1,048,576×16,384개의 셀이 모여 하나의 워크시트가 되며 파일 하나에 최대 255개의 워크시트를 생성할 수 있다. 엑셀 파일은 통합 문서 단위로 저장되는데

통합 문서 안에 여러 개의 워크시트를 묶어 관리할 수 있기 때문에 연관된 내용의 다른 파일을 참조하거나 비교·분석하기 편리하다. 엑셀의 주요 특징은 다음과 같다.

- 데이터를 입력하고 수식으로 자동 계산할 수 있다.
- 계산 외에도 도형이나 그림 등을 이용한 문서 작성에 사용할 수 있다.
- 셀에 입력된 데이터를 시각화하거나 통계 분석에 활용할 수 있다.
- 데이터베이스 기능을 이용하여 대량의 데이터를 처리할 수 있다.
- VBA(Visual Basic for Application)를 사용하여 필요한 기능을 직접 작성하고 자동화할 수 있다.

1.2 엑셀 2019의 새 기능

엑셀에는 수치 계산을 위한 기능뿐 아니라 서식이나 차트 등을 사용하여 데이터를 이해하기 쉽게 표시하는 기능, 데이터를 요약 및 분석하고 예측하는 데 유용한 기능 등이 다양하게 제공된다. 엑셀 2019에서 새로 추가된 기능은 다음과 같다.

- **새로운 함수 추가**: CONCAT, IFS, MAXIFS, MINIFS, SWITCH, TEXTJOIN 함수가 추가되어 기존 함수의 기능이 더 사용하기 좋게 향상되었다.

함수명	설명	구분
CONCAT	여러 개의 텍스트를 결합하는 CONCATENATE 함수를 대체	=CONCAT(텍스트1[, 텍스트2, ...])
IFS	중첩된 IF 문을 대신해 사용할 수 있으며, 하나 이상의 조건(최대 127개)을 검사하여 참인 경우에 해당하는 값을 반환	=IFS(조건1, 값1[, 조건2, 값2,...])
MAXIFS	주어진 조건에 맞는 범위에서 최대값을 반환	=MAXIFS(최대값 반환 범위, 조건검사 범위1, 조건식1[, 조건검사 범위2, 조건식2, ...])
MINIFS	주어진 조건에 맞는 범위에서 최소값을 반환	=MINIFS(최소값 반환 범위, 조건검사 범위1, 조건식1[, 조건검사 범위2, 조건식2, ...])
SWITCH	수식을 계산한 결과와 목록에 있는 값이 일치하는 항목을 반환(최대 126개까지 가능)	=SWITCH(수식, 값1, 항목1, 값2, 항목2, [....] 일치하는 항목이 없을 때 반환할 값)
TEXTJOIN	텍스트 사이에 구분 기호를 지정하여 여러 텍스트를 결합(최대 252개 텍스트)	=TEXTJOIN(구분 기호, 빈 셀 포함여부, 텍스트1, 텍스트2[, ...])

- **새로운 차트 추가**: 지도 차트와 깔때기형 차트가 추가되어 데이터의 시각화 효과를 더욱 다양하게 사용할 수 있다. 셀에 입력된 데이터가 국가나 지역, 시/도, 우편 번호와 같이 지역을 의미하는 데이터인 경우에는 지도 차트를 활용해 여러 지역의 값을 서로 비교하기 쉽게 표시할 수 있다. 또, 여러 단계의 값을 가로 막대로 표시할 때 값이 점차 감소하는 형태로 나타내려면 깔때기형 차트를 이용할 수 있다.

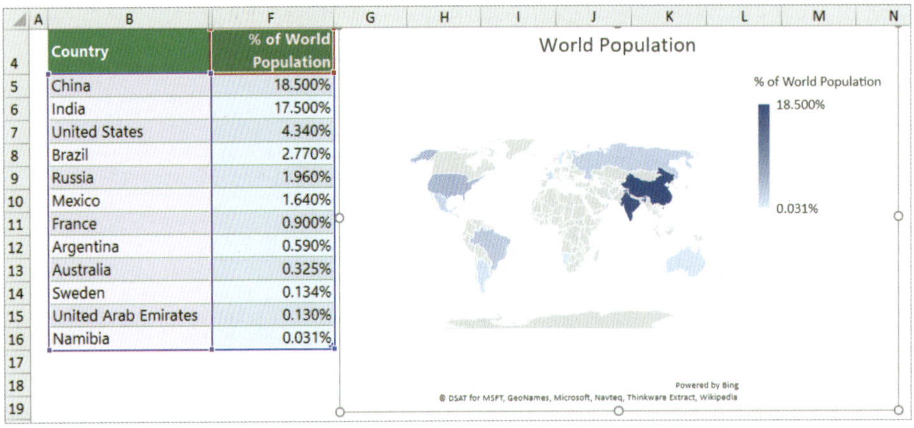

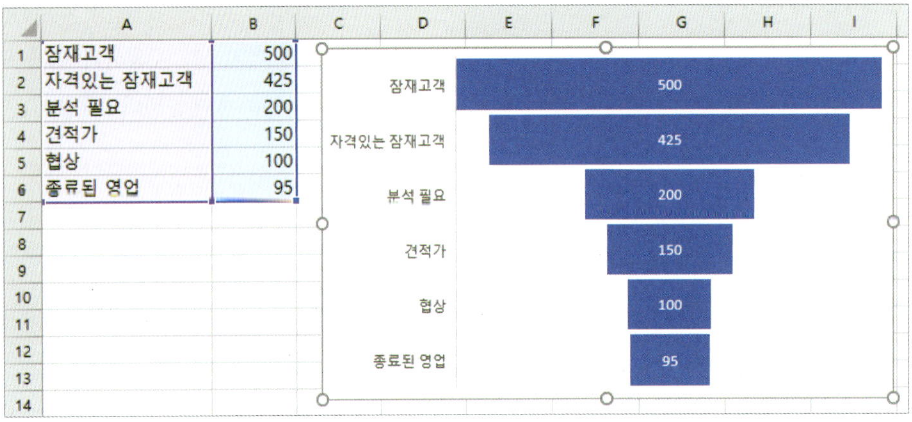

- **새로운 시각 효과**: 아이콘과 같은 SVG(Scalable Vector Graphics) 이미지를 삽입하여 워크시트를 시각적으로 꾸밀 수 있고, 도형으로 변환하여 색상이나 크기 또는 질감을 변경할 수도 있다. 또한 3D 모델을 간단하게 삽입하고 회전할 수도 있어서 엑셀 통합 문서에 창의적인 시각 효과를 더할 수 있다.

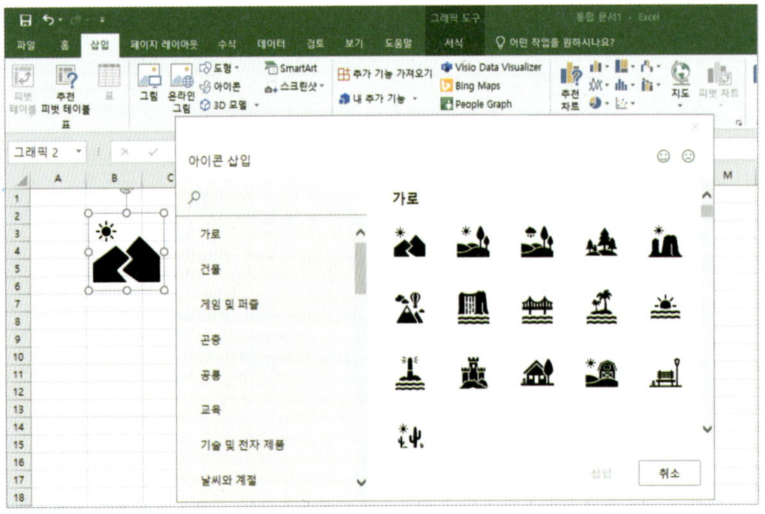

- **잉크 기능 개선:** 이전 버전에서부터 지원되었던 잉크 수식 기능에 더하여 터치를 지원하는 장치에서 펜 두께나 색을 필요에 맞게 설정하고, 손가락이나 펜, 마우스로 간편하게 글을 쓰거나 그림을 그릴 수 있다. 펜 설정 옵션에는 금속 펜과 다양한 잉크 효과를 추가하여 지속적으로 기능을 개선하고 있다.

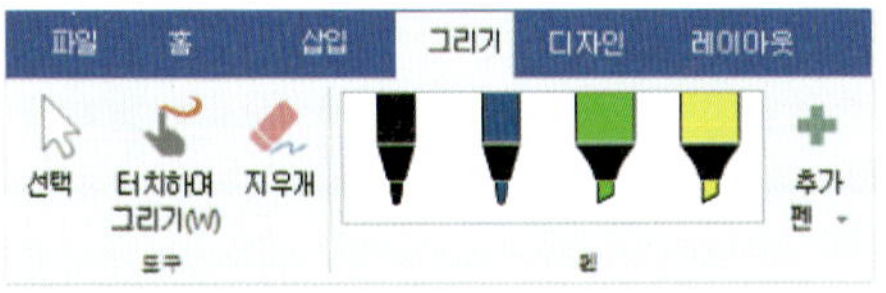

- **피벗 테이블 기능 향상:** 피벗 테이블에 사용할 레이아웃을 원하는 모양으로 설정할 수 있고, 데이터 원본으로 사용되는 표 사이의 관계를 자동으로 찾아준다. 피벗 테이블 필드 목록에 필요한 사용자 지정 측정값을 직접 추가할 수도 있어서 추가 계산에 필요한 시간을 절약하고 데이터 분석 효율을 높일 수 있다. 또, 연도, 분기, 월과 같은 시간 관련 필드를 자동으로 감지하고 그룹화하므로, 시간 데이터를 피벗 테이블에 더욱 효과적으로 활용할 수 있다.

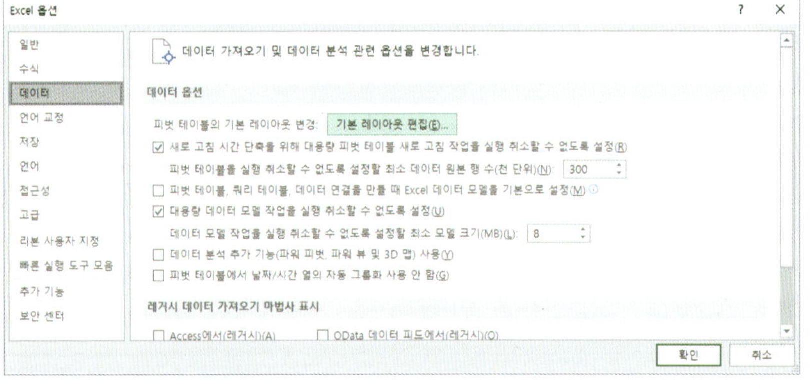

- **셀 선택 취소 기능:** 셀 범위를 잘못 선택한 경우 다시 선택할 필요 없이 Ctrl을 누르고 클릭만 하면 원하는 셀을 선택 취소할 수 있다.

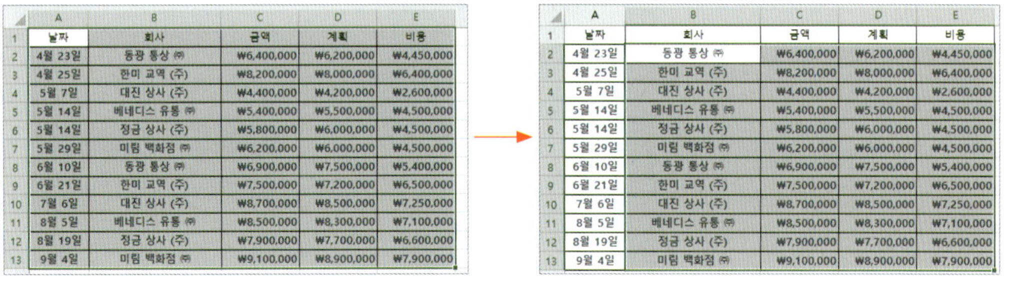

SECTION 02

엑셀 시작하기

엑셀 프로그램으로 새 문서를 만들 때 [새 통합 문서]로 빈 문서에서 시작하는 방법도 있지만 미리 만들어져 있는 다양한 종류의 서식 파일을 사용할 수도 있다. 서식 파일로 만든 엑셀 통합 문서를 이용해 엑셀 기본 화면과 메뉴 구성, 파일 저장과 인쇄 방법 등에 대해 알아본다.

2.1 서식 파일 활용

엑셀 프로그램을 실행하면 새 문서를 만들 때 이용할 수 있는 서식 파일 검색란과 서식 파일 목록이 시작 화면에 나타난다. 검색란에 키워드를 입력하거나 목록에서 원하는 종류의 서식 파일을 선택하면 해당 서식 파일 형태의 엑셀 문서를 손쉽게 만들 수 있다. 서식 파일을 사용하면 엑셀 통합 문서를 만들기 간편하지만, 용도에 맞게 수식이나 모양을 변경해야 하는 경우도 있으므로 엑셀의 기본 기능을 먼저 학습해 두는 것이 더 좋다.

기본예제 1-1 서식 파일로 문서 만들기

원하는 종류의 서식 파일을 검색하여 새 엑셀 통합 문서를 만들어 보자.

01 엑셀 프로그램을 실행하고 시작 화면의 검색란에 *예산*이라는 키워드를 입력하고 Enter를 누른다.

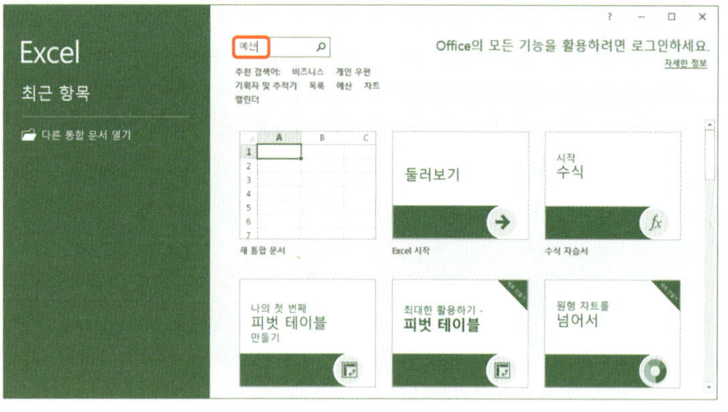

02 입력한 키워드와 연관된 서식 파일들이 나타나면 [월간 회사 예산]을 클릭한다.

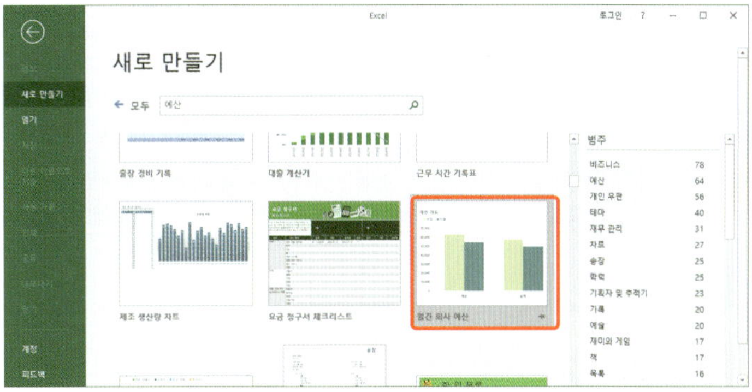

TIP 서식 파일이 검색되지 않는 경우, 예제 소스로 제공하는 서식 파일(월간예산.xltx)을 사용하거나 다른 종류의 서식 파일을 이용해도 된다.

03 [만들기]를 누르면 선택한 서식 파일을 이용한 새 문서가 만들어진다.

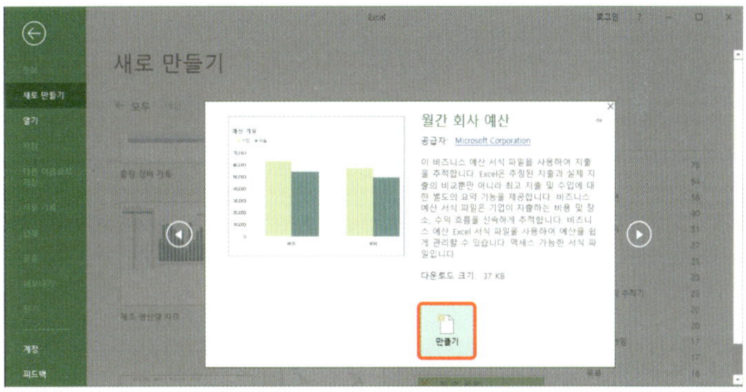

04 '월간 회사 예산1'이라는 이름으로 만들어진 엑셀 통합 문서가 표시된다.

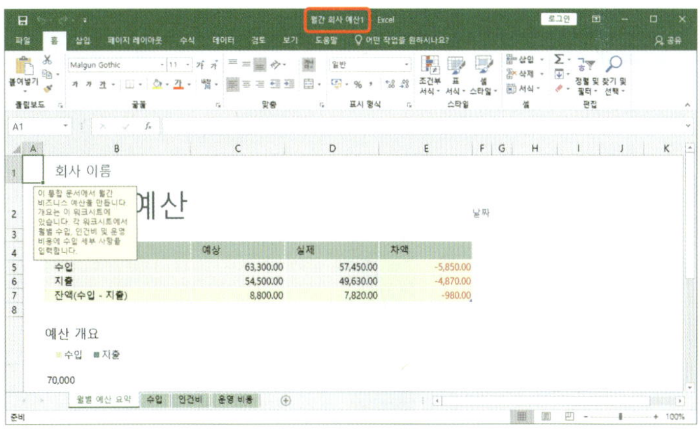

여기서 잠깐 ▶ **서식 파일을 등록해두고 사용하기**

자주 이용하는 서식 파일이라면 매번 검색할 필요 없이 컴퓨터에 다운로드해 개인 서식 파일로 등록해두면 필요할 때마다 사용할 수 있다. 예제 소스로 제공하는 '월간예산.xltx' 서식 파일을 이용해 개인 서식 파일을 설정해 보자.

① [파일] 탭–[옵션]을 선택해 [Excel 옵션] 대화상자를 열고 [저장] 범주의 [통합 문서 저장] 그룹에서 [기본 개인 서식 파일 위치]를 설정한다(예: C:\Users\Administrator\Documents\사용자 지정 Office 서식 파일).

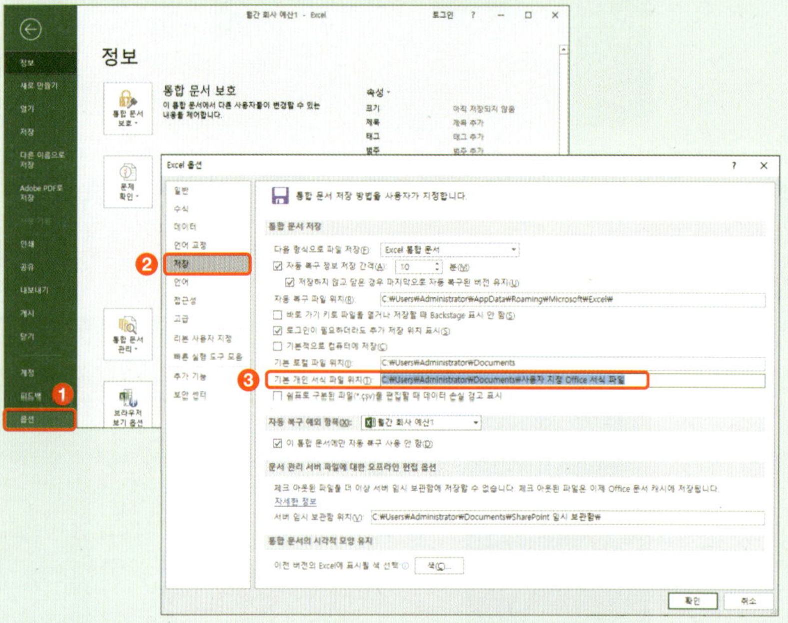

② 다운로드한 서식 파일을 이 폴더에 저장한 후 엑셀 프로그램에서 [파일] 탭–[새로 만들기]에서 [개인]을 선택하면 서식 파일을 사용할 수 있다.

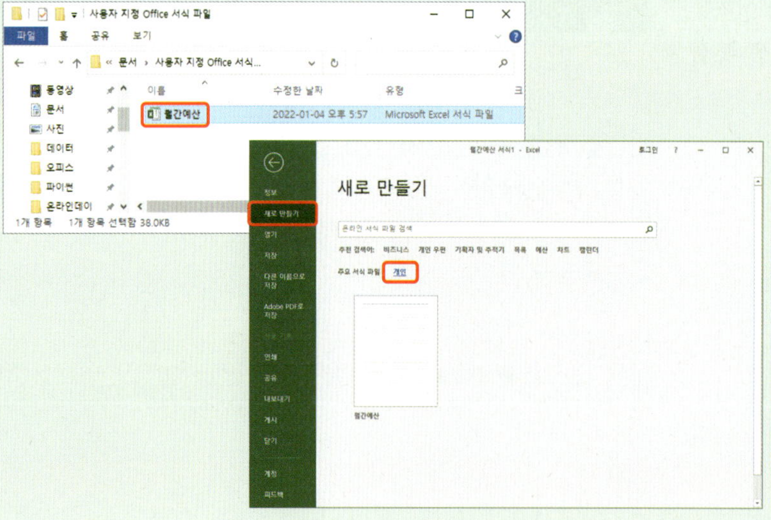

2.2 엑셀 기본 화면

엑셀 화면은 다음과 같이 ① 빠른 실행 도구 모음과 제목 표시줄, ② 메뉴, ③ 이름 상자와 수식 입력줄, ④ 작업 영역, ⑤ 상태 표시줄로 구분할 수 있다.

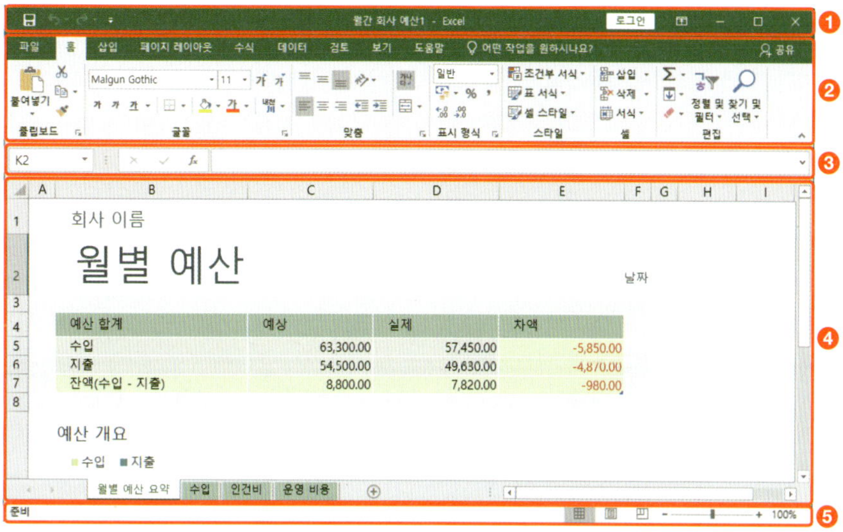

① 빠른 실행 도구 모음과 제목 표시줄: 현재 작업 중인 엑셀 문서 이름이 가운데에 표시되고, 좌측에는 자주 사용하는 기능들을 모아 놓은 빠른 실행 도구 모음이 있다.

② 메뉴: 기능별로 분류된 탭 메뉴와 명령들이 제공된다. 탭 메뉴를 클릭하면 해당 메뉴와 관련된 도구 아이콘들이 나타나는 리본 메뉴 형태이다.

③ 이름 상자와 수식 입력줄: 작업 영역에서 선택하고 있는 셀의 주소나 정의된 이름을 보여주는 이름 상자가 좌측에 있고, 오른쪽에는 수식을 입력하거나 선택한 셀에 적용된 수식을 표시하는 수식 입력줄이 있다.

④ 작업 영역: 화면의 가운데 위치한 작업 영역은 데이터나 수식을 입력하거나 차트나 그림 등을 삽입할 수 있는 셀들로 이루어져 있다.

⑤ 상태 표시줄: 화면 하단의 상태 표시줄에는 작업 중인 시트의 보기 형식이나 확대/축소 비율을 지정하는 도구를 표시한다.

2.3 엑셀의 메뉴 구성

화면 상단에 보이는 메뉴 탭은 기능별로 분류되어 있으며, 각 탭을 누르면 관련된 도구 아이콘들이 리본 메뉴로 나타나고 아이콘을 클릭하면 원하는 명령이 실행된다. 메뉴 탭에는 작업 영역에서 선택한 개체를 편집하기 위한 확장 메뉴가 추가로 표시된다.

2.3.1 홈

[홈] 탭은 가장 많이 사용되는 서식 관련 도구로 구성되며 붙여넣기와 복사, 글꼴과 맞춤 설정, 표시 형식 및 스타일 지정, 삽입과 삭제 등을 수행할 수 있다.

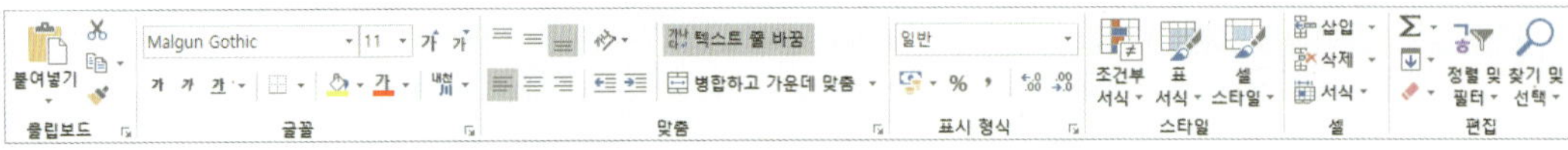

2.3.2 삽입

[삽입] 탭은 그림, 도형, 차트, 피벗 테이블, 3D 맵, 기호, 수식과 같이 다양한 종류의 개체를 삽입하기 위한 도구로 구성되어 있다.

2.3.3 페이지 레이아웃

[페이지 레이아웃] 탭은 시트에 적용하는 테마, 용지, 인쇄 옵션, 시트의 보기 옵션, 개체의 정렬 방법 등을 설정하는 도구로 구성되어 있다.

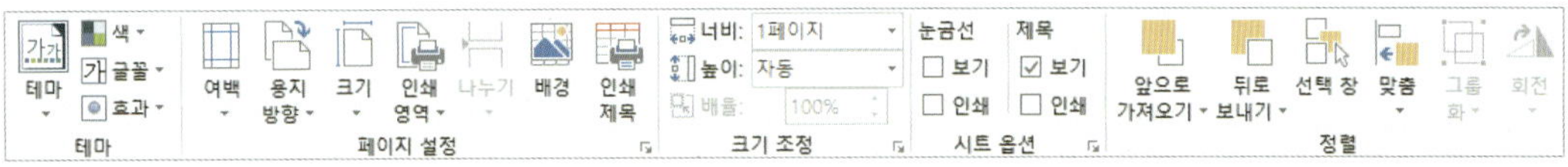

2.3.4 수식

[수식] 탭은 함수 마법사를 실행하거나 기능별로 분류된 함수 라이브러리 목록에서 함수를 선택하는 도구, 이름을 정의하고 관리하는 도구 등으로 구성되어 있다.

2.3.5 데이터

[데이터] 탭은 엑셀에서 사용 가능한 외부 데이터를 가져오거나 변환 또는 연결하는 도구, 시트에 표시된 데이터를 정렬하거나 필터링하는 도구, 데이터를 분석하고 예측하는 도구 등으로 구성되어 있다.

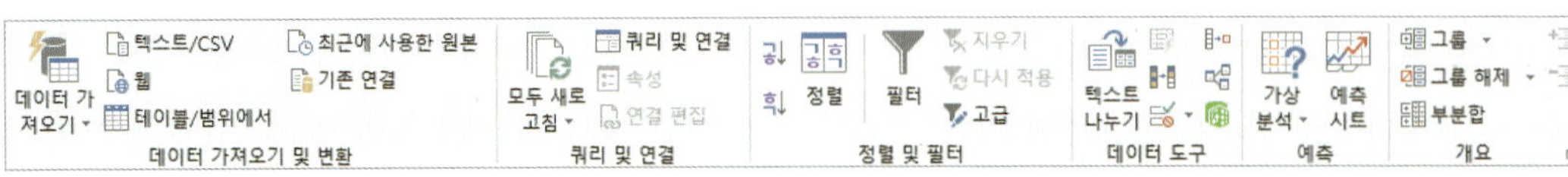

2.3.6 검토

[검토] 탭은 맞춤법 검사, 한자 변환, 메모 삽입과 표시/숨기기, 시트를 보호하기 위한 암호 설정 도구 등으로 구성되어 있다.

2.3.7 보기

[보기] 탭은 문서의 보기 형태를 선택하거나 확대/축소하는 도구, 창 정렬 방식을 선택하고 창을 전환하는 도구, 매크로 도구 등으로 구성되어 있다.

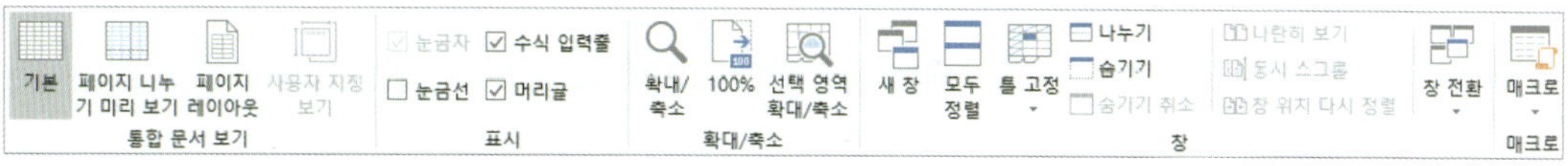

여기서 잠깐 **백스테이지 화면의 구성**

메뉴에서 [파일] 탭을 누르면 편집 화면에서 백스테이지(backstage) 화면으로 전환된다. 이 화면은 파일 저장, 인쇄, 공유 등의 작업에 필요한 도구와 계정, 옵션 등 엑셀 프로그램의 환경 설정에 필요한 도구 등으로 구성되어 있다.

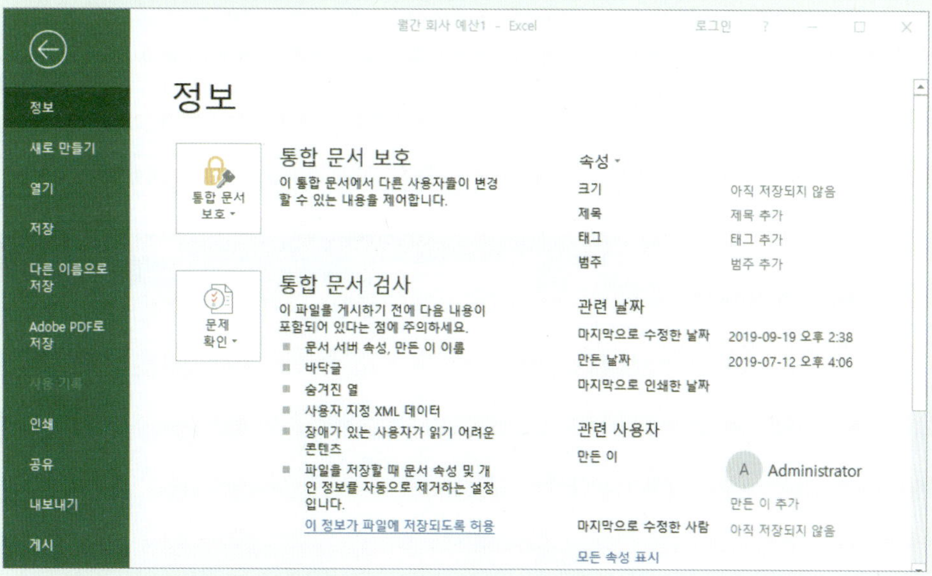

기본예제 1-2 빠른 실행 도구 모음에 자주 쓰는 메뉴 설정하기

엑셀에서 자주 사용하는 메뉴를 빠른 실행 도구 모음으로 설정하면 편리하고 효율적으로 작업할 수 있다. 빠른 실행 도구 모음에 자주 쓰는 메뉴를 추가해 보자.

01 엑셀 화면 상단에 있는 [빠른 실행 도구 모음 사용자 지정] 단추를 누르고 목록에서 [새로 만들기]를 선택한다.

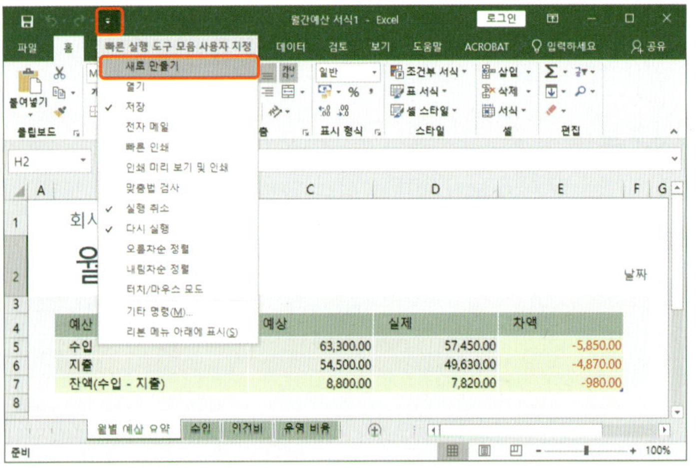

TIP 빠른 실행 도구 모음에 추가하려는 메뉴를 마우스 오른쪽 단추로 누르면 나타나는 단축 메뉴에서 [빠른 실행 도구 모음에 추가]를 선택해도 된다.

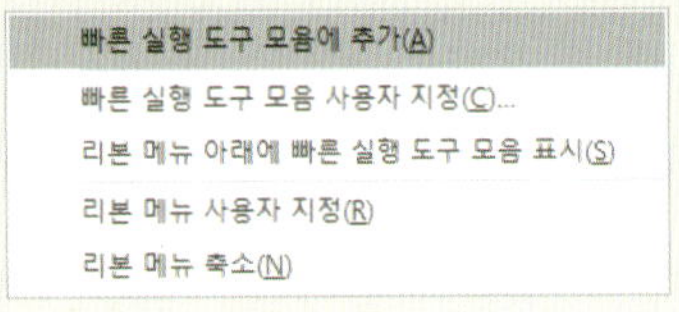

02 빠른 실행 도구 모음에 [새로 만들기] 단추가 추가된다. 목록에 표시되지 않은 메뉴를 추가하려면 [빠른 실행 도구 모음 사용자 지정] 단추를 누르고 [기타 명령]을 선택한다.

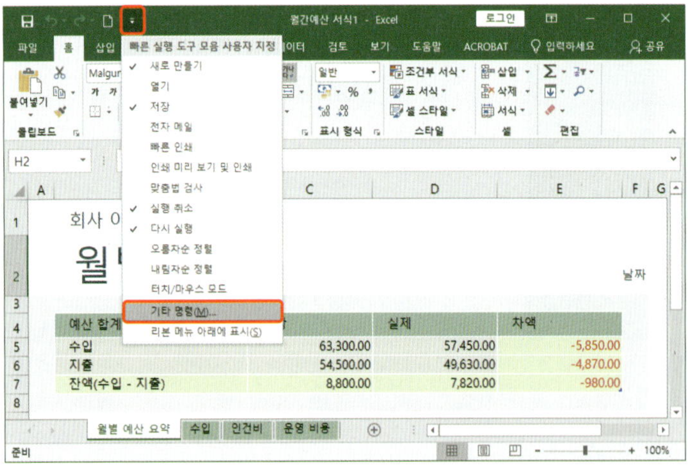

03 [Excel 옵션] 대화상자의 [빠른 실행 도구 모음] 범주 화면이 열린다. 명령 선택 목록에서 [많이 사용하는 명령]–[인쇄 미리 보기 및 인쇄]를 선택하고 [추가] 단추를 눌러 목록에 추가되면 [확인]을 누른다.

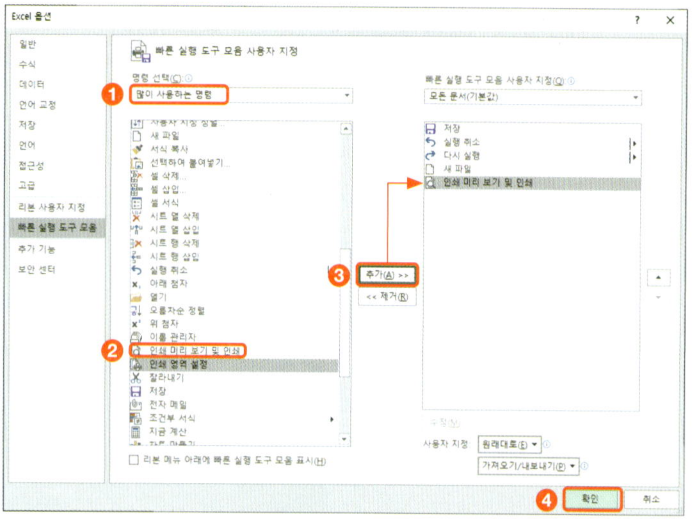

여기서 잠깐 **빠른 실행 도구 모음의 메뉴 제거하기**

빠른 실행 도구 모음에 추가한 메뉴를 제거하려면 해당 단추를 마우스 오른쪽 단추로 누르고 단축 메뉴에서 [빠른 실행 도구 모음에서 제거]를 선택한다.

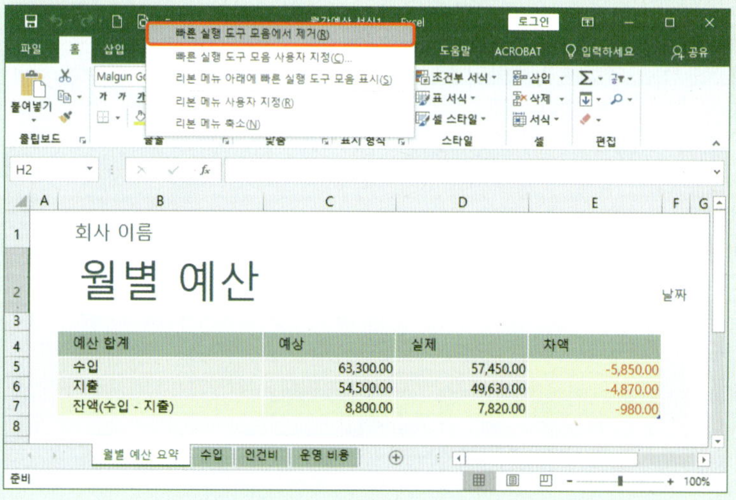

2.4 저장과 인쇄

엑셀 파일은 여러 개의 시트가 하나로 묶여 저장되는 통합 문서이며 파일 확장자는 '.xlsx'이다. 엑셀 파일을 저장할 때 문서의 내용을 보호하기 위한 암호를 설정할 수도 있다. 다양한 파일 관리 및 저장 기능을 살펴보고 문서를 인쇄할 때의 환경 설정에 대해서도 알아본다.

기본예제 1-3 엑셀 통합 문서 저장 및 종료하기

편집이 끝난 엑셀 파일을 저장하거나 종료할 때는 빠른 실행 도구 모음이나 백스테이지 화면의 메뉴를 이용한다. 엑셀 파일을 저장하고 프로그램을 종료해 보자.

01 [파일] 탭을 누르고 백스테이지 화면에서 [저장]을 선택한다.

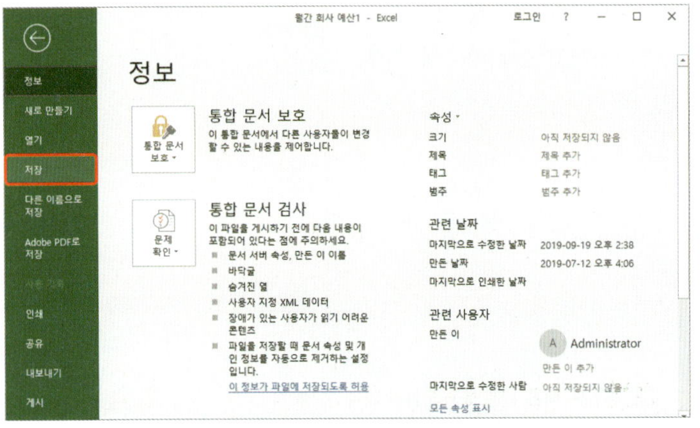

TIP 편집 화면 상단의 빠른 실행 도구 모음에서 [저장] 단추를 누르거나 단축키 Ctrl+S를 눌러 저장할 수도 있다.

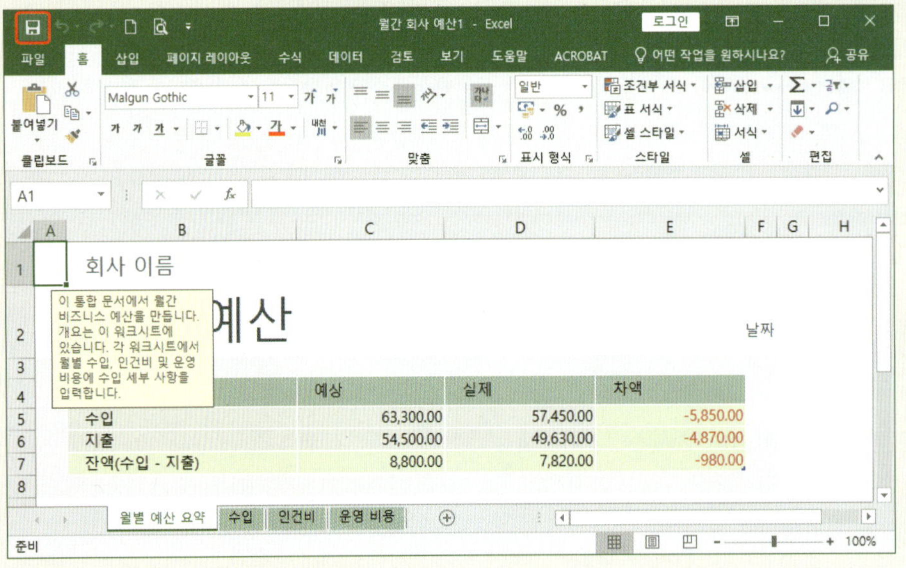

02 파일을 처음 저장할 때는 [다른 이름으로 저장] 화면이 나타난다. [찾아보기]를 눌러 파일 저장 위치를 설정한다.

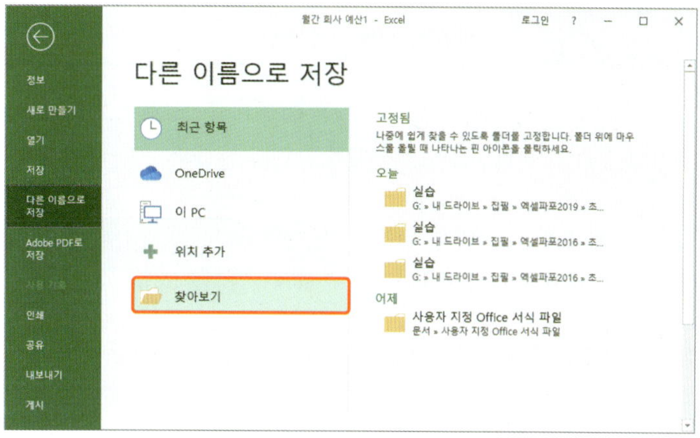

03 파일을 저장할 위치를 선택하고, 파일 이름에 *1월 예산*이라고 입력한 후 [저장]을 누른다.

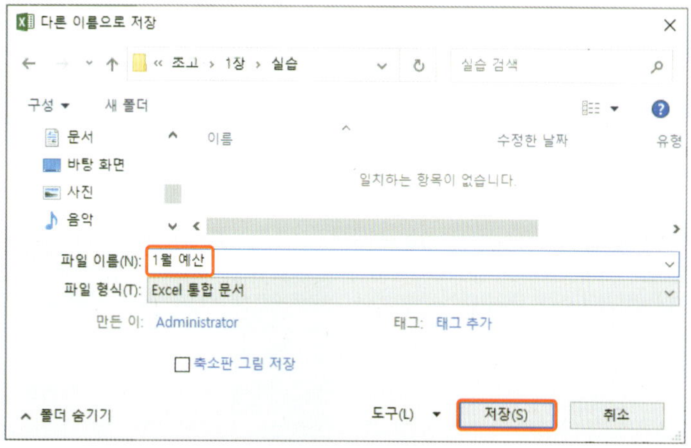

04 [파일] 탭–[닫기]를 누르면 작업 중이던 문서가 닫힌다. 문서를 닫을 때 엑셀 프로그램도 종료하려면 프로그램창에서 [× 닫기] 단추를 누르거나 단축키 Alt+F4를 누른다.

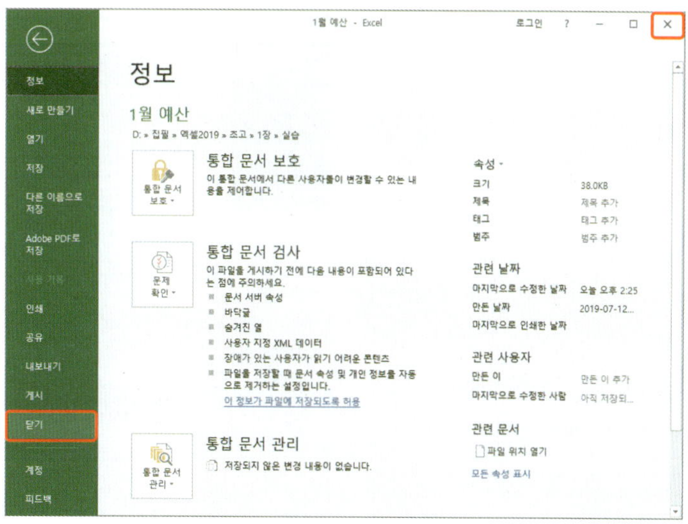

기본예제 1-4 파일에 암호 설정하기

엑셀 통합 문서를 보호하기 위해 암호를 설정할 수 있다. 문서를 열거나 변경한 내용을 저장하기 전에 확인 과정을 거쳐 파일을 보호하도록 암호를 설정해 보자.

01 [기본예제 1-3]에서 만든 '1월 예산' 엑셀 파일을 열고 [파일] 탭을 누른다.

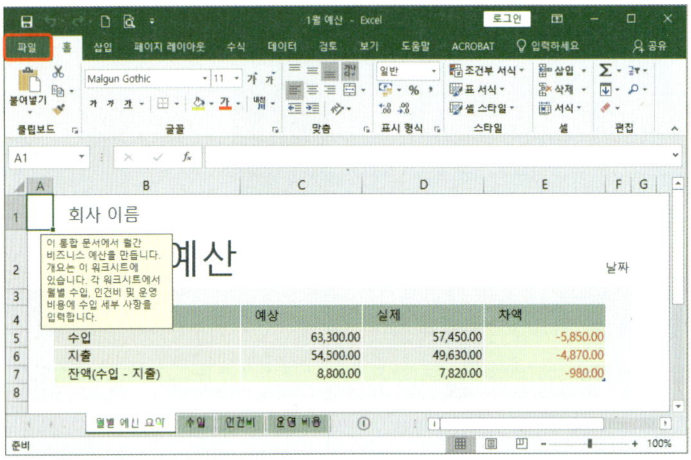

02 백스테이지 화면에서 [정보]를 선택하고 [통합 문서 보호]-[암호 설정]을 클릭한다.

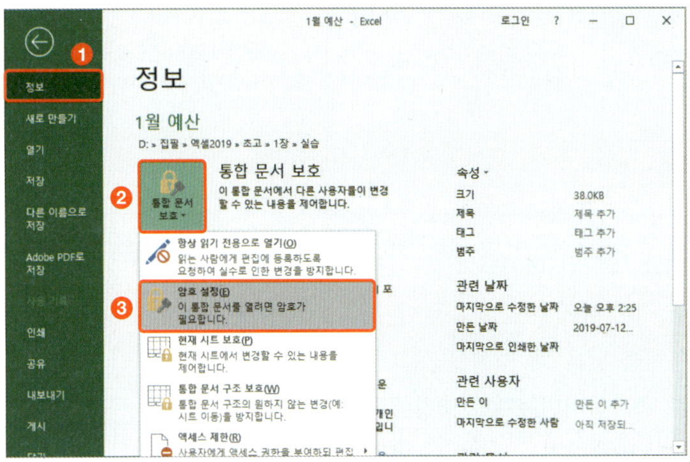

03 [문서 암호화] 대화상자가 나타나면 [암호]에 원하는 값을 입력하고 [확인]을 누른다. [암호 확인] 대화상자에서 동일한 암호를 한 번 더 입력하고 [확인]을 누른다.

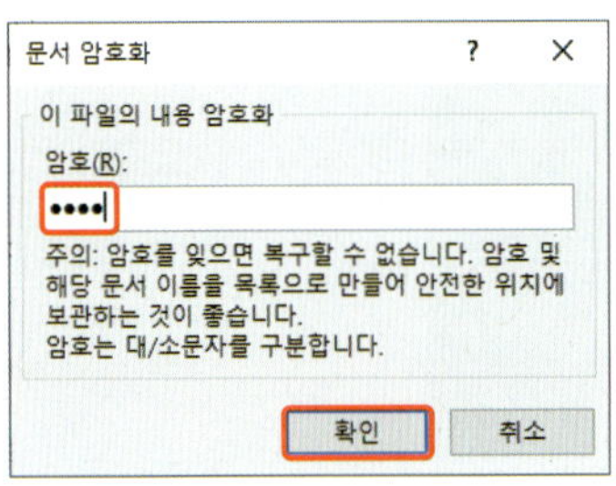

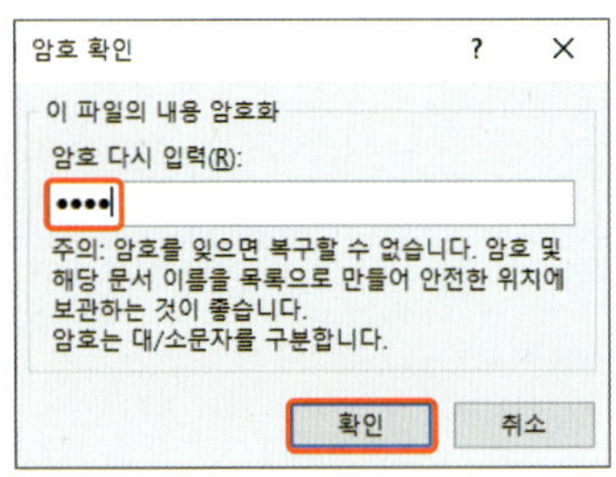

04 변경된 내용을 [저장]하고 단축키 Ctrl+F4를 눌러 파일을 닫는다.

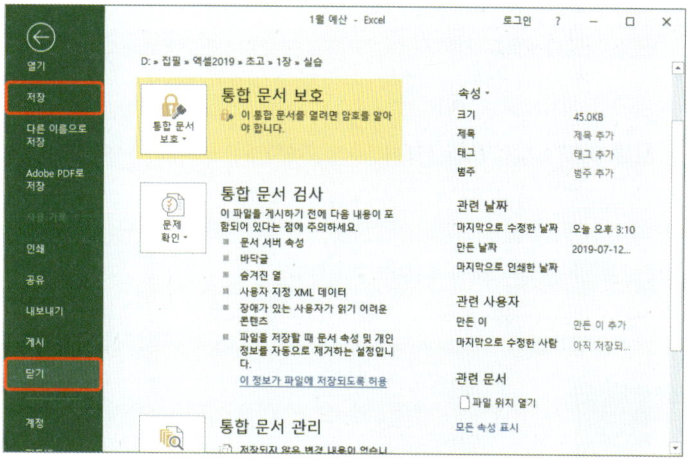

TIP [파일] 탭-[닫기]를 눌러서 편집 중인 엑셀 파일을 닫아도 된다.

05 [파일] 탭-[열기]로 [최근 항목]에 있는 '1월 예산' 파일을 선택해서 다시 열어본다.

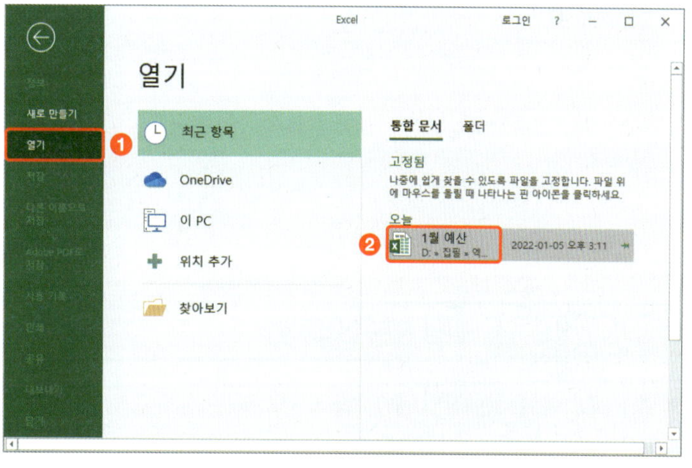

06 [암호] 대화상자에 설정한 암호를 입력하고 [확인]을 눌러야 파일을 열 수 있다.

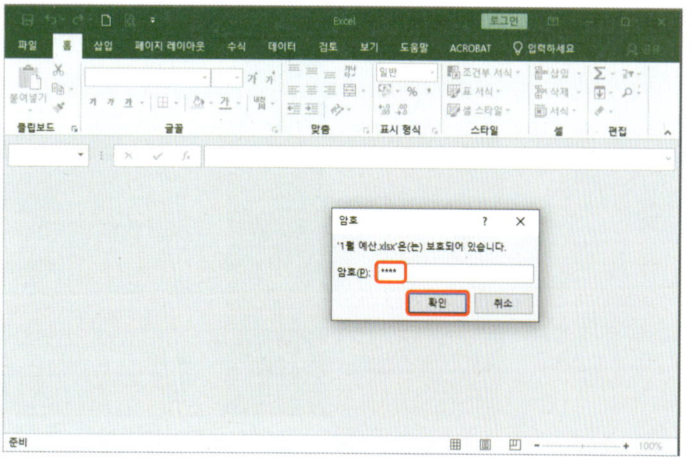

TIP 설정한 암호를 해제하려면 단계 03의 [문서 암호화] 대화상자에서 입력되어 있는 암호를 삭제하고 [확인]을 누른다.

TIP 예제 소스로 제공된 '1월 예산.xlsx' 파일에 설정된 암호는 '1234'이다.

여기서 잠깐 **파일에 암호를 설정하는 다른 방법**

[다른 이름으로 저장]으로 파일을 저장할 때 암호를 설정할 수도 있다. [도구]-[일반 옵션]을 선택하고 [일반 옵션] 대화상자에서 [열기 암호]나 [쓰기 암호]를 지정하면 파일의 열기와 편집 작업에서 각각 암호를 확인해 파일을 보호할 수 있다.

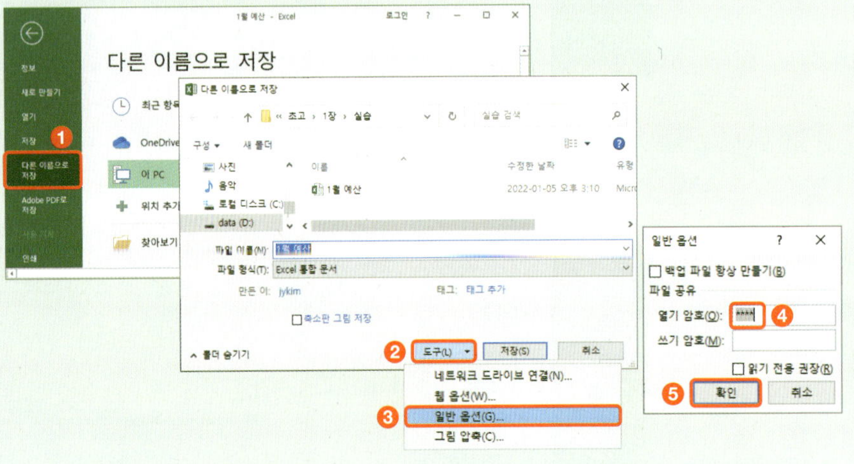

기본예제 1-5 활성 시트 인쇄하기

엑셀 프로그램에서는 작업 중인 워크시트 또는 전체 통합 문서를 인쇄 영역으로 설정하여 종이에 인쇄하거나 다른 형식의 파일로 변환할 수도 있다. 현재 열려 있는 활성 시트를 인쇄해 보자.

01 [파일] 탭-[인쇄]를 선택한다.

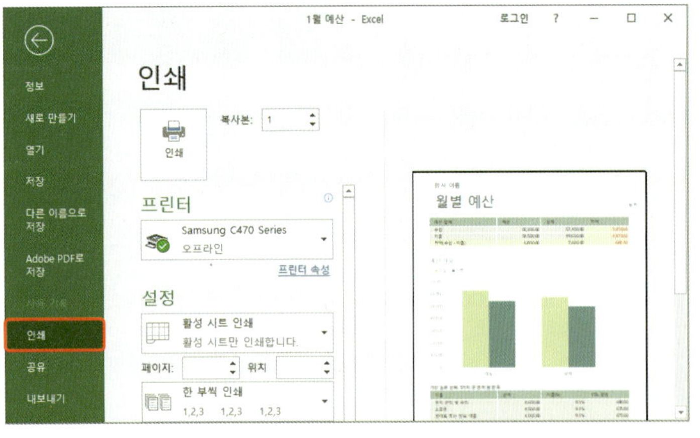

02 [설정]의 인쇄 영역은 [활성 시트 인쇄]로, 용지 방향은 [세로 방향]을 선택한다.

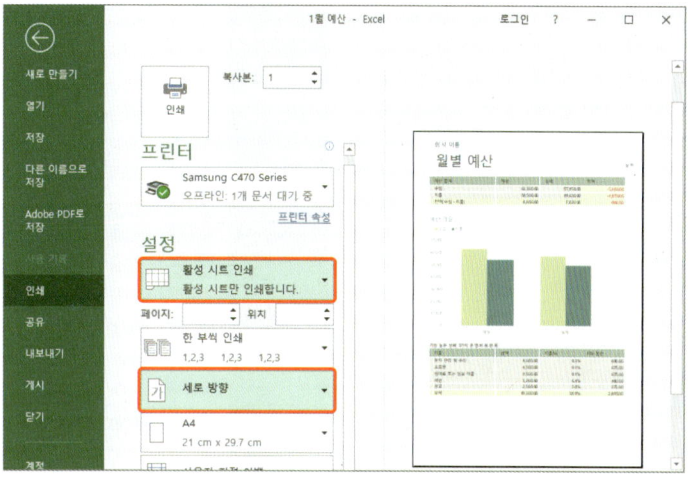

TIP 선택한 옵션에 따른 인쇄 모양을 오른쪽의 미리 보기 창에서 확인할 수 있다.

03 배율 옵션은 [한 페이지에 시트 맞추기]로 설정한다.

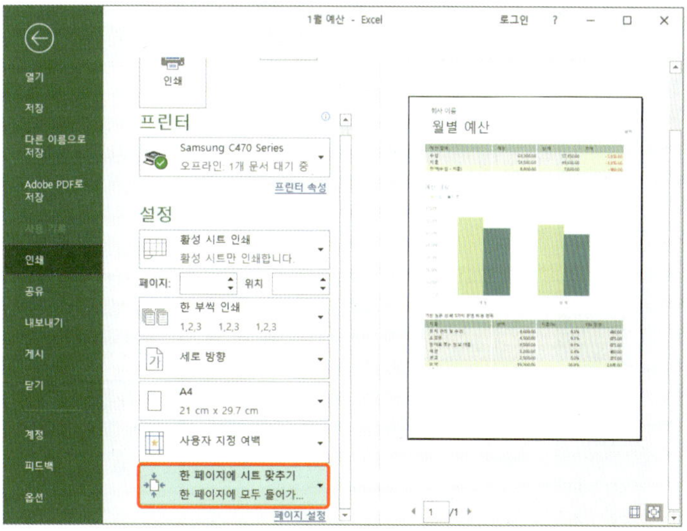

TIP 데이터를 입력한 범위가 용지 크기와 맞지 않을 때 여러 페이지로 출력되지 않도록 하려면 [한 페이지에 시트 맞추기] 혹은 [한 페이지에 모든 열 맞추기]나 [한 페이지에 모든 행 맞추기]로 설정한다.

04 인쇄 설정을 마쳤으면 준비 상태의 프린터를 목록에서 선택하고 [인쇄] 단추를 누른다.

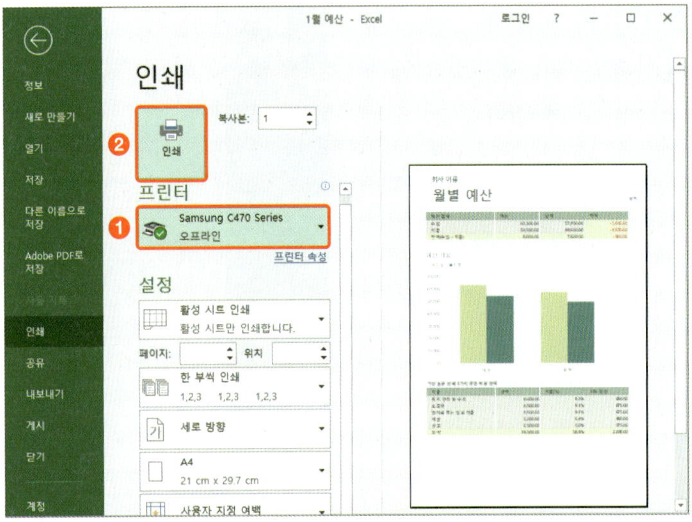

여기서 잠깐 **파일로 인쇄하기**

프린터 목록에서 [Adobe PDF], [Hancom PDF], [Microsoft Print to PDF]를 선택하면 종이로 인쇄하는 대신 PDF 파일 형식으로 변환하여 저장할 수 있다. PDF 파일을 이용하면 엑셀 프로그램이 설치되어 있지 않은 컴퓨터에서도 엑셀 파일의 내용을 확인할 수 있다.

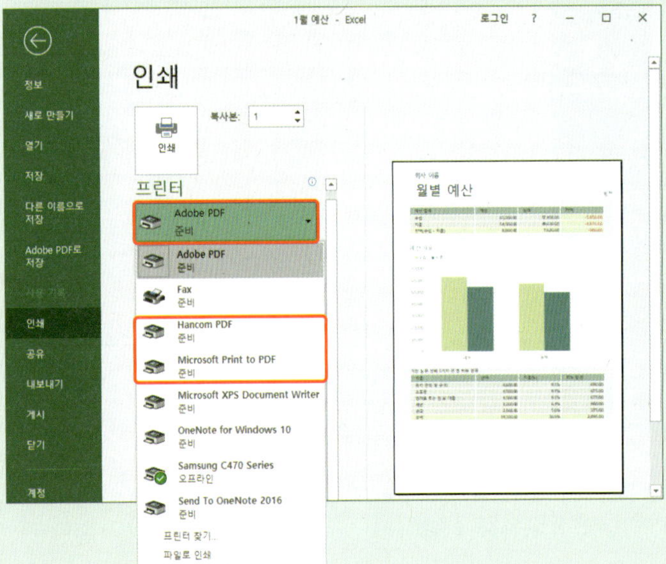

기본예제 1-6 인쇄 영역 설정하고 인쇄하기

워크시트의 특정 범위를 선택하여 인쇄 영역을 설정하는 방법과, 인쇄할 페이지의 여백, 제목, 머리글/바닥글 등을 설정하는 방법도 알아보자.

01 워크시트에서 인쇄할 영역을 드래그하여 선택한다.

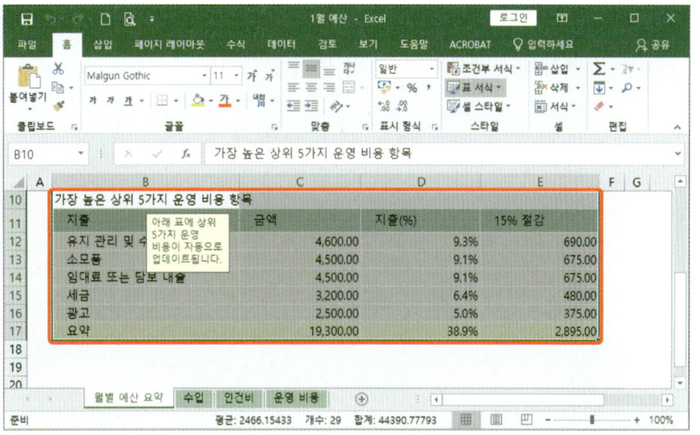

02 [페이지 레이아웃] 탭-[페이지 설정] 그룹-[인쇄 영역] 목록에서 [인쇄 영역 설정]을 선택한다.

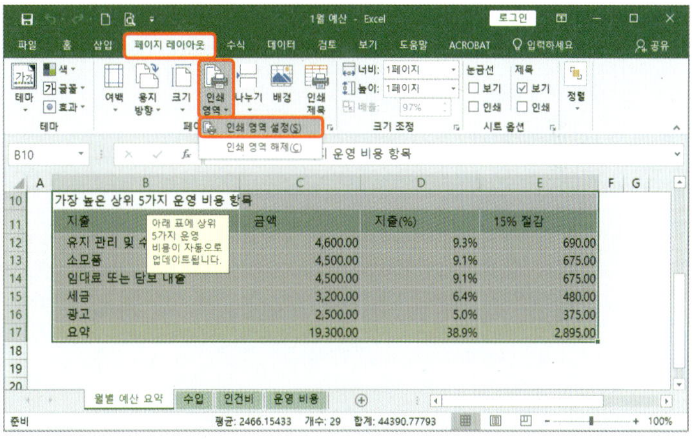

TIP 인쇄 영역을 해제할 때까지는 설정된 범위만 인쇄되므로, 전체 시트를 인쇄하려면 [인쇄 영역] 목록에서 [인쇄 영역 해제]를 반드시 선택해야 한다.

03 [페이지 레이아웃] 탭-[페이지 설정] 그룹의 [대화상자 표시] 단추를 눌러 [페이지 설정] 대화상자가 나타나면 [여백] 탭을 선택한다. [머리글]과 [바닥글]의 값을 *2*로 변경하고, [페이지 가운데 맞춤]은 [가로]와 [세로] 모두 선택한다.

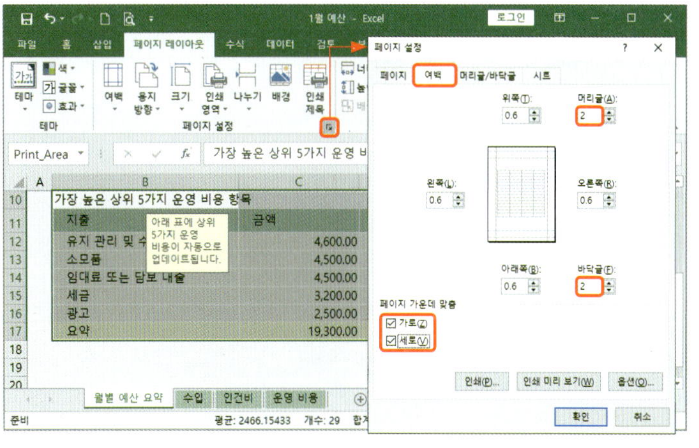

04 [머리글/바닥글] 탭–[머리글 편집]을 누르면 [머리글] 대화상자가 나타난다. [가운데 구역]에 *월간 예산 상위 비용*이라고 입력하고 [확인]을 누른다.

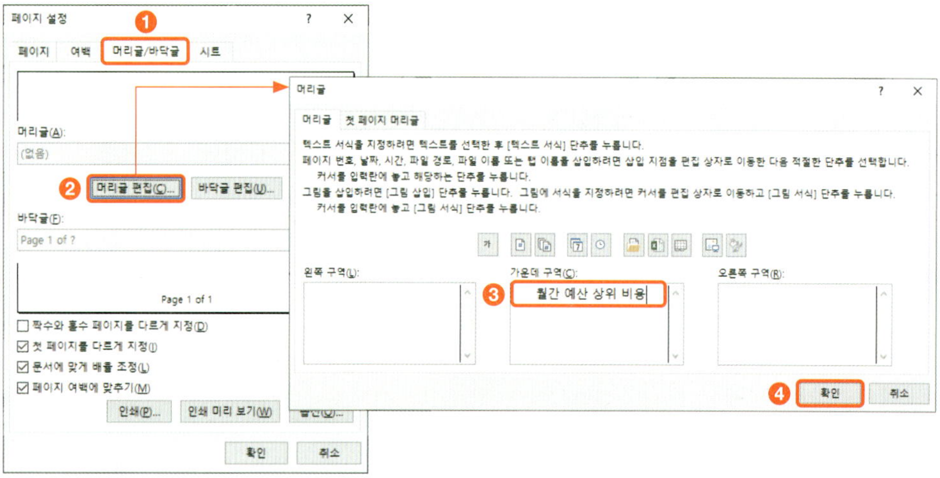

05 [바닥글 편집] 단추를 눌러 [바닥글] 대화상자가 나타나면 [오른쪽 구역] 입력상자를 선택하고 [날짜 삽입] 단추를 누른다. [오른쪽 구역]에 날짜가 표시되면 [확인]을 누른다.

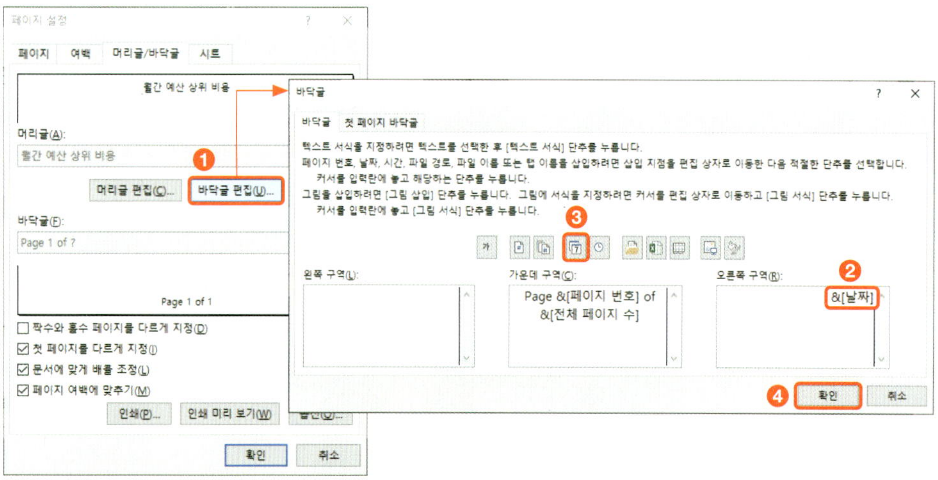

TIP 서식을 다운로드해 만든 '1월 예산' 엑셀 파일에는 바닥글의 [가운데 구역]에 전체 페이지와 현재 페이지 번호가 표시되도록 미리 설정되어 있다.

06 [페이지 설정] 대화상자에서 [시트] 탭-[인쇄 제목]-[반복할 행] 입력 상자를 클릭한다. 워크시트의 행 번호에서 *11*을 클릭해 페이지가 바뀔 때마다 제목 행이 반복 인쇄되도록 한다.

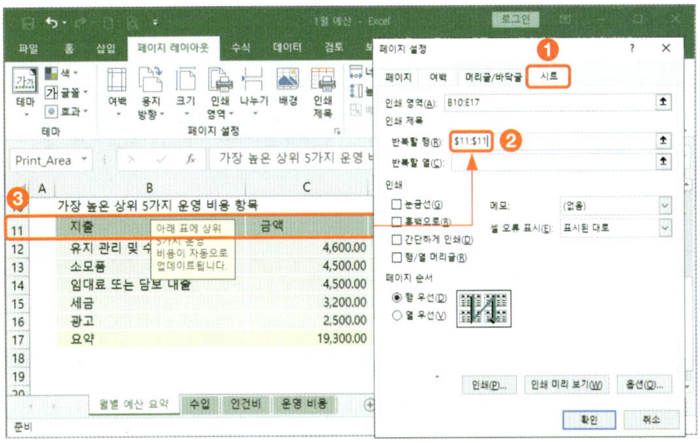

TIP 대화상자에 가려 워크시트의 선택할 범위가 잘 보이지 않으면 [대화상자 축소] 단추를 누르면 시트에서 범위를 쉽게 선택할 수 있다.

07 [페이지] 탭-[용지 방향]은 [가로]로, [배율]-[확대/축소 배율]은 [150%]로 설정하고 [인쇄 미리 보기] 단추를 누른다. [페이지 설정] 대화상자는 사라지고 백스테이지의 [인쇄] 메뉴가 선택된 화면이 나타난다.

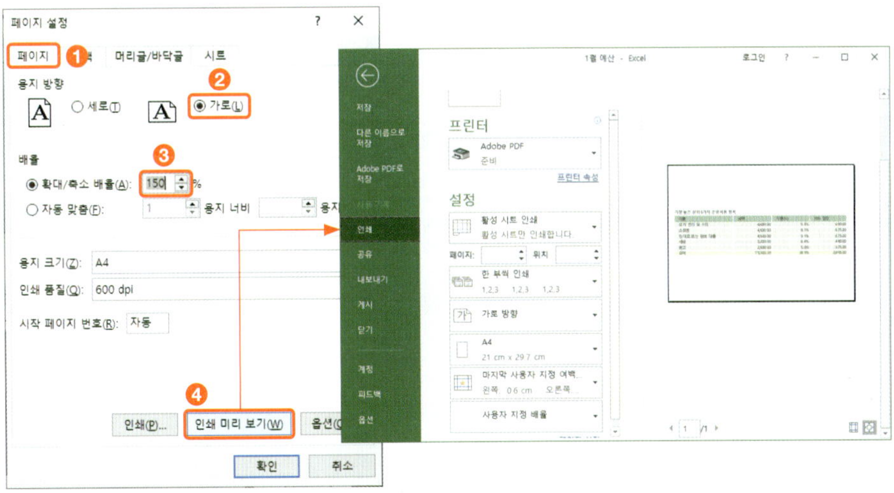

TIP 인쇄 미리보기 창 하단의 [여백 표시] 단추를 누르면 문서에 설정된 여백을 확인할 수 있고, [페이지 확대/축소] 단추를 누르면 내용을 확대하거나 축소해 모양을 자세히 확인할 수 있다.

SECTION 03 워크시트 다루기

엑셀 파일은 하나 이상의 워크시트로 이루어진다. 워크시트란 행과 열로 구성되는 작업 공간으로, 워크시트마다 이름과 색을 다르게 설정해 구분하기 쉽게 할 수 있다. 또한 워크시트를 삽입하고 삭제, 이동, 복사하는 등 관리할 수 있다.

여기서 잠깐 ▶ 기본 워크시트 개수 변경하기

엑셀 프로그램에서 새 통합 문서를 만들면 기본적으로 하나의 워크시트가 생성된다. 워크시트의 기본 개수를 변경하려면 [Excel 옵션] 대화상자의 [일반] 범주에서 [새 통합 문서 만들기] 그룹의 [포함할 시트 수]를 수정하면 된다. 시트 수는 1~255 사이로 설정할 수 있다.

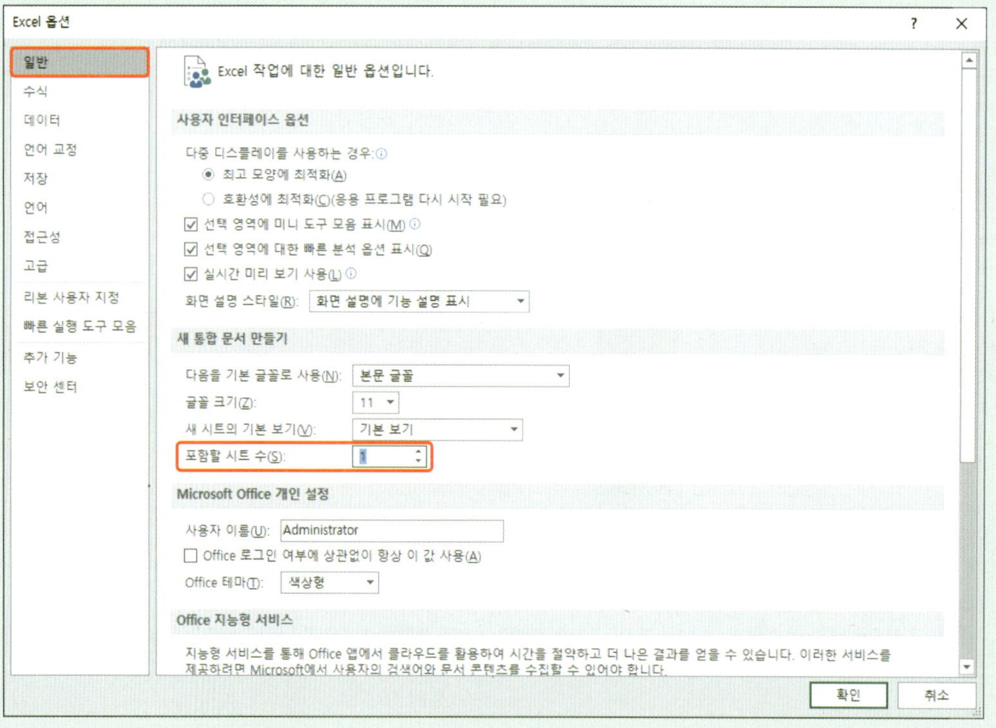

3.1 워크시트 관리

엑셀 화면 하단에 표시되는 시트 탭을 마우스 오른쪽 단추로 누르면 워크시트를 관리하기 위한 삽입, 삭제 등의 단축 메뉴가 표시된다. 여러 장의 종이 서류를 하나의 파일에 넣어 관리할 때 라벨에 이름을 적어 붙이거나 색을 다르게 하여 구분하듯이, 여러 개의 워크시트를 구별하기 쉽도록 이름과 탭 색을 다르게 설정할 수 있다.

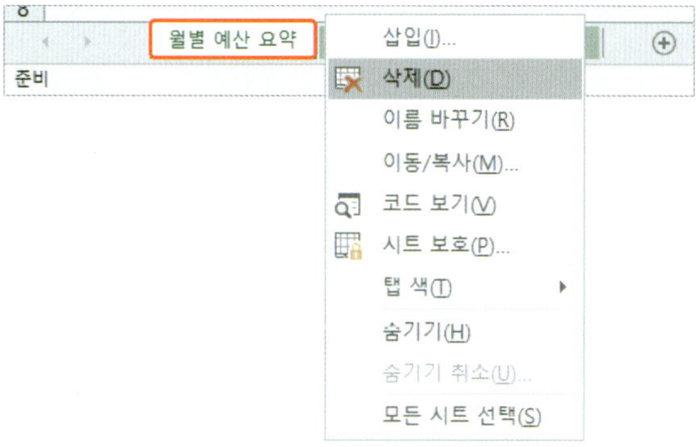

TIP [홈] 탭-[셀] 그룹의 [삽입], [삭제], [서식] 메뉴에도 워크시트 관련 기능이 제공된다.

기본예제 1-7 워크시트 삽입/삭제와 복사하기

워크시트를 추가로 삽입하거나 삭제하는 방법, 워크시트의 순서를 바꾸거나 복사하는 방법을 알아보자.

01 시트 탭의 오른쪽에 있는 [⊕새 시트] 단추를 누르면 현재 워크시트 뒤에 새 워크시트가 추가된다.

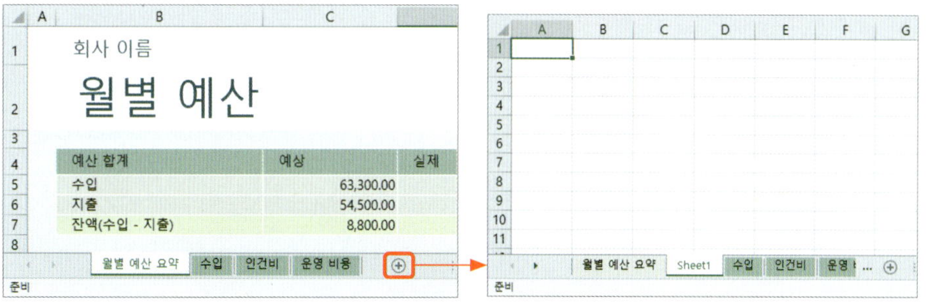

TIP 시트 탭을 마우스 오른쪽 단추로 누르고 단축 메뉴에서 [삽입]을 선택해도 된다.

02 시트 이름을 마우스 오른쪽 단추로 누르고 단축 메뉴에서 [삭제]를 선택하면 선택한 워크시트가 삭제된다.

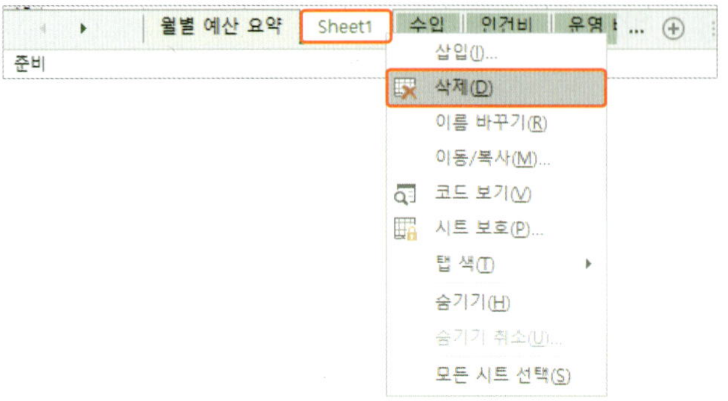

03 워크시트를 원하는 위치로 이동하거나 복사하려면 단축 메뉴에서 [이동/복사]를 선택한다.

TIP 워크시트의 이름을 드래그해서 원하는 위치로 이동할 수도 있다.

04 [이동/복사] 대화상자가 나타나면 복사할 파일명과 시트 위치를 선택한 후 [복사본 만들기]에 체크하고 [확인]을 누른다.

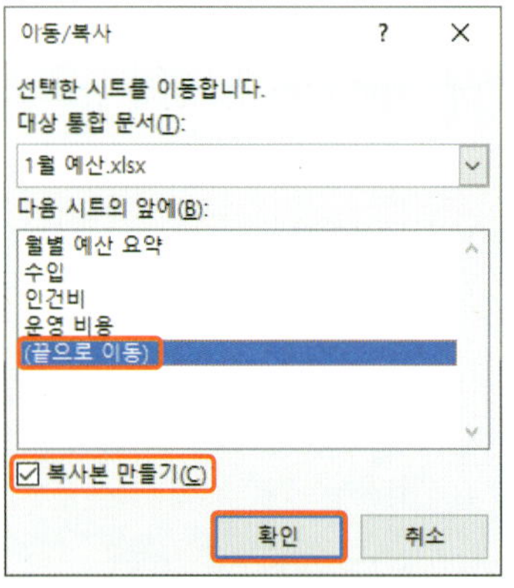

TIP [복사본 만들기]를 선택하지 않으면 워크시트가 이동된다.

기본예제 1-8 시트 이름과 탭 색, 시트 보호 설정하기

엑셀 통합 문서를 구성하고 있는 여러 개의 워크시트는 구별하기 쉽게 이름을 짓거나 탭 색을 다르게 설정할 수 있다. 또 시트에 입력된 데이터가 실수로 변경되는 것을 방지하려면 시트 보호 기능을 설정할 수도 있다. 워크시트의 이름과 탭 색을 바꾸고 시트 보호 기능을 설정해 보자.

01 '수입 (2)' 시트 탭을 마우스 오른쪽 단추로 누르고 [이름 바꾸기]를 선택한다.

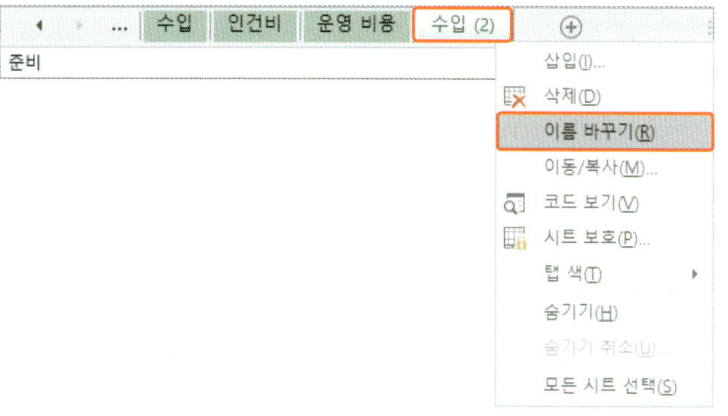

02 시트 탭에 이름을 입력할 수 있는 상태가 되면 *수입 세부 항목*이라고 입력한다.

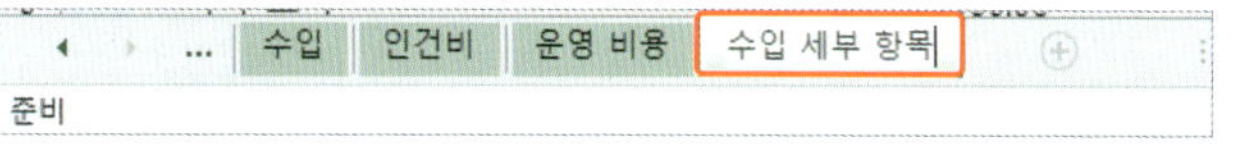

TIP 시트 탭을 더블클릭하고 이름을 입력해도 된다.

03 '수입 세부 항목' 시트 탭을 마우스 오른쪽 단추로 누르고 [탭 색]을 클릭한다. 원하는 색을 선택하면 탭 색이 바뀐다.

04 '수입 세부 항목' 시트 탭을 마우스 오른쪽 단추로 누르고 [시트 보호]를 선택한다.

05 시트 보호 해제 암호를 입력하고 [확인]을 누른 후, 암호 확인을 위해 동일한 암호를 다시 입력하고 [확인]을 누른다.

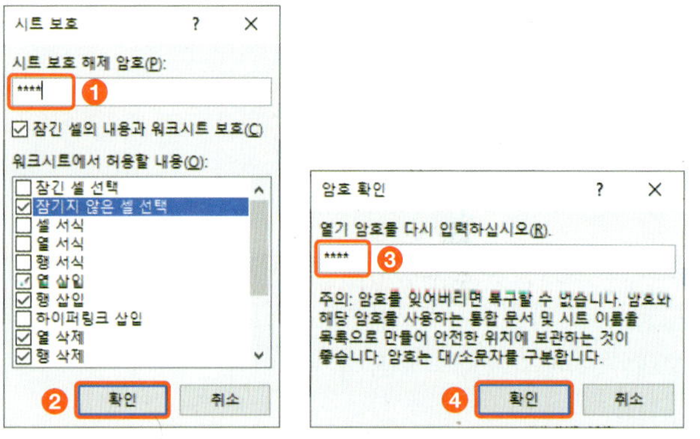

06 시트 보호로 설정되면 셀을 선택하거나 내용을 편집할 수 없다. '수입 세부 항목' 워크시트를 마우스 오른쪽 단추로 눌러 [시트 보호 해제]를 선택하고 설정한 암호를 입력해야 시트 보호가 해제된다.

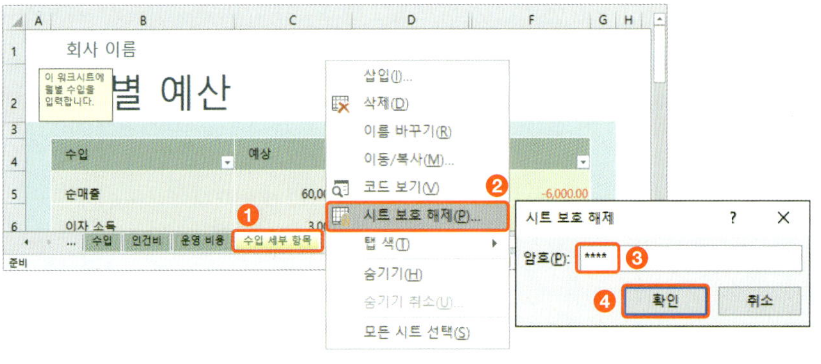

여기서 잠깐 **통합 문서 보호 기능**

워크시트의 추가, 삭제 등을 방지하는 통합 문서 보호 기능도 있다. [검토] 탭-[변경 내용] 그룹의 [통합 문서 보호]를 이용해 암호를 설정하면 각 워크시트 내의 데이터 편집은 가능하지만, 시트를 이동하거나 삽입, 삭제, 추가, 시트 이름과 탭 색 변경 등의 구조 변경이 불가능하다.

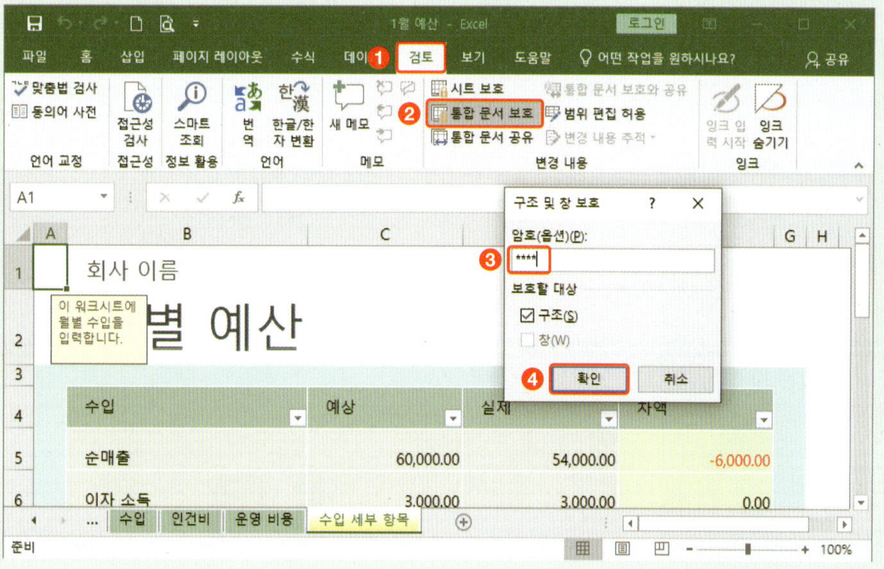

종합예제

서식 파일을 이용하여 엑셀 통합 문서를 만든 후 이 장에서 학습한 방법으로 워크시트를 다루고 인쇄 영역을 설정해 보자.

1 엑셀 프로그램을 실행하고 추천 검색어에서 '캘린더'를 선택한다.

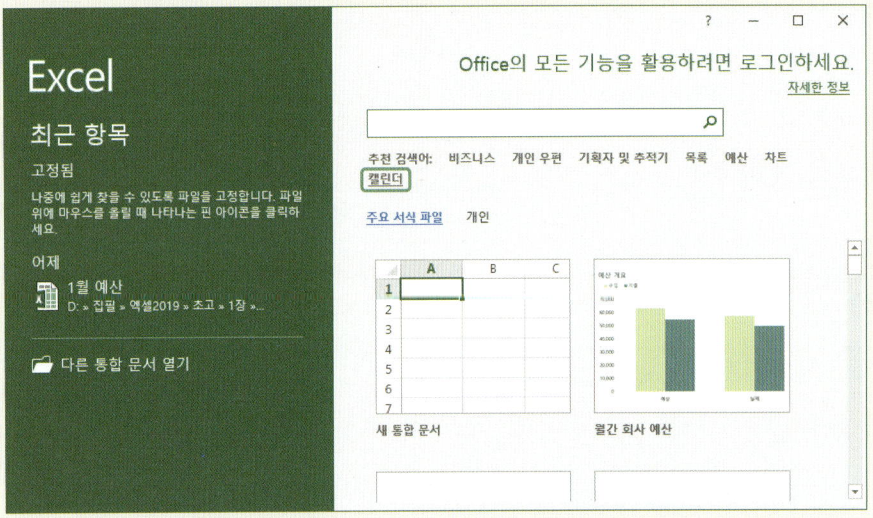

2 서식 파일 목록에서 [연도 선택 가능 달력(이온 테마)]를 선택하고 [만들기]를 누른다.

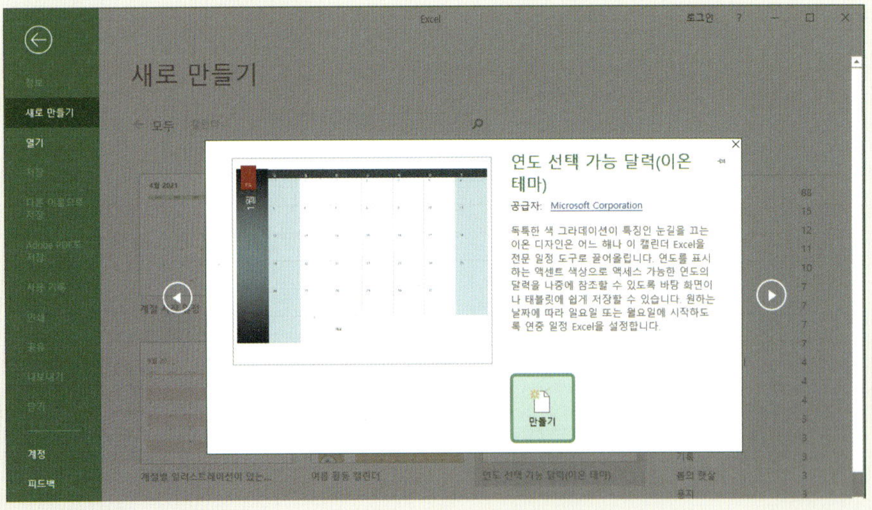

3 '7월' 시트를 선택하고 Shift를 누른 상태로 '12월' 시트를 선택한다. '7월'~'12월' 시트가 모두 선택된 상태에서 마우스 오른쪽 단추를 눌러 단축 메뉴의 [삭제]를 선택한다.

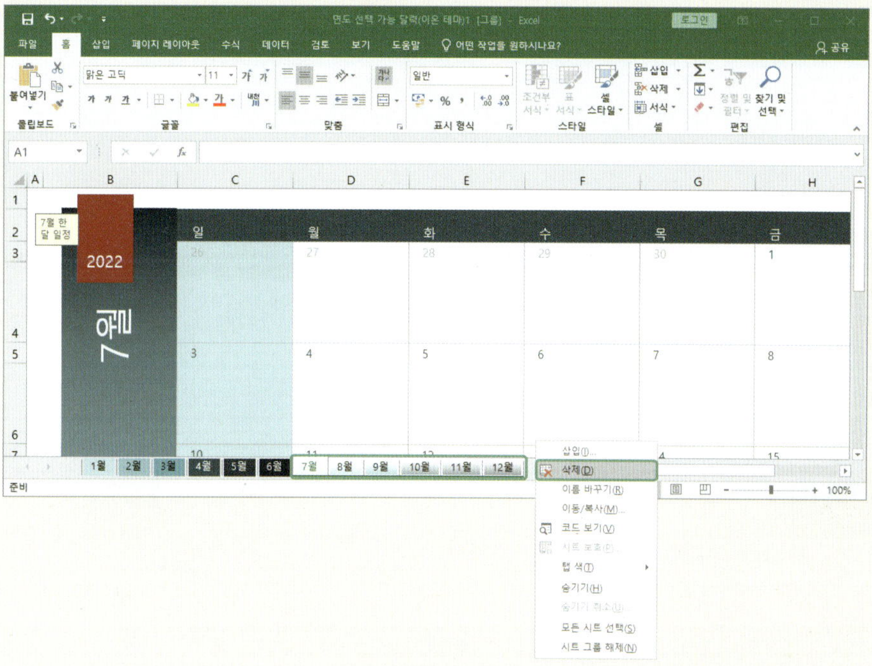

4 시트 삭제를 확인하는 대화상자에서 [삭제]를 누르면 선택한 시트들이 모두 삭제된다.

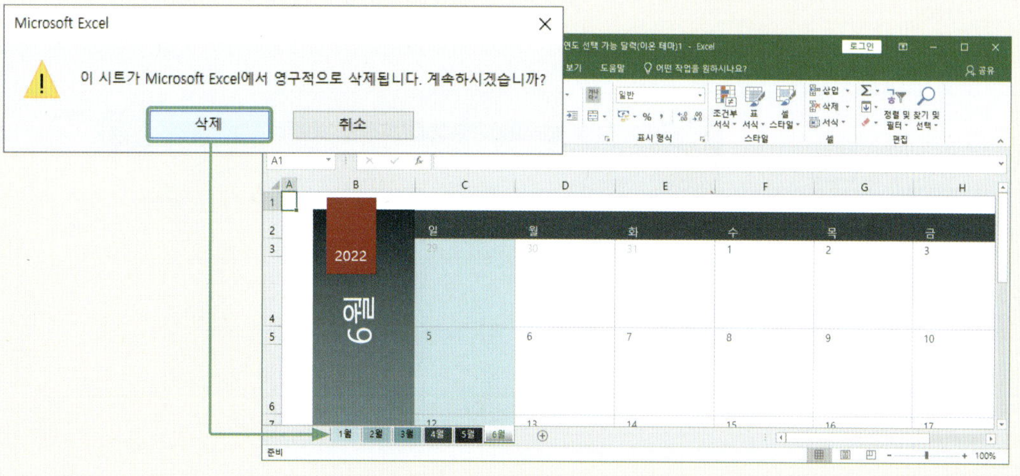

종합예제

5 '1월' 시트를 선택하고 Shift 를 누른 상태로 '6월' 시트를 클릭해 모든 시트를 선택하고 화면 오른쪽 하단의 [확대/축소] 비율을 클릭한다.

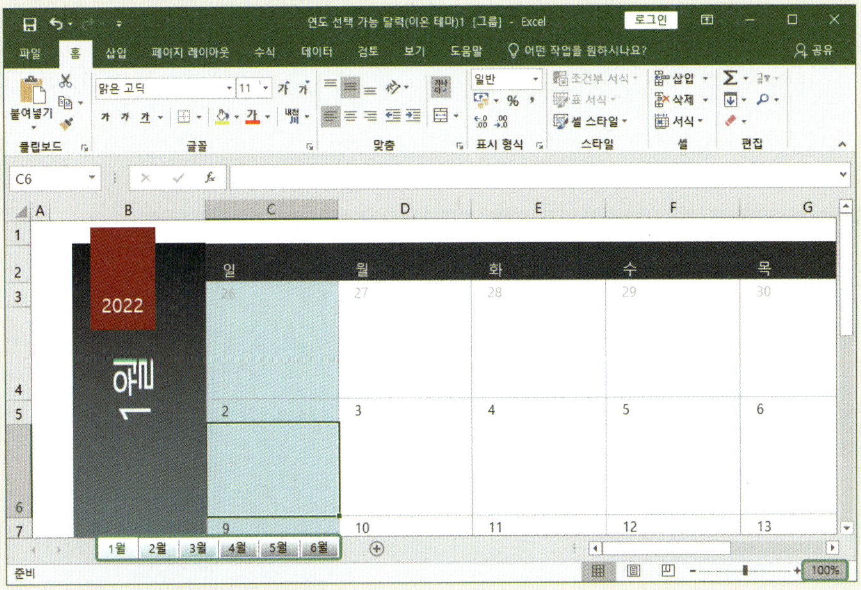

6 확대/축소 대화상자가 나타나면 [사용자 지정]의 값을 *60*으로 설정하고 [확인]을 누른다.

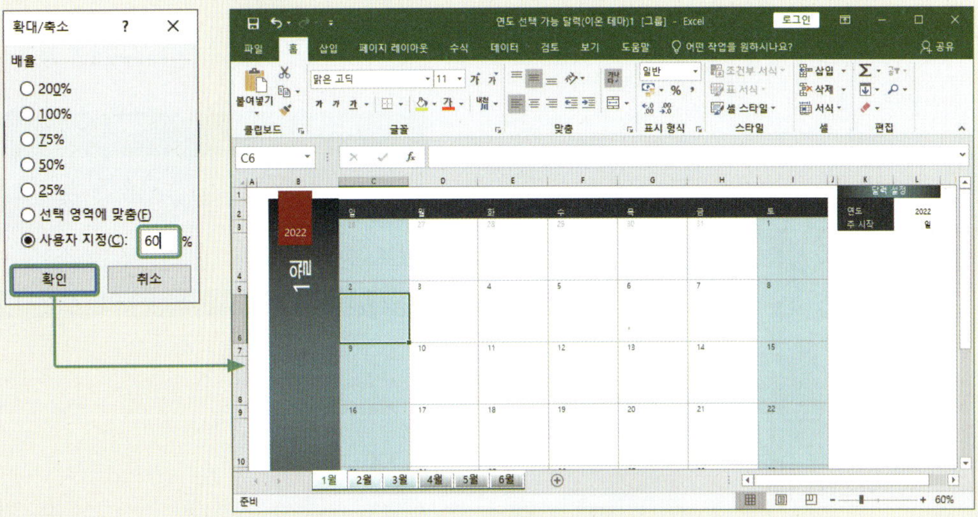

TIP 화면 오른쪽 하단의 확대/축소 조절점을 마우스로 드래그해서 원하는 비율로 설정해도 된다.

7 '2월' 시트를 선택하고 Ctrl을 누른 상태로 '4월'과 '6월' 시트를 클릭한다. 세 개의 시트가 선택된 상태에서 마우스 오른쪽 단추를 눌러 [탭 색]을 선택하고 원하는 색상을 선택한다.

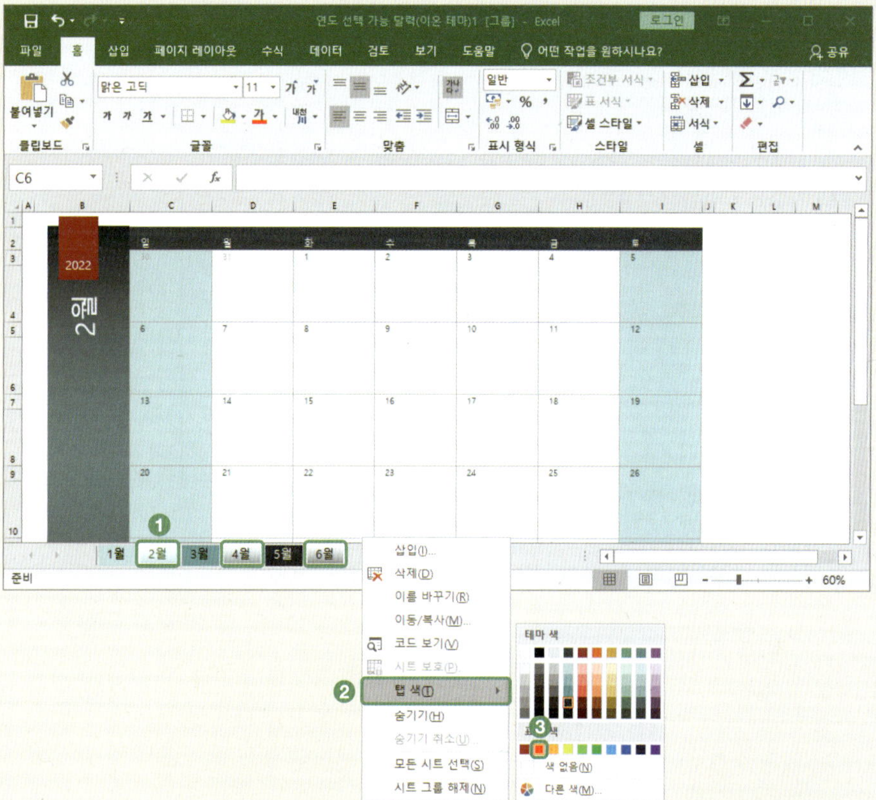

종합예제

8 '2월', '4월', '6월' 시트가 선택된 상태에서 단축키 Ctrl+P를 눌러 인쇄할 영역을 [활성 시트 인쇄]로 설정한다. 선택한 세 개의 시트만 인쇄되는 것을 인쇄 미리 보기에서 확인할 수 있다.

연습문제

1 서식 파일을 이용해 만든 [종합예제]의 달력을 '학사일정' 엑셀 통합 문서(.xlsx)로 저장하시오.

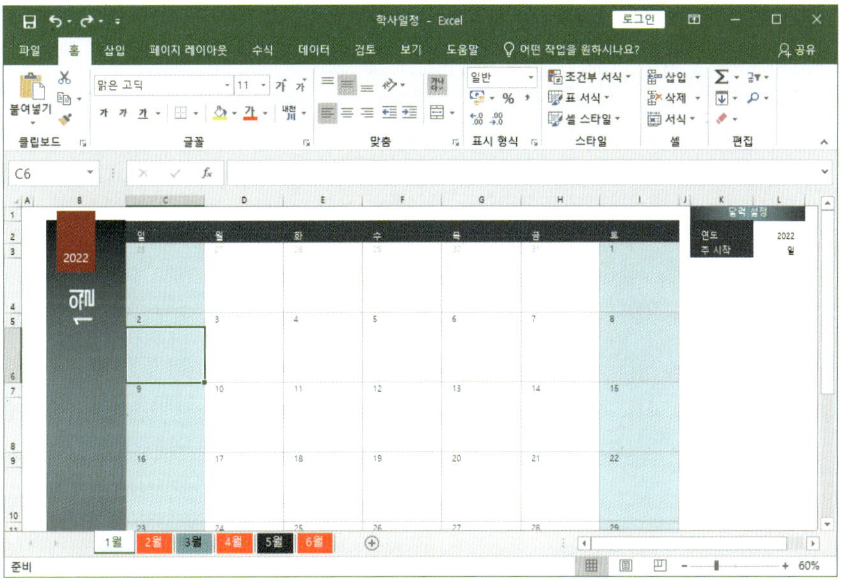

2 [연습문제 1]에서 저장한 '학사일정.xlsx' 파일을 열고 다음과 같이 설정하시오.

❶ 서식 파일에 기본으로 설정된 인쇄 영역을 해제하여 아래 그림과 같이 인쇄되도록 하시오.

❷ 1월부터 6월까지 시트 6개를 모두 인쇄할 수 있게 인쇄 옵션을 설정하시오.

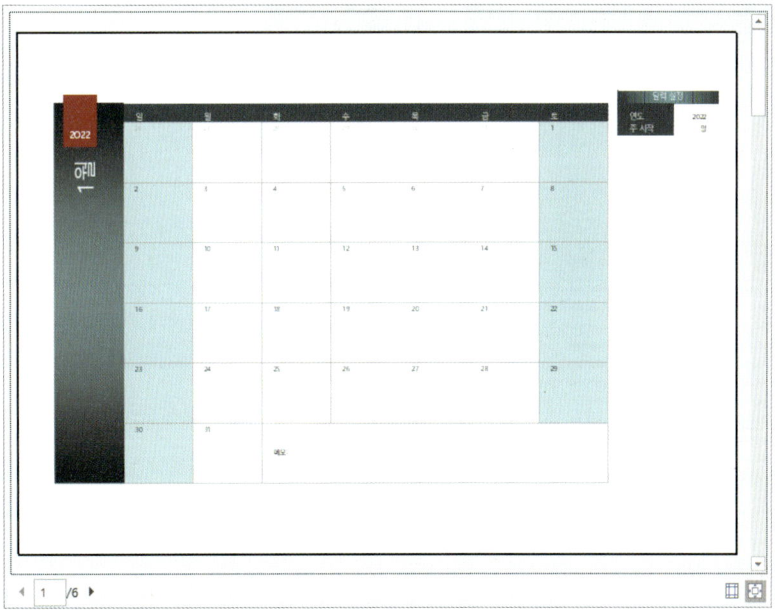

3 서식 파일을 이용하여 다음과 같이 월간 영업 보고서를 작성하시오.

❶ '영업'을 키워드로 하여 '월간 영업 보고서' 서식 파일을 검색한 후 엑셀 문서를 만들고 '월간 판매.xlsx'로 저장하시오.

❷ '판매 예측' 시트에서 인쇄 영역을 설정하여 아래 그림과 같이 인쇄되도록 하시오.

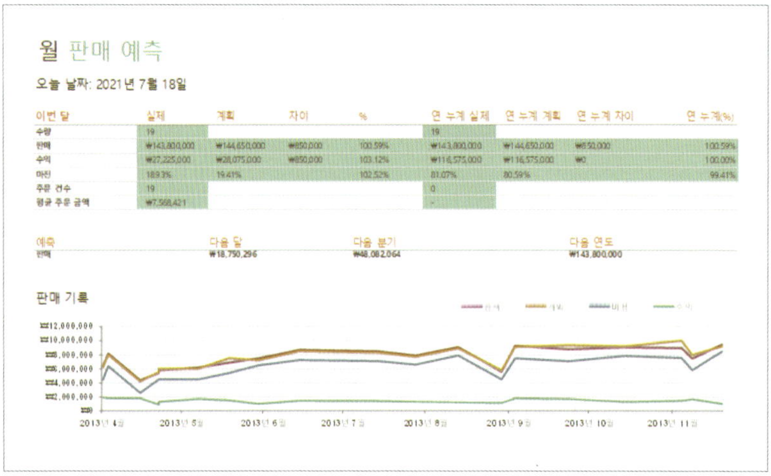

4 [연습문제 3]의 '월간 판매.xlsx' 파일을 열고 다음과 같이 설정하시오.

❶ '데이터 입력' 시트를 인쇄할 때 페이지마다 1:5행의 제목이 반복 인쇄되도록 [인쇄 제목]의 [반복할 행]을 설정하시오.

❷ 암호 '1234'를 입력해야 파일을 열 수 있게 통합 문서 보호 기능을 설정하시오.

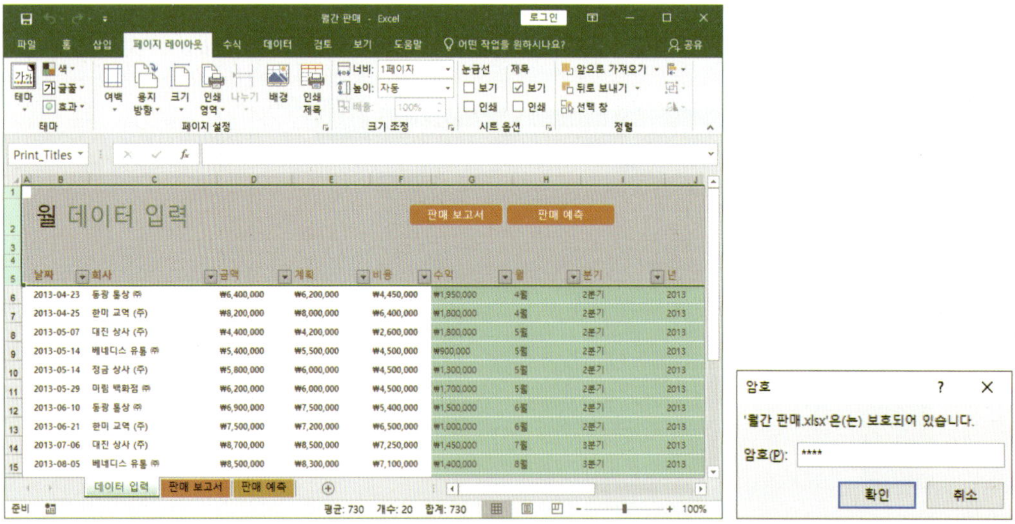

CHAPTER

02

데이터 입력하기

학습목표

- 셀과 행/열을 선택하고 편집할 수 있다.
- 다양한 종류의 데이터를 셀에 입력할 수 있다.
- 자동 채우기로 데이터를 입력하고 셀 서식을 설정할 수 있다.

SECTION 01

셀과 행/열 다루기

데이터를 입력할 셀을 선택하고 추가, 삭제하거나 셀을 이동, 복사, 병합하는 등 셀 관리 방법을 알아보고 행과 열을 선택하거나 행/열 단위의 삽입, 삭제, 숨기기 기능에 대해서도 알아본다.

1.1 셀 선택과 편집

엑셀 통합 문서를 구성하고 있는 워크시트에 데이터를 입력하려면 먼저 셀을 선택해야 한다. 그리고 입력된 데이터를 편집할 때 셀을 추가, 삭제하거나 병합이나 분할 또는 셀의 내용을 복사, 이동하는 작업도 필요하다.

기본예제 2-1 셀 선택과 데이터 입력하기

셀을 선택하려면 마우스로 원하는 셀을 누르거나 키보드의 방향키를 이용한다. 원하는 셀을 선택하고 데이터를 입력하거나 지우는 방법을 알아보자.

01 엑셀 프로그램을 실행하고 시작 화면에서 [새 통합 문서]를 클릭한다.

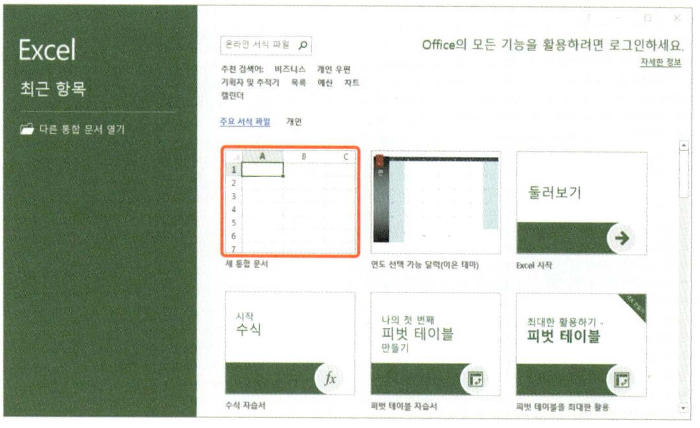

02 워크시트의 편집 영역에서는 마우스 포인터가 ✥모양으로 바뀐다. 이 상태에서 원하는 셀을 클릭하고 데이터를 입력한 후 Enter 또는 Tab을 누른다.

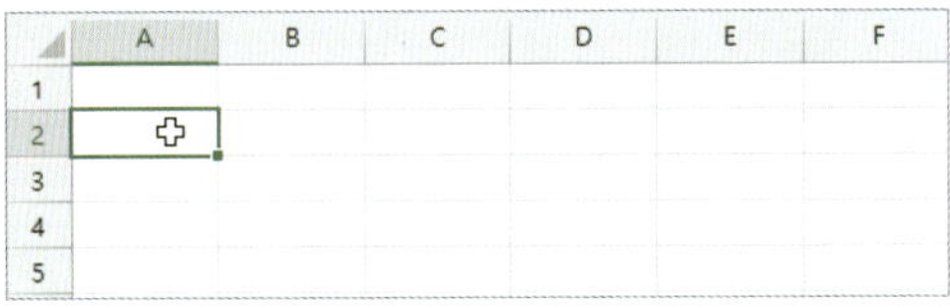

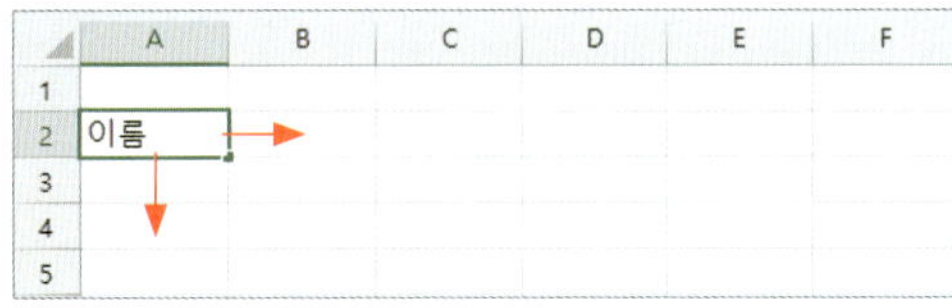

TIP Enter를 누르면 아래쪽으로, Tab을 누르면 오른쪽으로 이동하여 셀을 선택할 수 있다. 입력한 내용을 취소하려면 Enter나 Tab 대신 Esc를 누른다. 입력한 데이터의 일부분을 수정하려면 셀을 선택하고 F2를 누르거나 더블클릭해 필요한 부분을 수정한다. 셀의 전체 내용을 바꿀 때는 셀을 선택하고 새로운 내용을 바로 입력한다.

여기서 잠깐 **키보드로 셀 이동하기**

데이터를 입력하면서 셀을 이동할 때는 마우스보다 키보드를 사용하는 것이 더 편리하다. Enter나 Tab 또는 키보드의 방향키로 이동하면서 셀을 선택하고 입력하면 된다. 키보드를 이용해 셀을 이동하는 방법은 다음 표를 참고한다.

키	이동 방법
Enter	아래쪽으로 이동한다.
Tab	오른쪽으로 이동한다.
Shift + Enter	위쪽으로 이동한다.
Shift + Tab	왼쪽으로 이동한다.
방향키(↑, ↓, ←, →)	위, 아래, 왼쪽, 오른쪽으로 이동한다.
Page Up, Page Down	페이지 단위 위쪽, 페이지 단위 아래쪽으로 이동한다.
Alt + Page Up, Alt + Page Down	페이지 단위 왼쪽, 페이지 단위 오른쪽으로 이동한다.
Ctrl + Home	워크시트의 첫 번째 셀(A1)로 이동한다.
Ctrl + End	데이터가 입력된 범위 중 마지막 셀로 이동한다.
Ctrl + ↑, Ctrl + ↓	현재 위치한 열의 1행, 현재 위치한 열의 마지막(1,048,576) 행으로 이동한다.
Ctrl + ←, Ctrl + →	현재 위치한 행의 1열, 현재 위치한 행의 마지막(XFD) 열로 이동한다.

03 셀 하나를 선택하고 마우스를 드래그하거나 Shift를 누른 상태에서 키보드의 방향키를 사용하면 연속적인 여러 셀을 선택할 수 있다.

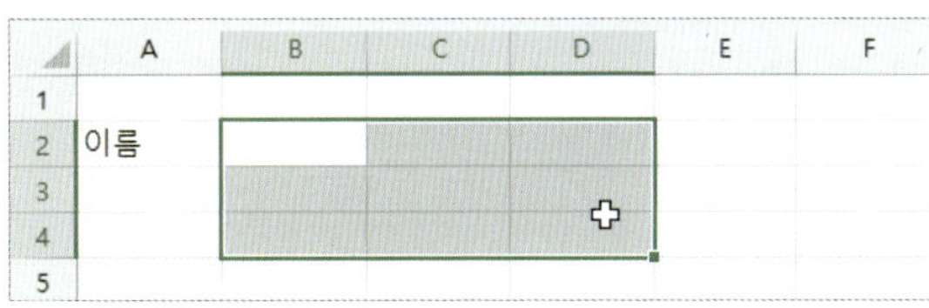

TIP 선택하려는 범위의 첫 번째 셀을 선택하고, Shift를 누른 상태에서 마우스로 마지막 셀을 눌러도 된다.

04 [Ctrl]을 누른 상태에서 마우스를 누르거나 드래그하면 비연속적인 여러 셀을 선택할 수 있다.

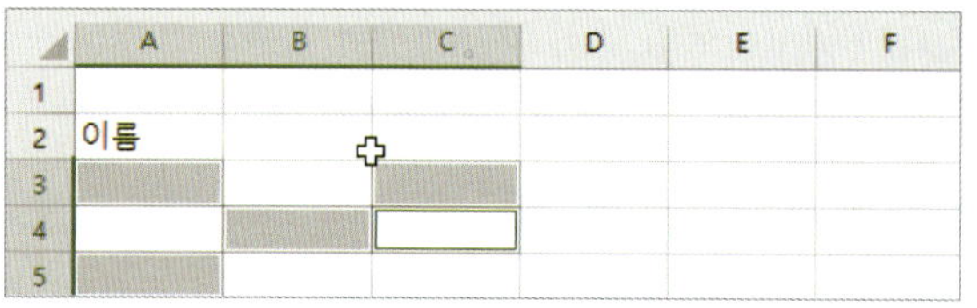

TIP 셀 선택을 취소하려면 [Ctrl]을 누른 상태에서 취소할 셀을 마우스로 클릭하면 된다.

05 여러 셀이 선택된 상태에서 데이터를 입력하고 [Ctrl]+[Enter]를 누르면 선택된 모든 셀에 동일한 데이터가 입력된다.

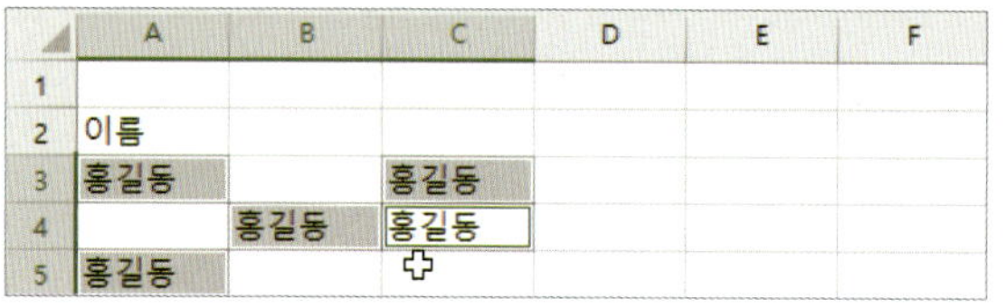

여기서 잠깐 **빈 셀만 선택하기**

데이터가 입력되어 있지 않은 빈 셀만 선택하는 방법은 다음과 같다.

① A1:C5 범위를 드래그하여 선택하고 [홈] 탭–[편집] 그룹–[찾기 및 선택]–[이동 옵션]을 선택한다.

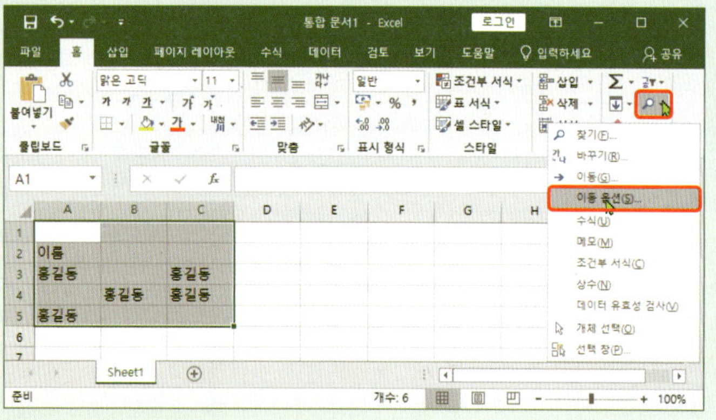

② [이동 옵션] 대화상자에서 [빈 셀]을 선택하고 [확인]을 누른다.

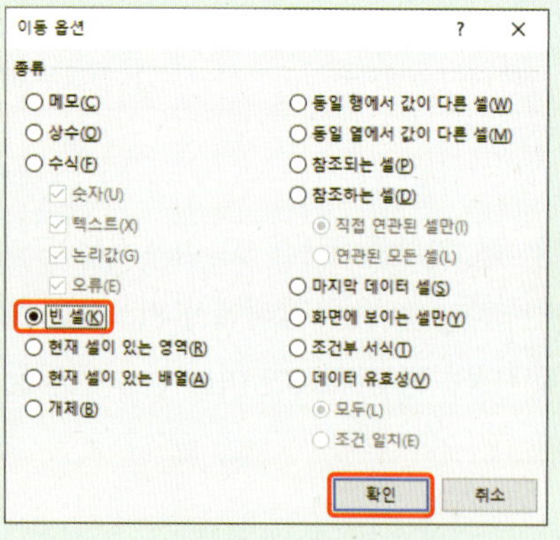

③ 범위 내에 있는 빈 셀만 선택된다.

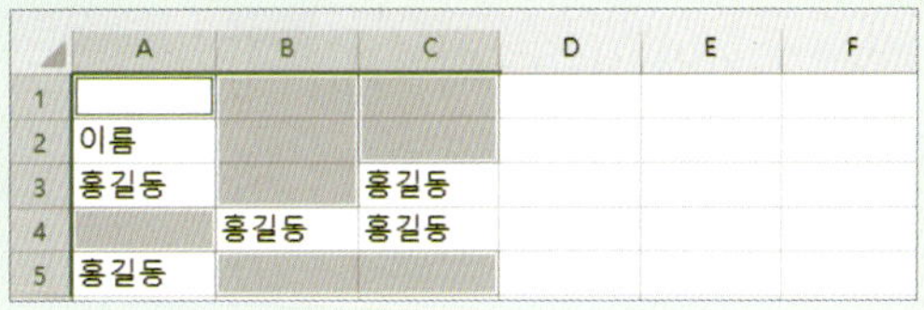

06 입력한 데이터를 지우려면 셀을 선택하고 Delete를 누르거나, 마우스 오른쪽 단추를 눌러 [내용 지우기]를 선택한다.

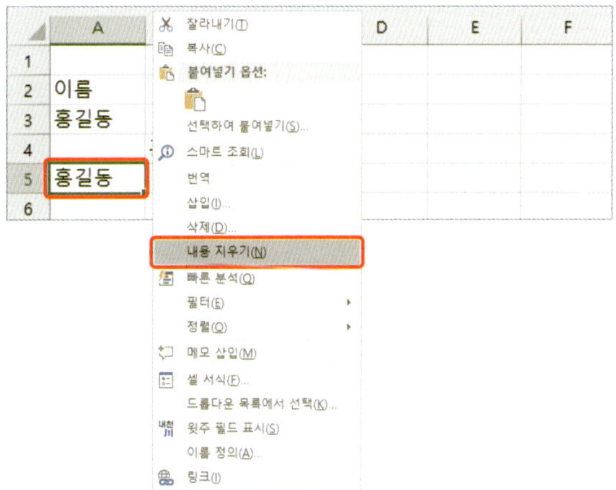

기본예제 2-2 셀 삽입과 삭제, 복사와 이동하기

작업 공간인 워크시트에서는 필요한 만큼 셀을 삽입하거나 삭제할 수 있다. 셀 삽입, 삭제와 셀에 입력한 데이터를 복사해서 다른 위치에 붙여넣거나 이동하는 방법도 알아보자.

01 셀을 삽입할 위치를 선택하고 [홈] 탭–[셀] 그룹–[삽입]의 [▾ 목록] 단추를 누르고 [셀 삽입]을 선택한다.

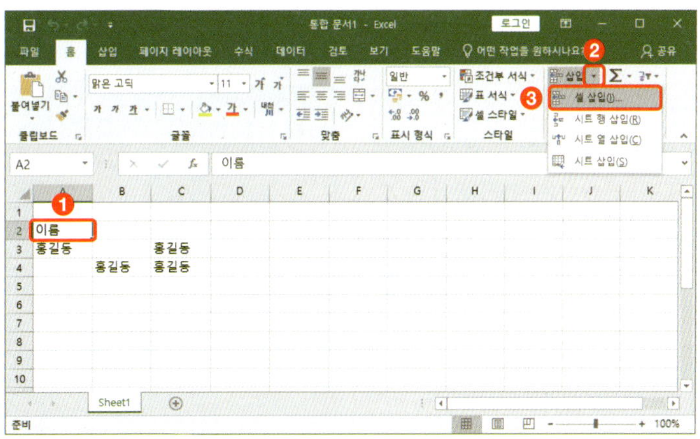

TIP 마우스 오른쪽 단추로 셀을 누르면 나타나는 단축 메뉴에서 [삽입]을 선택해도 되고, 단축키 Ctrl+ + 를 이용해도 된다.

02 [삽입] 대화상자에서 [셀을 아래로 밀기]를 선택하고 [확인]을 누르면 선택한 방향으로 워크시트에 셀이 추가된다.

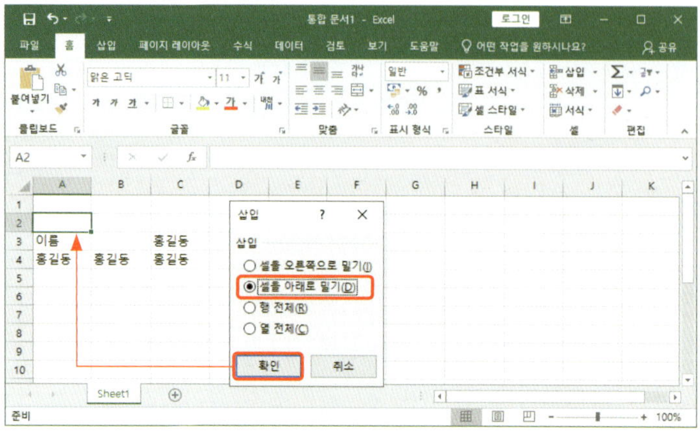

03 셀을 삭제하려면 삭제할 셀 혹은 범위를 선택하고 [홈] 탭–[셀] 그룹–[삭제]의 [▾ 목록] 단추를 눌러 [셀 삭제]를 선택한다.

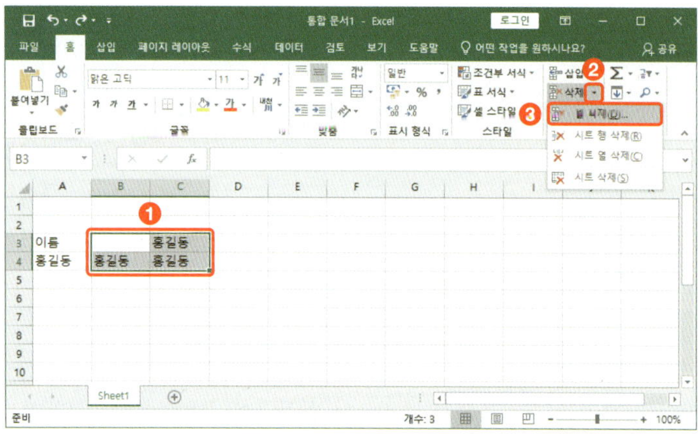

TIP 셀 선택 후 마우스 오른쪽 단추를 누르면 나타나는 단축 메뉴에서 [삭제]를 선택하거나, 단축키 Ctrl+-를 이용해도 된다.

04 [삭제] 대화상자에서 [셀을 왼쪽으로 밀기]를 선택하고 [확인]을 누르면 선택된 셀이 모두 삭제된다.

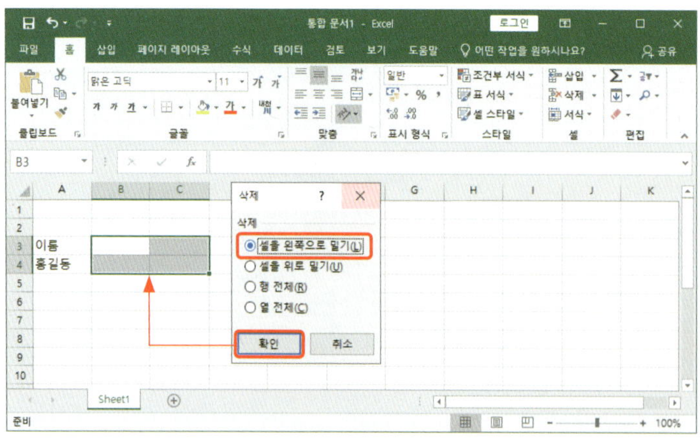

05 그림과 같이 데이터를 입력한다. 복사할 셀(B4)를 선택하고 [홈] 탭–[클립보드] 그룹–[복사]를 누른다.

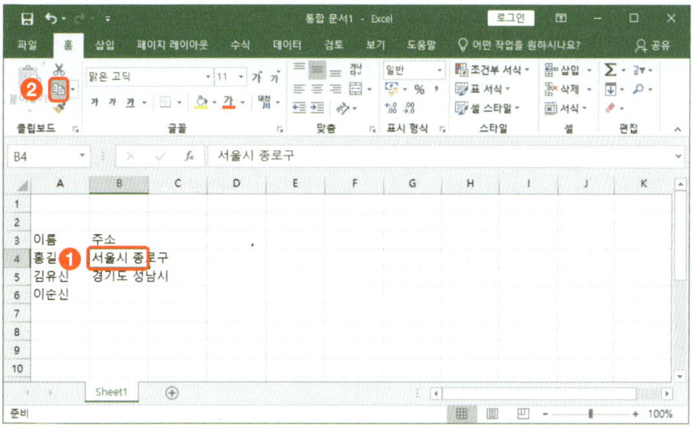

TIP 복사할 셀을 선택하고 단축키 Ctrl+C를 이용해도 된다.

06 복사한 내용을 붙여넣을 셀(B6)을 선택하고 [홈] 탭–[클립보드] 그룹–[붙여넣기]를 누른다.

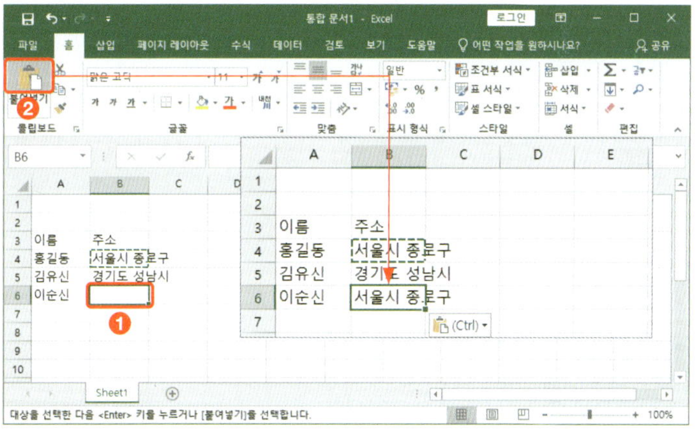

TIP 붙여넣을 셀을 선택하고 단축키 Ctrl+V를 이용해도 된다.

07 이동할 셀 범위(A3:B6)를 선택한다. 선택한 영역의 테두리에 마우스를 위치시켜 마우스 포인터가 십자 모양으로 바뀌면 이동할 위치(B3:C6)로 드래그한다.

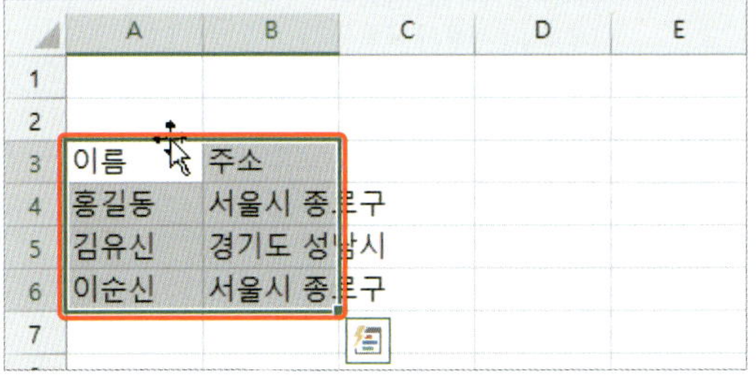

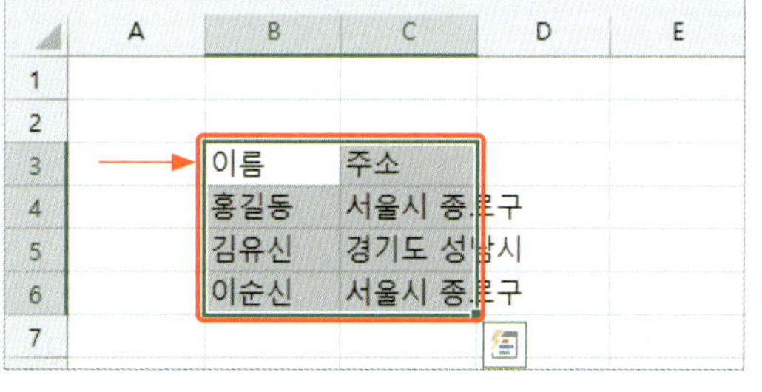

TIP 연속적인 여러 개의 셀 범위를 표시할 때는 A3:B6와 같이 콜론(:) 기호를 사용한다.

여기서 잠깐 ▶ 자동 완성 기능

동일한 데이터를 입력하는 경우 셀 복사 기능을 사용해도 되지만, 셀에 입력된 데이터를 이용해 나머지 내용을 자동으로 완성할 수도 있다. 가령 C6 셀에 *서*라고 입력하면 나머지 내용이 표시되는데, Enter를 누르면 자동 완성 기능에 의해 그대로 입력된다. 입력할 데이터가 다른 내용인 경우에는 끝까지 계속 입력하거나, Back Space를 눌러 불필요한 부분만 지우고 입력하면 된다.

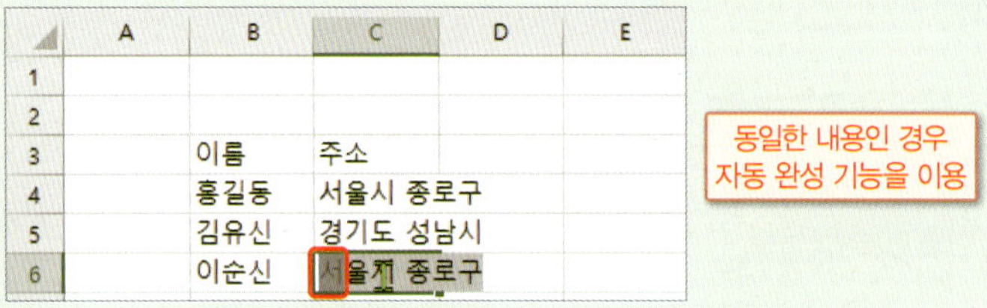

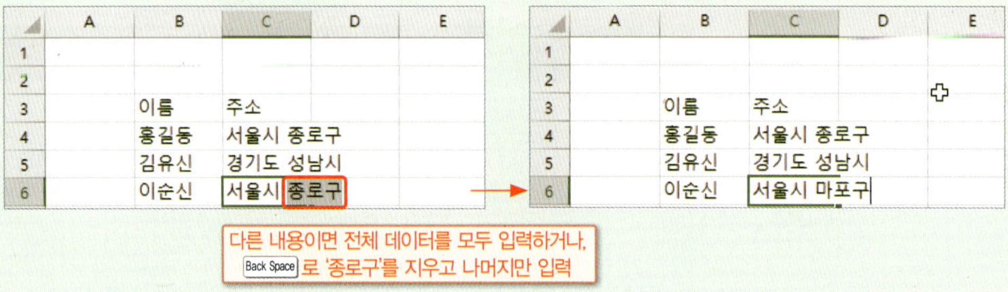

기본예제 2-3 셀 병합과 분할하기

제목을 만들 때 여러 셀을 병합해 데이터를 입력하는 경우가 있다. 셀을 병합하는 방법과 병합된 셀을 다시 원래 형태로 분할하는 방법을 알아보자.

01 제목으로 사용할 A1 셀에 *주문 목록*을 입력한다.

02 병합할 범위(A1:F2)를 선택하고 [홈] 탭–[맞춤] 그룹–[병합하고 가운데 맞춤]을 누른다.

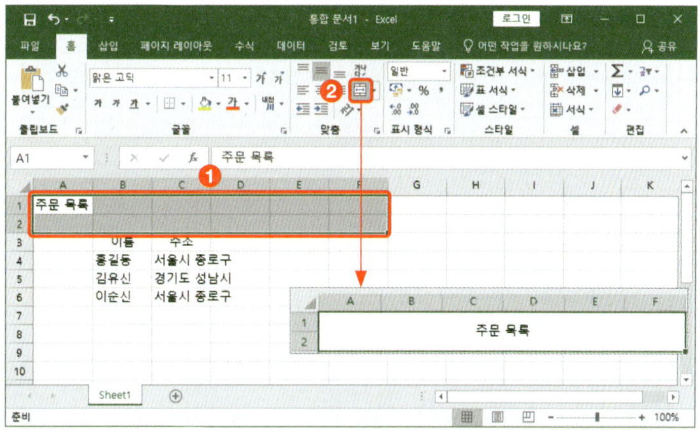

여기서 잠깐 **전체 병합과 셀 병합**

[병합하고 가운데 맞춤]의 [▾ 목록] 단추를 누르면 다양한 병합 방법이 표시된다. [전체 병합]과 [셀 병합]을 적용했을 때의 결과는 다음을 참고한다.

- [전체 병합]을 선택하면 행별로 셀이 병합된다.

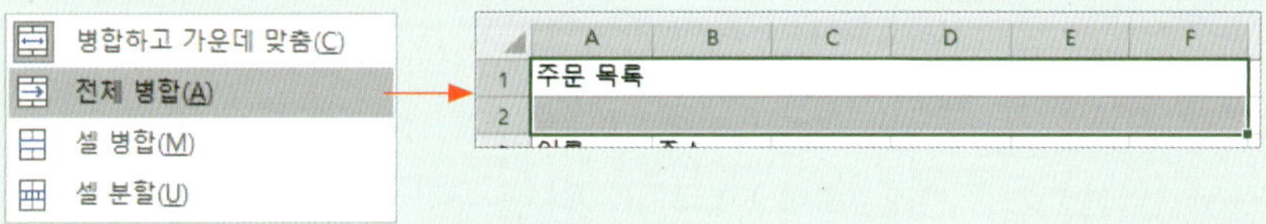

- [셀 병합]을 선택하면 맞춤 설정 없이 하나의 셀로 병합된다.

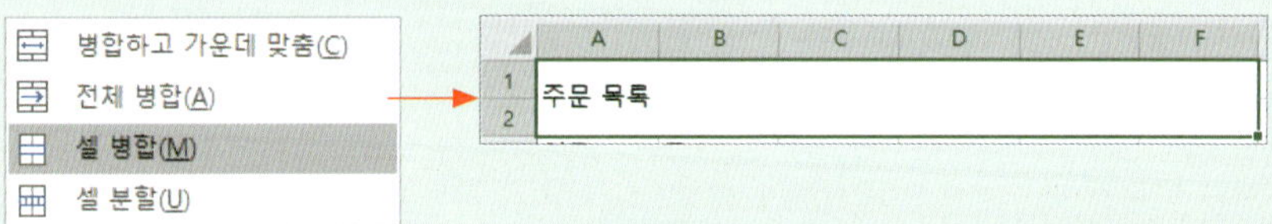

03 병합한 셀을 선택한 상태에서 [홈] 탭–[맞춤] 그룹–[병합하고 가운데 맞춤]을 다시 누르면 셀이 분할되어 병합하기 전의 상태가 된다.

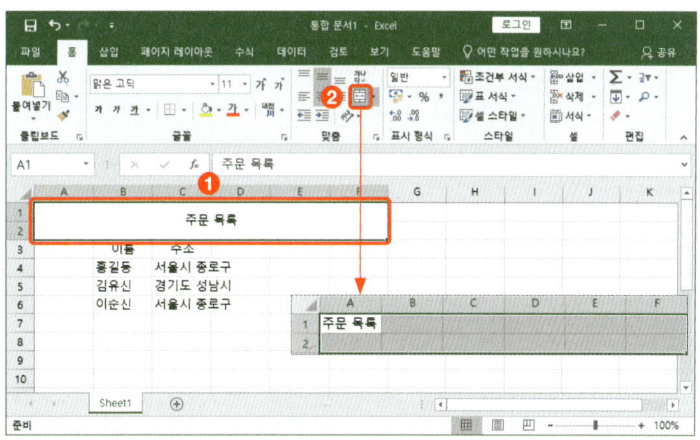

TIP [병합하고 가운데 맞춤]의 [목록] 단추를 누르고 [셀 분할]을 선택해도 된다.

1.2 행/열 선택과 편집

여러 셀을 한 번에 선택해 작업하는 경우도 있지만 행이나 열 전체를 선택해 편집하거나 삽입, 삭제 등의 작업을 할 수도 있다. 행이나 열 전체를 선택할 때는 행 머리글과 열 머리글을 이용하면 된다. 또한 행과 열의 숨기기 기능을 이용하면 중요 정보나 다른 값을 계산할 때 사용하는 정보 등을 화면에 표시하지 않도록 할 수 있다.

기본예제 2-4 행/열 다루기

워크시트에서 행이나 열 단위로 셀을 다루는 방법을 알아보자.

01 열 머리글 영역에서 C열과 D열을 드래그하여 선택하고 [홈] 탭–[셀] 그룹–[삽입]을 누른다. 여러 열을 선택한 상태에서 [삽입]을 누르면 선택한 개수만큼 열이 삽입된다.

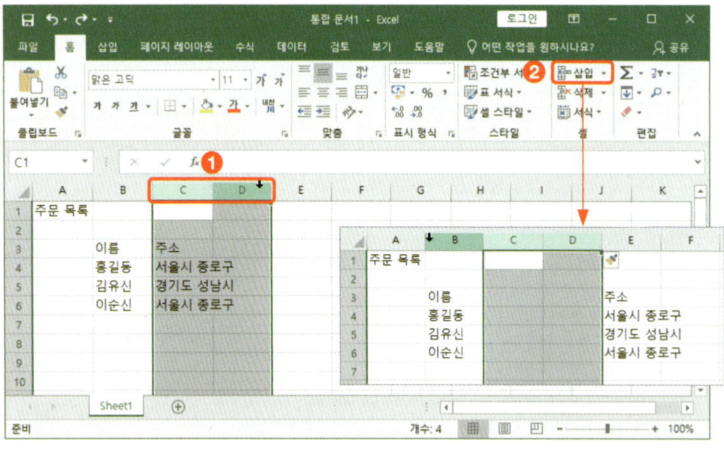

TIP 현재 셀 위치의 앞부분에 열이 삽입된다.

02 열 머리글 영역에서 B열을 마우스로 클릭해 선택하고 단축키 Ctrl+C를 눌러 복사한다. [홈] 탭–[셀] 그룹–[삽입]을 누르면 복사한 열의 데이터가 그대로 새로운 열로 삽입된다.

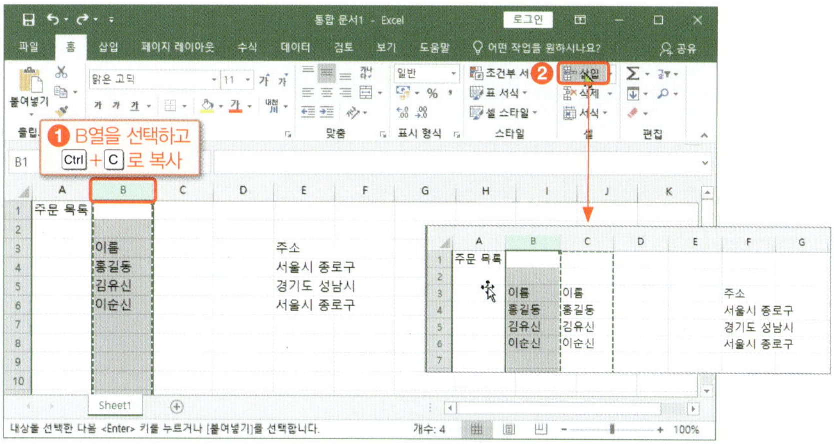

03 열 머리글 영역에서 D열을 선택하고 [홈] 탭–[셀] 그룹–[삭제]를 누르면 열이 삭제된다.

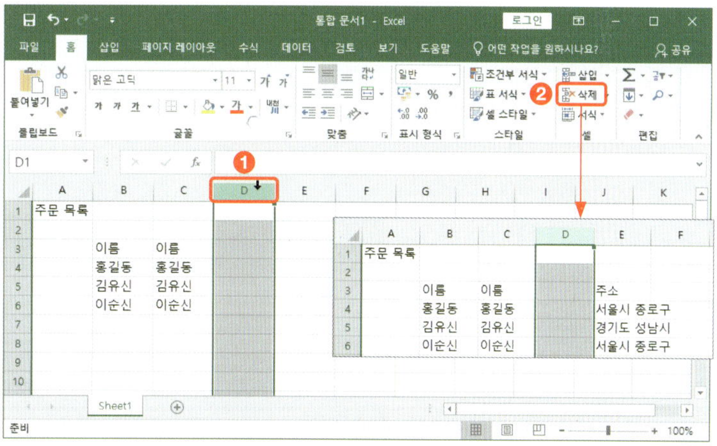

TIP 열 전체를 선택하는 대신 D열에 있는 임의의 셀(예, D3)을 선택하고 [홈] 탭–[셀] 그룹에서 [삭제]의 [목록] 단추를 눌러 [시트 열 삭제]를 눌러도 열이 삭제된다.

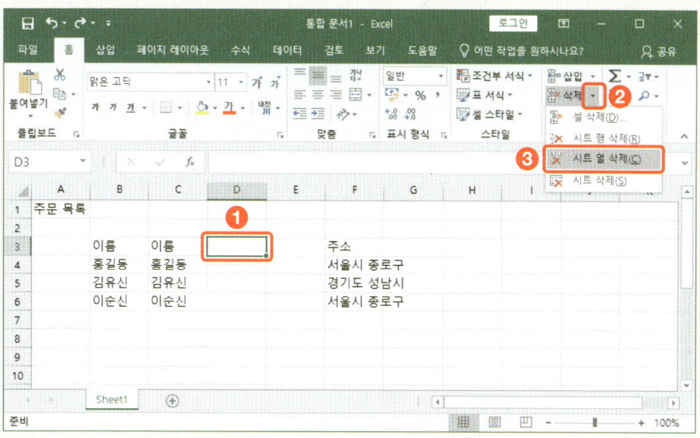

04 행 전체를 선택하려면 행 머리글을 이용한다. 행 머리글 영역에서 3행을 선택하고 [홈] 탭–[맞춤] 그룹–[가운데 맞춤]을 누른다.

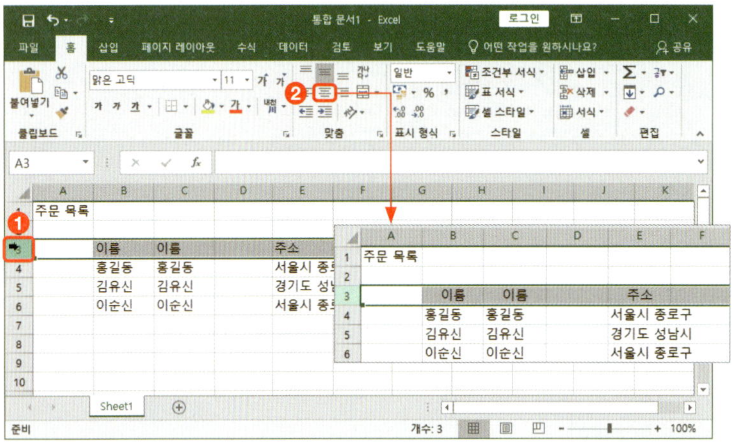

기본예제 2-5 행/열 숨기기

행이나 열에 입력된 데이터를 삭제하지 않고 화면에는 표시되지 않게 하려면 행과 열의 숨기기 기능을 사용한다. 숨기기 기능을 이용하는 방법과 취소하는 방법을 알아보자.

01 그림과 같이 D3:D6 범위에 데이터를 입력하고 열 머리글 영역에서 D열을 선택한다.

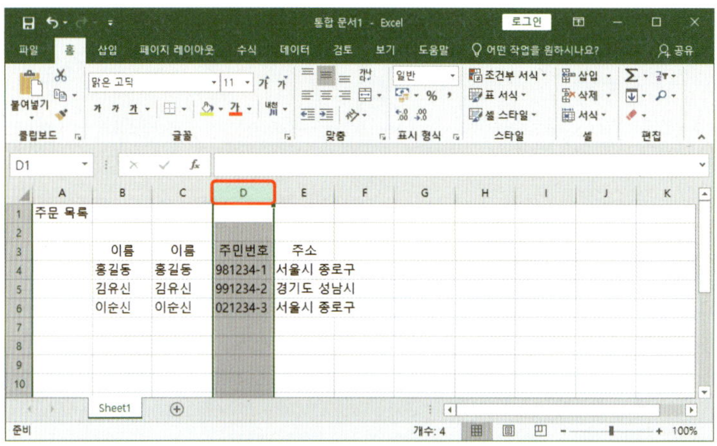

02 [홈] 탭–[셀] 그룹–[서식] 목록에서 [숨기기 및 숨기기 취소]–[열 숨기기]를 선택한다.

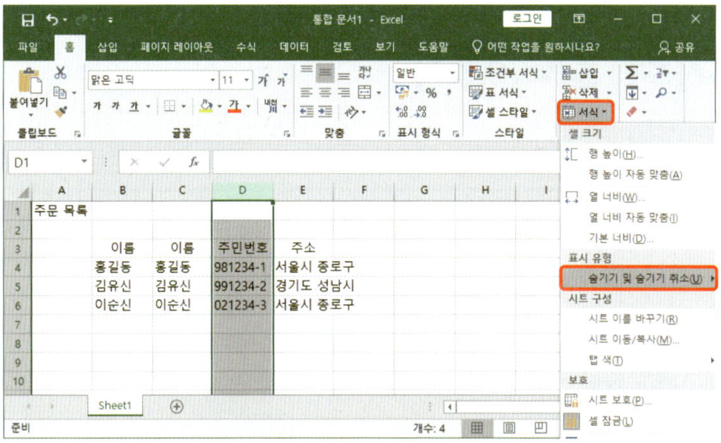

TIP 열 전체를 선택한 후 선택한 열을 마우스 오른쪽 단추로 누르면 나타나는 단축 메뉴에서 [숨기기]를 선택해도 된다.

03 숨기기 기능을 실행한 D열이 워크시트에 표시되지 않는다.

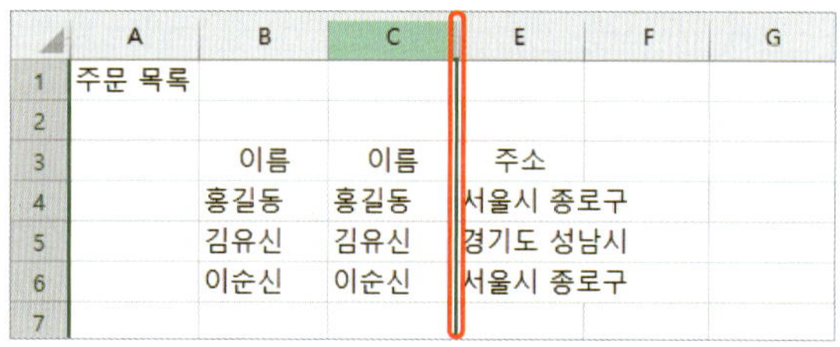

04 숨겨진 D열을 다시 표시하려면 C열과 E열의 열 머리글을 드래그하여 선택하고 마우스 오른쪽 단추를 눌러 단축 메뉴에서 [숨기기 취소]를 클릭한다.

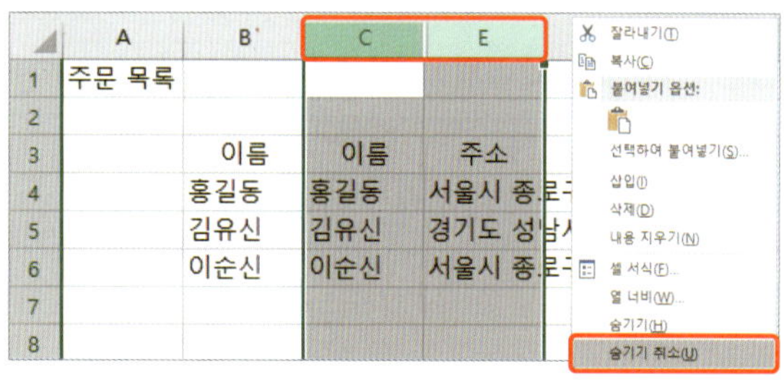

TIP 숨겨진 행이나 열이 포함되도록 범위를 먼저 설정하고 숨기기를 취소한다. [홈] 탭–[셀] 그룹–[서식] 목록에서 [숨기기 및 숨기기 취소]–[열 숨기기 취소] 메뉴를 이용해도 된다.

05 숨겨져 있던 D열이 워크시트에 다시 표시된다.

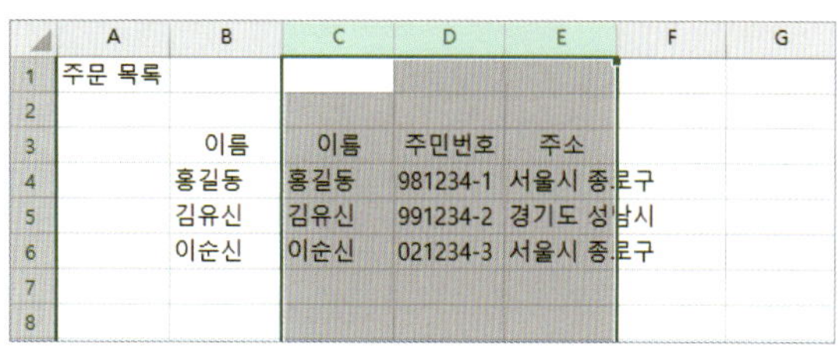

SECTION 02

데이터 입력하기

셀에 입력할 수 있는 데이터는 문자와 숫자를 비롯해 날짜와 시간, 한자와 기호 등 그 종류가 다양하다. 숫자와 날짜, 시간 데이터의 경우 계산에 사용할 수 있어서 엑셀의 수식에 유용하게 활용된다. 다양한 데이터를 셀에 입력하는 방법과 데이터의 종류에 따라 셀에 표시되는 형식이나 특징에 대해 알아본다.

2.1 문자 데이터

셀에 한글이나 영어, 한자나 기호가 입력되면 문자로 인식해 왼쪽 맞춤으로 기본 정렬된다. 숫자를 문자와 함께 입력하는 경우 문자 데이터로 분류되어 계산에 사용할 수 없으므로, 계산 작업이 필요한 경우라면 데이터의 형식에 맞게 입력해야 한다.

기본예제 2-6 문자 입력하기

한글이나 영어, 숫자가 포함된 문자 등 여러 가지 형태의 문자 데이터를 셀에 입력해 보자.

01 그림과 같이 F열에 '상세주소'를 입력한다. F3 셀에 데이터를 입력하고 Enter를 누르면 아래쪽 셀로 이동하면서 계속 입력할 수 있다.

여기서 잠깐 ▶ 셀 이동 방향

Enter를 눌렀을 때 이동하는 위치를 바꾸려면 [파일] 탭–[옵션]을 선택해 [Excel 옵션] 대화상자를 열고 [고급] 범주의 [편집 옵션]에서 설정을 변경한다.

02 '주소'가 있는 E열의 긴 문자 데이터가 가려지므로, 열 번호 사이의 경계선을 마우스로 드래그해서 열 너비를 넓힌다.

TIP ▸ 열 번호 사이의 경계선을 마우스로 더블클릭하면 자동으로 열 너비가 조정된다.

03 문자의 길이가 긴 경우 단축키 Alt+Enter를 이용하면 셀 안에서 줄을 나눠 입력할 수도 있다. F5 셀에 *판교로*를 입력하고 Alt+Enter를 눌러 줄바꿈한 후, *1234번길*을 입력하고 Tab이나 Enter를 눌러 입력을 종료한다.

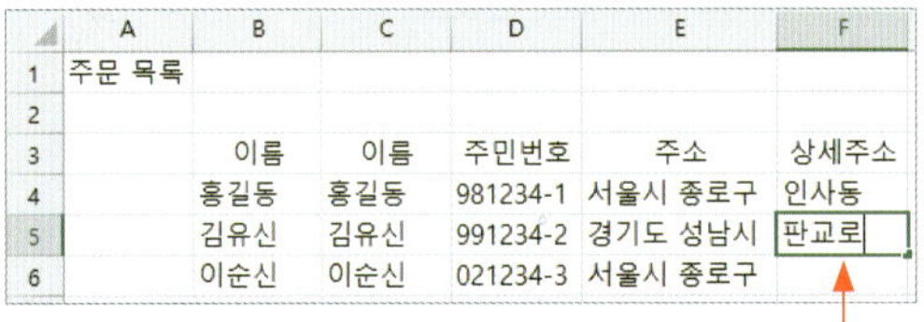

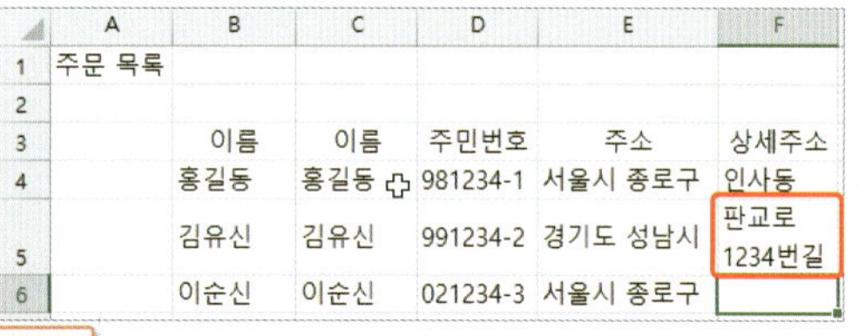

Alt+Enter를 눌러 줄바꿈한다.

04 F6 셀을 선택하고 단축키 Alt+↓를 눌러 목록이 표시되면 *인사동*을 선택하고 Enter를 누른다.

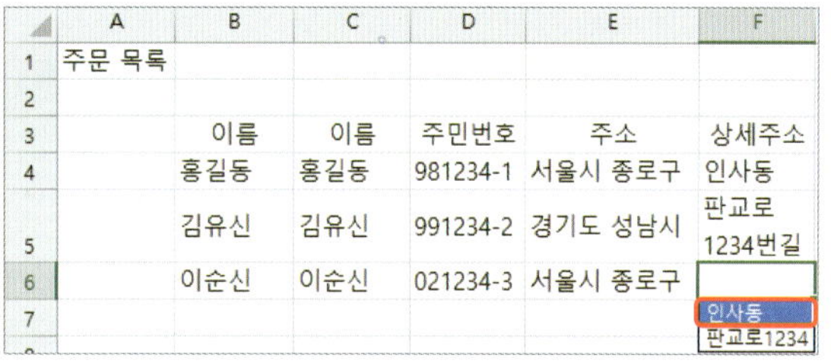

TIP ▸ 단축키 Alt+↓를 이용하면 해당 열에 입력된 모든 데이터를 목록에서 선택할 수 있어서 데이터 입력이 간편해진다.

기본예제 2-7 한자 입력하기

한자는 일반적으로 한글을 입력한 후 변환할 부분을 드래그하거나 글자 뒤에 커서를 두고 한자를 눌러 변환한다. 자주 사용하는 단어를 한자 사전에 미리 등록해두고 한 번에 변환하거나, 여러 셀을 선택해서 한 번에 변환하는 간편한 방법도 있다. 한글을 한자로 변환하여 셀에 입력해 보자.

01 C3 셀은 *한자이름*을 입력해 수정하고 Enter를 누른다. C4 셀에서 F2를 눌러 '홍길동' 뒤에 커서를 둔 채 한자를 누른다.

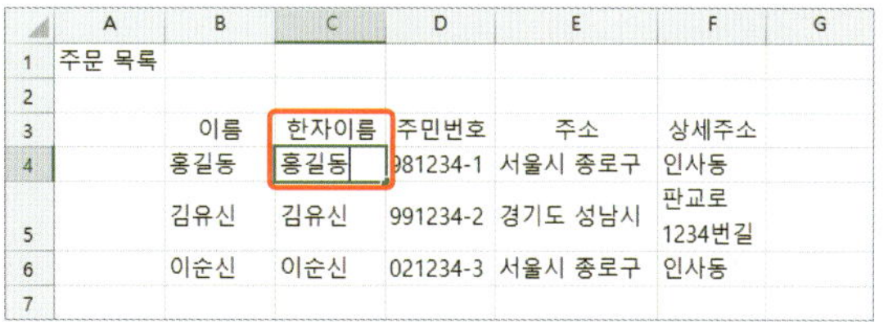

02 [한글/한자 변환] 대화상자가 열리고 한자 사전에 등록되어 있는 단어나 글자가 목록에 표시된다. 적합한 한자를 선택하고 [변환]을 누른다.

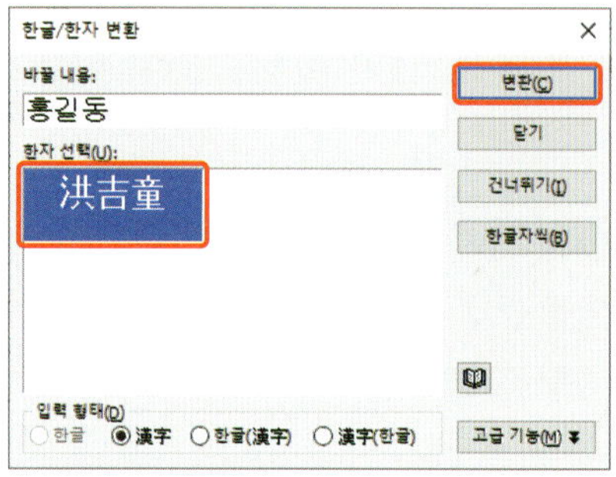

03 C4 셀의 변환된 글자를 확인하고 Enter 를 누른다.

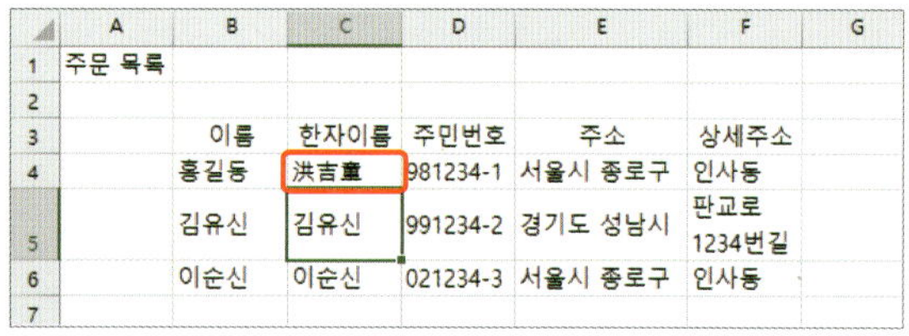

04 여러 셀의 데이터를 한 번에 한자로 변환하기 위해 C5:C6 범위를 선택하고 [검토] 탭–[언어] 그룹–[한글/한자 변환]을 누른다.

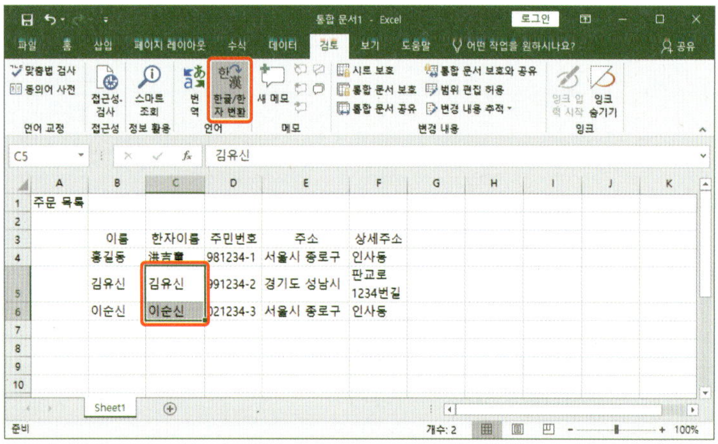

05 [한글/한자 변환] 대화상자에서 한자를 선택하고 [변환]을 누르면 다음 셀의 바꿀 내용과 한자가 차례대로 표시된다. 선택한 모든 셀이 한자로 변환되고 메시지 창이 나타나면 [확인]을 누른다.

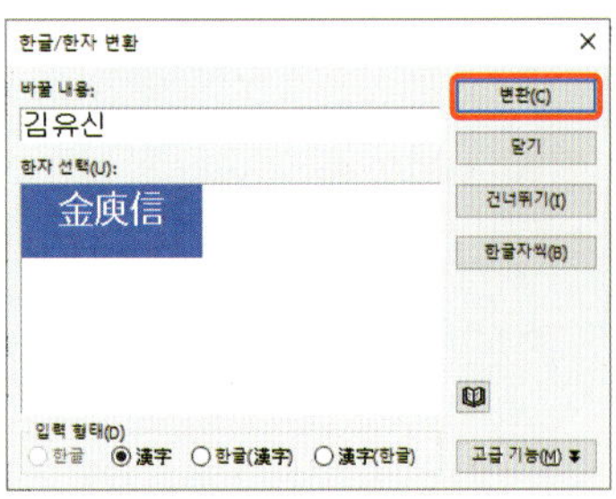

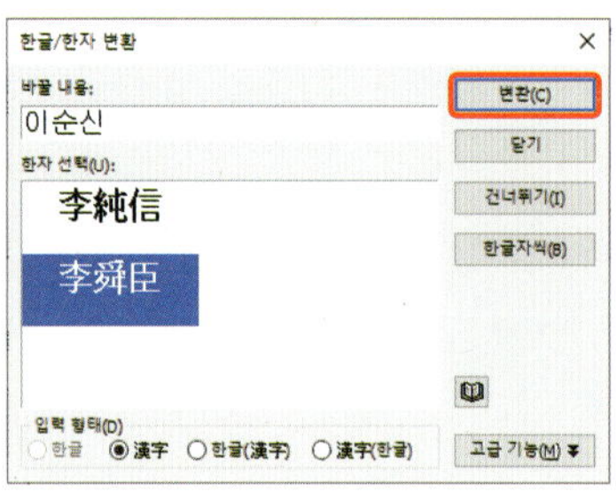

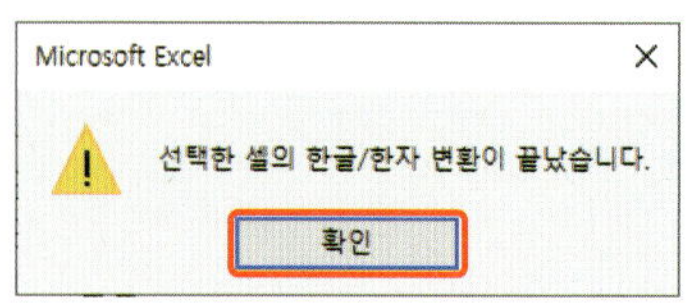

기본예제 2-8 기호 입력하기

셀에 기호를 입력할 때는 한글 자음을 먼저 입력하고 한자를 눌러 필요한 기호를 선택하거나 [삽입] 탭–[기호] 메뉴를 이용한다. 기호를 입력하는 방법을 알아보자.

01 G3 셀을 선택하고 *전화 ㅁ*을 입력한 뒤 한자를 누른다.

02 기호 목록에서 원하는 기호를 선택한다. 셀에 기호가 표시되면 Enter를 누른다.

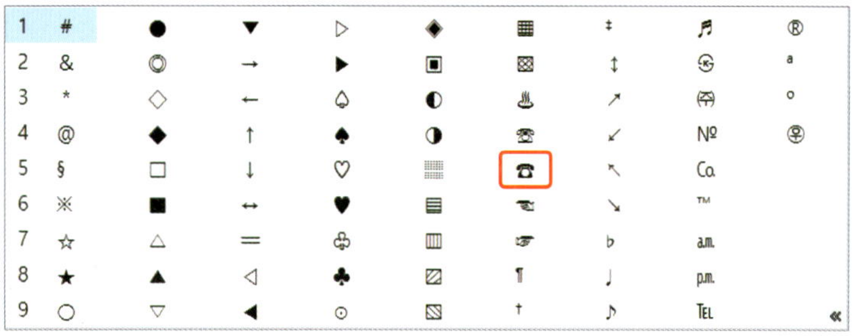

여기서 잠깐 ▶ 한글 자음 변환 기호

다음은 한글 자음에 따라 한자로 변환할 수 있는 기호들이다.

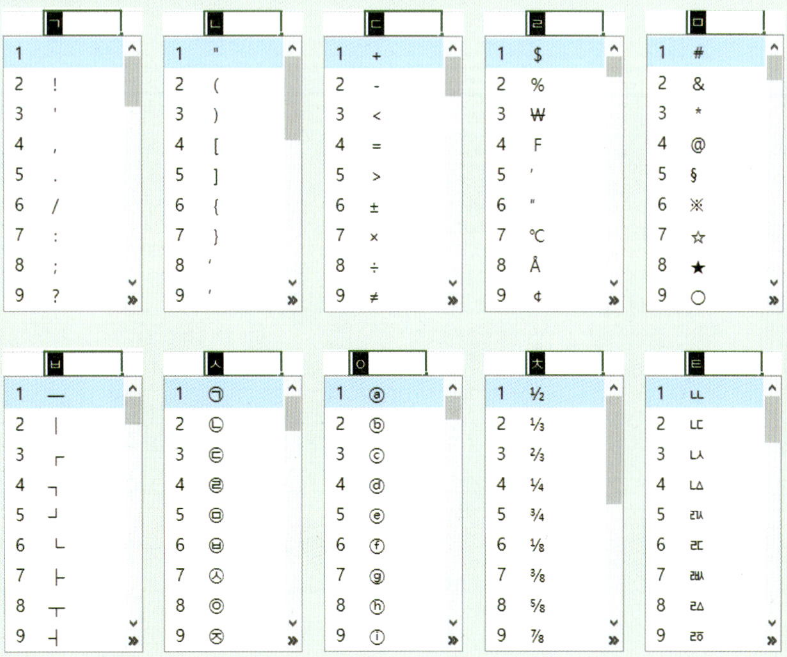

03 H3 셀에 *금액*을 입력하고 [삽입] 탭–[기호] 그룹–[기호]를 누른다.

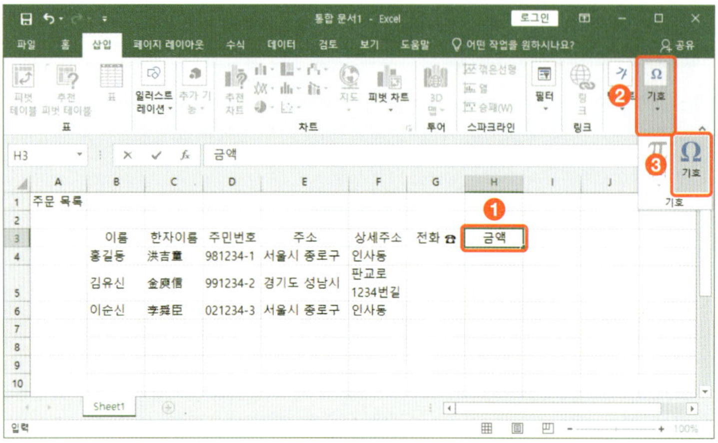

04 [기호] 대화상자의 [통화 기호]에서 [₩]를 찾아 선택하고 [삽입]을 누른다.

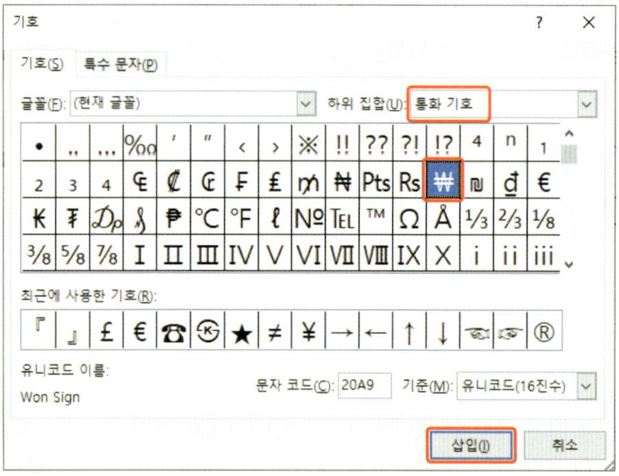

05 셀에 기호가 삽입되면 [닫기]를 눌러 [기호] 대화상자를 닫는다.

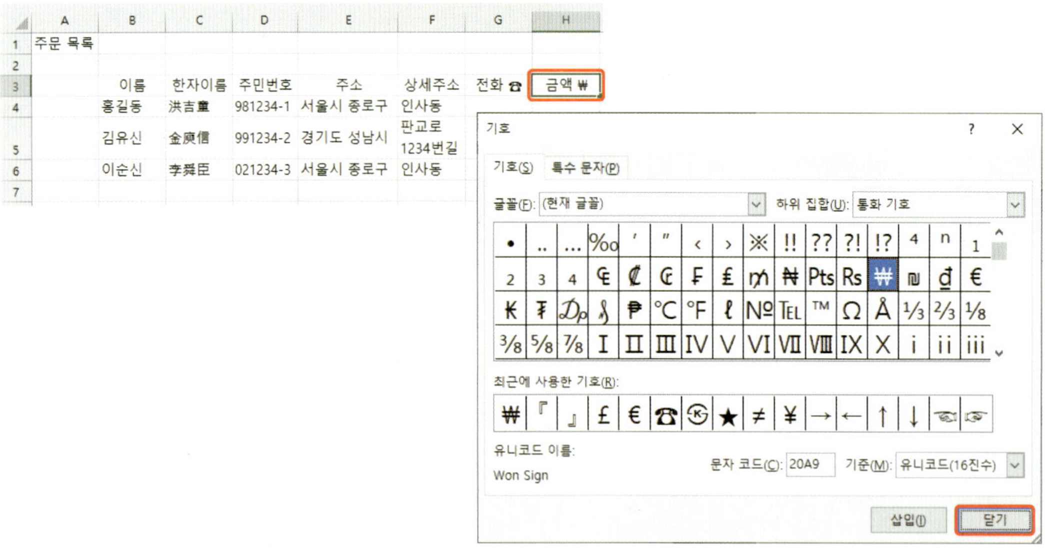

2.2 숫자 데이터

엑셀에서 가장 많이 사용되는 숫자 데이터는 계산에 사용할 수 있고, 셀에 숫자가 입력되면 오른쪽 맞춤으로 기본 정렬된다. 숫자 자릿수나 열 너비에 따라 지수 형식으로 표시될 수도 있으며, 통화나 회계, 백분율 등 다양한 형식으로 표시할 수 있다.

기본예제 2-9 숫자 입력하기

다양한 형식의 숫자 데이터를 입력해 보고, 통화나 회계, 음수, 백분율 등 여러 가지 숫자 데이터의 표시 형식에 따른 특징을 알아보자.

01 전화번호의 경우 *01012345678*처럼 입력하면 숫자로 인식되어 앞자리의 0이 사라지고 오른쪽 맞춤으로 표시된다.

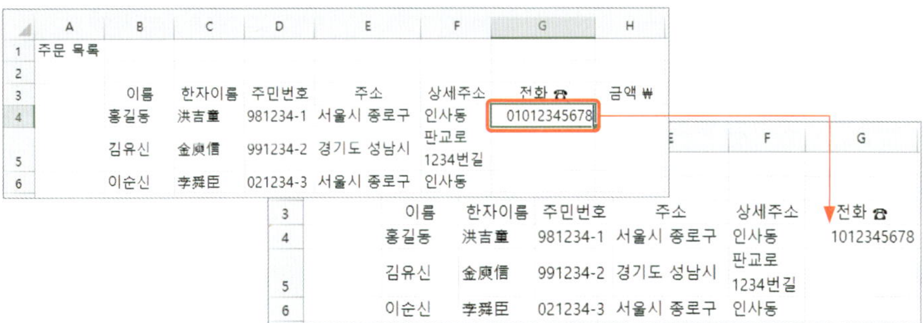

02 숫자 앞에 아포스트로피(')를 붙이면 입력한 값 그대로 앞자리 0이 표시되고 왼쪽으로 맞춤이 설정된다.

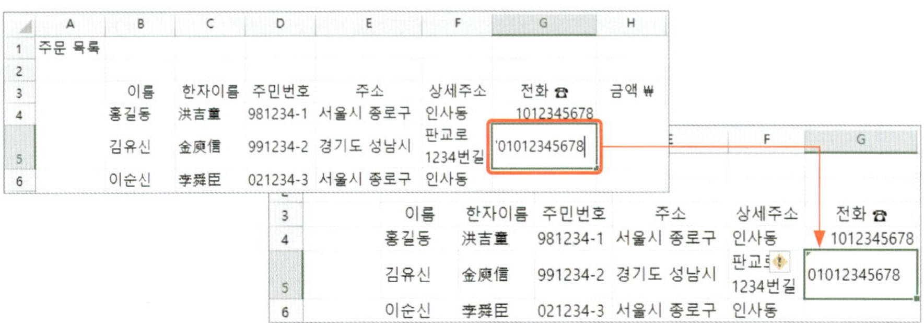

여기서 잠깐 **오류 표시 제거하기**

숫자 앞에 아포스트로피(')를 붙이고 데이터를 입력하면 셀에 [오류 표시] 단추가 나타난다. [오류 표시] 단추를 누르고 목록에서 [오류 무시]를 선택하여 오류 표시를 제거한다. 다른 전화번호를 입력할 때도 오류 표시가 계속 나타나지 않게 하려면 [오류 검사 옵션]을 눌러 [Excel 옵션] 창에서 [앞에 아포스트로피가 있거나 텍스트로 서식이 지정된 숫자] 옵션을 해제하고, [확인]을 누른다.

텍스트 형식으로 저장된 숫자는 왼쪽으로 정렬되며 표시 형식만 달라진 것이므로 계산은 동일하게 수행된다.

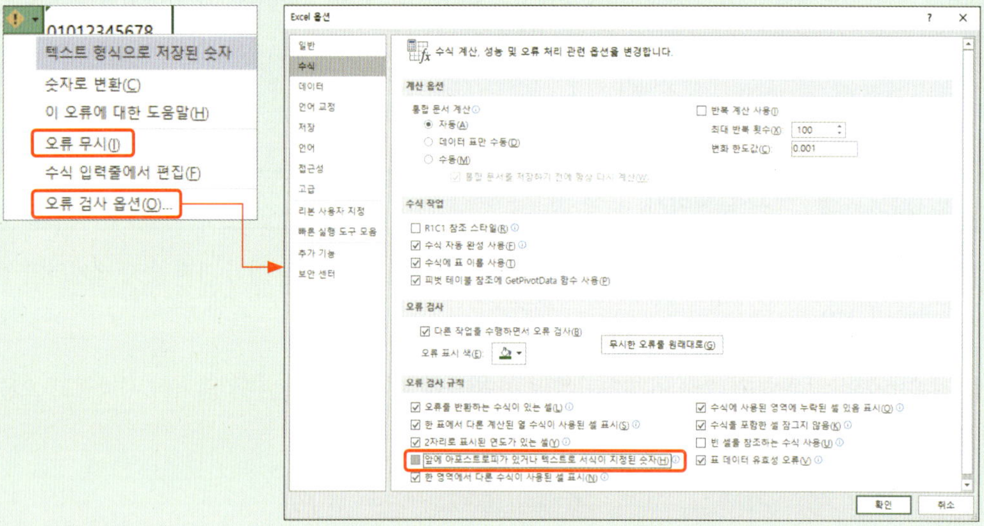

03 H4 셀에 자릿수가 큰 숫자인 *123456789012*를 입력하면 지수 형식으로 표시된다. 12자리 이상이거나 셀의 너비가 좁을 때 숫자 데이터는 지수로 표시된다.

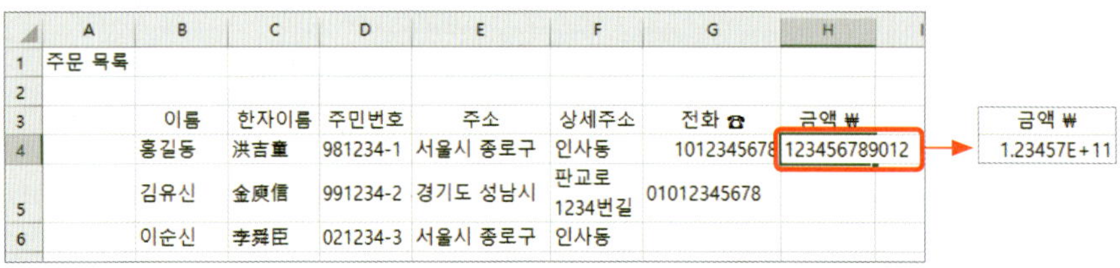

04 숫자 세 자리마다 콤마(,)를 추가하여 *123,456,789,012*라고 입력하면 지수로 표시되지 않고 셀의 너비가 자동 조절된다. 이때 표시 형식이 '통화'로 설정된다.

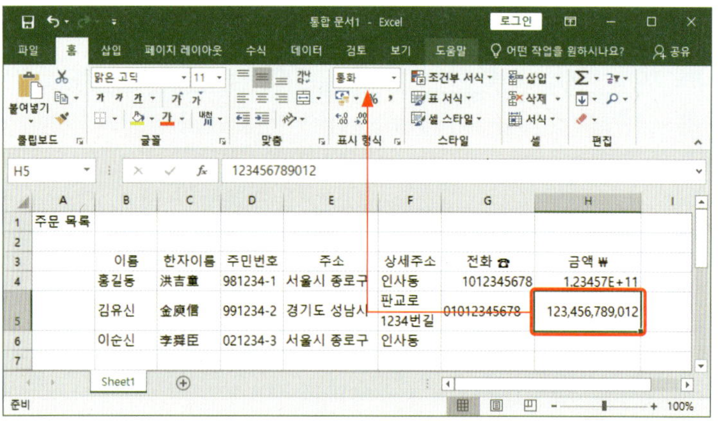

TIP 콤마 외에도 숫자 데이터를 통화 기호(₩, $ 등)와 함께 입력하면 통화 형식으로 표시 형식이 설정된다.

05 열 너비를 좁게 하면 일반 숫자와 다르게 통화 형식의 숫자는 ##…#으로 표시된다.

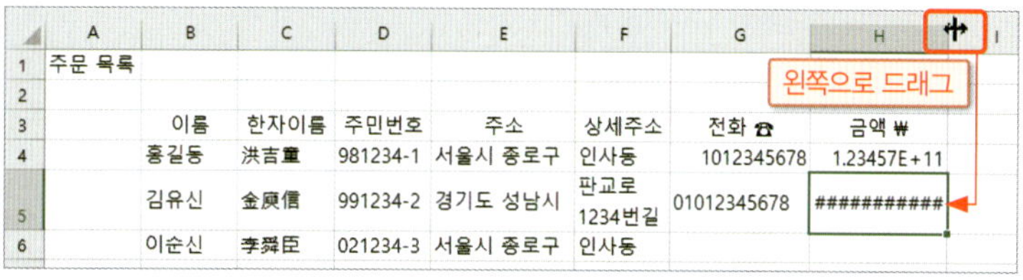

TIP 열 너비를 조정하려면 열 번호 사이의 경계선을 마우스로 드래그한다.

06 숫자와 함께 백분율 기호(%)를 입력하면 표시 형식이 '백분율'로 설정된다. I3 셀에 *할인율*, I4 셀에 *20%*라고 입력한다.

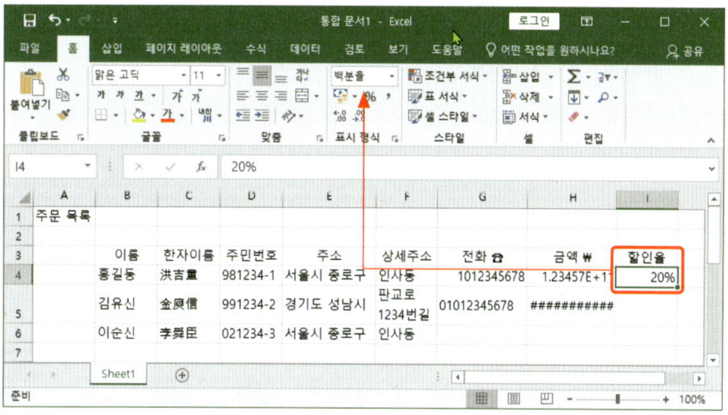

TIP 백분율 값인 20%는 숫자 0.2와 동일한 값으로 계산에 사용된다.

07 분수 1/5을 셀에 표시하려면 *0 1/5*이라고 입력한다. 정수 '0'은 없어지고 분수 '1/5'만 표시되며, 0.2와 동일한 값으로 계산에 사용된다.

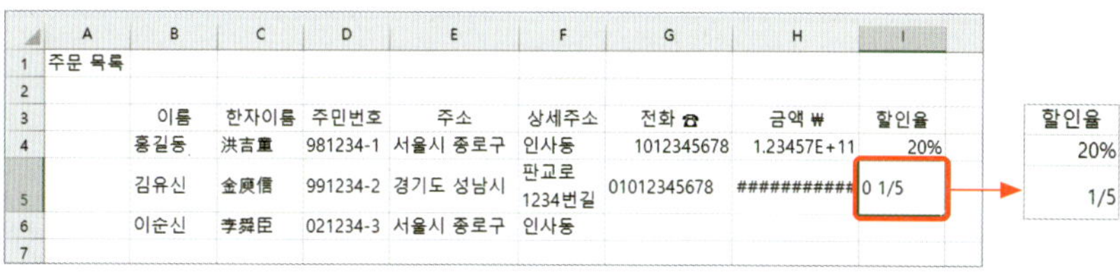

TIP 분수를 *1/5*이라고 입력하면 날짜 데이터로 처리되어 '01월 05일'로 표시된다.

08 음수는 *−500*과 같이 하이픈(−) 기호와 값을 함께 입력한다.

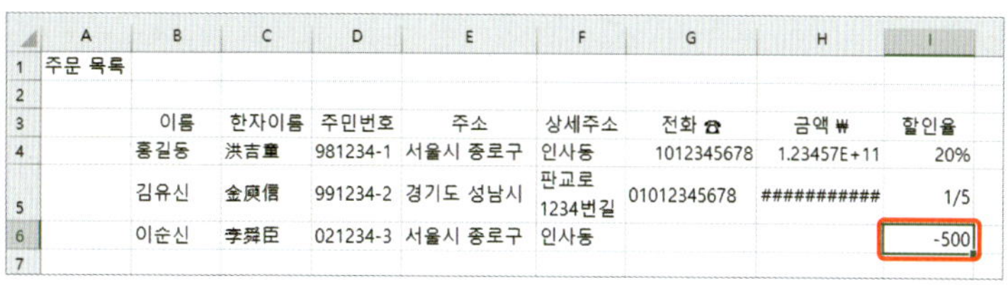

TIP 음수를 입력할 때는 *(500)*처럼 괄호 안에 숫자를 적어도 된다.

여기서 잠깐 **소수의 자릿수 표시하기**

셀에 입력된 값이 소수인 경우 [홈] 탭–[표시 형식] 그룹의 [자릿수 늘림]이나 [자릿수 줄임]을 이용해 소수점 이하 자릿수를 원하는 형식으로 표시할 수 있다.

2.3 날짜와 시간, 메모

생년월일이나 주문일, 작업 시간 등 날짜와 시간 데이터는 엑셀에서 중요한 데이터의 종류로, 경과 기간을 계산하거나 연도/분기/월 등 날짜를 기준으로 요약 계산할 때 많이 사용된다. 또 엑셀에서는 일반적인 문서 편집 프로그램처럼 메모 기능도 있어서 셀에 저장된 데이터를 설명할 때 유용하게 활용할 수 있다.

기본예제 2-10 날짜와 시간 입력하기

날짜와 시간 데이터는 연, 월, 일, 시각을 나타내는 숫자와 구분 기호로 사용되는 슬래시(/), 하이픈(–), 콜론(:)을 함께 입력한다. 날짜와 시간을 셀에 입력하는 방법을 알아보자.

01 J3 셀에 *주문일*을 입력한다. J4 셀에는 *3/20*으로 입력하면 '03월 20일'로 표시된다. 연도 값은 시스템 시간을 기준으로 하여 현재 연도로 저장된다.

	C	D	E	F	G	H	I	J
1								
2								
3	한자이름	주민번호	주소	상세주소	전화 ☎	금액 ₩	할인율	주문일
4	洪吉童	981234-1	서울시 종로구	인사동	1012345678	1.23457E+11	20%	3/20
5	金庾信	991234-2	경기도 성남시	판교로 1234번길	01012345678	###########	1/5	
6	李舜臣	021234-3	서울시 종로구	인사동			-500	

TIP 엑셀에 날짜를 입력할 때는 슬래시(/)나 하이픈(–)을 구분 기호로 사용해야 날짜 데이터로 인식된다. 가령 *3. 20*이나 *3월 20일*과 같이 입력하면 문자 데이터로 저장되므로 날짜 계산에 사용할 수 없다.

02 연도까지 표시하려면 연–월–일 또는 연/월/일 형식으로 입력한다. *22–6–15*를 입력하면 '2022–06–15'로 표시된다.

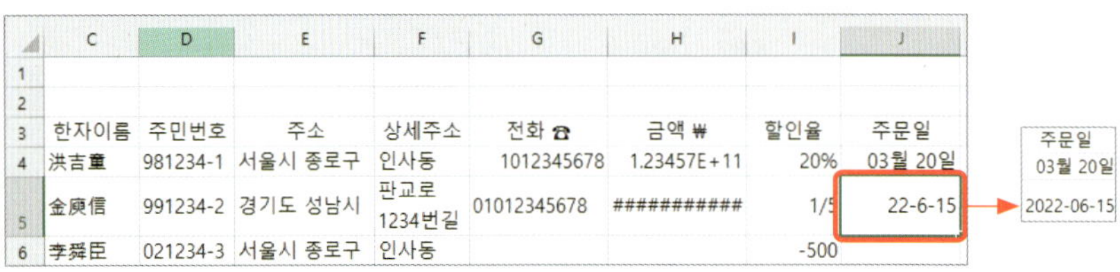

	C	D	E	F	G	H	I	J
1								
2								
3	한자이름	주민번호	주소	상세주소	전화 ☎	금액 ₩	할인율	주문일
4	洪吉童	981234-1	서울시 종로구	인사동	1012345678	1.23457E+11	20%	03월 20일
5	金庾信	991234-2	경기도 성남시	판교로 1234번길	01012345678	###########	1/5	22-6-15
6	李舜臣	021234-3	서울시 종로구	인사동			-500	

TIP 연도는 네 자리를 입력하지 않고 예제와 같이 끝 두 자리만 입력해도 자동으로 인식된다. 다만 세기를 구분하는 연도 기준 값이 2029이므로 2030년 이후 연도를 입력할 때는 네 자리를 모두 입력해야 한다. 가령 *30-6-15*라고 입력하면 '1930-06-15'로 표시된다.

03 J6 셀을 선택하고 단축키 Ctrl+;을 누르면 시스템에서 제공하는 현재 날짜가 입력된다.

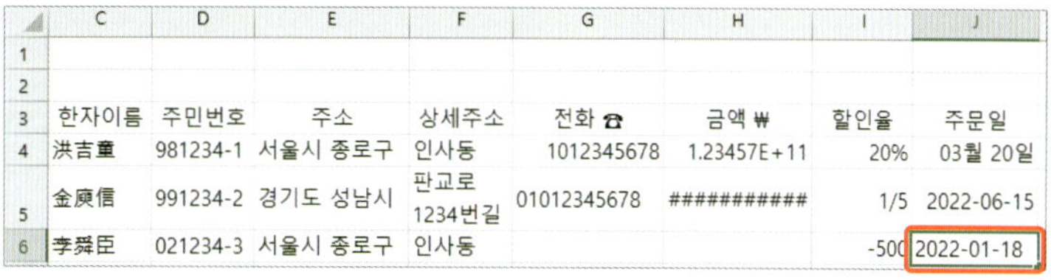

04 시간 데이터를 입력하려면 콜론(:) 기호를 사용한다. K3 셀에 *주문시각*을, K4 셀에는 *9:30*을 입력한다.

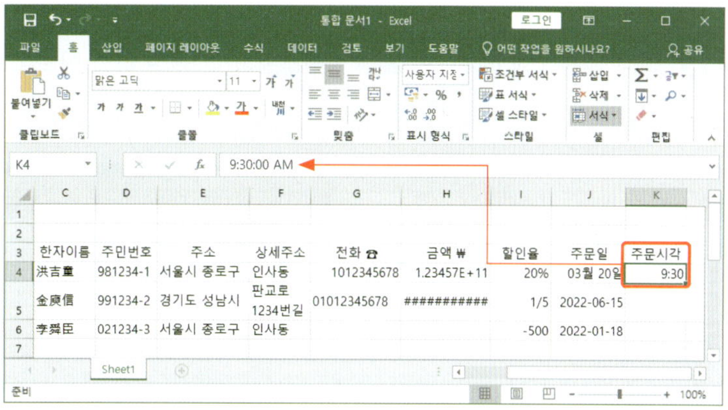

TIP K4 셀을 선택하고 수식 입력줄을 확인해 보면 '9:30:00 AM'으로 값이 표시된다.

05 K5 셀을 선택하고 단축키 Ctrl+Shift+;를 눌러 현재 시각을 입력한다.

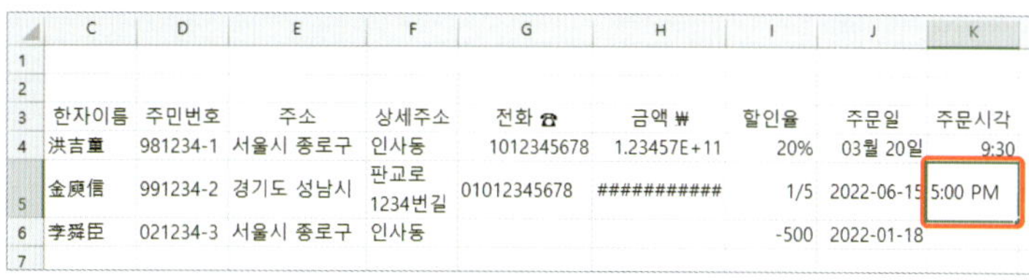

기본예제 2-11 메모 입력하기

메모는 셀에 입력된 데이터를 부가적으로 설명하거나 데이터를 공유하는 협업 과정에서 메시지를 전달할 때 유용하다. 셀에 직접 입력하는 것이 아니므로 기본적으로는 시트에 표시되거나 인쇄가 되지 않지만, 옵션을 변경하면 화면에 표시하거나 인쇄할 수도 있다. 메모를 입력하고 표시 옵션을 설정해 보자.

01 H3 셀을 선택하고 [검토] 탭–[메모] 그룹–[새 메모]를 누른다.

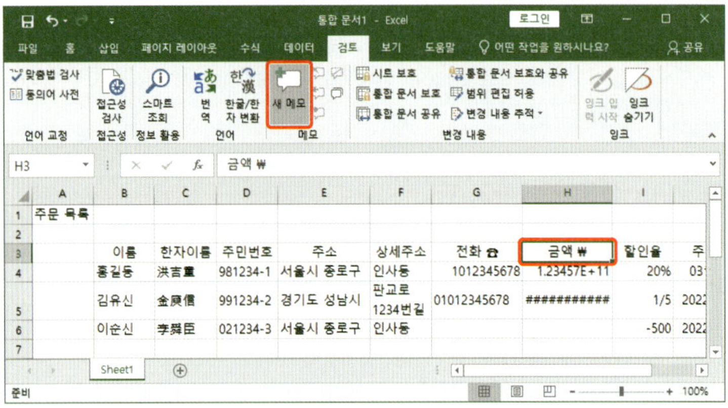

02 메모 내용에 *원화 기준*이라고 입력하고 메모 영역 바깥 임의의 셀을 누르면 메모 내용은 표시되지 않고 셀에 메모 표식이 만들어진다.

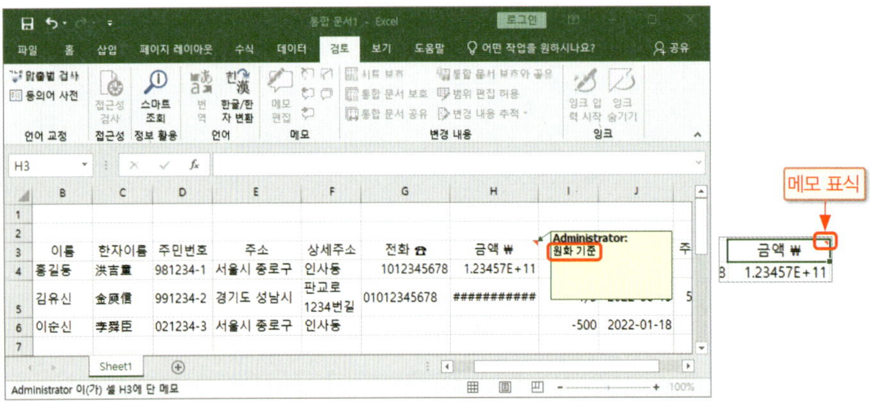

TIP 메모 표식이 있는 셀 위에 마우스 포인터를 가져가면 메모 내용을 볼 수 있다.

03 메모가 삽입된 H3 셀을 선택하고 [검토] 탭–[메모] 그룹–[메모 편집]을 누른 후 메모의 내용을 수정하고 크기와 위치를 조정한다.

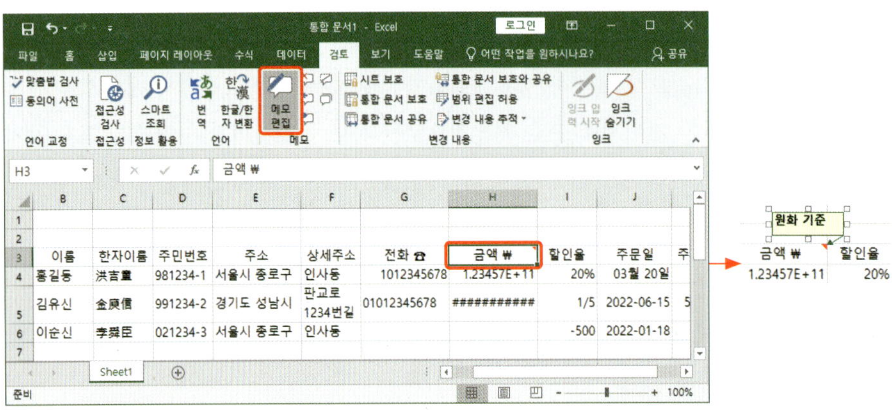

여기서 잠깐 **메모의 서식 설정하기**

글꼴이나 색 등 메모의 서식을 설정하려면 메모를 마우스 오른쪽 버튼으로 누르고 단축 메뉴에서 [메모 서식]을 선택한다.

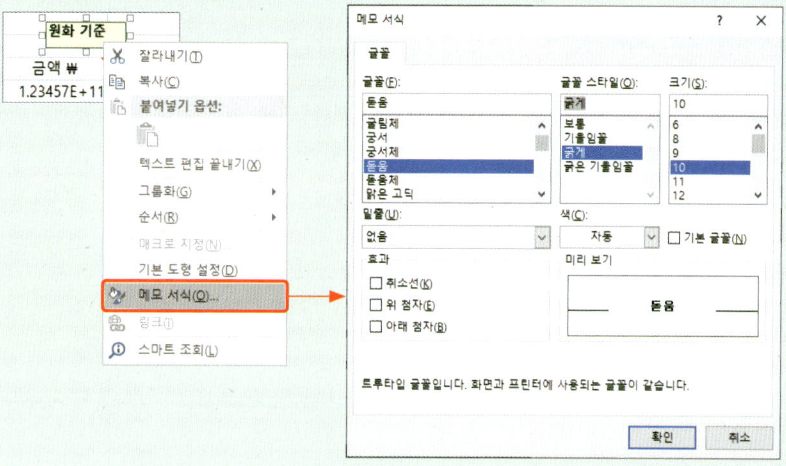

04 메모가 워크시트에 항상 표시되도록 하려면 메모가 삽입된 H3 셀을 선택하고 [검토] 탭–[메모] 그룹–[메모 표시/숨기기]를 누른다.

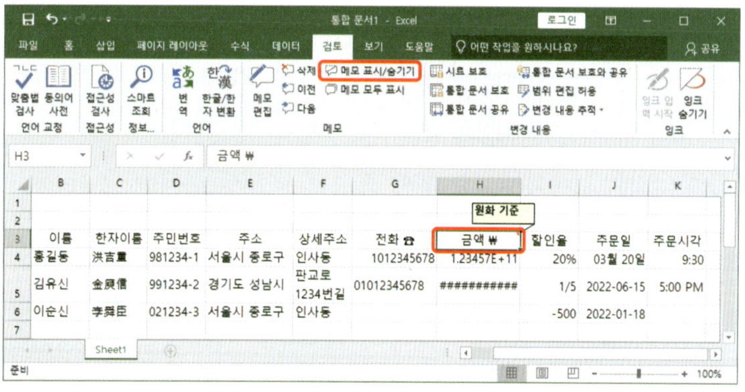

TIP [검토] 탭–[메모] 그룹–[메모 표시/숨기기]를 한 번 더 누르면 다시 메모를 숨길 수 있다. 워크시트에 포함된 메모를 모두 표시하려면 [메모 모두 표시]를 이용한다.

05 [페이지 레이아웃] 탭-[페이지 설정] 그룹의 [대화상자 표시] 단추를 눌러 [페이지 설정] 대화상자가 열리면 [페이지] 탭에서 [용지 방향]을 [가로]로 설정한다.

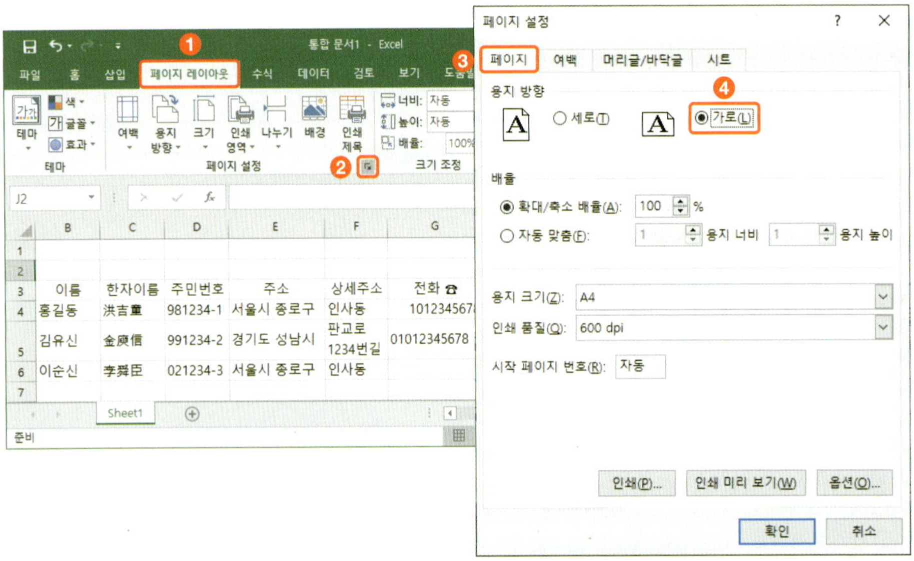

06 워크시트를 인쇄할 때 메모가 같이 표시되도록 하기 위해 [페이지 설정] 대화상자의 [시트] 탭을 선택한다. [인쇄]의 [메모] 목록에서 [시트에 표시된 대로]를 선택한다.

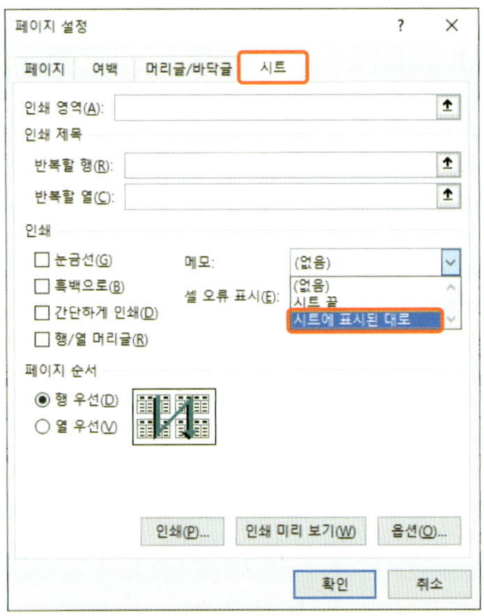

07 [인쇄 미리 보기]를 눌러 메모가 표시되는 인쇄 모양을 확인할 수 있다.

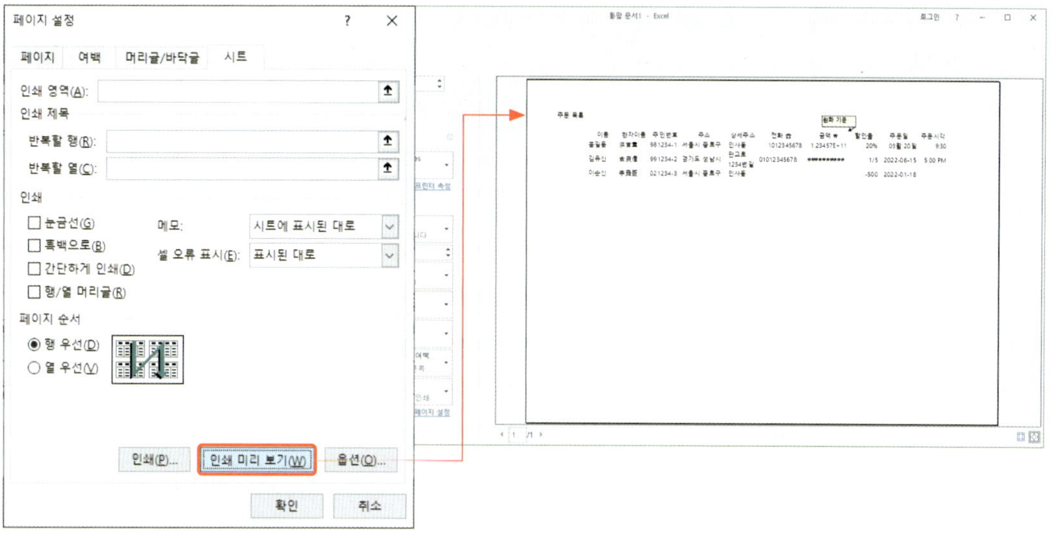

SECTION 03

자동 채우기와 셀 서식 설정하기

셀에 동일한 데이터를 연속으로 채우거나 일련번호처럼 규칙적으로 증가하는 값을 손쉽게 입력하려면 자동 채우기 기능을 이용하는 것이 좋다. 숫자뿐만 아니라 규칙적으로 채워 넣을 문자나 단어도 사용자 지정 목록에 등록해서 자동 채우기를 활용하면 빠른 입력이 가능하다. 셀에 데이터를 입력한 뒤에는 글꼴이나 맞춤 변경, 테두리나 채우기 등의 셀 서식을 설정해 가독성을 높이고 보기 좋게 만들 수 있다.

3.1 자동 채우기 기능

규칙적으로 증가하는 값을 입력하는 자동 채우기 기능은 채우기 핸들을 이용해 실행한다. 채우기 핸들은 다음 그림과 같이 선택한 셀의 오른쪽 아래에 있는 작은 사각형을 말한다.

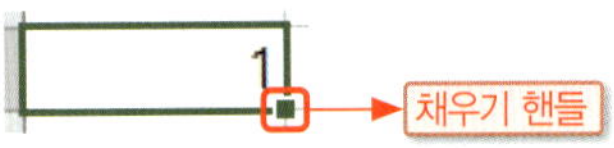

기본예제 2-12 채우기 핸들로 자동 채우기

채우기 핸들을 이용해 숫자, 숫자가 포함된 문자, 날짜 등 여러 가지 데이터를 자동으로 채워 보자.

01 A3 셀에 *번호*, A4 셀에는 *1*을 입력한다. A4 셀을 선택하고 채우기 핸들에 마우스를 가져가 마우스 포인터가 십자 모양으로 바뀌면 아래로 드래그한다.

TIP 채우기 핸들을 마우스로 더블클릭해도 된다. 인접한 다른 열에 있는 데이터 범위만큼 채워진다.

02 데이터가 같은 값으로 복사되는데, [자동 채우기 옵션] 단추를 눌러 목록에서 [연속 데이터 채우기]를 선택한다.

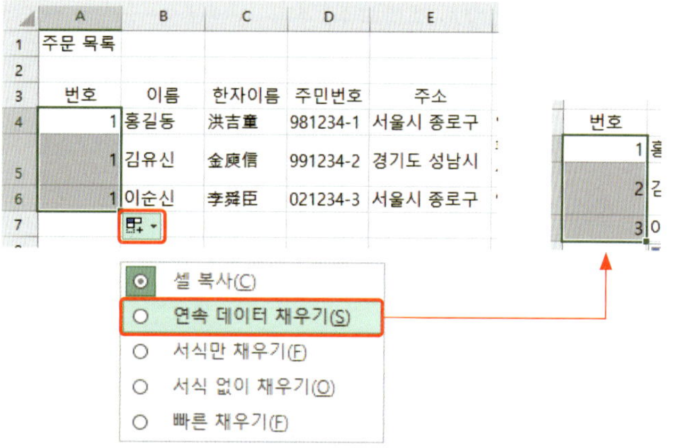

TIP 연속 데이터 채우기는 Ctrl을 누른 채로 채우기 핸들을 드래그해도 된다. 드래그하는 방향에 따라 값이 증가하거나 감소한다.

여기서 잠깐 **[자동 채우기 옵션] 단추가 표시되지 않는다면**

[자동 채우기 옵션] 단추가 표시되지 않는다면 [파일] 탭–[옵션]을 선택하고 [고급] 범주의 [잘라내기/복사/붙여넣기]에서 [콘텐츠를 붙여넣을 때 붙여넣기 옵션 단추 표시]에 체크한다.

여기서 잠깐 **다양한 연속 데이터 채우기**

번호 간격을 2로 하여 1, 3, 5, 7, …와 같이 홀수로만 연속해서 채우려면, 1과 3을 셀에 각각 입력한 후 두 셀을 모두 선택하고 채우기 핸들을 드래그한다.

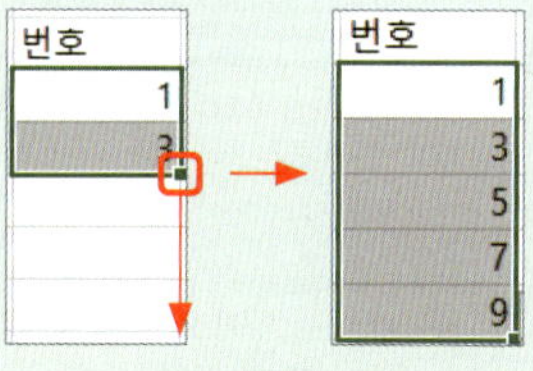

채우기 핸들을 왼쪽이나 위로 드래그해서 연속 데이터로 채우면 번호가 감소하면서 입력된다.

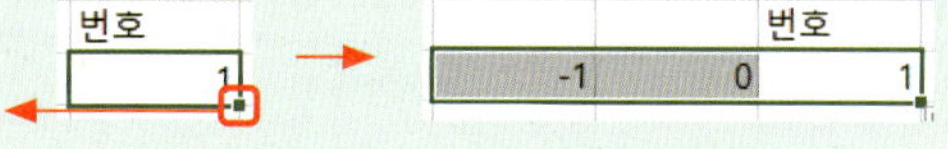

숫자가 포함된 문자도 연속 데이터 채우기를 사용할 수 있다.

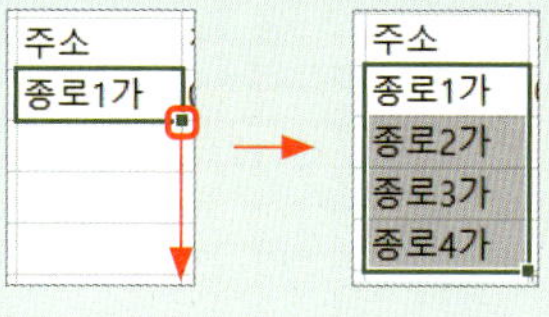

03 날짜 데이터가 입력된 J4 셀을 선택하고 채우기 핸들을 드래그하면 날짜 단위로 연속 데이터가 채워진다.

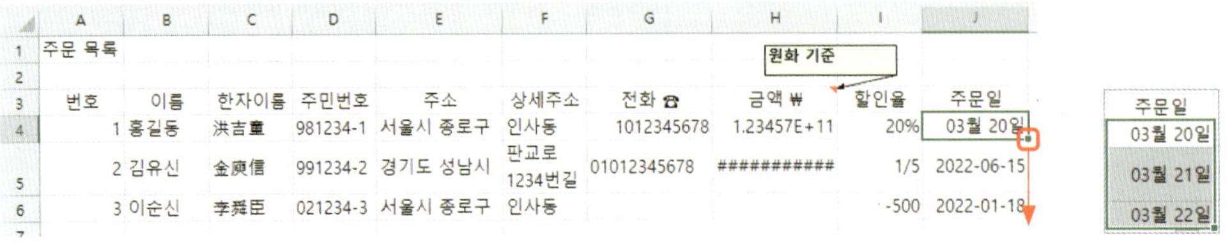

04 연속으로 채운 날짜를 월 단위로 바꾸려면 [자동 채우기 옵션] 단추를 눌러 [월 단위 채우기]를 선택한다.

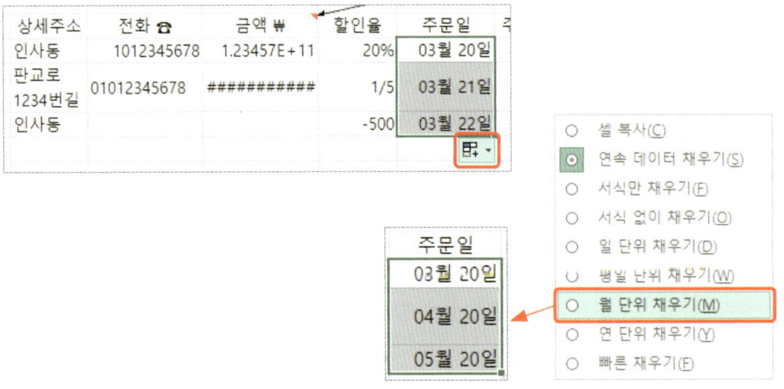

기본예제 2-13 사용자 지정 목록 만들기

번호나 날짜, 요일 등 연속 데이터 채우기가 기본으로 지원되는 데이터도 있지만, '상', '중', '하' 같은 값 목록은 연속 데이터 채우기를 사용할 수 없다. 자주 사용하는 연속 데이터가 있다면 사용자 지정 목록에 등록해두고 자동 채우기로 손쉽게 입력할 수 있다.

01 [파일] 탭-[옵션]을 선택한다.

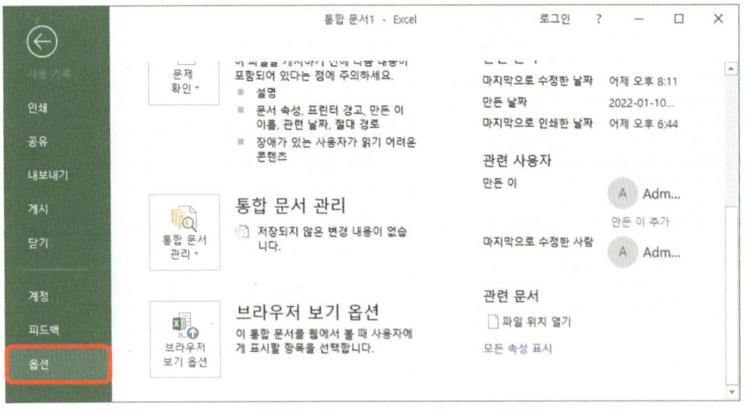

02 [Excel 옵션] 대화상자가 나타나면 [고급]을 선택하고 화면 하단의 [일반] 그룹-[사용자 지정 목록 편집]을 누른다.

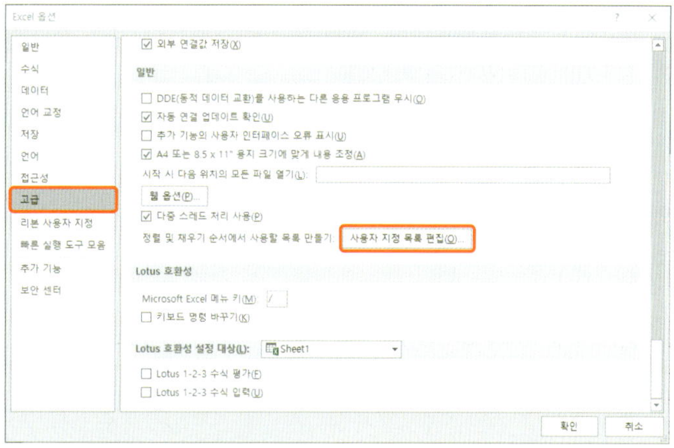

03 [사용자 지정 목록] 대화상자의 [목록 항목]에 추가할 값으로 *상, 중, 하*를 그림과 같이 입력하고 [추가]를 누른다.

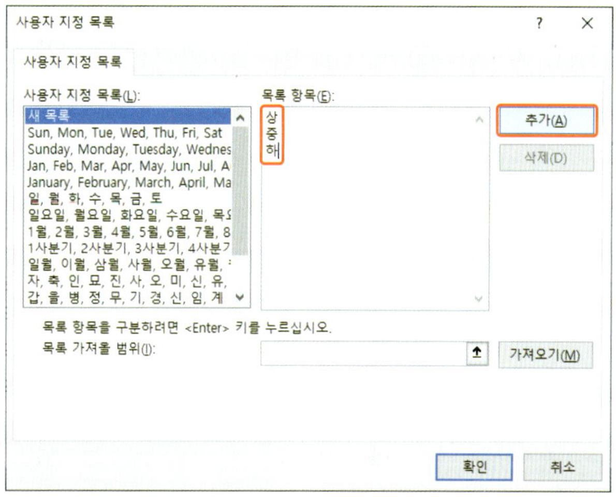

TIP 워크시트에 입력된 값이 있으면 [가져오기]를 눌러 목록을 가져올 수 있다.

04 [사용자 지정 목록]에 추가한 목록이 표시되면 [확인]을 눌러 대화상자를 닫고, [Excel 옵션] 대화상자에서도 [확인]을 눌러 옵션 설정을 종료한다.

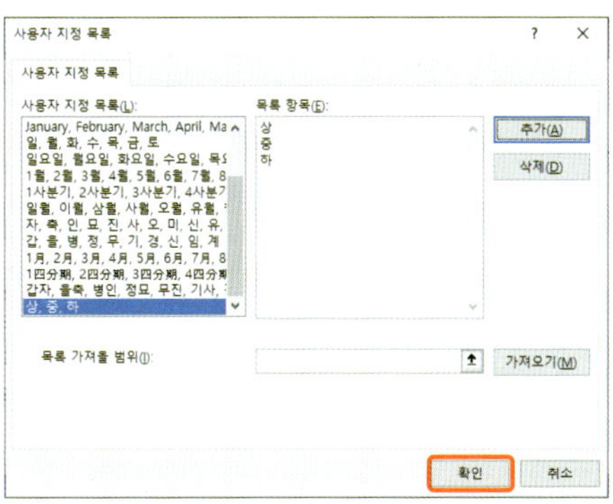

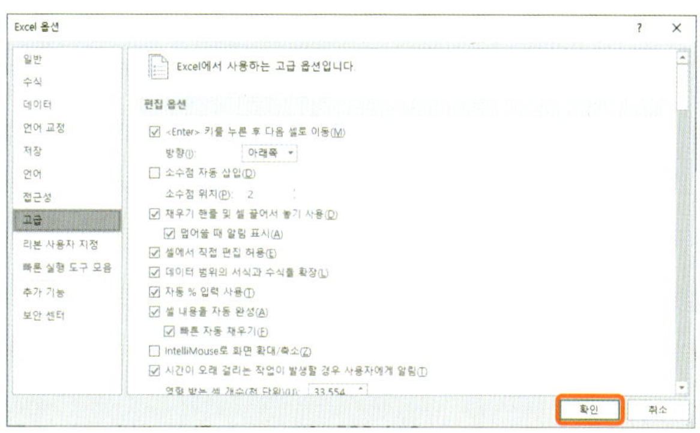

05 L3 셀에 등급을 입력한다. L4 셀에는 상을 입력하고 채우기 핸들을 드래그하면 사용자 지정 목록에 등록해 둔 값으로 자동으로 채워진다.

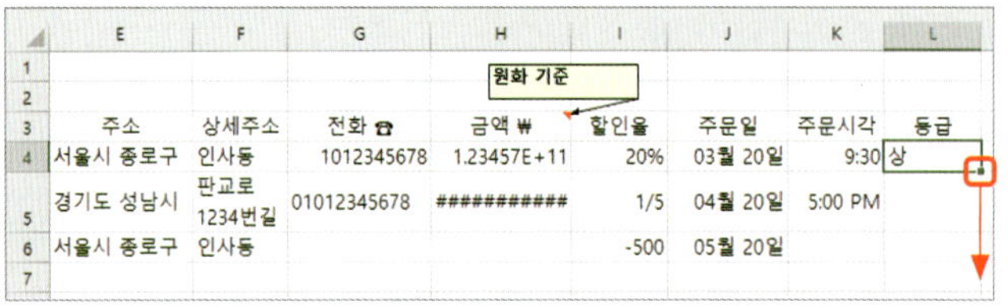

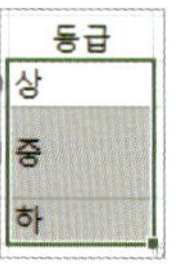

TIP 연속 데이터 채우기에 사용되는 목록의 값은 순서대로 증가한 후 다시 반복된다(상–중–하–상).

3.2 셀 서식 설정

입력된 데이터의 글꼴이나 맞춤을 변경하거나 채우기, 테두리 색 등 셀 서식을 설정하면 워크시트를 좀 더 보기 쉽게 표시할 수 있다. 미리 설정해 둔 셀 스타일을 활용하면 여러 가지 서식을 간편하게 적용할 수 있다.

기본예제 2-14 셀 서식 설정하기

셀에 입력한 내용에 알맞게 글꼴이나 맞춤, 행과 열의 높이와 너비, 셀 테두리나 셀 스타일 등 셀 모양을 설정해 보자.

01 A1 셀을 선택하고 [홈] 탭–[글꼴] 그룹에서 [글꼴]은 [HY중고딕]으로, [글꼴 크기]는 [12], [굵게]로 설정한다.

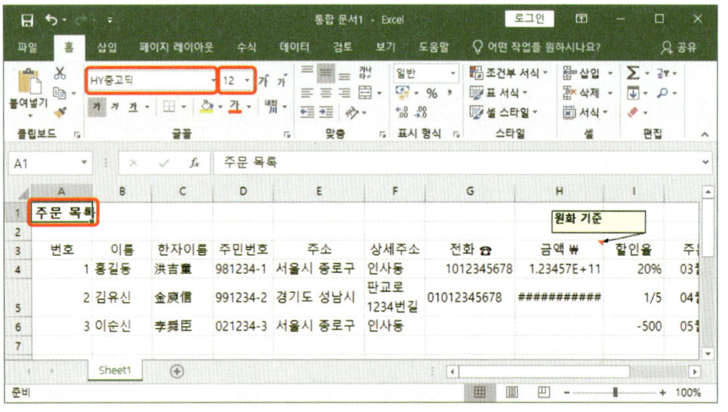

02 A1:G1 영역을 드래그하여 선택하고 마우스 오른쪽 단추를 눌러 단축 메뉴에서 [셀 서식]을 선택한다.

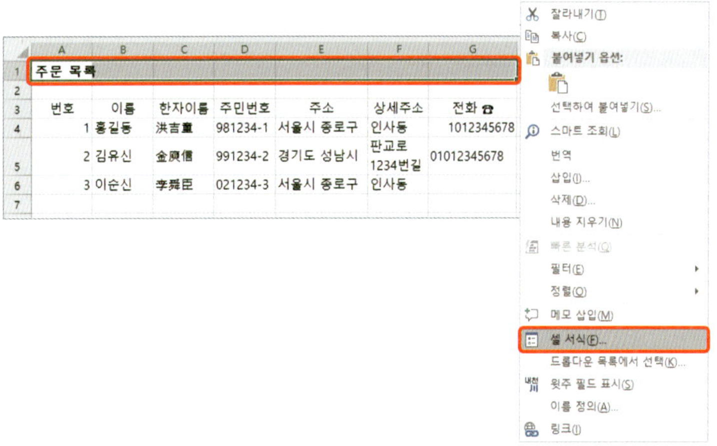

03 [셀 서식] 대화상자가 열리면 [맞춤] 탭의 [텍스트 맞춤]–[가로] 목록에서 [선택 영역의 가운데로]를 선택하고 [확인]을 누른다.

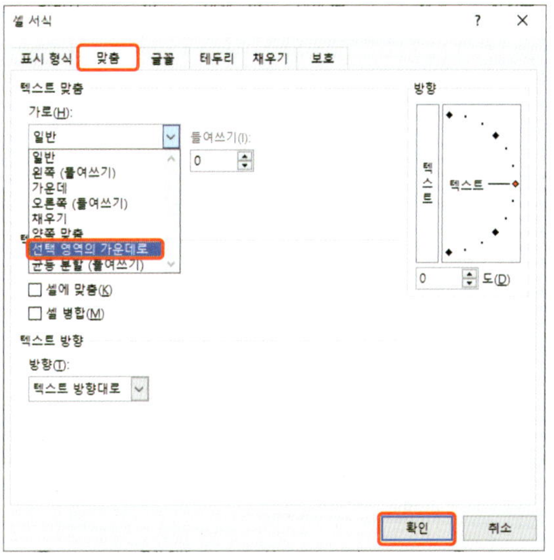

TIP 셀을 병합하고 가운데 맞춤으로 설정할 수도 있지만, 열이나 행을 추가하거나 요약 작업이 필요한 경우에는 셀 병합보다 이 방법이 워크시트를 관리하기 더 편리하다.

04 행 머리글의 경계선을 드래그하면 행 높이를 조절할 수 있다. 1행을 '30.00(40 픽셀)'으로 설정한다.

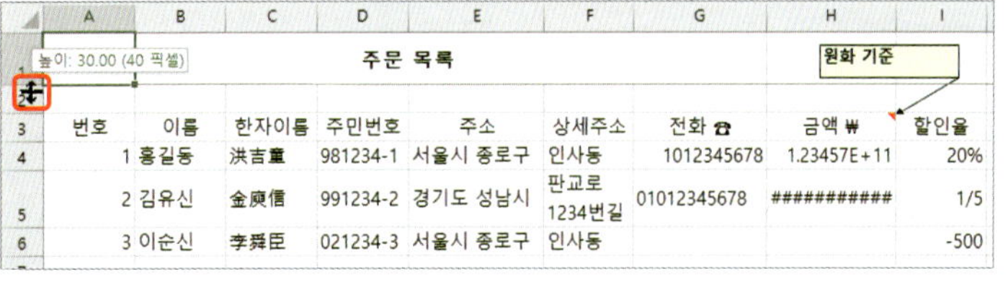

TIP 행이나 열 머리글의 경계선을 더블클릭하면 셀에 입력된 데이터의 길이에 맞게 행 높이나 열 너비가 자동으로 설정된다.

05 여러 행 또는 열을 선택하고 행이나 열 경계선을 드래그하면 높이나 너비가 동일하게 설정된다. 행 머리글에서 3:6행을 드래그해 선택하고 경계선을 드래그해 높이를 '27.00(36 픽셀)'으로 설정한다.

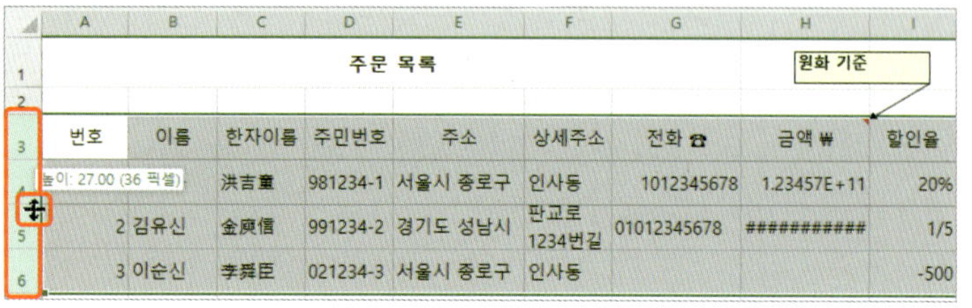

TIP [홈] 탭-[셀] 그룹-[서식] 목록에서 [행 높이]를 선택하고 [행 높이] 대화상자에서 행 높이 값을 직접 입력해도 된다.

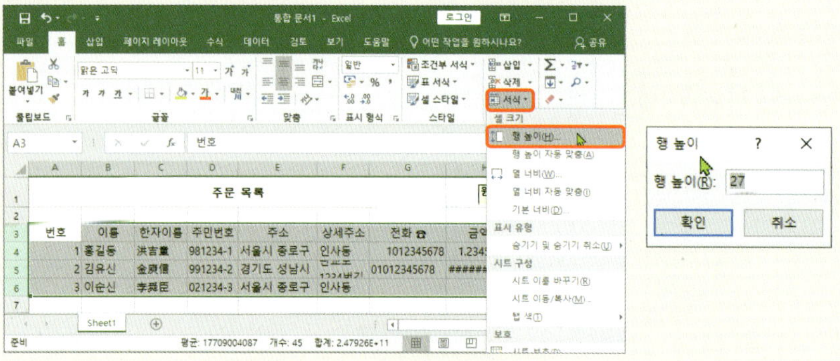

06 열 머리글 영역에서 A:L 열을 모두 선택하고 경계선을 더블클릭하여 열 너비를 데이터에 맞게 자동으로 설정한다.

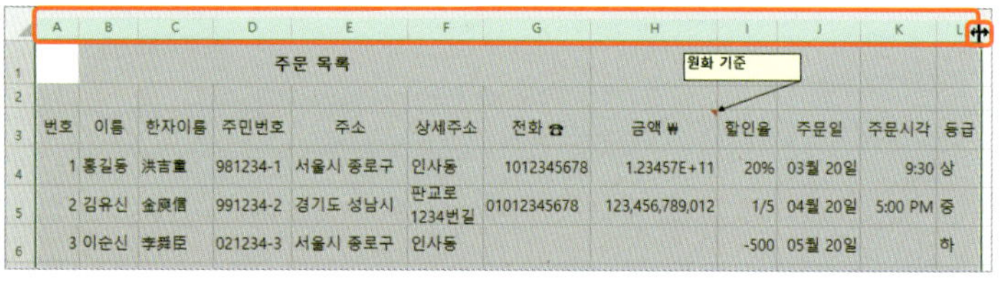

07 A3:L6 범위를 선택하고 [홈] 탭-[글꼴] 그룹-[테두리] 목록에서 [모든 테두리]를 선택한다.

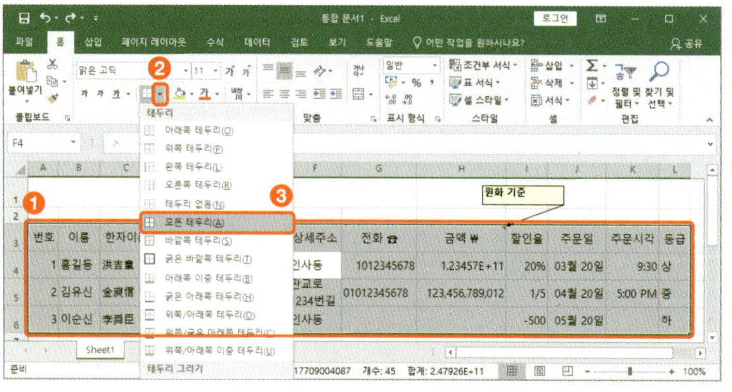

TIP A3:L6 범위의 모든 셀을 선택하려면 마우스로 드래그해도 되지만, 범위 내의 아무 셀이나 선택하고 단축키 Ctrl+A를 누르면 된다.

여기서 잠깐 **테두리 목록에 없는 모양 설정하기**

테두리 목록에 원하는 모양이 없다면 [다른 테두리]를 눌러 [셀 서식] 대화상자를 열고 [테두리] 탭에서 원하는 선 스타일이나 색, 테두리 모양을 선택한다. ◻◻ 단추를 누르면 셀에 대각선 테두리를 설정할 수 있다.

[셀 서식] 대화상자는 셀을 마우스 오른쪽 단추로 눌러 단축 메뉴에서 [셀 서식]을 선택하거나, 단축키 Ctrl+1을 누르면 표시된다. 테두리 뿐 아니라 채우기 색, 맞춤 등 모든 셀 서식 설정에 이용할 수 있다.

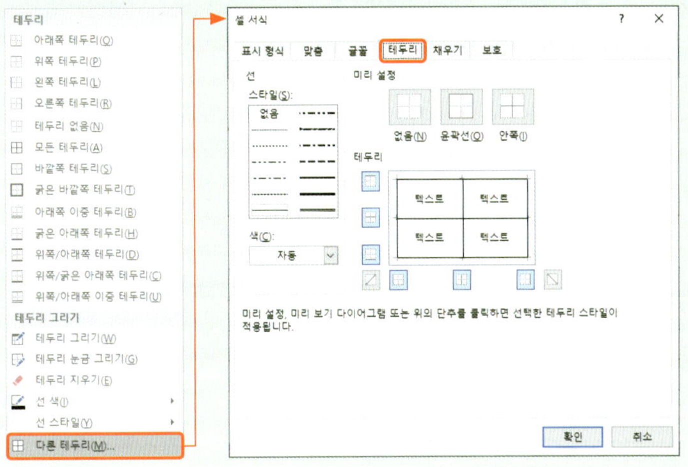

08 필드 이름 셀에는 셀 스타일과 채우기 색을 설정해 본다. A3:L3 범위를 선택하고 [홈] 탭–[글꼴] 그룹–[채우기 색]을 원하는 색으로 변경하고, [홈] 탭–[스타일] 그룹–[셀 스타일]을 눌러 [제목 및 머리글]–[제목 4]로 설정한다.

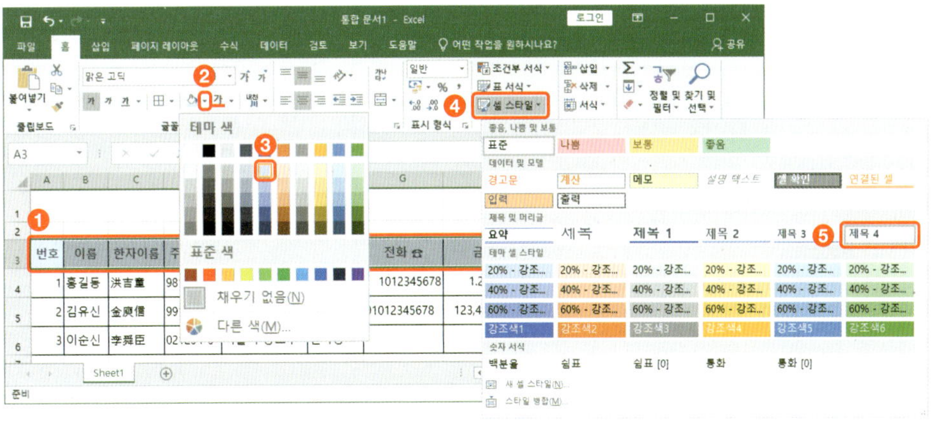

종합예제

문자, 숫자, 날짜, 기호 등의 데이터를 입력하고 자동 채우기 기능, 맞춤과 병합 기능, 셀 편집 기능 등을 사용하여 교통비 청구서 양식을 만들어 엑셀 파일로 저장해 보자.

1 교통비 청구서 양식에 필요한 데이터를 아래와 같이 입력한다.

TIP 작성일에는 단축키 Ctrl+;를 사용하여 현재 날짜를 입력한다.

2 '번호' 항목은 채우기 핸들을 드래그하여 [연속 데이터 채우기]로 입력한다. 번호 아래에는 '합계'를 추가한다.

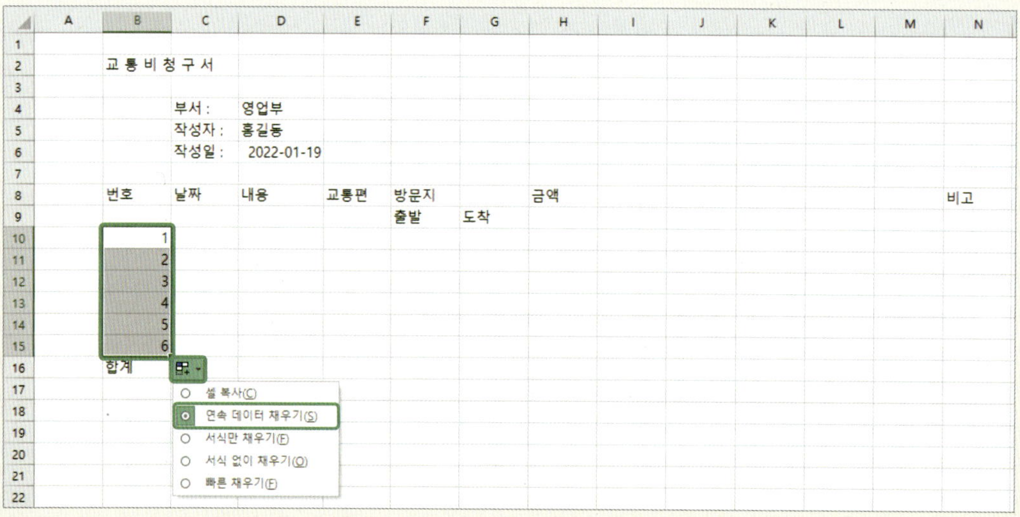

3 사용자 지정 목록에 '十萬(십만), 萬(만), 千(천), 百(백), 十(십), 一(일)'을 등록하고, '금액' 항목을 연속 데이터로 채운다.

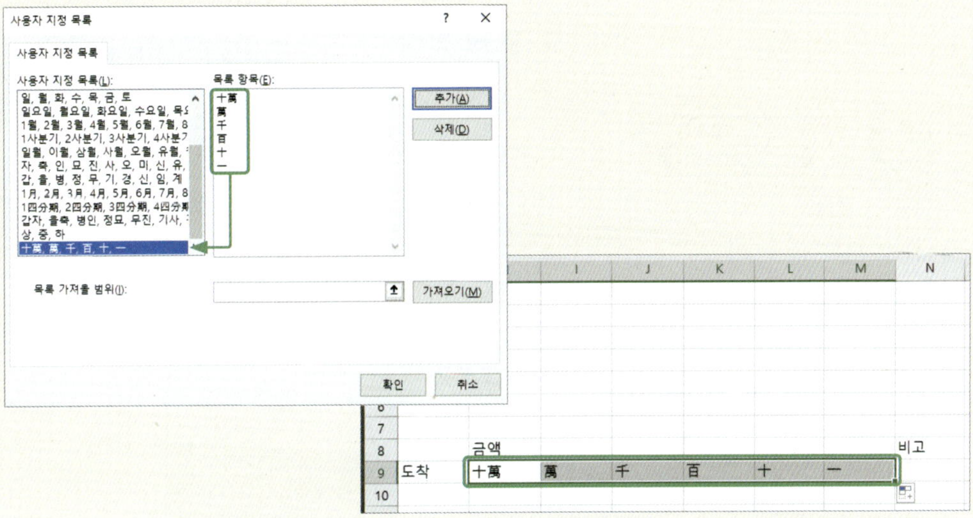

4 그림과 같이 글꼴, 텍스트 맞춤, 셀 병합, 행/열의 높이와 너비를 조정하고, 셀 테두리와 채우기 색을 설정한다.

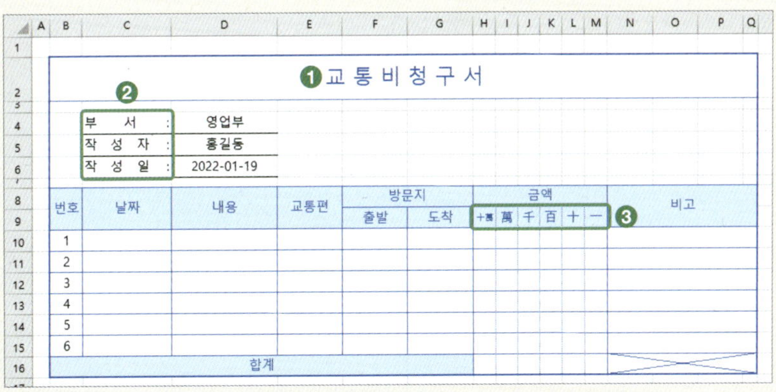

1 제목의 글꼴은 [맑은 고딕], 글꼴 크기는 [18pt], 글꼴 색은 [파랑]으로 설정한다.

2 '부서', '작성자', '작성일'은 [셀 서식] 대화상자의 [맞춤] 탭–[텍스트 맞춤]의 [가로]를 [균등 분할(들여쓰기)]로 설정한다.

3 '금액'의 한자 숫자는 [셀 서식] 대화상자의 [맞춤] 탭–[텍스트 조정]을 [셀에 맞춤]으로 설정한다. 셀 너비가 좁을 때 글꼴 크기를 바꾸지 않아도 자동으로 글자 크기가 조절된다.

종합예제

5 M4:P6 영역에 모양에 맞게 결재란을 만들고 맞춤과 병합, 셀 테두리와 채우기 색을 설정한다.

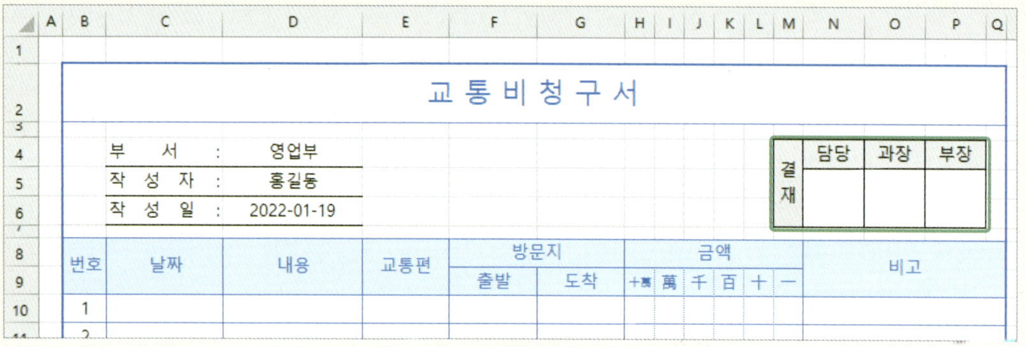

6 양식에 내용을 입력하고 [가운데 맞춤]으로 설정한다.

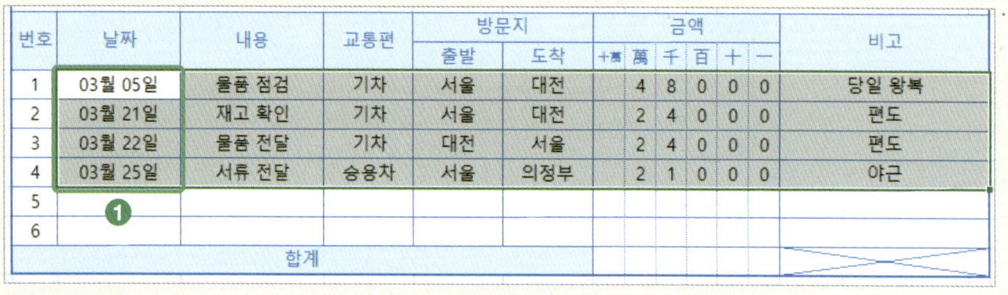

❶ 날짜는 *3-15*나 *3/15*처럼 '월-일' 또는 '월/일' 형식으로 입력한다.

TIP 양식에 데이터를 입력할 때, 입력 범위를 먼저 선택하고 Tab을 누르면서 값을 입력하면 순서대로 셀 위치를 이동할 수 있다.

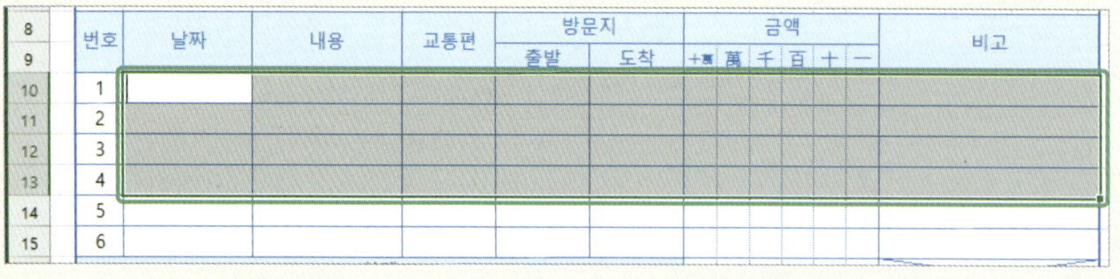

7 [보기] 탭–[표시] 그룹–[눈금선]을 해제한다.

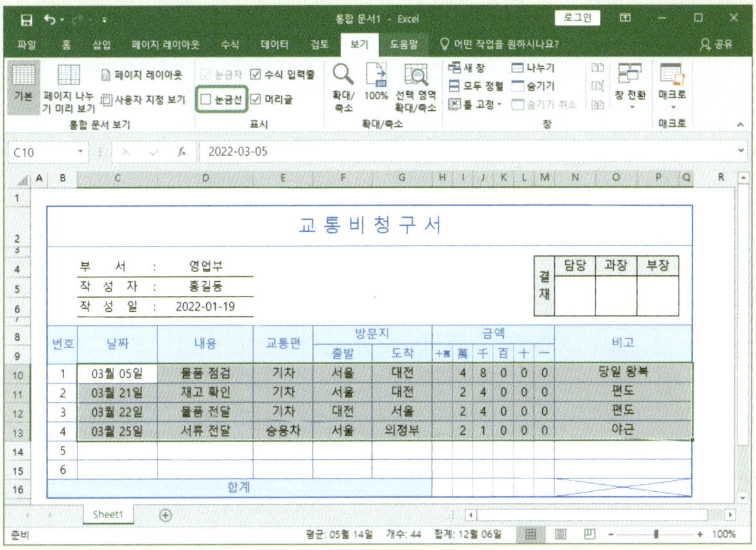

8 워크시트 이름을 '3월'로 바꾸고 시트 탭의 색을 설정한 후, '교통비청구서' 엑셀 파일로 저장한다.

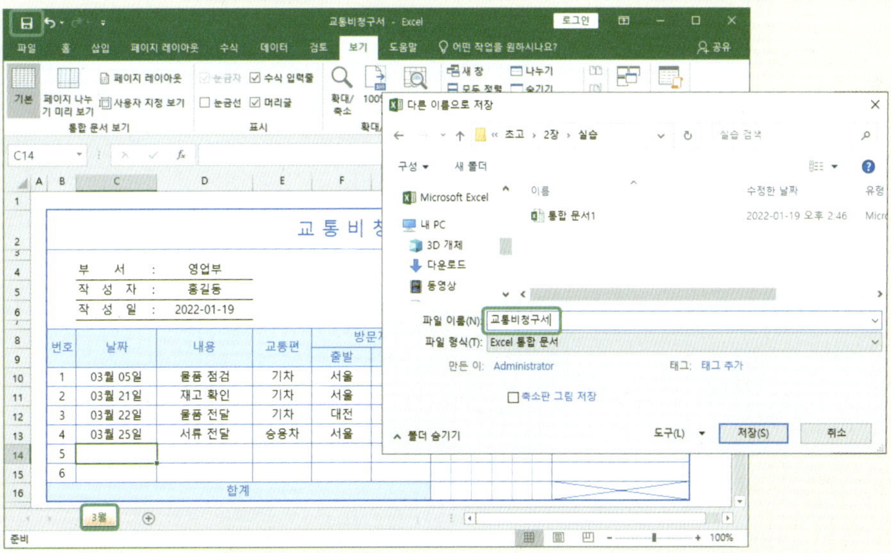

연습문제

1 아래의 조건에 맞게 실기 평가표를 작성하시오.

❶ '구분'의 '우수, 양호, 보통, 불량, 실격'과 '등급'의 'A, B, C, D, F'를 사용자 지정 목록에 등록하고 자동 채우기로 입력하시오.

❷ '배점'은 *95, 85*만 입력하고 나머지 값을 자동 채우기로 동일한 간격(95, 85, 75, …)이 되도록 입력하시오.

❸ 워크시트의 이름을 '실기평가표'로 변경하시오.

실기 평가표 ♬

번호	평가분야	과목	평가일	평가등급					
				구분	우수	양호	보통	불량	실격
I	목관 파트	자유곡	06월 11일	등급	A	B	C	D	F
				배점	95	85	75	65	55
		지정곡 (조견악보)	06월 12일	등급	A	B	C	D	F
				배점	95	85	75	65	55
		합계		200					
II	타악기	자유곡	06월 13일	등급	A	B	C	D	F
				배점	95	85	75	65	55
		지정곡 (조견악보)	06월 14일	등급	A	B	C	D	F
				배점	95	85	75	65	55
		합계		200					

실기평가표

2 아래의 조건에 맞게 시간표를 작성하시오.

❶ 워크시트의 이름을 '시간표'로 변경하시오.

❷ '시간'의 '1교시, 2교시, … 18교시'와 '9:00, 9:30, … 17:30', '요일'의 '월, 화, … 토'는 모두 채우기 핸들을 이용해 연속 데이터 채우기로 입력하시오.

☆ 2022-1학기 시간표 ★							
시간 \ 요일		월	화	수	목	금	토
1교시	9:00						
2교시	9:30						
3교시	10:00			컴퓨팅 사고와 파이썬			
4교시	10:30						
5교시	11:00						
6교시	11:30		사고와 표현			문화심리학	
7교시	12:00						
8교시	12:30						
9교시	13:00						
10교시	13:30	데이터 분석과 시각화		영어회화			
11교시	14:00		현대미술사				
12교시	14:30						
13교시	15:00						
14교시	15:30						
15교시	16:00						
16교시	16:30						
17교시	17:00						
18교시	17:30						

3 아래의 조건에 맞게 매장 관리표를 작성하시오.

❶ '지점'(1호점~10호점)을 자동 채우기로 입력하시오.

❷ B4에 *우수*, C4에 *보통*, D4에 *나쁨*을 각각 입력하시오. 입력한 B4:D4 범위를 선택하고 채우기 핸들을 드래그해 '서비스'와 '위생' 항목도 입력하시오.

❸ 기호 '√'가 필요한 셀을 선택해 모두 입력하시오(단축키 Ctrl+Enter를 이용해 한 번에 모두 입력하거나, 복사 후 붙여넣기를 활용).

❹ 제목 스타일, 셀 병합과 맞춤, 셀 테두리와 채우기 색 등 셀 서식을 설정하시오.

❺ 워크시트의 이름을 '매장관리'로 변경하시오.

매장 관리표

지점	맛			서비스			위생		
	우수	보통	나쁨	우수	보통	나쁨	우수	보통	나쁨
1호점	√			√			√		
2호점		√			√		√		
3호점		√		√			√		
4호점	√			√				√	
5호점	√				√			√	
6호점			√		√			√	
7호점		√			√		√		
8호점		√			√			√	
9호점	√				√		√		
10호점		√		√				√	

매장관리

CHAPTER 03

수식과 셀 참조

학습목표

- 수식을 입력하는 기본 형식과 연산자의 종류를 설명할 수 있다.
- 자동 합계 도구로 수식을 입력할 수 있다.
- 상대 참조와 절대 참조의 개념을 이해하고 활용할 수 있다.
- 셀 이름을 정의하고 사용할 수 있다.

SECTION 01 수식 입력하기

엑셀을 사용하는 가장 큰 이유는 수식을 사용하여 많은 데이터를 자동으로 계산하기 위해서이다. 수식을 사용하면 셀에 입력된 값을 계산할 수 있을 뿐 아니라 셀 값을 수정하더라도 수식을 다시 작성하지 않고 변경된 값을 참조할 수 있다.

1.1 수식 입력 형식

엑셀에서 사용하는 수식은 반드시 등호(=)로 시작해야 하고 연산자와 피연산자로 구성된다. 연산자의 종류에 따라 피연산자의 개수나 값의 데이터형이 다르며 데이터형으로는 숫자, 문자 혹은 참/거짓과 같은 논리 값이 있다.

= 피연산자 연산자 피연산자

피연산자에는 숫자나 문자 등의 값을 직접 사용할 수도 있지만 A1, B1 등의 셀 주소를 사용하여 셀에 있는 값을 참조할 수 있다. 값 대신 셀 주소를 사용하면 셀에 저장된 값이 변하더라도 수식을 변경할 필요 없이 새로운 값을 참조하게 된다.

1.2 연산자의 종류

수식에 사용하는 연산자는 기능에 따라 산술 연산자, 비교 연산자, 연결 연산자로 구분할 수 있다. 다음과 같이 A1:D1 범위에 입력된 데이터로 수식을 만들어 E1 셀에 입력하는 경우를 가정해보자.

	A	B	C	D	E
1	5	3	서울	특별시	

→ =A1+B1과 같이 수식을 입력

다음 표는 수식에 사용한 연산자의 기능과 수식 작성 형식, 셀에 표시되는 계산 결과를 정리한 것이다.

종류	연산자	기능	수식	표시 결과
산술 연산자	+	더하기	=A1+B1	8
	−	빼기	=A1−B1	2
	*	곱하기	=A1*B1	15
	/	나누기	=A1/B1	1.666667
	^	제곱	=A1^B1	125
비교 연산자	<	작다	=A1<B1	FALSE
	<=	작거나 같다	=A1<=B1	FALSE
	>	크다	=A1>B1	TRUE
	>=	크거나 같다	=A1>=B1	TRUE
	=	같다	=A1=B1	FALSE
	< >	다르다	=A1< >B1	TRUE
연결 연산자	&	텍스트 연결	=C1&D1	서울특별시

기본예제 3-1 연산자를 이용한 수식 작성하기

산술 연산자와 비교 연산자를 이용해 수식을 입력하고 계산 결과를 표시해 보자.

01 '3장.xlsx' 엑셀 파일을 열고 '판매' 워크시트를 선택한다.

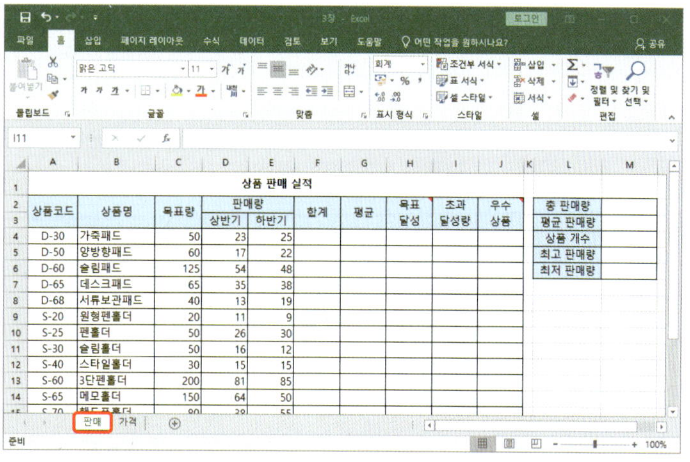

02 F4 셀을 선택하고 합계를 구하기 위해 *=D4+E4* 수식을 입력하고 Enter를 누른다. 셀 주소 D4와 E4는 직접 입력해도 되고 마우스로 해당 셀을 클릭하여 수식에 적용해도 된다.

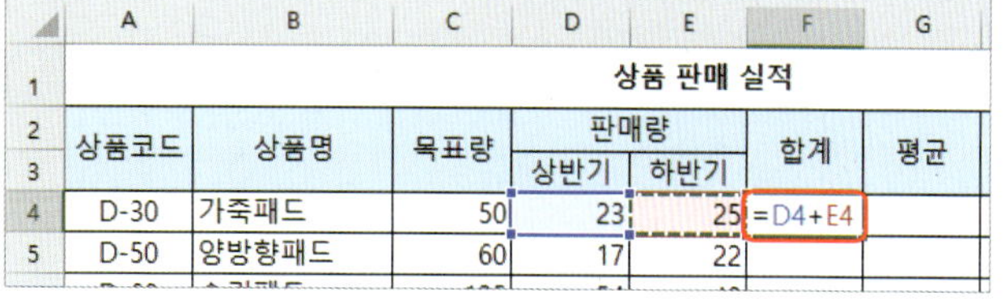

TIP 셀을 선택하고 수식 입력줄에 수식을 입력해도 된다. 작성한 수식을 변경할 때는 셀을 더블클릭해서 수정하거나 셀 선택 후 수식 입력줄에서 수정한다.

SUM | =D4+E4

	A	B	C	D	E	F
1	상품 판매 실적					
2	상품코드	상품명	목표량	판매량		합계
3				상반기	하반기	
4	D-30	가죽패드	50	23	25	=D4+E4

03 F4 셀의 채우기 핸들을 더블클릭하면 F21 셀까지 합계가 모두 자동으로 계산된다.

	A	B	C	D	E	F	G
1	상품 판매 실적						
2	상품코드	상품명	목표량	판매량		합계	평균
3				상반기	하반기		
4	D-30	가죽패드	50	23	25	48	
5	D-50	양방향패드	60	17	22	39	
6	D-60	슬림패드	125	54	48	102	
7	D-65	데스크패드	65	35	38	73	
8	D-68	서류보관패드	40	13	19	32	
9	S-20	원형펜홀더	20	11	9	20	
10	S-25	펜홀더	50	26	30	56	
11	S-30	슬림홀더	50	16	12	28	
12	S-40	스타일홀더	30	15	15	30	
13	S-60	3단펜홀더	200	81	85	166	
14	S-65	메모홀더	150	64	50	114	
15	S-70	핸드폰홀더	80	38	55	93	
16	T-20	다용도함	120	68	79	147	
17	T-40	다기능 트레이	80	28	35	63	
18	T-45	서류정리함	150	61	45	106	
19	T-50	3단서류정리함	100	38	35	73	
20	T-55	1단서류정리함	100	52	55	107	
21	T-60	프리미엄서랍	20	10	11	21	

TIP F4 셀의 채우기 핸들을 F21 셀까지 드래그해도 자동 채우기가 실행된다.

04 G4 셀에 *=F4/2* 수식을 입력하고 Enter를 눌러 평균을 계산한다.

	A	B	C	D	E	F	G
1	상품 판매 실적						
2	상품코드	상품명	목표량	판매량		합계	평균
3				상반기	하반기		
4	D-30	가죽패드	50	23	25	48	=F4/2
5	D-50	양방향패드	60	17	22	39	

TIP 평균을 구하는 수식을 *=(D4+E4)/2*로 입력해도 된다. 일반적인 수학식처럼 엑셀에서도 괄호 안에 작성된 식이 우선순위가 높아 먼저 계산된다.

05 G4 셀의 채우기 핸들을 더블클릭하거나 드래그하여 나머지 셀의 평균을 자동 채우기로 구한다.

	A	B	C	D	E	F	G
1				상품 판매 실적			
2	상품코드	상품명	목표량	판매량		합계	평균
3				상반기	하반기		
4	D-30	가죽패드	50	23	25	48	24
5	D-50	양방향패드	60	17	22	39	19.5
6	D-60	슬림패드	125	54	48	102	51
7	D-65	데스크패드	65	35	38	73	36.5
8	D-68	서류보관패드	40	13	19	32	16
9	S-20	원형펜홀더	20	11	9	20	10
10	S-25	펜홀더	50	26	30	56	28
11	S-30	슬림홀더	50	16	12	28	14
12	S-40	스타일홀더	30	15	15	30	15
13	S-60	3단펜홀더	200	81	85	166	83
14	S-65	메모홀더	150	64	50	114	57
15	S-70	핸드폰홀더	80	38	55	93	46.5
16	T-20	다용도함	120	68	79	147	73.5
17	T-40	다기능 트레이	80	28	35	63	31.5
18	T-45	서류정리함	150	61	45	106	53
19	T-50	3단서류정리함	100	38	35	73	36.5
20	T-55	1단서류정리한	100	52	55	107	53.5
21	T-60	프리미엄서랍	20	10	11	21	10.5

여기서 잠깐 **여러 셀에 한꺼번에 수식 입력하기**

연속적인 여러 셀에 같은 수식을 사용할 때는 범위를 한꺼번에 선택한 후에 수식을 입력하고 단축키 Ctrl+Enter를 눌러도 된다. 가령 [기본예제 3-1]의 단계 04~05에서 평균을 구할 때 아래와 같이 작업할 수 있다.

① G4:G21 범위를 모두 선택한다.

	A	B	C	D	E	F	G
1				상품 판매 실적			
2	상품코드	상품명	목표량	판매량		합계	평균
3				상반기	하반기		
4	D-30	가죽패드	50	23	25	48	
5	D-50	양방향패드	60	17	22	39	
6	D-60	슬림패드	125	54	48	102	
7	D-65	데스크패드	65	35	38	73	

② *=F4/2* 수식을 입력한다.

	A	B	C	D	E	F	G
1				상품 판매 실적			
2	상품코드	상품명	목표량	판매량		합계	평균
3				상반기	하반기		
4	D-30	가죽패드	50	23	25	48	=F4/2
5	D-50	양방향패드	60	17	22	39	
6	D-60	슬림패드	125	54	48	102	
7	D-65	데스크패드	65	35	38	73	

③ 단축키 Ctrl+Enter를 눌러 선택한 모든 셀에 수식을 적용한다.

	A	B	C	D	E	F	G
1				상품 판매 실적			
2	상품코드	상품명	목표량	판매량		합계	평균
3				상반기	하반기		
4	D-30	가죽패드	50	23	25	48	24
5	D-50	양방향패드	60	17	22	39	19.5
6	D-60	슬림패드	125	54	48	102	51
7	D-65	데스크패드	65	35	38	73	36.5

06 H4 셀에 *=F4>=C4* 수식을 입력하고 Enter를 누른다.

상품 판매 실적								
상품코드	상품명	목표량	판매량		합계	평균	목표 달성	초과 달성량
			상반기	하반기				
D-30	가죽패드	50	23	25	48	24	=F4>=C4	
D-50	양방향패드	60	17	22	39	19.5		
D-60	슬림패드	125	54	48	102	51		
D-65	데스크패드	65	35	38	73	36.5		

TIP 판매량 합계가 목표량 이상인 경우 목표를 달성한 것으로 판단하는 수식이다. 이처럼 비교 연산자를 사용한 계산 결과는 논리 값(TRUE 또는 FALSE)을 가진다.

07 H4 셀의 채우기 핸들을 더블클릭하거나 드래그하여 나머지 값을 모두 표시한다.

상품 판매 실적							
상품코드	상품명	목표량	판매량		합계	평균	목표 달성
			상반기	하반기			
D-30	가죽패드	50	23	25	48	24	FALSE
D-50	양방향패드	60	17	22	39	19.5	FALSE
D-60	슬림패드	125	54	48	102	51	FALSE
D-65	데스크패드	65	35	38	73	36.5	TRUE
D-68	서류부관패드	40	13	19	32	16	FALSE
S-20	원형펜홀더	20	11	9	20	10	TRUE
S-25	펜홀더	50	26	30	56	28	TRUE
S-30	슬림홀더	50	16	12	28	14	FALSE
S-40	스타일홀더	30	15	15	30	15	TRUE
S-60	3단펜홀더	200	81	85	166	83	FALSE
S-65	메모홀더	150	64	50	114	57	FALSE
S-70	핸드폰홀더	80	38	55	93	46.5	TRUE
T-20	다용도함	120	68	79	147	73.5	TRUE
T-40	다기능 트레이	80	28	35	63	31.5	FALSE
T-45	서류정리함	150	61	45	106	53	FALSE
T-50	3단서류정리함	100	38	35	73	36.5	FALSE
T-55	1단서류정리함	100	52	55	107	53.5	TRUE
T-60	프리미엄서랍	20	10	11	21	10.5	TRUE

SECTION 02 자동 합계 이용하기

자동 합계 도구는 엑셀에서 자주 사용하는 합계나 평균 등의 계산 기능을 메뉴로 모아놓고 마우스로 선택하면 바로 실행되도록 하는 간편한 기능이다. 수식 입력 방법을 몰라도 간단한 통계 계산을 빠르게 수행할 수 있다.

2.1 자동 합계 도구의 종류

간편한 계산을 위한 자동 합계 도구에는 합계와 평균, 숫자 개수, 최대값과 최소값을 계산하는 함수들이 지원된다. 함수란 계산식을 미리 만들어 놓고 쉽게 사용하도록 하는 기능이다. 예를 들면 A1 셀에서 A10 셀까지의 합계를 구할 때 *=A1+A2+A3+⋯+A9+A10*처럼 수식을 입력하는 대신 합계를 구하는 함수를 이용해 *=SUM(A1:A10)*으로 입력하면 된다. 이처럼 함수를 이용하면 길고 복잡한 수식을 간단하게 입력할 수 있다.

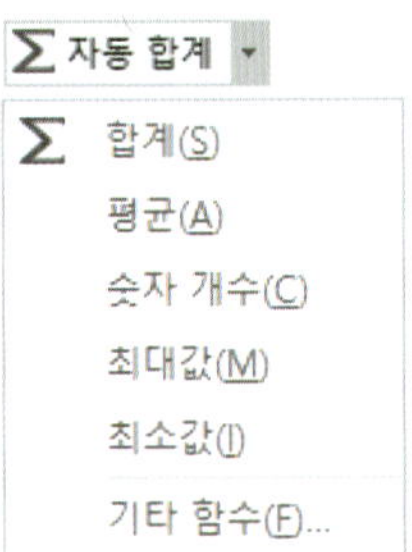

메뉴	함수명	기능
합계	SUM	지정 범위의 숫자 합계를 반환
평균	AVERAGE	지정 범위의 숫자 평균을 반환
숫자 개수	COUNT	지정 범위의 숫자 개수를 반환
최대값	MAX	지정 범위에서 가장 큰 값을 반환
최소값	MIN	지정 범위에서 가장 작은 값을 반환

TIP 자동 합계는 [홈] 탭이나 [수식] 탭에서 선택할 수 있다.

기본예제 3-2 합계와 평균 구하기

자동 합계 도구의 합계 함수와 평균 함수를 이용해 총 판매량과 평균 판매량을 구해 보자.

01 M2 셀을 선택하고 [수식] 탭–[함수 라이브러리] 그룹–[자동 합계] 목록에서 [합계]를 선택한다.

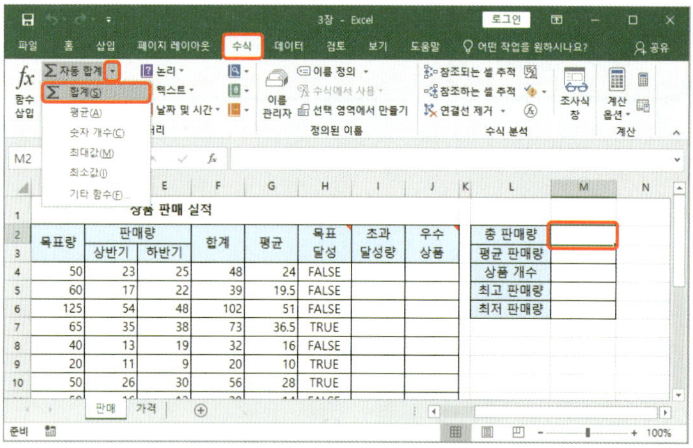

TIP 더하기 연산자(+)를 활용하여 합계를 계산할 수도 있지만 상품 수가 많으면 수식 작성이 매우 번거로워진다.

02 M2 셀에 *=SUM()* 수식이 만들어진다. 합계를 구할 범위로 F4:F21 범위를 드래그한다. 선택한 범위가 괄호 안에 자동 입력되어 *=SUM(F4:F21)* 수식으로 바뀐다.

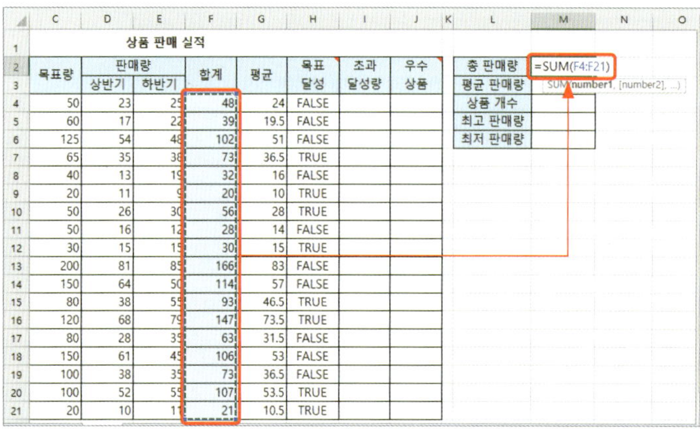

TIP 함수의 괄호 안에는 값이나 셀 이름 혹은 범위를 설정한다. 연속적인 셀을 범위로 설정할 때는 콜론(:) 기호를 사용한다.

03 Enter를 누르면 계산 결과가 표시된다.

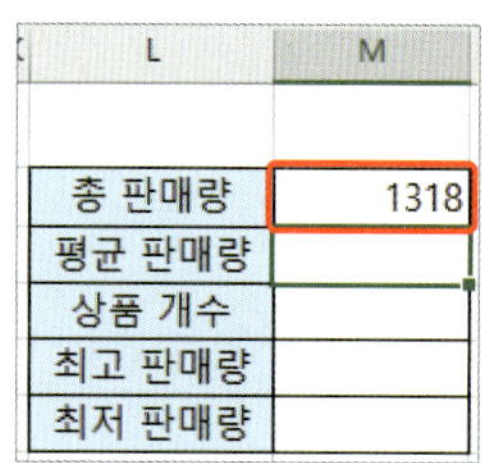

04 이번에는 M3 셀을 선택하고 [수식] 탭-[함수 라이브러리] 그룹-[자동 합계] 목록에서 [평균]을 선택한다.

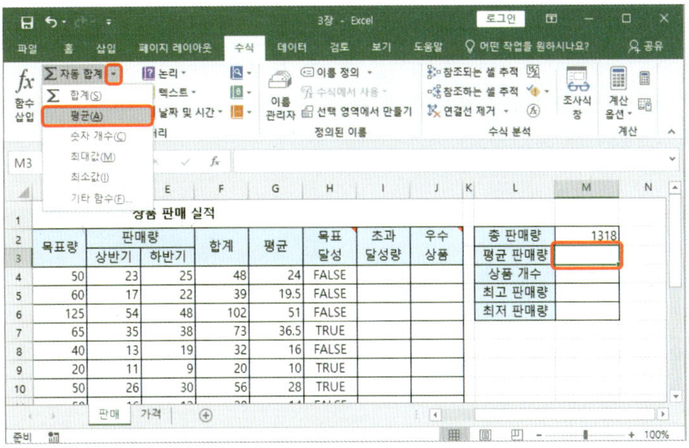

05 F4:F21 범위를 드래그하여 *=AVERAGE(F4:F21)* 수식으로 만들고 Enter를 누른다.

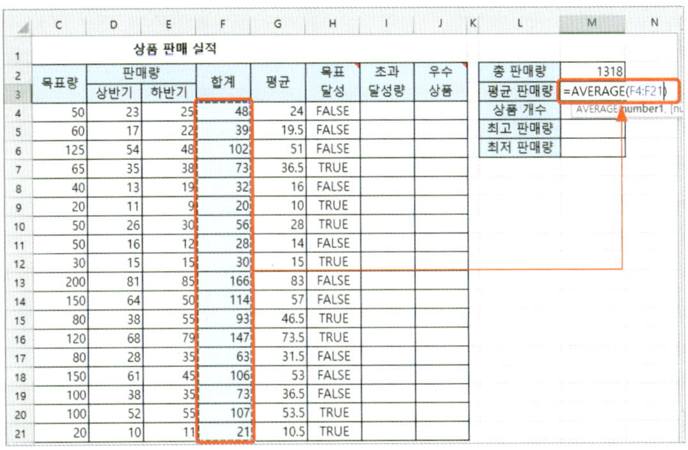

06 M3 셀에 표시되는 계산 결과를 확인한다. 소수점 자릿수를 줄이려면 [홈] 탭-[표시 형식] 그룹에서 [자릿수 줄임]을 누른다.

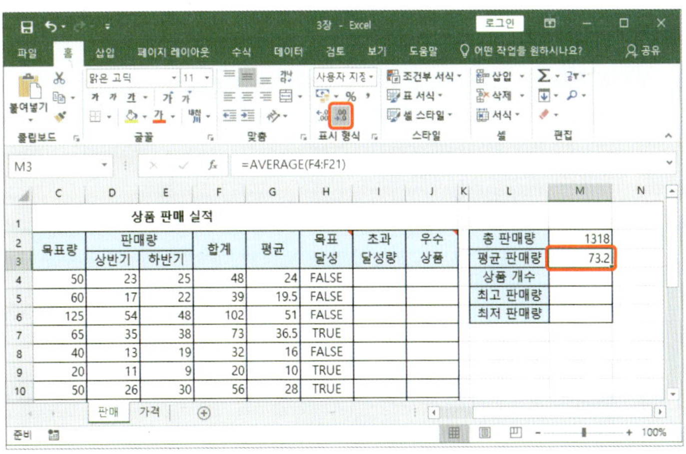

기본예제 3-3 숫자 개수 구하기

자동 합계 도구의 숫자 개수 함수는 지정한 범위에서 숫자가 입력된 셀의 개수를 세는 함수이다. 숫자 개수 함수를 사용하여 상품 개수를 계산해 보자.

01 상품 개수를 표시할 M4 셀을 선택하고 [수식] 탭–[함수 라이브러리] 그룹–[자동 합계] 목록에서 [숫자 개수]를 선택한다.

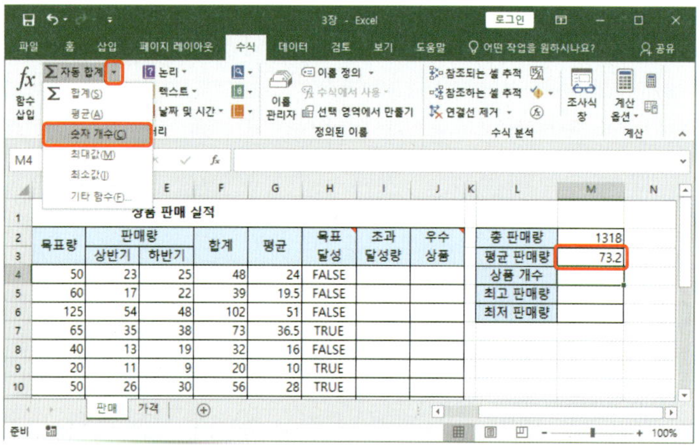

02 F4:F21 범위를 드래그해 선택하면 *=COUNT(F4:F21)* 수식이 M4 셀에 작성된다.

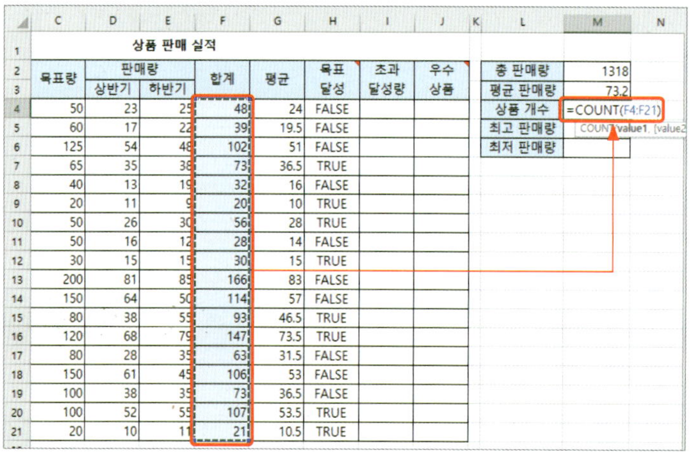

> **TIP** 범위를 목표량(C4:C21)이나 평균(G4:G21)으로 설정해도 상품 개수를 구할 수 있다. 하지만 상품코드(A4:A21)나 상품명(B4:B21)과 같은 문자 데이터는 숫자 개수를 계산하는 COUNT() 함수에 사용할 수 없다. 문자가 입력된 셀의 개수를 세는 엑셀 함수는 CHAPTER 06에서 설명한다.

03 Enter를 눌러 계산 결과를 확인한다.

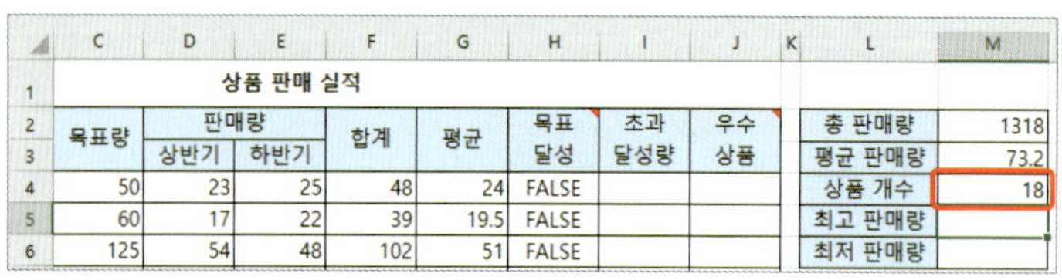

기본예제 3-4 최대값과 최소값 구하기

자동 합계 도구의 최대값과 최소값 함수를 사용하여 판매량 합계에서 최고 판매량과 최저 판매량을 구해 보자.

01 최고 판매량을 표시할 M5 셀을 선택하고 [수식] 탭–[함수 라이브러리] 그룹–[자동 합계] 목록에서 [최대값]을 선택한다.

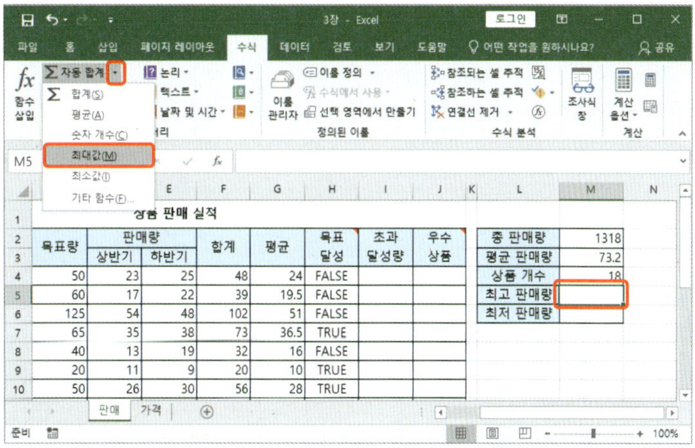

02 F4:F21 범위를 드래그하여 선택하면 *=MAX(F4:F21)* 수식이 만들어진다.

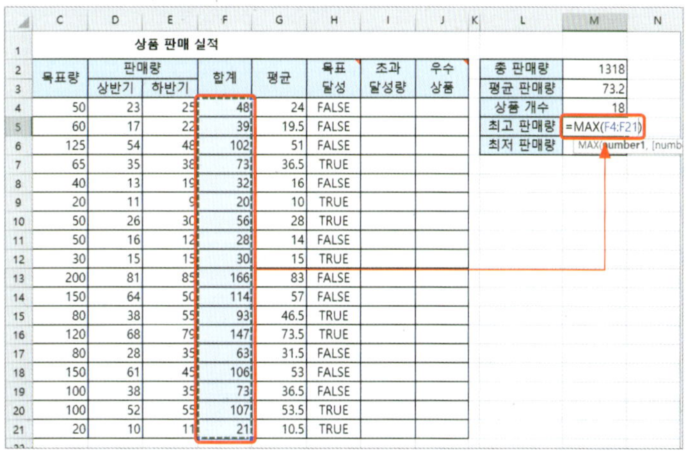

03 Enter를 눌러 MAX() 함수로 계산된 최고 판매량을 확인한다.

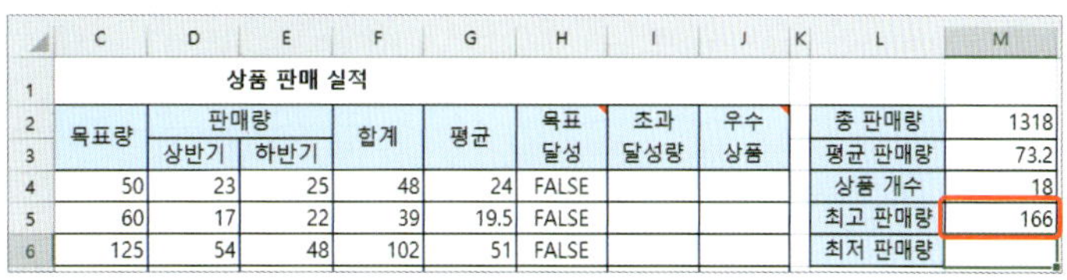

04 최저 판매량을 표시할 M6 셀을 선택하고 [수식] 탭-[함수 라이브러리] 그룹-[자동 합계] 목록에서 [최소값]을 선택한다.

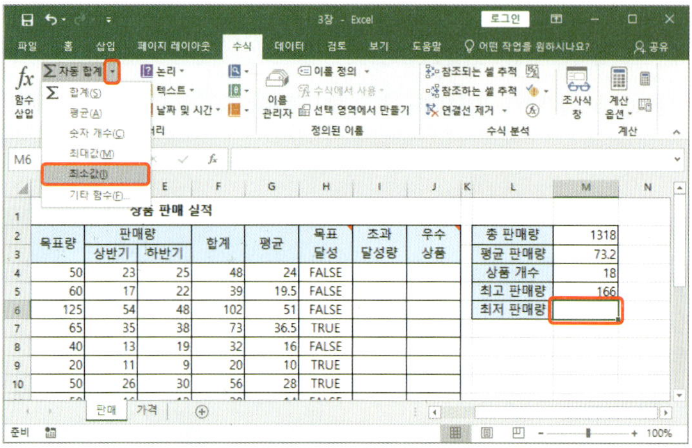

05 F4:F21 범위를 드래그해 선택하면 *=MIN(F4:F21)* 수식이 만들어진다.

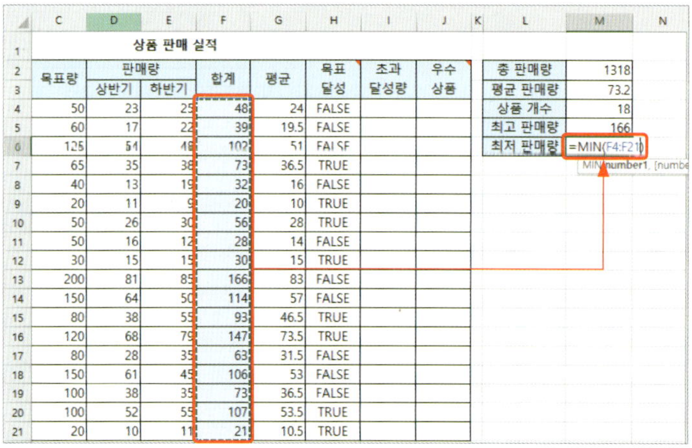

06 Enter를 눌러 MIN() 함수로 계산된 최저 판매량을 확인한다.

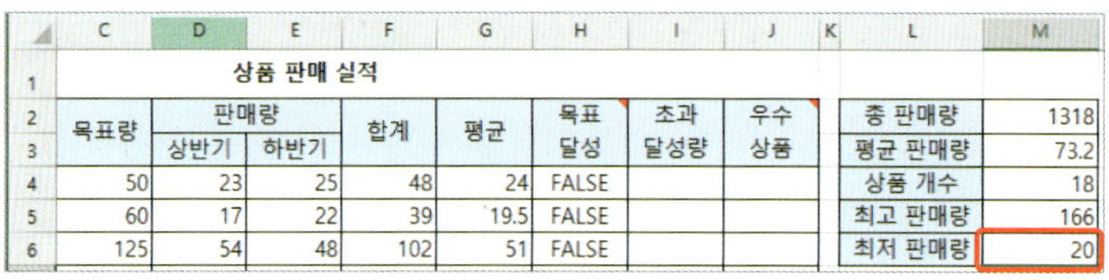

SECTION 03

셀 참조 이해하기

엑셀에서는 셀에 입력된 값을 직접 사용하는 것보다 셀 주소를 사용하여 수식을 작성하는 것이 일반적이다. 셀에 입력된 값이 변경되더라도 수식을 바꿀 필요 없이 계산 결과에 바로 적용할 수 있기 때문이다. 셀 주소를 수식에 사용하여 값을 가져오는 것을 참조라고 한다. 참조를 통해 셀 값이 입력되거나 변경될 때 실시간으로 계산할 수 있다는 것이 엑셀 프로그램의 큰 장점이다.

3.1 상대 참조

자동 채우기로 수식을 복사할 때는 채우기 핸들을 드래그하는 방향에 따라 수식의 형태가 변경된다. 원래 식에서 참조하는 셀 주소가 수식이 복사된 위치에 따라 자동으로 변경되는 것을 상대 참조라고 한다. 엑셀에서 수식을 복사할 때 기본으로 사용하는 참조 방식이다.

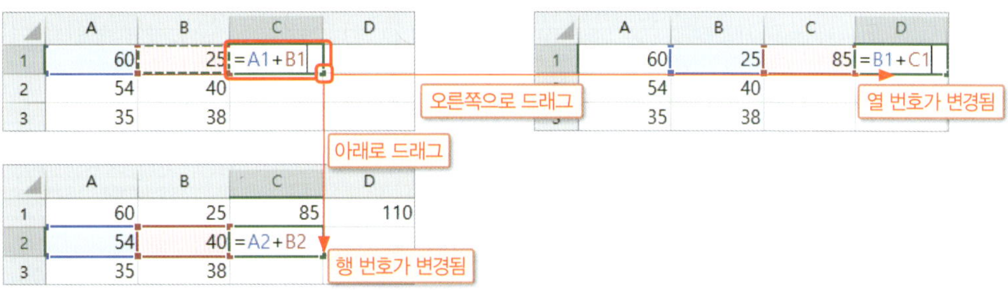

기본예제 3-5 **상대 참조를 이용한 수식 만들기**

자동 채우기로 수식을 복사하면서 상대 참조에 의해 수식이 변경되는 것을 확인해 보자.

01 '3장.xlsx' 파일의 '판매' 시트를 열고 I4 셀에 *=F4–C4* 수식을 입력한 후 Enter를 누른다

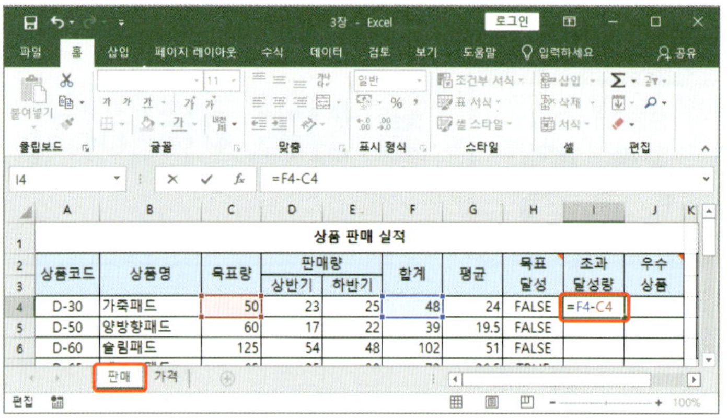

상품코드	상품명	목표량	판매량 상반기	판매량 하반기	합계	평균	목표 달성	초과 달성량	우수 상품
D-30	가죽패드	50	23	25	48	24	FALSE	=F4-C4	
D-50	양방향패드	60	17	22	39	19.5	FALSE		
D-60	슬림패드	125	54	48	102	51	FALSE		

02 I4 셀에 계산 결과가 표시되면 I4 셀의 채우기 핸들을 더블클릭해 수식을 복사한다.

상품코드	상품명	목표량	판매량 상반기	판매량 하반기	합계	평균	목표 달성	초과 달성량	우수 상품
D-30	가죽패드	50	23	25	48	24	FALSE	-2	
D-50	양방향패드	60	17	22	39	19.5	FALSE	-21	
D-60	슬림패드	125	54	48	102	51	FALSE	-23	
D-65	데스크패드	65	35	38	73	36.5	TRUE	8	
D-68	서류보관패드	40	13	19	32	16	FALSE	-8	
S-20	원형펜홀더	20	11	9	20	10	TRUE	0	
S-25	펜홀더	50	26	30	56	28	TRUE	6	
S-30	슬림홀더	50	16	12	28	14	FALSE	-22	
S-40	스타일홀더	30	15	15	30	15	TRUE	0	
S-60	3단펜홀더	200	81	85	166	83	FALSE	-34	
S-65	메모홀더	150	64	50	114	57	FALSE	-36	
S-70	핸드폰홀더	80	38	55	93	46.5	TRUE	13	
T-20	다용도함	120	68	79	147	73.5	TRUE	27	
T-40	다기능 트레이	80	28	35	63	31.5	FALSE	-17	
T-45	서류정리함	150	61	45	106	53	FALSE	-44	
T-50	3단서류정리함	100	38	35	73	36.5	FALSE	-27	
T-55	1단서류정리함	100	52	55	107	53.5	TRUE	7	
T-60	프리미엄서랍	20	10	11	21	10.5	TRUE	1	

03 I21 셀을 더블클릭해 보면 수식이 복사될 때 상대 참조가 적용된 것을 확인할 수 있다.

상품코드	상품명	목표량	판매량 상반기	판매량 하반기	합계	평균	목표 달성	초과 달성량	우수 상품
D-30	가죽패드	50	23	25	48	24	FALSE	-2	
D-50	양방향패드	60	17	22	39	19.5	FALSE	-21	
D-60	슬림패드	125	54	48	102	51	FALSE	-23	
D-65	데스크패드	65	35	38	73	36.5	TRUE	8	
D-68	서류보관패드	40	13	19	32	16	FALSE	-8	
S-20	원형펜홀더	20	11	9	20	10	TRUE	0	
S-25	펜홀더	50	26	30	56	28	TRUE	6	
S-30	슬림홀더	50	16	12	28	14	FALSE	-22	
S-40	스타일홀더	30	15	15	30	15	TRUE	0	
S-60	3단펜홀더	200	81	85	166	83	FALSE	-34	
S-65	메모홀더	150	64	50	114	57	FALSE	-36	
S-70	핸드폰홀더	80	38	55	93	46.5	TRUE	13	
T-20	다용도함	120	68	79	147	73.5	TRUE	27	
T-40	다기능 트레이	80	28	35	63	31.5	FALSE	-17	
T-45	서류정리함	150	61	45	106	53	FALSE	-44	
T-50	3단서류정리함	100	38	35	73	36.5	FALSE	-27	
T-55	1단서류정리함	100	52	55	107	53.5	TRUE	7	
T-60	프리미엄서랍	20	10	11	21	10.5	TRUE	=F21-C21	

3.2 절대 참조

절대 참조는 수식을 복사할 때 셀 주소가 바뀌지 않도록 참조하는 방식이다. 수식을 복사할 때 변경되지 않는 부분임을 표시하기 위해 셀 주소에 달러($) 기호를 붙인다. 가령 참조하는 셀 주소가 M3이라면 $M$3처럼 사용하게 된다.

TIP $ 기호는 직접 입력해도 되지만 F4를 이용해 셀 주소에 자동으로 붙일 수 있다.

기본예제 3-6 절대 참조의 필요성 알기

상품 판매 실적 데이터에서 평균 판매량보다 많이 판매된 상품을 우수 상품으로 판정하는 수식을 작성해 보자.

01 J4 셀에 *=F4>M3* 수식을 입력하고 Enter를 누른다.

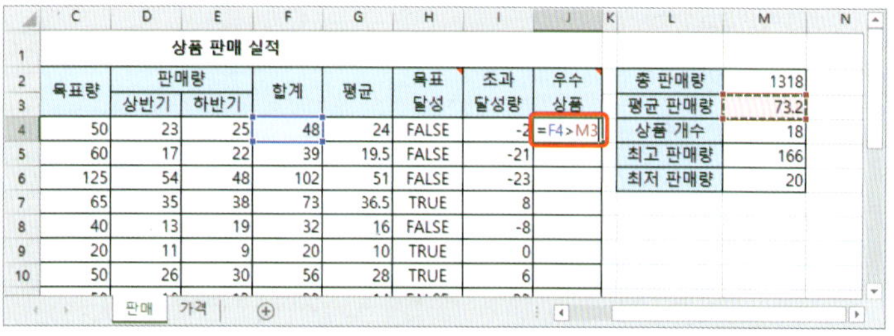

02 J4 셀의 채우기 핸들을 더블클릭해 수식을 복사한다.

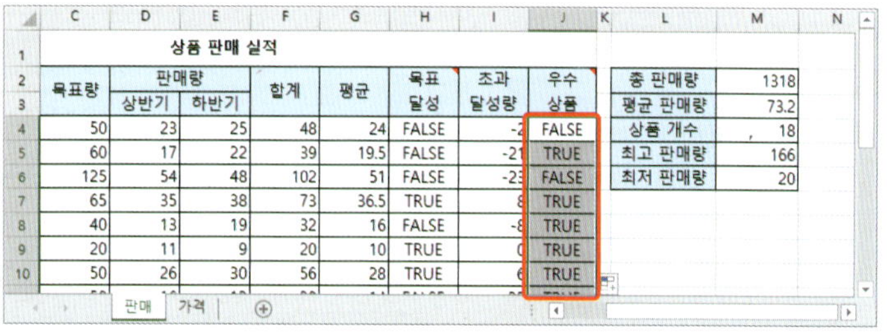

03 J8 셀을 더블클릭해 보면, 복사될 때 수식이 변경되었음을 알 수 있다. 비어있는 셀을 수식에서 참조하고 있어서 올바르지 않은 계산 결과가 표시된다.

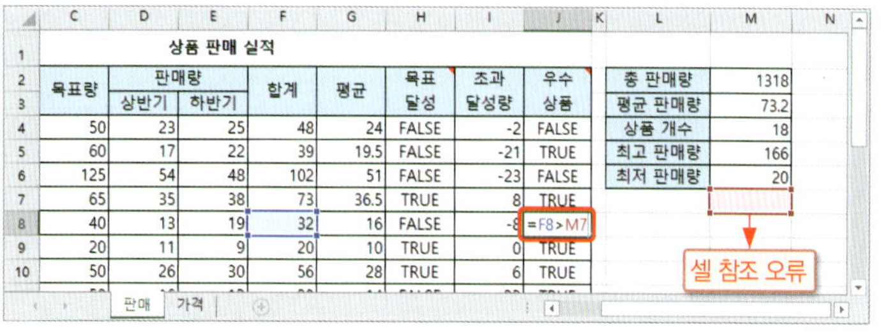

기본예제 3-7 절대 참조를 이용한 수식 만들기

[기본예제 3-6]에서는 수식이 복사될 때 참조하는 셀 주소가 변경되어 올바르지 않은 결과가 표시되었다. 셀 주소가 바뀌지 않도록 수식을 절대 참조 형식으로 변경해 보자.

01 J4 셀에 *=F4>M3* 수식을 입력하고 F4를 눌러 M3이 *$M$3*이 되도록 한 후 Enter를 누른다.

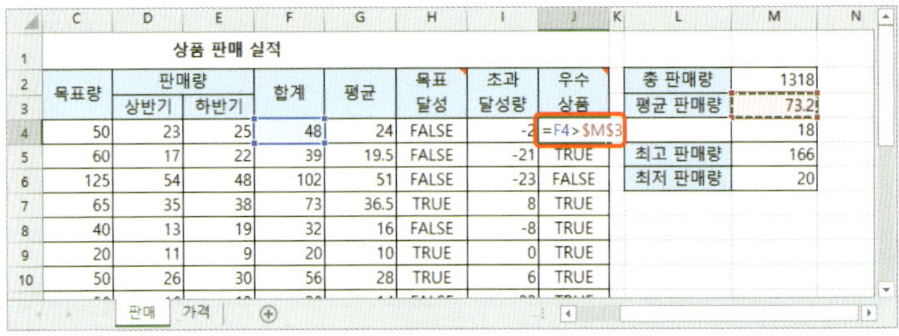

TIP 셀 주소의 앞이나 뒤에 커서를 두고 F4를 반복해서 누르면 'M3→$M$3→M$3→$M3'의 순환 형태로 셀 주소가 바뀐다.

02 J4 셀의 채우기 핸들을 더블클릭해 수식을 복사한다.

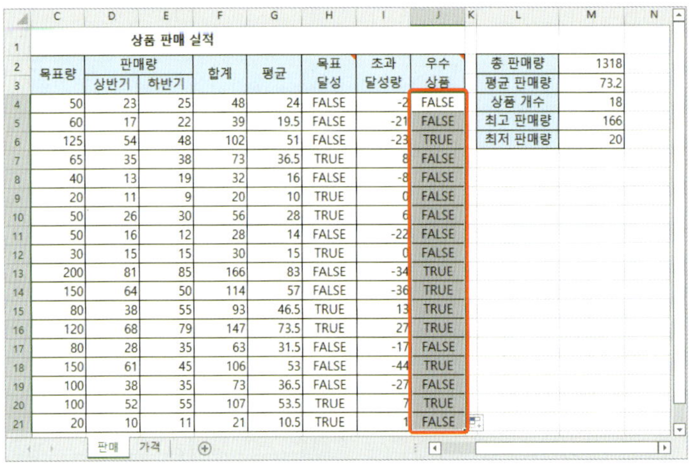

03 J9 셀을 더블클릭하면 수식에서 참조하고 있는 영역이 표시된다. 수식이 복사될 때 참조하는 셀 주소가 M3 셀로 고정되어 계산 결과가 올바르게 표시된 것을 확인할 수 있다.

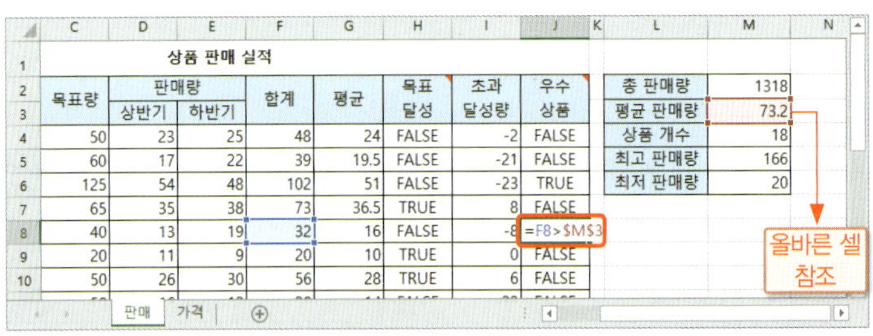

3.3 혼합 참조

셀 주소의 행 번호나 열 번호 중 어느 하나에만 $ 기호를 붙이는 방법을 혼합 참조라고 한다. 가령 수식에서 셀 주소를 $M2로 혼합 참조하는 경우에는 열 방향(수평)으로 수식을 복사할 때 열 번호(M)가 바뀌지 않도록 고정시킨다. 또 M$2로 혼합 참조하는 경우 행 방향(수직)으로 수식을 복사할 때 행 번호(2)가 바뀌지 않는다.

기본예제 3-8 혼합 참조를 이용한 수식 만들기

혼합 참조를 이용한 수식으로 '가격' 시트의 할인율에 따른 상품별 가격을 계산해 보자.

01 '3장.xlsx' 파일의 '가격' 시트를 선택한다. E4 셀에 *=$C4*(1−E$3)* 수식을 입력하고 Enter를 누른다.

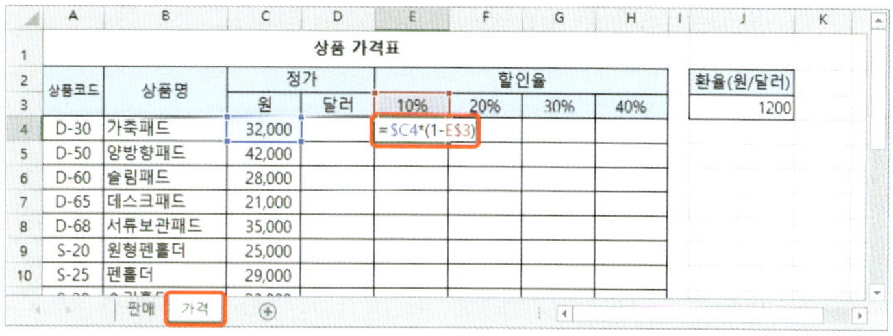

TIP 할인율을 적용한 상품 가격은 *=정가*(1−할인율)* 수식으로 구한다. 혼합 참조를 사용하는 수식을 작성할 때도 F4를 사용해 달러($) 기호를 붙이는데, 가령 C4 셀을 선택하고 F4를 두 번 누르면 C$4, 세 번 누르면 $C4로 바뀐다.

02 E4 셀의 채우기 핸들을 오른쪽으로 드래그하여 H4 셀까지 수식을 복사한다.

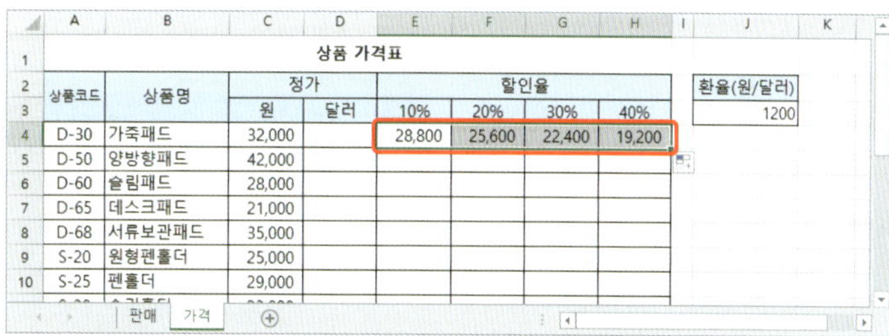

03 E4:H4 범위를 선택하고 채우기 핸들을 더블클릭하면 모든 상품 가격이 할인율에 따라 계산되어 표시된다.

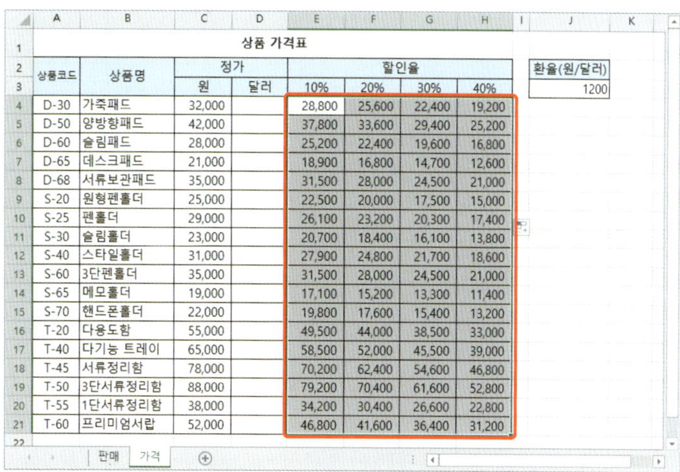

EXCEL 2019

SECTION 04

이름 정의하기

엑셀의 모든 셀에는 열과 행의 번호가 조합된 고유한 주소가 있지만 따로 이름을 정의할 수 있다. 특정 셀에 이름을 붙일 수도 있고 여러 개의 셀을 범위로 지정하여 이름을 붙일 수도 있다. 이름을 정의하고 활용하는 방법에 대해 알아본다.

4.1 셀 이름

셀에 이름을 정의하고 수식에 사용하면 절대 참조처럼 수식을 복사할 때 변경되지 않는다. 또한 '환율'이나 '할인율'처럼 의미를 쉽게 파악할 수 있는 이름을 만들어 수식에 사용하면 셀 주소를 사용할 때보다 더 이해하기 쉬워진다.

기본예제 3-9 셀 이름 정의하고 사용하기

절대 참조 대신 셀에 이름을 정의하고 수식에 활용해 보자.

01 '3장.xlsx' 파일의 '가격' 시트에서 J3 셀을 선택하고 [수식] 탭-[정의된 이름] 그룹-[이름 정의] 그룹에서 [이름 정의]를 선택한다.

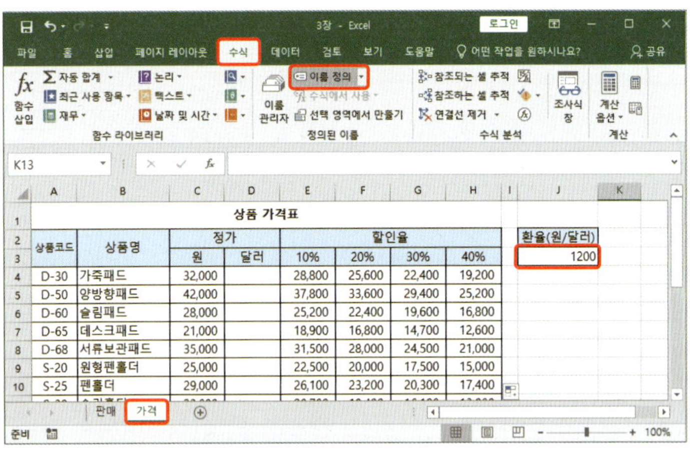

02 [새 이름] 대화상자에서 [이름]을 *환율*로 변경하고 [확인]을 누른다.

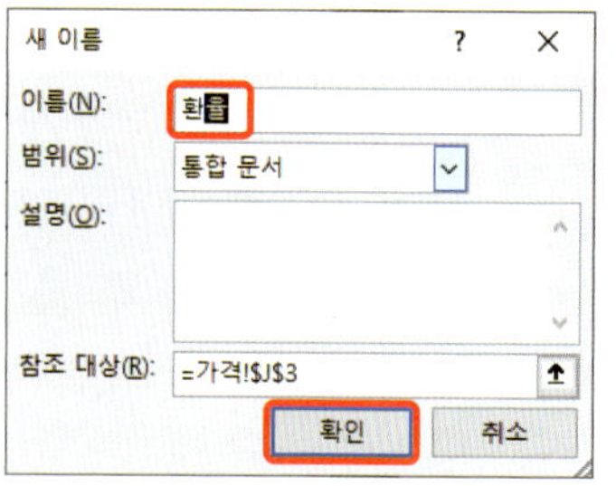

TIP 셀 이름은 숫자로 시작할 수 없고, 이름 중간에 공백 문자를 사용할 수 없다. 그리고 이름 사용 범위를 [통합 문서]로 설정하면 통합 문서 내의 다른 시트에서 동일한 이름이 정의되지 않도록 주의해야 한다.

03 이름 상자의 [▾ 목록] 단추를 눌러 보면 정의한 이름이 추가된 것을 확인할 수 있다.

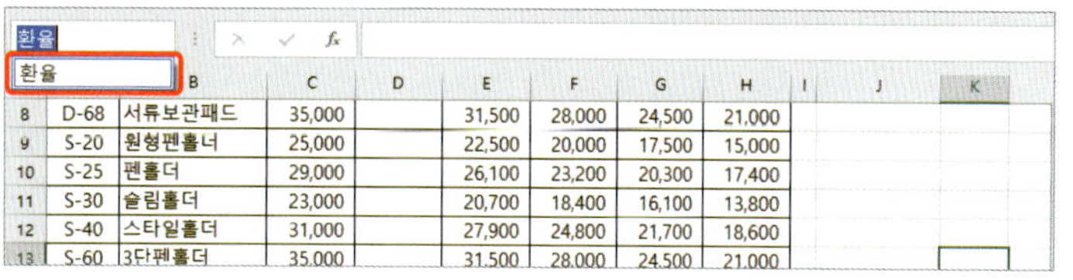

TIP 셀 이름을 정의하기 위한 단계 01~02 대신 간편하게 이름 상자를 이용해도 되는데, 셀을 선택하고 이름 상자에 이름을 직접 입력하면 된다.

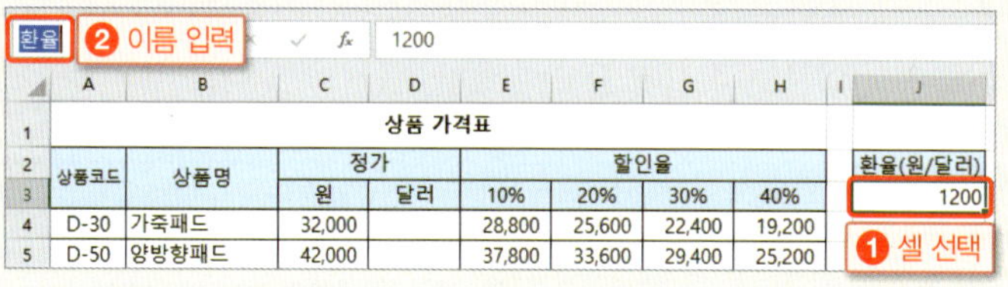

04 D4 셀을 선택하고 *=C4/환율* 수식을 입력한 후 Enter를 누르면 상품의 정가를 달러로 환산해 표시할 수 있다.

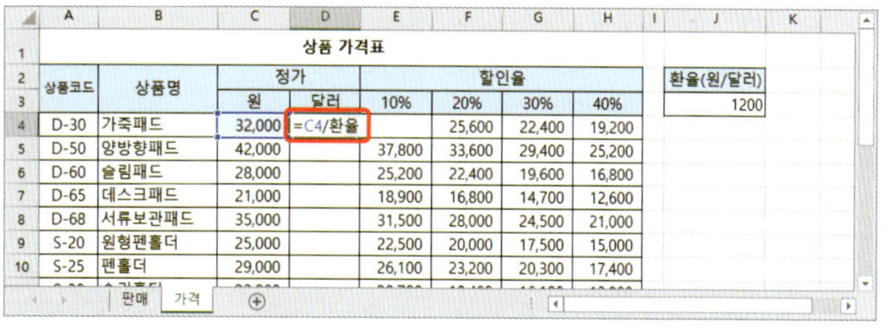

05 D4 셀의 채우기 핸들을 더블클릭해 복사한다.

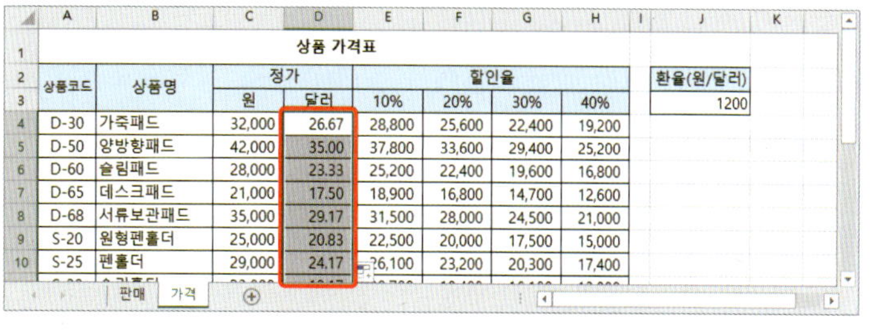

06 [수식] 탭–[수식 분석] 그룹–[수식 표시]를 눌러 보면 정의한 이름을 수식에 사용해 셀을 참조하고 있는 것을 확인할 수 있다. [수식 표시]를 다시 누르면 셀에 값이 표시된다.

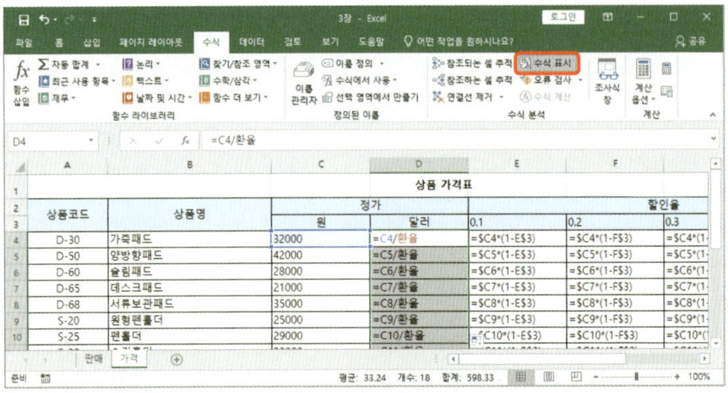

4.2 영역 이름

데이터 범위에 이름을 정의해 두면 이름 상자 목록에서 한 번의 선택으로 해당 영역을 빠르게 지정할 수 있다. 또한 이 영역 이름을 수식에 사용하면 수식 작성이 간편해지고 수식의 의미를 명확하게 표현할 수 있다는 장점도 있다.

기본예제 3-10 영역 이름 정의하고 사용하기

혼합 참조 대신 데이터 범위에 영역 이름을 정의하고 수식에 활용해 보자.

01 E3:H3 범위를 선택하고 [수식] 탭–[정의된 이름] 그룹–[이름 정의]를 누른다.

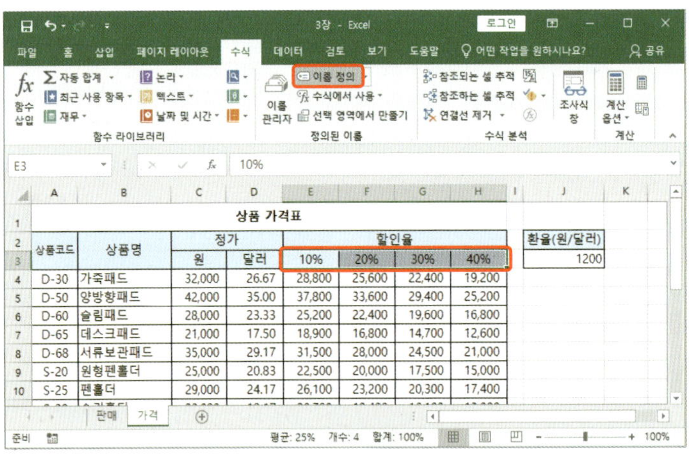

02 [새 이름] 대화상자에서 [이름]을 *할인율*로 변경하고 [확인]을 누른다.

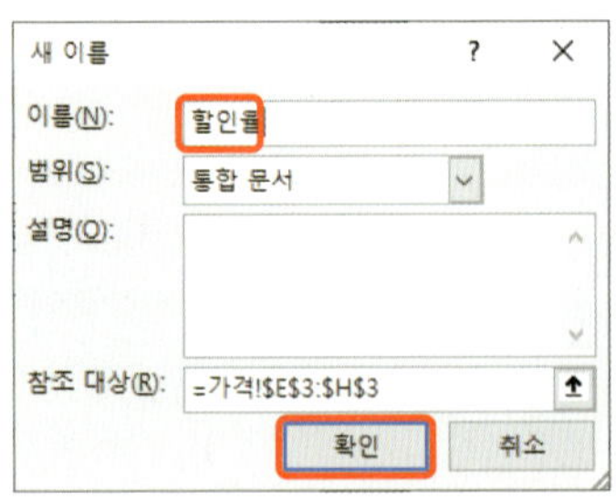

03 C3:D21 범위를 선택하고 [수식] 탭-[정의된 이름] 그룹-[선택 영역에서 만들기]를 누른다.

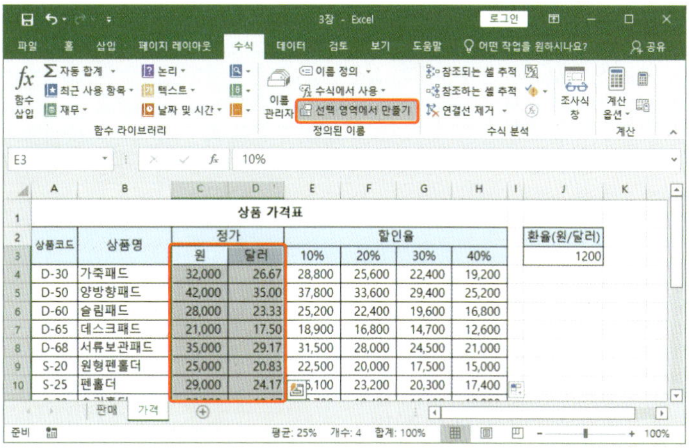

04 [선택 영역에서 이름 만들기] 대화상자에서 [첫 행]을 선택하고 [확인]을 누른다.

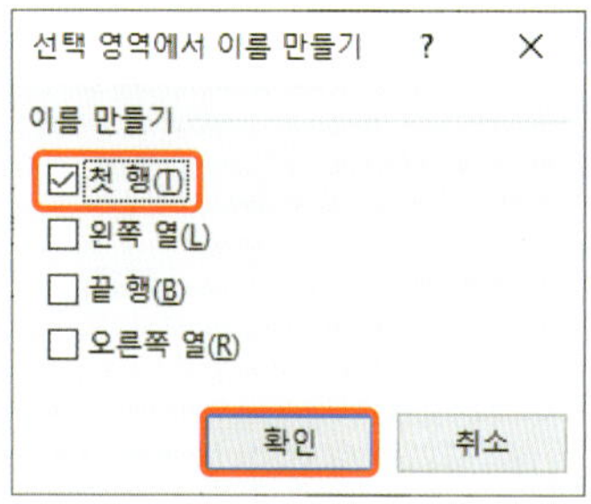

여기서 잠깐 **셀이나 영역 이름 편집하기**

이름 상자 목록을 열어 정의된 이름을 확인할 수 있고, [이름 관리자]를 이용하면 셀 이름이나 영역 이름을 편집하거나 삭제할 수도 있다.

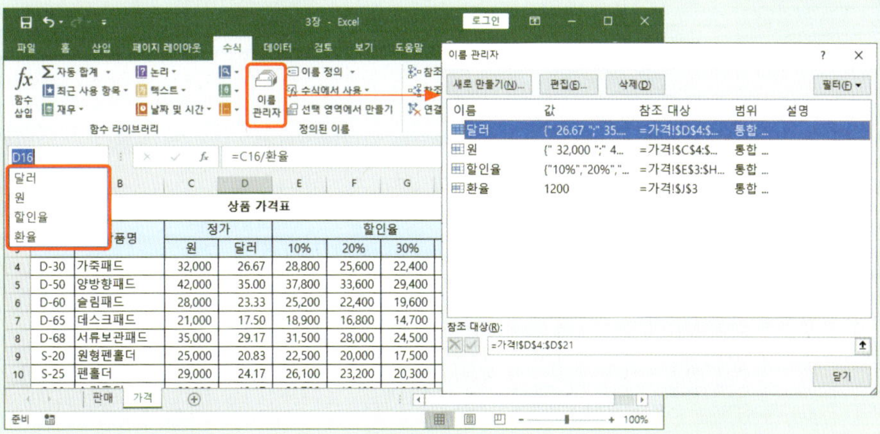

05 정의한 이름을 사용하기 위해 D4:H21 범위를 선택하고 Delete를 눌러 할인된 상품 가격을 모두 지운다.

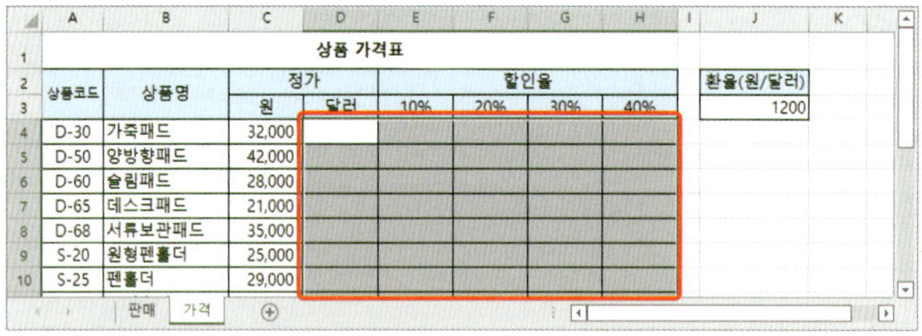

TIP 내용을 지우지 않고 수식을 다시 작성해서 적용해도 된다.

06 이름 상자 목록에서 '달러'를 클릭하면 D4:D21 범위가 선택된다.

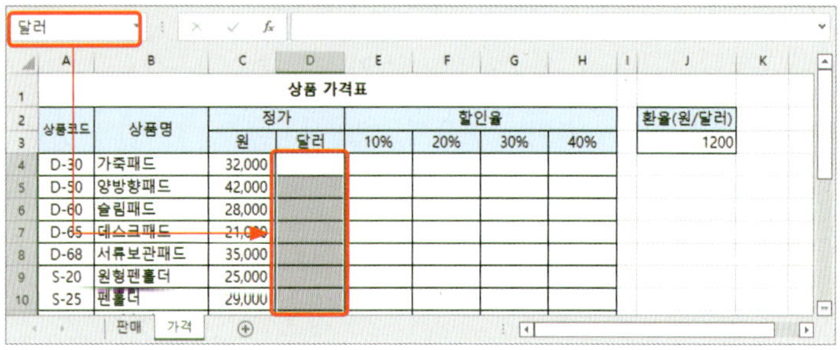

07 '달러' 영역이 선택된 상태에서 *=원/환율* 수식을 입력하고 Ctrl+Enter를 누른다.

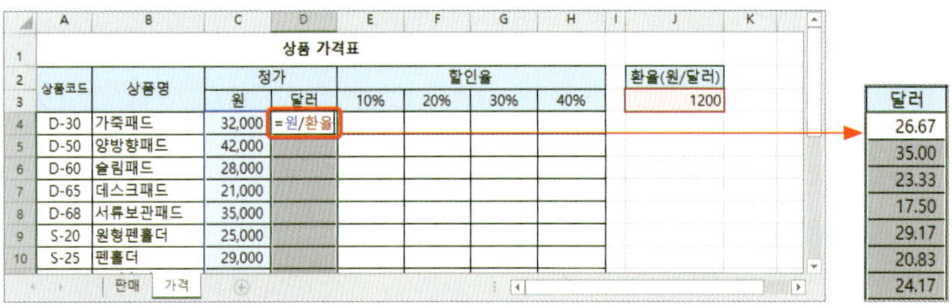

08 E4:H21 범위가 선택된 상태에서 *=달러*(1−할인율)*을 입력하고 Ctrl+Enter를 누른다.

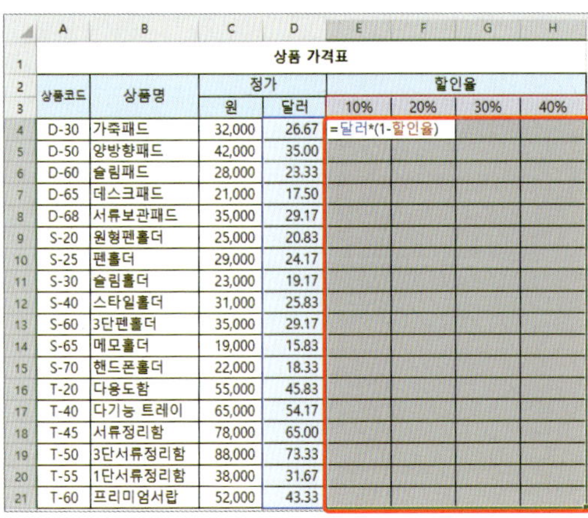

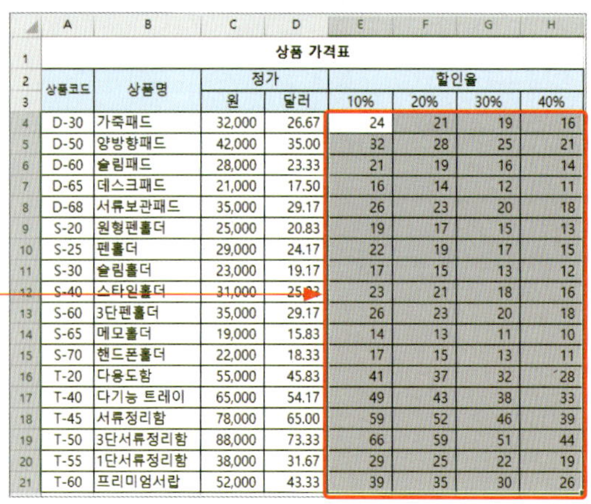

TIP 원 단위로 상품 가격표를 작성하려면 =원*(1-할인율) 수식을 사용하면 된다.

09 [홈] 탭-[표시 형식] 그룹-[자릿수 늘림]을 눌러 달러로 환산된 상품 가격이 소수 둘째 자리까지 표시되도록 한다.

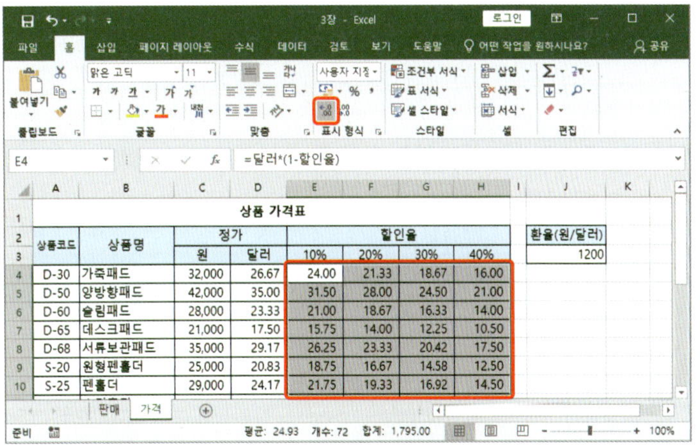

여기서 잠깐 **이름을 수식에 간편하게 사용하기**

[수식] 탭-[정의된 이름] 그룹의 [수식에서 사용]을 누르면 정의된 이름 목록이 모두 표시된다. 수식을 작성할 때 필요한 이름을 목록에서 클릭하면 수식에 자동으로 입력되므로 입력 오류를 방지할 수 있다.

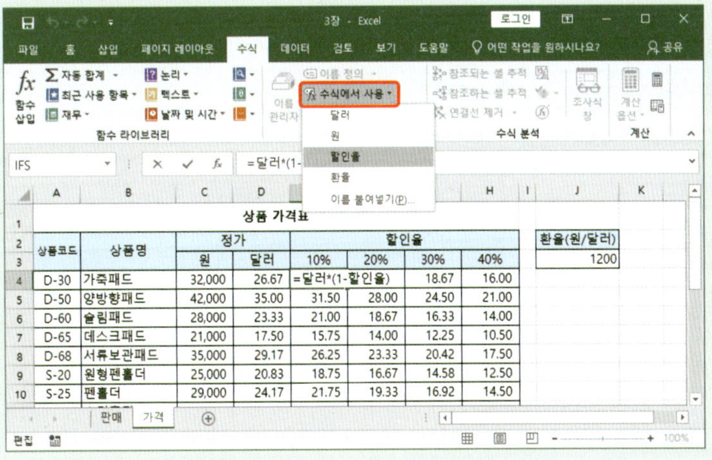

종합예제

이 장에서 학습한 수식 작성 방법과 자동 합계 함수, 셀 참조를 이용하여 연령별 인구수와 구성비를 보여주는 데이터를 워크시트에 만들어 보자.

1 '3장-종합.xlsx' 파일의 '준비' 워크시트를 열고 C2 셀에는 *1980년*, D2 셀에는 *1990년*을 입력한다. C2:D2 범위를 선택하고 채우기 핸들을 J2 셀까지 드래그한다.

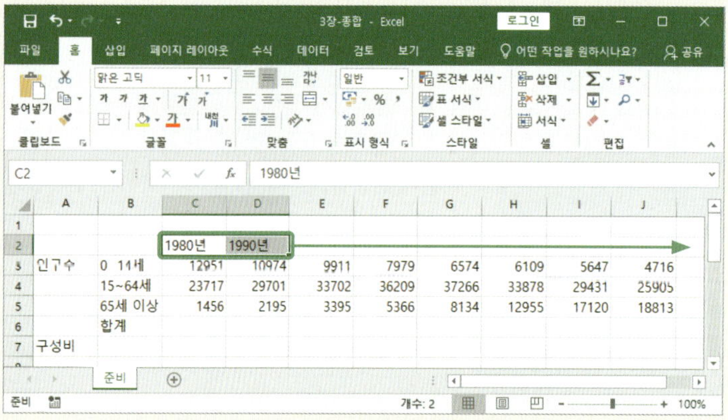

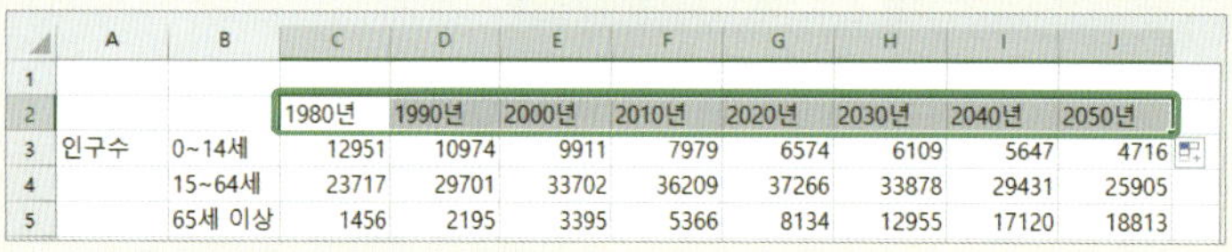

2 [파일] 탭-[옵션]을 선택하여 [Excel 옵션] 대화상자가 열리면 [고급] 범주에서 [사용자 지정 목록 편집]을 누른다.

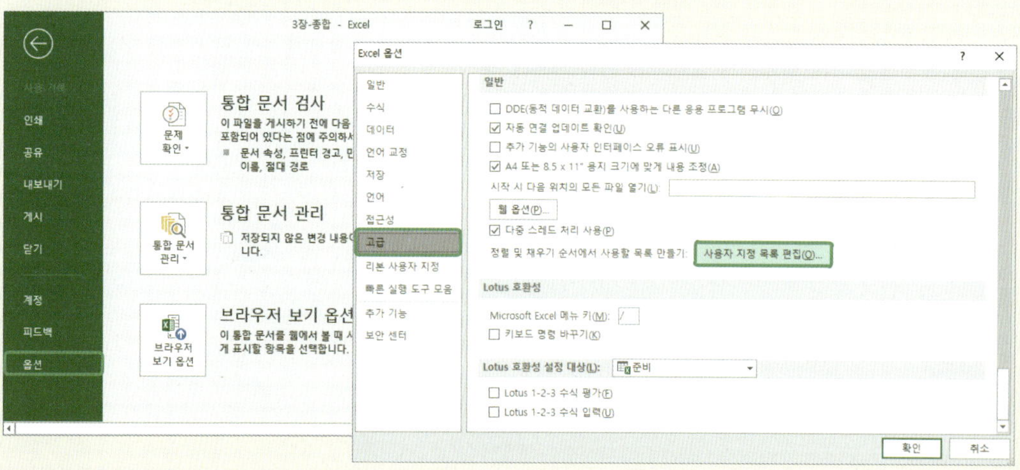

3 [옵션] 대화상자에서 [대화상자 축소] 단추를 누른다. '준비' 워크시트의 B3:B5 범위를 선택한 후 [옵션] 대화상자의 [대화상자 확대] 단추를 누른다.

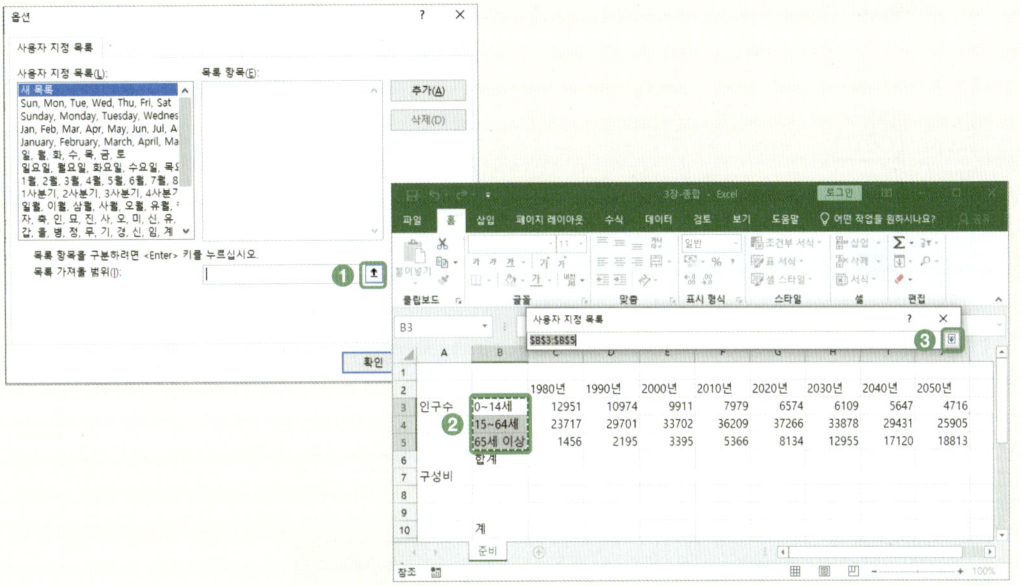

4 [가져오기]를 눌러 선택한 범위의 값을 [사용자 지정 목록]에 추가한다. [확인]을 눌러 [옵션] 대화상자를 닫고 [Excel 옵션] 대화상자도 닫는다.

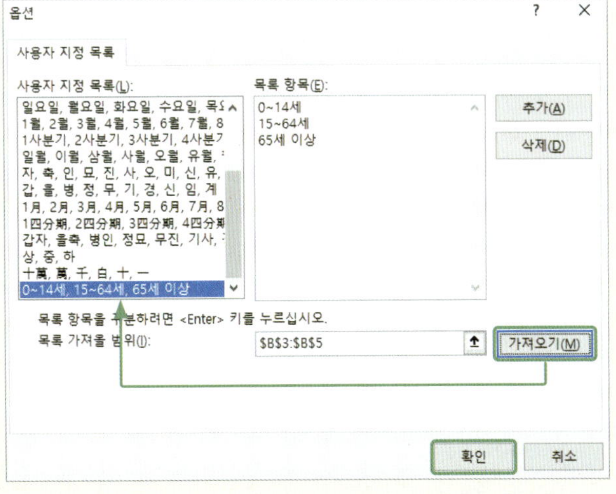

종합예제

5 B7 셀에 *0~14세*를 입력하고 B9 셀까지 채우기 핸들을 드래그하여 등록한 사용자 지정 목록으로 셀 값을 채운다.

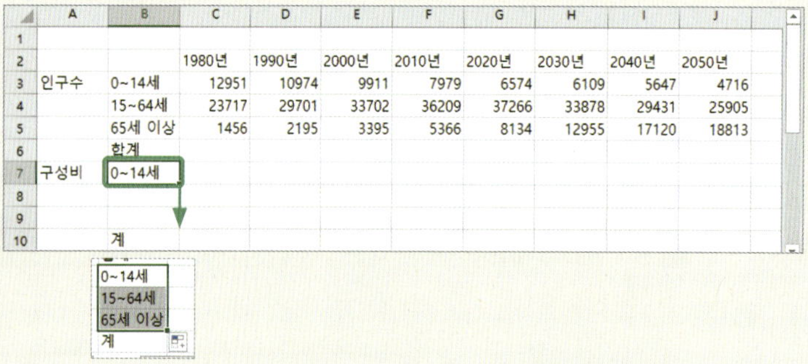

TIP 자주 사용하는 값은 사용자 지정 목록에 등록해 두는 것이 효율적이지만, 그렇지 않은 경우 값을 복사해도 된다.

6 A1:J1 범위를 선택하고 [홈] 탭–[맞춤] 그룹–[병합하고 가운데 맞춤]을 누른다. 병합한 셀에 *=A3&"와 "&A7&"(단위 : 천명, %)"* 수식을 입력한다.

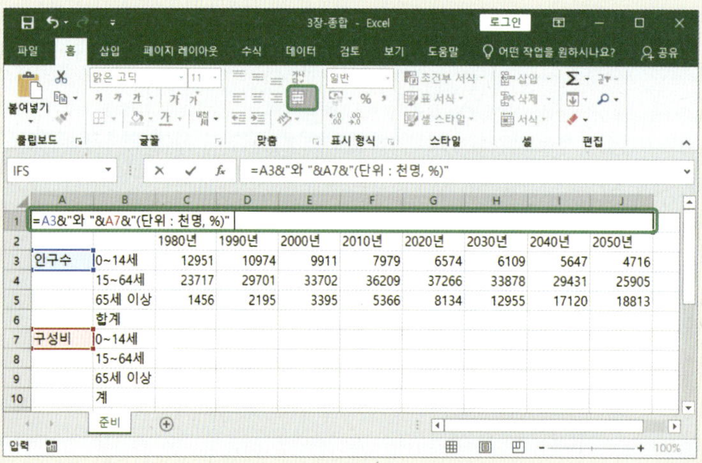

7 C6:J6 범위를 선택하고 [홈] 탭–[편집] 그룹–[합계]를 눌러 연도별 합계를 계산한다.

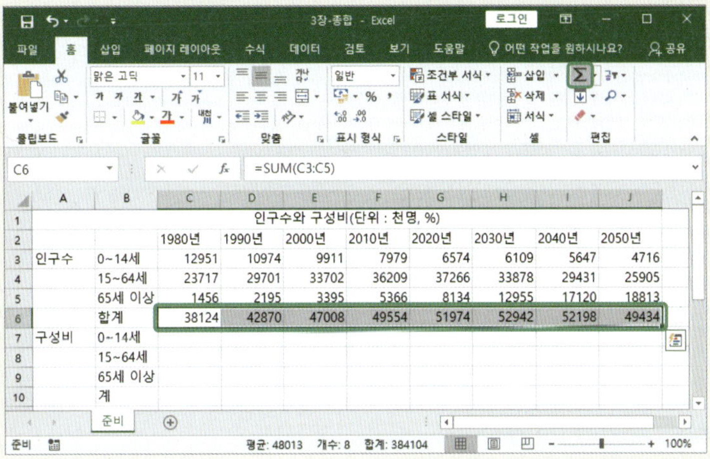

8 C6:J6 범위가 선택된 상태에서 이름 상자에 *합계*라고 입력해 영역 이름을 정의한다.

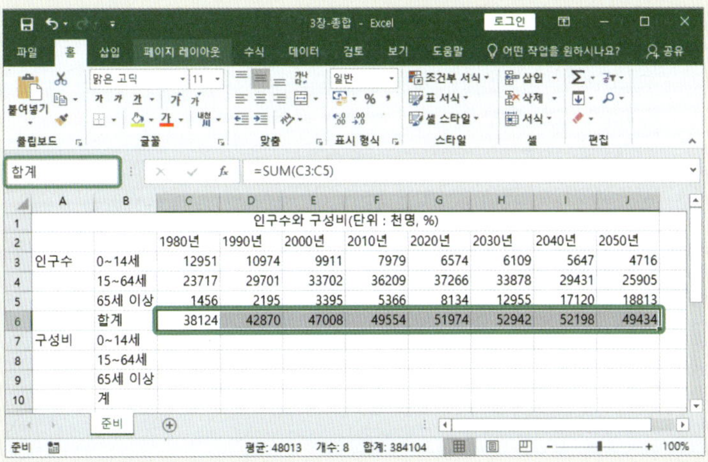

종합예제

9 C7 셀에 *=C3/합계*100* 수식을 입력하고 채우기 핸들을 J7 셀까지 드래그하여 수식을 복사한다.

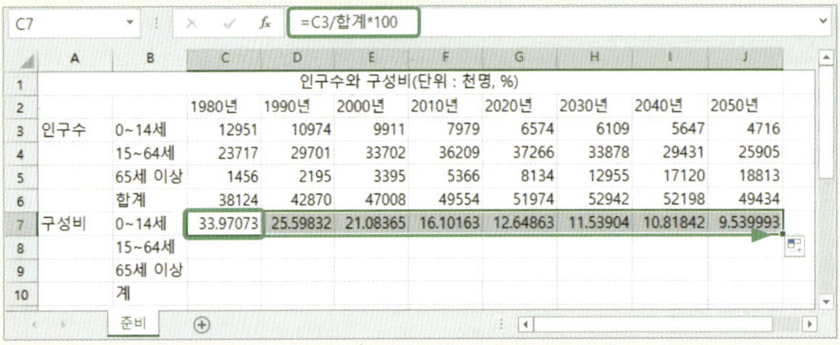

C7 | =C3/합계*100

	A	B	C	D	E	F	G	H	I	J
1			인구수와 구성비(단위 : 천명, %)							
2			1980년	1990년	2000년	2010년	2020년	2030년	2040년	2050년
3	인구수	0~14세	12951	10974	9911	7979	6574	6109	5647	4716
4		15~64세	23717	29701	33702	36209	37266	33878	29431	25905
5		65세 이상	1456	2195	3395	5366	8134	12955	17120	18813
6		합계	38124	42870	47008	49554	51974	52942	52198	49434
7	구성비	0~14세	33.97073	25.59832	21.08365	16.10163	12.64863	11.53904	10.81842	9.539993
8		15~64세								
9		65세 이상								
10		계								

준비

10 C7:J7 범위가 선택된 상태에서 채우기 핸들을 J9 셀까지 드래그하여 연령별 구성비를 계산한다.

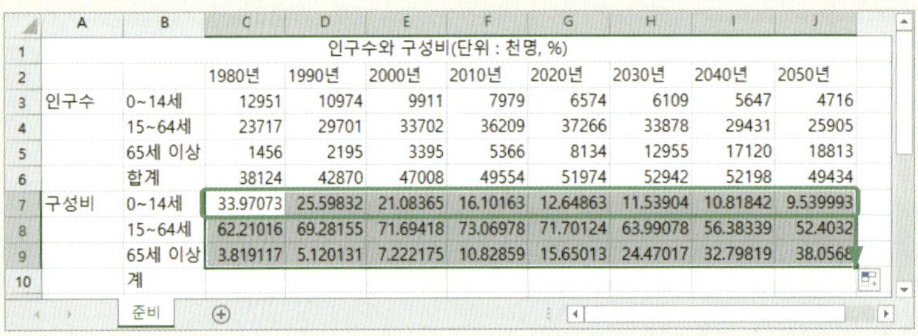

	A	B	C	D	E	F	G	H	I	J
1			인구수와 구성비(단위 : 천명, %)							
2			1980년	1990년	2000년	2010년	2020년	2030년	2040년	2050년
3	인구수	0~14세	12951	10974	9911	7979	6574	6109	5647	4716
4		15~64세	23717	29701	33702	36209	37266	33878	29431	25905
5		65세 이상	1456	2195	3395	5366	8134	12955	17120	18813
6		합계	38124	42870	47008	49554	51974	52942	52198	49434
7	구성비	0~14세	33.97073	25.59832	21.08365	16.10163	12.64863	11.53904	10.81842	9.539993
8		15~64세	62.21016	69.28155	71.69418	73.06978	71.70124	63.99078	56.38339	52.4032
9		65세 이상	3.819117	5.120131	7.222175	10.82859	15.65013	24.47017	32.79819	38.0568
10		계								

준비

11 C10:J10 범위를 선택하고 [홈] 탭–[편집] 그룹–[합계]를 눌러 구성비의 합계를 계산한다.

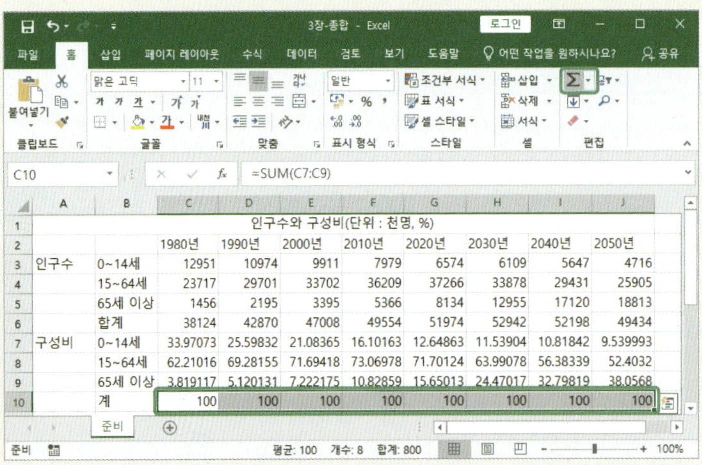

3장-종합 - Excel

파일 홈 삽입 페이지 레이아웃 수식 데이터 검토 보기 도움말 어떤 작업을 원하시나요? 공유

C10 | =SUM(C7:C9)

	A	B	C	D	E	F	G	H	I	J
1			인구수와 구성비(단위 : 천명, %)							
2			1980년	1990년	2000년	2010년	2020년	2030년	2040년	2050년
3	인구수	0~14세	12951	10974	9911	7979	6574	6109	5647	4716
4		15~64세	23717	29701	33702	36209	37266	33878	29431	25905
5		65세 이상	1456	2195	3395	5366	8134	12955	17120	18813
6		합계	38124	42870	47008	49554	51974	52942	52198	49434
7	구성비	0~14세	33.97073	25.59832	21.08365	16.10163	12.64863	11.53904	10.81842	9.539993
8		15~64세	62.21016	69.28155	71.69418	73.06978	71.70124	63.99078	56.38339	52.4032
9		65세 이상	3.819117	5.120131	7.222175	10.82859	15.65013	24.47017	32.79819	38.0568
10		계	100	100	100	100	100	100	100	100

준비 평균: 100 개수: 8 합계: 800 100%

12 다음 그림과 같이 셀 서식을 설정한다.

인구수와 구성비(단위 : 천명, %)									
		1980년	**1990년**	**2000년**	**2010년**	**2020년**	**2030년**	**2040년**	**2050년**
인구수	**0~14세**	12,951	10,974	9,911	7,979	6,574	6,109	5,647	4,716
	15~64세	23,717	29,701	33,702	36,209	37,266	33,878	29,431	25,905
	65세 이상	1,456	2,195	3,395	5,366	8,134	12,955	17,120	18,813
	합계	38,124	42,870	47,008	49,554	51,974	52,942	52,198	49,434
구성비	**0~14세**	33.97	25.60	21.08	16.10	12.65	11.54	10.82	9.54
	15~64세	62.21	69.28	71.69	73.07	71.70	63.99	56.38	52.40
	65세 이상	3.82	5.12	7.22	10.83	15.65	24.47	32.80	38.06
	계	100	100	100	100	100	100	100	100

❶ C3:J6 범위는 [홈] 탭–[표시 형식] 그룹에서 [쉼표 스타일]을 설정한다.

❷ C7:J9 범위는 [홈] 탭–[표시 형식] 그룹–[자릿수 줄임]을 이용해 소수 2자리로 표시한다.

❸ A2:B2 범위, A3:A6 범위, A7:A10 범위를 각각 [홈] 탭–[맞춤] 그룹–[셀 병합]으로 병합한다.

❹ A1:J2 범위의 제목 행과 A3:B10 범위의 제목 열의 텍스트는 [홈] 탭–[글꼴] 그룹–[굵게]와 [홈] 탭–[맞춤] 그룹–[가운데 맞춤]으로 설정한다.

❺ 행 높이를 조절하고, 셀 테두리와 채우기 색을 그림과 같이 설정한다.

연습문제

1 '3장-연습.xlsx' 파일의 '연습1' 시트를 열고 다음 조건에 맞게 성적표를 작성하시오.

❶ '과제 점수*비율(20%)+출석 점수*비율(20%)+중간 점수*비율(30%)+기말 점수*비율(30%)'을 계산하도록 수식을 작성하여 학생 각각의 '총점'을 모두 구하시오.

❷ 자동 합계 도구를 사용하여 '인원', '평균', '최고', '최저' 항목의 값을 구하시오.

❸ D4:D23(과제), E4:E23(출석), F4:F23(중간), G4:G23(기말) 범위에 각 영역 이름을 정의하고, 수식에 이름을 사용하여 '전체 평균'을 구하시오.

❹ 그림과 같이 셀 병합, 셀 테두리와 채우기 색, 맞춤, 자릿수를 설정하시오.

성적표

번호	이름	학번	과제	출석	중간	기말	총점
			20%	20%	30%	30%	
1	서다은	20150214	60	80	40	27	48
2	정승현	20141021	95	100	43	50	67
3	김재훈	20151301	85	80	53	27	57
4	이주와	20160416	100	100	77	37	74
5	한지원	20134572	80	100	20	20	48
6	김정아	20161451	80	100	50	17	56
7	이정희	20168451	100	70	100	97	93
8	이건표	20143145	95	100	37	13	54
9	김수빈	20154670	100	100	50	77	78
10	김회호	20124651	95	100	87	97	94
11	김수경	20169871	65	100	83	27	66
12	김한표	20146575	100	90	100	80	92
13	이동회	20146857	90	100	67	63	77
14	이수현	20134596	100	80	70	57	74
15	박준영	20167891	100	100	93	97	97
16	김민수	20154672	45	40	67	23	44
17	이성욱	20164869	100	80	53	17	57
18	최준석	20124571	100	80	53	97	81
19	김나영	20142154	95	80	87	87	87
20	황혜민	20154761	100	100	90	93	95
전체 평균			89.3	89.0	66.0	55.2	

인원	20
평균	72
최고	97
최저	44

2 '3장-연습.xlsx' 파일의 '연습2' 시트를 열고 다음과 같이 도서 판매 현황을 작성하시오.

❶ 각 도서별 '판매금액'을 '판매량*정가*(1-할인율)'로 계산해서 표시하시오.

❷ 자동 합계 도구를 사용하여 판매금액의 '합계'를 구하시오.

❸ 전체 판매금액 대비 각 도서별 판매금액의 비율을 계산하여 도서별 '판매율'에 표시하고 백분율 스타일로 표시 형식을 설정하시오.

❹ 자동 합계 도구를 사용하여 판매율의 '합계'를 구하시오.

❺ 그림과 같이 셀 병합, 셀 테두리와 채우기 색, 맞춤, 자릿수 등의 서식을 설정하시오.

	A	B	C	D	E	F	G
1				도서 판매 현황			
2						할인율	10%
3	도서번호	출판사	발행일	정가	판매량	판매금액	판매율
4	8984317411	휴	2013-10-09	13,000	15	175,500	3%
5	1130612244	진명	2017-05-08	15,000	20	270,000	4%
6	8956055467	북하우스	2011-10-10	16,000	50	720,000	11%
7	8932917237	열린책들	2015-07-10	19,800	15	267,300	4%
8	8901204215	교양인	2015-06-14	15,000	25	337,500	5%
9	2125461472	한빛	2018-03-01	22,000	32	633,600	10%
10	1134571264	진명	2017-12-22	13,500	21	255,150	4%
11	8984315117	휴	2017-04-20	12,000	30	324,000	5%
12	8982813845	현대	2017-08-02	8,500	5	38,250	1%
13	2174546547	한빛	2018-06-29	21,000	22	415,800	7%
14	1147713676	진명	2018-07-10	18,000	31	502,200	8%
15	8934908068	세종	2018-01-05	8,500	48	367,200	6%
16	8963220826	비전	2015-07-30	14,800	25	333,000	5%
17	8970127240	문학사상	2015-12-19	28,000	65	1,638,000	26%
18					합계	6,277,500	100%

연습1 | 연습2 | 연습3

3 '3장-연습.xlsx' 파일의 '연습3' 시트를 열고 다음 조건에 맞게 교육프로그램 목록을 작성하시오.

❶ 제목인 '교육프로그램 목록'을 그림과 같이 병합하고, 셀 스타일은 '제목 2'로 설정하시오.

❷ 번호는 연속 데이터 채우기로 입력하시오.

❸ I2 셀은 '할인율'로 이름을 정의하고 금액 계산에 사용하시오. 금액은 *=수강료*(1-할인율)*인원*으로 계산하시오.

❹ 자동 합계 도구를 사용하여 마지막 행에 있는 인원과 금액의 합계를 구하시오.

❺ 그림과 같이 셀 병합과 셀 테두리, 채우기 색, 글꼴 굵기나 맞춤 등의 서식을 설정하시오.

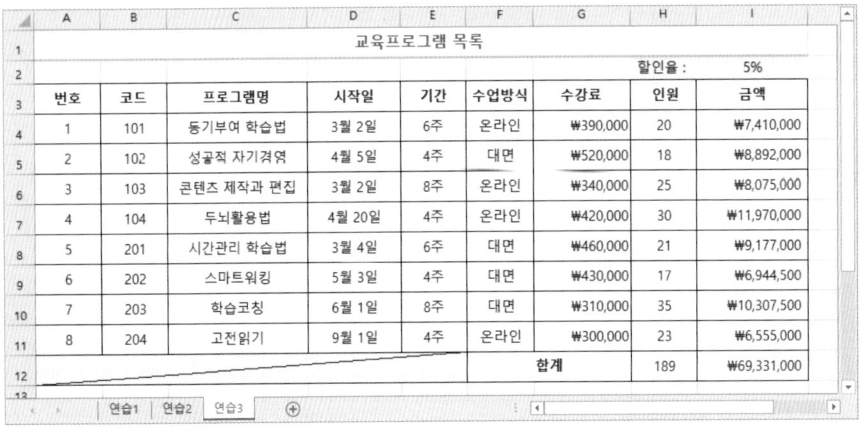

	A	B	C	D	E	F	G	H	I
1	교육프로그램 목록								
2								할인율 :	5%
3	번호	코드	프로그램명	시작일	기간	수업방식	수강료	인원	금액
4	1	101	동기부여 학습법	3월 2일	6주	온라인	₩390,000	20	₩7,410,000
5	2	102	성공적 자기경영	4월 5일	4주	대면	₩520,000	18	₩8,892,000
6	3	103	콘텐츠 제작과 편집	3월 2일	8주	온라인	₩340,000	25	₩8,075,000
7	4	104	두뇌활용법	4월 20일	4주	온라인	₩420,000	30	₩11,970,000
8	5	201	시간관리 학습법	3월 4일	6주	대면	₩460,000	21	₩9,177,000
9	6	202	스마트워킹	5월 3일	4주	대면	₩430,000	17	₩6,944,500
10	7	203	학습코칭	6월 1일	8주	대면	₩310,000	35	₩10,307,500
11	8	204	고전읽기	9월 1일	4주	온라인	₩300,000	23	₩6,555,000
12						합계		189	₩69,331,000

CHAPTER 04

표시 형식과 조건부 서식

학습목표

- 표시 형식의 사용법을 알고 사용자 지정 표시 형식을 설정할 수 있다.
- 조건에 따라 셀 서식을 다르게 설정할 수 있다.

SECTION 01

표시 형식 사용하기

숫자를 표시할 때 세 자리마다 콤마(,)를 넣어 구분하거나 통화 기호(₩, $) 또는 여러 가지 단위 기호를 함께 표시하면 숫자의 의미가 좀 더 명확해지고 보기도 쉽다. 숫자나 문자, 날짜와 같은 데이터의 표시 형식을 지정하는 방법을 알아본다.

1.1 표시 형식

표시 형식이란 셀에 입력한 데이터에 단위나 특정 형식이 표시되도록 하는 기능이다. 표시 형식을 지정하면 숫자를 천 단위 또는 백만 단위 등으로 표시할 수 있고 통화나 회계 형식, 쉼표 스타일 등을 지정할 수 있다. 날짜 데이터에 표시 형식을 지정하면 연, 월, 일을 원하는 모양으로 표시할 수 있고 요일을 함께 표시하는 등 다양한 형식으로 구성할 수 있다.

기본예제 4-1 셀에 표시 형식 지정하기

자릿수 구분 콤마 기호, 백분율 기호, 통화 기호, 소수 자릿수 맞춤 등을 셀에 적용하여 숫자를 명확하고 보기 좋게 표시하는 방법을 알아보자.

01 '4장.xlsx' 파일의 '도서주문' 시트를 열고 영역 이름을 먼저 정의하자. A2:G16 범위를 선택하고 [수식] 탭-[정의된 이름] 그룹-[선택 영역에서 만들기]를 선택한다.

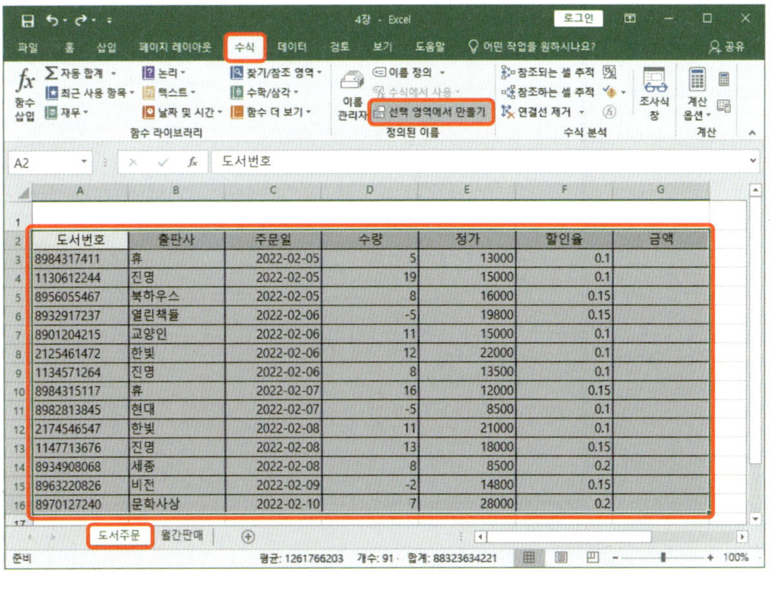

TIP 영역 이름을 정의하면 표시 형식을 설정할 범위를 간편하게 선택할 수 있다.

02 [선택 영역에서 이름 만들기] 대화상자가 나타나면 [첫 행]을 선택하고 [확인]을 누른다. 이름 상자 목록에서 추가된 '도서번호', '출판사', '주문일', '수량', '정가', '할인율', '금액'을 확인할 수 있다.

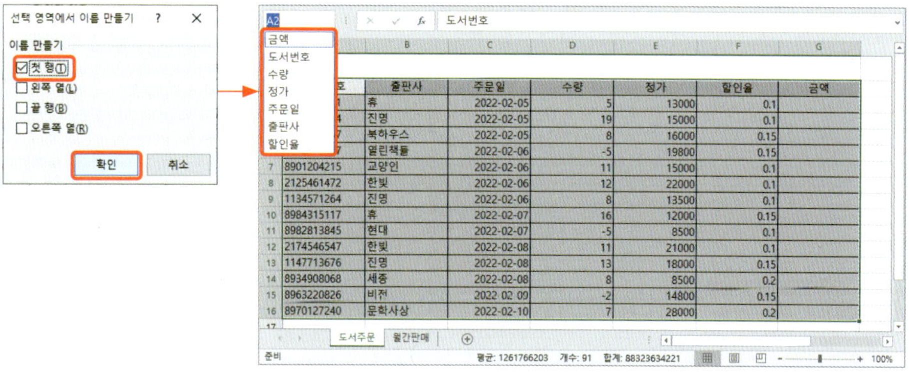

03 이름 상자 목록에서 '정가'를 선택하고 [홈] 탭–[표시 형식] 그룹–[쉼표 스타일]을 누른다.

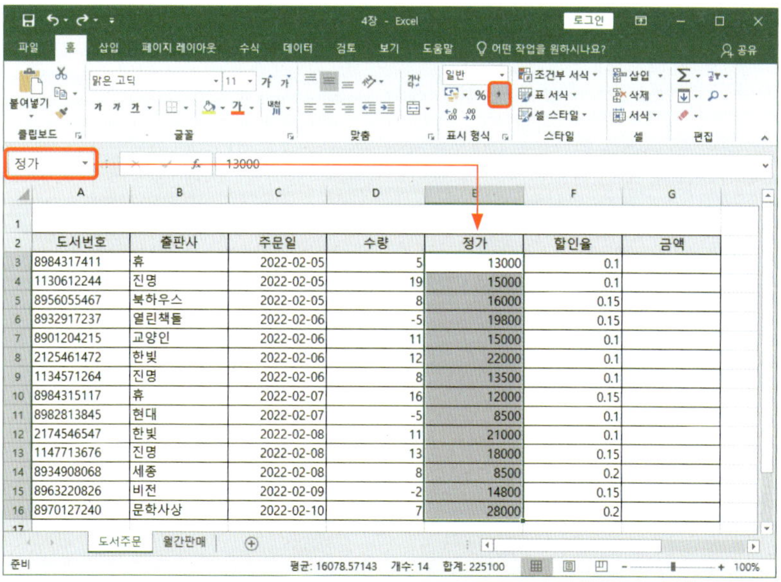

도서번호	출판사	주문일	수량	정가	할인율	금액
8984317411	휴	2022-02-05	5	13000	0.1	
1130612244	진명	2022-02-05	19	15000	0.1	
8956055467	북하우스	2022-02-05	8	16000	0.15	
8932917237	열린책들	2022-02-06	-5	19800	0.15	
8901204215	교양인	2022-02-06	11	15000	0.1	
2125461472	한빛	2022-02-06	12	22000	0.1	
1134571264	진명	2022-02-06	8	13500	0.1	
8984315117	휴	2022-02-07	16	12000	0.15	
8982813845	현대	2022-02-07	-5	8500	0.1	
2174546547	한빛	2022-02-08	11	21000	0.1	
1147713676	진명	2022-02-08	13	18000	0.15	
8934908068	세종	2022-02-08	8	8500	0.2	
8963220826	비전	2022-02-09	-2	14800	0.15	
8970127240	문학사상	2022-02-10	7	28000	0.2	

TIP 설정한 표시 형식을 취소하려면 [홈] 탭–[표시 형식] 그룹–[표시 형식] 목록에서 [일반]을 선택한다.

04 이름 상자 목록에서 '할인율'을 선택하고 [홈] 탭–[표시 형식] 그룹–[% 백분율 스타일]을 누른다.

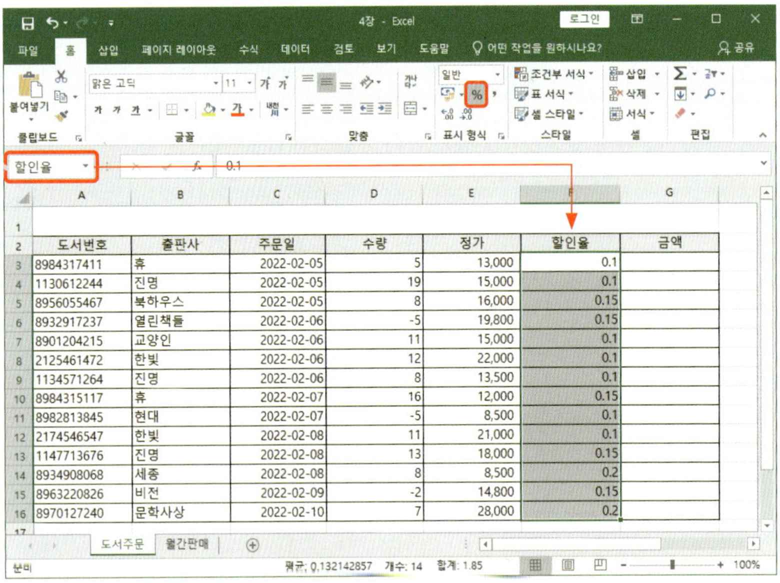

	도서번호	출판사	주문일	수량	정가	할인율	금액
3	8984317411	휴	2022-02-05	5	13,000	0.1	
4	1130612244	진명	2022-02-05	19	15,000	0.1	
5	8956055467	북하우스	2022-02-05	8	16,000	0.15	
6	8932917237	열린책들	2022-02-06	-5	19,800	0.15	
7	8901204215	교양인	2022-02-06	11	15,000	0.1	
8	2125461472	한빛	2022-02-06	12	22,000	0.1	
9	1134571264	진명	2022-02-06	8	13,500	0.1	
10	8984315117	휴	2022-02-07	16	12,000	0.15	
11	8982813845	현대	2022-02-07	-5	8,500	0.1	
12	2174546547	한빛	2022-02-08	11	21,000	0.1	
13	1147713676	진명	2022-02-08	13	18,000	0.15	
14	8934908068	세종	2022-02-08	8	8,500	0.2	
15	8963220826	비전	2022-02-09	-2	14,800	0.15	
16	8970127240	문학사상	2022-02-10	7	28,000	0.2	

05 이름 상자 목록에서 '금액'을 선택하고 *=수량*정가*(1–할인율)* 수식을 입력한 다음 Ctrl+Enter를 눌러 계산 결과를 모든 셀에 표시한다.

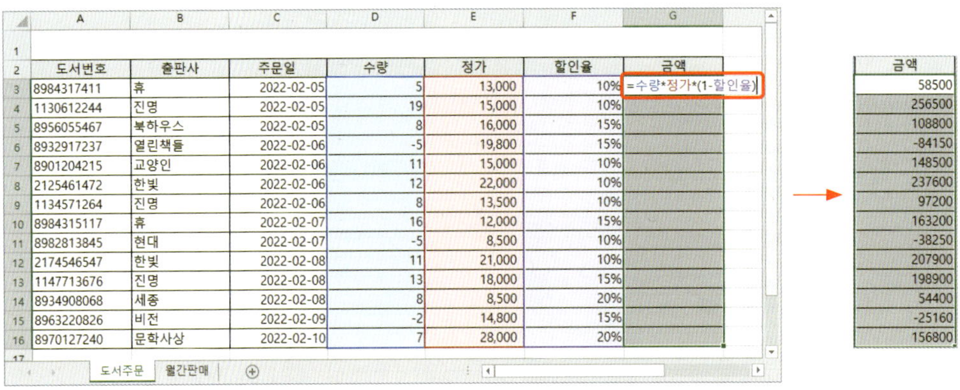

	도서번호	출판사	주문일	수량	정가	할인율	금액
3	8984317411	휴	2022-02-05	5	13,000	10%	=수량*정가*(1-할인율)
4	1130612244	진명	2022-02-05	19	15,000	10%	
5	8956055467	북하우스	2022-02-05	8	16,000	15%	
6	8932917237	열린책들	2022-02-06	-5	19,800	15%	
7	8901204215	교양인	2022-02-06	11	15,000	10%	
8	2125461472	한빛	2022-02-06	12	22,000	10%	
9	1134571264	진명	2022-02-06	8	13,500	10%	
10	8984315117	휴	2022-02-07	16	12,000	15%	
11	8982813845	현대	2022-02-07	-5	8,500	10%	
12	2174546547	한빛	2022-02-08	11	21,000	10%	
13	1147713676	진명	2022-02-08	13	18,000	15%	
14	8934908068	세종	2022-02-08	8	8,500	20%	
15	8963220826	비전	2022-02-09	-2	14,800	15%	
16	8970127240	문학사상	2022-02-10	7	28,000	20%	

금액
58500
256500
108800
-84150
148500
237600
97200
163200
-38250
207900
198900
54400
-25160
156800

06 '금액'은 [홈] 탭–[표시 형식] 그룹–[회계 표시 형식] 목록에서 [₩ 한국어]를 선택한다.

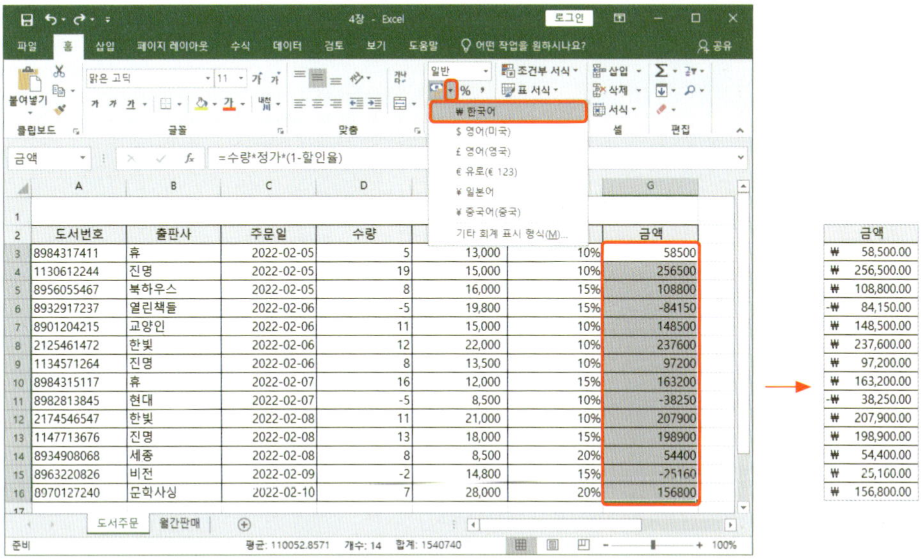

07 '금액' 영역은 [자릿수 줄임]을 눌러 소수 자릿수가 표시되지 않게 한다.

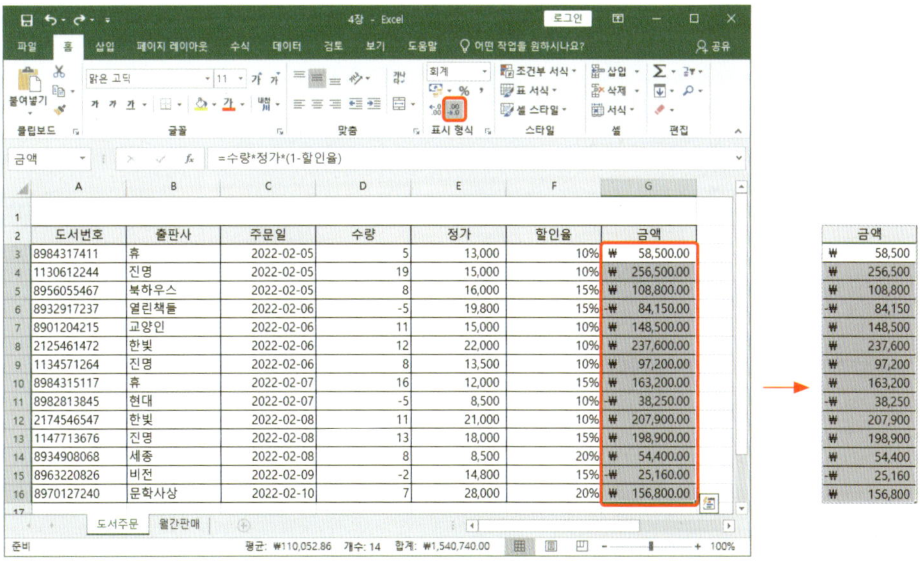

08 이름 상자 목록에서 '정가'를 선택하고 [홈] 탭–[표시 형식] 그룹–[표시 형식] 목록에서 [통화]를 눌러 표시 형식을 변경한다.

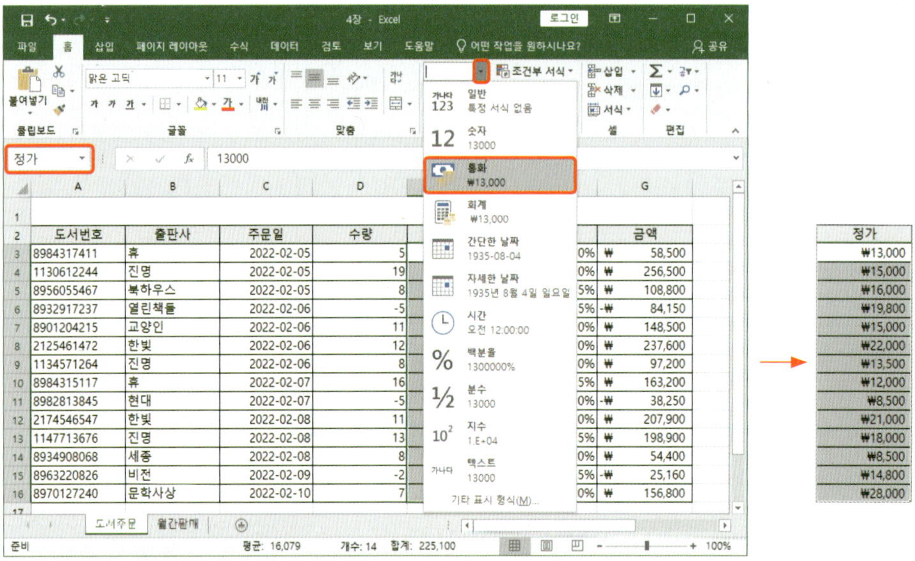

TIP 통화 서식을 적용하면 첫 번째 숫자 바로 앞에 통화 기호가 표시된다. 회계 서식과의 차이는 다음 그림으로 알 수 있다.

통화		회계
₩1,234,567	양수	₩　1,234,567
(₩1,234,567)	음수	–₩　1,234,567
₩0	0	₩　–

1.2 사용자 지정 표시 형식

사용자 지정 표시 형식은 엑셀에서 제공하는 표시 형식 외에 필요한 서식이 있는 경우 미리 정해둔 기호를 사용하여 설정하는 방법이다. 숫자, 날짜, 문자 등 데이터의 종류에 따라 사용하는 기호가 다르다.

데이터	기호	설명
숫자	#	유효 숫자만 표시한다.(예 : 010에서는 앞의 0을 표시하지 않고, 0.10에서는 뒤의 0을 표시하지 않음)
	0	유효 숫자가 아니면 0으로 표시하여 자릿수를 맞춘다.
	?	유효 숫자가 아닌 경우 공백으로 표시하여 자릿수를 맞춘다.
	,	숫자 서식 중간에 사용하면 세 자리마다 콤마(,) 기호를 넣고 서식 마지막에 사용하면 세 자리를 제외하고 천 단위로 표시한다.
날짜	y	연도를 표시한다.
	m	월을 표시한다.
	d	일을 표시하거나 요일을 영문으로 표시한다.
	a	요일을 한글로 표시한다.

데이터	기호	설명
연결	@	입력 문자 그대로 표시한다.
	*	'*' 기호 뒤에 오는 문자를 셀의 공백에 반복하여 채운다.
	_	'_' 기호 뒤의 문자를 공백으로 표시한다.

기본예제 4-2 숫자에 사용자 지정 표시 형식 만들기

책 수량을 나타내는 숫자 뒤에 '권'을 붙여 데이터의 의미를 더 명확하게 표시하거나 금액을 천 단위로 표시하고 음수는 빨간색으로 표시하는 등 숫자 데이터에 사용자 지정 표시 형식을 설정하는 방법을 익혀 보자.

01 '도서주문' 시트의 이름 상자 목록에서 '수량'을 선택하고, [홈] 탭–[표시 형식] 그룹의 [대화상자 표시] 단추를 누른다.

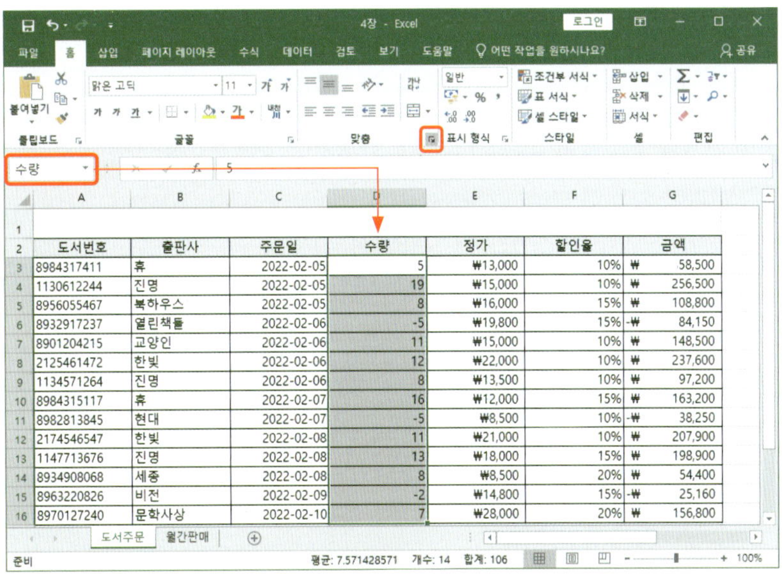

TIP 단축키 Ctrl+1을 눌러 [셀 서식] 대화상자를 나타나게 할 수도 있다.

02 [셀 서식] 대화상자가 나타나면 [표시 형식] 탭의 [범주]에서 [사용자 지정]을 선택한다.

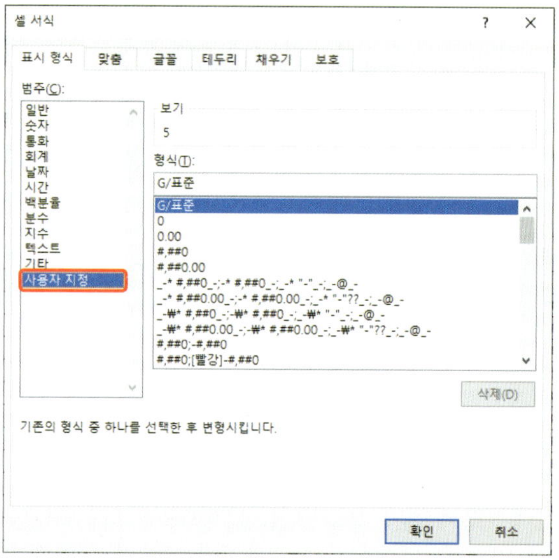

TIP [범주] 목록에서 원하는 모양과 비슷한 형식을 먼저 선택한 후 [사용자 지정]을 선택하여 변형시키면 된다.

03 [형식] 입력상자에 *G/표준"권"*을 입력하고 [확인]을 눌러 [셀 서식] 대화상자를 닫는다.

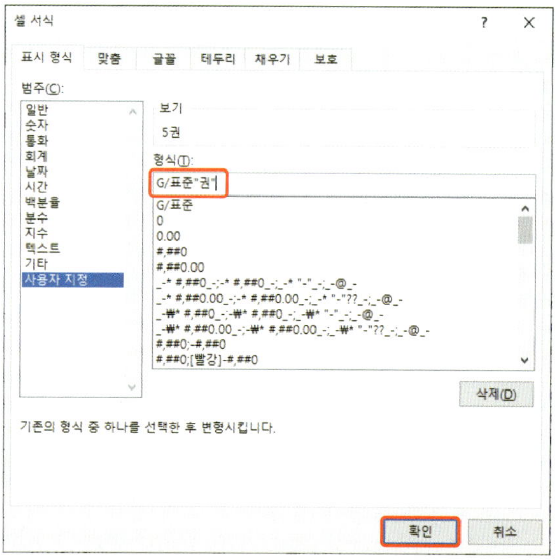

TIP 만약 수량의 숫자 뒤에 권을 직접 입력하면 숫자가 아닌 문자 데이터가 되므로 금액을 계산할 때 오류가 발생한다.

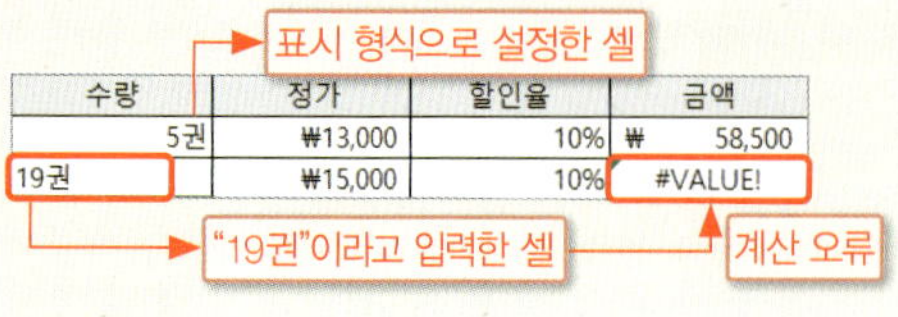

04 이름 상자 목록에서 '금액'을 선택하고 단축키 Ctrl+1을 눌러 [셀 서식] 대화상자를 연다.

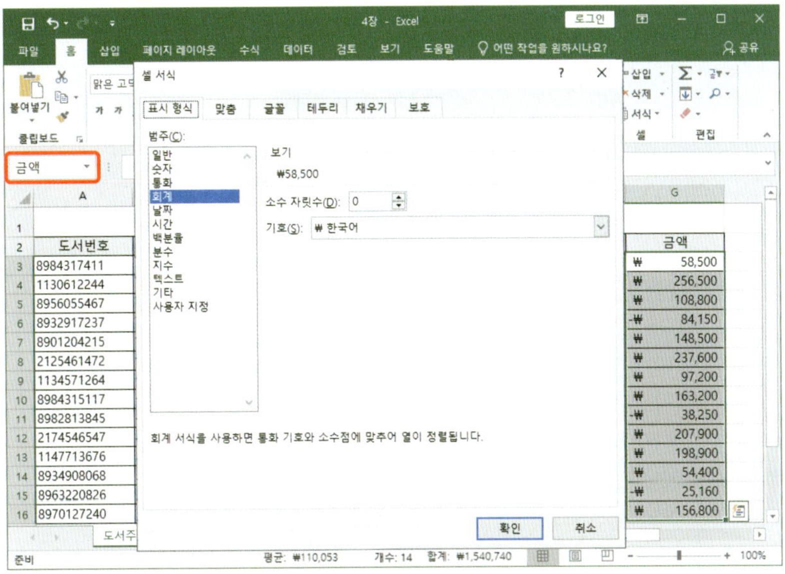

TIP 현재 설정되어 있는 [회계] 항목이 선택된 상태로 [범주] 목록이 나타난다.

05 [범주]에서 [사용자 지정]을 누른 다음 [형식]을 *#,##0,"천원";[빨강]-#,##0,"천원"*으로 수정하고 [확인]을 누른다.

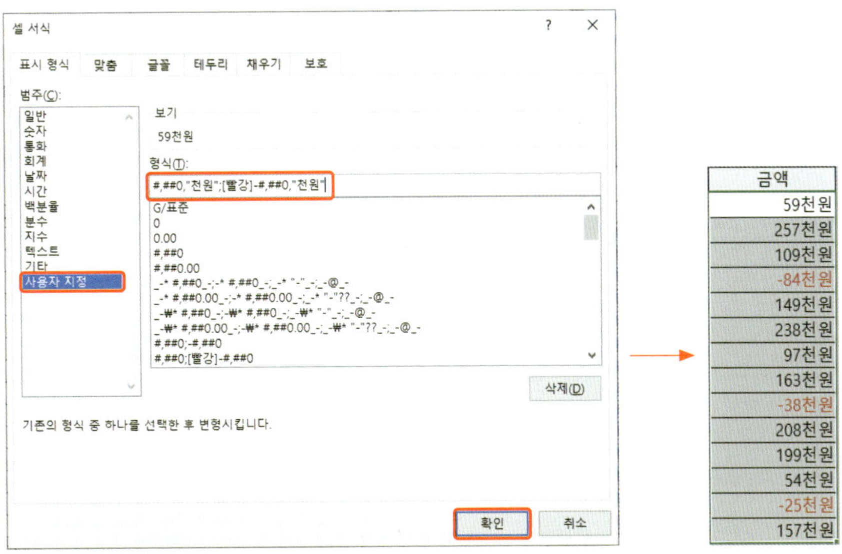

TIP 셀에 표시 형식을 두 가지 이상 설정하려면 세미콜론(;)을 사용한다. 양수;음수;0;문자 순서로 필요한 각 부분의 형식을 지정한다. 색을 지정할 때는 맨 앞에 대괄호([ ])와 함께 색 이름을 입력한다. 표시 형식에서 사용 가능한 색 이름은 [검정], [녹색], [흰색], [파랑], [자홍], [노랑], [녹청], [빨강] 여덟 가지다.

06 이름 상자 목록에서 '도서번호'를 선택하고 마우스 오른쪽 단추를 눌러 단축 메뉴에서 [셀 서식]을 선택한다.

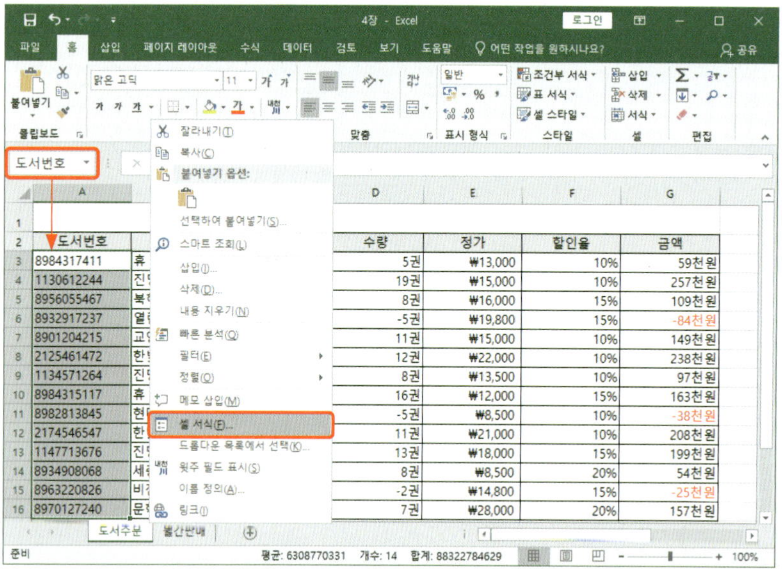

07 [셀 서식] 대화상자의 [표시 형식] 탭에서 [범주]는 [사용자 지정]을 선택하고 [형식]에 *000-000-0000*을 입력한 후 [확인]을 누른다.

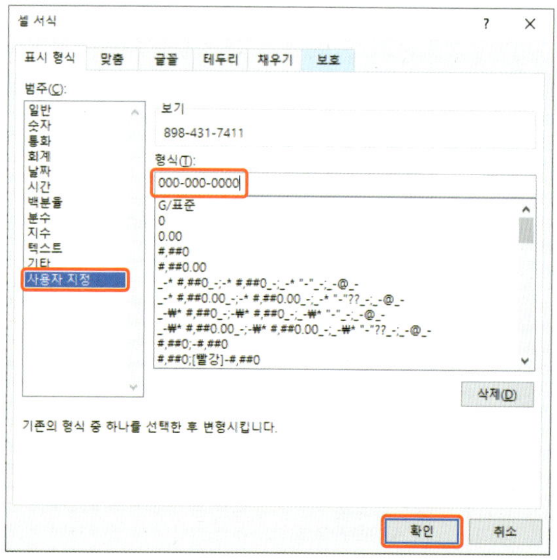

08 설정한 형식으로 도서번호가 표시된다. 이제 도서번호 값을 수정하거나 추가할 때 10자리 숫자만 입력하면 '–' 기호가 자동으로 추가된다.

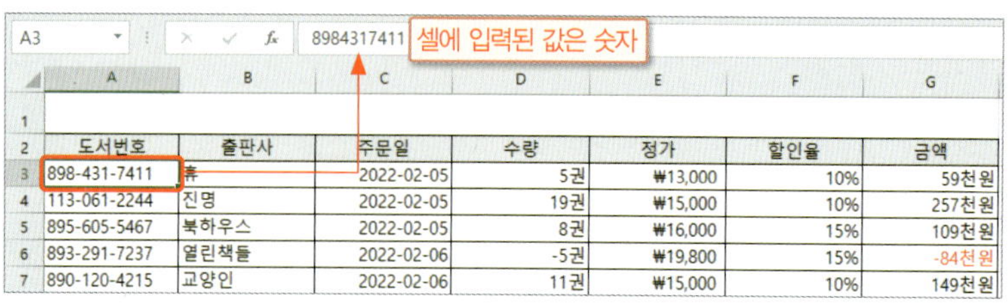

여기서 잠깐 **엑셀의 숫자 서식**

다음은 엑셀 작업에 많이 사용되는 몇 가지 숫자 서식의 예이다.

셀의 값	서식	셀의 표시 결과	설명
35	G/표준 "명"	35명	
	"총" G/표준 "권"	총 35권	
0	#,###		0을 유효하지 않은 숫자로 처리하여 표시하지 않는다.
	#,##0	0	
1234567	#,##0,"천원"	1,235천원	1000으로 나눈 결과를 반올림한 값으로 표시한다.
	#,##0,,"백만"	1백만	1000000으로 나눈 결과를 표시한다.

기본예제 4-3 날짜에 사용자 지정 표시 형식 만들기

날짜와 시간의 표시 형식에 사용하는 기호와 표시 결과는 다음과 같다. 기호를 사용하여 날짜에 사용자 지정 표시 형식을 만들어 보자.

데이터	기호	서식	표시 결과	설명
날짜	y	yy	22	연도를 두 자리로 표시한다.
		yyyy	2022	연도를 네 자리로 표시한다.
	m	m	1	월을 1~12로 표시한다.
		mm	01	월을 01~12로 표시한다.
		mmm	Jan	월을 영문 세 자리(Jan~Dec)로 표시한다.
		mmmm	January	월을 영문(January~December)으로 표시한다.
	d	d	1	일을 0~31로 표시한다.
		dd	01	일을 01~31로 표시한다.
		ddd	Sun	요일을 영문 세 자리(Sun~Sat)로 표시한다.
		dddd	Sunday	요일을 영문(Sunday~Saturday)으로 표시한다.
	a	aaa	일	요일을 한글 한 자리(일~토)로 표시한다.
		aaaa	일요일	요일을 한글(일요일~토요일)로 표시한다.
시간	h	h	1	시간을 0~23으로 표시한다.
		hh	01	시간을 00~23으로 표시한다.
	m	m	1	분을 0~59로 표시한다.
		mm	01	분을 00~59로 표시한다.
	s	s	1	초를 0~59로 표시한다.
		ss	01	초를 00~59로 표시한다.

01 이름 상자 목록에서 '주문일'을 선택하고 단축키 Ctrl+1을 누른다.

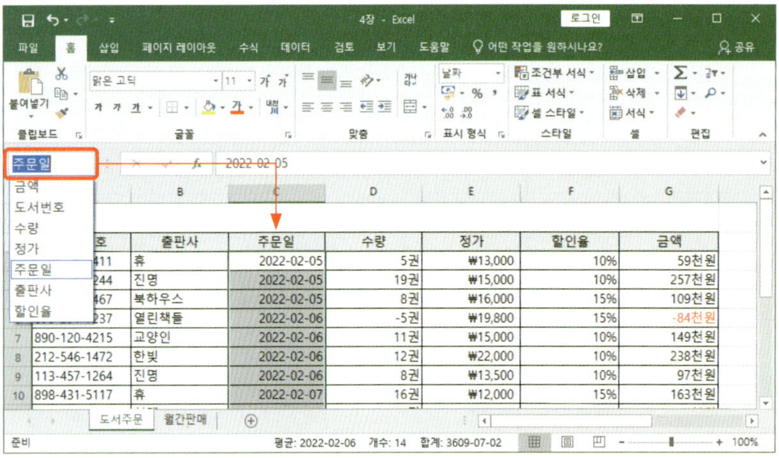

02 [셀 서식] 대화상자가 나타나면 [표시 형식] 탭 [범주]의 [사용자 지정]을 선택한다.

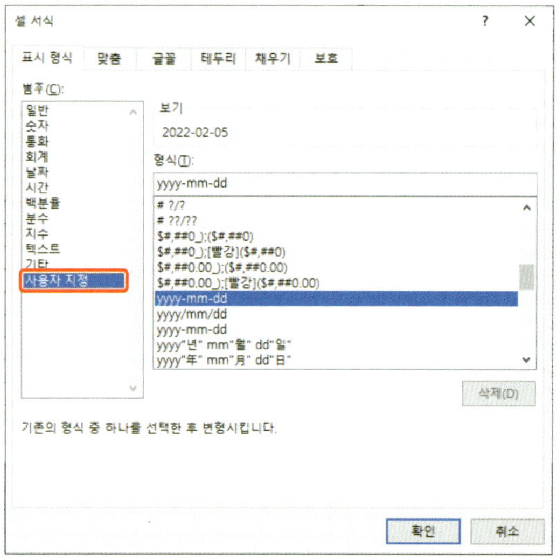

03 [형식]의 서식을 *mm-dd(aaa)*로 수정하고 [확인]을 누른다.

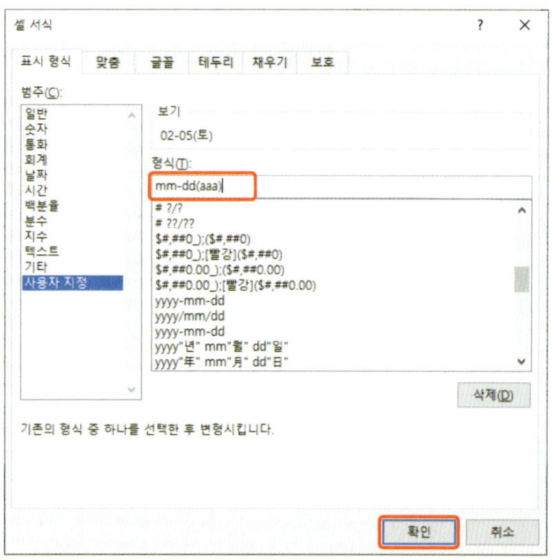

04 설정한 날짜 형식으로 주문일이 표시된다.

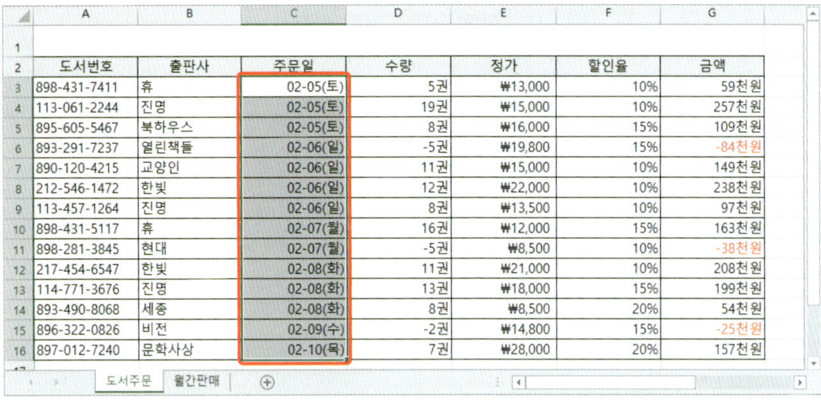

도서번호	출판사	주문일	수량	정가	할인율	금액
898-431-7411	휴	02-05(토)	5권	₩13,000	10%	59천원
113-061-2244	진명	02-05(토)	19권	₩15,000	10%	257천원
895-605-5467	북하우스	02-05(토)	8권	₩16,000	15%	109천원
893-291-7237	열린책들	02-06(일)	-5권	₩19,800	15%	-84천원
890-120-4215	교양인	02-06(일)	11권	₩15,000	10%	149천원
212-546-1472	한빛	02-06(일)	12권	₩22,000	10%	238천원
113-457-1264	진명	02-06(일)	8권	₩13,500	10%	97천원
898-431-5117	휴	02-07(월)	16권	₩12,000	15%	163천원
898-281-3845	현대	02-07(월)	-5권	₩8,500	10%	-38천원
217-454-6547	한빛	02-08(화)	11권	₩21,000	10%	208천원
114-771-3676	진명	02-08(화)	13권	₩18,000	15%	199천원
893-490-8068	세종	02-08(화)	8권	₩8,500	20%	54천원
896-322-0826	비전	02-09(수)	-2권	₩14,800	15%	-25천원
897-012-7240	문학사상	02-10(목)	7권	₩28,000	20%	157천원

기본예제 4-4 문자에 사용자 지정 표시 형식 만들기

숫자나 날짜 외에 문자에도 표시 형식을 설정할 수 있다. 문자에 표시 형식을 설정하면 셀 값의 의미를 명확하게 파악할 수 있을 뿐 아니라 간편하게 입력할 수 있다는 장점도 있다. 문자 데이터인 출판사 이름에 표시 형식을 설정해 보자.

01 B3 셀을 선택하고 단축키 Ctrl+1을 눌러 [셀 서식] 대화상자를 연다.

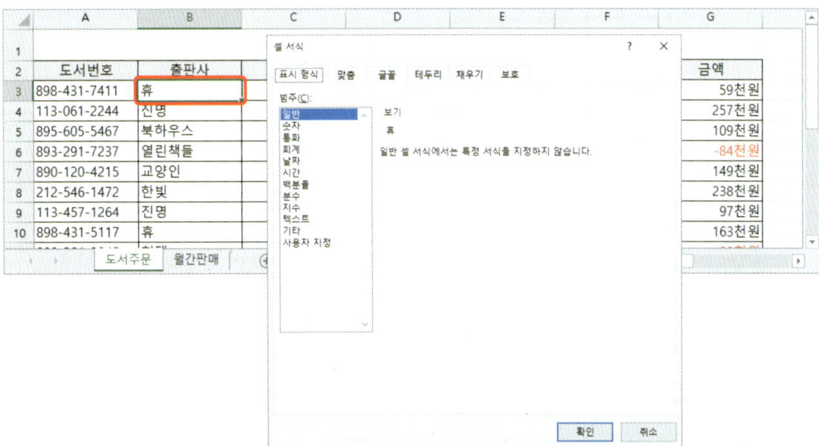

TIP '출판사' 범위를 모두 선택해 표시 형식을 동일하게 설정해도 되지만, 이번 실습을 통해 채우기 핸들로 서식만 복사하는 방법을 알아본다.

02 [표시 형식] 탭–[범주]의 [사용자 지정]을 선택하고 [형식] 입력 입력상자에 *[파랑]@ "출판"*을 입력한 후 [확인]을 누른다.

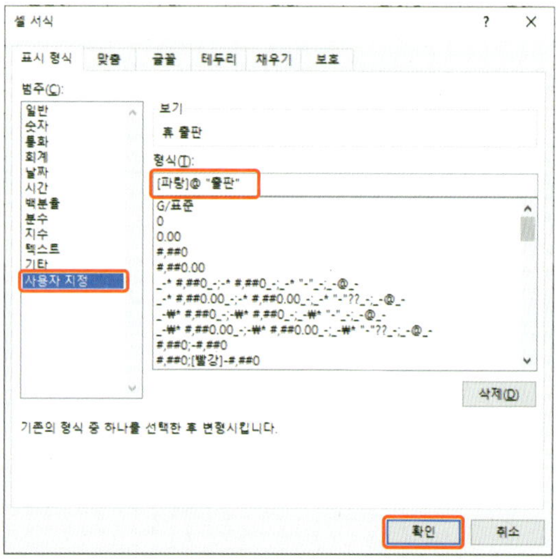

03 B3 셀의 채우기 핸들을 더블클릭하거나 B16 셀까지 드래그한다.

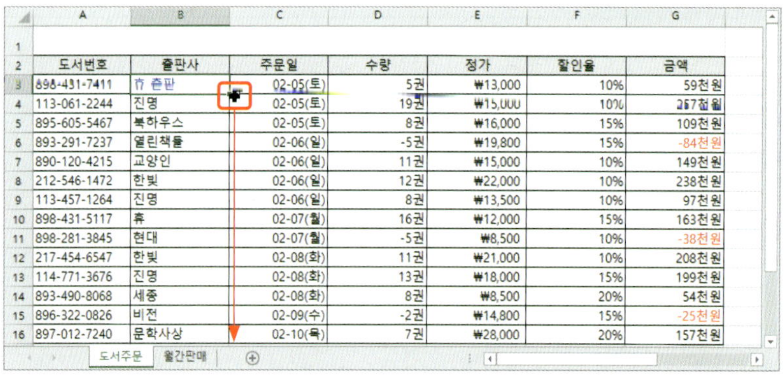

04 [자동 채우기 옵션] 목록에서 [서식만 채우기]를 선택한다.

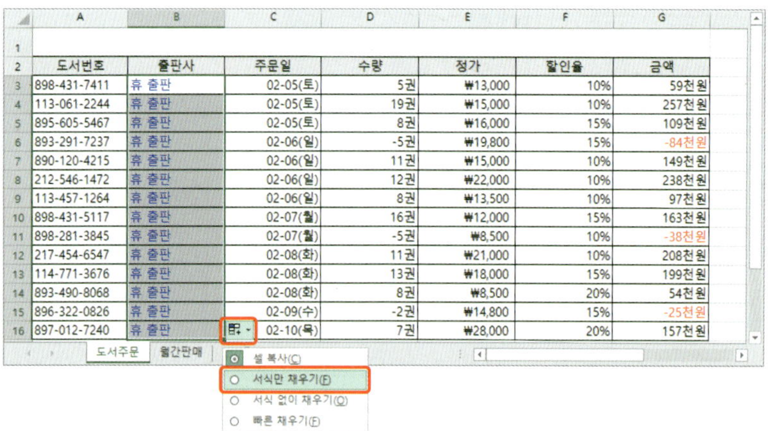

05 기존에 입력된 데이터는 바뀌지 않고 설정한 표시 형식만 적용된다.

도서번호	출판사	주문일	수량	정가	할인율	금액
898-431-7411	휴 출판	02-05(토)	5권	₩13,000	10%	59천원
113-061-2244	진명 출판	02-05(토)	19권	₩15,000	10%	257천원
895-605-5467	북하우스 출판	02-05(토)	8권	₩16,000	15%	109천원
893-291-7237	열린책들 출판	02-06(일)	-5권	₩19,800	15%	-84천원
890-120-4215	교양인 출판	02-06(일)	11권	₩15,000	10%	149천원
212-546-1472	한빛 출판	02-06(일)	12권	₩22,000	10%	238천원
113-457-1264	진명 출판	02-06(일)	8권	₩13,500	10%	97천원
898-431-5117	휴 출판	02-07(월)	16권	₩12,000	15%	163천원
898-281-3845	현대 출판	02-07(월)	-5권	₩8,500	10%	-38천원
217-454-6547	한빛 출판	02-08(화)	11권	₩21,000	10%	208천원
114-771-3676	진명 출판	02-08(화)	13권	₩18,000	15%	199천원
893-490-8068	세종 출판	02-08(화)	8권	₩8,500	20%	54천원
896-322-0826	비전 출판	02-09(수)	-2권	₩14,800	15%	-25천원
897-012-7240	문학사상 출판	02-10(목)	7권	₩28,000	20%	157천원

도서주문 월간판매

SECTION 02

조건부 서식 지정하기

특정 조건을 만족하는 셀을 강조하거나 구별하기 쉽게 셀 모양을 다르게 설정하려면 조건부 서식을 이용한다. 판매목록 중에서 특정 제품만 구별되도록 셀에 채우기 색을 지정하거나 특정 범위에 해당하는 데이터에 다른 글꼴이나 아이콘을 넣어 표시하는 등 활용할 수 있다. 다양한 조건부 서식을 지정하는 방법에 대해 알아본다.

2.1 조건부 서식 규칙

조건부 서식을 지정하려면 먼저 조건에 맞는 셀을 검사하는 규칙을 만들어야 한다. 엑셀에서는 여러 경우의 검사 규칙을 미리 만들어 제공하므로 쉽게 골라서 사용할 수 있다. 셀 강조 규칙, 상위/하위 규칙과 다양한 조건을 비교할 수 있는 세부 규칙이 있고, 사용자가 원하는 규칙을 수식으로 작성하여 직접 만들 수도 있다.

기본예제 4-5 셀 강조 규칙 설정과 규칙 지우기

월간 판매 내역에서 출판사가 '한빛'인 데이터만 채우기 색을 설정하도록 조건부 서식을 적용해 보고, 설정한 규칙을 지우는 방법도 알아보자.

01 '4장.xlsx' 파일의 '월간판매' 시트에서 '출판사' 필드인 C3:C16 범위를 선택한 후 [홈] 탭-[스타일] 그룹-[조건부 서식] 목록에서 [셀 강조 규칙]-[같음]을 선택한다.

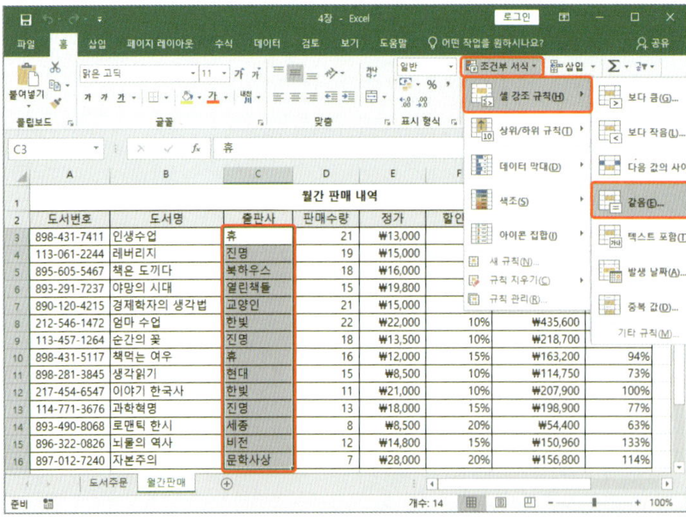

02 [같음] 대화상자의 값에 *한빛*을 입력하고 적용할 서식은 [진한 녹색 텍스트가 있는 녹색 채우기]를 선택한 후 [확인]을 누른다.

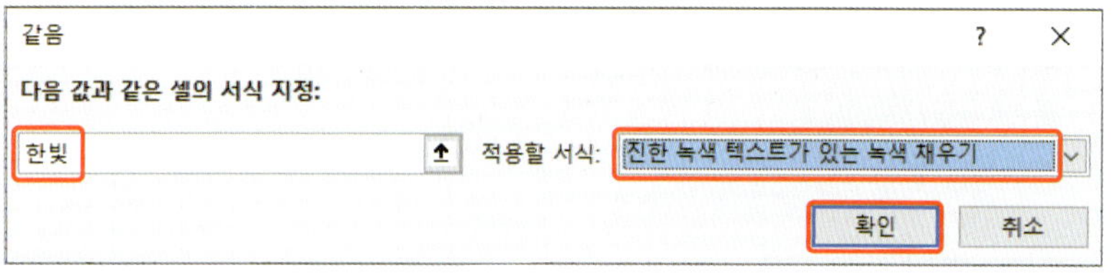

03 '한빛' 출판사 이름에만 설정한 서식이 적용된다.

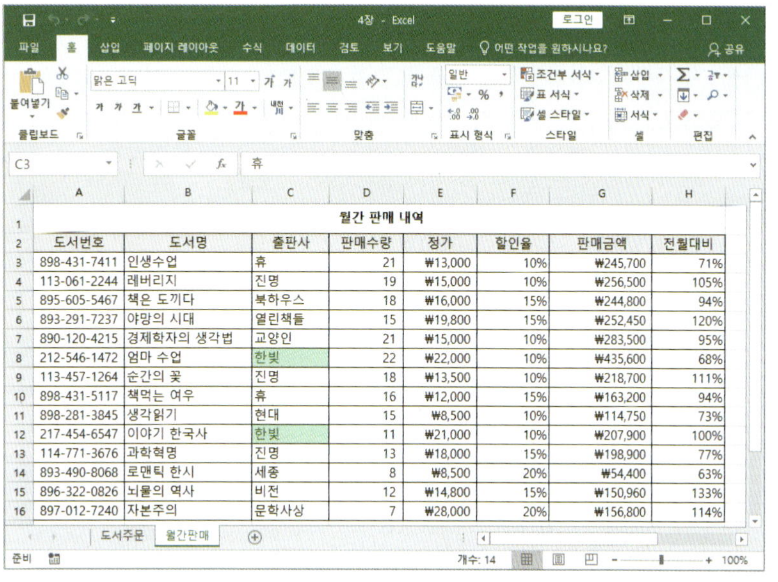

04 조건부 서식을 지우려면 [홈] 탭-[스타일] 그룹-[조건부 서식] 목록에서 [규칙 지우기]-[시트 전체에서 규칙 지우기]를 선택한다.

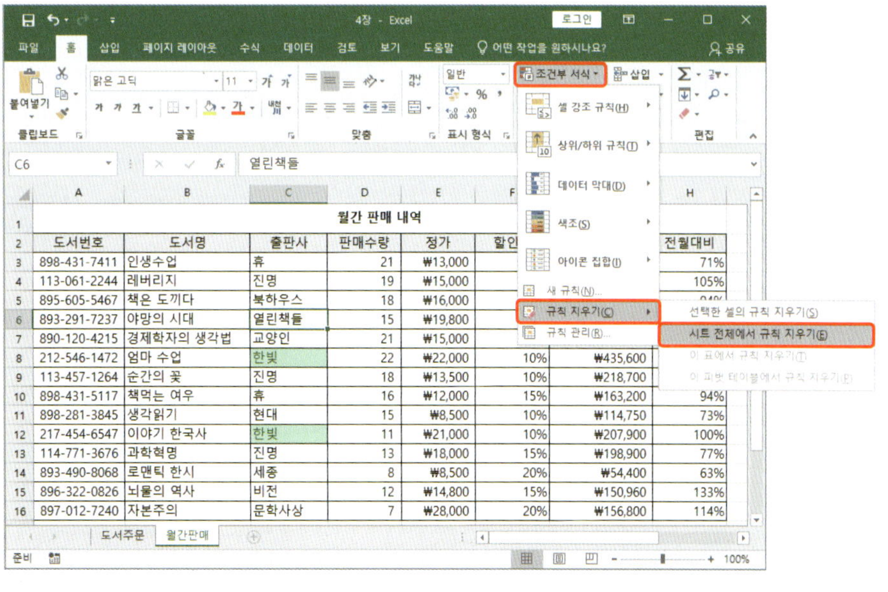

> **TIP** 규칙을 지울 범위를 선택한 후 [홈] 탭-[스타일] 그룹-[조건부 서식] 목록에서 [규칙 지우기]-[선택한 셀의 규칙 지우기]를 선택해도 된다.

기본예제 4-6 상위/하위 규칙 설정하고 규칙 편집하기

월간 판매 내역에서 상위/하위 규칙을 적용하여 판매금액에 조건부 서식을 설정하고, 설정한 서식 규칙을 편집하는 방법도 알아보자.

01 '월간판매' 시트에서 '판매금액' 열인 G3:G16 범위를 선택하고 [홈] 탭-[스타일] 그룹-[조건부 서식] 목록에서 [상위/하위 규칙]-[상위 10%]를 선택한다.

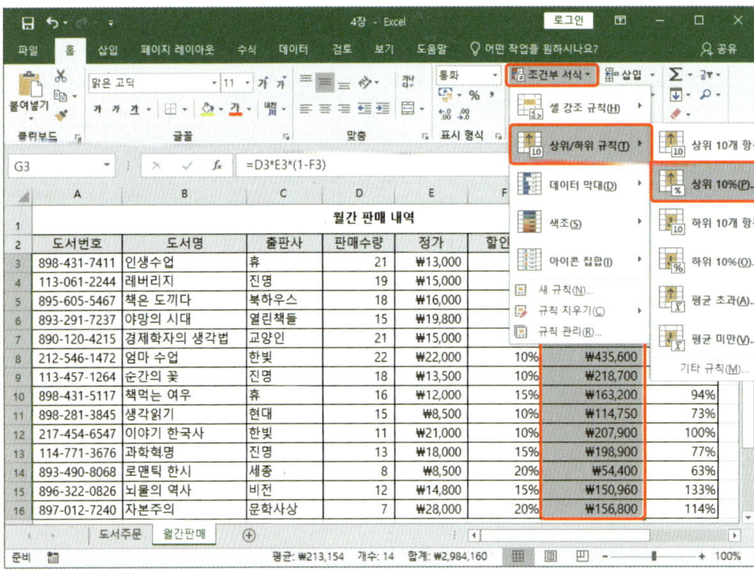

02 [상위 10%] 대화상자에서 값은 *30*, 서식은 [빨강 텍스트]를 선택하고 [확인]을 누른다.

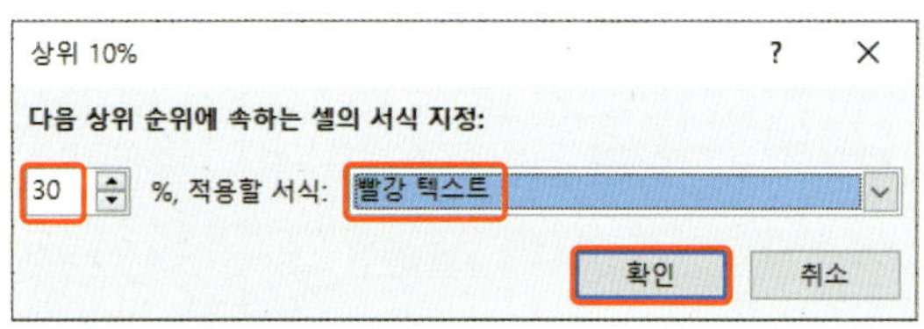

03 상위 30%에 해당하는 판매금액만 설정한 서식으로 표시된다. 조건부 서식을 수정하려면 [홈] 탭–[스타일] 그룹–[조건부 서식] 목록에서 [규칙 관리]를 선택한다.

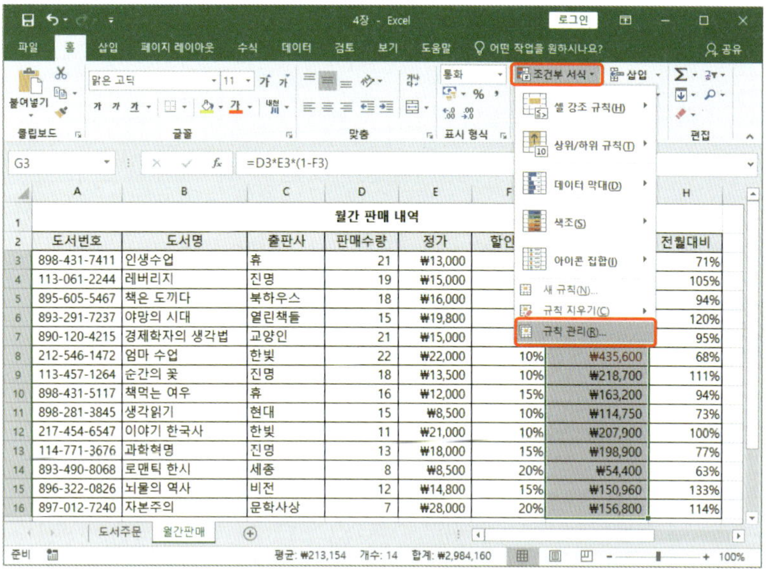

04 [조건부 서식 규칙 관리자] 대화상자에서 [상위 30%] 규칙을 선택하고 [규칙 편집]을 누른다.

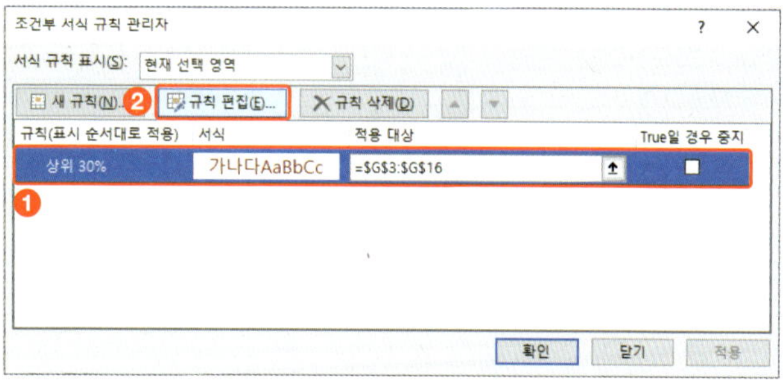

05 [서식 규칙 편집] 대화상자가 열리면 [규칙 유형 선택] 목록에서 [다음을 포함하는 셀만 서식 지정]을 선택하고 [규칙 설명 편집]의 값을 [셀 값], [>=], *250000*으로 수정하고 [확인]을 누른다.

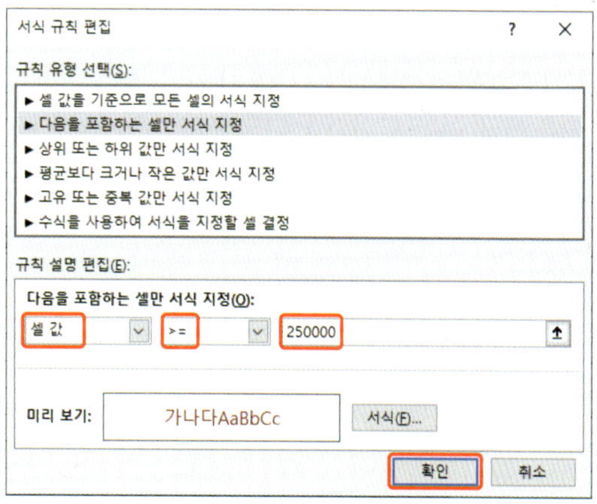

06 [조건부 서식 규칙 관리자] 대화 상자에서 수정된 규칙을 확인하고 [확인]을 누른다.

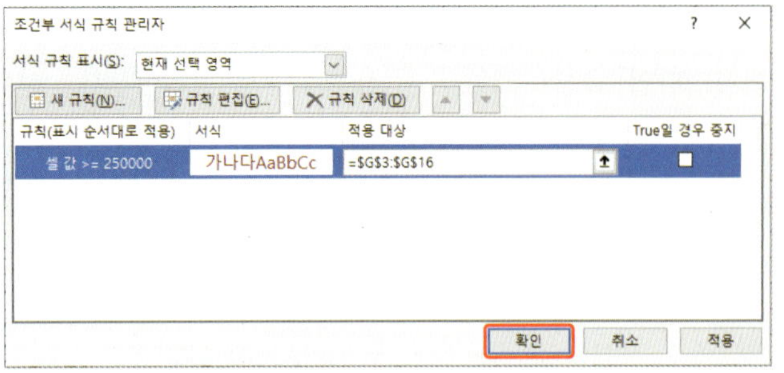

07 수정한 조건부 서식에 따라 판매금액이 25만 원 이상인 경우만 빨간색 텍스트로 표시된다.

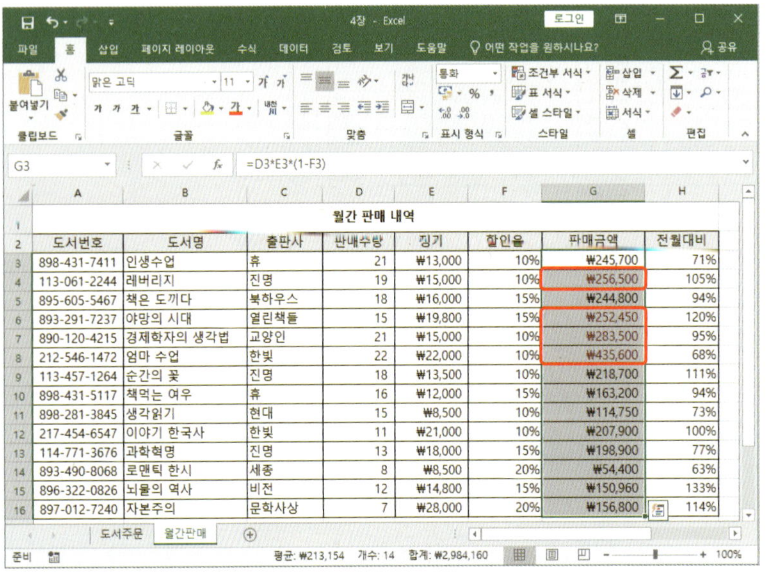

도서번호	도서명	출판사	판매수량	정가	할인율	판매금액	전월대비
898-431-7411	인생수업	휴	21	₩13,000	10%	₩245,700	71%
113-061-2244	레버리지	진명	19	₩15,000	10%	₩256,500	105%
895-605-5467	책은 도끼다	북하우스	18	₩16,000	15%	₩244,800	94%
893-291-7237	야망의 시대	열린책들	15	₩19,800	15%	₩252,450	120%
890-120-4215	경제학자의 생각법	교양인	21	₩15,000	10%	₩283,500	95%
212-546-1472	엄마 수업	한빛	22	₩22,000	10%	₩435,600	68%
113-457-1264	순간의 꽃	진명	18	₩13,500	10%	₩218,700	111%
898-431-5117	책먹는 여우	휴	16	₩12,000	15%	₩163,200	94%
898-281-3845	생각읽기	현대	15	₩8,500	10%	₩114,750	73%
217-454-6547	이야기 한국사	한빛	11	₩21,000	10%	₩207,900	100%
114-771-3676	과학혁명	진명	13	₩18,000	15%	₩198,900	77%
893-490-8068	로맨틱 한시	세종	8	₩8,500	20%	₩54,400	63%
896-322-0826	뇌물의 역사	비전	12	₩14,800	15%	₩150,960	133%
897-012-7240	자본주의	문학사상	7	₩28,000	20%	₩156,800	114%

기본예제 4-7 수식을 작성하여 서식 지정하기

정가가 2만 원 이상인 도서의 데이터 행을 노란색으로 채우도록 조건부 서식을 설정해 보자. 조건의 기준이 되는 셀에만 서식을 설정하는 것이 아니라 레코드라고 부르는 데이터 행 전체에 서식을 설정하는 방법이다.

01 A3:H16 범위를 선택하고 [홈] 탭-[스타일] 그룹-[조건부 서식] 목록에서 [새 규칙]을 선택한다.

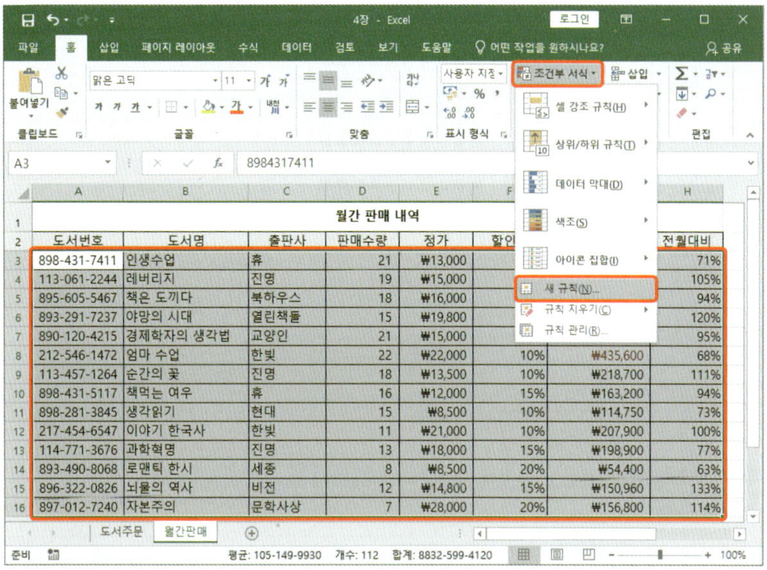

02 [새 서식 규칙] 대화상자가 나타나면 [규칙 유형 선택] 목록에서 [수식을 사용하여 서식을 지정할 셀 결정]을 선택하고 [규칙 설명 편집] 입력상자에 *=$E3>=20000* 수식을 입력한 후 [서식]을 누른다.

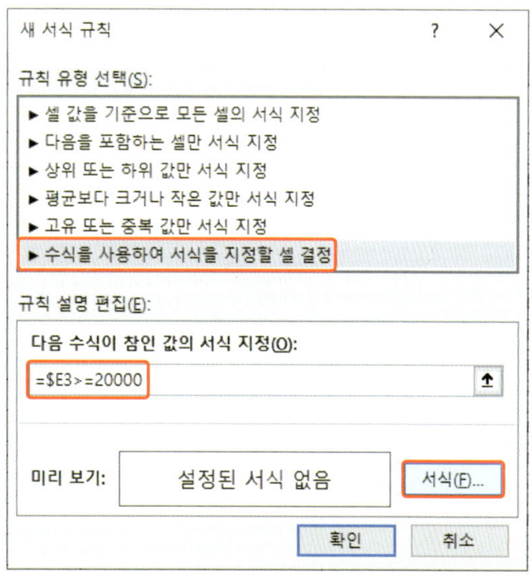

TIP 조건부 서식 규칙에 수식을 사용할 때는 참조 방식을 잘 구분해야 한다. E3:E16 범위에 있는 '정가'의 값을 검사하는 수식에는 첫 번째 셀인 E3을 혼합 참조($E3)로 사용한다. 마지막 셀(E16)까지 반복하며 수식을 적용할 때 열 번호(E)는 고정하고 행 번호만 바꿔가며(3~16) 조건을 검사해야 하기 때문이다.

03 [셀 서식] 대화상자의 [채우기] 탭에서 [배경색]을 [노랑]으로 선택하고 [확인]을 누른다.

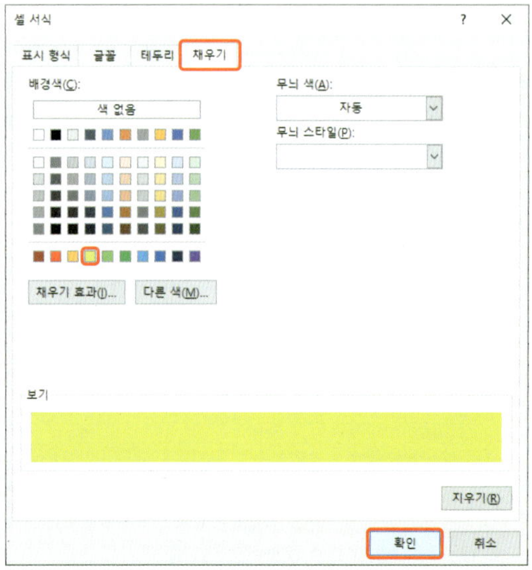

04 [새 서식 규칙] 대화상자의 [미리 보기]에 설정한 서식 모양이 표시된다. [확인]을 눌러 창을 닫는다.

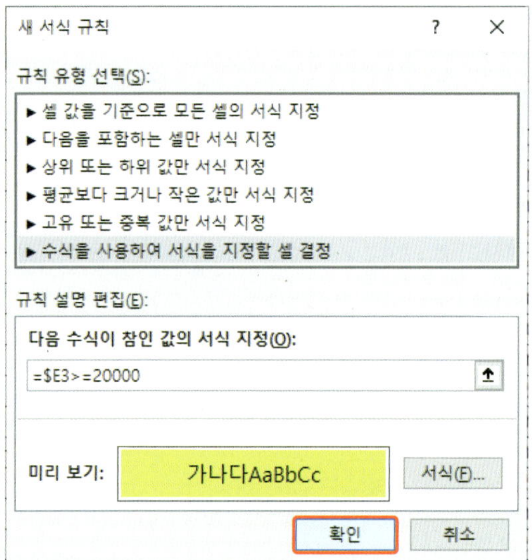

05 '정가'가 2만 원 이상인 도서에 해당하는 데이터 행 전체에 설정한 서식이 적용된다.

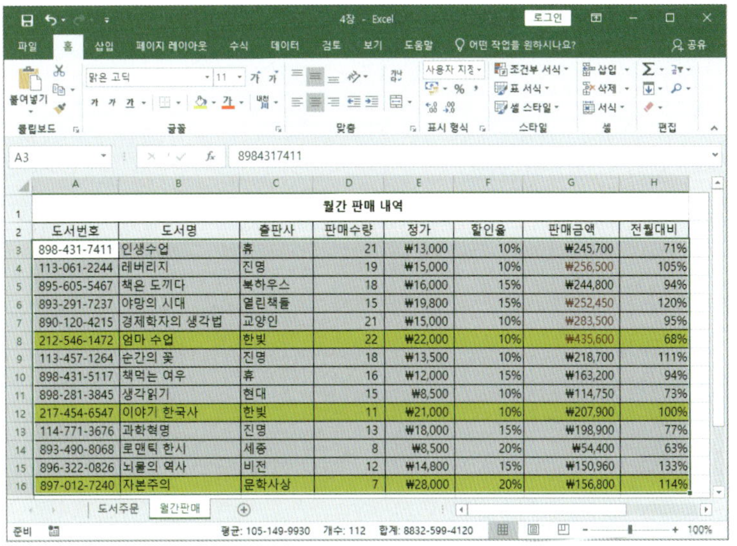

2.2 데이터 시각화

조건부 서식을 사용하면 조건에 따라 셀에 서식을 설정할 수도 있지만 막대나 색조, 아이콘으로 셀 값을 표현할 수도 있다. 값의 크기에 따라 막대의 길이를 다르게 하거나 색조의 명암, 다양한 모양의 아이콘 등을 이용해 데이터를 쉽게 비교할 수 있도록 시각화할 수 있다.

기본예제 4-8 데이터 막대로 서식 설정하기

월간 판매 내역의 '판매금액' 열에 데이터 막대를 표시하여 값을 쉽게 비교할 수 있도록 설정해 보자.

01 G3:G16 범위를 선택하고 [홈] 탭–[스타일] 그룹–[조건부 서식] 목록에서 [데이터 막대]–[그라데이션 채우기]의 [파랑 데이터 막대]를 선택한다.

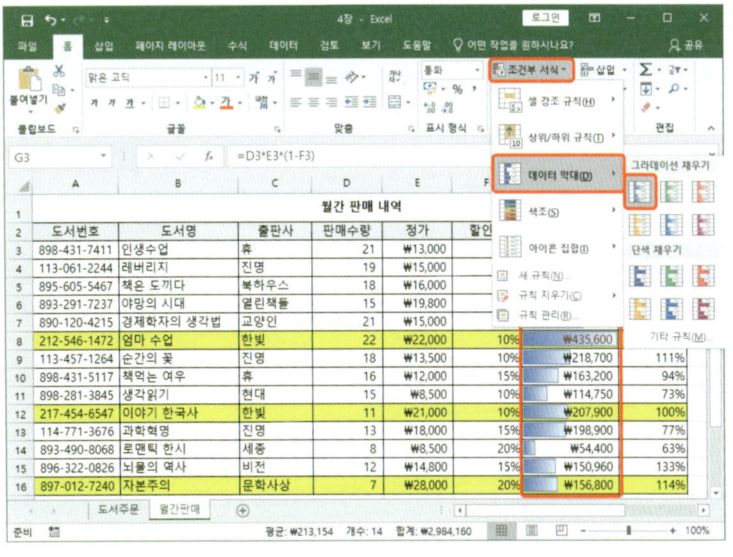

02 판매금액에 따라 데이터 막대의 길이가 다르게 표시된다. 설정한 서식을 수정하기 위해 [홈] 탭–[스타일] 그룹–[조건부 서식] 목록에서 [규칙 관리]를 선택한다.

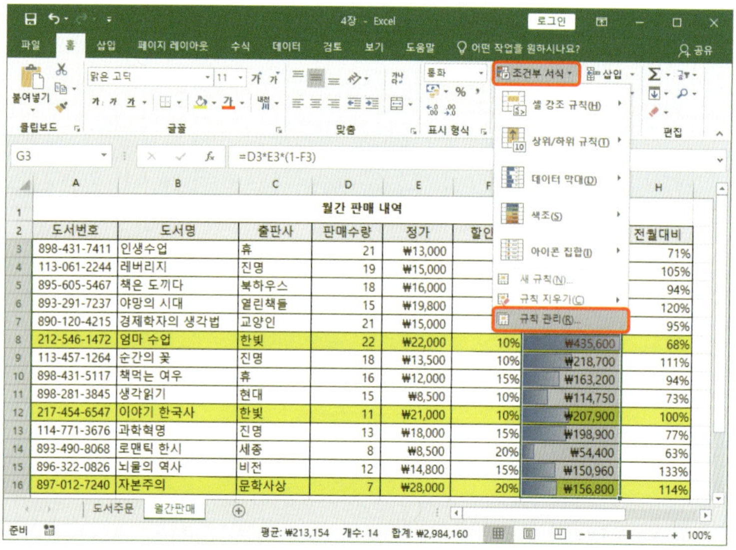

03 [조건부 서식 규칙 관리자] 대화상자에서 [데이터 막대] 규칙을 선택하고 [규칙 편집]을 누른다.

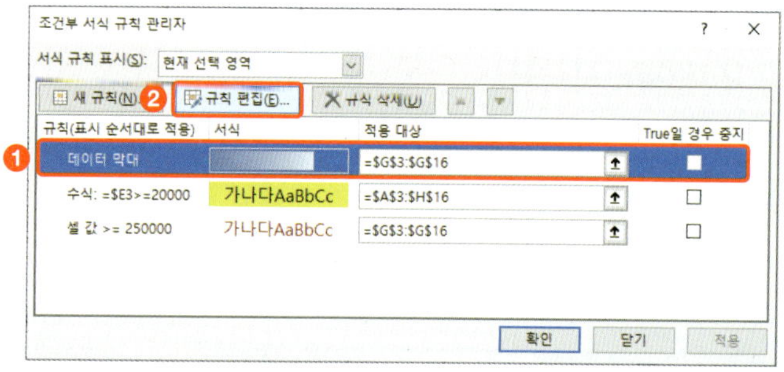

04 [서식 규칙 편집] 대화상자에서 [자동]으로 설정되어 있는 [최소값]과 [최대값]의 종류를 각각 [최소값]과 [최대값]으로 바꾼다. [막대 모양]의 [테두리]를 [테두리 없음]으로 변경한 후 [확인]을 누른다.

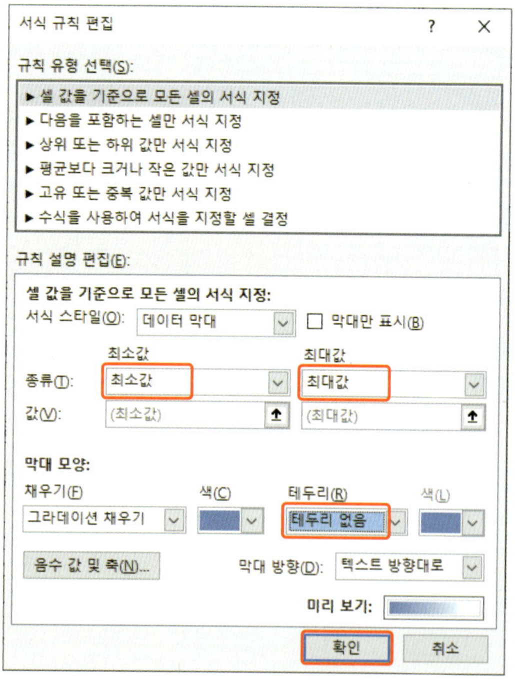

TIP 데이터 막대의 길이가 판매금액의 최소값과 최대값을 기준으로 표시되게 하고 막대 테두리를 없애 보기 좋게 만든다.

05 [조건부 서식 규칙 관리자] 대화상자에서 [확인]을 눌러 창을 닫고 변경된 서식을 확인한다.

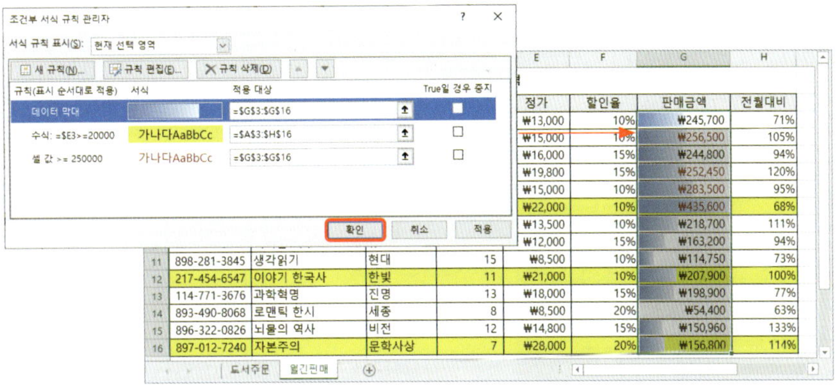

기본예제 4-9 아이콘으로 서식 설정하기

월간 판매 내역의 '전월대비' 열을 아이콘으로 표시해 전월 대비 실적을 알기 쉽게 비교할 수 있도록 설정해 보자.

01 H3:H16 범위를 선택하고 [홈] 탭-[스타일] 그룹-[조건부 서식] 목록에서 [아이콘 집합]-[방향]의 [삼각형 3개]를 선택한다.

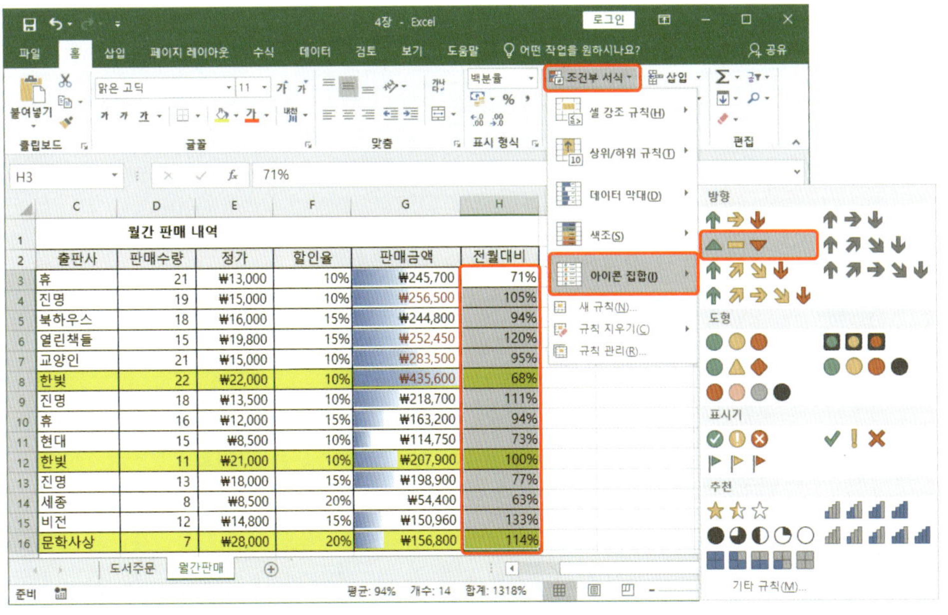

02 '전월대비' 열에 세 가지 삼각형 모양이 나타난다. 규칙을 수정하기 위해 [홈] 탭–[스타일] 그룹–[조건부 서식] 목록에서 [규칙 관리]를 선택한다.

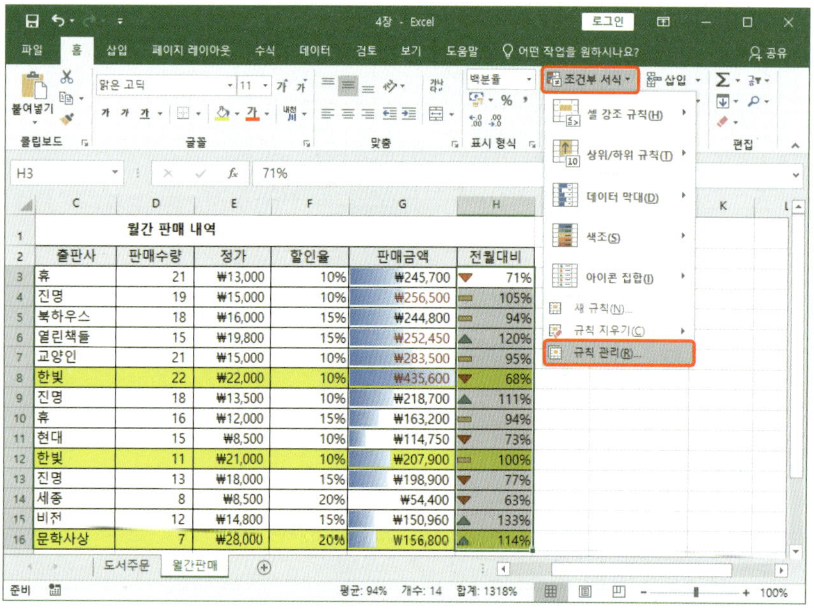

03 [조건부 서식 규칙 관리자] 대화상자에서 [아이콘 집합] 규칙을 선택하고 [규칙 편집]을 누른다.

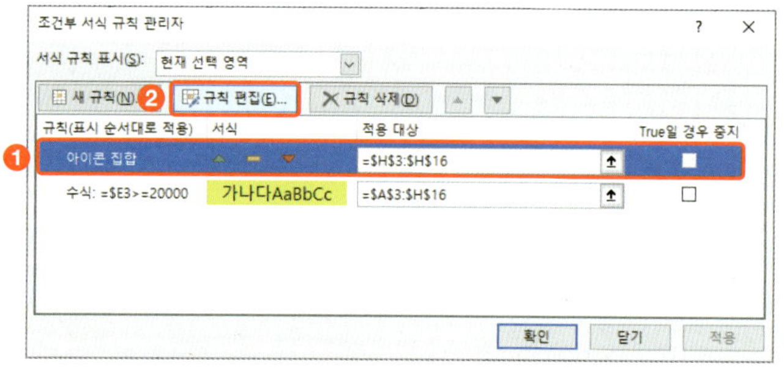

04 [서식 규칙 편집] 대화상자에서 [규칙 설명 편집]의 [값]과 [종류]를 그림과 같이 수정하고 [확인]을 누른다.

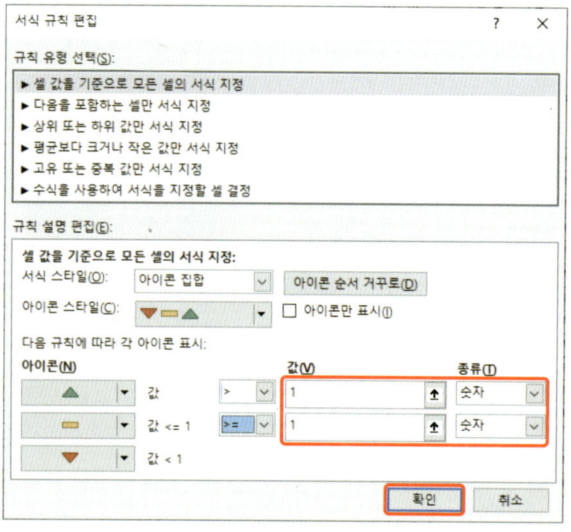

TIP [삼각형 3개] 아이콘 서식의 기본 규칙은 퍼센트 단위로 구간을 3등분하여 표시하는 것인데, 값을 직접 지정하여 100% 초과(값>1), 100%(값=1), 100% 미만(값<1)으로 나누어 아이콘이 표시되도록 한다.

05 [조건부 서식 규칙 관리자] 대화 상자에서 [확인]을 눌러 창을 닫는다.

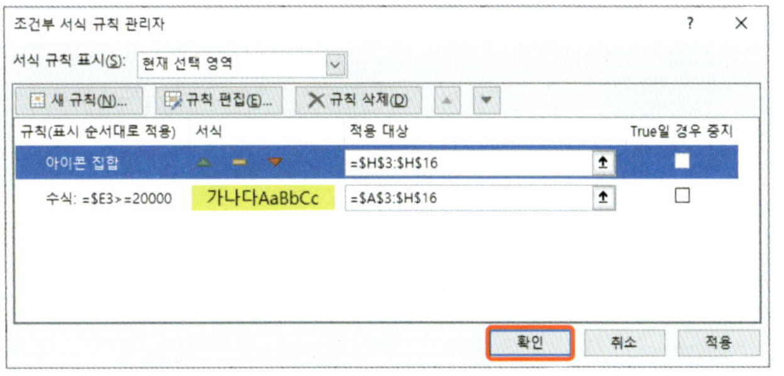

06 변경된 규칙에 따라 세 가지 형태의 삼각형이 '전월대비' 열에 표시된다.

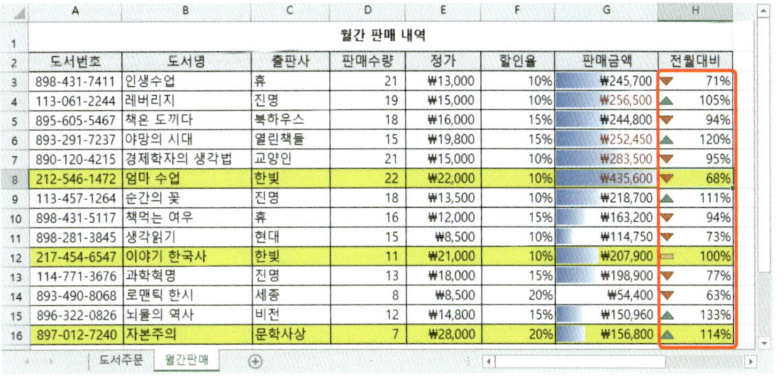

월간 판매 내역

도서번호	도서명	출판사	판매수량	정가	할인율	판매금액	전월대비
898-431-7411	인생수업	휴	21	₩13,000	10%	₩245,700	71%
113-061-2244	레버리지	진명	19	₩15,000	10%	₩256,500	105%
895-605-5467	책은 도끼다	북하우스	18	₩16,000	15%	₩244,800	94%
893-291-7237	야망의 시대	열린책들	15	₩19,800	15%	₩252,450	120%
890-120-4215	경제학자의 생각법	교양인	21	₩15,000	10%	₩283,500	95%
212-546-1472	엄마 수업	한빛	22	₩22,000	10%	₩435,600	68%
113-457-1264	순간의 꽃	진명	18	₩13,500	10%	₩218,700	111%
898-431-5117	책먹는 여우	휴	16	₩12,000	15%	₩163,200	94%
898-281-3845	생각읽기	현대	15	₩8,500	10%	₩114,750	73%
217-454-6547	이야기 한국사	한빛	11	₩21,000	10%	₩207,900	100%
114-771-3676	과학혁명	진명	13	₩18,000	15%	₩198,900	77%
893-490-8068	로맨틱 한시	세종	8	₩8,500	20%	₩54,400	63%
896-322-0826	뇌물의 역사	비전	12	₩14,800	15%	₩150,960	133%
897-012-7240	자본주의	문학사상	7	₩28,000	20%	₩156,800	114%

종합예제

수식과 자동 합계 함수, 셀 참조 및 표시 형식을 이용하여 거래명세서 양식을 만들어 보자.

1 새 통합 문서를 만든다. 시트 이름을 '거래명세서'로 바꾸고, 아래와 같이 양식에 필요한 내용을 입력한 후 글꼴 색을 [파랑]으로 설정한다.

TIP 번호 항목은 채우기 핸들을 드래그하여 연속 데이터 채우기로 입력한다.

2 D1:E1 범위에 [병합하고 가운데 맞춤]을 적용한다. 글꼴 크기는 [16pt]로 수정한다. [테두리 그리기]의 선 색을 [파랑]으로 하고 [아래쪽 이중 테두리]를 설정한다.

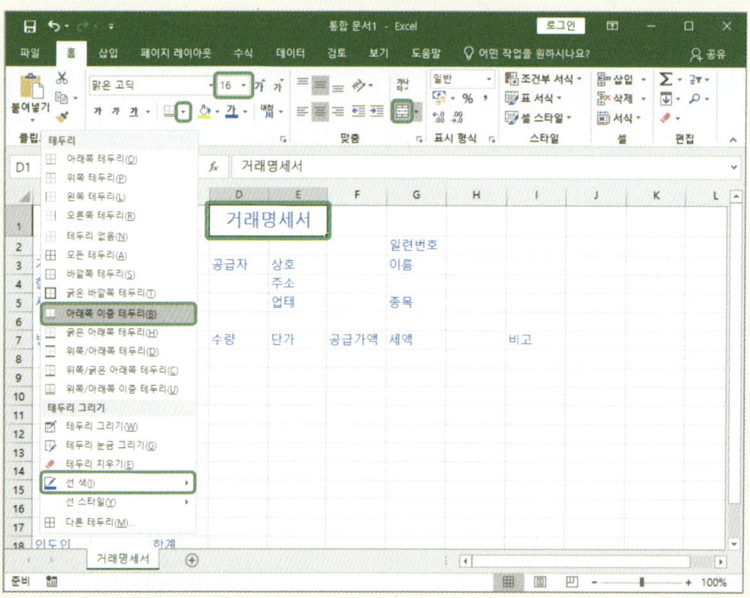

3 양식의 모양에 맞게 열 너비를 조정하고 셀을 병합한 후 테두리와 맞춤을 설정한다.

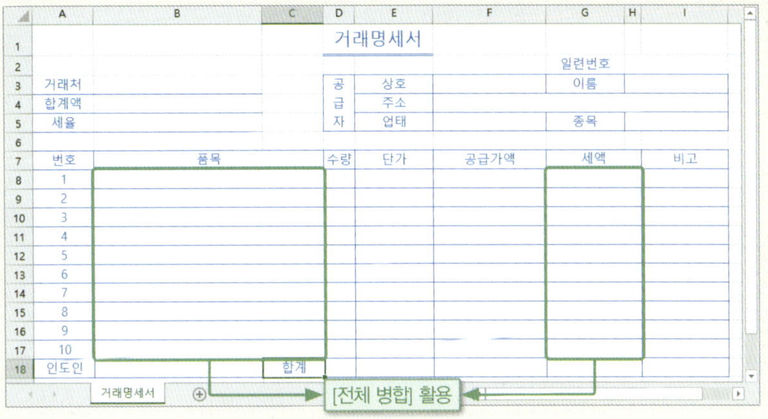

4 A2:B2 범위를 [병합하고 가운데 맞춤]한 후 날짜를 입력하고 [셀 서식] 대화상자를 연다. [표시 형식] 탭의 [범주] 목록에서 [사용자 지정]을 선택하고 [형식]에 *yyyy"年" m"月" d"日"(aaaa)*를 입력한 후 [확인]을 누른다.

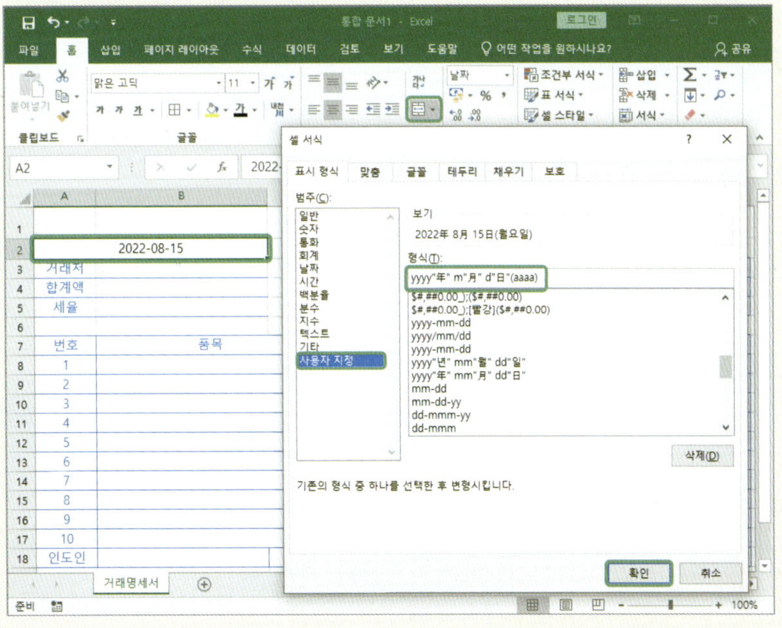

TIP [형식] 목록에서 yyyy"年" mm"月" dd"日"를 찾아 선택한 다음, 수정하면 된다.

종합예제

5 일련번호가 표시될 H2:I2 병합 셀을 선택하고 [셀 서식] 대화상자의 사용자 지정 형식에 *000000-00*을 입력한다. [확인] 단추를 눌러 [셀 서식] 대화상자를 닫고, 일련번호로 *22081501*을 입력한다.

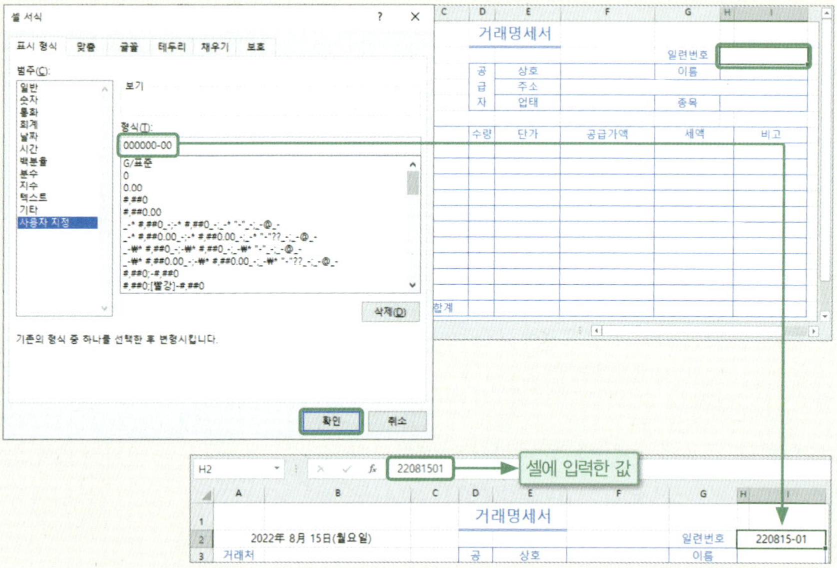

6 다음과 같이 셀 서식을 설정하고 셀에 값을 입력한다.

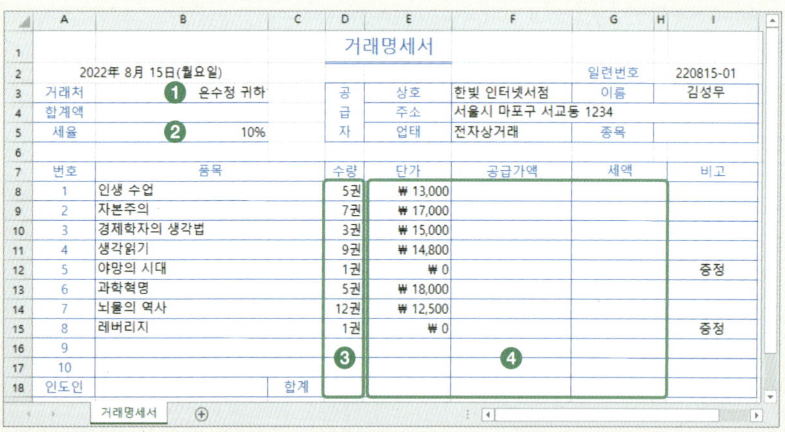

❶ B3 셀의 표시 형식은 *@ "귀하"*로 하고 [오른쪽 맞춤]으로 설정한 후, *은수정*을 입력한다.

❷ B5 셀의 표시 형식을 [백분율]로 설정하고 *10*을 입력한다.

❸ 수량을 입력하는 D8:D18 범위의 표시 형식은 *G/표준"권"*으로 설정하고 값을 입력한다.

❹ E8:H18 범위의 표시 형식을 *₩ #,##0*으로 설정하고 단가를 입력한다.

7 수식을 작성해 항목별 공급가액과 세액을 구하고 수량의 합계, 공급가액의 합계, 세액의 합계도 구한다. (세율, 수량, 단가, 공급가액, 세액에 이름을 정의하면 수식 작성이 편리하다.)

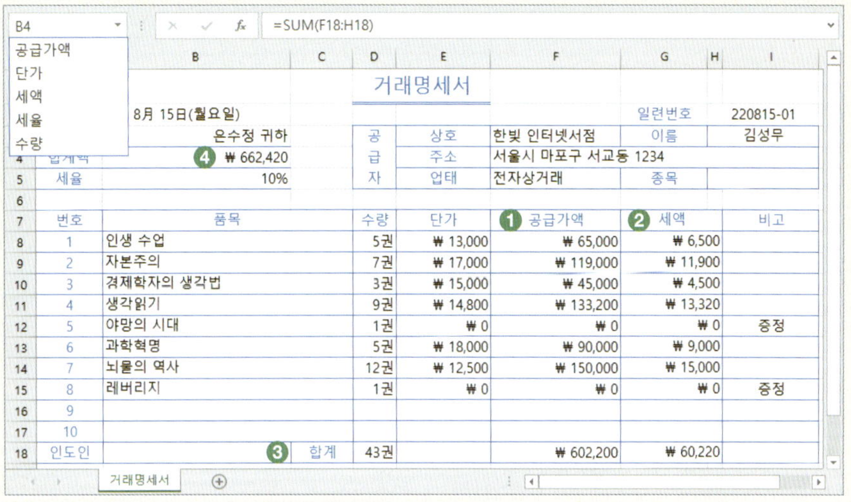

B4 · =SUM(F18:H18)

이름 목록: 공급가액 / 단가 / 세액 / 세율 / 수량

	A	B	C	D	E	F	G	H	I
1				거래명세서					
2		8月 15日(월요일)					일련번호		220815-01
3		온수정 귀하		공	상호	한빛 인터넷서점	이름		김성무
4	합계액	❹ ₩ 662,420		급	주소	서울시 마포구 서교동 1234			
5	세율	10%		자	업태	전자상거래	종목		
6									
7	번호	품목		수량	단가	❶ 공급가액	❷ 세액		비고
8	1	인생 수업		5권	₩ 13,000	₩ 65,000	₩ 6,500		
9	2	자본주의		7권	₩ 17,000	₩ 119,000	₩ 11,900		
10	3	경제학자의 생각법		3권	₩ 15,000	₩ 45,000	₩ 4,500		
11	4	생각읽기		9권	₩ 14,800	₩ 133,200	₩ 13,320		
12	5	야망의 시대		1권	₩ 0	₩ 0	₩ 0		증정
13	6	과학혁명		5권	₩ 18,000	₩ 90,000	₩ 9,000		
14	7	뇌물의 역사		12권	₩ 12,500	₩ 150,000	₩ 15,000		
15	8	레버리지		1권	₩ 0	₩ 0	₩ 0		증정
16	9								
17	10								
18	인도인	❸	합계	43권		₩ 602,200	₩ 60,220		

거래명세서

❶ 공급가액은 *수량*단가*로 계산한다.

❷ 세액은 *공급가액*세율*로 계산한다. 이름을 정의하지 않으면 *=F8*$B$5* 수식처럼 절대 참조로 작성한다.

❸ 수량, 공급가액, 세액의 합계는 [수식] 탭–[함수 라이브러리] 그룹–[자동 합계] 목록에서 [합계]를 선택하여 구한다.

❹ B4 셀에 *=SUM(F18:G18)* 수식을 입력해 '공급가액의 합계+세액의 합계'로 계산한다.

종합예제

8 B4 셀을 선택하고 [셀 서식] 대화상자를 열어 [표시 형식] 탭-[범주]에서 [기타]-[숫자(한글)]을 선택한다. [범주]에서 다시 [사용자 지정]을 선택하고 [형식] 입력상자에서 *[DBNum4][$-ko-KR]G/표준 "원정"*으로 수정한 후 [확인]을 누른다.

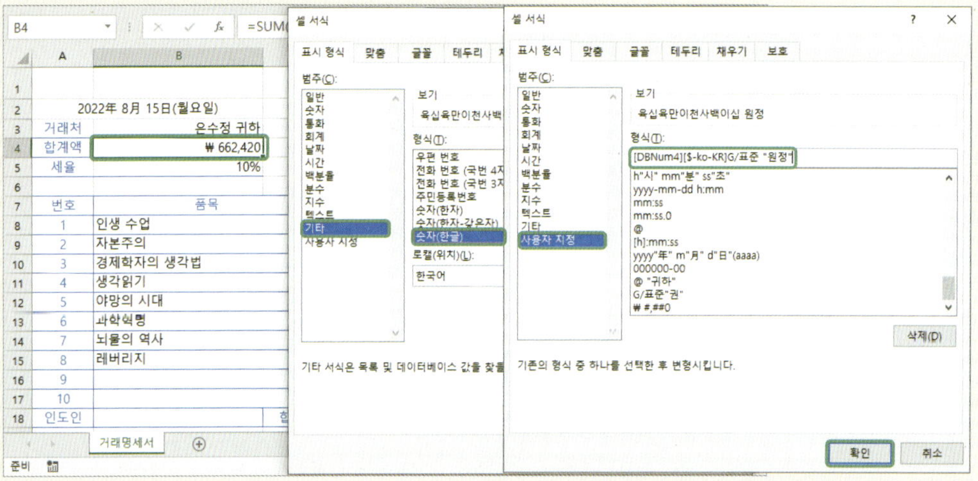

9 조건부 서식을 설정할 B8:I17 범위를 선택하고 [홈] 탭-[스타일] 그룹-[조건부 서식] 목록에서 [새 규칙]을 선택한다.

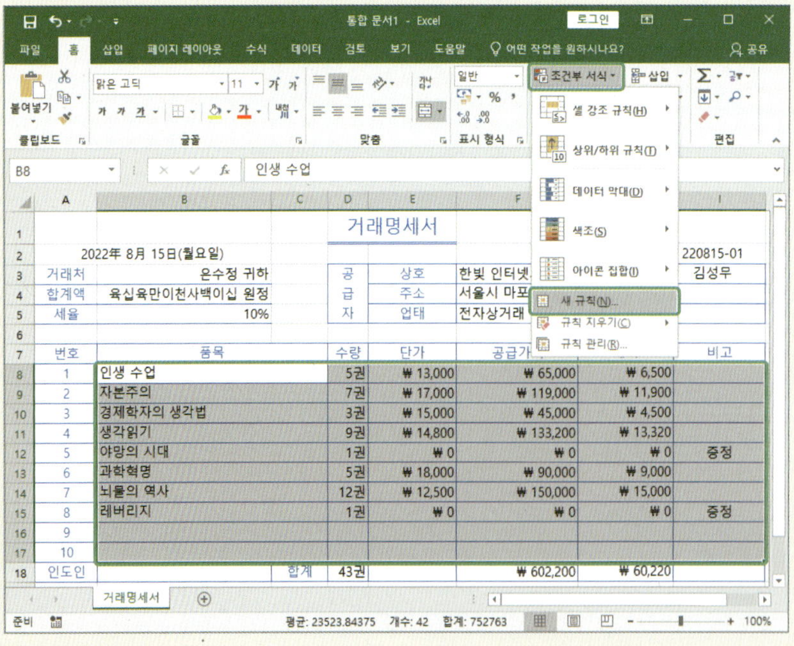

10 [새 서식 규칙] 대화상자의 규칙 유형 목록에서 [수식을 사용하여 서식을 지정할 셀 결정]을 선택하고 [규칙 설명 편집] 입력상자에 *=$I8="증정"* 수식을 입력한 후 [서식]을 누른다.

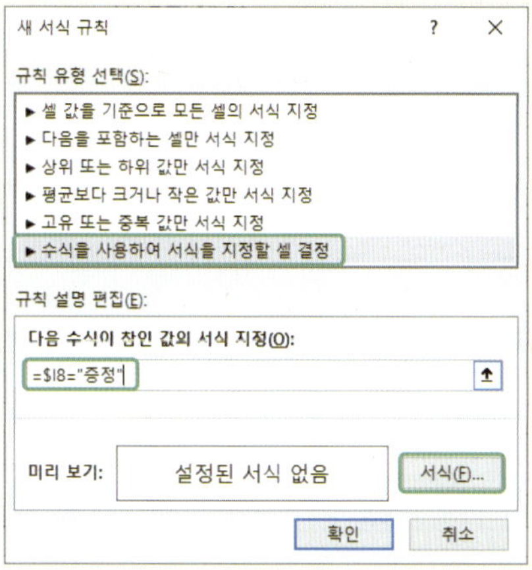

11 [셀 서식] 대화상자의 [글꼴] 탭에서 [글꼴 스타일]-[기울임꼴]로 선택하고 [확인]을 누른다. [새 서식 규칙] 대화상자에서도 [확인]을 눌러 대화상자를 모두 닫는다.

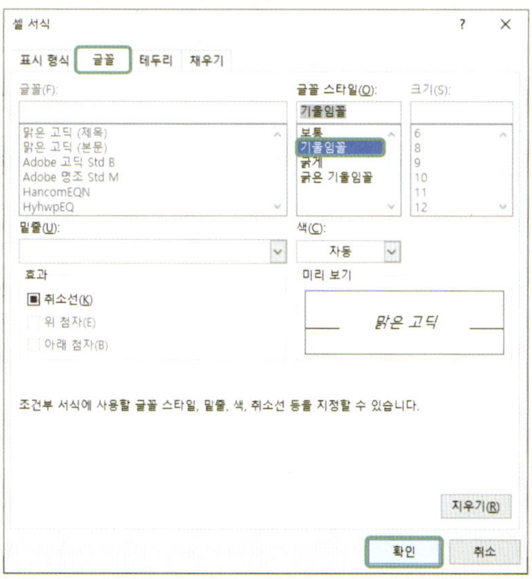

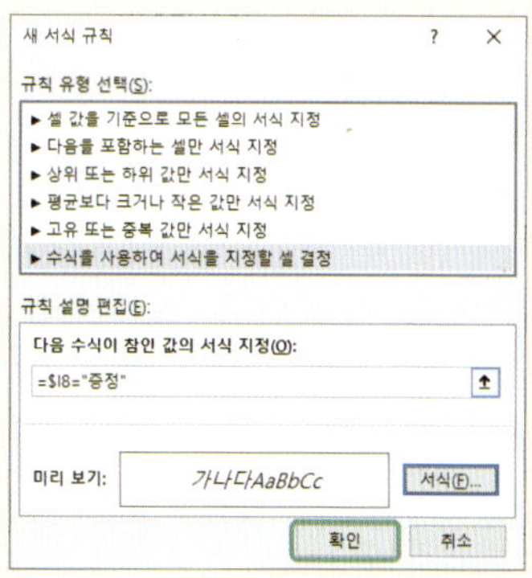

종합예제

12 [보기] 탭–[표시] 그룹의 [눈금선] 항목의 선택을 취소하고, 작성된 거래명세서를 확인해 본다.

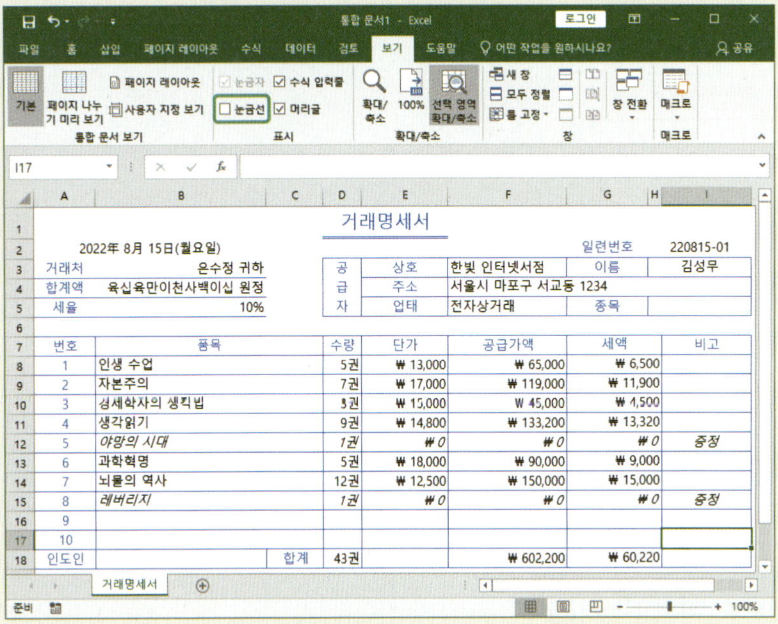

연습 문제

1 '4장–연습.xlsx' 파일의 '연습1' 시트를 열고 1분기 도서 판매 현황을 다음과 같이 작성하시오.

❶ 자동 합계 도구를 이용하여 '합계'를 모두 구하시오.

❷ '판매량'과 '판매금액' 열에 사용자 표시 형식을 설정하여 그림과 같이 표시하시오.

❸ B14 셀에 사용자 지정 표시 형식을 설정해 '원/달러' 단위를 붙이고, 셀 이름을 '환율'로 정의하시오.

❹ 정의된 이름인 '환율'을 수식에 사용하여 1~3월 '판매금액'의 달러 합계를 각각 계산하고, 사용자 지정 표시 형식으로 단위('달러')를 붙이시오.

❺ '판매금액' 열에 조건부 서식을 설정하여 금액을 기준으로 크기가 다른 데이터 막대로 표시하시오.

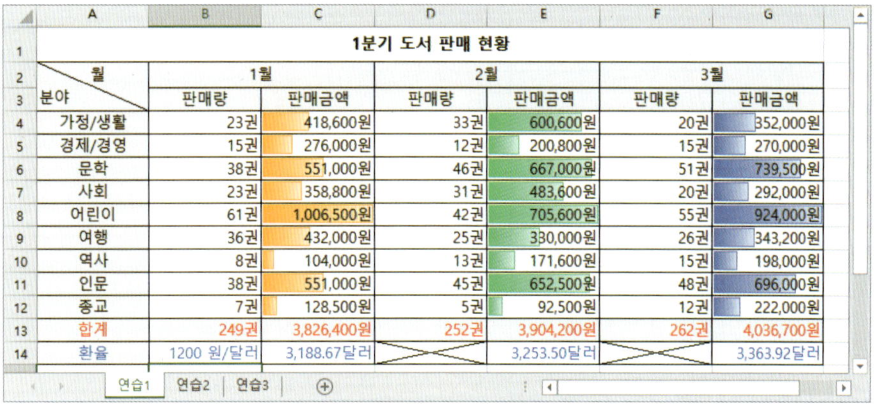

1분기 도서 판매 현황

분야 \ 월	1월		2월		3월	
	판매량	판매금액	판매량	판매금액	판매량	판매금액
가정/생활	23권	418,600원	33권	600,600원	20권	352,000원
경제/경영	15권	276,000원	12권	200,800원	15권	270,000원
문학	38권	551,000원	46권	667,000원	51권	739,500원
사회	23권	358,800원	31권	483,600원	20권	292,000원
어린이	61권	1,006,500원	42권	705,600원	55권	924,000원
여행	36권	432,000원	25권	330,000원	26권	343,200원
역사	8권	104,000원	13권	171,600원	15권	198,000원
인문	38권	551,000원	45권	652,500원	48권	696,000원
종교	7권	128,500원	5권	92,500원	12권	222,000원
합계	249권	3,826,400원	252권	3,904,200원	262권	4,036,700원
환율	1200 원/달러	3,188.67달러		3,253.50달러		3,363.92달러

2 '4장-연습.xlsx' 파일의 '연습2' 시트를 열고 다음 조건에 맞는 성적표를 작성하시오.

❶ '학번' 열에 사용자 지정 서식을 설정하여 그림과 같이 표시하시오.

❷ 각 학생의 총점을 '과제*비율(20%)+출석*비율(20%)+중간*비율(30%)+기말*비율(30%)' 수식으로 구하시오.

❸ 자동 합계 도구를 사용하여 '인원', '평균', '최고', '최저'를 구하고 그림과 같이 사용자 지정 표시 형식을 설정하시오.

❹ 조건부 서식을 이용하여 각 학생의 '총점'이 평균 이상이면 '이름'과 '학번' 필드의 글꼴 색이 [파랑]이 되도록 설정하시오.

성적표

번호	이름	학번	과제	출석	중간	기말	총점
			20%	20%	30%	30%	
1	서다은	2015-0214	60	80	40	27	48
2	정승현	2014-1021	95	100	43	50	67
3	김재훈	2015-1301	85	80	53	27	57
4	이주와	2016-0416	100	100	77	37	74
5	한지원	2013-4572	80	100	20	20	48
6	김정아	2016-1451	80	100	50	17	56
7	이정희	2016-8451	100	70	100	97	93
8	이건표	2014-3145	95	100	37	13	54
9	김수빈	2015-4670	100	100	50	77	78
10	김희호	2012-4651	95	100	87	97	94
11	김수경	2016-9871	65	100	83	27	66
12	김한표	2014-6575	100	90	100	80	92
13	이동희	2014-6857	90	100	67	63	77
14	이수현	2013-4596	100	80	70	57	74
15	박준영	2016-7891	100	100	93	97	97
16	김민수	2015-4672	45	40	67	23	44
17	이성욱	2016-4869	100	80	53	17	57
18	최준석	2012-4571	100	80	53	97	81
19	김나영	2014-2154	95	80	87	87	87
20	황혜민	2015-4761	100	100	90	93	95

인원	총 20명
평균	72점
최고	97점
최저	44점

연습1 연습2 연습3

3 '4장-연습.xlsx' 파일의 '연습3' 시트를 열고 다음 조건에 맞는 견적서를 작성하시오.

❶ D5 셀과 I10 셀에 사용자 지정 서식을 설정해 그림과 같이 날짜와 환율을 표시하시오.

❷ '수량*단가' 수식으로 '금액' 열의 값을 모두 구하고 I10 셀의 환율 값을 사용해 계산한 달러 금액을 '금액(달러)' 열에 표시하시오.

❸ H17과 I17 셀에는 자동 합계 도구를 사용하여 '금액' 열과 '금액(달러)' 열의 합계를 각각 구해 표시하시오.

❹ '수량', '단가', '금액', '금액(달러)' 열에 그림과 같이 사용자 지정 표시 형식을 설정하시오.

❺ 그림과 같은 모양이 되도록 셀 병합과 테두리, 채우기 색을 설정하고 글꼴과 맞춤을 설정하시오.

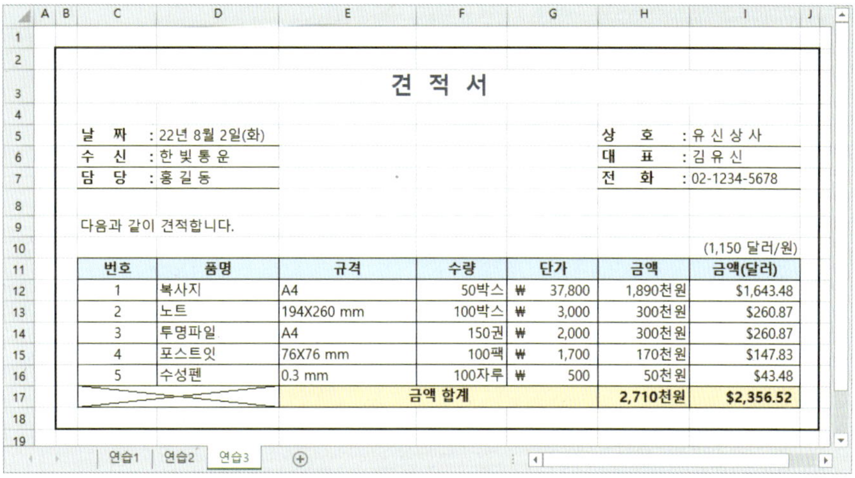

견 적 서

날 짜 : 22년 8월 2일(화)
수 신 : 한 빛 통 운
담 당 : 홍 길 동

상 호 : 유 신 상 사
대 표 : 김 유 신
전 화 : 02-1234-5678

다음과 같이 견적합니다.

(1,150 달러/원)

번호	품명	규격	수량	단가	금액	금액(달러)
1	복사지	A4	50박스	₩ 37,800	1,890천원	$1,643.48
2	노트	194X260 mm	100박스	₩ 3,000	300천원	$260.87
3	투명파일	A4	150권	₩ 2,000	300천원	$260.87
4	포스트잇	76X76 mm	100팩	₩ 1,700	170천원	$147.83
5	수성펜	0.3 mm	100자루	₩ 500	50천원	$43.48
		금액 합계			**2,710천원**	**$2,356.52**

PART

02

엑셀 핵심 기능

EXCEL 2019

CHAPTER

05

기본 함수

학습목표

- 함수의 형식과 함수의 종류를 설명할 수 있다.
- 수학/삼각 함수와 통계 함수를 사용할 수 있다.
- 텍스트 함수와 날짜/시간 함수를 사용할 수 있다.

SECTION 01

함수의 기본 이해하기

수식을 직접 만들어 계산할 수도 있지만 엑셀에서 제공하는 다양한 함수를 사용하면 여러 가지 계산을 쉽게 할 수 있다. 합계나 평균, 표준편차 등을 구하는 다양한 기능의 함수가 미리 만들어져 있어서 함수명과 인수를 이용해 필요한 계산을 편리하게 할 수 있다.

1.1 함수의 형식

엑셀의 함수는 수하 함수처럼 원하는 결과를 얻기 위한 계산식을 미리 정의해 놓은 것이다. 수학에서 함수 f를 f(x)=x+2로 정의하는 경우, x의 값에 따라 함수의 결과는 달라지고, 이때 x를 함수의 인수라고 한다. 엑셀에서 함수를 이용할 때는 등호 기호(=)를 먼저 입력하고 함수명 뒤에 괄호 기호인 ( )를 사용하여 필요한 인수를 적는다.

$$= \text{함수명}(\text{인수}_1,\ \text{인수}_2,\ \cdots,\ \text{인수}_n)$$

인수의 개수와 데이터 형식은 함수에 따라 다르게 정의된다. 함수명과 인수를 일일이 기억하기 어렵다면 엑셀에서 제공하는 함수 마법사나 함수 라이브러리를 이용하면 편리하다.

1.2 함수의 종류

엑셀에서 제공하는 함수는 기능에 따라 다음과 같은 범주로 분류할 수 있다. 이 중에서 많이 활용되는 함수를 사용하여 엑셀 통합 문서를 만들어 보기로 한다.

범주	함수
수학/삼각	SUM, SUMIF, SUMIFS, ROUND, ROUNDUP, ROUNDDOWN, RANK.EQ, RANK.AVG
통계	AVERAGE, AVERAGEIF, AVERAGEIFS, COUNT, COUNTA, COUNTBLANK, COUNTIF, COUNTIFS, MAX, MIN, LARGE, SMALL, MEDIAN, STDEV.S, STDEV.P, VAR.S, VAR.P
텍스트	LEFT, MID, RIGHT, LEN, FIND, CONCAT, REPLACE
날짜 및 시간	TODAY, NOW, YEAR, MONTH, DAY, DATE, WEEKDAY, DATEDIF
논리	AND, OR, NOT, IF, IFERROR
찾기/참조 영역	VLOOKUP, HLOOKUP, CHOOSE, INDEX, MATCH
재무	FV, PMT

SECTION 02

수학/삼각 및 통계 함수 사용하기

합계나 평균 계산에 함수를 사용하지 않고 =A1+B1+C1+D1+E1+…과 같이 수식을 직접 만든다면, 처리할 데이터의 개수가 많아질수록 입력 작업이 번거로워진다. 수식 계산에 가장 많이 사용되는 합계, 반올림, 내림 등을 구하는 수학/삼각 함수와 평균, 표준편차 등을 구하는 통계 함수를 사용하는 방법을 알아본다.

2.1 수학/삼각 및 통계 함수

CHAPTER 03에서 살펴본 자동 합계 도구에서도 제공되는 합계(SUM), 평균(AVERAGE), 개수(COUNT) 등의 함수와 곱한 값의 합계를 구하는 함수(SUMPRODUCT)를 사용해 보기로 한다. 또, 몫(QUOTIENT)과 나머지(MOD), 반올림(ROUND), 표준편차(STDEV.S), 분산(VAR.S), 중간값(MEDIAN), 빈도(FREQUENCY)를 구하고 순위를 구하는 함수(RANK.EQ)도 사용해 본다.

기본예제 5-1 몫과 나머지, 합계와 평균 구하기

수치 데이터의 계산에 가장 많이 사용되는 합계와 평균, 몫과 나머지 등의 함수를 사용해 보자. 함수의 인수 형식과 기능은 다음과 같다.

함수명과 인수	기능
SUM(number1, [number2], …)	인수의 합을 구한다. 인수에는 숫자나 셀 이름, 셀 영역을 최대 255개까지 지정할 수 있다.
AVERAGE(number1, [number2], …)	인수의 평균을 구한다.
QUOTIENT(numerator, denominator)	나눗셈 몫의 정수 부분을 반환한다.
MOD(number, divisor)	나눗셈의 나머지를 구한다.
PRODUCT(number1, [number2], ...)	인수들의 곱을 구한다.
SUMPRODUCT(array1, array2, ...)	배열 또는 범위 내에서 대응되는 값끼리 곱해서 그 합을 구한다. 배열은 2개에서 255개까지 지정할 수 있다.

TIP 함수 형식에서 대괄호([ ])로 묶어서 표시한 인수는 생략할 수 있다.

01 '5장.xlsx' 파일을 열고 '채점표' 시트를 선택한다.

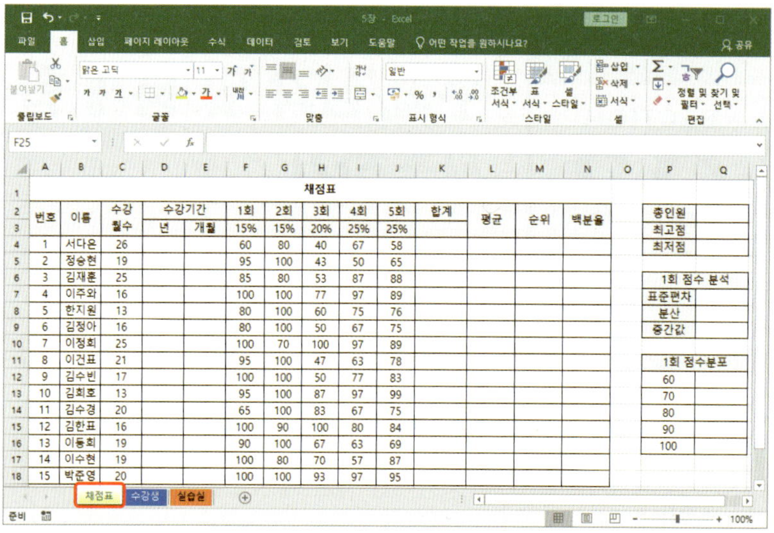

02 K3 셀에 *=SUM(* 수식을 입력하고 F3:J3 범위를 드래그한 후 Enter를 누른다.

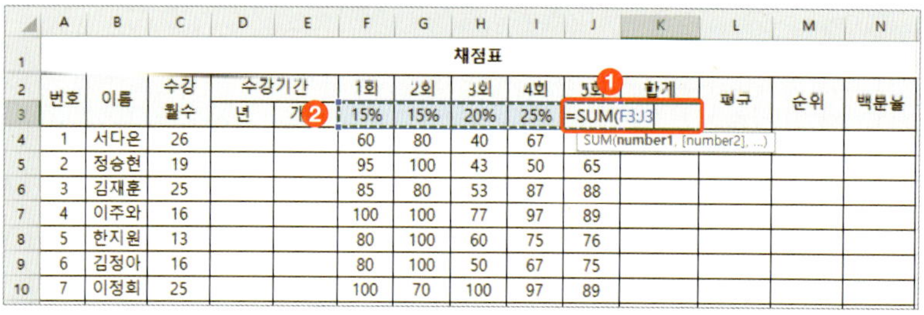

TIP 마우스로 드래그한 영역이 SUM 함수의 인수로 입력된다. 닫기 괄호인)를 입력하지 않아도 자동으로 입력되어 완성된다.

03 D4 셀을 선택하고 *=QUOTIENT(C4,12)* 수식을 입력하고 Enter를 누른다.

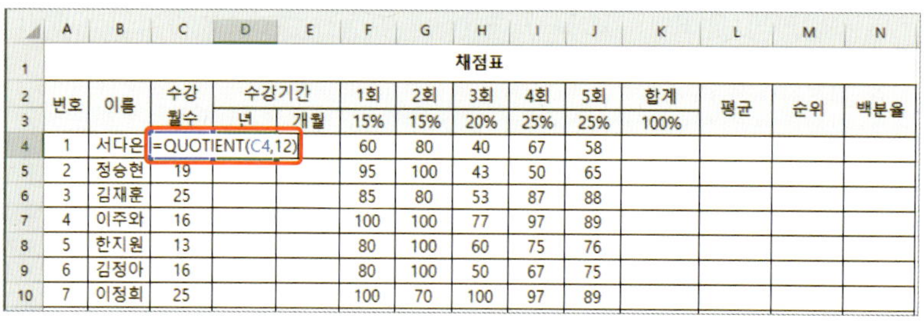

TIP 함수의 이름을 입력할 때 표시되는 목록 상자에서 키보드의 방향키로 함수를 선택하고 Tab을 누르면 나머지 부분이 자동 입력된다. 마우스를 사용해서 더블클릭해도 된다.

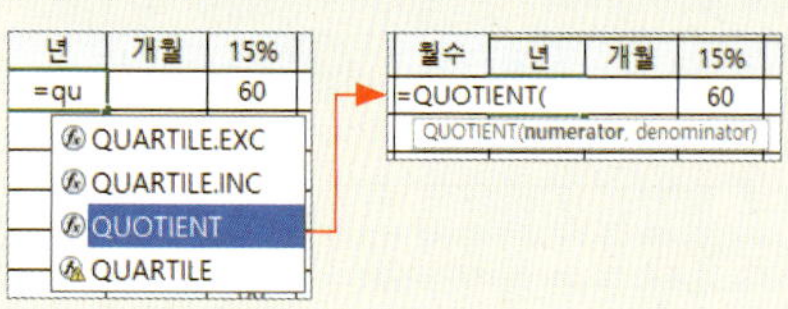

04 D4 셀의 채우기 핸들을 더블클릭하거나 D18 셀까지 드래그하여 수식을 복사한다.

	A	B	C	D	E	F	G	H	I	J	K	L	M	N
1								채점표						
2	번호	이름	수강	수강기간		1회	2회	3회	4회	5회	합계	평균	순위	백분율
3			월수	년	개월	15%	15%	20%	25%	25%	100%			
4	1	서다은	26	2		60	80	40	67	58				
5	2	정승현	19	1		95	100	43	50	65				
6	3	김재훈	25	2		85	80	53	87	88				
7	4	이주와	16	1		100	100	77	97	89				
8	5	한지원	13	1		80	100	60	75	76				
9	6	김정아	16	1		80	100	50	67	75				
10	7	이정희	25	2		100	70	100	97	89				
11	8	이건표	21	1		95	100	47	63	78				
12	9	김수빈	17	1		100	100	50	77	83				
13	10	김희호	13	1		95	100	87	97	99				
14	11	김수경	20	1		65	100	83	67	75				
15	12	김한표	16	1		100	90	100	80	84				
16	13	이동희	19	1		90	100	67	63	69				
17	14	이수현	19	1		100	80	70	57	87				
18	15	박준영	20	1		100	100	93	97	95				

05 E4 셀에 *=MOD(C4,12)* 수식을 입력하고 Enter를 누른다. E4 셀의 채우기 핸들을 더블클릭하여 E18 셀까지 수식을 복사한다.

	A	B	C	D	E	F	G	H	I	J	K	L	M	N
1								채점표						
2	번호	이름	수강	수강기간		1회	2회	3회	4회	5회	합계	평균	순위	백분율
3			월수	년	개월	15%	15%	20%	25%	25%	100%			
4	1	서다은	26	=MOD(C4, 12)			80	40	67	58				
5	2	정승현	19	MOD(number, divisor)			100	43	50	65				
6	3	김재훈	25	2	1	85	80	53	87	88				
7	4	이주와	16	1	4	100	100	77	97	89				
8	5	한지원	13	1	1	80	100	60	75	76				
9	6	김정아	16	1	4	80	100	50	67	75				
10	7	이정희	25	2	1	100	70	100	97	89				
11	8	이건표	21	1	9	95	100	47	63	78				
12	9	김수빈	17	1	5	100	100	50	77	83				
13	10	김희호	13	1	1	95	100	87	97	99				
14	11	김수경	20	1	8	65	100	83	67	75				
15	12	김한표	16	1	4	100	90	100	80	84				
16	13	이동희	19	1	7	90	100	67	63	69				
17	14	이수현	19	1	7	100	80	70	57	87				
18	15	박준영	20	1	8	100	100	93	97	95				

06 K4 셀에는 *=SUMPRODUCT(F4:J4,$F$3:$J$3)* 수식을 입력하고 Enter를 누른다. K4 셀의 채우기 핸들을 더블클릭해 K18 셀까지 수식을 복사한다.

	A	B	C	D	E	F	G	H	I	J	K	L	M	N
1								채점표						
2	번호	이름	수강	수강기간		1회	2회	3회	4회	5회	합계	평균	순위	백분율
3			월수	년	개월	15%	15%	20%	25%	25%	100%			
4	1	서다은	26	2	2	60	80	40	=SUMPRODUCT(F4:J4,$F$3:$J$3)					
5	2	정승현	19	1	7	95	100	43	SUMPRODUCT(array1, [array2], [array3], [array4], ...)					
6	3	김재훈	25	2	1	85	80	53	87	88	79.1			
7	4	이주와	16	1	4	100	100	77	97	89	91.9			
8	5	한지원	13	1	1	80	100	60	75	76	76.8			
9	6	김정아	16	1	4	80	100	50	67	75	72.5			
10	7	이정희	25	2	1	100	70	100	97	89	92.0			
11	8	이건표	21	1	9	95	100	47	63	78	73.9			
12	9	김수빈	17	1	5	100	100	50	77	83	80.0			
13	10	김희호	13	1	1	95	100	87	97	99	95.7			
14	11	김수경	20	1	8	65	100	83	67	75	76.9			
15	12	김한표	16	1	4	100	90	100	80	84	89.5			
16	13	이동희	19	1	7	90	100	67	63	69	74.9			
17	14	이수현	19	1	7	100	80	70	57	87	77.0			
18	15	박준영	20	1	8	100	100	93	97	95	96.6			

TIP 1회~5회의 점수에 배점 비율(15%~25%)을 각각 곱한 후 합계를 계산하기 위해 SUMPRODUCT 함수를 사용한다. 수식을 복사할 때 배점 비율(F3:J3) 범위를 고정하려면 F4를 눌러 절대 참조로 설정한다.

07 L4 셀에는 *=AVERAGE(F4:J4)* 수식을 입력하고 Enter를 누른다. L4 셀의 채우기 핸들을 더블클릭해 L18 셀까지 수식을 복사한다.

	A	B	C	D	E	F	G	H	I	J	K	L	M	N
1								채점표						
2	번호	이름	수강 월수	수강기간		1회	2회	3회	4회	5회	합계	평균	순위	백분율
3				년	개월	15%	15%	20%	25%	25%	100%			
4	1	서다은	26	2	2	60	80	40	67	58		=AVERAGE(F4:J4)		
5	2	정승현	19	1	7	95	100	43	50	65	66.6	70.6		
6	3	김재훈	25	2	1	85	80	53	87	88	79.1	78.6		
7	4	이주와	16	1	4	100	100	77	97	89	91.9	92.6		
8	5	한지원	13	1	1	80	100	60	75	76	76.8	78.2		
9	6	김정아	16	1	4	80	100	50	67	75	72.5	74.4		
10	7	이정희	25	2	1	100	70	100	97	89	92.0	91.2		
11	8	이건표	21	1	9	95	100	47	63	78	73.9	76.6		
12	9	김수빈	17	1	5	100	100	50	77	83	80.0	82.0		
13	10	김회호	13	1	1	95	100	87	97	99	95.7	95.6		
14	11	김수경	20	1	8	65	100	83	67	75	76.9	78.0		
15	12	김한표	16	1	4	100	90	100	80	84	89.5	90.8		
16	13	이동희	19	1	7	90	100	67	63	69	74.9	77.8		
17	14	이수현	19	1	7	100	80	70	57	87	77.0	78.8		
18	15	박준영	20	1	8	100	100	93	97	95	96.6	97.0		

기본예제 5-2 총인원과 최대값, 최소값 구하기

숫자의 개수를 구하거나 최대값, 최소값을 구하는 함수를 사용해 전체 인원과 최고점, 최저점을 계산해 보자. 함수의 인수 형식과 기능은 다음과 같다.

함수명과 인수	기능
COUNT(value1, [value2], …)	지정한 인수에서 숫자가 포함된 셀의 개수를 구한다.
MAX(number1, [number2], …)	지정한 인수 중에서 최대값을 구한다.
MIN(number1, [number2], …)	지정한 인수 중에서 최소값을 구한다.

01 Q2 셀에 *=COUNT(A4:A18)* 수식을 입력해 총인원을 계산한다.

	A	B	C	D	E	F	G	H	I	J	K	L	M	N	O	P	Q
1								채점표									
2	번호	이름	수강 월수	수강기간		1회	2회	3회	4회	5회	합계	평균	순위	백분율		총인원	=COUNT(A4:A18)
3				년	개월	15%	15%	20%	25%	25%	100%					최고점	
4	1	서다은	26	2	2	60	80	40	67	58	60.3	61.0				최저점	
5	2	정승현	19	1	7	95	100	43	50	65	66.6	70.6					
6	3	김재훈	25	2	1	85	80	53	87	88	79.1	78.6				1회 점수 분석	
7	4	이주와	16	1	4	100	100	77	97	89	91.9	92.6				표준편차	
8	5	한지원	13	1	1	80	100	60	75	76	76.8	78.2				분산	
9	6	김정아	16	1	4	80	100	50	67	75	72.5	74.4				중간값	
10	7	이정희	25	2	1	100	70	100	97	89	92.0	91.2					
11	8	이건표	21	1	9	95	100	47	63	78	73.9	76.6				1회 점수분포	
12	9	김수빈	17	1	5	100	100	50	77	83	80.0	82.0				60	
13	10	김회호	13	1	1	95	100	87	97	99	95.7	95.6				70	
14	11	김수경	20	1	8	65	100	83	67	75	76.9	78.0				80	
15	12	김한표	16	1	4	100	90	100	80	84	89.5	90.8				90	
16	13	이동희	19	1	7	90	100	67	63	69	74.9	77.8				100	
17	14	이수현	19	1	7	100	80	70	57	87	77.0	78.8					
18	15	박준영	20	1	8	100	100	93	97	95	96.6	97.0					

TIP COUNT 함수는 숫자 개수만 계산할 수 있으므로 텍스트 데이터인 이름 영역(B4:B18)을 인수로 선택하지 않도록 주의한다.

02 Q3 셀에 *=MAX(K4:K18)* 수식을 입력해 최고점을 계산한다.

	F	G	H	I	J	K	L	M	N	O	P	Q	R
1			채점표										
2	1회	2회	3회	4회	5회	합계	평균	순위	백분율		총인원	15	
3	15%	15%	20%	25%	25%	100%					최고점	=MAX(K4:K18)	
4	60	80	40	67	58	60.3	61.0				최저점		
5	95	100	43	50	65	66.6	70.6						
6	85	80	53	87	88	79.1	78.6				1회 점수 분석		
7	100	100	77	97	89	91.9	92.6				표준편차		
8	80	100	60	75	76	76.8	78.2				분산		
9	80	100	50	67	75	72.5	74.4				중간값		
10	100	70	100	97	89	92.0	91.2						
11	95	100	47	63	78	73.9	76.6				1회 점수분포		
12	100	100	50	77	83	80.0	82.0				60		
13	95	100	87	97	99	95.7	95.6				70		
14	65	100	83	67	75	76.9	78.0				80		
15	100	90	100	80	84	89.5	90.8				90		
16	90	100	67	63	69	74.9	77.8				100		
17	100	80	70	57	87	77.0	78.8						
18	100	100	93	97	95	96.6	97.0						

03 Q4 셀에 *=MIN(K4:K18)* 수식을 입력해 최저점을 계산한다.

	F	G	H	I	J	K	L	M	N	O	P	Q	R
1			채점표										
2	1회	2회	3회	4회	5회	합계	평균	순위	백분율		총인원	15	
3	15%	15%	20%	25%	25%	100%					최고점	96.6	
4	60	80	40	67	58	60.3	61.0				최저점	=MIN(K4:K18)	
5	95	100	43	50	65	66.6	70.6						
6	85	80	53	87	88	79.1	78.6				1회 점수 분석		
7	100	100	77	97	89	91.9	92.6				표준편차		
8	80	100	60	75	76	76.8	78.2				분산		
9	80	100	50	67	75	72.5	74.4				중간값		
10	100	70	100	97	89	92.0	91.2						
11	95	100	47	63	78	73.9	76.6				1회 점수분포		
12	100	100	50	77	83	80.0	82.0				60		
13	95	100	87	97	99	95.7	95.6				70		
14	65	100	83	67	75	76.9	78.0				80		
15	100	90	100	80	84	89.5	90.8				90		
16	90	100	67	63	69	74.9	77.8				100		
17	100	80	70	57	87	77.0	78.8						
18	100	100	93	97	95	96.6	97.0						

기본예제 5-3 표준편차, 분산, 중간값 구하기

통계 범주에 제공되는 엑셀 함수 중에서 모집단 혹은 표본집단의 표준편차와 분산을 구하여 데이터의 산포도나 기댓값과의 거리를 계산하는 함수를 사용해 보자. 또, 데이터 집합에서 k 번째로 큰 값과 작은 값 또는 중간값, 빈도수도 구해본다. 관련된 함수의 인수 형식과 기능은 다음과 같다.

함수명과 인수	기능
STDEV.P(number1, number2, …)	모집단의 표준편차를 구한다.
STDEV.S(number1, number2, …)	표본집단의 표준편차를 구한다.
VAR.P(number1, number2, …)	모집단의 분산을 구한다.
VAR.S(number1, number2, …)	표본집단의 분산을 구한다.
LARGE(array, k)	데이터 집합에서 k 번째로 큰 값을 구한다.
SMALL(array, k)	데이터 집합에서 k 번째로 작은 값을 구한다.
MEDIAN(number1, number2, …)	주어진 수의 중간값을 구한다.
FREQUENCY(data_array, bins_array)	주어진 값의 범위 내에서 발생 빈도를 구한다.

01 '채점표' 시트의 F4:F18 범위를 선택하고 이름 상자에 *점수1*을 입력해 영역 이름을 먼저 정의한다.

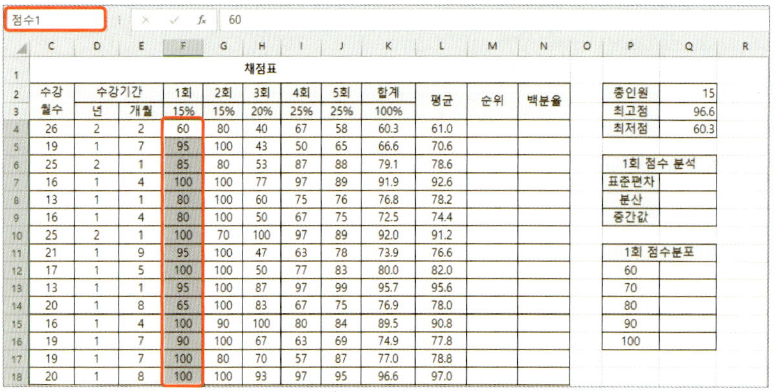

TIP 통계 계산에 필요한 데이터 범위에 이름을 정의해 두고 수식에 간편하게 사용한다.

02 Q7 셀에 *=STDEV.S(점수1)* 수식을 입력해 1회 점수의 표준편차를 구한다.

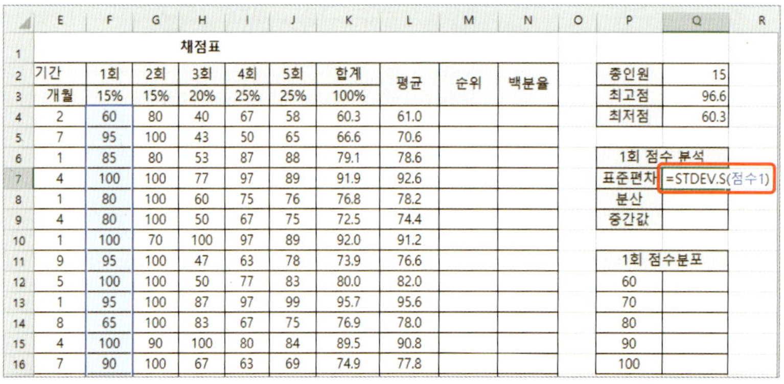

03 Q8 셀에 *=VAR.S(점수1)* 수식을 입력해 1회 점수의 분산을 계산한다.

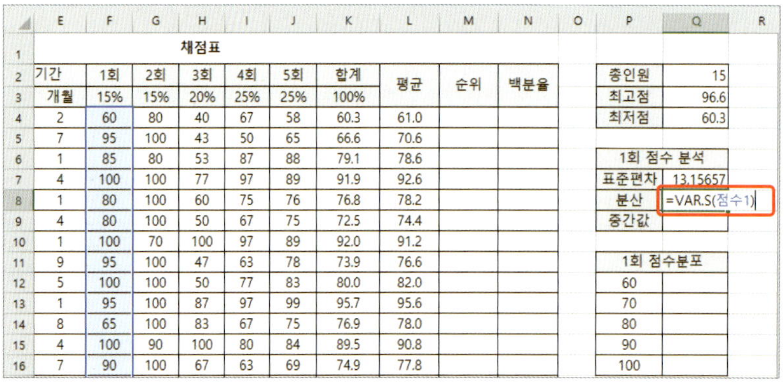

04 Q9 셀에 *=MEDIAN(점수1)* 수식을 입력해 1회 점수의 중간값을 구한다.

	E	F	G	H	I	J	K	L	M	N	O	P	Q	R
1				채점표										
2	기간	1회	2회	3회	4회	5회	합계	평균	순위	백분율		총인원	15	
3	개월	15%	15%	20%	25%	25%	100%					최고점	96.6	
4	2	60	80	40	67	58	60.3	61.0				최저점	60.3	
5	7	95	100	43	50	65	66.6	70.6						
6	1	85	80	53	87	88	79.1	78.6				1회 점수 분석		
7	4	100	100	77	97	89	91.9	92.6				표준편차	13.15657	
8	1	80	100	60	75	76	76.8	78.2				분산	173.0952	
9	4	80	100	50	67	75	72.5	74.4				중간값	=MEDIAN(점수1)	
10	1	100	70	100	97	89	92.0	91.2						
11	9	95	100	47	63	78	73.9	76.6				1회 점수분포		
12	5	100	100	50	77	83	80.0	82.0				60		
13	1	95	100	87	97	99	95.7	95.6				70		
14	8	65	100	83	67	75	76.9	78.0				80		
15	4	100	90	100	80	84	89.5	90.8				90		
16	7	90	100	67	63	69	74.9	77.8				100		

TIP 특정 집합에서 가장 큰 값이나 가장 작은 값을 구하는 LARGE 함수와 SMALL 함수는 중간 값을 구하는 MEDIAN 함수보다 인수가 하나 더 있다. 예를 들어 *=LARGE(점수1, 5)* 수식을 입력하면 1회 점수 중 다섯 번째로 큰 값을 구할 수 있다.

05 Q12:Q16 범위를 선택하고 *=FREQUENCY(점수1,P12:P16)* 수식을 입력한 후 Ctrl+Shift+Enter를 누른다. 1회 점수에 대해 범위별 빈도수를 계산하여 점수분포를 표시할 수 있다.

	F	G	H	I	J	K	L	M	N	O	P	Q	R	S
1			채점표											
2	1회	2회	3회	4회	5회	합계	평균	순위	백분율		총인원	15		
3	15%	15%	20%	25%	25%	100%					최고점	96.6		
4	60	80	40	67	58	60.3	61.0				최저점	60.3		
5	95	100	43	50	65	66.6	70.6							
6	85	80	53	87	88	79.1	78.6				1회 점수 분석			
7	100	100	77	97	89	91.9	92.6				표준편차	13.15657		
8	80	100	60	75	76	76.8	78.2				분산	173.0952		
9	80	100	50	67	75	72.5	74.4				중간값	95		
10	100	70	100	97	89	92.0	91.2							
11	95	100	47	63	78	73.9	76.6				1회 점수분포			
12	100	100	50	77	83	80.0	82.0				60	=FREQUENCY(점수1,P12:P16)		
13	95	100	87	97	99	95.7	95.6				70			
14	65	100	83	67	75	76.9	78.0				80			
15	100	90	100	80	84	89.5	90.8				90			
16	90	100	67	63	69	74.9	77.8				100			

TIP 60점 이하(1), 70점 이하(1), 80점 이하(2), 90점 이하(2), 100점 이하(9)의 점수분포표를 구할 수 있다.

여기서 잠깐 **배열 수식**

Ctrl+Shift+Enter를 눌러 계산하도록 하는 것을 배열 수식이라고 한다. 배열(Array)이란 계산 과정에서 연산된 값을 저장해두는 공간을 의미하고, 범위를 인수로 하는 수식에서 이용할 수 있다. 배열 수식은 중괄호({ })가 자동으로 추가되어 수식 입력줄에 나타나므로 일반 수식과 구별된다. 다음 예에서처럼 단가x수량으로 금액을 계산할 때 단가와 수량의 범위를 인수로 하는 배열 수식 *{=B3:B8*C3:C8}*을 사용할 수 있다. 배열 수식은 다음의 순서에 따라 만들면 된다.

① 계산할 셀이나 범위를 선택하고

	A	B	C	D
1	배열 수식의 예			
2	상품	단가(원)	수량	금액
3	사과	1,200	30	
4	배	2,100	20	
5	오렌지	700	60	
6	바나나	2,400	20	
7	포도	1,800	15	
8	딸기	2,000	15	

② 범위를 사용한 수식을 입력한 다음

	A	B	C	D
1	배열 수식의 예			
2	상품	단가(원)	수량	금액
3	사과	1,200	=B3:B8*C3:C8	
4	배	2,100	20	
5	오렌지	700	60	
6	바나나	2,400	20	
7	포도	1,800	15	
8	딸기	2,000	15	

③ Ctrl+Shift+Enter를 눌러 계산한다.

	A	B	C	D
1	배열 수식의 예			
2	상품	단가(원)	수량	금액
3	사과	1,200	30	36,000
4	배	2,100	20	42,000
5	오렌지	700	60	42,000
6	바나나	2,400	20	48,000
7	포도	1,800	15	27,000
8	딸기	2,000	15	30,000

기본예제 5-4 반올림, 올림, 내림하기

수학/삼각 범주의 함수 중에서 숫자를 반올림, 올림, 내림하는 ROUND, ROUNDUP, ROUNDDOWN 함수를 사용하여 '채점표' 시트의 데이터를 수정해 보자. 각 함수의 인수 형식과 기능은 다음과 같다.

함수명과 인수	기능
ROUND(number, number_digits)	지정한 자릿수로 숫자를 반올림한다.
ROUNDUP(number, number_digits)	0에서 먼 방향으로 숫자를 올림한다.
ROUNDDOWN(number, number_digits)	0에서 가까운 방향으로 숫자를 내림한다.

01 '채점표' 시트의 Q7 셀에 입력된 수식을 *=ROUND(STDEV.S(점수1), 1)*로 수정한다. 표준편차를 먼저 계산한 후 소수점 아래 첫째 자리까지 반올림해 표시한다.

	F	G	H	I	J	K	L	M	N	O	P	Q
1	채점표											
2	1회	2회	3회	4회	5회	합계	평균	순위	백분율		총인원	15
3	15%	15%	20%	25%	25%	100%					최고점	96.6
4	60	80	40	67	58	60.3	61.0				최저점	60.3
5	95	100	43	50	65	66.6	70.6					
6	85	80	53	87	88	79.1	78.6				1회 점수 분석	
7	100	100	77	97	89	91.9	92.6				표준편차	=ROUND(STDEV.S(점수1),1)
8	80	100	60	75	76	76.8	78.2				분산	173.0952
9	80	100	50	67	75	72.5	74.4				중간값	95
10	100	70	100	97	89	92.0	91.2					
11	95	100	47	63	78	73.9	76.6				1회 점수분포	
12	100	100	50	77	83	80.0	82.0				60	1
13	95	100	87	97	99	95.7	95.6				70	1
14	65	100	83	67	75	76.9	78.0				80	2
15	100	90	100	80	84	89.5	90.8				90	2
16	90	100	67	63	69	74.9	77.8				100	9

TIP ROUND 함수로 반올림하면 [홈] 탭-[표시 형식] 그룹의 [자릿수 줄임]과는 달리 셀에 저장되는 값 자체가 바뀐다.

반올림 결과: 표준편차 13.2 → 자릿수 늘림 → 반올림한 값의 자릿수를 늘려보면 뒷자리가 모두 0: 표준편차 13.20000

자릿수 줄임 결과: 표준편차 13.2 → 자릿수 늘림 → 자릿수를 다시 늘려보면 원래의 값을 표시: 표준편차 13.15657

02 Q8 셀의 수식은 *=ROUNDDOWN(VAR.S(점수1),0)*으로 수정해 분산의 소수점 이하 값을 버림한다.

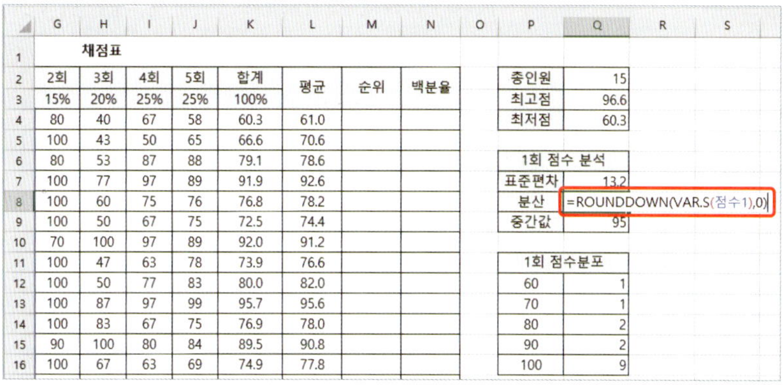

	G	H	I	J	K	L	M	N	O	P	Q	R	S
1		채점표											
2	2회	3회	4회	5회	합계	평균	순위	백분율		총인원	15		
3	15%	20%	25%	25%	100%					최고점	96.6		
4	80	40	67	58	60.3	61.0				최저점	60.3		
5	100	43	50	65	66.6	70.6							
6	80	53	87	88	79.1	78.6				1회 점수 분석			
7	100	77	97	89	91.9	92.6				표준편차	13.2		
8	100	60	75	76	76.8	78.2				분산	=ROUNDDOWN(VAR.S(점수1),0)		
9	100	50	67	75	72.5	74.4				중간값	95		
10	70	100	97	89	92.0	91.2							
11	100	47	63	78	73.9	76.6				1회 점수분포			
12	100	50	77	83	80.0	82.0				60	1		
13	100	87	97	99	95.7	95.6				70	1		
14	100	83	67	75	76.9	78.0				80	2		
15	90	100	80	84	89.5	90.8				90	2		
16	100	67	63	69	74.9	77.8				100	9		

여기서 잠깐 **number_digits 인수의 역할**

반올림, 내림, 올림 함수의 두 번째 인수인 'number_digits'는 자릿수를 지정하는 번호로 사용된다. A1 셀의 값이 1234.567이라면 *=ROUND(A1,1)* 수식의 결과는 소수점 아래 첫째 자리(number_digits=1)까지 표시하도록 반올림한 1234.6이 된다.

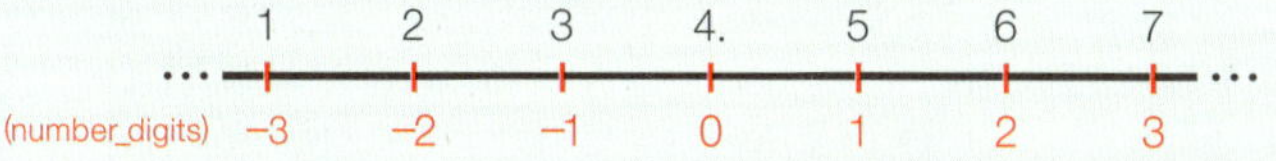

기본예제 5-5 데이터 크기에 따른 순위와 백분율 순위 구하기

데이터의 크기에 따른 순위를 구하려면 RANK.EQ 함수나 RANK.AVG 함수를 사용할 수 있고, PERCENTRANK.INC 함수와 PERCENTRANK.EXC 함수를 사용해 백분율 순위를 구할 수도 있다. 통계 범주로 분류되는 순위 계산 함수의 인수 형식과 기능은 다음과 같다.

함수명과 인수	기능
RANK.EQ(number, ref, order)	목록 내에서 지정한 수의 상대적인 크기 순위를 구한다. 둘 이상의 값이 순위가 같으면 가장 높은 순위를 반환한다.
RANK.AVG(number, ref, order)	둘 이상의 값이 순위가 같으면 평균 순위를 반환한다.
PERCENTRANK.INC(array, x, significance)	데이터 집합에서 경계값을 포함한 0에서 1 사이의 백분율 순위를 구한다.
PERCENTRANK.EXC(array, x, significance)	데이터 집합에서 경계값을 제외한 0에서 1 사이의 백분율 순위를 구한다.

01 '채점표' 시트의 M4 셀을 선택하고 [수식] 탭-[함수 라이브러리] 그룹-[함수 삽입]을 누른다.

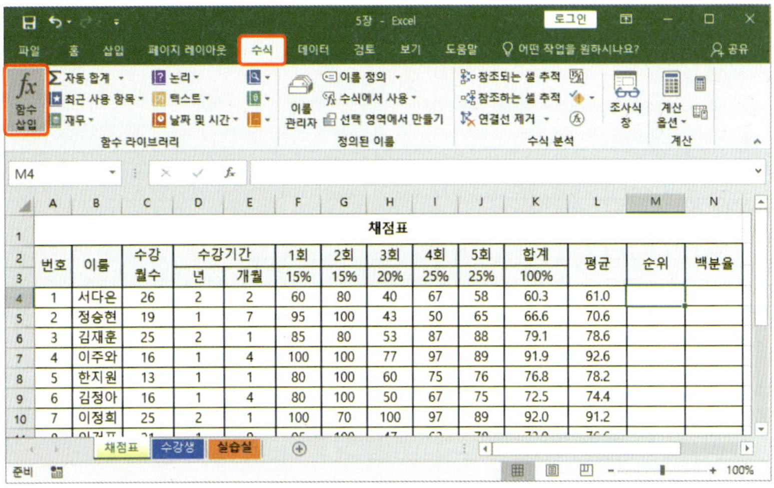

02 [함수 마법사] 대화상자가 나타나면 [함수 검색] 입력란에 *순위*라고 입력하고 [검색]을 누른다. [함수 선택] 목록에서 [RANK.EQ]를 선택하고 [확인]을 누른다.

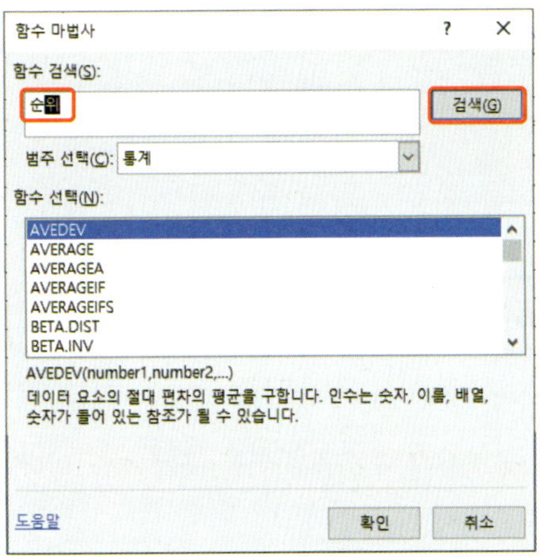

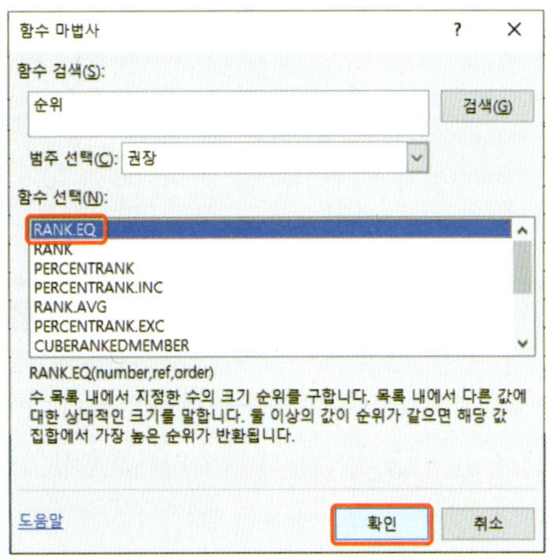

03 [함수 인수] 대화상자의 [Number]에는 *K4*, [Ref]에는 *$K$4:$K$18*을 입력한다. [Order]에는 값을 입력하지 않고 [확인]을 누른다.

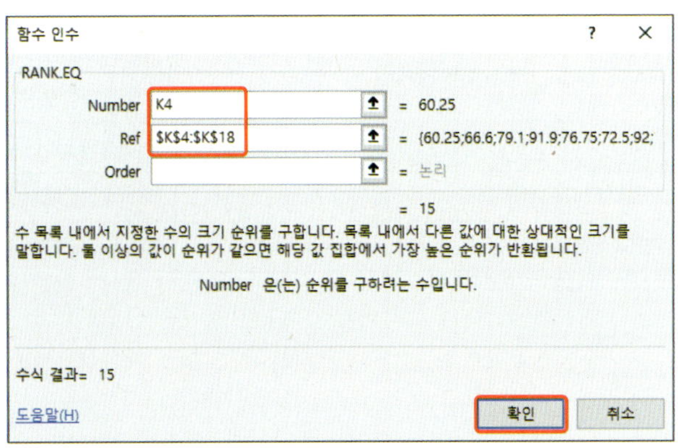

TIP [Ref] 인수에 숫자 범위를 지정할 때는 F4를 눌러 절대 참조로 설정한다. 나중에 수식을 복사할 때 참조하는 범위가 변경되지 않도록 하기 위해서이다. [Order]에는 값을 생략하거나 *0*을 입력하면 내림차순으로 순위가 계산되고 그 이외의 값을 지정하면 오름차순으로 순위가 계산된다.

04 M4 셀의 채우기 핸들을 더블클릭해 수식을 복사하면 모든 순위를 구할 수 있다.

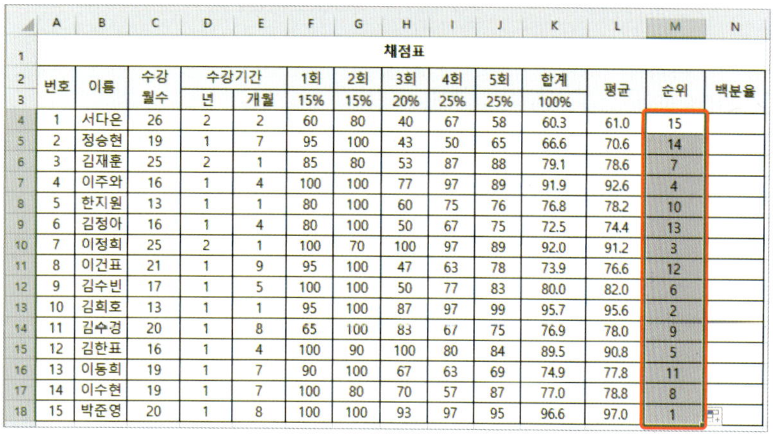

	A	B	C	D	E	F	G	H	I	J	K	L	M	N
1	채점표													
2	번호	이름	수강	수강기간		1회	2회	3회	4회	5회	합계	평균	순위	백분율
3			월수	년	개월	15%	15%	20%	25%	25%	100%			
4	1	서다은	26	2	2	60	80	40	67	58	60.3	61.0	15	
5	2	정승현	19	1	7	95	100	43	50	65	66.6	70.6	14	
6	3	김재훈	25	2	1	85	80	53	87	88	79.1	78.6	7	
7	4	이주와	16	1	4	100	100	77	97	89	91.9	92.6	4	
8	5	한지원	13	1	1	80	100	60	75	76	76.8	78.2	10	
9	6	김정아	16	1	4	80	100	50	67	75	72.5	74.4	13	
10	7	이정희	25	2	1	100	70	100	97	89	92.0	91.2	3	
11	8	이건표	21	1	9	95	100	47	63	78	73.9	76.6	12	
12	9	김수빈	17	1	5	100	100	50	77	83	80.0	82.0	6	
13	10	김희호	13	1	1	95	100	87	97	99	95.7	95.6	2	
14	11	김수경	20	1	8	65	100	83	67	75	76.9	78.0	9	
15	12	김한표	16	1	4	100	90	100	80	84	89.5	90.8	5	
16	13	이동희	19	1	7	90	100	67	63	69	74.9	77.8	11	
17	14	이수현	19	1	7	100	80	70	57	87	77.0	78.8	8	
18	15	박준영	20	1	8	100	100	93	97	95	96.6	97.0	1	

여기서 잠깐 **RANK.EQ 함수와 RANK.AVG 함수의 차이**

데이터 크기에 따른 순위를 구하는 RANK.EQ 함수와 RANK.AVG 함수는 순위를 표시하는 방법에 차이가 있다. RANK.EQ 함수를 사용하면 값이 같을 경우 높은 순위가 표시되고 RANK.AVG 함수를 사용하면 값이 같은 경우 순위를 평균으로 표시한다. 다음과 같이 점수의 순위를 구할 때 RANK.EQ 함수와 RANK.AVG 함수를 사용하면 표시되는 결과가 다르다.

점수	RANK.EQ 순위	RANK.AVG 순위
80	2	2.5
65	5	5
80	2	2.5
90	1	1
70	4	4

05 백분율 순위를 구하기 위해 N4 셀을 선택하고 [수식] 탭–[함수 라이브러리] 그룹–[함수 더 보기] 목록에서 [통계]–[PERCENTRANK.INC]를 선택한다.

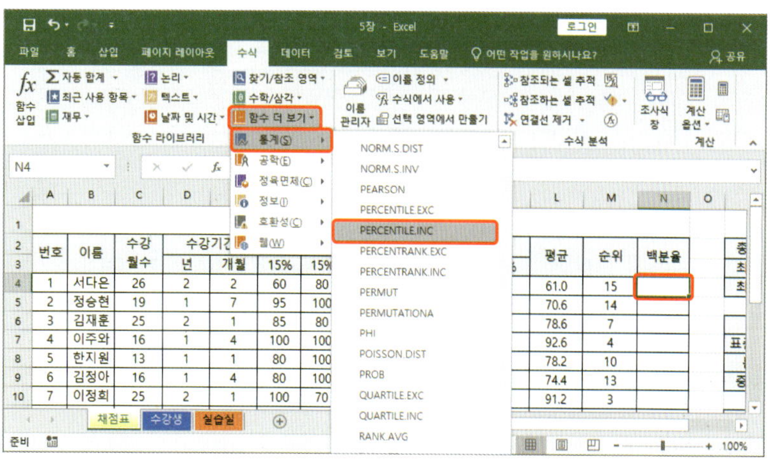

06 [함수 인수] 대화상자가 열리면 [Array]에는 *$K$4:$K$18*, [X]에는 *K4*를 입력한다. [Significance]에는 값을 입력하지 않고 [확인]을 누른다.

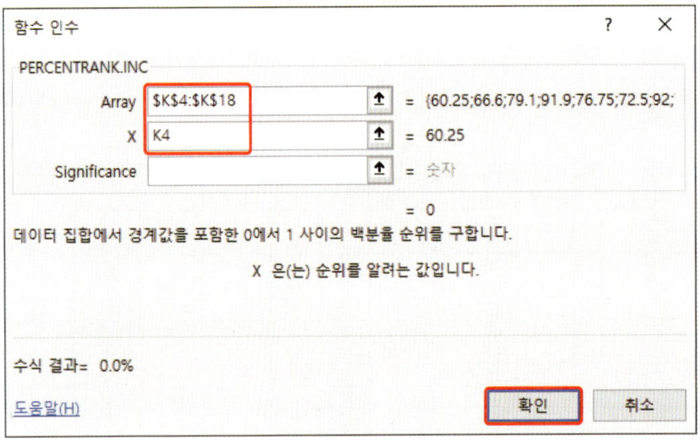

TIP [Significance]는 계산한 백분율 값의 유효 자릿수이다. 생략하면 세 자리로 표시된다.

07 K3 셀의 채우기 핸들을 더블클릭하여 나머지 셀의 백분율 순위도 구한다.

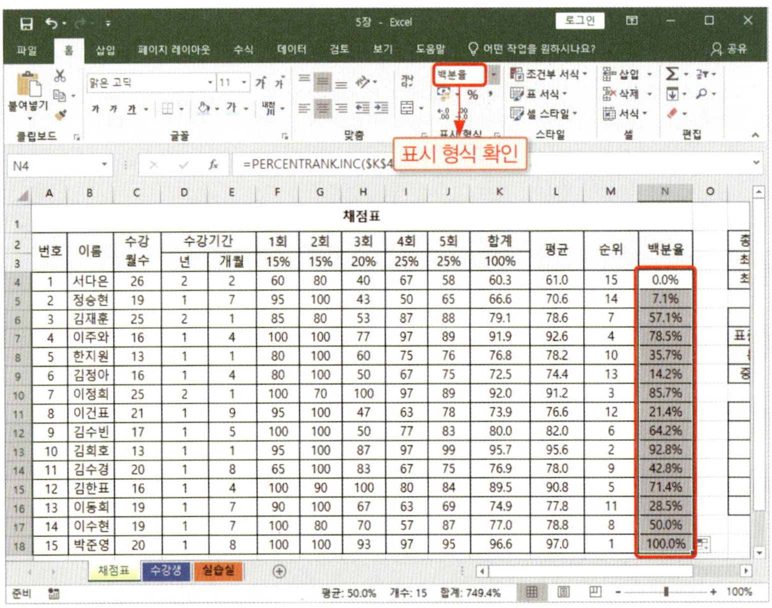

TIP [홈] 탭–[표시 형식] 그룹의 [표시 형식]을 [백분율]로 설정하지 않으면 다음과 같이 유효 자릿수가 3자리인 실수형으로 결과가 표시된다.

백분율
0
0.071
0.571
0.785
0.357

SECTION 03

텍스트 및 날짜/시간 함수 사용하기

텍스트 데이터에서 필요한 문자를 일부 추출하거나 연결하는 텍스트 함수와 현재 날짜를 표시하거나 경과 기간을 계산하는 날짜/시간 함수의 사용 방법을 알아본다.

3.1 텍스트 함수

하나 이상의 문자로 이루어진 텍스트 데이터를 문자열이라고도 한다. 이러한 문자열에서 원하는 정보를 추출하거나 다른 문자열과 연결하고 또는 다른 문자로 바꾸는 등의 텍스트 함수는 다음과 같다.

함수명과 인수	기능
CONCAT(text1, text2, …)	여러 텍스트를 하나로 결합한다.
LEFT(text, num_chars)	문자열의 시작 지점부터 지정한 개수만큼 문자를 추출한다.
RIGHT(text, num_chars)	문자열의 끝 지점부터 지정한 개수만큼 문자를 추출한다.
MID(text, start_num, num_chars)	문자열의 지정 위치부터 지정한 개수만큼 문자를 추출한다.
LEN(text)	문자열 내의 문자 개수를 구한다.
FIND(find_text, within_text, start_num)	지정한 텍스트를 다른 텍스트에서 찾아 해당 위치를 구한다.
REPLACE(old_text, start_num, num_chars, new_text)	텍스트의 일부를 다른 텍스트로 바꾼다.

기본예제 5-6 텍스트를 결합하고 추출하기

각각의 셀에 나누어 입력된 텍스트를 결합하여 하나의 셀에 표시해 보고, 입력된 텍스트 데이터로부터 성별이나 생년월일, 지역과 같이 필요한 정보를 추출해 보자.

01 '5장.xlsx' 파일의 '수강생' 시트에서 C3 셀을 선택하고 *=CONCAT(A3,"−",B3)* 수식을 입력한다.

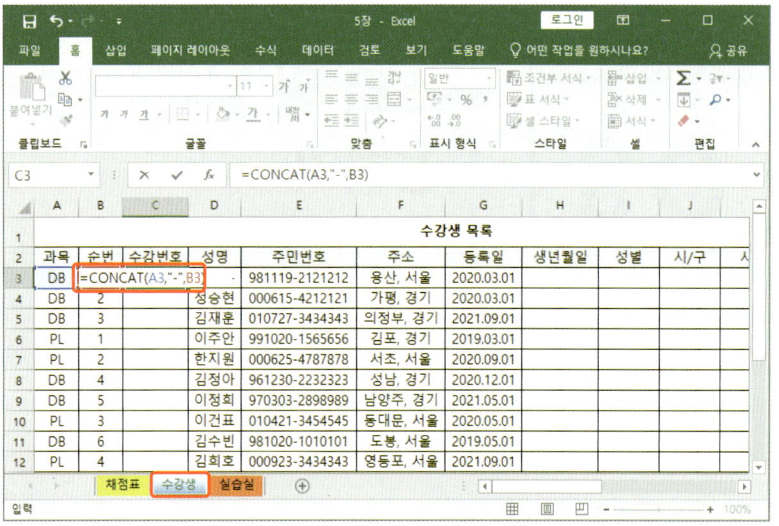

02 C3 셀의 채우기 핸들을 더블클릭하여 모든 수강번호를 표시한다.

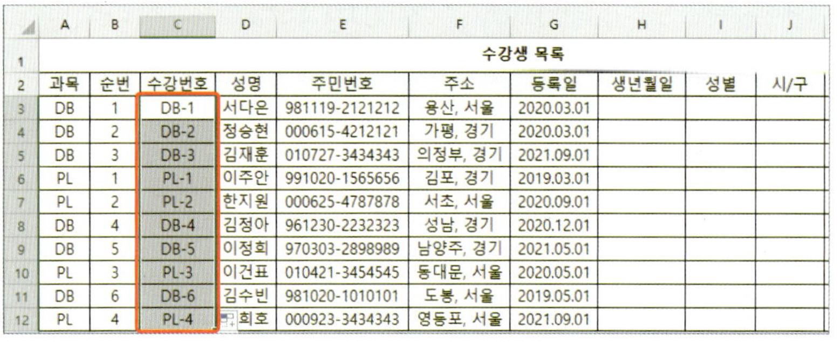

03 H3 셀에 *=LEFT(E3,6)* 수식을 입력해 주민번호 앞 여섯 자리를 추출한다.

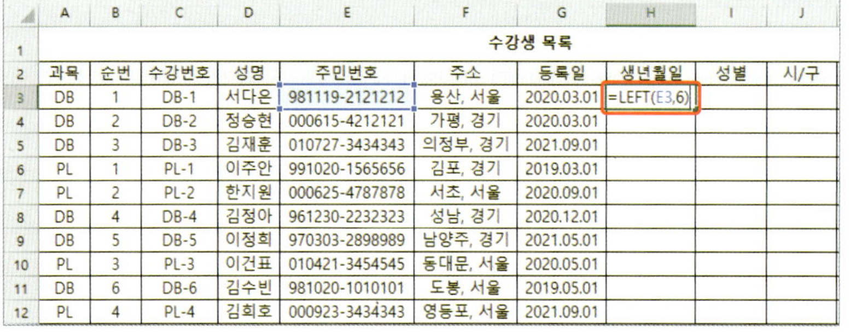

04 H3 셀의 채우기 핸들을 더블클릭하면 모든 수강생의 생년월일이 표시된다.

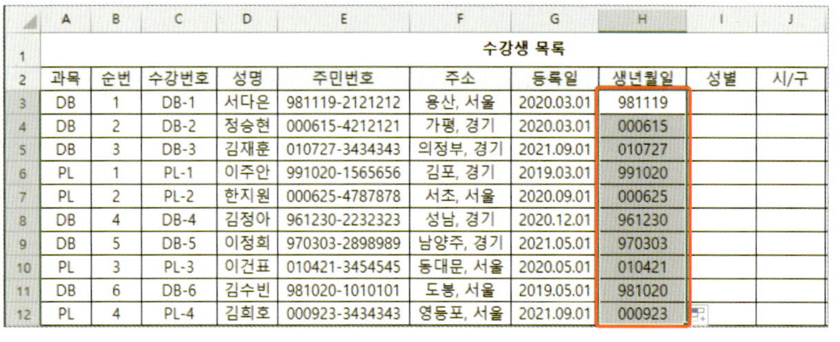

05 I3 셀에 *=MID(E3,8,1)* 수식을 입력하면 주민번호에서 성별 정보를 추출할 수 있다.

	A	B	C	D	E	F	G	H	I	J
1	수강생 목록									
2	과목	순번	수강번호	성명	주민번호	주소	등록일	생년월일	성별	시/구
3	DB	1	DB-1	서다온	981119-2121212	용산, 서울	2020.03.01		=MID(E3,8,1)	
4	DB	2	DB-2	정승현	000615-4212121	가평, 경기	2020.03.01	000615		
5	DB	3	DB-3	김재훈	010727-3434343	의정부, 경기	2021.09.01	010727		
6	PL	1	PL-1	이주안	991020-1565656	김포, 경기	2019.03.01	991020		
7	PL	2	PL-2	한지원	000625-4787878	서초, 서울	2020.09.01	000625		
8	DB	4	DB-4	김정아	961230-2232323	성남, 경기	2020.12.01	961230		
9	DB	5	DB-5	이정희	970303-2898989	남양주, 경기	2021.05.01	970303		
10	PL	3	PL-3	이건표	010421-3454545	동대문, 서울	2020.05.01	010421		
11	DB	6	DB-6	김수빈	981020-1010101	도봉, 서울	2019.05.01	981020		
12	PL	4	PL-4	김희호	000923-3434343	영등포, 서울	2021.09.01	000923		

06 I3 셀의 채우기 핸들을 더블클릭하면 모든 수강생의 성별이 1~4의 숫자로 표시된다.

	A	B	C	D	E	F	G	H	I	J
1	수강생 목록									
2	과목	순번	수강번호	성명	주민번호	주소	등록일	생년월일	성별	시/구
3	DB	1	DB-1	서다온	981119-2121212	용산, 서울	2020.03.01	981119	2	
4	DB	2	DB-2	정승현	000615-4212121	가평, 경기	2020.03.01	000615	4	
5	DB	3	DB-3	김재훈	010727-3434343	의정부, 경기	2021.09.01	010727	3	
6	PL	1	PL-1	이주안	991020-1565656	김포, 경기	2019.03.01	991020	1	
7	PL	2	PL-2	한지원	000625-4787878	서초, 서울	2020.09.01	000625	4	
8	DB	4	DB-4	김정아	961230-2232323	성남, 경기	2020.12.01	961230	2	
9	DB	5	DB-5	이정희	970303-2898989	남양주, 경기	2021.05.01	970303	2	
10	PL	3	PL-3	이건표	010421-3454545	동대문, 서울	2020.05.01	010421	3	
11	DB	6	DB-6	김수빈	981020-1010101	도봉, 서울	2019.05.01	981020	1	
12	PL	4	PL-4	김희호	000923-3434343	영등포, 서울	2021.09.01	000923	3	

TIP 성별을 숫자로 표시하지 않고 '남' 또는 '여'와 같이 문자로 표시하려면 CHAPTER 06에서 다루는 IF 함수를 이용한다.

07 J3 셀에 *=LEFT(F3,FIND(",",F3)-1)* 수식을 입력해 주소에서 시/구 정보를 추출한다.

	B	C	D	E	F	G	H	I	J	K
1	수강생 목록									
2	순번	수강번호	성명	주민번호	주소	등록일	생년월일	성별	시/구	시작일
3	1	DB-1	서다온	981119-2121212	용산, 서울	2020.03.01	981119	=LEFT(F3,FIND(",",F3)-1)		
4	2	DB-2	정승현	000615-4212121	가평, 경기	2020.03.01	000615	4		
5	3	DB-3	김재훈	010727-3434343	의정부, 경기	2021.09.01	010727	3		
6	1	PL-1	이주안	991020-1565656	김포, 경기	2019.03.01	991020	1		
7	2	PL-2	한지원	000625-4787878	서초, 서울	2020.09.01	000625	4		
8	4	DB-4	김정아	961230-2232323	성남, 경기	2020.12.01	961230	2		
9	5	DB-5	이정희	970303-2898989	남양주, 경기	2021.05.01	970303	2		
10	3	PL-3	이건표	010421-3454545	동대문, 서울	2020.05.01	010421	3		
11	6	DB-6	김수빈	981020-1010101	도봉, 서울	2019.05.01	981020	1		
12	4	PL-4	김희호	000923-3434343	영등포, 서울	2021.09.01	000923	3		

TIP FIND 함수를 이용해 주소 문자열 중 쉼표(,)의 위치를 먼저 찾은 후, LEFT 함수로 쉼표 바로 앞자리(-1)까지 추출하는 수식이다. 함수 안에 또 다른 함수가 중첩된 형태로, 이러한 중첩된 구조에서는 안쪽에 있는 함수가 먼저 실행된다.

08 J3 셀의 채우기 핸들을 더블클릭하여 모든 수강생의 지역 정보를 표시한다.

수강생 목록									
순번	수강번호	성명	주민번호	주소	등록일	생년월일	성별	시/구	시작일
1	DB-1	서다은	981119-2121212	용산, 서울	2020.03.01	981119	2	용산	
2	DB-2	정승현	000615-4212121	가평, 경기	2020.03.01	000615	4	가평	
3	DB-3	김재훈	010727-3434343	의정부, 경기	2021.09.01	010727	3	의정부	
1	PL-1	이주안	991020-1565656	김포, 경기	2019.03.01	991020	1	김포	
2	PL-2	한지원	000625-4787878	서초, 서울	2020.09.01	000625	4	서초	
4	DB-4	김정아	961230-2232323	성남, 경기	2020.12.01	961230	2	성남	
5	DB-5	이정희	970303-2898989	남양주, 경기	2021.05.01	970303	2	남양주	
3	PL-3	이건표	010421-3454545	동대문, 서울	2020.05.01	010421	3	동대문	
6	DB-6	김수빈	981020-1010101	도봉, 서울	2019.05.01	981020	1	도봉	
4	PL-4	김희호	000923-3434343	영등포, 서울	2021.09.01	000923	3	영등포	

기본예제 5-7 주민번호 뒷자리를 기호로 바꾸기

주민번호와 같은 주요 개인 정보는 일부를 가린 상태로 시트에 표시해야 하는 경우가 있다. 텍스트 함수를 이용하여 주민번호 필드의 일부 문자를 '*' 기호로 바꾸고 열 숨기기를 활용해 필요한 부분만 볼 수 있게 해 보자.

01 F 열의 임의의 셀을 선택한 상태에서 [홈] 탭-[셀] 그룹-[삽입] 목록의 [시트 열 삽입]을 선택한다.

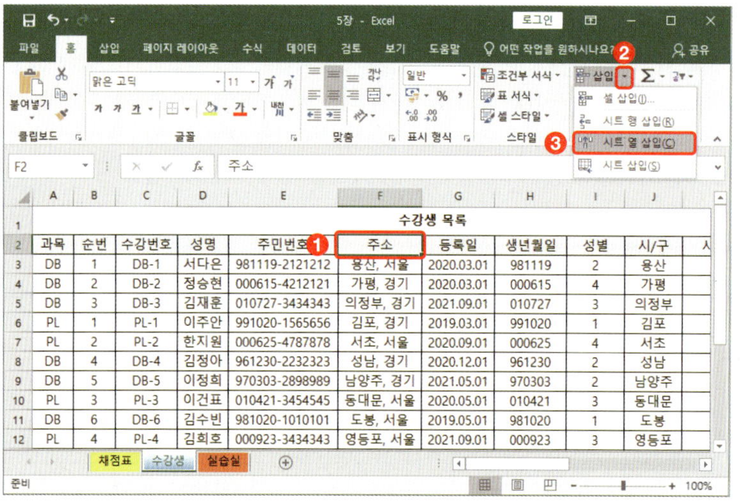

02 F2 셀에 *주민등록번호*라고 필드 이름을 입력하고 F3 셀에 *=REPLACE(E3,9,6,"******")* 수식을 입력한다.

수강생 목록								
과목	순번	수강번호	성명	주민번호	주민등록번호	주소	등록일	생년월일
DB	1	DB-1	서다은	981	=REPLACE(E3,9,6,"******")		2020.03.01	981119
DB	2	DB-2	정승현	000615-4212121		가평, 경기	2020.03.01	000615
DB	3	DB-3	김재훈	010727-3434343		의정부, 경기	2021.09.01	010727
PL	1	PL-1	이주안	991020-1565656		김포, 경기	2019.03.01	991020
PL	2	PL-2	한지원	000625-4787878		서초, 서울	2020.09.01	000625
DB	4	DB-4	김정아	961230-2232323		성남, 경기	2020.12.01	961230
DB	5	DB-5	이정희	970303-2898989		남양주, 경기	2021.05.01	970303
PL	3	PL-3	이건표	010421-3454545		동대문, 서울	2020.05.01	010421
DB	6	DB-6	김수빈	981020-1010101		도봉, 서울	2019.05.01	981020
PL	4	PL-4	김희호	000923-3434343		영등포, 서울	2021.09.01	000923

03 F3 셀의 채우기 핸들을 더블클릭하여 주민등록번호를 모두 표시한다.

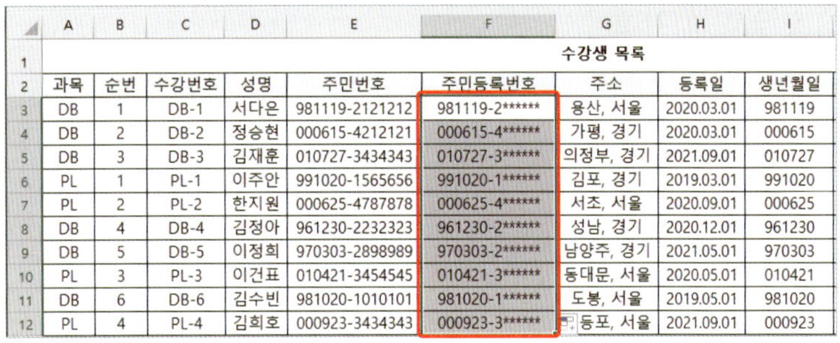

04 열 머리글 영역에서 E 열을 눌러 열 전체를 선택하고 [홈] 탭–[셀] 그룹–[서식] 목록에서 [표시 유형]의 [숨기기 및 숨기기 취소]–[열 숨기기]를 선택한다.

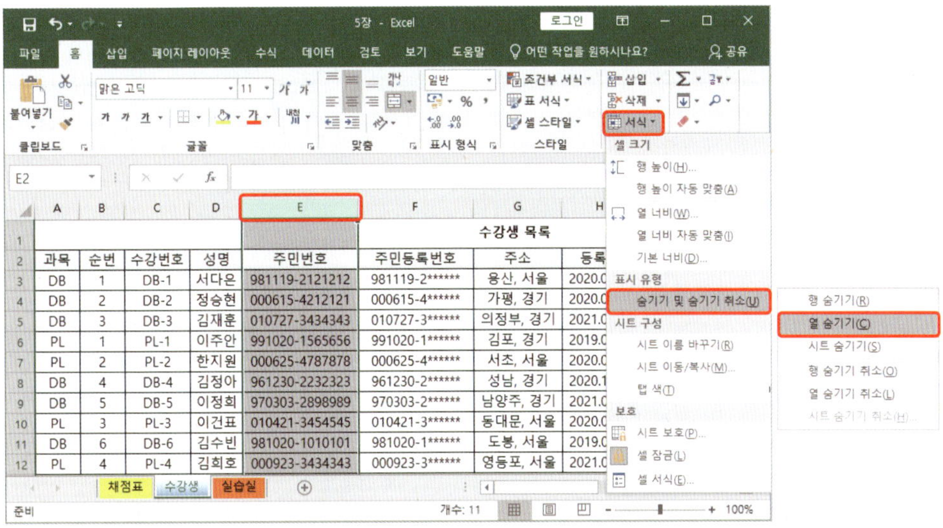

05 뒷자리가 '*' 기호로 바뀐 주민등록번호만 표시된다.

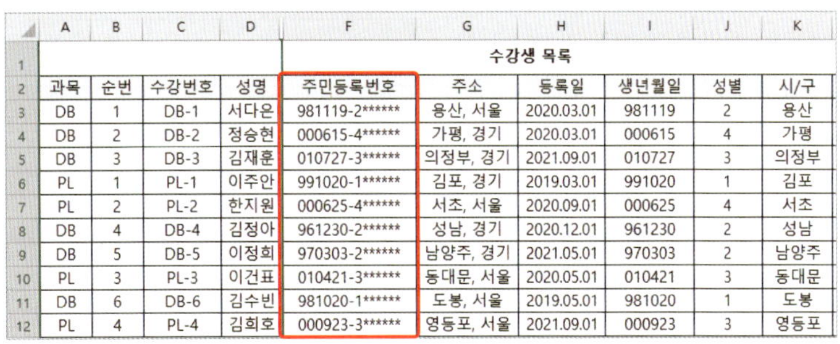

TIP 숨겨진 데이터를 다시 표시하려면 [홈] 탭–[셀] 그룹–[서식] 목록에서 [표시 유형]의 [숨기기 및 숨기기 취소]–[열 숨기기 취소]를 선택한다.

3.2 날짜/시간 함수

엑셀의 날짜 데이터는 정수형으로 저장되고 계산된다. 날짜의 경우 1900년 1월 1일을 기준으로 하루가 지날 때마다 1씩 증가하는 일련번호의 개념이다. 따라서 1900년 1월 2일은 2, 2022년 1월 1일은 44562란 값으로 저장되며 숫자처럼 계산에 사용할 수 있다. 셀에 숫자 1을 입력하고 표시 형식을 '일반'이나 '숫자' 대신 '날짜'로 설정하면 1900년 1월 1일로 표시된다.

날짜 형식		일반/숫자 형식
1900-01-01	⇔	1
1900-01-02	⇔	2
2022-01-01	⇔	44562
2022-01-02	⇔	44563

기본예제 5-8 현재 날짜 표시하기

현재 날짜를 셀에 표시하거나 날짜 데이터에서 연도나 월, 일을 구할 때 필요한 함수의 사용법을 알아보자.

함수명과 인수	기능
TODAY( )	현재 날짜의 일련 번호를 계산해서 날짜 서식으로 표시한다.
NOW( )	현재 날짜와 시간의 일련 번호를 계산해서 날짜 및 시간 형식으로 표시한다.
YEAR(serial_number)	특정 날짜의 연도를 1900~9999 사이의 수로 구한다.
MONTH(serial_number)	특정 날짜의 월을 1~12 사이의 수로 구한다.
DAY(serial_number)	특정 날짜의 일을 1~31 사이의 수로 구한다.

01 '수강생' 시트에서 O3 셀을 선택하고 *=TODAY()* 수식을 입력하면 오늘 날짜가 표시된다.

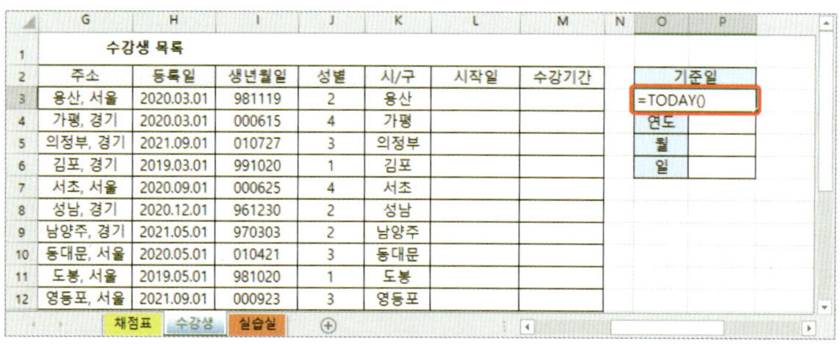

TIP TODAY 함수 대신 *=NOW()* 수식을 사용해도 된다. NOW 함수는 현재 날짜와 시간을 함께 표시한다. TODAY 함수나 NOW 함수로 구한 날짜는 통합 문서를 다시 열거나 시트를 다시 계산할 때 업데이트되는 동적인 값이다. 반면, 단축키 Ctrl+;로 입력한 현재 날짜는 고정 값으로 바뀌지 않는다.

02 P4 셀에 *=YEAR(TODAY())* 수식을 입력하면 현재 날짜에서 연도만 가져와 표시할 수 있다.

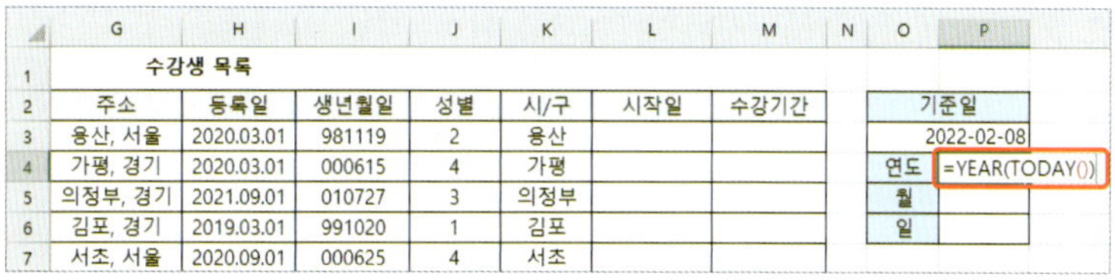

03 현재 날짜에서 월만 표시하기 위해 P5 셀에 *=MONTH(TODAY())* 수식을 입력한다.

04 현재 날짜에서 일만 표시하기 위해 P6 셀에 *=DAY(TODAY())* 수식을 입력한다.

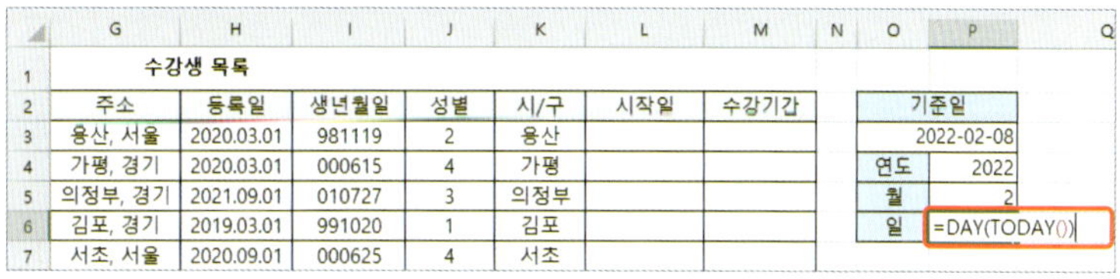

기본예제 5-9 텍스트를 날짜 형식으로 바꾸기

두 날짜 사이의 경과 기간을 구하려면 날짜를 입력할 때 텍스트가 아닌 날짜 형식을 사용해야 한다. '수강생' 시트의 '등록일' 필드에 입력된 날짜는 텍스트 형식이라 '수강기간'을 계산할 때 바로 사용할 수 없다. DATE 함수를 사용해 등록일을 날짜 형식으로 변환해 보자.

함수명과 인수	기능
DATE(year, month, day)	세 가지 인수의 숫자를 결합하여 날짜를 생성한다.

01 '수강생' 시트에서 L3 셀을 선택하고 [수식] 탭–[함수 라이브러리] 그룹–[날짜 및 시간] 목록에서 [DATE]를 선택한다.

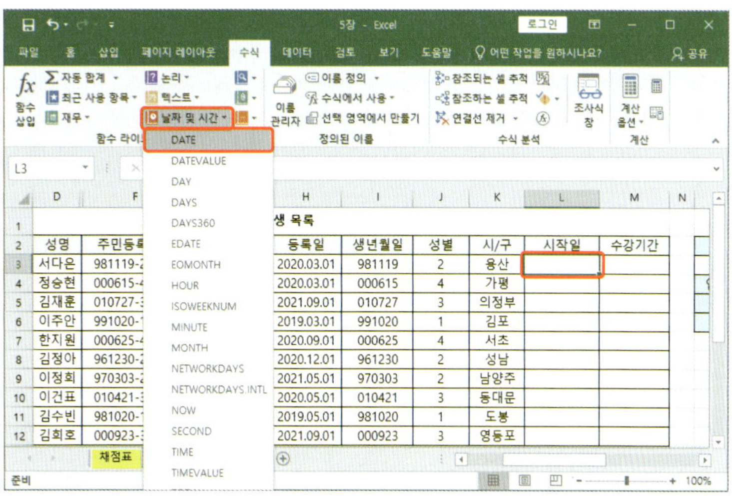

02 [함수 인수] 대화상자의 [Year] 입력란에 *LEFT(H3,4)*를 입력한다.

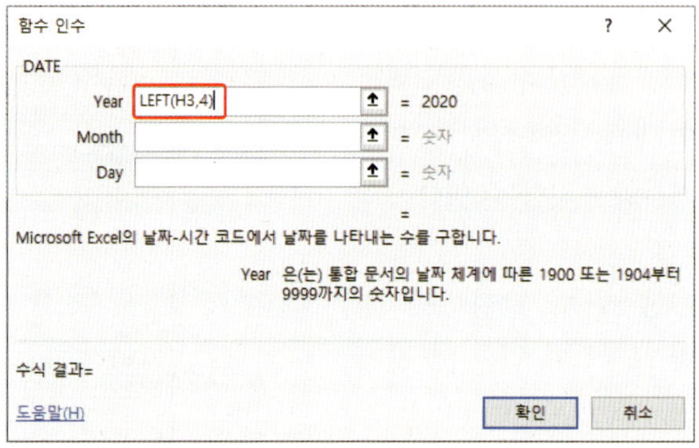

TIP '등록' 텍스트의 왼쪽 네 자리를 추출해 연도로 사용한다.

03 [Month] 입력란에 *MID(H3,6,2)*를 입력한다.

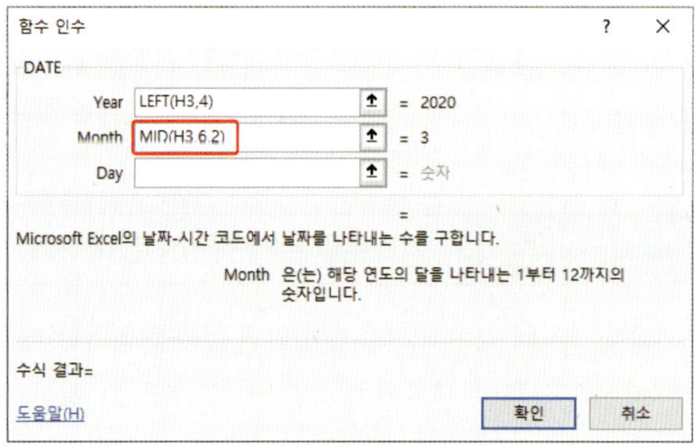

04 [Day] 입력란에 *RIGHT(H3,2)*를 입력하고 [확인]을 누른다.

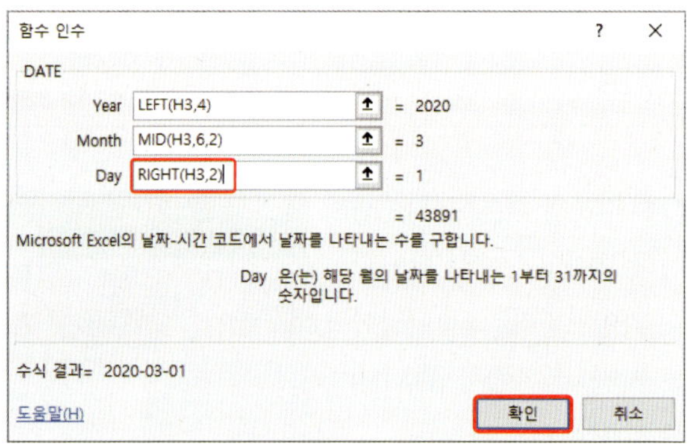

05 L3 셀의 채우기 핸들을 더블클릭해 수식을 복사하면 등록한 날짜를 모두 날짜 데이터로 바꿀 수 있다.

	D	F	G	H	I	J	K	L	M
1	수강생 목록								
2	성명	주민등록번호	주소	등록일	생년월일	성별	시/구	시작일	수강기간
3	서다은	981119-2******	용산, 서울	2020.03.01	981119	2	용산	2020-03-01	
4	정승현	000615-4******	가평, 경기	2020.03.01	000615	4	가평	2020-03-01	
5	김재훈	010727-3******	의정부, 경기	2021.09.01	010727	3	의정부	2021-09-01	
6	이주안	991020-1******	김포, 경기	2019.03.01	991020	1	김포	2019-03-01	
7	한지원	000625-4******	서초, 서울	2020.09.01	000625	4	서초	2020-09-01	
8	김정아	961230-2******	성남, 경기	2020.12.01	961230	2	성남	2020-12-01	
9	이정희	970303-2******	남양주, 경기	2021.05.01	970303	2	남양주	2021-05-01	
10	이건표	010421-3******	동대문, 서울	2020.05.01	010421	3	동대문	2020-05-01	
11	김수빈	981020-1******	도봉, 서울	2019.05.01	981020	1	도봉	2019-05-01	
12	김희호	000923-3******	영등포, 서울	2021.09.01	000923	3	영등포	2021-09-01	

기본예제 5-10 경과 기간 구하기

등록일을 날짜 형식으로 바꾼 '시작일'을 이용해 수강기간을 계산해 보자. 두 날짜 사이의 경과 기간은 DATEDIF 함수를 이용하면 된다. DATEDIF 함수는 이전 통합 문서와의 호환성을 지원하기 위해 제공되는 함수로, 함수 라이브러리 목록에는 표시되지 않는다.

함수명과 인수	기능
DATEDIF(start_date, end_date, unit)	두 날짜 사이의 경과 기간을 계산하는 함수이며 인수 unit은 계산 결과를 표시하는 형식이다.

TIP 인수 unit에 사용하는 형식은 다음과 같으며 이때 대소문자는 구분하지 않는다.

인수 형식	표시 결과
"y"	경과 연 수를 표시한다.
"m"	경과 개월 수를 표시한다.
"d"	경과 일 수를 표시한다.
"ym"	경과 연을 뺀 나머지 개월 수를 표시한다.
"yd"	경과 연을 뺀 나머지 일 수를 표시한다.
"md"	경과 개월을 뺀 나머지 일 수를 표시한다.

01 '수강생' 시트의 M3 셀에 *=DATEDIF(L3,TODAY(),"m")&"개월"* 수식을 입력한다.

M3 | =DATEDIF(L3,TODAY(),"m")&"개월"

	D	F	G	H	I	J	K	L	M
1	수강생 목록								
2	성명	주민등록번호	주소	등록일	생년월일	성별	시/구	시작일	수강기간
3	서다은	981119-2******	용산, 서울	2020.03.01	981119	2	용산	2020-03-01	23개월
4	정승현	000615-4******	가평, 경기	2020.03.01	000615	4	가평	2020-03-01	
5	김재훈	010727-3******	의정부, 경기	2021.09.01	010727	3	의정부	2021-09-01	
6	이주안	991020-1******	김포, 경기	2019.03.01	991020	1	김포	2019-03-01	
7	한지원	000625-4******	서초, 서울	2020.09.01	000625	4	서초	2020-09-01	
8	김정아	961230-2******	성남, 경기	2020.12.01	961230	2	성남	2020-12-01	
9	이정희	970303-2******	남양주, 경기	2021.05.01	970303	2	남양주	2021-05-01	
10	이건표	010421-3******	동대문, 서울	2020.05.01	010421	3	동대문	2020-05-01	
11	김수빈	981020-1******	도봉, 서울	2019.05.01	981020	1	도봉	2019-05-01	
12	김희호	000923-3******	영등포, 서울	2021.09.01	000923	3	영등포	2021-09-01	

TIP 현재 날짜를 기준으로 경과 기간을 계산한다. 계산한 결과에 "개월"을 붙여 단위를 이해하기 쉽게 표시한다.

02 M3 셀의 채우기 핸들을 더블클릭하여 모든 수강생의 수강기간을 계산한다.

	D	F	G	H	I	J	K	L	M
1	수강생 목록								
2	성명	주민등록번호	주소	등록일	생년월일	성별	시/구	시작일	수강기간
3	서다온	981119-2******	용산, 서울	2020.03.01	981119	2	용산	2020-03-01	23개월
4	정승현	000615-4******	가평, 경기	2020.03.01	000615	4	가평	2020-03-01	23개월
5	김재훈	010727-3******	의정부, 경기	2021.09.01	010727	3	의정부	2021-09-01	5개월
6	이주안	991020-1******	김포, 경기	2019.03.01	991020	1	김포	2019-03-01	35개월
7	한지원	000625-4******	서초, 서울	2020.09.01	000625	4	서초	2020-09-01	17개월
8	김정아	961230-2******	성남, 경기	2020.12.01	961230	2	성남	2020-12-01	14개월
9	이정희	970303-2******	남양주, 경기	2021.05.01	970303	2	남양주	2021-05-01	9개월
10	이건표	010421-3******	동대문, 서울	2020.05.01	010421	3	동대문	2020-05-01	21개월
11	김수빈	981020-1******	도봉, 서울	2019.05.01	981020	1	도봉	2019-05-01	33개월
12	김희호	000923-3******	영등포, 서울	2021.09.01	000923	3	영등포	2021-09-01	5개월

03 수강기간을 ~년 ~개월로 표시하도록 바꿔보자. M3 셀의 수식을 *=DATEDIF(L3,TODAY(),"y")&"년"&DATEDIF(L3,TODAY(),"ym")&"개월"*로 수정한다.

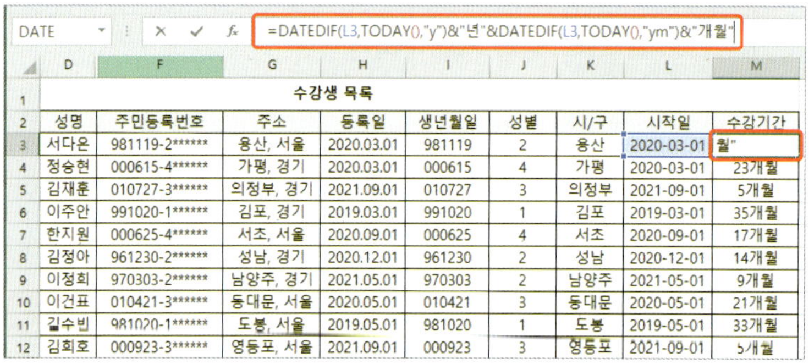

DATE | =DATEDIF(L3,TODAY(),"y")&"년"&DATEDIF(L3,TODAY(),"ym")&"개월"

	D	F	G	H	I	J	K	L	M
1	수강생 목록								
2	성명	주민등록번호	주소	등록일	생년월일	성별	시/구	시작일	수강기간
3	서다온	981119-2******	용산, 서울	2020.03.01	981119	2	용산	2020-03-01	월"
4	정승현	000615-4******	가평, 경기	2020.03.01	000615	4	가평	2020-03-01	23개월
5	김재훈	010727-3******	의정부, 경기	2021.09.01	010727	3	의정부	2021-09-01	5개월
6	이주안	991020-1******	김포, 경기	2019.03.01	991020	1	김포	2019-03-01	35개월
7	한지원	000625-4******	서초, 서울	2020.09.01	000625	4	서초	2020-09-01	17개월
8	김정아	961230-2******	성남, 경기	2020.12.01	961230	2	성남	2020-12-01	14개월
9	이정희	970303-2******	남양주, 경기	2021.05.01	970303	2	남양주	2021-05-01	9개월
10	이건표	010421-3******	동대문, 서울	2020.05.01	010421	3	동대문	2020-05-01	21개월
11	김수빈	981020-1******	도봉, 서울	2019.05.01	981020	1	도봉	2019-05-01	33개월
12	김희호	000923-3******	영등포, 서울	2021.09.01	000923	3	영등포	2021-09-01	5개월

04 M3 셀의 채우기 핸들을 더블클릭하여 수식을 복사한다.

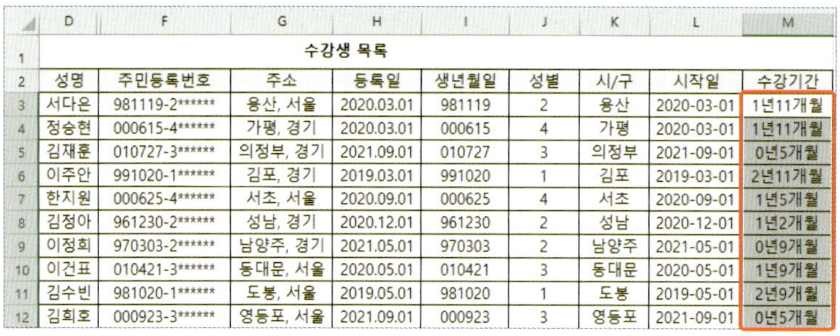

	D	F	G	H	I	J	K	L	M
1	수강생 목록								
2	성명	주민등록번호	주소	등록일	생년월일	성별	시/구	시작일	수강기간
3	서다온	981119-2******	용산, 서울	2020.03.01	981119	2	용산	2020-03-01	1년11개월
4	정승현	000615-4******	가평, 경기	2020.03.01	000615	4	가평	2020-03-01	1년11개월
5	김재훈	010727-3******	의정부, 경기	2021.09.01	010727	3	의정부	2021-09-01	0년5개월
6	이주안	991020-1******	김포, 경기	2019.03.01	991020	1	김포	2019-03-01	2년11개월
7	한지원	000625-4******	서초, 서울	2020.09.01	000625	4	서초	2020-09-01	1년5개월
8	김정아	961230-2******	성남, 경기	2020.12.01	961230	2	성남	2020-12-01	1년2개월
9	이정희	970303-2******	남양주, 경기	2021.05.01	970303	2	남양주	2021-05-01	0년9개월
10	이건표	010421-3******	동대문, 서울	2020.05.01	010421	3	동대문	2020-05-01	1년9개월
11	김수빈	981020-1******	도봉, 서울	2019.05.01	981020	1	도봉	2019-05-01	2년9개월
12	김희호	000923-3******	영등포, 서울	2021.09.01	000923	3	영등포	2021-09-01	0년5개월

기본예제 5-11 시간 함수 사용하기

엑셀의 시간 데이터도 숫자로 저장되므로 경과 시간을 계산할 수 있고, 시간 데이터에서 시, 분, 초만 추출할 수도 있다. 시간 데이터에 사용되는 함수를 활용해 보자.

함수명과 인수	기능
HOUR(serial_number)	시간을 0~23 사이의 수로 구한다.
MINUTE(serial_number)	분을 0~59 사이의 수로 구한다.
SECOND(serial_number)	초를 0~59 사이의 수로 구한다.

01 '실습실' 시트의 D3:D12 범위를 선택하고 *=C3−B3* 수식을 입력한 후 Ctrl+Enter를 눌러 사용 시간을 모두 구한다.

	A	B	C	D	E	F	G
1	실습실 이용 현황						
2	번호	입실	퇴실	사용 시간	시간	분	초
3	DB-1	2-8 11:22:10 AM	2-8 2:27:05 PM	=C3-B3			
4	DB-2	2-8 11:30:55 AM	2-8 4:33:41 PM				
5	DB-3	2-8 11:12:50 AM	2-8 3:15:13 PM				
6	PL-1	2-8 10:45:15 AM	2-8 1:10:05 PM				
7	PL-2	2-8 10:37:53 AM	2-8 2:30:05 PM				
8	DB-4	2-8 11:35:42 AM	2-8 3:41:24 PM				
9	DB-5	2-8 11:27:09 AM	2-8 2:30:11 PM				
10	PL-3	2-8 10:29:50 AM	2-8 5:01:15 PM				
11	DB-6	2-8 11:33:40 AM	2-8 3:02:43 PM				
12	PL-4	2-8 10:39:38 AM	2-8 3:15:32 PM				

→

사용 시간
3:04:55
5:02:46
4:02:23
2:24:50
3:52:12
4:05:42
3:03:02
6:31:25
3:29:03
4:35:54

02 사용 시간 데이터 중에서 시간을 모두 구하기 위해 E3:E12 범위를 선택하고 *=HOUR(D3)* 수식을 입력한 후 Ctrl+Enter를 누른다.

	A	B	C	D	E	F	G
1	실습실 이용 현황						
2	번호	입실	퇴실	사용 시간	시간	분	초
3	DB-1	2-8 11:22:10 AM	2-8 2:27:05 PM	3:0	=HOUR(D3)		
4	DB-2	2-8 11:30:55 AM	2-8 4:33:41 PM	5:02:46			
5	DB-3	2-8 11:12:50 AM	2-8 3:15:13 PM	4:02:23			
6	PL-1	2-8 10:45:15 AM	2-8 1:10:05 PM	2:24:50			
7	PL-2	2-8 10:37:53 AM	2-8 2:30:05 PM	3:52:12			
8	DB-4	2-8 11:35:42 AM	2-8 3:41:24 PM	4:05:42			
9	DB-5	2-8 11:27:09 AM	2-8 2:30:11 PM	3:03:02			
10	PL-3	2-8 10:29:50 AM	2-8 5:01:15 PM	6:31:25			
11	DB-6	2-8 11:33:40 AM	2-8 3:02:43 PM	3:29:03			
12	PL-4	2-8 10:39:38 AM	2-8 3:15:32 PM	4:35:54			

→

시간
3
5
4
2
3
4
3
6
3
4

03 사용 시간 데이터의 분을 모두 구하기 위해 F3:F12 범위를 선택하고 *=MINUTE(D3)* 수식을 입력한 후 Ctrl+Enter를 누른다.

	A	B	C	D	E	F	G
1	실습실 이용 현황						
2	번호	입실	퇴실	사용 시간	시간	분	초
3	DB-1	2-8 11:22:10 AM	2-8 2:27:05 PM	3:04:55	=MINUTE(D3)		
4	DB-2	2-8 11:30:55 AM	2-8 4:33:41 PM	5:02:46	5		
5	DB-3	2-8 11:12:50 AM	2-8 3:15:13 PM	4:02:23	4		
6	PL-1	2-8 10:45:15 AM	2-8 1:10:05 PM	2:24:50	2		
7	PL-2	2-8 10:37:53 AM	2-8 2:30:05 PM	3:52:12	3		
8	DB-4	2-8 11:35:42 AM	2-8 3:41:24 PM	4:05:42	4		
9	DB-5	2-8 11:27:09 AM	2-8 2:30:11 PM	3:03:02	3		
10	PL-3	2-8 10:29:50 AM	2-8 5:01:15 PM	6:31:25	6		
11	DB-6	2-8 11:33:40 AM	2-8 3:02:43 PM	3:29:03	3		
12	PL-4	2-8 10:39:38 AM	2-8 3:15:32 PM	4:35:54	4		

→

분
4
2
2
24
52
5
3
31
29
35

04 사용 시간 데이터의 초를 모두 구하기 위해 G3:G12 범위를 선택하고 *=SECOND(D3)* 수식을 입력한 후 Ctrl + Enter 를 누른다.

	A	B	C	D	E	F	G
1	실습실 이용 현황						
2	번호	입실	퇴실	사용 시간	시간	분	초
3	DB-1	2-8 11:22:10 AM	2-8 2:27:05 PM	3:04:55	3	=SECOND(D3)	
4	DB-2	2-8 11:30:55 AM	2-8 4:33:41 PM	5:02:46	5	2	
5	DB-3	2-8 11:12:50 AM	2-8 3:15:13 PM	4:02:23	4	2	
6	PL-1	2-8 10:45:15 AM	2-8 1:10:05 PM	2:24:50	2	24	
7	PL-2	2-8 10:37:53 AM	2-8 2:30:05 PM	3:52:12	3	52	
8	DB-4	2-8 11:35:42 AM	2-8 3:41:24 PM	4:05:42	4	5	
9	DB-5	2-8 11:27:09 AM	2-8 2:30:11 PM	3:03:02	3	3	
10	PL-3	2-8 10:29:50 AM	2-8 5:01:15 PM	6:31:25	6	31	
11	DB-6	2-8 11:33:40 AM	2-8 3:02:43 PM	3:29:03	3	29	
12	PL-4	2-8 10:39:38 AM	2-8 3:15:32 PM	4:35:54	4	35	

→

초
55
46
23
50
12
42
2
25
3
54

종합예제

수학, 통계, 텍스트, 날짜 및 시간 등의 범주에 따라 다양한 기능의 함수를 활용하여 사내 교육 참가자 현황 분석자료를 만들어 보자.

1 '5장–종합.xlsx' 파일을 열고 '1분기' 시트를 선택한다.

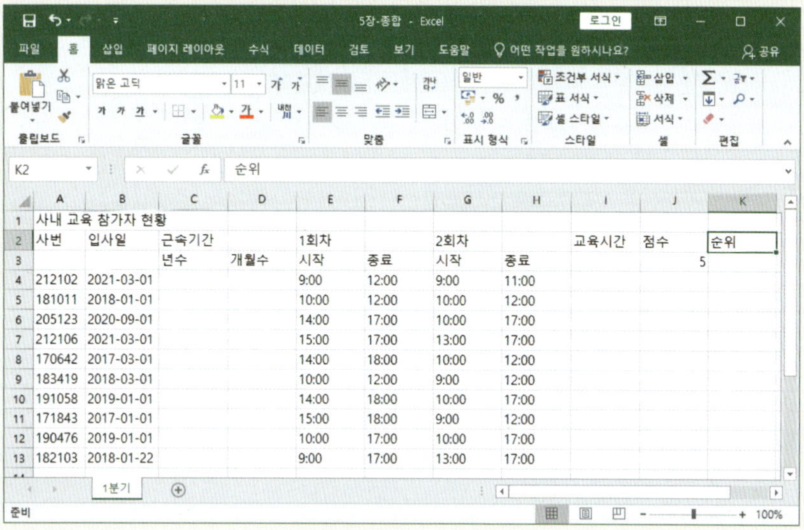

2 A1:K1 범위를 [병합하고 가운데 맞춤]으로 바꾸고 글꼴은 [굵게], [행 높이]는 '21(28픽셀)'로 설정한다.

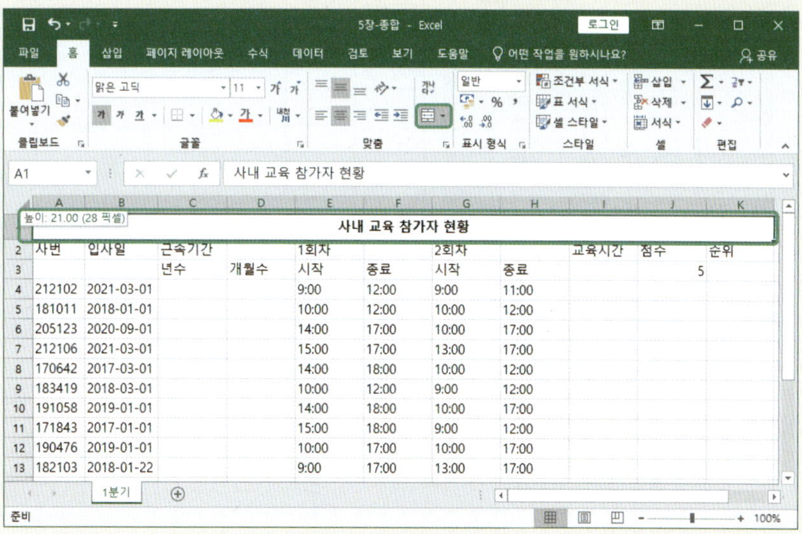

종합예제

3 그림과 같이 셀을 병합하고 셀 테두리를 그린다. 필드 제목인 A2:K3 범위는 채우기 색을 [황금색, 강조 4, 80% 더 밝게]로 하고, 전체 범위를 [가운데 맞춤]으로 설정한다.

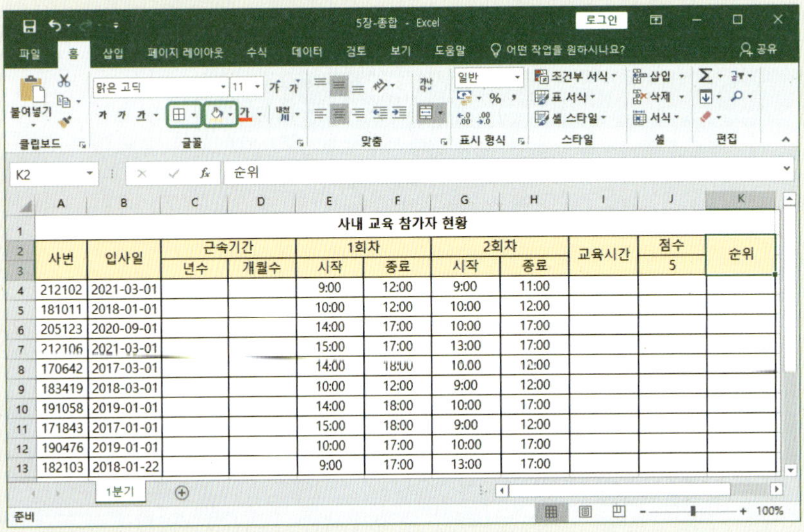

사번	입사일	근속기간		1회차		2회차		교육시간	점수	순위
		년수	개월수	시작	종료	시작	종료		5	
212102	2021-03-01			9:00	12:00	9:00	11:00			
181011	2018-01-01			10:00	12:00	10:00	12:00			
205123	2020-09-01			14:00	17:00	10:00	17:00			
212106	2021-03-01			15:00	17:00	13:00	17:00			
170642	2017-03-01			14:00	18:00	10:00	12:00			
183419	2018-03-01			10:00	12:00	9:00	12:00			
191058	2019-01-01			14:00	18:00	10:00	17:00			
171843	2017-01-01			15:00	18:00	9:00	12:00			
190476	2019-01-01			10:00	17:00	10:00	17:00			
182103	2018-01-22			9:00	17:00	13:00	17:00			

4 근속기간의 년수를 구하기 위해 C4 셀에 *=DATEDIF(B4,TODAY(),"y")&"년"* 수식을 입력하고 채우기 핸들을 더블클릭해 모든 값을 표시한다.

사번	입사일	근속기간		1회차		2회차		교육시간	점수	순위
		년수	개월수	시작	종료	시작	종료		5	
212102		=DATEDIF(B4,TODAY(),"y")&"년"		9:00	12:00	9:00	11:00			
181011	2018-01-01	4년		10:00	12:00	10:00	12:00			
205123	2020-09-01	1년		14:00	17:00	10:00	17:00			
212106	2021-03-01	0년		15:00	17:00	13:00	17:00			
170642	2017-03-01	4년		14:00	18:00	10:00	12:00			
183419	2018-03-01	3년		10:00	12:00	9:00	12:00			
191058	2019-01-01	3년		14:00	18:00	10:00	17:00			
171843	2017-01-01	5년		15:00	18:00	9:00	12:00			
190476	2019-01-01	3년		10:00	17:00	10:00	17:00			
182103	2018-01-22	4년		9:00	17:00	13:00	17:00			

5 근속기간의 개월 수를 구하기 위해 D4 셀에 *=DATEDIF(B4,TODAY(),"ym")&"개월"* 수식을 입력하고 채우기 핸들을 더블클릭해 모든 값을 표시한다.

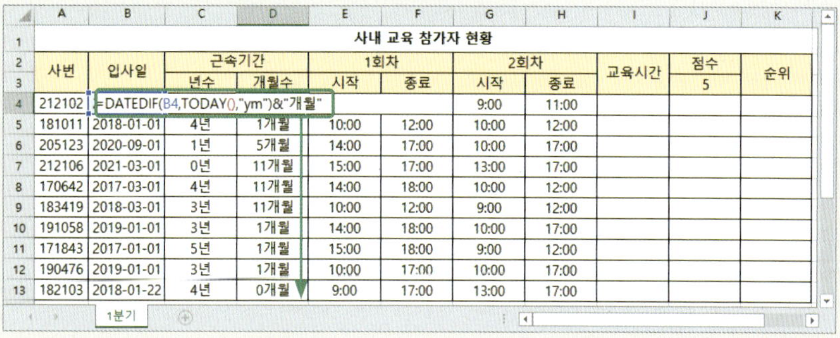

사내 교육 참가자 현황

사번	입사일	근속기간 년수	근속기간 개월수	1회차 시작	1회차 종료	2회차 시작	2회차 종료	교육시간	점수 5	순위
212102	=DATEDIF(B4,TODAY(),"ym")&"개월"					9:00	11:00			
181011	2018-01-01	4년	1개월	10:00	12:00	10:00	12:00			
205123	2020-09-01	1년	5개월	14:00	17:00	10:00	17:00			
212106	2021-03-01	0년	11개월	15:00	17:00	13:00	17:00			
170642	2017-03-01	4년	11개월	14:00	18:00	10:00	12:00			
183419	2018-03-01	3년	11개월	10:00	12:00	9:00	12:00			
191058	2019-01-01	3년	1개월	14:00	18:00	10:00	17:00			
171843	2017-01-01	5년	1개월	15:00	18:00	9:00	12:00			
190476	2019-01-01	3년	1개월	10:00	17:00	10:00	17:00			
182103	2018-01-22	4년	0개월	9:00	17:00	13:00	17:00			

6 교육시간을 구하기 위해 I4 셀에 *=HOUR(F4−E4)+HOUR(H4−G4)* 수식을 입력하고 [홈] 탭–[표시 형식] 그룹에서 표시 형식을 [일반]으로 설정한 후 채우기 핸들을 더블클릭한다.

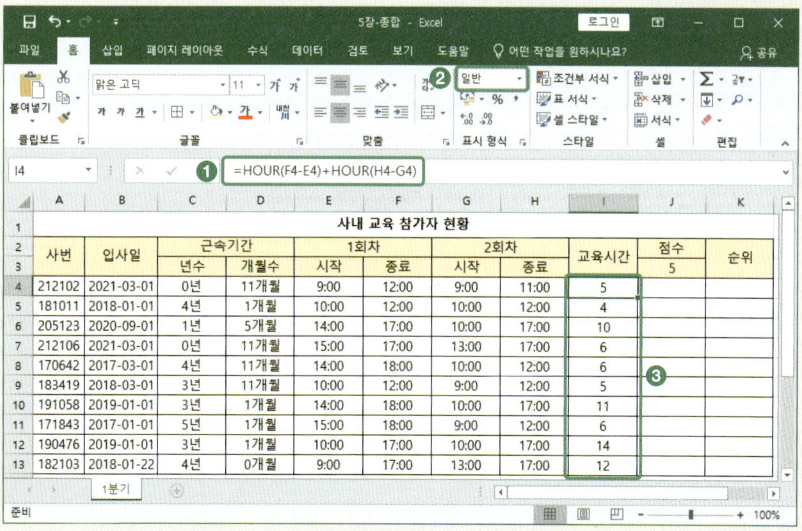

사내 교육 참가자 현황

사번	입사일	근속기간 년수	근속기간 개월수	1회차 시작	1회차 종료	2회차 시작	2회차 종료	교육시간	점수 5	순위
212102	2021-03-01	0년	11개월	9:00	12:00	9:00	11:00	5		
181011	2018-01-01	4년	1개월	10:00	12:00	10:00	12:00	4		
205123	2020-09-01	1년	5개월	14:00	17:00	10:00	17:00	10		
212106	2021-03-01	0년	11개월	15:00	17:00	13:00	17:00	6		
170642	2017-03-01	4년	11개월	14:00	18:00	10:00	12:00	6		
183419	2018-03-01	3년	11개월	10:00	12:00	9:00	12:00	5		
191058	2019-01-01	3년	1개월	14:00	18:00	10:00	17:00	11		
171843	2017-01-01	5년	1개월	15:00	18:00	9:00	12:00	6		
190476	2019-01-01	3년	1개월	10:00	17:00	10:00	17:00	14		
182103	2018-01-22	4년	0개월	9:00	17:00	13:00	17:00	12		

TIP 표시 형식을 변경하지 않으면 수식에 참조된 셀과 동일하게 시간 형식으로 표시되어 올바른 계산 결과를 확인할 수 없다.

종합예제

7 교육점수는 교육시간당 5점으로 계산한다. J4 셀에 *=PRODUCT(I4,$J$3)* 수식을 입력하고 채우기 핸들을 더블클릭한다.

	A	B	C	D	E	F	G	H	I	J	K
1	사내 교육 참가자 현황										
2	사번	입사일	근속기간		1회차		2회차		교육시간	점수	순위
3			년수	개월수	시작	종료	시작	종료		5	
4	212102	2021-03-01	0년	11개월	9:00	12:00	9:00	11:00	=PRODUCT(I4,$J$3)		
5	181011	2018-01-01	4년	1개월	10:00	12:00	10:00	12:00	4	20	
6	205123	2020-09-01	1년	5개월	14:00	17:00	10:00	17:00	10	50	
7	212106	2021-03-01	0년	11개월	15:00	17:00	13:00	17:00	6	30	
8	170642	2017-03-01	4년	11개월	14:00	18:00	10:00	12:00	6	30	
9	183419	2018-03-01	3년	11개월	10:00	12:00	9:00	12:00	5	25	
10	191058	2019-01-01	3년	1개월	14:00	18:00	10:00	17:00	11	55	
11	171843	2017-01-01	5년	1개월	15:00	18:00	9:00	12:00	6	30	
12	190476	2019-01-01	3년	1개월	10:00	17:00	10:00	17:00	14	70	
13	182103	2018-01-22	4년	0개월	9:00	17:00	13:00	17:00	12	60	

1분기

TIP PRODUCT 함수는 인수의 곱을 구하는 함수이다. 기준 점수를 나타내는 J3 셀은 식을 복사할 때 바뀌지 않도록 F4를 사용하여 절대 참조 형식으로 입력한다.

8 순위는 점수를 기준으로 내림차순으로 구한다. K4 셀에 *=RANK.EQ(J4,$J$4:$J$13,0)* 수식을 입력하고 채우기 핸들을 더블클릭한다.

	B	C	D	E	F	G	H	I	J	K	L
1	사내 교육 참가자 현황										
2	입사일	근속기간		1회차		2회차		교육시간	점수	순위	
3		년수	개월수	시작	종료	시작	종료		5		
4	2021-03-01	0년	11개월	9:00	12:00	9:00	11:00	5	=RANK.EQ(J4,$J$4:$J$13,0)		
5	2018-01-01	4년	1개월	10:00	12:00	10:00	12:00	4	20	10	
6	2020-09-01	1년	5개월	14:00	17:00	10:00	17:00	10	50	4	
7	2021-03-01	0년	11개월	15:00	17:00	13:00	17:00	6	30	5	
8	2017-03-01	4년	11개월	14:00	18:00	10:00	12:00	6	30	5	
9	2018-03-01	3년	11개월	10:00	12:00	9:00	12:00	5	25	8	
10	2019-01-01	3년	1개월	14:00	18:00	10:00	17:00	11	55	3	
11	2017-01-01	5년	1개월	15:00	18:00	9:00	12:00	6	30	5	
12	2019-01-01	3년	1개월	10:00	17:00	10:00	17:00	14	70	1	
13	2018-01-22	4년	0개월	9:00	17:00	13:00	17:00	12	60	2	

1분기

9 J3 셀의 기준 점수와 I4:I13 범위의 교육시간, J4:J13 범위의 점수에는 다음과 같이 사용자 지정 표시 형식을 설정한다.

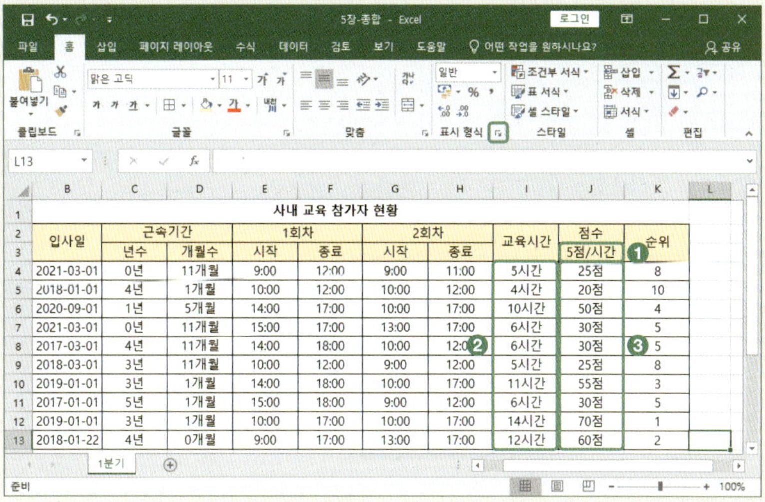

1 J3 셀의 사용자 지정 형식을 G/표준"점/시간"으로 설정한다.

2 I4:I13 범위의 사용자 지정 형식을 #,##0"시간"으로 설정한다.

3 J4:J13 범위의 사용자 지정 형식을 #,##0"점"으로 설정한다.

10 가장 높은 점수에 조건부 서식을 설정하기 위해 J4:J13 범위를 선택하고 [홈] 탭–[스타일] 그룹–[조건부 서식]–[상위/하위 규칙]–[상위 10개 항목]을 누른다.

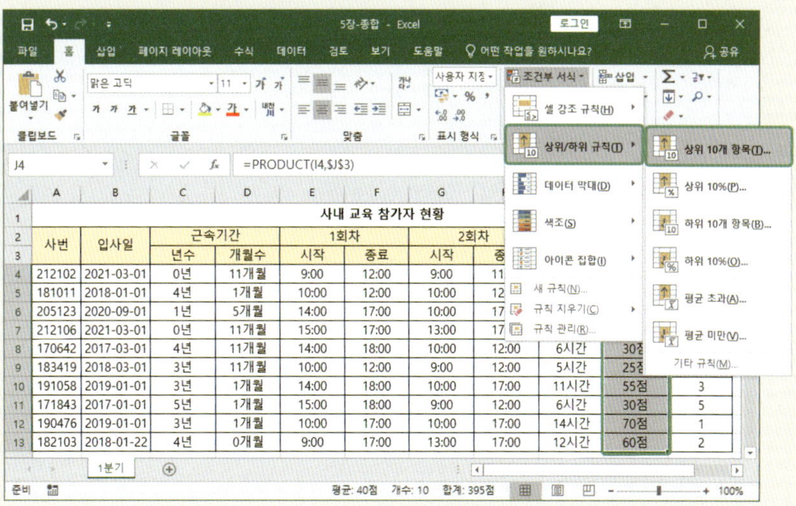

종합예제

11 항목 수를 *1*로, 서식은 [진한 빨강 텍스트가 있는 연한 빨강 채우기]로 설정하고 [확인]을 누른다.

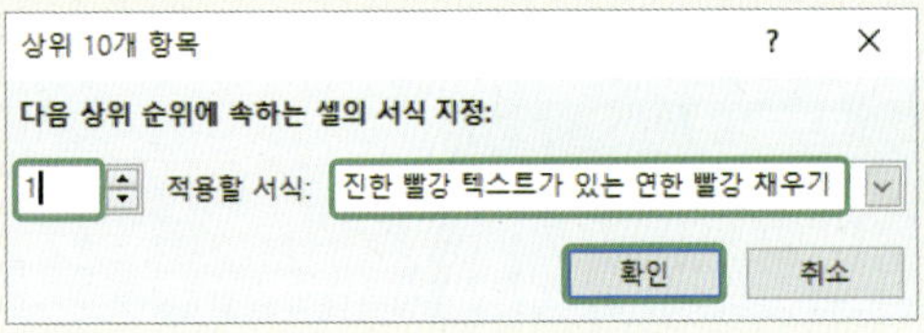

12 가장 낮은 점수에도 조건부 서식을 설정하기 위해 J4:J13 범위를 선택하고 [홈] 탭–[스타일] 그룹–[조건부 서식]–[상위/하위 규칙]–[하위 10개 항목]을 누른다.

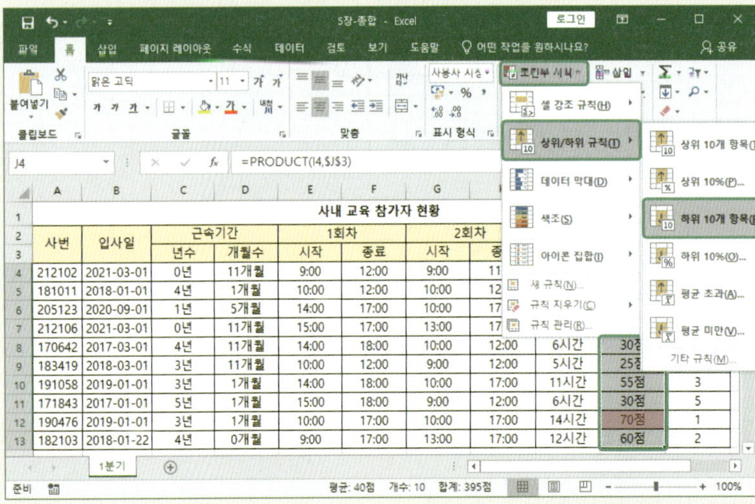

13 항목 수를 *1*로, 서식은 [진한 노랑 텍스트가 있는 노랑 채우기]로 설정하고 [확인]을 누른다.

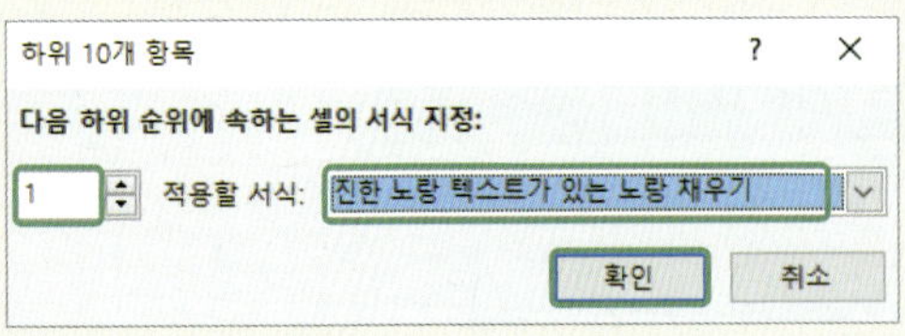

14 최고점과 최저점이 다른 서식으로 표시되어 쉽게 구분할 수 있다.

사내 교육 참가자 현황

사번	입사일	근속기간		1회차		2회차		교육시간	점수	순위
		년수	개월수	시작	종료	시작	종료		5점/시간	
212102	2021-03-01	0년	11개월	9:00	12:00	9:00	11:00	5시간	25점	8
181011	2018-01-01	4년	1개월	10:00	12:00	10:00	12:00	4시간	20점	10
205123	2020-09-01	1년	5개월	14:00	17:00	10:00	17:00	10시간	50점	4
212106	2021-03-01	0년	11개월	15:00	17:00	13:00	17:00	6시간	30점	5
170642	2017-03-01	4년	11개월	14:00	18:00	10:00	12:00	6시간	30점	5
183419	2018-03-01	3년	11개월	10:00	12:00	9:00	12:00	5시간	25점	8
191058	2019-01-01	3년	1개월	14:00	18:00	10:00	17:00	11시간	55점	3
171843	2017-01-01	5년	1개월	15:00	18:00	9:00	12:00	6시간	30점	5
190476	2019-01-01	3년	1개월	10:00	17:00	10:00	17:00	14시간	70점	1
182103	2018-01-22	4년	0개월	9:00	17:00	13:00	17:00	12시간	60점	2

1분기

연습문제

1 '5장-연습.xlsx'의 '연습1' 시트를 열고 다음과 같이 성적표를 작성하시오.

❶ 점수의 비율을 나타내는 B3:E3 범위의 표시 형식을 '백분율'로 설정하고 각 셀의 이름을 정의하시오.

– B3 셀은 '과제', C3 셀은 '출석', D3 셀은 '중간', E3 셀은 '기말'로 설정한다.

❷ '총점'은 SUM 함수와 ❶에서 정의한 셀 이름을 이용하여 구하시오. ROUND 함수로 반올림하여 정수로 표시되도록 유효 자릿수를 설정하시오.

– 총점은 각 점수와 비율의 곱을 모두 더하여 구한다.

❸ '입학일자'는 LEFT 함수와 DATE 함수를 사용하여 '학번'의 앞 네 자리로 표시하시오.

– 입학일은 매해의 3월 2일로 한다.

❹ '순위'는 '총점'을 기준으로 RANK.EQ 함수를 사용하여 내림차순으로 구하시오.

❺ PERCENTRANK.INC 함수를 사용하여 '총점' 기준으로 백분율 순위를 구하고 표시 형식을 '백분율'로 설정하시오.

❻ '총인원'은 COUNT 함수를 사용하여 구하고 사용자 지정 표시 형식(~명)을 설정하시오.

❼ '평균'은 AVERAGE 함수를 사용하여 '총점'의 전체 평균으로 구하고 ROUND 함수로 반올림하여 소수점 아래 첫째 자리까지 표시되도록 유효 자릿수를 설정하시오.

❽ '표준편차'와 '분산'은 STDEV.S 함수와 VAR.S 함수를 사용하여 구하고 ROUND 함수로 반올림하여 소수점 아래 첫째 자리까지 표시되도록 하시오.

❾ '최고점'과 '최저점'은 MAX 함수와 MIN 함수를 사용하여 구하시오.

❿ 셀 병합, 셀 테두리와 색 채우기, 글꼴과 맞춤을 그림과 같이 설정하시오.

성적표

학번	과제	출석	중간	기말	총점	입학일자	순위	백분율
	20%	20%	30%	30%				
20200214	60	80	80	87	78	2020-03-02	14	13.3%
20211021	95	100	83	90	91	2021-03-02	6	66.6%
20201301	85	80	63	77	75	2020-03-02	15	6.6%
20200416	100	100	94	98	98	2020-03-02	1	100.0%
20214572	80	90	90	85	87	2021-03-02	8	46.6%
20221451	80	100	72	77	81	2022-03-02	11	33.3%
20228451	100	70	100	97	93	2022-03-02	4	80.0%
20213145	95	100	76	88	88	2021-03-02	7	60.0%
20224670	100	95	83	77	87	2022-03-02	8	46.6%
20224651	95	100	87	97	94	2022-03-02	3	86.6%
20209871	65	85	83	79	79	2020-03-02	12	20.0%
20216575	100	90	100	80	92	2021-03-02	5	73.3%
20206857	90	95	76	63	79	2020-03-02	12	20.0%
20224596	100	80	80	87	86	2022-03-02	10	40.0%
20207891	100	100	93	97	97	2020-03-02	2	93.3%
20224672	65	70	74	83	74	2022-03-02	16	0.0%

총인원	16명
평균	86.2
표준편차	7.7
분산	59.8
최고점	98
최저점	74

2 '5장-연습.xlsx'의 '연습2' 시트를 열고 다음 조건에 맞게 작성하시오.

❶ A3:A19 범위의 '도서번호'에 사용자 지정 표시 형식을 설정하시오(숫자 세 자리–숫자 세 자리–숫자 네 자리).

❷ F3:F19 범위에 있는 '정가'의 표시 형식을 '쉼표 스타일'로 설정하고, G3:G19 범위에 있는 '할인율'의 표시 형식을 '백분율'로 설정하시오.

❸ H3:H19 범위의 '판매금액'을 '수량*정가*(1–할인율)' 수식으로 구하고 사용자 지정 표시 형식을 설정하시오.

❹ I3:I19 범위의 '분야'에 CONCAT 함수를 이용하여 '대분류'와 '소분류' 텍스트를 결합하여 표시하시오.

❺ '판매순위'는 '판매금액'을 기준으로 RANK.EQ 함수를 사용하여 내림차순으로 구하시오.

❻ SUM 함수를 사용하여 E20 셀과 H20 셀에 요약 정보를 구하고 사용자 지정 표시 형식을 설정하시오.

❼ 셀 병합, 셀 테두리와 색 채우기, 글꼴과 맞춤을 그림과 같이 설정하시오.

	A	B	C	D	E	F	G	H	I	J
1	도서 판매									
2	도서번호	대분류	중분류	소분류	수량	정가	할인율	판매금액	분야	판매순위
3	898-431-7411	국내	문학	소설	10	8,500	10%	76,500 원	국내 소설	17
4	113-061-2244	해외	문학	소설	35	13,800	10%	434,700 원	해외 소설	2
5	825-605-5467	국내	문학	시	22	14,800	10%	293,040 원	국내 시	7
6	893-291-7237	국내	문학	소설	15	13,000	10%	175,500 원	국내 소설	11
7	890-120-4215	국내	문학	소설	11	17,000	10%	168,300 원	국내 소설	12
8	212-546-1472	해외	예술	음악	21	16,000	10%	302,400 원	해외 음악	6
9	113-457-1264	해외	문학	소설	20	19,800	15%	336,600 원	해외 소설	5
10	745-431-5117	국내	예술	건축	16	15,000	10%	216,000 원	국내 건축	9
11	898-281-3845	국내	문학	소설	12	12,000	10%	129,600 원	국내 소설	14
12	217-454-6547	해외	예술	미술	31	8,500	10%	237,150 원	해외 미술	8
13	114-771-3676	해외	문학	소설	14	14,800	10%	186,480 원	해외 소설	10
14	823-490-8068	국내	문학	시	28	28,000	10%	705,600 원	국내 시	1
15	896-322-0826	국내	문학	소설	9	9,500	10%	76,950 원	국내 소설	16
16	827-012-7240	국내	문학	시	30	15,000	15%	382,500 원	국내 시	4
17	745-546-1334	국내	예술	건축	26	18,000	10%	421,200 원	국내 건축	3
18	845-366-7178	국내	문학	에세이	8	19,500	10%	140,400 원	국내 에세이	13
19	746-784-2542	국내	예술	미술	6	15,000	10%	81,000 원	국내 미술	15
20		요약			총 314권			총 4,364 천원		
21										

연습1 연습2 연습3

3 '5장-연습.xlsx'의 '연습3' 시트를 열고 다음 조건에 맞게 작성하시오.

❶ '사번'의 앞 두 자리 숫자를 이용해 C4:C21 범위의 '입사년도'를 계산해서 표시하시오(두 자리 숫자+2000)).

❷ D4:D21 범위의 '근무년수'는 I2 셀의 '작성일'을 기준으로 하여 계산하시오.

❸ H4:H21 범위의 '지급액'을 '기본급+성과급-공제액' 수식으로 구하고 '~천원' 단위의 사용자 지정 표시 형식을 설정하시오.

❹ '기본급', '성과급', '공제액'도 '~천원' 단위의 사용자 지정 표시 형식을 설정하시오.

❺ RANK.EQ 함수를 사용하여 '지급액'을 기준으로 '급여순위'를 구하시오.

❻ COUNT 함수, MAX 함수, MIN 함수, AVERAGE 함수를 사용하여 '총인원', '최고급여', '최저급여', '평균급여'를 각각 계산하시오.

❼ 셀 테두리와 색 채우기, 글꼴과 맞춤을 그림과 같이 설정하시오.

급여 내역

작성일 : 2022-03-01

사번	이름	입사년도	근무년수	기본급	성과급	공제액	지급액	급여순위
19-1234	김창호	2019	3년	910 천원	200 천원	24 천원	1,086 천원	10
18-5253	이윤아	2018	4년	1,030 천원	150 천원	28 천원	1,152 천원	7
15-1243	윤일수	2015	7년	1,390 천원	180 천원	42 천원	1,528 천원	1
17-3456	김현호	2017	5년	1,150 천원	120 천원	33 천원	1,237 천원	6
19-3232	이여정	2019	3년	910 천원	190 천원	24 천원	1,076 천원	11
20-6363	이철우	2020	2년	790 천원	130 천원	19 천원	901 천원	14
21-1234	박호순	2021	1년	670 천원	120 천원	15 천원	775 천원	17
18-3214	최동욱	2018	4년	1,030 천원	150 천원	28 천원	1,152 천원	7
19-5656	김정길	2019	3년	910 천원	120 천원	24 천원	1,006 천원	12
20-1234	안경태	2020	2년	790 천원	120 천원	19 천원	891 천원	15
21-1212	장현석	2021	1년	670 천원	120 천원	15 천원	775 천원	17
17-3232	서동일	2017	5년	1,150 천원	150 천원	33 천원	1,267 천원	5
16-7878	김선아	2016	6년	1,270 천원	120 천원	37 천원	1,353 천원	4
16-5656	박성오	2016	6년	1,270 천원	180 천원	37 천원	1,413 천원	3
20-9876	김상구	2020	2년	790 천원	150 천원	19 천원	921 천원	13
15-5432	박혜윤	2015	7년	1,390 천원	150 천원	42 천원	1,498 천원	2
18-1212	유정아	2018	4년	1,030 천원	150 천원	28 천원	1,152 천원	7
21-6543	한진영	2021	1년	670 천원	200 천원	15 천원	855 천원	16

총인원	18 명
최고급여	1,528 천원
최저급여	775 천원
평균급여	1,113 천원

연습1 | 연습2 | 연습3

CHAPTER
06

고급 함수

학습목표

- 조건을 선택하고 결합하는 논리 함수를 사용할 수 있다.
- 조건에 맞는 값으로 개수, 합계, 평균을 구할 수 있다.

SECTION 01

논리 함수 사용하기

논리 함수에는 주어진 조건을 참(TRUE) 또는 거짓(FALSE)으로 판단하고 결과에 따라 셀에 값을 표시하는 IF 함수, 조건을 두 가지 이상 결합하는 AND, OR, NOT 함수 등이 있다. 논리 함수를 사용하여 조건에 따라 값을 다르게 표시하는 방법과 여러 조건을 결합한 조건식을 만드는 방법을 알아본다.

1.1 조건 선택 함수

엑셀에서 가장 많이 사용하는 함수 중 하나인 IF 함수는 첫 번째 인수에 기술한 조건식을 계산하여 논리값(TRUE/FALSE)으로 판단하고, 각 경우에 표시할 결과를 두 번째 인수와 세 번째 인수로 지정한다.

함수명과 인수	기능
IF(logical_test, value_if_true, value_if_false)	TRUE나 FALSE로 판정되는 수식을 논리 검사하여 TRUE일 때와 FALSE일 때 셀에 표시할 값을 지정한다.

기본예제 6-1 조건에 따라 데이터 선택하기

[기본예제 5-6]에서는 '수강생' 시트의 주민번호 데이터에서 성별 정보를 추출하여 1~4의 값으로 나타내었다. 이번에는 IF 함수를 사용하여 성별을 '남' 또는 '여'로 나타내고, 점수 합계에 따라 '상' 또는 '하'로 평가를 구분하여 표시해 보자.

01 '6장.xlsx' 파일의 '평가' 시트의 B3 셀에 *=IF(ISODD(MID(A3,8,1)),"남","여")* 수식을 입력한다.

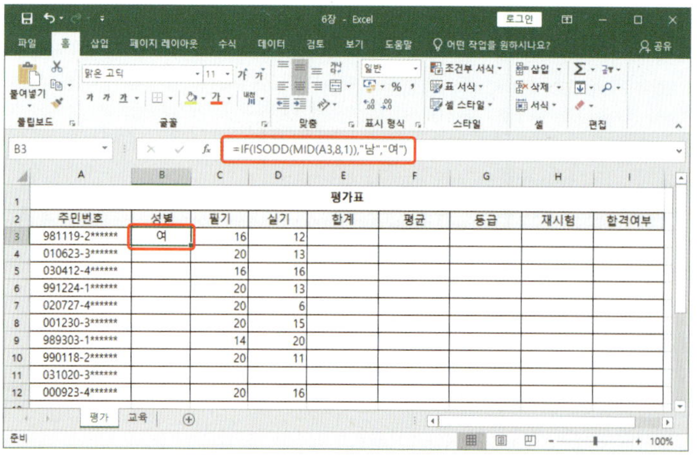

TIP 주민번호에서 성별을 나타내는 여덟 번째 숫자가 '1'과 '3'이면 남자, '2'와 '4'이면 여자를 의미한다. MID 함수로 이 값을 먼저 추출한 다음, 홀수인지 검사하는 ISODD 함수로 TRUE/FALSE를 판단한다. TRUE인 경우 "남", FALSE이면 "여"라고 표시하는 IF 함수가 마지막으로 실행된다. ISODD 함수 대신 값이 짝수인지 검사하는 ISEVEN 함수를 사용해 *=IF(ISEVEN(MID(A3,8,1)),"여","남")*으로 입력해도 된다.

02 B3 셀의 채우기 핸들을 더블클릭하면 수식이 복사되어 모든 사람의 성별이 표시된다.

	A	B	C	D	E	F	G	H	I
1	평가표								
2	주민번호	성별	필기	실기	합계	평균	등급	재시험	합격여부
3	981119-2******	여	16	12					
4	010623-3******	남	20	13					
5	030412-4******	여	16	16					
6	991224-1******	남	20	13					
7	020727-4******	여	20	6					
8	001230-3******	남	20	15					
9	989303-1******	남	14	20					
10	990118-2******	여	20	11					
11	031020-3******	남							
12	000923-4******	여	20	16					

여기서 잠깐 **값을 확인하는 정보 함수**

정보 함수는 대부분 IF 함수와 함께 사용하며 셀 값이나 데이터 형식, 오류의 종류, 시트 정보 등을 검사해서 결과를 반환한다. 정보 함수에는 다음과 같은 종류가 있다.

함수명과 인수	기능
ISBLANK(value)	값이 비어 있으면 TRUE를 반환한다.
ISERROR(value)	값이 오류이면 TRUE를 반환한다.
ISTEXT(value)	값이 텍스트이면 TRUE를 반환한다.
ISLOGICAL(value)	값이 논리 값이면 TRUE를 반환한다.
ISNUMBER(number)	값이 숫자이면 TRUE를 반환한다.
ISEVEN(number)	숫자가 짝수이면 TRUE를 반환한다.
ISODD(number)	숫자가 홀수이면 TRUE를 반환한다.
CELL(info_type, reference)	셀의 서식이나 위치, 내용에 대한 정보를 반환한다.
SHEET(value)	참조된 시트의 번호를 반환한다.

03 점수의 합계를 계산하기 위해 E3:E12 범위를 선택하고 [수식] 탭–[함수 라이브러리] 그룹–[자동 합계] 목록에서 [합계]를 선택한다.

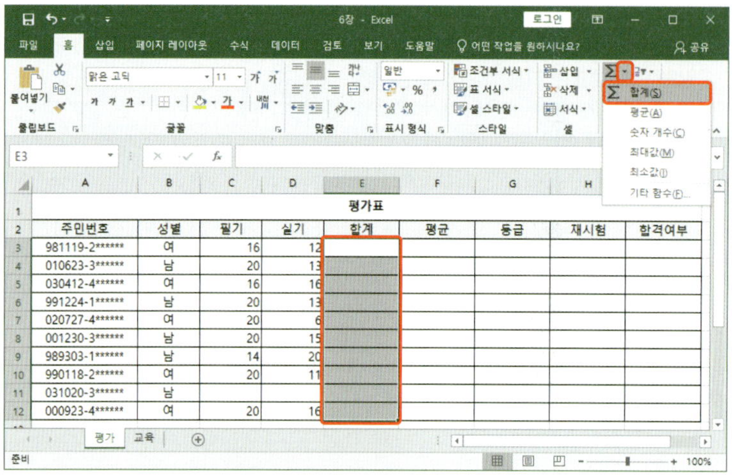

04 합계가 30 이상인 경우에는 등급을 '상', 그렇지 않은 경우(30 미만)에는 '하'로 표기하기 위해 G3:G12 범위를 선택하고 *=IF(E3>=30,"상","하")* 수식을 입력한 후 Ctrl+Enter를 누른다.

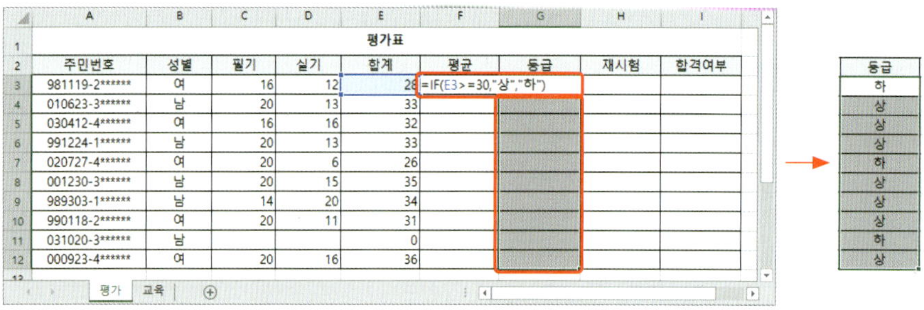

기본예제 6-2 중첩된 조건에 맞는 데이터 선택하기

조건에 따라 데이터를 선택하는 IF 함수는 필요한 경우 중첩 형태로 사용할 수 있다. IF 함수의 두 번째나 세 번째 인수로 IF 함수를 다시 사용하는 경우를 중첩되었다고 하며, 이런 경우 두 개 이상의 조건을 검사할 수 있다. IF 함수를 중첩 사용하여 합계가 34 이상이면 '상', 28 이상이면 '중', 그 외의 경우 '하'로 등급을 표시하도록 수정해 보자.

01 '평가' 시트에서 G3 셀을 선택하고 [수식] 탭–[함수 라이브러리] 그룹–[함수 삽입]을 누른다.

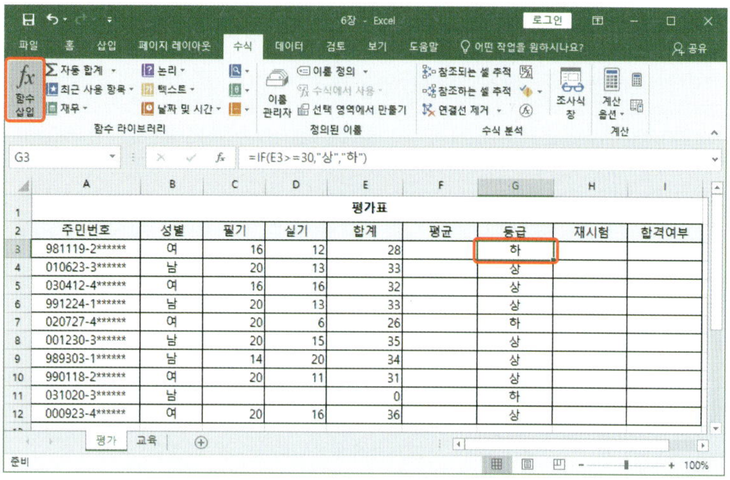

02 [함수 인수] 대화상자의 [Logical_test]의 조건식은 *E3>=34*로, [Value_if_false]는 *IF(E3>=28, "중", "하")*로 수정하고 [확인]을 누른다.

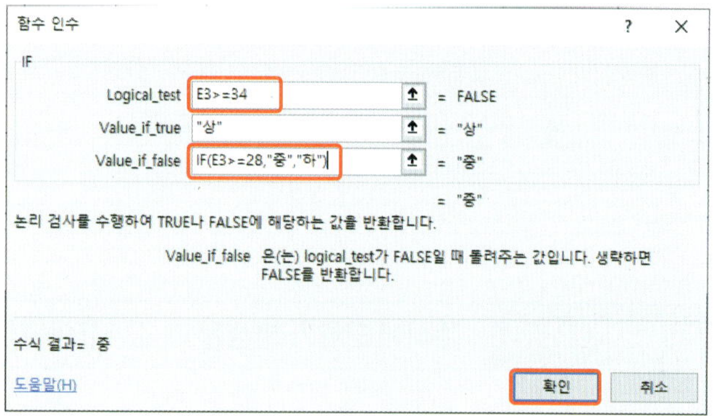

03 G3 셀의 채우기 핸들을 더블클릭하여 등급을 모두 표시한다.

TIP 등급 계산처럼 여러 조건을 검사할 때 엑셀 2019에 새로 추가된 IFS 함수를 사용해 *=IFS(E3>=34,"상",E3>=28,"중",TRUE,"하")* 수식을 입력해도 된다.

1.2 오류 검사 함수

수식을 작성할 때 오류가 발생하는 경우가 있다. 빈 셀을 참조하거나 사용할 수 없는 값을 사용하거나 0으로 나누는 연산 등의 경우 셀에 오류 메시지가 표시된다. 엑셀에서는 오류가 발생하면 오류 메시지 대신 원하는 값을 셀에 표시하도록 하는 IFERROR 함수를 제공한다.

함수명과 인수	기능
IFERROR(value, value_if_error)	value의 수식이 오류인 경우에 value_if_error를 반환한다.

여기서 잠깐 **오류 메시지의 종류**

오류 메시지는 다음과 같이 여러 가지 종류가 있다.

오류 메시지	설명
#DIV/0!	0이나 빈 셀로 나누기 연산을 하는 경우에 발생한다.
#NAME?	함수 이름이나 셀 이름을 잘못 입력하는 경우에 발생한다.
#REF!	참조하려는 셀이 없는 경우에 발생한다.
#VALUE!	함수의 인수에 잘못된 값을 사용하는 경우에 발생한다.
#N/A	참조하려는 값이 잘못 사용되는 경우에 발생한다.
#NUM!	숫자가 아닌 값을 계산하는 경우에 발생한다.
#NULL!	존재하지 않는 값을 사용하는 경우에 발생한다.

기본예제 6-3 수식에 오류가 발생할 때 값 지정하기

'평가' 시트에는 직무 평가 점수가 기록되지 않은 빈 셀이 존재한다. 모든 사원의 점수 평균을 계산할 때 빈 셀이 있어 오류가 발생한다. 오류 메시지 대신 0으로 셀 값이 표시되도록 설정해 보자.

01 '평가' 시트의 F3 셀에 *=AVERAGE(C3:D3)* 수식을 입력한다.

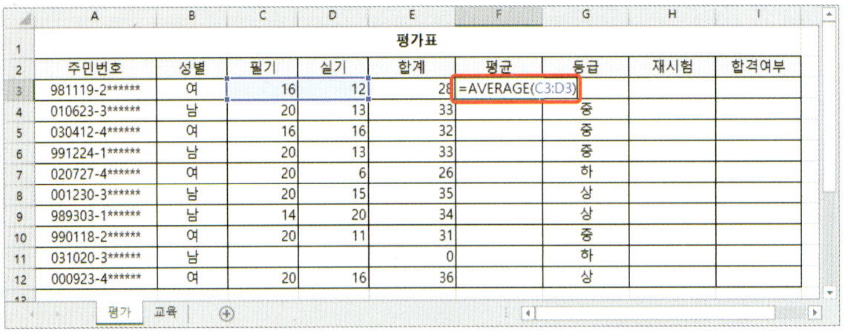

02 F3 셀의 채우기 핸들을 더블클릭해 수식을 복사한다. 평균을 모두 계산해 표시하는데 F11 셀에는 오류 메시지가 나타난다.

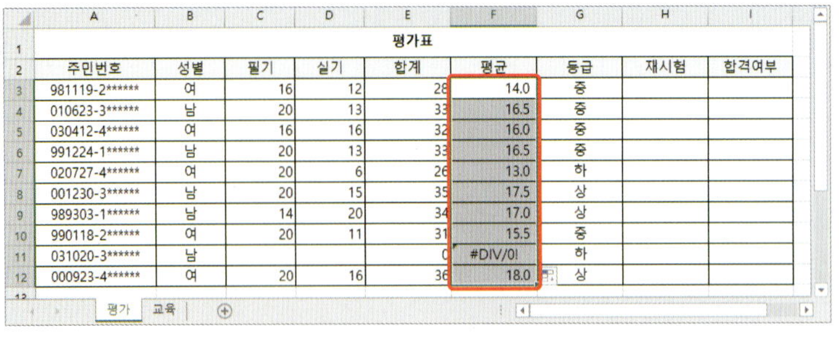

TIP 오류 표시 단추 [오류 표시 단추 아이콘]에 마우스를 올리면 오류에 대한 설명('사용한 수식이나 함수를 0이나 빈 셀로 나누는 중입니다.')을 확인할 수 있다.

03 F3 셀의 수식을 =*IFERROR(AVERAGE(C3:D3),0)*으로 수정해 오류 발생 시 표시할 값을 0으로 지정한다.

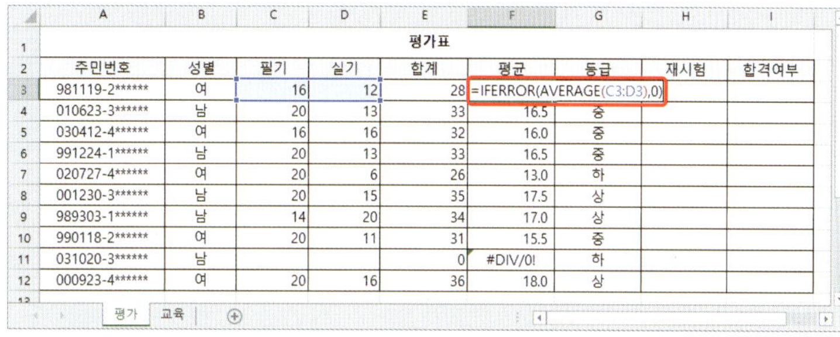

04 F3 셀의 채우기 핸들을 더블클릭해 수식을 복사하면 F11 셀에 오류 메시지 대신 0이 표시된다.

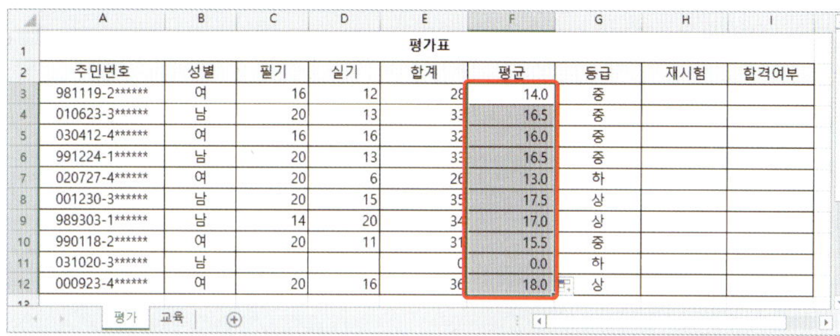

1.3 조건 결합 함수

여러 가지 조건을 검사할 때는 논리 함수인 AND와 OR, NOT으로 결합한 뒤 IF 함수의 조건식으로 사용할 수 있다.

함수명과 인수	기능
AND(logical1, logical2, …)	모든 인수의 검사 결과가 TRUE이면 TRUE를 반환한다.
OR(logical1, logical2, …)	하나 이상의 인수가 TRUE이면 TRUE를 반환하고 모든 인수가 FALSE인 경우만 FALSE를 반환한다.
NOT(logical)	인수를 TRUE와 FALSE로 판단하여 그 반대 값을 반환한다.

기본예제 6-4 복잡한 조건 결합하기

여러 조건을 결합하여 검사하는 함수 AND와 OR, NOT을 이용하여 재시험 및 합격 여부를 셀에 표시해 보자. 필기와 실기 중 한 번이라도 10점 미만이면 '재시험'으로 표시한다. '합격여부' 필드에는 합계가 20점 이상이고 재시험 대상이 아닌 경우 '합격'으로, 그렇지 않은 경우 '불합격'으로 표시한다.

01 '평가' 시트의 H3 셀을 선택하고 [수식] 탭–[함수 라이브러리] 그룹–[논리] 목록에서 [OR]을 선택한다.

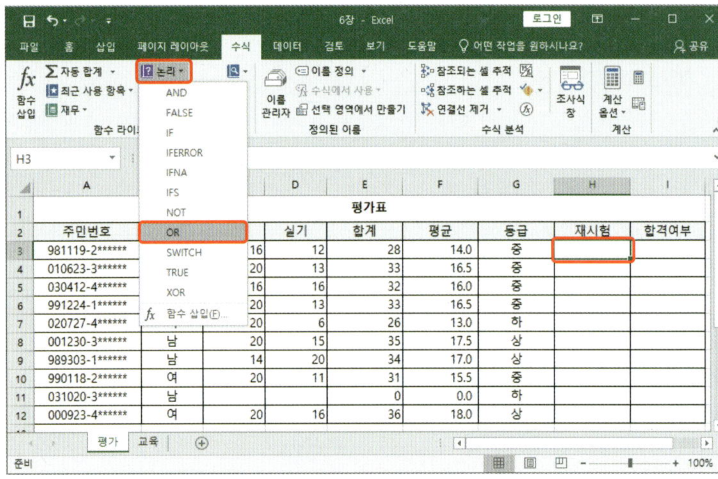

02 [함수 인수] 대화상자의 [Logical1]에는 *C3<10* 수식을, [Logical2]에는 *D3<10* 수식을 입력한 후 [확인]을 누른다.

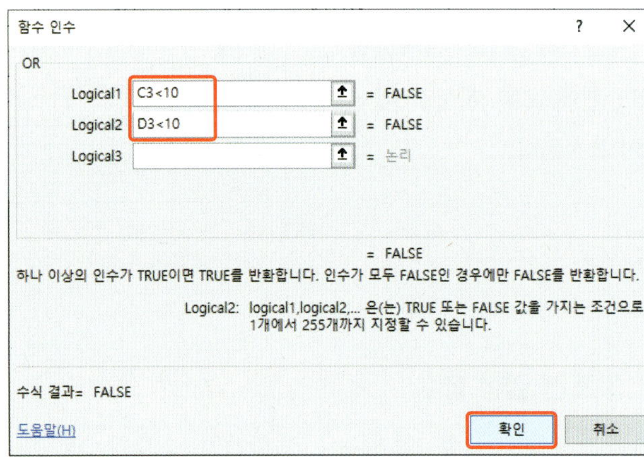

TIP OR 함수의 [함수 인수] 대화상자가 나타나면 처음에는 인수 입력란이 두 개이다. 인수를 입력하고 다음 인수를 마우스로 클릭하면 입력란이 하나씩 추가된다.

03 IF 함수를 사용하여 *=IF(OR(C3<10,D3<10),"재시험","")*으로 H3 셀의 수식을 수정한다.

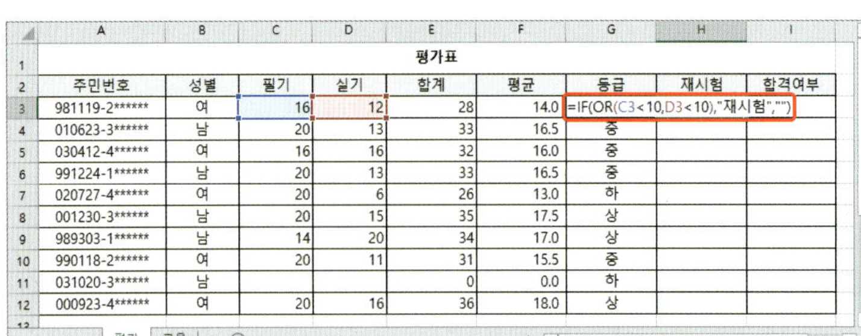

TIP OR 함수의 결과가 TRUE인 경우 '재시험'으로, FALSE인 경우 아무것도 표시하지 않도록("") 하는 수식이다. 따옴표 사이에 공백 문자(" ")를 입력하지 않도록 주의한다.

04 H3 셀의 채우기 핸들을 더블클릭하여 수식을 복사한다.

05 I3 셀을 선택하고 [수식] 탭–[함수 라이브러리] 그룹–[논리] 목록에서 [AND]를 선택한다.

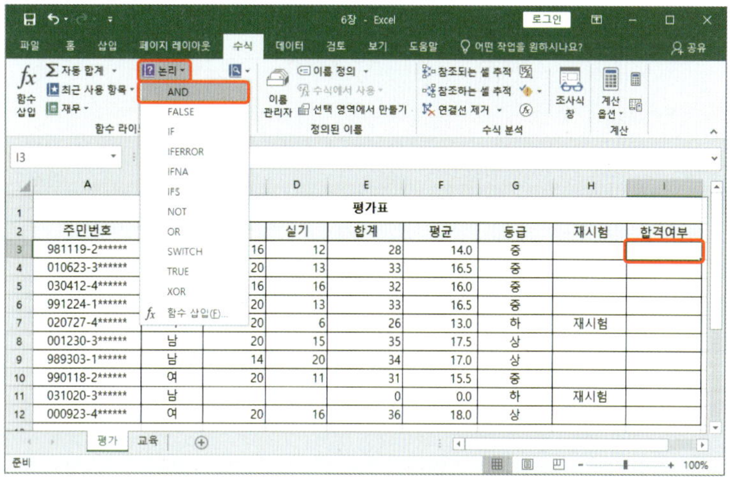

06 [함수 인수] 대화상자의 [Logical1]에는 *E3>=20* 수식을, [Logical2]에는 *NOT(H3="재시험")* 수식을 입력한 후 [확인]을 누른다.

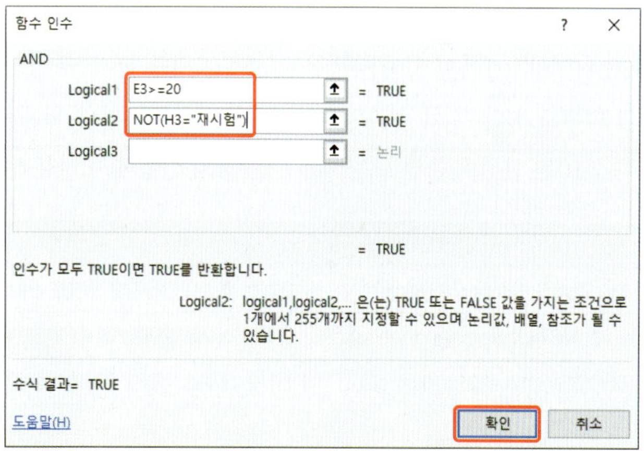

TIP [Logical2]에는 *H3<>"재시험"*이나 *H3=""* 수식을 입력해도 된다.

07 I3 셀의 수식을 *=IF(AND(E3>=20,NOT(H3="재시험")),"합격","불합격")*으로 수정한다.

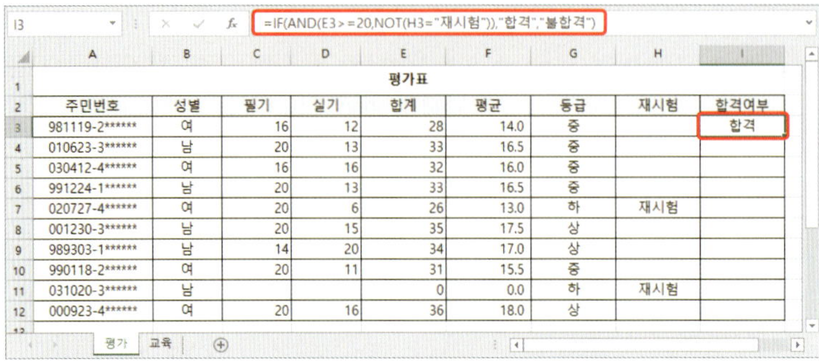

	A	B	C	D	E	F	G	H	I
1					평가표				
2	주민번호	성별	필기	실기	합계	평균	등급	재시험	합격여부
3	981119-2******	여	16	12	28	14.0	중		합격
4	010623-3******	남	20	13	33	16.5	중		
5	030412-4******	여	16	16	32	16.0	중		
6	991224-1******	남	20	13	33	16.5	중		
7	020727-4******	여	20	6	26	13.0	하	재시험	
8	001230-3******	남	20	15	35	17.5	상		
9	989303-1******	남	14	20	34	17.0	상		
10	990118-2******	여	20	11	31	15.5	중		
11	031020-3******	남			0	0.0	하	재시험	
12	000923-4******	여	20	16	36	18.0	상		

TIP AND 함수로 판단한 결과가 TRUE인 경우 '합격'으로, FALSE인 경우 '불합격'으로 표시되도록 하는 수식이다.

08 I3 셀의 채우기 핸들을 더블클릭하여 합격여부를 모두 표시한다.

	A	B	C	D	E	F	G	H	I
1					평가표				
2	주민번호	성별	필기	실기	합계	평균	등급	재시험	합격여부
3	981119-2******	여	16	12	28	14.0	중		합격
4	010623-3******	남	20	13	33	16.5	중		합격
5	030412-4******	여	16	16	32	16.0	중		합격
6	991224-1******	남	20	13	33	16.5	중		합격
7	020727-4******	여	20	0	26	13.0	하	재시험	불합격
8	001230-3******	남	20	15	35	17.5	상		합격
9	989303-1******	남	14	20	34	17.0	상		합격
10	990118-2******	여	20	11	31	15.5	중		합격
11	031020-3******	남			0	0.0	하	재시험	불합격
12	000923-4******	여	20	16	36	18.0	상		합격

1.4 특정 배수로 반올림, 올림, 내림하는 함수

CHAPTER 05에서 알아본 반올림, 올림, 내림 함수 외에도 임의의 수를 배수로 하는 반올림, 올림, 내림 함수도 있다. 상품 무게에 따른 배송료를 책정하기 위해 측정 무게를 500g 단위로 반올림하거나 가격을 10원 단위로 올림 또는 내림하는 등의 상황에서 사용할 수 있다.

함수명과 인수	기능
MROUND(number, multiple)	원하는 배수로 반올림한 숫자를 반환한다.
CEILING(number, significance)	원하는 배수로 올림한 숫자를 반환한다.
FLOOR(number, significance)	원하는 배수로 내림한 숫자를 반환한다.

TIP CEILING.MATH 함수와 FLOOR.MATH 함수는 음수에 대한 올림이나 내림을 계산할 수 있도록 올림 방향과 내림 방향을 지정할 수 있다.

기본예제 6-5 평균을 5점 단위로 표시하기

CEILING 함수를 사용하여 평가 점수의 평균을 5의 배수로 올림해서 표시해 보자.

01 '평가' 시트의 F3 셀을 선택하고 수식을 *=IFERROR(CEILING(AVERAGE(C3:D3),5),0)*으로 수정한다.

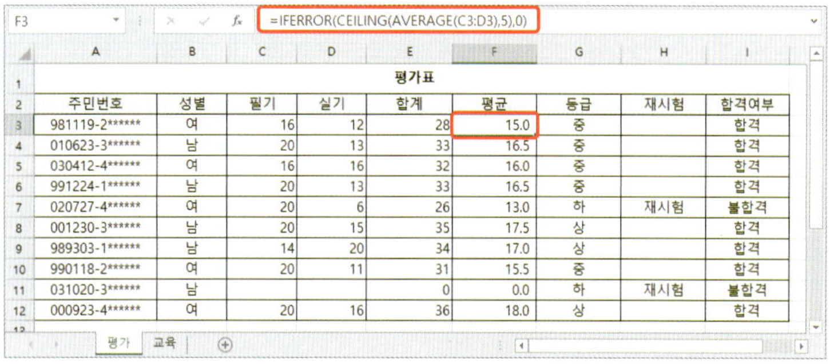
F3 =IFERROR(CEILING(AVERAGE(C3:D3),5),0)

	A	B	C	D	E	F	G	H	I
1					평가표				
2	주민번호	성별	필기	실기	합계	평균	등급	재시험	합격여부
3	981119-2******	여	16	12	28	15.0	중		합격
4	010623-3******	남	20	13	33	16.5	중		합격
5	030412-4******	여	16	16	32	16.0	중		합격
6	991224-1******	남	20	13	33	16.5	중		합격
7	020727-4******	여	20	6	26	13.0	하	재시험	불합격
8	001230-3******	남	20	15	35	17.5	상		합격
9	989303-1******	남	14	20	34	17.0	상		합격
10	990118-2******	여	20	11	31	15.5	중		합격
11	031020-3******	남			0	0.0	하	재시험	불합격
12	000923-4******	여	20	16	36	18.0	상		합격

02 F3 셀의 채우기 핸들을 더블클릭하여 평균을 모두 5의 배수 단위로 표시한다.

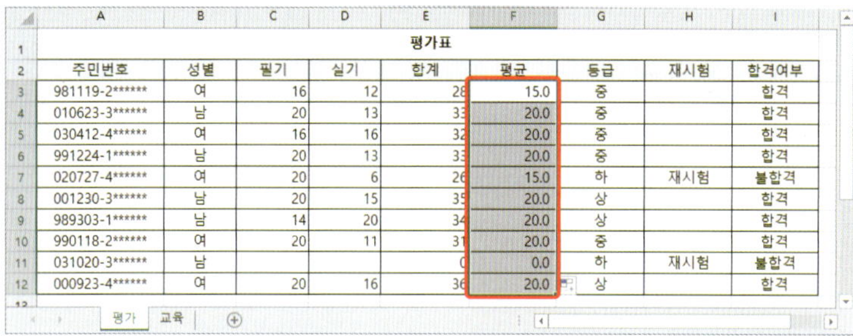

	A	B	C	D	E	F	G	H	I
1					평가표				
2	주민번호	성별	필기	실기	합계	평균	등급	재시험	합격여부
3	981119-2******	여	16	12	28	15.0	중		합격
4	010623-3******	남	20	13	33	20.0	중		합격
5	030412-4******	여	16	16	32	20.0	중		합격
6	991224-1******	남	20	13	33	20.0	중		합격
7	020727-4******	여	20	6	26	15.0	하	재시험	불합격
8	001230-3******	남	20	15	35	20.0	상		합격
9	989303-1******	남	14	20	34	20.0	상		합격
10	990118-2******	여	20	11	31	20.0	중		합격
11	031020-3******	남			0	0.0	하	재시험	불합격
12	000923-4******	여	20	16	36	20.0	상		합격

1.5 문자 반복 함수와 표시 형식 지정 함수

값 크기에 따라 기호를 사용해 그래프처럼 표시하거나 특정 문자를 원하는 횟수만큼 반복해서 셀에 표시하려면 REPT 함수를 이용한다. 또, 셀 값에 서식을 지정하고 텍스트로 변환하는 TEXT 함수는 하나의 셀에 여러 가지 정보를 함께 표시할 때 유용하다.

함수명과 인수	기능
REPT(text, number_times)	지정한 횟수만큼 텍스트를 반복한다.
TEXT(value, format_text)	지정한 서식을 값에 적용한 후 텍스트로 변환한다.

기본예제 6-6 기호를 반복해 평가 내용 표시하기

'상', '중', '하'로 표시했던 '등급' 필드에 '☆' 기호가 표시되도록 수정해 보자. REPT 함수를 사용해 점수 평균을 기준으로 '☆' 기호의 개수가 다르게 표시되도록 한다.

01 '평가' 시트의 G3 셀을 선택하고 수식을 *=REPT("☆",F3/5)*로 수정한다.

평가표

	주민번호	성별	필기	실기	합계	평균	등급	재시험	합격여부
3	981119-2******	여	16	12	28	=REPT("☆",F3/5)			합격
4	010623-3******	남	20	13	33	20.0	중		합격
5	030412-4******	여	16	16	32	20.0	중		합격
6	991224-1******	남	20	13	33	20.0	중		합격
7	020727-4******	여	20	6	26	15.0	하	재시험	불합격
8	001230-3******	남	20	15	35	20.0	상		합격
9	989303-1******	남	14	20	34	20.0	상		합격
10	990118-2******	여	20	11	31	20.0	중		합격
11	031020-3******	남			0	0.0	하	재시험	불합격
12	000923-4******	여	20	16	36	20.0	상		합격

TIP F3 셀의 값을 5로 나눈 결과만큼 '☆' 기호가 반복 표시되도록 하는 수식이다. '☆' 기호는 한글 자음 ㅁ을 입력하고 한자를 누르면 나타나는 기호 목록에서 선택한다.

02 G3 셀의 채우기 핸들을 더블클릭하여 G12 셀까지 수식을 복사한다.

평가표

	주민번호	성별	필기	실기	합계	평균	등급	재시험	합격여부
3	981119-2******	여	16	12	28	15.0	☆☆☆		합격
4	010623-3******	남	20	13	33	20.0	☆☆☆☆		합격
5	030412-4******	여	16	16	32	20.0	☆☆☆☆		합격
6	991224-1******	남	20	13	33	20.0	☆☆☆☆		합격
7	020727-4******	여	20	6	26	15.0	☆☆☆	재시험	불합격
8	001230-3******	남	20	15	35	20.0	☆☆☆☆		합격
9	989303-1******	남	14	20	34	20.0	☆☆☆☆		합격
10	990118-2******	여	20	11	31	20.0	☆☆☆☆		합격
11	031020-3******	남			0	0.0		재시험	불합격
12	000923-4******	여	20	16	36	20.0	☆☆☆☆		합격

기본예제 6-7 기호와 순위를 함께 표시하기

기호로 표시한 '등급' 필드에 TEXT 함수를 이용하여 순위가 함께 표시되도록 수정해 보자.

01 '평가' 시트의 G3 셀을 선택하고 수식을 *=REPT("☆",F3/5)&TEXT(RANK.EQ(E3,$E$3:$E$12),"(0등)")*으로 수정한다.

G3 =REPT("☆",F3/5)&TEXT(RANK.EQ(E3,$E$3:$E$12),"(0등)")

평가표

	주민번호	성별	필기	실기	합계	평균	등급	재시험	합격여부
3	981119-2******	여	16	12	28	15.0	☆☆☆(8등)		합격
4	010623-3******	남	20	13	33	20.0	☆☆☆☆		합격
5	030412-4******	여	16	16	32	20.0	☆☆☆☆		합격
6	991224-1******	남	20	13	33	20.0	☆☆☆☆		합격
7	020727-4******	여	20	6	26	15.0	☆☆☆	재시험	불합격
8	001230-3******	남	20	15	35	20.0	☆☆☆☆		합격
9	989303-1******	남	14	20	34	20.0	☆☆☆☆		합격
10	990118-2******	여	20	11	31	20.0	☆☆☆☆		합격
11	031020-3******	남			0	0.0		재시험	불합격
12	000923-4******	여	20	16	36	20.0	☆☆☆☆		합격

TIP 합계를 기준으로 RANK.EQ 함수로 내림차순 순위를 계산한다. 순위를 셀에 표시할 때 "(~등)"으로 표시되도록 서식을 설정하였다.

02 G3 셀의 채우기 핸들을 더블클릭하여 수식을 복사하고, 기호와 순위가 잘 보이도록 [홈] 탭–[맞춤] 그룹–[오른쪽 맞춤]을 선택한다.

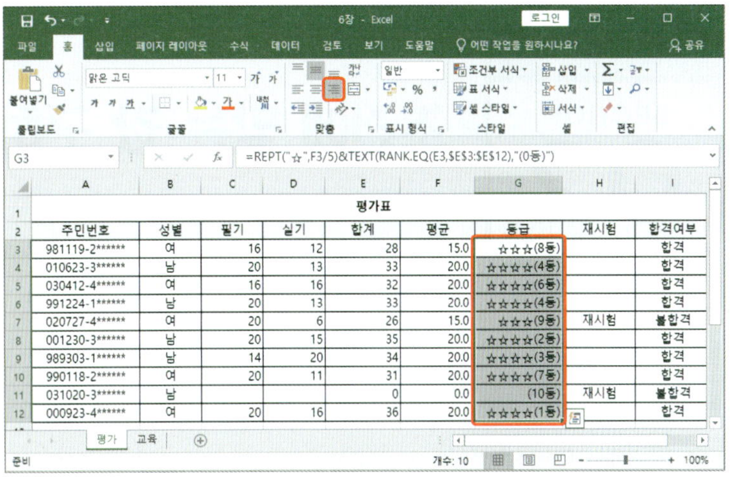

SECTION 02

조건에 맞는 값 구하기

조건에 따라 값을 다르게 표시하는 논리 함수에 대해서 앞에서 다루어 보았다. 그런데 특정 조건에 맞는 데이터의 개수를 세거나 조건에 따라 데이터를 선별해 합계나 평균을 구하는 함수도 데이터 통계나 분석에 많이 활용된다. 또한, 여러 조건을 기술하고 모두 만족하는 경우의 합계를 구하거나 평균을 구하는 함수도 있으므로 상황에 맞게 활용할 수 있다.

2.1 조건에 맞는 값의 개수를 구하는 함수

CHAPTER 05에서 숫자 개수를 구하는 COUNT 함수의 기능과 사용법을 알아보았다. 이번에는 COUNT 함수와 유사하지만 데이터의 유형에 상관없이 개수를 세거나 주어진 조건에 따라 개수를 계산하는 함수에 대해 알아본다.

함수명과 인수	기능
COUNTA(value1, value2, …)	인수 중 비어 있지 않은 셀의 개수를 계산한다.
COUNTBLANK(range)	지정한 범위에 있는 빈 셀의 개수를 계산한다.
COUNTIF(range, criteria)	지정한 범위 내에서 조건에 맞는 셀의 개수를 계산한다.
COUNTIFS(criteria_range, criteria, …)	범위 내에서 주어진 모든 조건에 맞는 셀의 개수를 계산한다.

기본예제 6-8 자격증 취득 사원 수와 영어시험 미응시 사원 수 계산하기

COUNTA 함수와 COUNTBLANK 함수를 사용하여 자격증이 있는 사원의 수와 영어시험에 응시하지 않은 사원의 수를 계산해 보자.

01 '6장.xlsx' 파일을 열고 '교육' 시트를 선택한다.

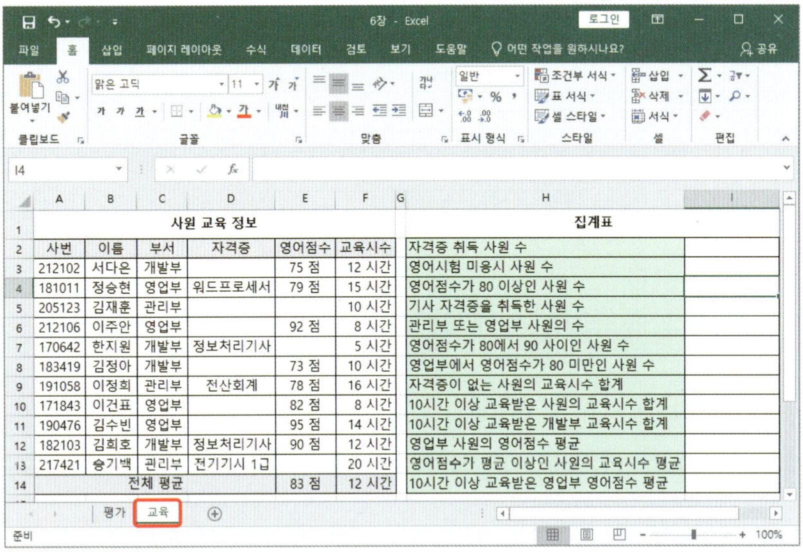

02 C2:F13 범위를 선택하고 [수식] 탭-[정의된 이름] 그룹-[선택 영역에서 만들기]를 눌러 대화상자가 나타나면 [첫 행]만 선택하고 [확인]을 누른다.

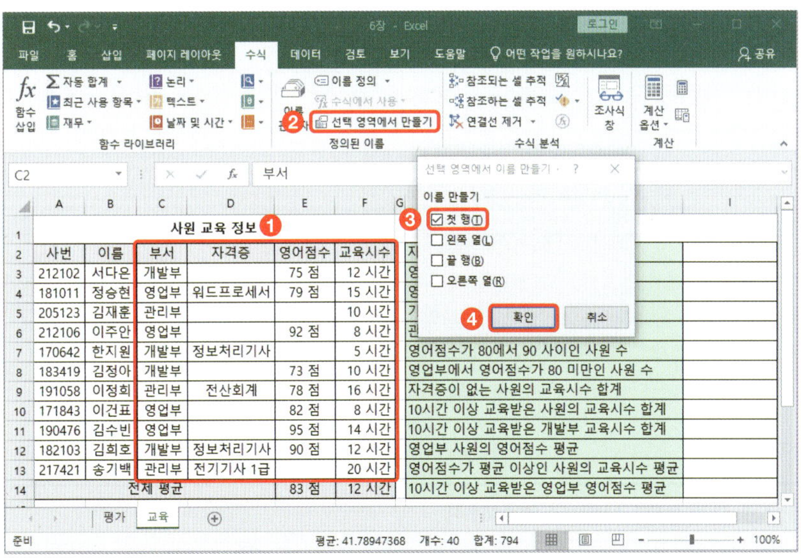

TIP 부서, 자격증, 영어점수, 교육시수의 영역 이름을 정의하는 단계 02는 생략해도 되지만, 이름을 정의하면 수식 작성이 더 간편해지고 이해하기 쉽다.

03 자격증을 취득한 사원 수를 구하기 위해 I2 셀에 *=COUNTA(자격증)* 수식을 입력한다.

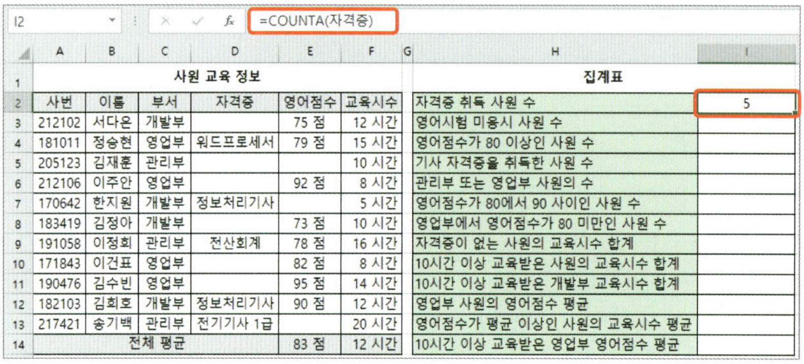

I2 | =COUNTA(자격증)

사번	이름	부서	자격증	영어점수	교육시수	집계표	
212102	서다온	개발부		75 점	12 시간	자격증 취득 사원 수	5
181011	정승현	영업부	워드프로세서	79 점	15 시간	영어시험 미응시 사원 수	
205123	김재훈	관리부			10 시간	영어점수가 80 이상인 사원 수	
212106	이주안	영업부		92 점	8 시간	기사 자격증을 취득한 사원 수	
170642	한지원	개발부	정보처리기사		5 시간	관리부 또는 영업부 사원의 수	
183419	김정아	개발부		73 점	10 시간	영어점수가 80에서 90 사이인 사원 수	
191058	이정회	관리부	전산회계	78 점	16 시간	영업부에서 영어점수가 80 미만인 사원 수	
171843	이건표	영업부		82 점	8 시간	자격증이 없는 사원의 교육시수 합계	
190476	김수빈	영업부		95 점	14 시간	10시간 이상 교육받은 사원의 교육시수 합계	
182103	김회호	개발부	정보처리기사	90 점	12 시간	10시간 이상 교육받은 개발부 교육시수 합계	
217421	송기백	관리부	전기기사 1급		20 시간	영업부 사원의 영어점수 평균	
전체 평균				83 점	12 시간	영어점수가 평균 이상인 사원의 교육시수 평균	
						10시간 이상 교육받은 영업부 영어점수 평균	

TIP COUNTA 함수는 지정한 범위에서 숫자뿐 아니라 텍스트, 논리 값 등 데이터의 종류에 상관없이 값이 입력되어 있는 셀의 개수를 계산한다.

04 I3 셀을 선택하고 *=COUNTBLANK(영어점수)* 수식을 입력해 영어시험 미응시 사원 수를 구한다.

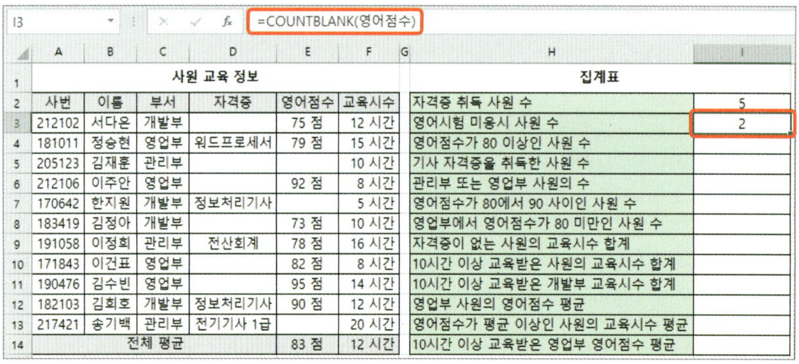

I3 | =COUNTBLANK(영어점수)

사번	이름	부서	자격증	영어점수	교육시수	집계표	
212102	서다온	개발부		75 점	12 시간	자격증 취득 사원 수	5
181011	정승현	영업부	워드프로세서	79 점	15 시간	영어시험 미응시 사원 수	2
205123	김재훈	관리부			10 시간	영어점수가 80 이상인 사원 수	
212106	이주안	영업부		92 점	8 시간	기사 자격증을 취득한 사원 수	
170642	한지원	개발부	정보처리기사		5 시간	관리부 또는 영업부 사원의 수	
183419	김정아	개발부		73 점	10 시간	영어점수가 80에서 90 사이인 사원 수	
191058	이정회	관리부	전산회계	78 점	16 시간	영업부에서 영어점수가 80 미만인 사원 수	
171843	이건표	영업부		82 점	8 시간	자격증이 없는 사원의 교육시수 합계	
190476	김수빈	영업부		95 점	14 시간	10시간 이상 교육받은 사원의 교육시수 합계	
182103	김회호	개발부	정보처리기사	90 점	12 시간	10시간 이상 교육받은 개발부 교육시수 합계	
217421	송기백	관리부	전기기사 1급		20 시간	영업부 사원의 영어점수 평균	
전체 평균				83 점	12 시간	영어점수가 평균 이상인 사원의 교육시수 평균	
						10시간 이상 교육받은 영업부 영어점수 평균	

TIP COUNTBLANK 함수는 값이 없는 셀의 개수를 계산한다. 키보드의 Space Bar로 입력하는 공백 문자(" ")는 하나의 문자 데이터이므로, COUNTBLANK 함수에서는 개수 계산에 포함시키지 않는다. COUNTBLANK 함수나 COUNTA 함수를 사용할 때는 공백 문자만 입력된 셀이 없도록 주의한다.

기본예제 6-9 주어진 조건에 맞는 사원 수 계산하기

COUNTIF 함수와 COUNTIFS 함수를 사용하여 주어진 조건에 맞는 사원 수를 계산해 보자. 조건이 하나 이상인 경우 덧셈(+)이나 뺄셈(−)을 조합하여 구할 수도 있고 COUNTIFS 함수를 사용할 수도 있다. 실습 예제를 통해 함수의 활용 방법을 익혀 보자.

01 '교육' 시트의 I4 셀에 *=COUNTIF(영어점수, ">=80")* 수식을 입력하여 영어점수가 80점 이상인 사원 수를 구한다.

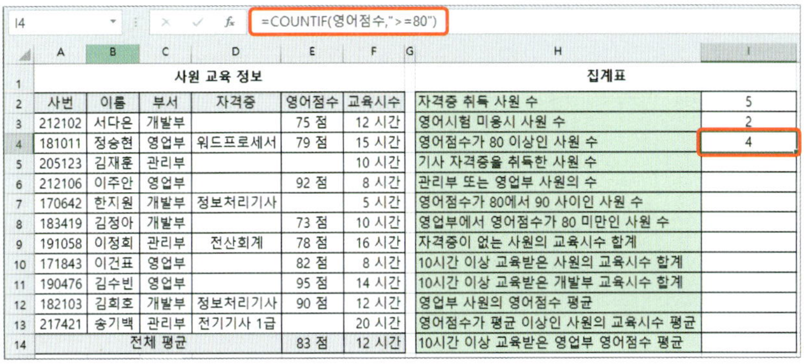
I4 | =COUNTIF(영어점수,">=80")

	A	B	C	D	E	F	G	H	I
1	사원 교육 정보							집계표	
2	사번	이름	부서	자격증	영어점수	교육시수		자격증 취득 사원 수	5
3	212102	서다은	개발부		75 점	12 시간		영어시험 미응시 사원 수	2
4	181011	정승현	영업부	워드프로세서	79 점	15 시간		영어점수가 80 이상인 사원 수	4
5	205123	김재훈	관리부			10 시간		기사 자격증을 취득한 사원 수	
6	212106	이주안	영업부		92 점	8 시간		관리부 또는 영업부 사원의 수	
7	170642	한지원	개발부	정보처리기사		5 시간		영어점수가 80에서 90 사이인 사원 수	
8	183419	김정아	개발부		73 점	10 시간		영업부에서 영어점수가 80 미만인 사원 수	
9	191058	이정회	관리부	전산회계	78 점	16 시간		자격증이 없는 사원의 교육시수 합계	
10	171843	이건표	영업부		82 점	8 시간		10시간 이상 교육받은 사원의 교육시수 합계	
11	190476	김수빈	영업부		95 점	14 시간		10시간 이상 교육받은 개발부 교육시수 합계	
12	182103	김회호	개발부	정보처리기사	90 점	12 시간		영업부 사원의 영어점수 평균	
13	217421	송기백	관리부	전기기사 1급		20 시간		영어점수가 평균 이상인 사원의 교육시수 평균	
14	전체 평균				83 점	12 시간		10시간 이상 교육받은 영업부 영어점수 평균	

TIP IF 함수와 달리 COUNTIF 함수에서는 조건을 큰따옴표("")로 묶어 ">=80"으로 표현한다.

02 기사 자격증을 취득한 사원 수를 구하기 위해 I5 셀에 *=COUNTIF(자격증, "*기사*")* 수식을 입력한다.

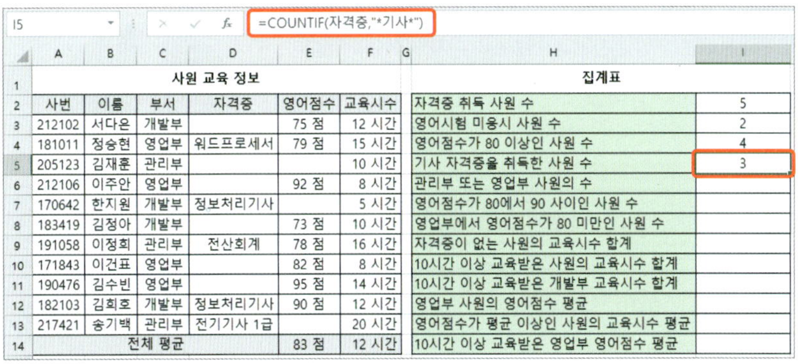
I5 | =COUNTIF(자격증,"*기사*")

	A	B	C	D	E	F	G	H	I
1	사원 교육 정보							집계표	
2	사번	이름	부서	자격증	영어점수	교육시수		자격증 취득 사원 수	5
3	212102	서다은	개발부		75 점	12 시간		영어시험 미응시 사원 수	2
4	181011	정승현	영업부	워드프로세서	79 점	15 시간		영어점수가 80 이상인 사원 수	4
5	205123	김재훈	관리부			10 시간		기사 자격증을 취득한 사원 수	3
6	212106	이주안	영업부		92 점	8 시간		관리부 또는 영업부 사원의 수	
7	170642	한지원	개발부	정보처리기사		5 시간		영어점수가 80에서 90 사이인 사원 수	
8	183419	김정아	개발부		73 점	10 시간		영업부에서 영어점수가 80 미만인 사원 수	
9	191058	이정회	관리부	전산회계	78 점	16 시간		자격증이 없는 사원의 교육시수 합계	
10	171843	이건표	영업부		82 점	8 시간		10시간 이상 교육받은 사원의 교육시수 합계	
11	190476	김수빈	영업부		95 점	14 시간		10시간 이상 교육받은 개발부 교육시수 합계	
12	182103	김회호	개발부	정보처리기사	90 점	12 시간		영업부 사원의 영어점수 평균	
13	217421	송기백	관리부	전기기사 1급		20 시간		영어점수가 평균 이상인 사원의 교육시수 평균	
14	전체 평균				83 점	12 시간		10시간 이상 교육받은 영업부 영어점수 평균	

TIP 조건식에 사용한 별표(*)는 글자 수와 관계 없이 임의의 문자와 일치시키는 와일드카드 문자로, 검색 조건에 사용된다. 글자 수도 검색 조건에 사용하려면 "????기사"처럼 물음표(?)를 와일드카드 문자로 사용할 수 있다.

03 I6 셀에 *=COUNTIF(부서,"=관리부")+COUNTIF(부서,"=영업부")* 수식을 입력해 관리부 또는 영업부 사원의 수를 구한다.

I6 | =COUNTIF(부서,"=관리부")+COUNTIF(부서,"=영업부")

	A	B	C	D	E	F	G	H	I
1	사원 교육 정보							집계표	
2	사번	이름	부서	자격증	영어점수	교육시수		자격증 취득 사원 수	5
3	212102	서다은	개발부		75 점	12 시간		영어시험 미응시 사원 수	2
4	181011	정승현	영업부	워드프로세서	79 점	15 시간		영어점수가 80 이상인 사원 수	4
5	205123	김재훈	관리부			10 시간		기사 자격증을 취득한 사원 수	3
6	212106	이주안	영업부		92 점	8 시간		관리부 또는 영업부 사원의 수	7
7	170642	한지원	개발부	정보처리기사		5 시간		영어점수가 80에서 90 사이인 사원 수	
8	183419	김정아	개발부		73 점	10 시간		영업부에서 영어점수가 80 미만인 사원 수	
9	191058	이정희	관리부	전산회계	78 점	16 시간		자격증이 없는 사원의 교육시수 합계	
10	171843	이건표	영업부		82 점	8 시간		10시간 이상 교육받은 사원의 교육시수 합계	
11	190476	김수빈	영업부		95 점	14 시간		10시간 이상 교육받은 개발부 교육시수 합계	
12	182103	김희호	개발부	정보처리기사	90 점	12 시간		영업부 사원의 영어점수 평균	
13	217421	송기백	관리부	전기기사 1급		20 시간		영어점수가 평균 이상인 사원의 교육시수 평균	
14	전체 평균				83 점	12 시간		10시간 이상 교육받은 영업부 영어점수 평균	

TIP 조건에 사용한 등호(=) 연산자는 생략이 가능하므로 *=COUNTIF(부서,"관리부")+COUNTIF(부서,"영업부")*로 작성해도 된다.

여기서 잠깐 **COUNTIF 함수의 조건 결합 방법**

COUNTIF 함수의 조건에는 OR이나 AND를 사용할 수 없으므로 덧셈(+)과 뺄셈(–)을 이용해 조건을 결합한다. 예를 들어, 관리부 또는 영업부 사원의 수는 관리부 사원의 수와 영업부 사원의 수를 더해서 구할 수 있다.

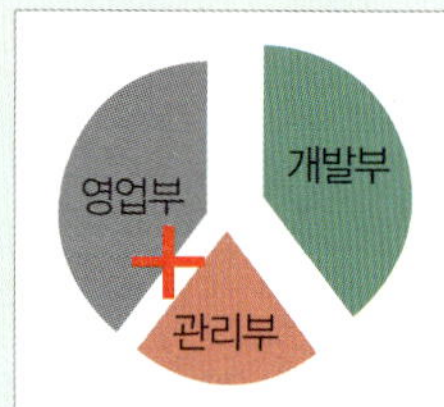

04 영어점수가 80에서 90 사이인 사원 수를 구하기 위해 I7 셀에 *=COUNTIF(영어점수,">=80")–COUNTIF(영어점수,">90")* 수식을 입력한다.

I7 | =COUNTIF(영어점수,">=80")-COUNTIF(영어점수,">90")

	A	B	C	D	E	F	G	H	I
1	사원 교육 정보							집계표	
2	사번	이름	부서	자격증	영어점수	교육시수		자격증 취득 사원 수	5
3	212102	서다은	개발부		75 점	12 시간		영어시험 미응시 사원 수	2
4	181011	정승현	영업부	워드프로세서	79 점	15 시간		영어점수가 80 이상인 사원 수	4
5	205123	김재훈	관리부			10 시간		기사 자격증을 취득한 사원 수	3
6	212106	이주안	영업부		92 점	8 시간		관리부 또는 영업부 사원의 수	7
7	170642	한지원	개발부	정보처리기사		5 시간		영어점수가 80에서 90 사이인 사원 수	2
8	183419	김정아	개발부		73 점	10 시간		영업부에서 영어점수가 80 미만인 사원 수	
9	191058	이정희	관리부	전산회계	78 점	16 시간		자격증이 없는 사원의 교육시수 합계	
10	171843	이건표	영업부		82 점	8 시간		10시간 이상 교육받은 사원의 교육시수 합계	
11	190476	김수빈	영업부		95 점	14 시간		10시간 이상 교육받은 개발부 교육시수 합계	
12	182103	김희호	개발부	정보처리기사	90 점	12 시간		영업부 사원의 영어점수 평균	
13	217421	송기백	관리부	전기기사 1급		20 시간		영어점수가 평균 이상인 사원의 교육시수 평균	
14	전체 평균				83 점	12 시간		10시간 이상 교육받은 영업부 영어점수 평균	

TIP 다음 그림과 같이 뺄셈(-)을 이용하여 빗금 영역을 계산하면 영어점수가 80 이상 90 이하인 사원의 수를 구할 수 있다.

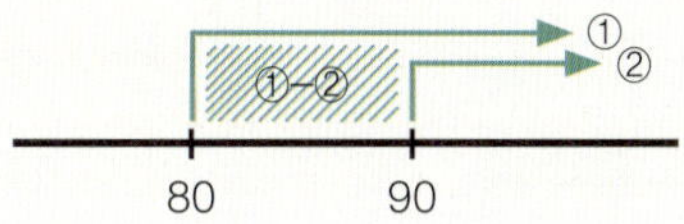

05 영업부에서 영어점수가 80 미만인 사원 수를 구하기 위해 I8 셀에 *=COUNTIFS(부서, "영업부", 영어점수, "<80")* 수식을 입력한다.

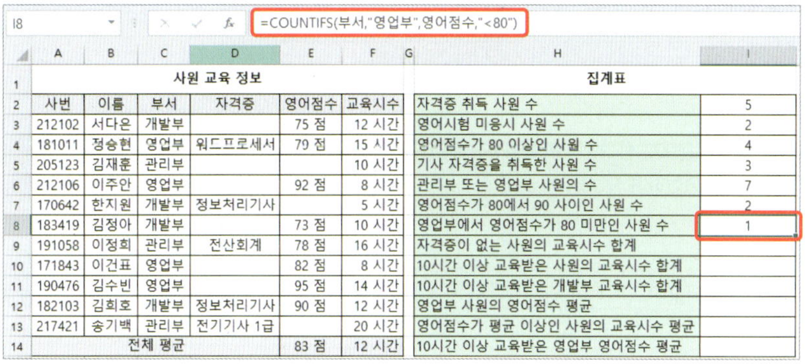

I8 =COUNTIFS(부서,"영업부",영어점수,"<80")

	A	B	C	D	E	F	G	H	I
1	사원 교육 정보							집계표	
2	사번	이름	부서	자격증	영어점수	교육시수		자격증 취득 사원 수	5
3	212102	서다은	개발부		75 점	12 시간		영어시험 미응시 사원 수	2
4	181011	정승현	영업부	워드프로세서	79 점	15 시간		영어점수가 80 이상인 사원 수	4
5	205123	김재훈	관리부			10 시간		기사 자격증을 취득한 사원 수	3
6	212106	이주안	영업부		92 점	8 시간		관리부 또는 영업부 사원의 수	7
7	170642	한지원	개발부	정보처리기사		5 시간		영어점수가 80에서 90 사이인 사원 수	2
8	183419	김정아	개발부		73 점	10 시간		영업부에서 영어점수가 80 미만인 사원 수	1
9	191058	이정희	관리부	전산회계	78 점	16 시간		자격증이 없는 사원의 교육시수 합계	
10	171843	이건표	영업부		82 점	8 시간		10시간 이상 교육받은 사원의 교육시수 합계	
11	190476	김수빈	영업부		95 점	14 시간		10시간 이상 교육받은 개발부 교육시수 합계	
12	182103	김희호	개발부	정보처리기사	90 점	12 시간		영업부 사원의 영어점수 평균	
13	217421	송기백	관리부	전기기사 1급		20 시간		영어점수가 평균 이상인 사원의 교육시수 평균	
14	전체 평균				83 점	12 시간		10시간 이상 교육받은 영업부 영어점수 평균	

TIP 두 가지 이상의 조건을 모두 만족하는 값의 개수를 구하려면 COUNTIFS 함수를 사용한다. 단계 04의 영어점수 80 이상 90 이하인 사원 수를 구할 때도 *=COUNTIFS(영어점수,">=80",영어점수,"<=90")* 수식을 사용해도 된다.

2.2 조건에 맞는 값의 합계를 구하는 함수

총점이나 교육시수 합계와 같이 지정한 모든 셀 값의 합계를 구할 때는 SUM 함수를 사용한다. 만약 특정 조건에 맞는 셀 값만의 합계를 구하는 경우라면 SUMIF 함수나 SUMIFS 함수를 사용할 수 있다.

함수명과 인수	기능
SUMIF(range, criteria, sum_range)	주어진 조건에 따라 지정된 셀들의 합을 구한다.
SUMIFS(sum_range, criteria_range, criteria, …)	조건이 둘 이상일 때 지정되는 셀의 합을 구한다.

기본예제 6-10 조건에 맞는 값의 합계 계산하기

SUMIF 함수와 SUMIFS 함수를 사용하여 자격증이 없는 사원의 교육시수 합계, 10시간 이상 교육받은 사원의 교육시수 합계, 개발부 소속이면서 10시간 이상 교육받은 사원의 교육시수 합계를 계산해 보자.

01 '교육' 시트의 I9 셀에 *=SUMIF(자격증,"",교육시수)* 수식을 입력해 자격증이 없는 사원의 교육시수 합계를 구한다.

I9 | =SUMIF(자격증,"",교육시수)

	A	B	C	D	E	F	G	H	I
1	사원 교육 정보							집계표	
2	사번	이름	부서	자격증	영어점수	교육시수		자격증 취득 사원 수	5
3	212102	서다온	개발부		75 점	12 시간		영어시험 미응시 사원 수	2
4	181011	정승현	영업부	워드프로세서	79 점	15 시간		영어점수가 80 이상인 사원 수	4
5	205123	김재훈	관리부			10 시간		기사 자격증을 취득한 사원 수	3
6	212106	이주안	영업부		92 점	8 시간		관리부 또는 영업부 사원의 수	7
7	170642	한지원	개발부	정보처리기사		5 시간		영어점수가 80에서 90 사이인 사원 수	2
8	183419	김정아	개발부		73 점	10 시간		영업부에서 영어점수가 80 미만인 사원 수	1
9	191058	이정희	관리부	전산회계	78 점	16 시간		자격증이 없는 사원의 교육시수 합계	62
10	171843	이건표	영업부		82 점	8 시간		10시간 이상 교육받은 사원의 교육시수 합계	
11	190476	김수빈	영업부		95 점	14 시간		10시간 이상 교육받은 개발부 교육시수 합계	
12	182103	김희호	개발부	정보처리기사	90 점	12 시간		영업부 사원의 영어점수 평균	
13	217421	송기백	관리부	전기기사 1급		20 시간		영어점수가 평균 이상인 사원의 교육시수 평균	
14	전체 평균				83 점	12 시간		10시간 이상 교육받은 영업부 영어점수 평균	

TIP 만약 자격증이 있는 사원을 검사 조건으로 한다면 *=SUMIF(자격증,"<>"&"",교육시수)* 수식을 사용하면 된다. SUMIF 함수의 조건식에는 IF 함수처럼 다른 함수를 중첩하여 사용할 수 없다.

02 10시간 이상 교육받은 사원의 교육시수 합계를 구하기 위해 I10 셀에 *=SUMIF(교육시수,">=10")* 수식을 입력한다.

I10 | =SUMIF(교육시수,">=10")

	A	B	C	D	E	F	G	H	I
1	사원 교육 정보							집계표	
2	사번	이름	부서	자격증	영어점수	교육시수		자격증 취득 사원 수	5
3	212102	서다온	개발부		75 점	12 시간		영어시험 미응시 사원 수	2
4	181011	정승현	영업부	워드프로세서	79 점	15 시간		영어점수가 80 이상인 사원 수	4
5	205123	김재훈	관리부			10 시간		기사 자격증을 취득한 사원 수	3
6	212106	이주안	영업부		92 점	8 시간		관리부 또는 영업부 사원의 수	7
7	170642	한지원	개발부	정보처리기사		5 시간		영어점수가 80에서 90 사이인 사원 수	2
8	183419	김정아	개발부		73 점	10 시간		영업부에서 영어점수가 80 미만인 사원 수	1
9	191058	이정희	관리부	전산회계	78 점	16 시간		자격증이 없는 사원의 교육시수 합계	62
10	171843	이건표	영업부		82 점	8 시간		10시간 이상 교육받은 사원의 교육시수 합계	109
11	190476	김수빈	영업부		95 점	14 시간		10시간 이상 교육받은 개발부 교육시수 합계	
12	182103	김희호	개발부	정보처리기사	90 점	12 시간		영업부 사원의 영어점수 평균	
13	217421	송기백	관리부	전기기사 1급		20 시간		영어점수가 평균 이상인 사원의 교육시수 평균	
14	전체 평균				83 점	12 시간		10시간 이상 교육받은 영업부 영어점수 평균	

TIP SUMIF 함수에서는 조건의 범위를 나타내는 첫 번째 인수(range)와 합계를 계산할 범위를 나타내는 세 번째 인수(sum_range)가 동일한 경우, 세 번째 인수(sum_range)를 생략할 수 있다.

03 10시간 이상 교육받은 개발부 사원의 교육시수 합계를 구하기 위해 I11 셀에 *=SUMIFS(교육시수, 교육시수, ">=10", 부서, "개발부")* 수식을 입력한다.

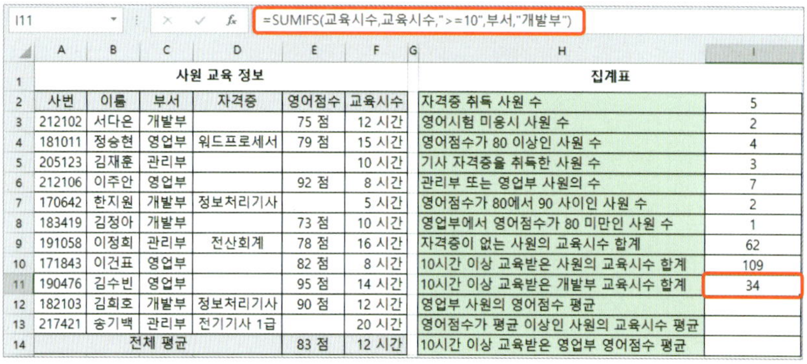
I11 =SUMIFS(교육시수,교육시수,">=10",부서,"개발부")

	A	B	C	D	E	F	G	H	I
1	사원 교육 정보							집계표	
2	사번	이름	부서	자격증	영어점수	교육시수		자격증 취득 사원 수	5
3	212102	서다온	개발부		75 점	12 시간		영어시험 미응시 사원 수	2
4	181011	정승현	영업부	워드프로세서	79 점	15 시간		영어점수가 80 이상인 사원 수	4
5	205123	김재훈	관리부			10 시간		기사 자격증을 취득한 사원 수	3
6	212106	이주안	영업부		92 점	8 시간		관리부 또는 영업부 사원의 수	7
7	170642	한지원	개발부	정보처리기사		5 시간		영어점수가 80에서 90 사이인 사원 수	2
8	183419	김정아	개발부		73 점	10 시간		영업부에서 영어점수가 80 미만인 사원 수	1
9	191058	이정회	관리부	전산회계	78 점	16 시간		자격증이 없는 사원의 교육시수 합계	62
10	171843	이건표	영업부		82 점	8 시간		10시간 이상 교육받은 사원의 교육시수 합계	109
11	190476	김수빈	영업부		95 점	14 시간		10시간 이상 교육받은 개발부 교육시수 합계	34
12	182103	김회호	개발부	정보처리기사	90 점	12 시간		영업부 사원의 영어점수 평균	
13	217421	송기백	관리부	전기기사 1급		20 시간		영어점수가 평균 이상인 사원의 교육시수 평균	
14	전체 평균				83 점	12 시간		10시간 이상 교육받은 영업부 영어점수 평균	

TIP 두 가지 이상의 조건을 모두 만족하는 경우의 합계는 SUMIFS 함수로 구할 수 있다. 이때, 합계를 구할 값의 범위를 첫 번째 인수로 지정한다.

2.3 조건에 맞는 값의 평균을 구하는 함수

특정 조건에 부합하는 셀 값의 합계를 구하는 SUMIF 함수나 SUMIFS 함수처럼 특정 조건에 맞는 값의 평균을 구할 때 사용할 수 있는 함수에는 AVERAGEIF 함수와 AVERAGEIFS 함수가 있다.

함수명과 인수	기능
AVERAGEIF(range, criteria, average_range)	주어진 조건에 따라 지정되는 셀의 평균을 구한다.
AVERAGEIFS(average_range, criteria_range, criteria, …)	조건이 둘 이상일 때 지정되는 셀의 평균을 구한다.

기본예제 6-11 조건에 맞는 값의 평균 계산하기

AVERAGEIF 함수와 AVERAGEIFS 함수를 사용하여 영업부 사원의 영어점수 평균, 평균 이상의 영어점수를 받은 사원의 교육시수 평균, 10시간 이상 교육받은 영업부 사원의 영어점수 평균을 계산해 보자.

01 영업부 사원의 영어점수 평균을 구하기 위해 I12 셀에 *=AVERAGEIF(부서,"영업부",영어점수)* 수식을 입력한다.

I12 | =AVERAGEIF(부서,"영업부",영어점수)

	사원 교육 정보						집계표	
2	사번	이름	부서	자격증	영어점수	교육시수	자격증 취득 사원 수	5
3	212102	서다은	개발부		75 점	12 시간	영어시험 미응시 사원 수	2
4	181011	정승현	영업부	워드프로세서	79 점	15 시간	영어점수가 80 이상인 사원 수	4
5	205123	김재훈	관리부			10 시간	기사 자격증을 취득한 사원 수	3
6	212106	이주안	영업부		92 점	8 시간	관리부 또는 영업부 사원의 수	7
7	170642	한지원	개발부	정보처리기사		5 시간	영어점수가 80에서 90 사이인 사원 수	2
8	183419	김정아	개발부		73 점	10 시간	영업부에서 영어점수가 80 미만인 사원 수	1
9	191058	이정희	관리부	전산회계	78 점	16 시간	자격증이 없는 사원의 교육시수 합계	62
10	171843	이건표	영업부		82 점	8 시간	10시간 이상 교육받은 사원의 교육시수 합계	109
11	190476	김수빈	영업부		95 점	14 시간	10시간 이상 교육받은 개발부 교육시수 합계	34
12	182103	김희호	개발부	정보처리기사	90 점	12 시간	영업부 사원의 영어점수 평균	87
13	217421	송기백	관리부	전기기사 1급		20 시간	영어점수가 평균 이상인 사원의 교육시수 평균	
14	전체 평균				83 점	12 시간	10시간 이상 교육받은 영업부 영어점수 평균	

TIP AVERAGEIF 함수의 세 번째 인수(average_range)에 평균을 구할 값의 범위를 지정한다.

02 영어점수가 평균 이상인 사원의 교육시수 평균을 구하기 위해 I13 셀에 *=ROUND(AVERAGEIF(영어점수,">="&E14,교육시수),1)* 수식을 입력한다. 계산한 평균 값을 소수 첫째 자리로 반올림하기 위해 ROUND 함수를 이용한다.

I13 | =ROUND(AVERAGEIF(영어점수,">="&E14,교육시수),1)

	사원 교육 정보						집계표	
2	사번	이름	부서	자격증	영어점수	교육시수	자격증 취득 사원 수	5
3	212102	서다은	개발부		75 점	12 시간	영어시험 미응시 사원 수	2
4	181011	정승현	영업부	워드프로세서	79 점	15 시간	영어점수가 80 이상인 사원 수	4
5	205123	김재훈	관리부			10 시간	기사 자격증을 취득한 사원 수	3
6	212106	이주안	영업부		92 점	8 시간	관리부 또는 영업부 사원의 수	7
7	170642	한지원	개발부	정보처리기사		5 시간	영어점수가 80에서 90 사이인 사원 수	2
8	183419	김정아	개발부		73 점	10 시간	영업부에서 영어점수가 80 미만인 사원 수	1
9	191058	이정희	관리부	전산회계	78 점	16 시간	자격증이 없는 사원의 교육시수 합계	62
10	171843	이건표	영업부		82 점	8 시간	10시간 이상 교육받은 사원의 교육시수 합계	109
11	190476	김수빈	영업부		95 점	14 시간	10시간 이상 교육받은 개발부 교육시수 합계	34
12	182103	김희호	개발부	정보처리기사	90 점	12 시간	영업부 사원의 영어점수 평균	87
13	217421	송기백	관리부	전기기사 1급		20 시간	영어점수가 평균 이상인 사원의 교육시수 평균	11.3
14	전체 평균				83 점	12 시간	10시간 이상 교육받은 영업부 영어점수 평균	

TIP AVERAGEIF 함수뿐 아니라 COUNTIF 함수, SUMIF 함수의 조건(criteria)에는 값 대신 셀을 참조할 수 있다. 셀을 참조하는 조건식을 작성할 때는 *"연산자"&셀* 주소 형식으로 입력한다. 값을 참조하는 *">=83"* 대신 *">="&E14*처럼 셀을 참조하면 평균이 바뀌더라도 수식을 다시 작성하지 않아도 된다.

03 10시간 이상 교육받은 영업부 사원의 영어점수 평균을 구하기 위해 I14 셀에 *=AVERAGEIFS(영어점수,교육시수,">=10",부서,"영업부")* 수식을 입력한다.

I14 | =AVERAGEIFS(영어점수,교육시수,">=10",부서,"영업부")

	A	B	C	D	E	F	G	H	I
1	사원 교육 정보							집계표	
2	사번	이름	부서	자격증	영어점수	교육시수		자격증 취득 사원 수	5
3	212102	서다온	개발부		75 점	12 시간		영어시험 미응시 사원 수	2
4	181011	정승현	영업부	워드프로세서	79 점	15 시간		영어점수가 80 이상인 사원 수	4
5	205123	김재훈	관리부			10 시간		기사 자격증을 취득한 사원 수	3
6	212106	이주안	영업부		92 점	8 시간		관리부 또는 영업부 사원의 수	7
7	170642	한지원	개발부	정보처리기사		5 시간		영어점수가 80에서 90 사이인 사원 수	2
8	183419	김정아	개발부		73 점	10 시간		영업부에서 영어점수가 80 미만인 사원 수	1
9	191058	이정회	관리부	전산회계	78 점	16 시간		자격증이 없는 사원의 교육시수 합계	62
10	171843	이건표	영업부		82 점	8 시간		10시간 이상 교육받은 사원의 교육시수 합계	109
11	190476	김수빈	영업부		95 점	14 시간		10시간 이상 교육받은 개발부 교육시수 합계	34
12	182103	김회호	개발부	정보처리기사	90 점	12 시간		영업부 사원의 영어점수 평균	87
13	217421	송기백	관리부	전기기사 1급		20 시간		영어점수가 평균 이상인 사원의 교육시수 평균	11.3
14	전체 평균				83 점	12 시간		10시간 이상 교육받은 영업부 영어점수 평균	87

TIP 10시간 이상 교육받은 영업부 사원은 교육 시수와 부서 조건을 모두 만족해야 하므로 AVERAGEIFS 함수를 사용하여 평균을 계산한다. 이때, 평균을 구할 값의 범위를 첫 번째 인수로 지정한다.

종합예제

지금까지 학습한 논리 함수와 조건에 맞는 값을 구하기 위한 통계 함수를 활용하여 사원별 판매 현황 자료를 만들어 보자.

1 '6장-종합.xlsx', 파일을 열고 '1분기' 시트를 선택한다.

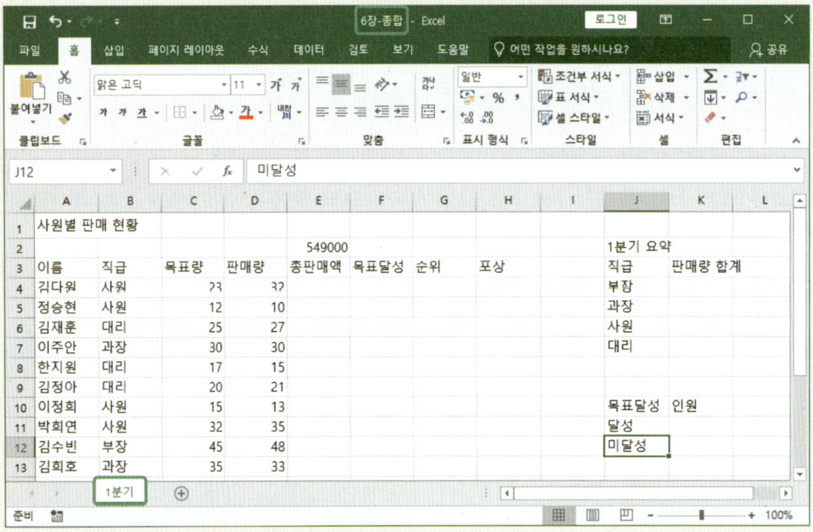

2 A1:H1 범위에 [병합하고 가운데 맞춤]을 적용하고 글꼴은 [굵게], 행 높이는 '21(28픽셀)'로 설정한다.

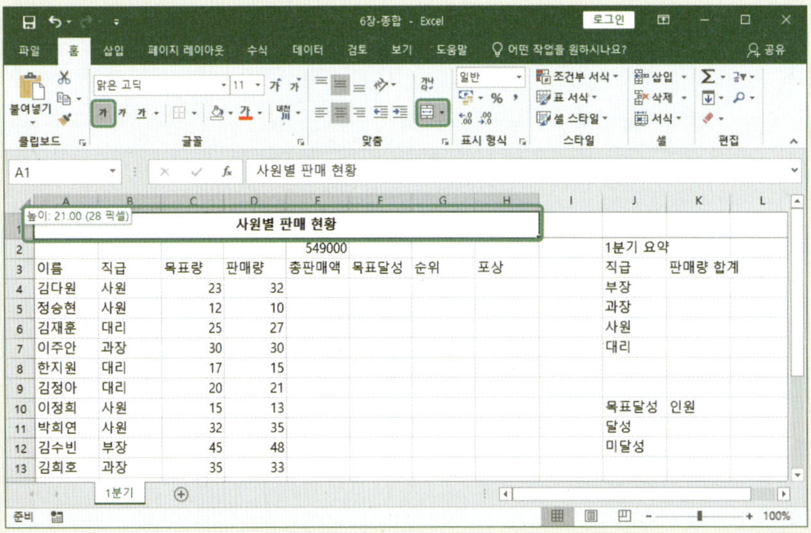

3 A3:H13 범위는 [모든 테두리]와 [가운데 맞춤]을 설정하고 열 너비를 적절하게 조정한다. 필드 제목인 A3:H3 범위는 [황금색, 강조 4, 80% 더 밝게]로 채우기 색을 설정한다.

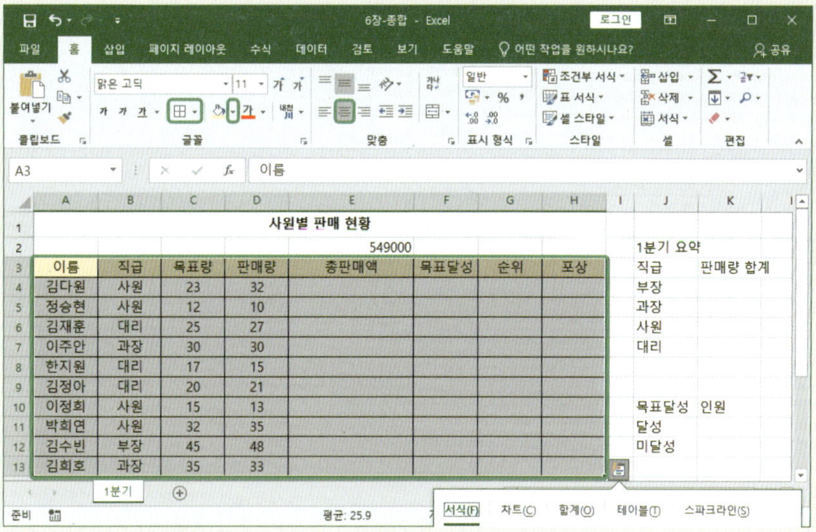

4 J2:K2 범위에 [병합하고 가운데 맞춤]을 적용하고 글꼴을 [굵게]로 설정한다. 요약할 항목에 예제 화면과 같이 셀 테두리, 채우기 색, 가운데 맞춤을 설정한다.

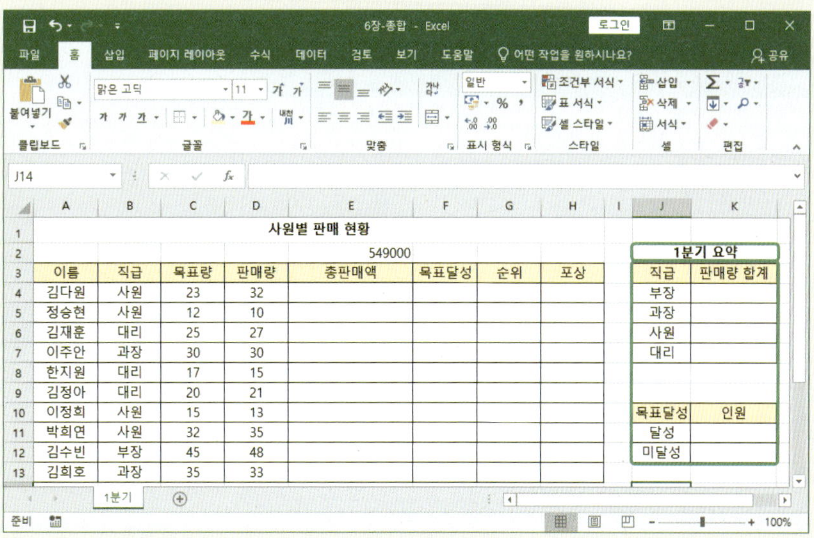

TIP 채우기 색은 [황금색, 강조 4, 80% 더 밝게]로 설정한다.

종합예제

5 '총판매액'은 E2 셀에 입력되어 있는 물품단가에 '판매량'을 곱해 구한다. E4 셀에 *=PRODUCT($E$2,D4)* 수식을 입력하고 채우기 핸들을 더블클릭한다.

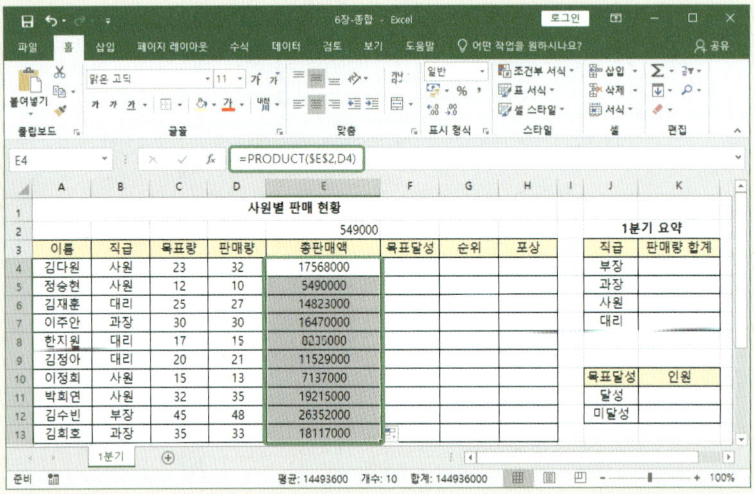

TIP PRODUCT 함수는 인수의 곱을 구하는 함수이므로 수식을 *=$E$2*D4*로 입력해도 된다. 물품단가가 있는 E2 셀은 식을 복사할 때 바뀌지 않도록 F4를 사용하여 절대 참조 형식으로 입력하거나 이름을 정의해서 사용한다.

6 E2 셀과 E4:E13 범위에 [홈] 탭–[맞춤] 그룹–[오른쪽 맞춤]을 적용하고 다음과 같이 사용자 지정 표시 형식을 설정한다.

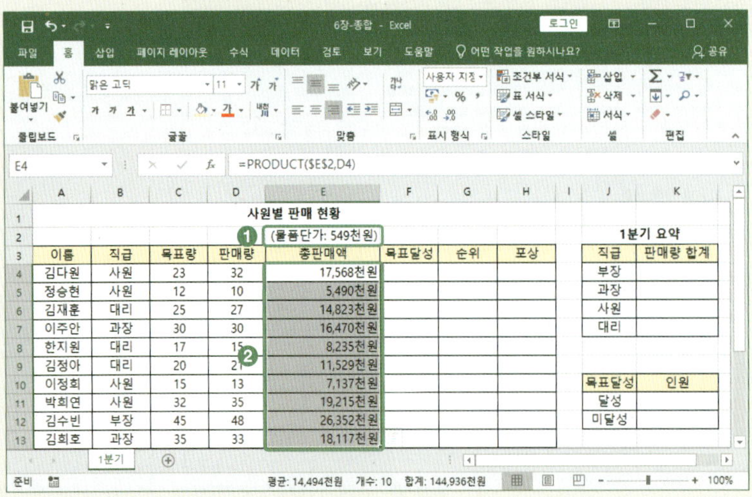

❶ E2 셀의 사용자 지정 표시 형식을 *"(물품단가: "#,##0,"천원)"*으로 설정한다.

❷ E4:E13 범위의 사용자 지정 표시 형식을 *#,##0,"천원"*으로 설정한다.

7 판매량이 목표량 이상이면 '달성', 그렇지 않으면 '미달성'으로 표시하기 위해 F4 셀에 *=IF(D4>=C4, "달성", "미달성")* 수식을 입력하고 채우기 핸들을 더블클릭한다.

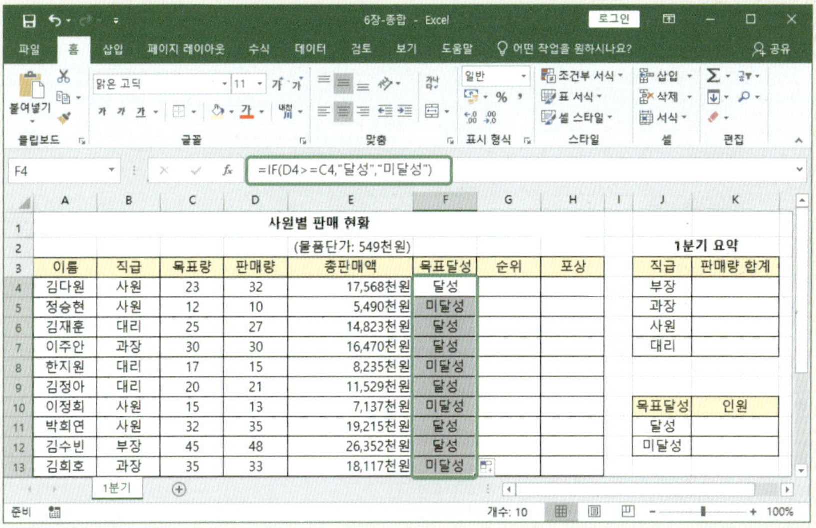

이름	직급	목표량	판매량	총판매액	목표달성	순위	포상
김다원	사원	23	32	17,568천원	달성		
정승현	사원	12	10	5,490천원	미달성		
김재훈	대리	25	27	14,823천원	달성		
이주안	과장	30	30	16,470천원	달성		
한지원	대리	17	15	8,235천원	미달성		
김정아	대리	20	21	11,529천원	달성		
이정희	사원	15	13	7,137천원	미달성		
박희연	사원	32	35	19,215천원	달성		
김수빈	부장	45	48	26,352천원	달성		
김희호	과장	35	33	18,117천원	미달성		

8 '순위'는 '총판매액'을 기준으로 내림차순으로 구한다. G4 셀에 *=RANK.EQ(E4,$E$4:$E$13,0)* 수식을 입력하고 채우기 핸들을 더블클릭한다.

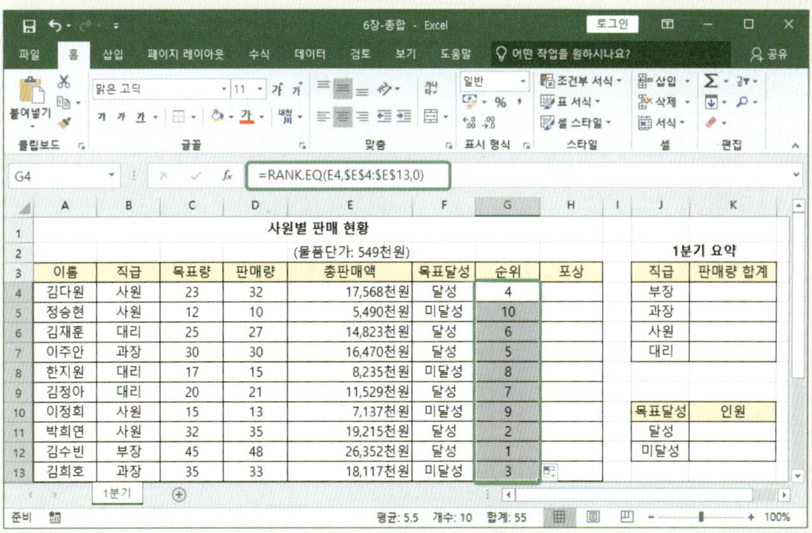

이름	직급	목표량	판매량	총판매액	목표달성	순위	포상
김다원	사원	23	32	17,568천원	달성	4	
정승현	사원	12	10	5,490천원	미달성	10	
김재훈	대리	25	27	14,823천원	달성	6	
이주안	과장	30	30	16,470천원	달성	5	
한지원	대리	17	15	8,235천원	미달성	8	
김정아	대리	20	21	11,529천원	달성	7	
이정희	사원	15	13	7,137천원	미달성	9	
박희연	사원	32	35	19,215천원	달성	2	
김수빈	부장	45	48	26,352천원	달성	1	
김희호	과장	35	33	18,117천원	미달성	3	

종합예제

9 '판매량'이 30 이상이고 '목표달성'이 '달성'이면 '포상'에 '★'를 표시하기 위해 H4 셀에 *=IF(AND(D4>=30,F4="달성"),"★","")* 수식을 입력하고 채우기 핸들을 더블클릭한다.

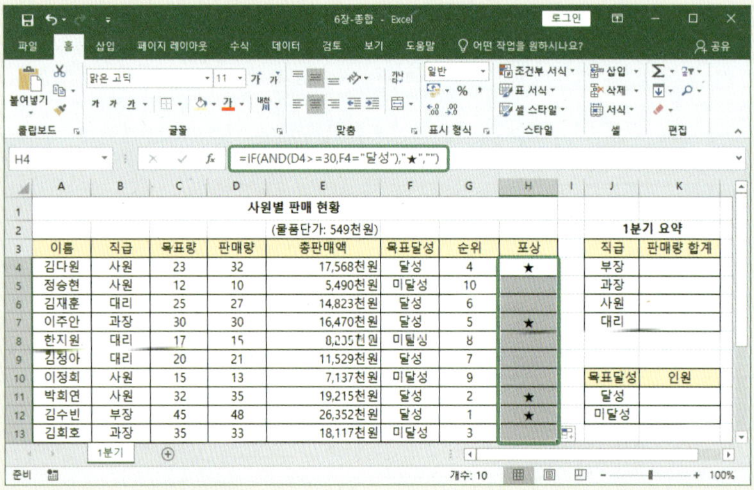

TIP 수식에 기호를 사용할 때는 한글 자음과 한자를 이용하는데 '★' 기호는 한글 자음 ㅁ을 입력하고 한자를 누르면 선택할 수 있다.

10 1분기 요약 정보 중 직급별 판매량 합계를 구하기 위해 K4 셀에 *=SUMIF($B$4:$B$13,J4,$D$4:$D$13)* 수식을 입력하고 채우기 핸들을 더블클릭한다.

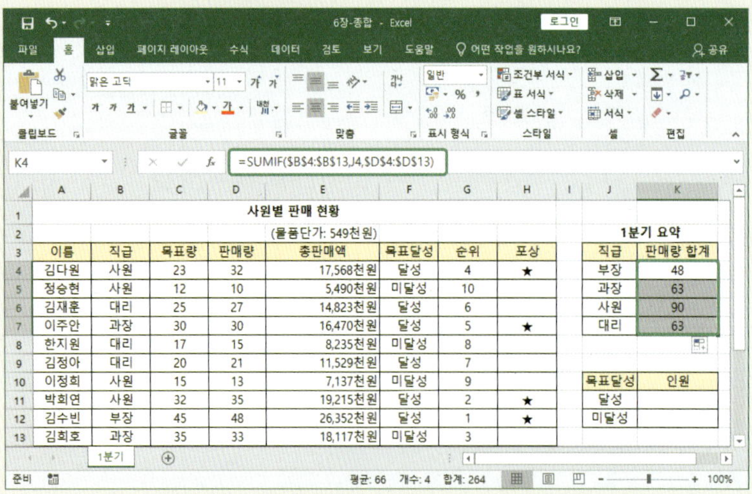

TIP 수식을 복사할 때 조건 검사 범위와 합계 계산 범위가 바뀌지 않도록 절대 참조 형식으로 설정한다. 두 번째 인수인 조건식은 *"="&J4*로 적거나 등호(=)를 생략하고 *J4*만 입력해도 된다.

11 목표달성 인원과 미달성 인원을 구하기 위해 K11 셀에 *=COUNTIF($F$4:$F$13,J11)* 수식을 입력하고 채우기 핸들을 더블클릭한다.

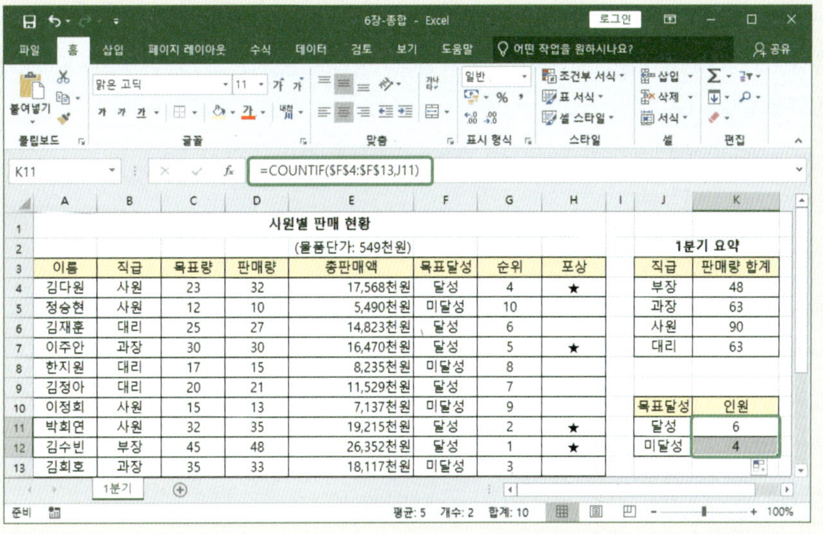

연습 문제

1 '6장-연습.xlsx'의 '연습1' 시트를 열고 다음 조건에 맞는 물품 배송 목록을 작성하시오.

❶ J2 셀에 사용자 지정 표시 형식을 설정하고 '환율'로 이름을 정의하시오.

❷ C4:C13 범위의 표시 형식을 '통화'로 설정하고 소수점 아래 둘째 자리까지 표시되도록 유효 자릿수를 설정하시오.

❸ PRODUCT 함수를 사용하여 '총금액(달러)'을 구하시오. 표시 형식을 '통화'로 설정하고 소수점 아래 둘째 자리까지 표시되도록 유효 자릿수를 설정하시오.

❹ '환율' 이름을 수식에 사용하여 '주문금액'을 구하고 사용자 지정 표시 형식을 설정하시오.
- '주문금액=총금액(달러)*환율'로 구한다.

❺ '주문일', '시작일', '종료일'이 '월-일(요일)'로 표시되도록 사용자 지정 표시 형식을 설정하시오.

❻ '배송여부'는 IF 함수와 AND 함수를 사용하여 '시작일'과 '종료일'이 모두 있는 경우(값이 0보다 크지 검사)에는 '완료', 그 외는 '미완료'로 표시하시오.

❼ IF 함수와 DATEDIF 함수를 사용하여 '배송여부'가 '완료'인 경우에는 '배송기간'을 일 단위로 계산하여 표시하고 그렇지 않은 경우에는 공백("")으로 표시하시오. 사용자 지정 표시 형식을 설정하여 숫자 뒤에 '일'을 표시하시오.

❽ 셀 병합, 셀 테두리와 색 채우기, 글꼴과 맞춤은 예제 화면과 같이 설정하시오.

	A	B	C	D	E	F	G	H	I	J
1	물품 배송 목록									
2									환율	1,150(원/달러)
3	번호	수량	단가(달러)	총금액(달러)	주문금액	주문일	시작일	종료일	배송여부	배송기간
4	13042	35	$15.00	$525.00	총 603,750원	01-20(금)	01-23(월)	01-26(목)	완료	3 일
5	13051	23	$20.00	$460.00	총 529,000원	01-21(토)	01-23(월)	01-26(목)	완료	3 일
6	13052	15	$25.50	$382.50	총 439,875원	01-23(월)	01-23(월)		미완료	
7	13072	30	$12.00	$360.00	총 414,000원	01-23(월)	01-24(화)	01-27(금)	완료	3 일
8	13090	10	$25.50	$255.00	총 293,250원	01-24(화)	01-24(화)		미완료	
9	14075	50	$9.80	$490.00	총 563,500원	01-24(화)	01-25(수)	01-28(토)	완료	3 일
10	15081	35	$25.50	$892.50	총 1,026,375원	01-24(화)			미완료	
11	15091	24	$12.00	$288.00	총 331,200원	01-25(수)	01-26(목)		미완료	
12	16112	23	$12.50	$287.50	총 330,625원	01-25(수)			미완료	
13	16120	25	$15.00	$375.00	총 431,250원	01-26(목)	01-26(목)		미완료	

연습1 | 연습2 | 연습3

2 '6장-연습.xlsx' 파일의 '연습2' 시트를 열고 퀴즈 정오표를 지시대로 작성하시오.

❶ '번호'는 자동 채우기로 일련번호를 입력하시오.

❷ COUNTIF 함수를 사용하여 '정답개수'를 구하시오.

❸ SUMIF 함수를 이용하여 C5:G5 범위의 배점에 따라 '점수'를 계산하시오(퀴즈 1번을 맞힌 경우("O"), 배점인 25를 점수에 가산).

❹ '점수'를 기준으로 각 학생의 순위를 표시하시오.

❺ COUNTIF 함수를 사용하여 각 퀴즈 번호별 정답과 오답의 인원 수를 계산하여 표시하시오.

❻ 셀 병합, 셀 테두리, 색 채우기, 글꼴과 맞춤, 보기 모양(눈금선 표시 없음)을 그림과 같이 설정하시오.

퀴즈 정오표

번호	이름	퀴즈 번호/배점					정답개수	점수	순위
		1	2	3	4	5			
		25	15	20	25	15			
1	강소희	O	X	O	O	O	4	85	7
2	김민욱	X	O	O	O	O	4	75	11
3	나문영	O	O	O	O	O	5	100	1
4	문영희	O	O	X	O	X	3	65	13
5	박수지	O	X	O	O	O	4	85	7
6	박철국	O	O	O	O	O	5	100	1
7	송은희	O	O	O	O	O	5	100	1
8	온지우	X	O	X	X	O	2	30	15
9	이수진	O	O	O	O	O	5	100	1
10	임재진	O	O	O	X	O	4	75	11
11	전희주	O	O	O	O	X	4	85	7
12	정지연	O	O	O	O	O	5	100	1
13	최성수	O	O	O	O	X	4	85	7
14	최수명	X	O	X	O	O	3	55	14
15	홍경화	O	O	O	O	O	5	100	1

퀴즈 문항별 인원 수

번호	O	X
1	12	3
2	13	2
3	12	3
4	13	2
5	12	3

3 '6장-연습.xlsx'의 '연습3' 시트를 열고 성적표를 다음과 같이 작성하시오.

❶ '총인원'은 COUNT 함수를 사용하여 구하고 사용자 지정 표시 형식을 설정하시오. K2 셀의 이름은 '총인원'으로 정의하시오.

❷ IF 함수와 MID 함수를 사용하여 '학번'의 세 번째 자리 값으로 '학과'를 구분해서 표시하시오.
- '1'은 '행정', '2'는 '경영', '3'은 '경제'로 표시한다.

❸ SUM 함수를 사용하여 '총점=중간+기말+과제+출석' 수식으로 총점을 구하시오.

❹ IF 함수와 OR 함수를 사용하여 중간 또는 기말 점수가 15 미만이면 '신청가능', 아니면 공백("")을 '계절학기'에 표시하시오.

❺ '순위'는 RANK.EQ 함수를 사용하여 '총점'을 기준으로 내림차순하여 구하시오.

❻ '등급'은 IF 함수를 사용하여 순위가 총인원수의 30% 이하이면 'A', 60% 이하이면 'B', 그 외는 'C'로 표시하시오.
- 수식에는 K2 셀의 이름인 '총인원'을 사용한다.

❼ COUNTIF 함수를 사용하여 '학과별 인원'을 모두 구하시오.

❽ '학과별 평균'은 AVERAGEIF 함수를 사용하여 각 '학과'별 '총점'의 평균을 계산하시오.

❾ 셀 병합, 셀 테두리와 색 채우기, 글꼴과 맞춤은 그림과 같이 설정하시오.
- 색상과 글꼴 크기는 임의로 선택한다.

성적표

									총인원	16명
학번	이름	학과	중간	기말	과제	출석	총점	계절학기	순위	등급
152214	강소희	경영	30	10	20	8	68	신청가능	13	C
141021	김민욱	행정	30	25	10	8	73		10	C
151301	나문영	행정	30	30	15	10	85		5	B
162416	문영희	경영	23	26	20	10	79		9	B
133572	박수지	경제	28	14	10	8	60	신청가능	16	C
161451	박철국	행정	25	30	17	9	81		7	B
162451	송은희	경영	30	30	10	10	80		8	B
143145	온지우	경제	27	40	20	5	92		4	A
152670	이수진	경영	30	24	19	10	83		6	B
123651	임재진	경제	25	20	14	9	68		13	C
161871	전희주	행정	25	40	20	10	95		1	A
142575	정지연	경영	26	20	16	10	72		11	C
141857	최성수	행정	23	45	15	10	93		3	A
133596	최수명	경제	22	30	10	9	71		12	C
161891	홍경화	행정	10	40	10	8	68	신청가능	13	C
152672	황세경	경영	30	40	18	7	95		1	A

학과별 인원	
행정	6
경영	6
경제	4

학과별 평균	
행정	82.5
경영	79.5
경제	72.8

연습1 | 연습2 | 연습3

CHAPTER

07

실무 함수

학습목표

- 찾기 및 참조 함수를 사용하여 원하는 값을 찾을 수 있다.
- 데이터베이스 함수를 사용하여 데이터 목록에서 조건에 맞는 데이터를 검색할 수 있다.
- 재무 계산 함수를 활용할 수 있다.

EXCEL 2019

SECTION 01

찾기 및 참조 함수 사용하기

함수 라이브러리 중 '찾기/참조 영역' 범주에는 특정 값이나 위치를 기준으로 주어진 범위에서 원하는 값을 찾는 함수들이 있다. 이 함수들을 이용하면 원하는 행/열 번호를 가져오거나 상품 세부 목록을 코드로 검색하여 해당 상품의 품명이나 무게 등을 일일이 입력하지 않아도 원하는 셀에 자동으로 채워 넣을 수 있다. 찾기/참조 영역 함수 중 유용한 몇 가지 함수의 사용법을 알아본다.

1.1 행 번호와 열 번호를 구하는 함수

많은 데이터를 나열할 때는 일련번호로 순서를 정하는 경우가 많은데, 이때 채우기 핸들을 이용하면 번호를 손쉽게 입력할 수 있다. 하지만 이렇게 채운 번호 중 일부가 중간에 삭제되면 번호 순서가 연속적이지 않게 된다.

▲ 연속 데이터 채우기

▲ 순번 2를 삭제

▲ 불연속적인 순번

이런 경우 ROW 함수를 사용하여 행 번호를 구해 순번을 매기면 행이 삭제되어도 다시 연속적으로 채워진다. 열 번호를 구하려면 COLUMN 함수를 이용한다.

함수명과 인수	기능
ROW([reference])	주어진 셀의 행 번호를 구한다. 인수 reference는 하나의 셀 주소를 사용하거나 생략할 수 있다.
COLUMN([reference])	주어진 셀의 열 번호를 구한다. 예를 들어 =COLUMN(D10) 수식은 4를 반환한다.

기본예제 7-1 행 번호를 이용하여 순번 계산하기

일련번호 형식으로 순번을 만들 때 연속 데이터 채우기를 하는 대신 ROW 함수로 행 번호를 계산해서 넣어 보자.

01 '7장.xlsx' 파일을 열고 '배송' 시트를 선택한다.

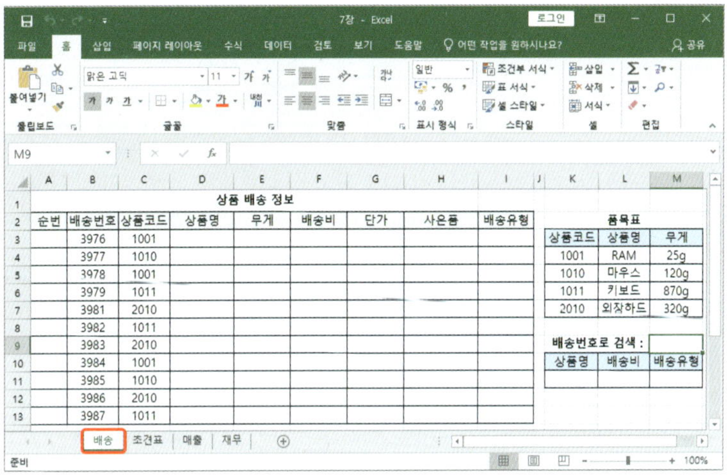

02 A3 셀에 *=ROW()−2* 수식을 입력한다.

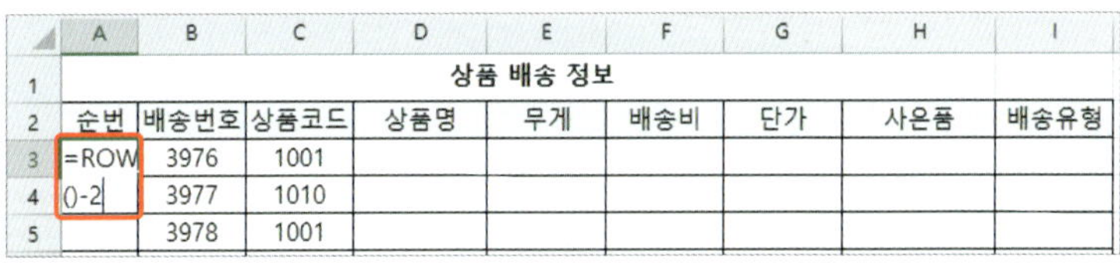

TIP ROW 함수에서 reference 인수를 생략하면 수식이 입력된 현재 셀을 참조하게 되고, *=ROW(A3)−2* 수식과 같다.

03 A3 셀의 채우기 핸들을 더블클릭하여 수식을 복사한다.

04 A7:I7 범위를 선택하고 마우스 오른쪽 단추를 눌러 [삭제]를 선택한다.

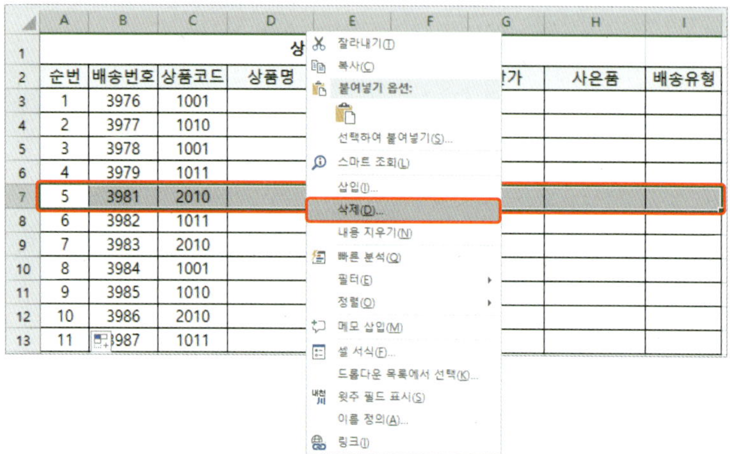

TIP 선택한 셀을 삭제하는 단축키 Ctrl+-를 눌러도 된다.

05 [삭제] 대화상자에서 [셀을 위로 밀기]를 선택하고 [확인]을 누른다.

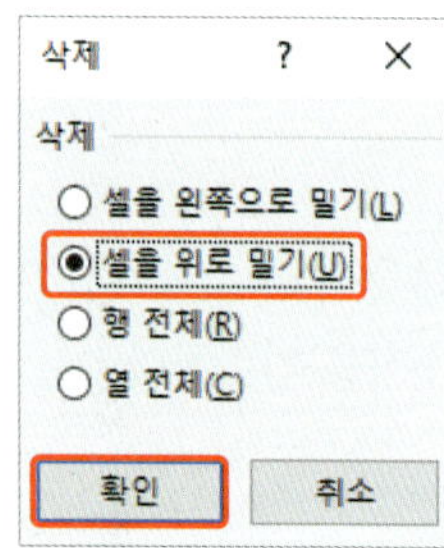

06 행을 삭제해도 ROW 함수를 사용하여 계산한 순번은 연속적인 값을 유지한다.

1.2 열을 기준으로 찾는 함수

일반적으로 정보를 관리할 때는 관리할 대상을 번호나 코드로 구분하는데, 학번, 상품코드, 배송번호 등을 예로 들 수 있다. 학번을 기준으로 이름, 학과, 연락처 등의 학생 정보를 관리하거나 상품코드에 따라 품명, 단가, 무게 등의 상품정보를 관리하고 검색할 수 있다. 많은 상품정보를 매번 직접 입력하는 대신, 상품코드만 입력하면 상품명이나 단가 등이 자동으로 채워지도록 하려면 VLOOKUP(Vertical Lookup) 함수를 사용하면 된다.

함수명과 인수	기능
VLOOKUP(lookup_value, table_array, col_index, range_lookup)	주어진 범위의 첫 열을 검색하여 원하는 항목을 찾아 반환한다.

기본예제 7-2 기준 값으로 열에 있는 정보 찾기

VLOOKUP 함수를 사용하여 상품코드를 기준으로 품목표에서 상품명과 무게를 찾아 셀에 표시해 보자.

01 '배송' 시트에서 D3 셀을 선택하고, [수식] 탭–[함수 라이브러리] 그룹–[찾기/참조 영역] 목록에서 [VLOOKUP]을 선택한다.

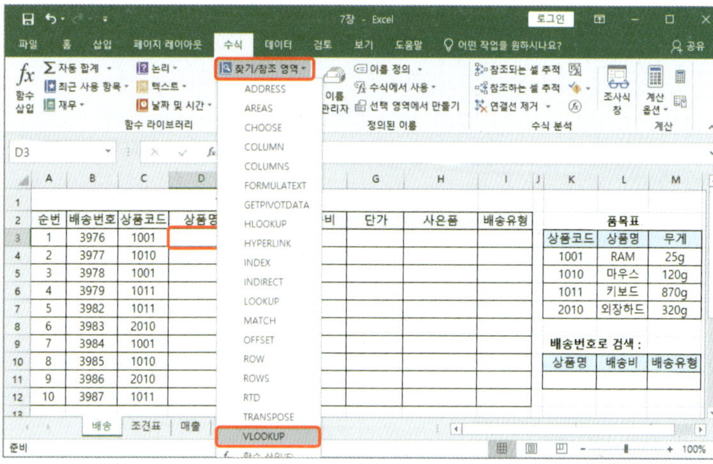

02 [함수 인수] 대화상자의 [Lookup_value] 입력란에 C3을 입력한다.

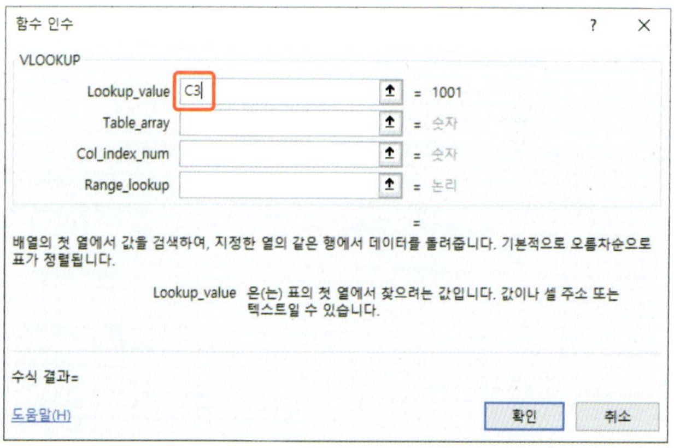

TIP Lookup_value 인수에는 상품명을 찾기 위해 사용할 하나의 기준(키) 값, 즉 상품코드를 입력한다.

03 [Table_array] 입력란에는 K4:M7 범위를 드래그하여 입력하고, 다른 셀로 수식을 복사할 때 범위가 변경되지 않도록 F4를 눌러 절대 참조 형식으로 바꾼다.

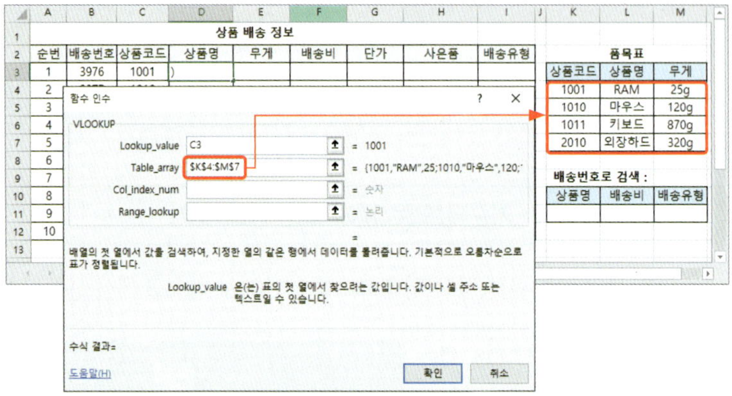

TIP 대화상자에 데이터 영역이 가려져 범위를 선택하기 불편하다면 입력란 오른쪽의 [대화상자 축소] 단추를 이용한다. 선택한 데이터 범위를 절대 참조로 바꾸는 대신 영역 이름을 정의해도 된다.

TIP VLOOKUP 함수의 Table_array 인수는 상품코드를 검색해서 상품명을 가져올 범위이다. 이때 검색 기준인 상품코드 값이 첫 번째 열에 위치해야 한다.

상품코드	상품명	무게
1001	RAM	25g
1010	마우스	120g
1011	키보드	870g
2010	외장하드	320g

검색 범위(Table_array)

첫 번째 열이 검색 기준(=키)

04 [Col_index_num] 입력란에는 2를 입력한다.

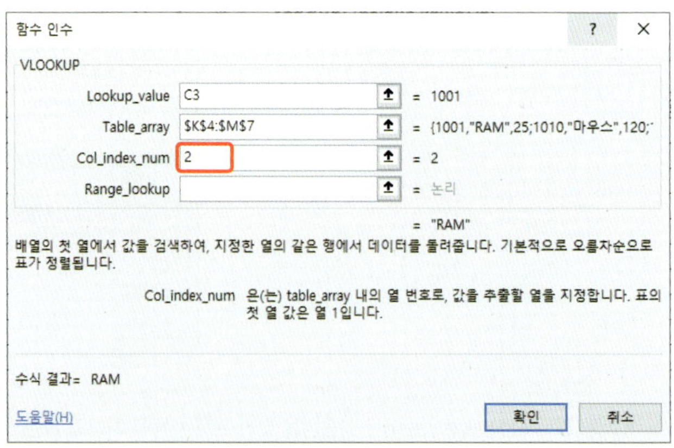

TIP 단계 03에서 지정한 범위(K4:M7) 내에서 추출할 값(상품명)이 위치한 열의 순서 번호가 Col_index_num 인수가 된다. K, L, M 열의 순서 번호는 각각 1, 2, 3이 된다.

K	L	M
품목표		
상품코드	상품명	무게
1001	RAM	25g
1010	마우스	120g
1011	키보드	870g
2010	외장하드	320g

검색 범위(Table_array)

첫 번째 열 / 두 번째 열 / 세 번째 열

05 [Range_lookup] 입력란에 *FALSE*를 입력하고 [확인]을 누른다.

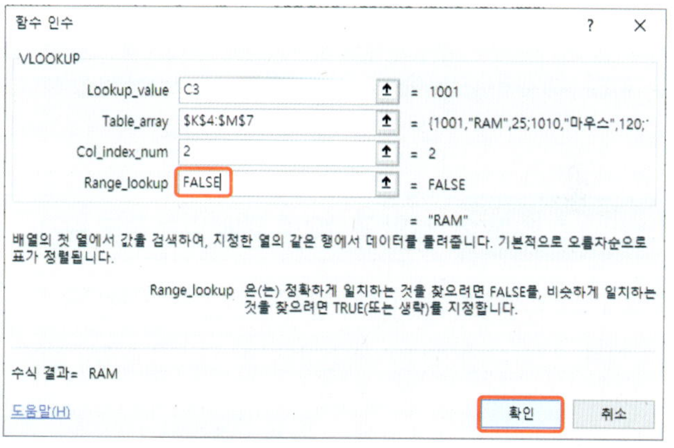

TIP Range_lookup 인수에는 검색 기준과 일치하는 하나의 값을 찾는 것인지(FALSE)와 값의 구간을 찾는 것인지(TRUE)를 지정한다. 구간으로 찾을 때는 아무것도 입력하지 않아도 된다.

06 D3 셀의 채우기 핸들을 더블클릭하여 수식을 복사하면 모든 상품명이 표시된다.

	A	B	C	D	E	F	G	H	I
1	상품 배송 정보								
2	순번	배송번호	상품코드	상품명	무게	배송비	단가	사은품	배송유형
3	1	3976	1001	RAM					
4	2	3977	1010	마우스					
5	3	3978	1001	RAM					
6	4	3979	1011	키보드					
7	5	3982	1011	키보드					
8	6	3983	2010	외장하드					
9	7	3984	1001	RAM					
10	8	3985	1010	마우스					
11	9	3986	2010	외장하드					
12	10	3987	1011	키보드					

07 같은 방법으로 품목표에서 상품코드로 무게를 찾아 표시한다.

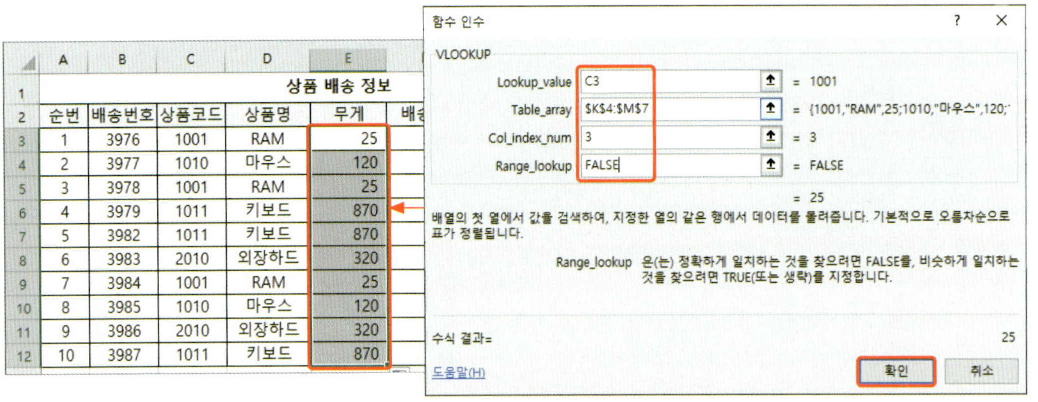

TIP E3 셀에 *=VLOOKUP(C3,$K$4:$M$7,3,FALSE)* 수식을 입력하고, 채우기 핸들로 수식을 복사한다.

기본예제 7-3 값의 구간으로 열에 있는 정보 찾기

VLOOKUP 함수는 정확하게 일치하는 값을 검색할 때도 사용하지만, 값의 구간을 검색할 때도 사용할 수 있다. 상품 무게에 따른 배송비를 '조견표' 시트에서 찾아 셀에 표시해 보자.

01 '배송' 시트에서 F3 셀을 선택하고 [수식] 탭–[함수 라이브러리] 그룹–[찾기/참조 영역] 목록에서 [VLOOKUP]을 선택한다.

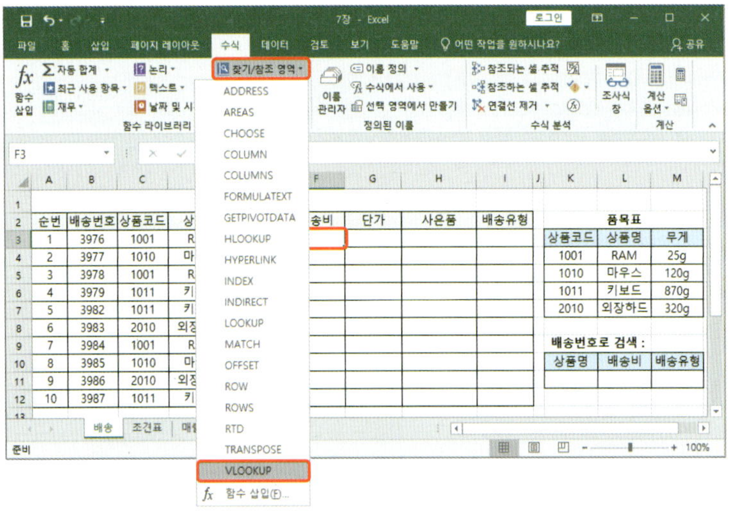

02 [함수 인수] 대화상자의 [Lookup_value] 입력란에 *E3*을 입력한다.

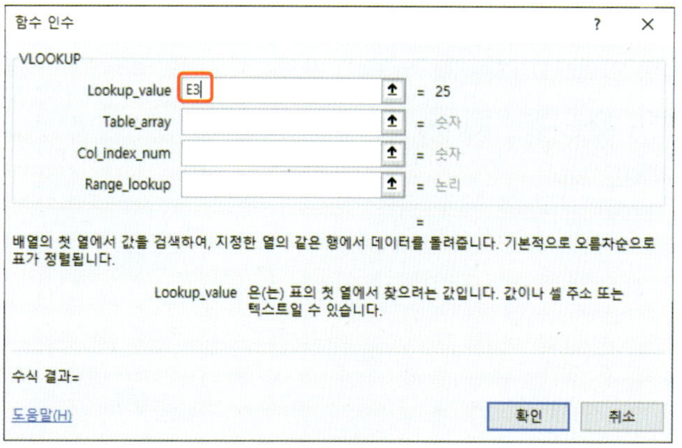

TIP 해당 상품의 '무게'를 기준으로 찾아야 하므로 Lookup_value 인수에 E3 셀을 지정한다.

03 [Table_array] 입력란에는 '조견표' 시트의 A3:B6 범위를 드래그하여 입력하고, F4를 눌러 절대 참조로 바꾼다.

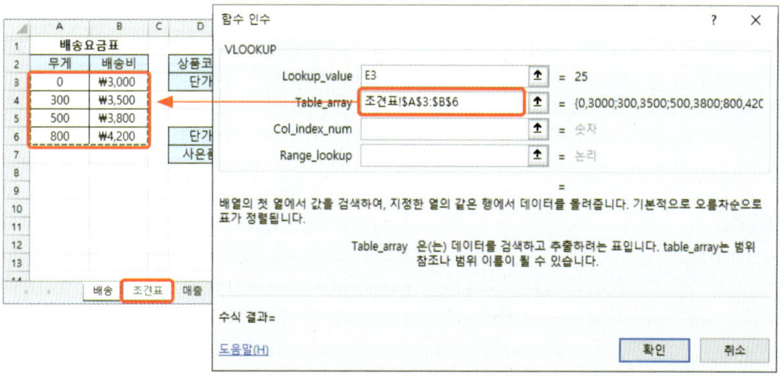

TIP '조견표' 시트를 마우스로 누르면 인수 입력란에 *조견표!* 라고 자동으로 입력된다.

TIP '조견표' 시트에는 무게 구간별로 배송요금이 입력되어 있는데, 이 때 반드시 오름차순으로 무게가 정렬되어 있어야 한다. 검색 기준이 오름차순으로 정렬되어 있지 않으면 VLOOKUP 함수에서 필요한 정보를 찾을 수 없다.

배송요금표	
무게	배송비
0	₩3,000
300	₩3,500
500	₩3,800
800	₩4,200

검색 범위(Table_array)

구간 검색인 경우, 첫 번째 열이 오름차순 정렬되어야 한다.

04 [Col_index_num] 입력란에는 2를 입력하고 [확인]을 누른다. 값의 구간을 찾을 때는 [Range_lookup]은 생략해도 된다.

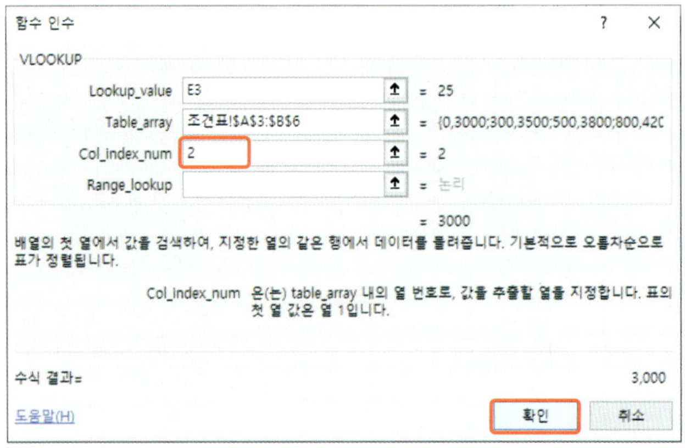

05 F3 셀의 채우기 핸들을 더블클릭해 수식을 복사하면 모든 상품의 배송비가 표시된다.

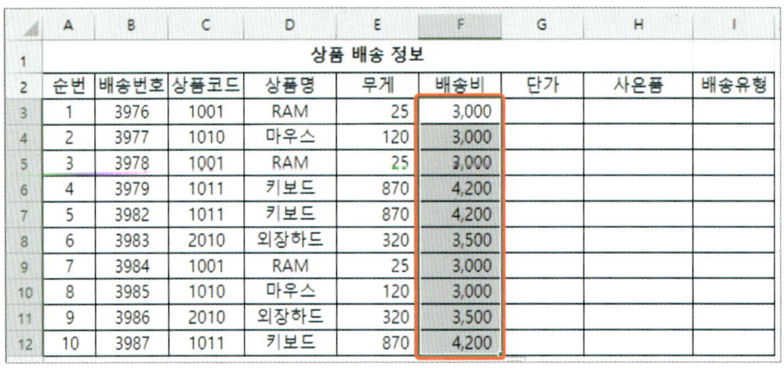

상품 배송 정보

순번	배송번호	상품코드	상품명	무게	배송비	단가	사은품	배송유형
1	3976	1001	RAM	25	3,000			
2	3977	1010	마우스	120	3,000			
3	3978	1001	RAM	25	3,000			
4	3979	1011	키보드	870	4,200			
5	3982	1011	키보드	870	4,200			
6	3983	2010	외장하드	320	3,500			
7	3984	1001	RAM	25	3,000			
8	3985	1010	마우스	120	3,000			
9	3986	2010	외장하드	320	3,500			
10	3987	1011	키보드	870	4,200			

1.3 행을 기준으로 찾는 함수

열이 아닌 행 방향으로 관리되는 목록에서 원하는 값을 검색할 때는 HLOOKUP(Horizontal Lookup) 함수를 사용한다.

함수명과 인수	기능
HLOOKUP(lookup_value, table_array, row_index, range_lookup)	주어진 범위의 첫 행을 검색하여 원하는 항목을 찾아 반환한다.

TIP HLOOKUP 함수의 검색 범위(table_array)에서 검색 기준(키) 값이 첫 번째 행에 있어야 한다.

상품코드	1001	1010	1011	2010
단가	₩65,000	₩17,500	₩45,000	₩139,000

첫 번째 행이 검색 기준

검색 범위(Table_array)

기본예제 7-4 기준 값과 범위로 행에 있는 정보 찾기

HLOOKUP 함수를 사용하여 단가와 사은품 정보를 검색해 보자.

01 '조견표' 시트의 E2:H3 범위를 선택하고 [이름 상자]에 *단가표*를 입력한다.

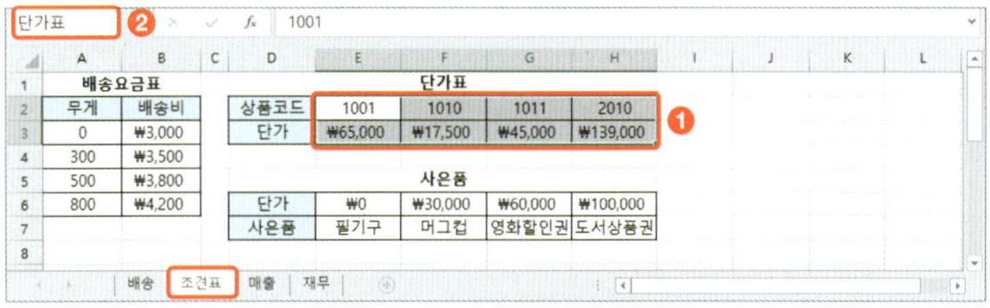

TIP 수식을 간편하고 이해하기 쉽게 만들기 위해 단가표와 사은품 정보에 영역 이름을 먼저 정의해 둔다.

02 '조견표' 시트의 E6:H7 범위를 선택하고 [이름 상자]에 *사은품*을 입력한다.

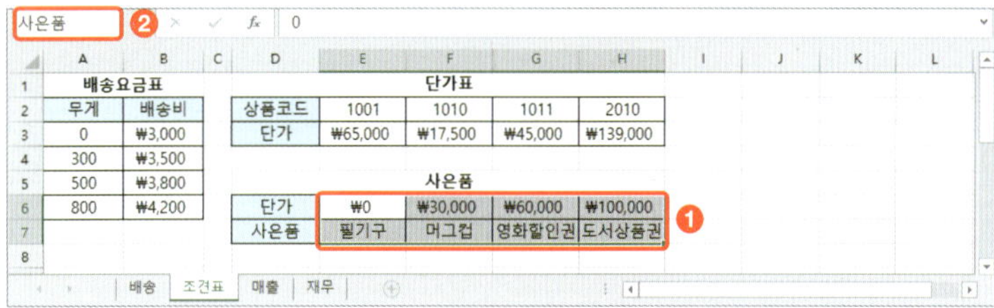

03 '배송' 시트를 선택하고 G3 셀에 *=HLOOKUP(C3,단가표,2,FALSE)* 수식을 입력한다.

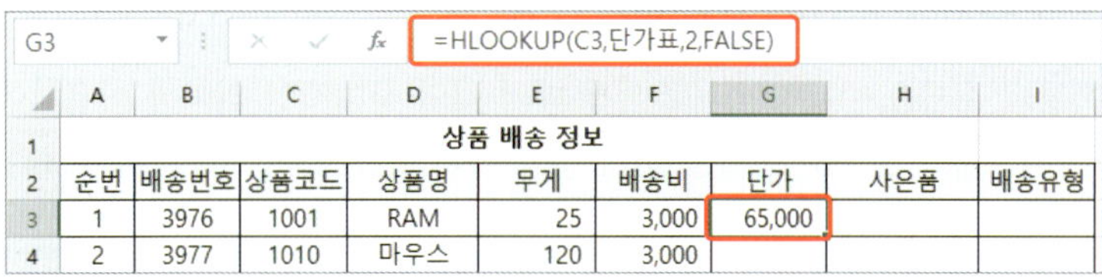

04 G3 셀의 채우기 핸들을 더블클릭해 수식을 복사하면 모든 상품의 단가가 표시된다.

05 H3 셀에 *=HLOOKUP(G3,사은품,2)* 수식을 입력한다. 단가의 구간을 검색하므로 네 번째 인수는 생략한다.

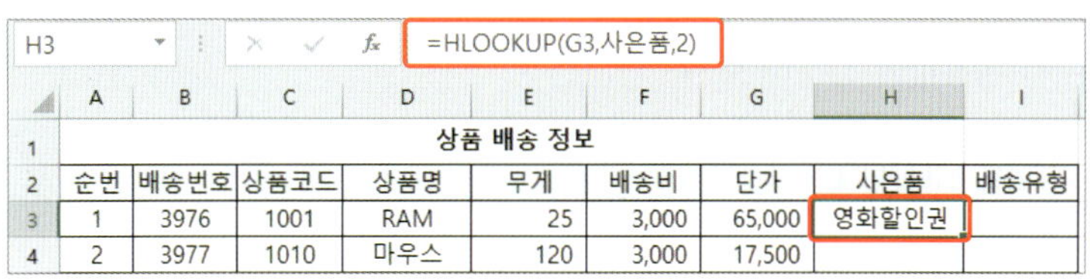

06 H3 셀의 채우기 핸들을 더블클릭해 수식을 복사하면 모든 사은품 정보가 표시된다.

	A	B	C	D	E	F	G	H	I
1	상품 배송 정보								
2	순번	배송번호	상품코드	상품명	무게	배송비	단가	사은품	배송유형
3	1	3976	1001	RAM	25	3,000	65,000	영화할인권	
4	2	3977	1010	마우스	120	3,000	17,500	필기구	
5	3	3978	1001	RAM	25	3,000	65,000	영화할인권	
6	4	3979	1011	키보드	870	4,200	45,000	머그컵	
7	5	3982	1011	키보드	870	4,200	45,000	머그컵	
8	6	3983	2010	외장하드	320	3,500	139,000	도서상품권	
9	7	3984	1001	RAM	25	3,000	65,000	영화할인권	
10	8	3985	1010	마우스	120	3,000	17,500	필기구	
11	9	3986	2010	외장하드	320	3,500	139,000	도서상품권	
12	10	3987	1011	키보드	870	4,200	45,000	머그컵	

TIP '배송' 시트에 표시되는 배송비나 단가, 사은품 정보는 '조견표' 시트에 있기 때문에 '조견표' 시트를 지우거나 '배송' 시트만 다른 컴퓨터로 복사하거나 이동하면 참조 오류가 발생한다. 이런 경우 F9를 눌러 수식의 검색 범위를 배열 상수로 변환시키면 '조견표' 시트 없이도 정보를 표시할 수 있다.

```
=HLOOKUP(G3,사은품,2)
```

검색 범위를 선택하고 F9를 누른다.

```
=HLOOKUP(G3,{0,30000,60000,100000;"필기구","머그컵","영화할인권","도서상품권"},2)
```

검색 범위가 배열 상수로 변환된다.

1.4 순서나 위치로 찾는 함수

목록의 순서를 이용하거나 주어진 범위 내의 상대적인 위치를 이용하여 조건에 맞는 값을 찾는 함수도 있다. 목록에서 특정 순서에 있는 값을 검색하는 CHOOSE 함수와 범위 내에서 특정 행과 열에 위치하는 값을 검색하는 INDEX 함수, 상대적인 위치를 찾아내는 MATCH 함수를 이용하여 필요한 값을 추출하는 방법을 알아본다.

함수명과 인수	기능
CHOOSE(index_num, value1, value2, …)	목록에서 인덱스 번호로 값 하나를 선택한다.
INDEX(array, row_num, column_num)	범위 내의 특정 행과 열에 있는 값을 검색한다.
MATCH(lookup_value, lookup_array, match_type)	범위 내에서 특정 값이 있는 상대 위치를 검색한다.

기본예제 7-5 상품코드 첫 글자로 배송유형 찾기

상품코드의 첫 글자가 '1'인 경우 배송유형을 '일반', '2'인 경우 '특송'으로 입력하는 수식을 CHOOSE 함수를 이용하여 작성해 보자.

상품코드 **1001**
일반

2010
특송

01 '배송' 시트에서 I3 셀을 선택하고 [수식] 탭-[함수 라이브러리] 그룹-[찾기/참조 영역] 목록에서 [CHOOSE]를 선택한다.

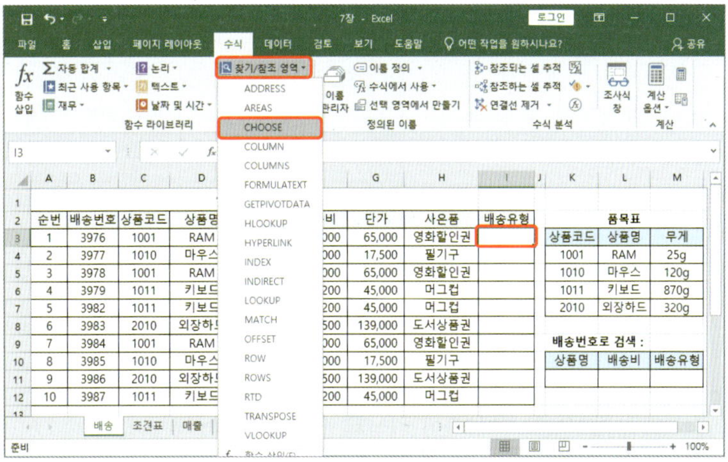

02 [함수 인수] 대화상자의 [Index_num] 입력란에 *LEFT(C3)*을 입력한다.

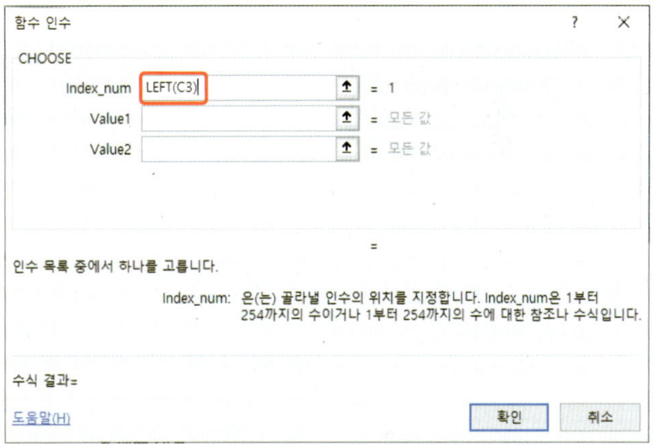

TIP LEFT 함수로 상품코드 첫 글자를 추출하여 Index_num 인수로 사용한다. Index_num에는 1부터 254까지의 수만 사용할 수 있다.

03 [Value1] 입력란에 *"일반"*을, [Value2] 입력란에 *"특송"*을 입력하고 [확인]을 누른다.

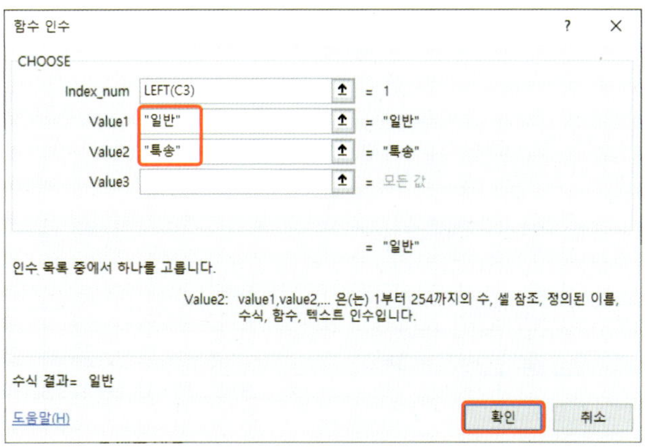

TIP Index_num 인수의 값에 따라 Value1이나 Value2가 선택된다.

04 I3 셀의 채우기 핸들을 더블클릭해 수식을 복사하면 배송유형이 모두 표시된다.

순번	배송번호	상품코드	상품명	무게	배송비	단가	사은품	배송유형
1	3976	1001	RAM	25	3,000	65,000	영화할인권	일반
2	3977	1010	마우스	120	3,000	17,500	필기구	일반
3	3978	1001	RAM	25	3,000	65,000	영화할인권	일반
4	3979	1011	키보드	870	4,200	45,000	머그컵	일반
5	3982	1011	키보드	870	4,200	45,000	머그컵	일반
6	3983	2010	외장하드	320	3,500	139,000	도서상품권	특송
7	3984	1001	RAM	25	3,000	65,000	영화할인권	일반
8	3985	1010	마우스	120	3,000	17,500	필기구	일반
9	3986	2010	외장하드	320	3,500	139,000	도서상품권	특송
10	3987	1011	키보드	870	4,200	45,000	머그컵	일반

기본예제 7-6 범위에서 위치를 기준으로 찾기

배송번호를 입력하면 상품명과 배송비, 배송유형을 조회하는 수식을 작성해 보자. INDEX 함수와 MATCH 함수로 데이터 범위 내에서 위치를 이용해 값을 찾거나 특정 값이 있는 위치를 구할 수 있다.

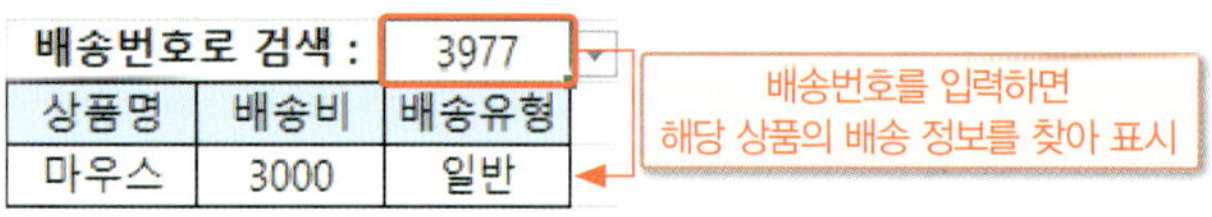

01 '배송' 시트에서 수식에 사용할 영역 이름을 먼저 정의해 둔다. B2:I12 범위를 선택하고 [이름 상자]에 *검색범위*를 입력한다.

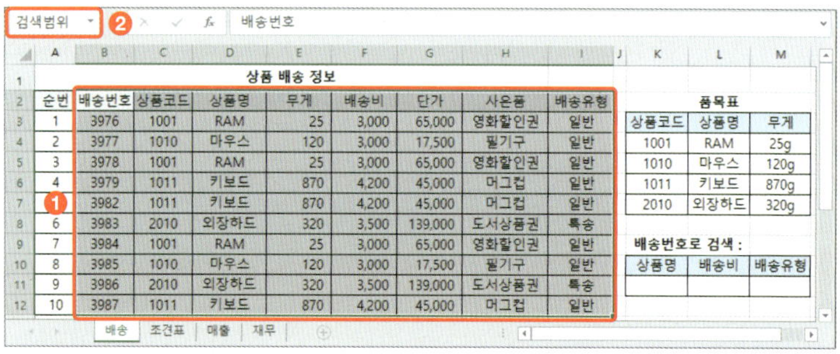

02 B2:I2 범위는 *필드목록*으로, B2:B12 범위는 *배송번호목록*으로 [이름 상자]에 입력해 영역 이름을 정의한다.

03 M9 셀을 선택하고 검색하려는 배송번호로 *3982*를 입력한다.

배송번호로 검색 :	3982	
상품명	배송비	배송유형

04 K11 셀을 선택하고 [수식] 탭–[함수 라이브러리] 그룹–[찾기/참조 영역] 목록에서 [INDEX]를 선택한다.

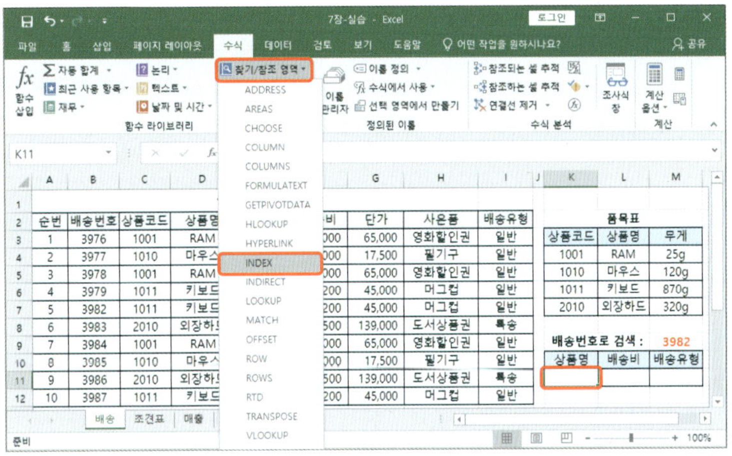

05 [인수 선택] 대화상자가 나타나면 첫 번째 항목인 [array,row_num,column_num]을 선택하고 [확인]을 누른다.

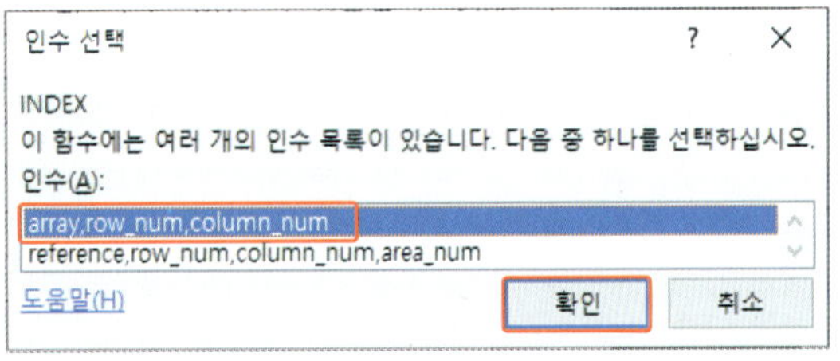

TIP INDEX 함수는 지정 범위에서 값을 찾는 배열형과 특정 셀의 주소를 반환하는 참조형의 두 가지 기능을 모두 사용할 수 있다. 이번 실습에서는 배열형을 사용하는데, 행과 열 번호를 이용해 데이터 범위에서 특정 셀 값을 찾는다.

상품 배송 정보

순번	배송번호	상품코드	상품명	무게	배송비	단가	사은품	배송유형
1	3976	1001	RAM	25	3,000	65,000	영화할인권	일반
2	3977	1010	마우스	120	3,000	17,500	필기구	일반
3	3978	1001	RAM	25	3,000	65,000	영화할인권	일반
4	3979	1011	키보드	870	4,200	45,000	머그컵	일반
5	3982	1011	키보드	870	4,200	45,000	머그컵	일반
6	3983	2010	외장하드	320	3,500	139,000	도서상품권	특송
7	3984	1001	RAM	25	3,000	65,000	영화할인권	일반
8	3985	1010	마우스	120	3,000	17,500	필기구	일반
9	3986	2010	외장하드	320	3,500	139,000	도서상품권	특송
10	3987	1011	키보드	870	4,200	45,000	머그컵	일반

검색범위

검색범위에서 (6,3)의 위치에 있는 값을 찾으려면 *=INDEX(6,3)* → 결과는 "키보드"

06 [함수 인수] 대화상자의 [Array] 입력란에 *검색범위*를 입력한다.

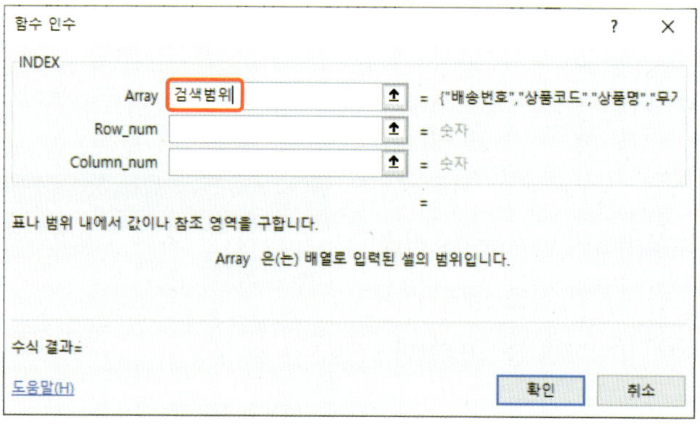

TIP 단계 01에서 정의해 둔 영역 이름을 사용한다.

07 [Row_num]에는 *MATCH($M$9, 배송번호목록, 0)*을, [Column_num]에는 *MATCH(K10, 필드목록, 0)*을 입력하고 [확인]을 누른다.

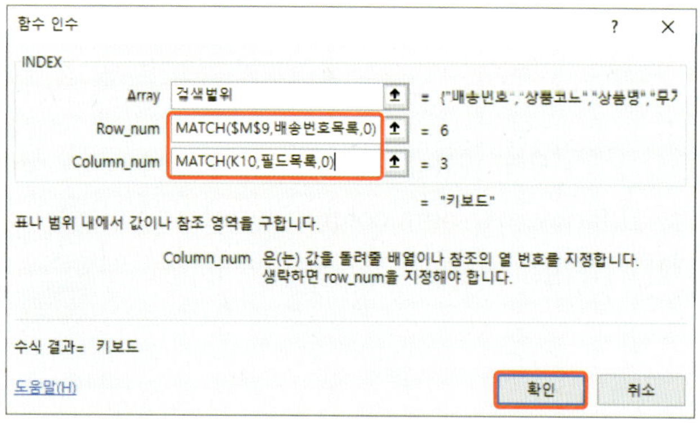

TIP 수식을 복사할 때 고정하기 위해 검색할 배송번호가 있는 M9 셀은 절대 참조 형식으로 설정한다.

여기서 잠깐 ▸ MATCH 함수의 기능

MATCH 함수는 행이나 열 목록에서 특정 데이터의 위치를 찾는 함수이다. 다음과 같이 배송번호목록과 필드목록에서 각각 원하는 값의 위치를 찾아서 INDEX 함수의 행과 열 번호로 사용하려고 한다.

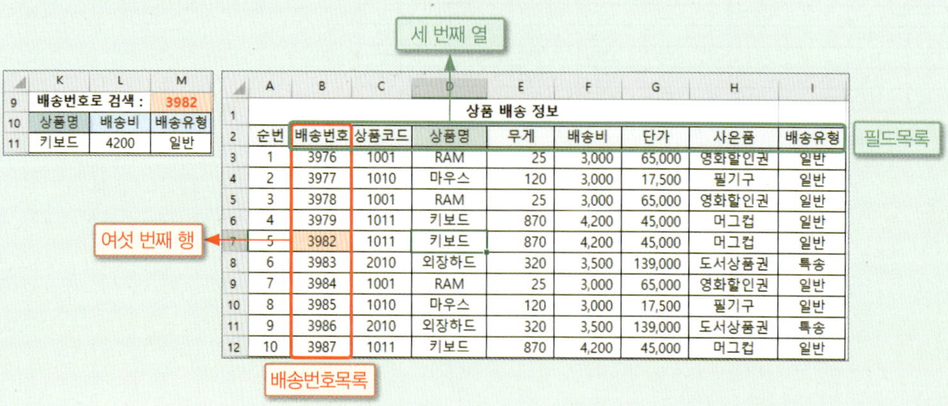

	K	L	M
9	배송번호로 검색 :		3982
10	상품명	배송비	배송유형
11	키보드	4200	일반

	A	B	C	D	E	F	G	H	I
1	상품 배송 정보								
2	순번	배송번호	상품코드	상품명	무게	배송비	단가	사은품	배송유형
3	1	3976	1001	RAM	25	3,000	65,000	영화할인권	일반
4	2	3977	1010	마우스	120	3,000	17,500	필기구	일반
5	3	3978	1001	RAM	25	3,000	65,000	영화할인권	일반
6	4	3979	1011	키보드	870	4,200	45,000	머그컵	일반
7	5	3982	1011	키보드	870	4,200	45,000	머그컵	일반
8	6	3983	2010	외장하드	320	3,500	139,000	도서상품권	특송
9	7	3984	1001	RAM	25	3,000	65,000	영화할인권	일반
10	8	3985	1010	마우스	120	3,000	17,500	필기구	일반
11	9	3986	2010	외장하드	320	3,500	139,000	도서상품권	특송
12	10	3987	1011	키보드	870	4,200	45,000	머그컵	일반

① INDEX 함수에서 사용할 행 번호 찾기 : 배송번호목록에서 3982(M9)의 위치
=MATCH($M$9,배송번호목록,0) 수식의 결과는 6

② INDEX 함수에서 사용할 열 번호 찾기 : 필드목록에서 "상품명"(K10)의 위치
=MATCH(K10,필드목록,0) 수식의 결과는 3

③ 검색범위에서 해당 위치(6,3)의 값 찾기
=INDEX(검색범위,MATCH($M$9,배송번호목록,0),MATCH(K10,필드목록,0)) 수식의 결과는 "키보드"

MATCH 함수의 세 번째 인수인 match_type에 사용하는 값에는 다음과 같은 의미가 있다.

인수 값	의미
1 또는 생략	첫 번째 인수(lookup_value)보다 작거나 같은 값 중에서 최대값을 찾는다.
0	첫 번째 인수(lookup_value)와 같은 첫 번째 값을 찾는다.
−1	첫 번째 인수(lookup_value)보다 크거나 같은 값 중에서 최소값을 찾는다.

08 K11 셀의 채우기 핸들을 오른쪽으로 드래그해 수식을 복사하면 '배송비'와 '배송유형'도 표시할 수 있다.

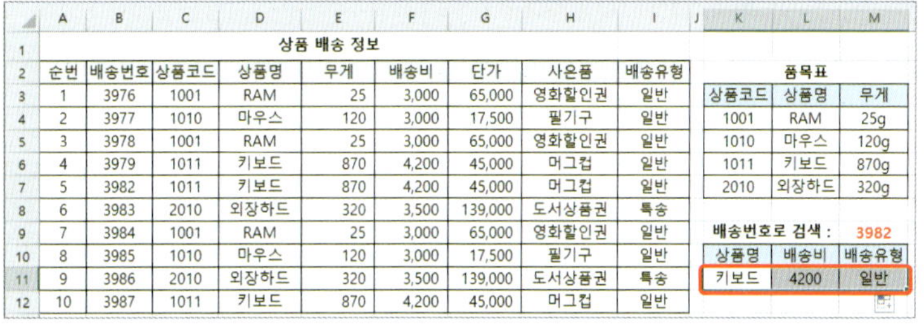

	A	B	C	D	E	F	G	H	I	J	K	L	M
1				상품 배송 정보									
2	순번	배송번호	상품코드	상품명	무게	배송비	단가	사은품	배송유형			품목표	
3	1	3976	1001	RAM	25	3,000	65,000	영화할인권	일반		상품코드	상품명	무게
4	2	3977	1010	마우스	120	3,000	17,500	필기구	일반		1001	RAM	25g
5	3	3978	1001	RAM	25	3,000	65,000	영화할인권	일반		1010	마우스	120g
6	4	3979	1011	키보드	870	4,200	45,000	머그컵	일반		1011	키보드	870g
7	5	3982	1011	키보드	870	4,200	45,000	머그컵	일반		2010	외장하드	320g
8	6	3983	2010	외장하드	320	3,500	139,000	도서상품권	특송				
9	7	3984	1001	RAM	25	3,000	65,000	영화할인권	일반		배송번호로 검색 :		3982
10	8	3985	1010	마우스	120	3,000	17,500	필기구	일반		상품명	배송비	배송유형
11	9	3986	2010	외장하드	320	3,500	139,000	도서상품권	특송		키보드	4200	일반
12	10	3987	1011	키보드	870	4,200	45,000	머그컵	일반				

09 M9 셀에 다른 배송번호를 입력하면 표시되는 결과가 달라진다.

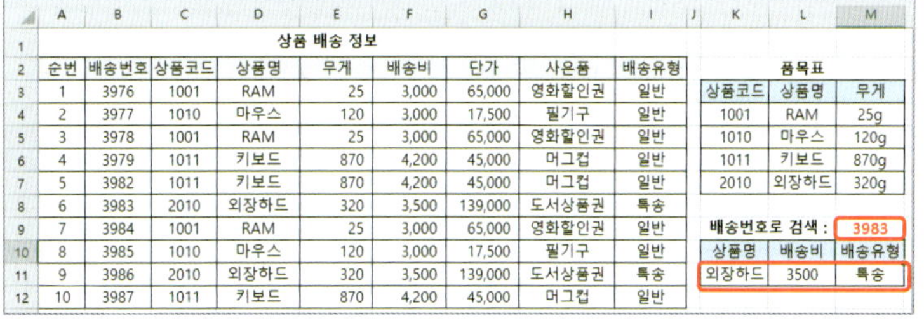

	A	B	C	D	E	F	G	H	I	J	K	L	M
1				상품 배송 정보									
2	순번	배송번호	상품코드	상품명	무게	배송비	단가	사은품	배송유형			품목표	
3	1	3976	1001	RAM	25	3,000	65,000	영화할인권	일반		상품코드	상품명	무게
4	2	3977	1010	마우스	120	3,000	17,500	필기구	일반		1001	RAM	25g
5	3	3978	1001	RAM	25	3,000	65,000	영화할인권	일반		1010	마우스	120g
6	4	3979	1011	키보드	870	4,200	45,000	머그컵	일반		1011	키보드	870g
7	5	3982	1011	키보드	870	4,200	45,000	머그컵	일반		2010	외장하드	320g
8	6	3983	2010	외장하드	320	3,500	139,000	도서상품권	특송				
9	7	3984	1001	RAM	25	3,000	65,000	영화할인권	일반		배송번호로 검색 :		3983
10	8	3985	1010	마우스	120	3,000	17,500	필기구	일반		상품명	배송비	배송유형
11	9	3986	2010	외장하드	320	3,500	139,000	도서상품권	특송		외장하드	3500	특송
12	10	3987	1011	키보드	870	4,200	45,000	머그컵	일반				

EXCEL 2019

SECTION 02

데이터베이스 함수 사용하기

엑셀에서 제공하는 데이터베이스 함수는 주어진 데이터 목록에서 특정 조건에 맞는 데이터만 찾아 합계와 평균, 개수, 최대값이나 최소값 등 다양한 계산을 수행한다. 많은 양의 데이터를 간편하게 처리할 때 유용하게 활용되는 데이터베이스의 개념과 데이터베이스 함수의 사용법을 알아보기로 한다.

2.1 데이터베이스의 개념

데이터베이스(Database)란 효과적인 검색과 처리를 위해 분류해 저장하는 정보의 집합이다. 엑셀의 데이터베이스 함수를 사용하려면 다음과 같은 구조로 데이터를 저장해야 하는데, 행에 해당하는 레코드와 열에 해당하는 필드로 데이터 목록이 구성된다. 각 필드에는 필드명을 정의해서 조건식을 기술하거나 필요한 계산에 사용한다. 또, 필드명 아래에는 각 필드에 해당하는 데이터를 저장하는데, 저장된 데이터를 행 단위로 묶어 레코드라고 부른다. 새로운 데이터가 추가되면 레코드의 크기가 증가하게 되며, 각 레코드에는 동일한 데이터가 중복 입력되지 않도록 주의한다.

필드(열)

필드명(열 레이블)

레코드(행)

날짜	종류	건수	매출액
2021년 1월	일반	310	₩67,456
2021년 1월	특수	210	₩59,459
2021년 1월	등기	265	₩49,726
2021년 1월	보통	65	₩4,570
2021년 2월	보통	363	₩68,110
2021년 2월	특수	215	₩60,437
2021년 2월	등기	164	₩51,452

2.2 다양한 데이터베이스 함수

데이터베이스 함수의 이름은 모두 D~로 시작하며, 동일한 형식으로 인수를 가진다. database 인수에는 데이터 목록의 범위를, field 인수에는 필드명을, criteria 인수에는 조건식을 지정한다. 조건식은 셀에 직접 작성해야 한다. 조건식을 작성하는 방법과 데이터베이스 함수의 사용법을 함께 알아보기로 한다.

함수명과 인수	기능
DSUM(database,field, criteria)	목록이나 데이터베이스에서 지정한 조건에 맞는 숫자의 합을 구한다.
DAVERAGE(database, field, criteria)	목록이나 데이터베이스에서 조건에 맞는 값의 평균을 구한다.
DCOUNT(database, field, criteria)	조건에 맞는 데이터베이스의 필드에서 숫자 셀의 수를 구한다.
DMAX(database, field, criteria)	조건에 맞는 데이터베이스의 필드 값 중 가장 큰 수를 구한다.
DMIN(database, field, criteria)	조건에 맞는 데이터베이스의 필드 값 중 가장 작은 수를 구한다.
DSTDEV(database, field, criteria)	데이터베이스 필드 값들로부터 표본 집단의 표준편차를 구한다.
DVAR(database, field, criteria)	데이터베이스 필드 값들로부터 표본 집단의 분산을 구한다.

기본예제 7-7 조건에 따라 매출 데이터 계산하기

필요한 조건식을 작성하고 DSUM 함수와 DAVERAGE 함수를 이용해 조건에 맞는 데이터 레코드에 대해 건수 합계와 매출액 평균을 계산해 보자.

01 '7장.xlsx' 파일의 '매출' 시트를 선택한다.

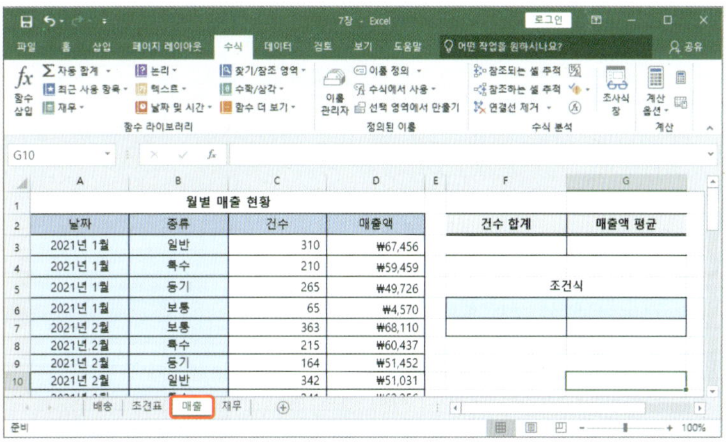

02 수식을 간편하게 작성하기 위해 A2:D50 범위는 *데이터목록*으로, F6:G7은 *조건식*으로 영역 이름을 정의한다.

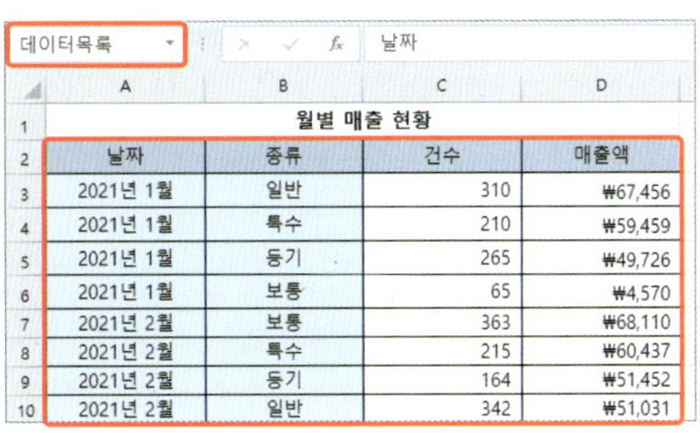

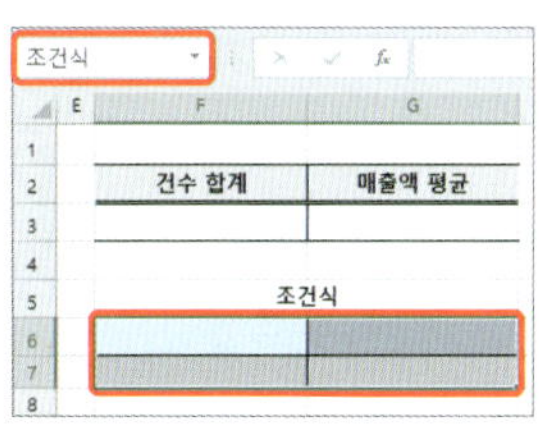

03 F3 셀을 선택하고 *=DSUM(데이터목록,C2,조건식)* 수식을 입력해 건수의 합계를 구한다.

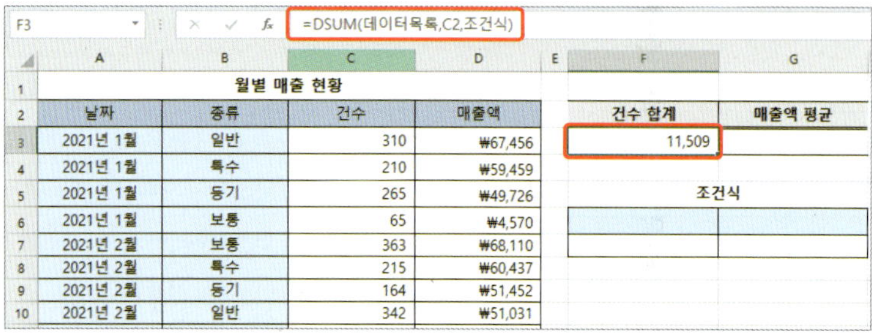

F3 | =DSUM(데이터목록,C2,조건식)

	A	B	C	D	E	F	G
1	월별 매출 현황						
2	날짜	종류	건수	매출액		건수 합계	매출액 평균
3	2021년 1월	일반	310	₩67,456		11,509	
4	2021년 1월	특수	210	₩59,459			
5	2021년 1월	등기	265	₩49,726		조건식	
6	2021년 1월	보통	65	₩4,570			
7	2021년 2월	보통	363	₩68,110			
8	2021년 2월	특수	215	₩60,437			
9	2021년 2월	등기	164	₩51,452			
10	2021년 2월	일반	342	₩51,031			

TIP 조건식을 기술하지 않아 전체 건수의 합계가 표시된다.

04 G3 셀을 선택하고 *=DAVERAGE(데이터목록,D2,조건식)* 수식을 입력해 매출액의 평균을 구한다.

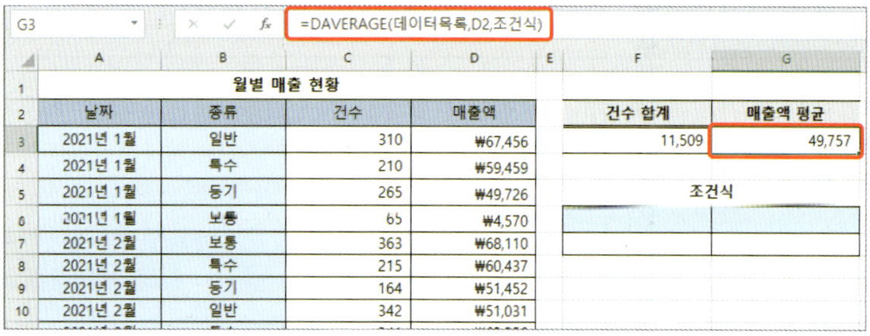

G3 | =DAVERAGE(데이터목록,D2,조건식)

	A	B	C	D	E	F	G
1	월별 매출 현황						
2	날짜	종류	건수	매출액		건수 합계	매출액 평균
3	2021년 1월	일반	310	₩67,456		11,509	49,757
4	2021년 1월	특수	210	₩59,459			
5	2021년 1월	등기	265	₩49,726		조건식	
6	2021년 1월	보통	65	₩4,570			
7	2021년 2월	보통	363	₩68,110			
8	2021년 2월	특수	215	₩60,437			
9	2021년 2월	등기	164	₩51,452			
10	2021년 2월	일반	342	₩51,031			

TIP 조건식을 기술하지 않아 전체 매출액의 평균이 표시된다.

05 조건식에 사용할 필드명을 기술해 보자. F6 셀에는 *종류*, G6 셀에는 *매출액*을 입력한다.

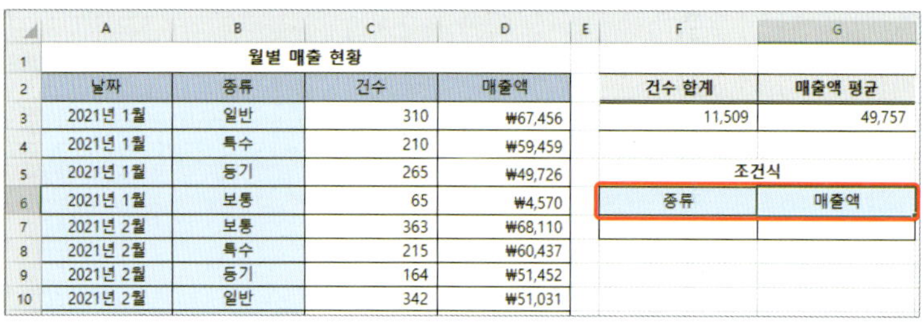

	A	B	C	D	E	F	G
1	월별 매출 현황						
2	날짜	종류	건수	매출액		건수 합계	매출액 평균
3	2021년 1월	일반	310	₩67,456		11,509	49,757
4	2021년 1월	특수	210	₩59,459			
5	2021년 1월	등기	265	₩49,726		조건식	
6	2021년 1월	보통	65	₩4,570		종류	매출액
7	2021년 2월	보통	363	₩68,110			
8	2021년 2월	특수	215	₩60,437			
9	2021년 2월	등기	164	₩51,452			
10	2021년 2월	일반	342	₩51,031			

06 해당 필드를 검사할 수식으로 F7 셀에는 *일반*을, G7 셀에는 *>=50000*을 입력한다.

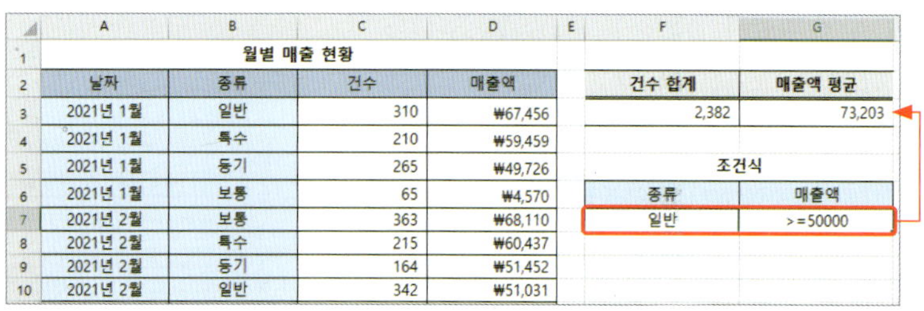

	A	B	C	D	E	F	G
1	월별 매출 현황						
2	날짜	종류	건수	매출액		건수 합계	매출액 평균
3	2021년 1월	일반	310	₩67,456		2,382	73,203
4	2021년 1월	특수	210	₩59,459			
5	2021년 1월	등기	265	₩49,726		조건식	
6	2021년 1월	보통	65	₩4,570		종류	매출액
7	2021년 2월	보통	363	₩68,110		일반	>=50000
8	2021년 2월	특수	215	₩60,437			
9	2021년 2월	등기	164	₩51,452			
10	2021년 2월	일반	342	₩51,031			

TIP 조건식을 입력하면 계산 결과가 달라진다.

SECTION 03

재무 함수 사용하기

엑셀의 함수 라이브러리에서 제공하는 재무 함수는 금융이나 회계 등의 특정 업무 분야에 주로 사용한다. 여러 가지 재무 함수 중 적금이나 대출 등의 은행 거래, 할부금 계산 등 일상생활에서도 활용할 수 있는 함수에 대해 알아본다.

3.1 재무 계산에 사용하는 함수

미래의 투자 가치나 적금 만기액, 이자율에 따라 일정 금액을 정기적으로 납입하는 대출 상환금이나 할부금 등을 계산하기 위해 FV(Future Value) 함수와 PMT(Payment) 함수를 이용할 수 있다.

함수명과 인수	기능
FV(rate, nper, pmt, pv, type)	고정 이자율을 기반으로 투자의 미래 가치나 일정 기간 정기 납입 후의 기대 금액을 계산한다.
PMT(rate, nper, pv, fv, type)	일정 금액을 정기적으로 납입하고 고정 이자율이 적용되는 대출 상환금이나 할부금을 계산한다.

기본예제 7-8 적금 만기액 계산하기

연이율, 납입기간, 납입액이 다른 세 가지 적금 상품을 비교해 보려고 한다. FV 함수를 사용하여 만기에 찾을 수 있는 금액을 각각 계산해 보자.

01 '7장.xlsx' 파일을 열고 '재무' 시트를 선택한다.

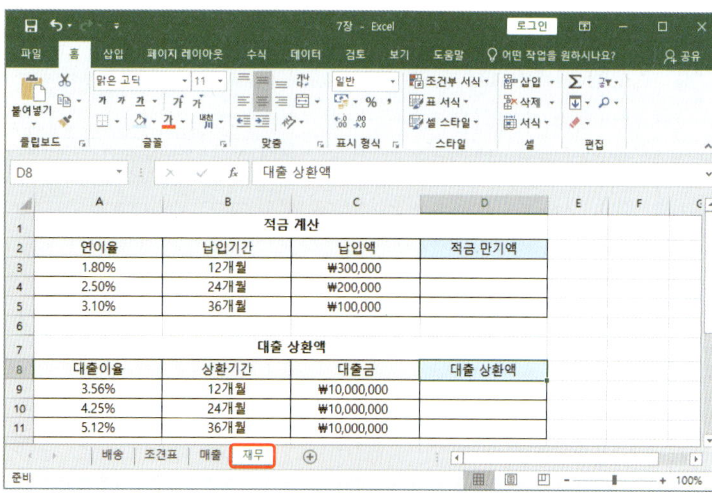

02 D3 셀을 선택하고 [수식] 탭–[함수 라이브러리] 그룹–[재무] 목록에서 [FV]를 선택한다.

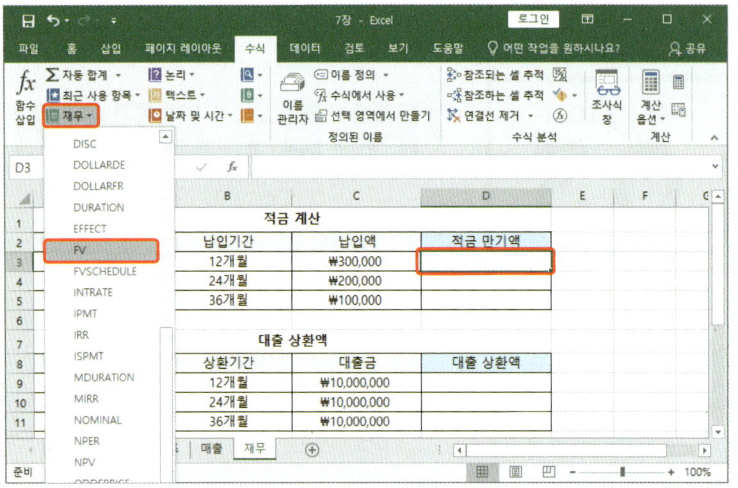

03 [함수 인수] 대화상자의 [Rate] 입력란에 *A3/12*, [Nper] 입력란에 *B3*, [Pmt] 입력란에 *–C3*을 입력하고 [확인]을 누른다.

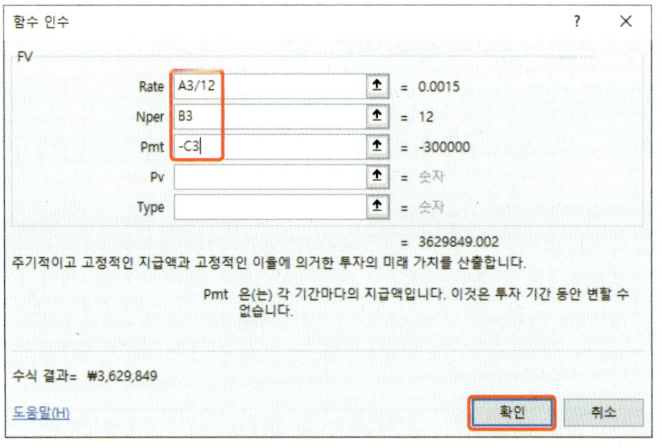

TIP Rate 인수는 기간별 이자율이며 연이율 1.8%를 월로 환산하면 1.8%/12와 같고, 분기 지급이라면 기간별 이자율은 1.8%/4가 된다. Nper 인수에는 납입기간을, Pmt 인수에는 납입액을 입력한다. 이때 Pmt는 음수로 입력해야 계산 결과가 양수로 표시된다. 현재 가치 Pv 인수와 납부 시점 Type 인수는 생략해도 된다.

04 계산된 결과가 D3 셀에 표시된다. D3 셀의 채우기 핸들을 더블클릭하여 다른 조건의 적금 만기액도 모두 계산한다.

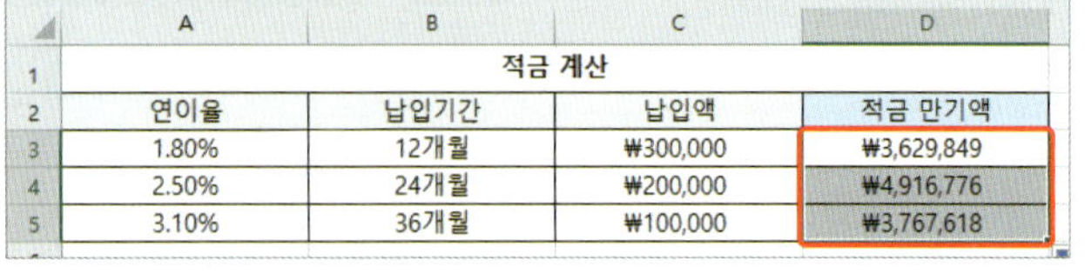

기본예제 7-9 대출 상환액 계산하기

1천만 원을 대출받으려고 한다. 대출이율과 상환기간에 따라 매월 상환할 금액을 PMT 함수로 계산해 보자.

01 '재무' 시트의 D9 셀을 선택하고 [수식] 탭-[함수 라이브러리] 그룹-[재무] 목록에서 [PMT]를 선택한다.

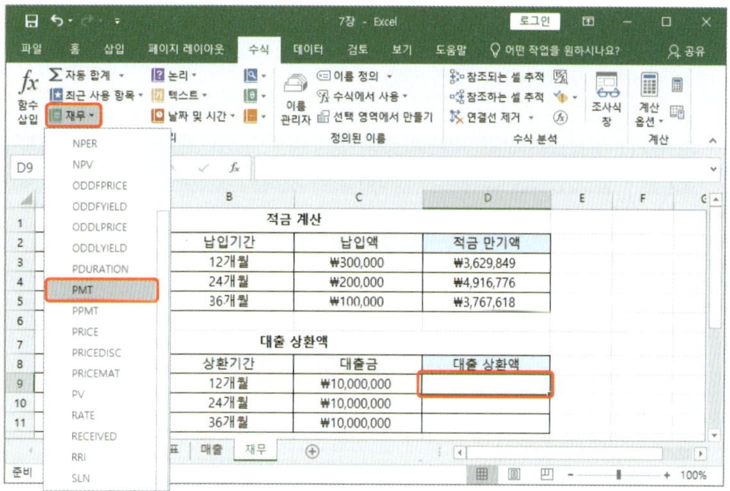

02 [함수 인수] 대화상자의 [Rate] 입력란에 *A9/12*, [Nper] 입력란에 *B9*, [Pv] 입력란에 *-C9*를 입력하고 [확인]을 누른다.

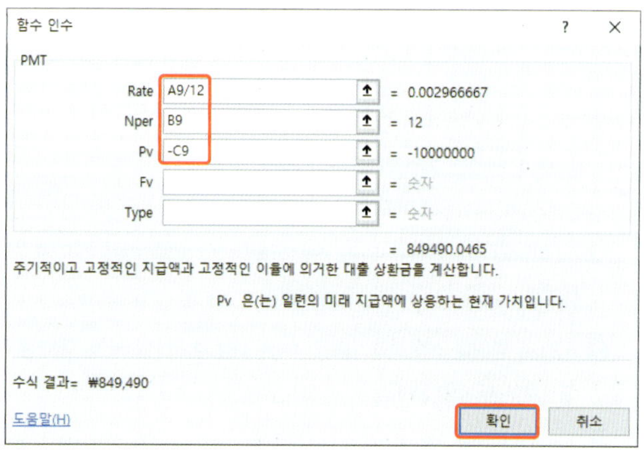

03 D9 셀의 채우기 핸들을 더블클릭하여 다른 조건의 대출 상환액도 모두 계산한다.

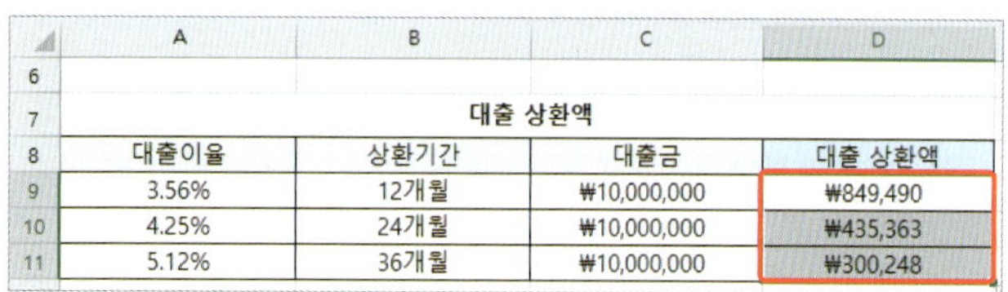

종합예제

찾기/참조 영역 함수를 활용하여 물품 구매서를 만들어 보자.

1 '7장–종합.xlsx' 파일의 '물품구매서' 시트를 열고 셀 병합하기와 테두리 모양, 채우기 색 등을 설정하여 다음과 같이 편집한다.

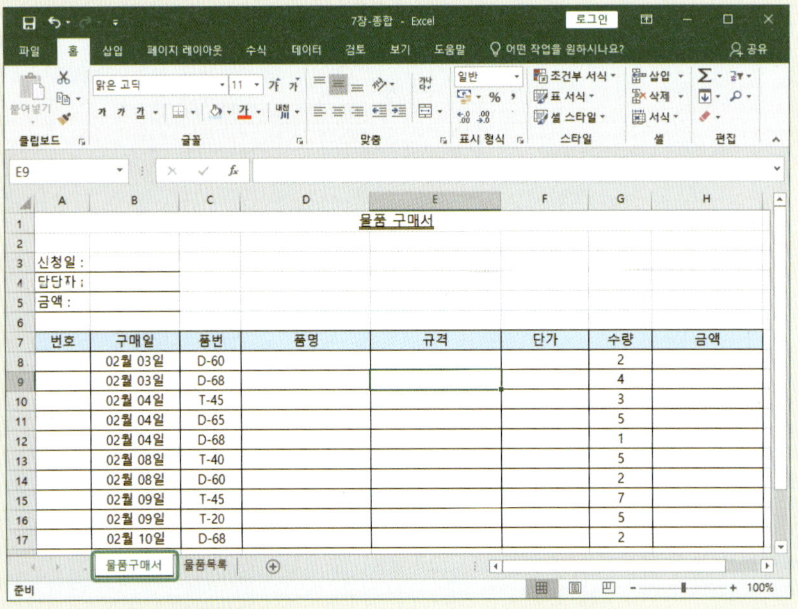

❶ A1:H1 범위를 선택하고 [홈] 탭–[맞춤] 그룹–[병합하고 가운데 맞춤]을 누른 다음, 제목('물품 구매서')은 [글꼴 크기]–[12]로, [글꼴]–[이중 밑줄]로 설정한다.

❷ A3:B5 범위를 선택하고 단축키 Ctrl+1를 눌러 [셀 서식] 대화상자가 나타나면 [테두리] 탭에서 각 셀의 아래쪽 테두리를 실선으로 설정한다.

❸ A7:H7 범위를 선택하고 [홈] 탭–[글꼴] 그룹에서 [채우기 색]을 [파랑, 강조 1, 80% 더 밝게]로 설정하고, [맞춤] 그룹에서 [가운데 맞춤]을 설정한다.

❹ A7:H17 범위를 선택하고 [홈] 탭–[글꼴] 그룹에서 [모든 테두리]를 눌러 모든 셀에 적용한다.

❺ 열 경계선을 드래그하여 열의 너비를 조정하고, 모양에 맞게 맞춤을 설정한다.

2 A8 셀에 *=ROW()-7* 수식을 입력하고 Enter를 누른다. A8 셀의 채우기 핸들을 더블클릭해 수식을 복사하고 [홈] 탭-[맞춤] 그룹-[가운데 맞춤]을 누른다.

3 수식을 쉽게 작성하기 위해 품명과 규격 등의 정보가 있는 물품목록표를 영역 이름으로 정의한다. '물품목록' 시트의 A3:D8 범위를 선택하고 [이름 상자]에 *물품목록표*를 입력한다.

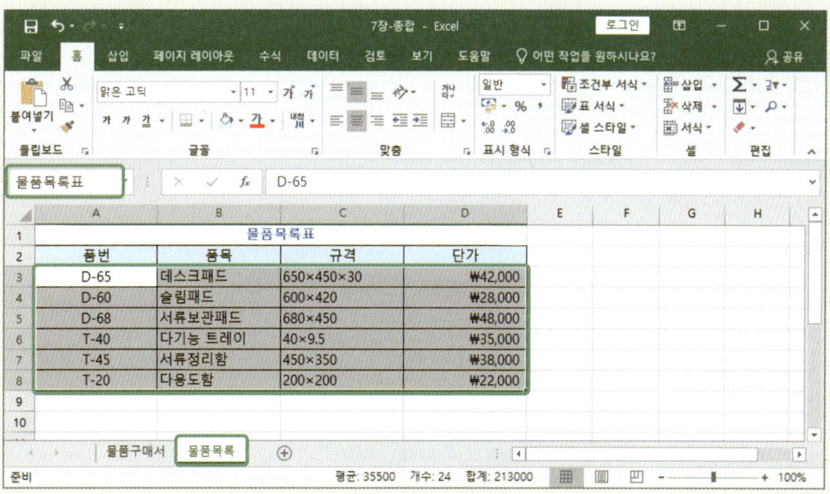

종합예제

4 '물품구매서' 시트를 선택하고 D8 셀에 *=IFERROR(VLOOKUP(C8,물품목록표,2,FALSE),"")* 수식을 입력하고 D8 셀의 채우기 핸들을 더블클릭하여 품명을 모두 표시한다.

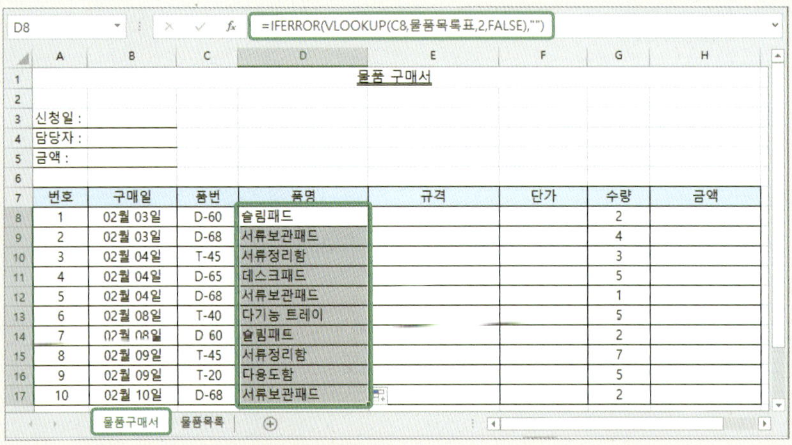

D8 | =IFERROR(VLOOKUP(C8,물품목록표,2,FALSE),"")

물품 구매서

신청일 :
담당자 :
금액 :

번호	구매일	품번	품명	규격	단가	수량	금액
1	02월 03일	D-60	슬림패드			2	
2	02월 03일	D-68	서류보관패드			4	
3	02월 04일	T-45	서류정리함			3	
4	02월 04일	D-65	데스크패드			5	
5	02월 04일	D-68	서류보관패드			1	
6	02월 08일	T-40	다기능 트레이			5	
7	02월 08일	D-60	슬림패드			2	
8	02월 09일	T-45	서류정리함			7	
9	02월 09일	T-20	다용도함			5	
10	02월 10일	D-68	서류보관패드			2	

물품구매서 | 물품목록

TIP VLOOKUP 함수로 찾는 품번이 물품목록표에 없는 경우 셀에 오류(#N/A)가 표시되는 것을 방지하기 위해 IFERROR 함수를 사용한다. 오류가 있으면 빈 문자열("")로 표시된다.

5 E8 셀에 *=IFERROR(VLOOKUP(C8,물품목록표,3,FALSE),"")* 수식을 입력하고, 채우기 핸들로 복사하여 모든 규격 정보를 찾아 표시한다.

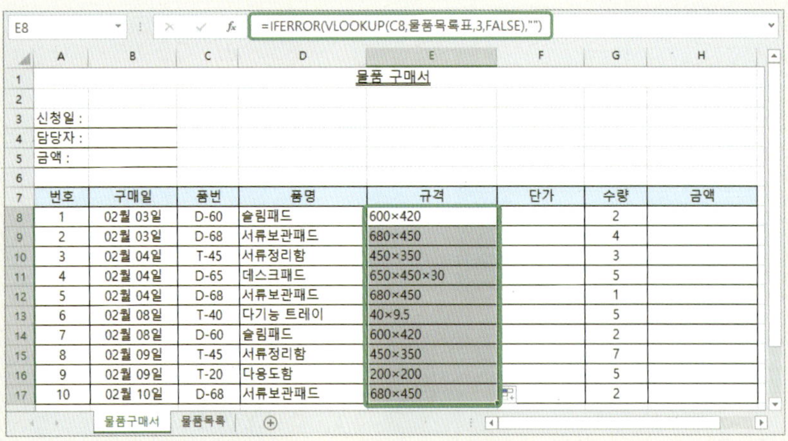

E8 | =IFERROR(VLOOKUP(C8,물품목록표,3,FALSE),"")

물품 구매서

신청일 :
담당자 :
금액 :

번호	구매일	품번	품명	규격	단가	수량	금액
1	02월 03일	D-60	슬림패드	600×420		2	
2	02월 03일	D-68	서류보관패드	680×450		4	
3	02월 04일	T-45	서류정리함	450×350		3	
4	02월 04일	D-65	데스크패드	650×450×30		5	
5	02월 04일	D-68	서류보관패드	680×450		1	
6	02월 08일	T-40	다기능 트레이	40×9.5		5	
7	02월 08일	D-60	슬림패드	600×420		2	
8	02월 09일	T-45	서류정리함	450×350		7	
9	02월 09일	T-20	다용도함	200×200		5	
10	02월 10일	D-68	서류보관패드	680×450		2	

물품구매서 | 물품목록

6 F8 셀에 *=IFERROR(VLOOKUP(C8,물품목록표,4,FALSE),"")* 수식을 입력하여 단가를 찾는다. 채우기 핸들로 수식을 복사하여 모든 단가 정보를 찾아 표시하고, [홈] 탭–[표시 형식] 그룹의 [통화]로 설정한다.

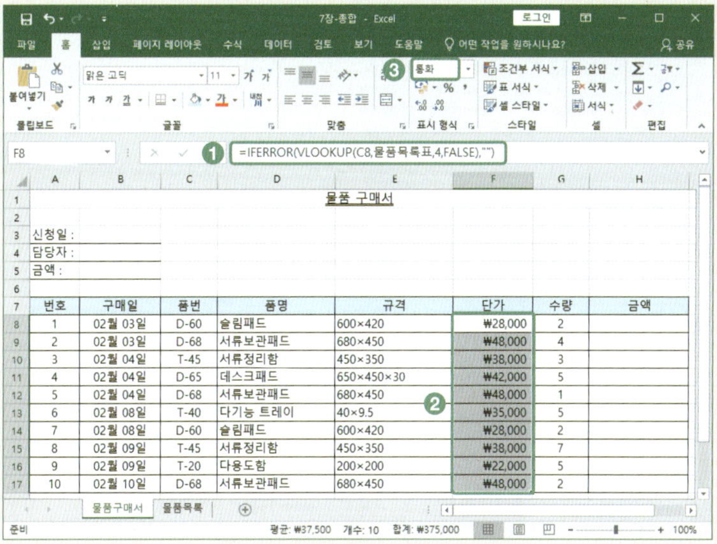

번호	구매일	품번	품명	규격	단가	수량	금액
1	02월 03일	D-60	슬림패드	600×420	₩28,000	2	
2	02월 03일	D-68	서류보관패드	680×450	₩48,000	4	
3	02월 04일	T-45	서류정리함	450×350	₩38,000	3	
4	02월 04일	D-65	데스크패드	650×450×30	₩42,000	5	
5	02월 04일	D-68	서류보관패드	680×450	₩48,000	1	
6	02월 08일	T-40	다기능 트레이	40×9.5	₩35,000	5	
7	02월 08일	D-60	슬림패드	600×420	₩28,000	2	
8	02월 09일	T-45	서류정리함	450×350	₩38,000	7	
9	02월 09일	T-20	다용도함	200×200	₩22,000	5	
10	02월 10일	D-68	서류보관패드	680×450	₩48,000	2	

7 H8 셀에 단가와 수량을 곱한 *=PRODUCT(F8:G8)* 수식을 입력하고 채우기 핸들을 더블클릭하여 모든 금액을 계산한다. [홈] 탭–[표시 형식] 그룹 목록에서 [회계]를 선택한다.

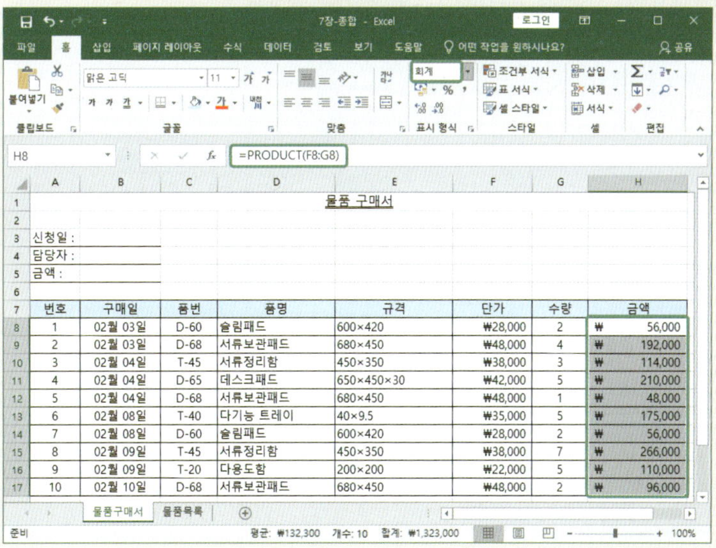

번호	구매일	품번	품명	규격	단가	수량	금액
1	02월 03일	D-60	슬림패드	600×420	₩28,000	2	₩ 56,000
2	02월 03일	D-68	서류보관패드	680×450	₩48,000	4	₩ 192,000
3	02월 04일	T-45	서류정리함	450×350	₩38,000	3	₩ 114,000
4	02월 04일	D-65	데스크패드	650×450×30	₩42,000	5	₩ 210,000
5	02월 04일	D-68	서류보관패드	680×450	₩48,000	1	₩ 48,000
6	02월 08일	T-40	다기능 트레이	40×9.5	₩35,000	5	₩ 175,000
7	02월 08일	D-60	슬림패드	600×420	₩28,000	2	₩ 56,000
8	02월 09일	T-45	서류정리함	450×350	₩38,000	7	₩ 266,000
9	02월 09일	T-20	다용도함	200×200	₩22,000	5	₩ 110,000
10	02월 10일	D-68	서류보관패드	680×450	₩48,000	2	₩ 96,000

종합예제

8 B3 셀에 단축키 Ctrl+; 을 사용하여 현재 날짜를 표시하고, B4 셀의 담당자는 *이서영*을 입력한다. B5 셀에는 *=SUM(H8:H17)* 수식을 입력하여 총금액을 계산하고, B3:B5 범위를 [오른쪽 맞춤]으로 설정한다.

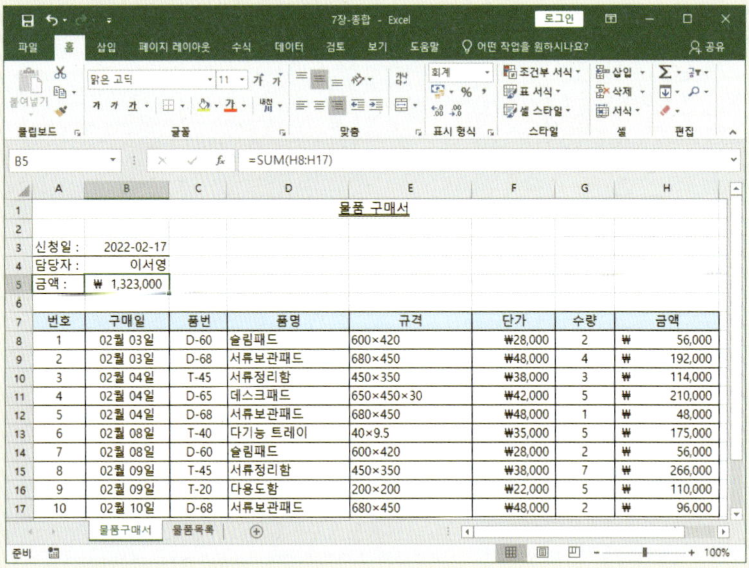

번호	구매일	품번	품명	규격	단가	수량	금액
1	02월 03일	D-60	슬림패드	600×420	₩28,000	2	₩ 56,000
2	02월 03일	D-68	서류보관패드	680×450	₩48,000	4	₩ 192,000
3	02월 04일	T-45	서류정리함	450×350	₩38,000	3	₩ 114,000
4	02월 04일	D-65	데스크패드	650×450×30	₩42,000	5	₩ 210,000
5	02월 04일	D-68	서류보관패드	680×450	₩48,000	1	₩ 48,000
6	02월 08일	T-40	다기능 트레이	40×9.5	₩35,000	5	₩ 175,000
7	02월 08일	D-60	슬림패드	600×420	₩28,000	2	₩ 56,000
8	02월 09일	T-45	서류정리함	450×350	₩38,000	7	₩ 266,000
9	02월 09일	T-20	다용도함	200×200	₩22,000	5	₩ 110,000
10	02월 10일	D-68	서류보관패드	680×450	₩48,000	2	₩ 96,000

9 [새 시트] 단추를 눌러 새 워크시트를 삽입하고, 그림과 같이 셀을 병합하여 결재란을 만든다.

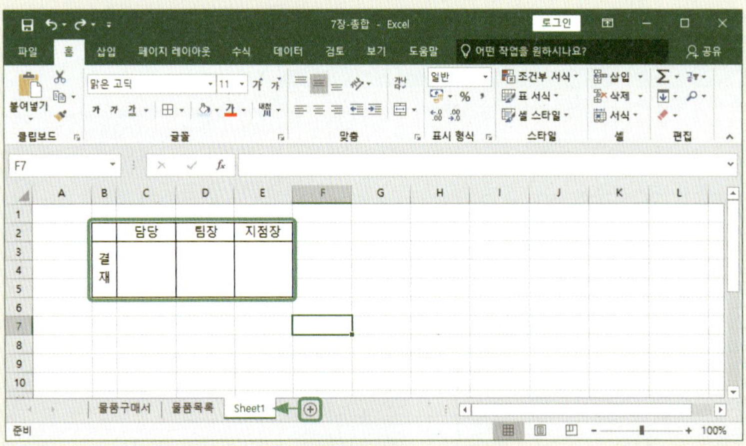

10 작성한 결재란을 선택하고 [홈] 탭–[클립보드] 그룹–[복사] 목록에서 [그림으로 복사]를 누른다. [그림 복사] 대화상자가 나타나면 [화면에 표시된 대로]와 [그림]을 선택하고 [확인]을 누른다.

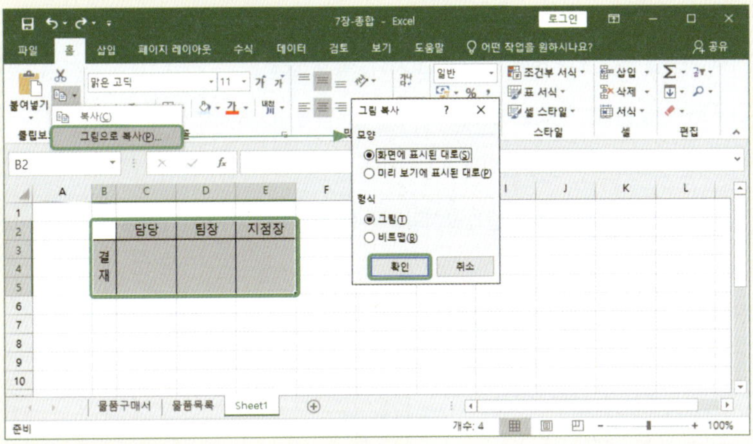

11 '물품구매서' 시트를 선택하고 단축키 Ctrl+V로 결재란을 붙여넣은 후 배치한다. [보기] 탭–[표시] 그룹–[눈금선]의 설정을 해제한다.

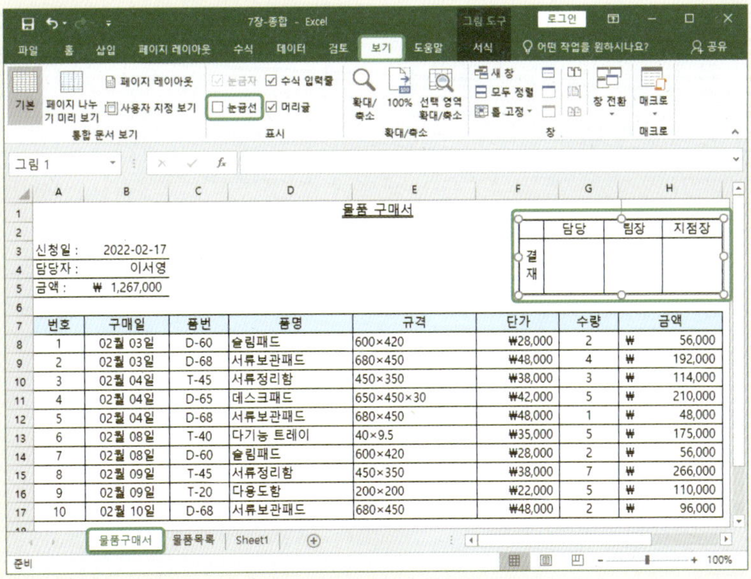

연습 문제

1 '7장-연습.xlsx' 파일의 '연습1' 시트를 열고 다음 지시대로 심사 항목별 집계 자료를 작성하시오.

❶ '번호'는 ROW 함수를 이용하여 입력하시오.

❷ SUM 함수를 사용하여 각 학생의 '총점'을 구하시오.

❸ AVERAGE 함수로 각 항목별 '평균'을 구해 소수 첫째 자리까지 표시되도록 설정하시오.

❹ VLOOKUP 함수를 이용하여 M7:N9 범위의 '등급표'에 따른 각 학생의 '등급'을 표시하시오.

❺ RANK.EQ 함수를 이용하여 총점 순으로 각 학생의 '순위'를 표시하시오.

❻ M14 셀에 이름을 입력하면 해당 학생의 등급이 N14 셀에 표시되도록 INDEX 함수와 MATCH 함수를 사용하여 수식을 작성하시오.

❼ 셀 병합, 셀 테두리, 색 채우기, 글꼴과 맞춤을 그림과 같이 설정하시오.

심사 항목별 집계

번호	이름	항목별 점수						총점	등급	순위
		창의성	연관성	전달성	체계성	명확성	완성도			
		15	15	15	15	15	25	100		
1	강소희	8	9	8	10	9	15	59	하	14
2	김민욱	9	12	12	11	10	18	72	중	10
3	나문영	12	14	12	13	13	22	86	상	2
4	문영희	11	14	11	11	12	14	73	중	7
5	박수지	9	14	10	11	12	21	77	중	5
6	박철국	10	13	11	11	12	16	73	중	7
7	송은희	10	13	12	10	12	15	72	중	10
8	온지우	12	14	12	12	13	20	83	상	3
9	이수진	8	13	10	9	10	16	66	중	13
10	임재진	13	13	11	10	12	17	76	중	6
11	전희주	9	11	10	9	10	19	68	중	12
12	정지연	11	15	14	13	13	23	89	상	1
13	최성수	10	12	12	10	12	17	73	중	7
14	최수명	10	8	7	9	9	15	58	하	15
15	홍경화	12	10	14	11	15	21	83	상	3
평균		10.3	12.3	11.1	10.7	11.6	17.9	73.9		

등급표	
0	하
60	중
80	상

점수 조회	
이름	등급
나문영	상

연습1 | 연습2 | 연습3

2 '7장-연습.xlsx' 파일의 '연습2' 시트를 열고 다음 조건에 맞도록 차량 할부금 계산 자료를 작성하시오.

❶ HLOOKUP 함수를 사용하여 모델별로 차량 가격을 찾아서 합계(기본가격+옵션가격)를 구하고, 표시 형식을 '통화'로 설정하시오.

❷ PMT 함수를 이용하여 각 모델의 할부개월별 할부금을 계산하여 D10:G13 범위에 표시하시오.

❸ 셀의 표시 형식, 셀 병합, 셀 테두리, 색 채우기, 글꼴과 맞춤을 그림과 같이 설정하시오.

차량 할부금 계산

모델	A	B	C	D
기본가격	17,500천원	23,800천원	29,300천원	34,600천원
옵션가격	850,000	960,000	1,200,000	1,350,000
이자율	6.5%			

		차량 가격			
		A	B	C	D
		₩18,350,000	**₩24,760,000**	**₩30,500,000**	**₩35,950,000**
할부	24개월	₩817,424	₩1,102,965	₩1,358,661	₩1,601,438
	36개월	₩562,409	₩758,869	₩934,795	₩1,101,832
	48개월	₩435,169	₩587,182	₩723,306	₩852,553
	60개월	₩359,039	₩484,458	₩596,768	₩703,403

3 '7장-연습.xlsx' 파일의 '연습3' 시트를 열고 1분기 판매현황 분석 자료를 만드시오.

❶ 번호는 ROW 함수를 이용하여 입력하시오.

❷ IF 함수를 사용하여 '목표달성' 여부를 표시하시오.

❸ 1분기 판매량 요약 테이블의 I4:I7 범위에 COUNTIF 함수를 이용하여 직급별 인원 수를 계산하시오.

❹ 1분기 판매량 요약 테이블의 J4:J7 범위에 SUMIF 함수를 이용하여 직급별로 판매량의 합계를 계산하시오.

❺ 1분기 판매량 요약 테이블의 K4:K7 범위에 AVERAGEIF 함수를 이용하여 직급별로 판매량의 평균을 계산해서 소수 한 자리로 표시하시오.

❻ 목표달성 요약 테이블의 I11:I12 범위에 COUNTIF 함수를 이용하여 '달성'과 '미달성' 인원 수를 표시하시오.

❼ 셀 병합, 셀 테두리, 색 채우기, 글꼴과 맞춤을 그림과 같이 설정하시오.

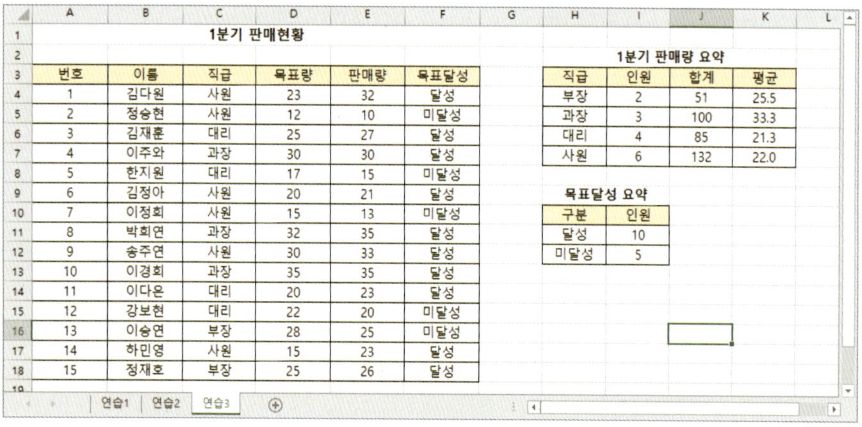

1분기 판매현황

번호	이름	직급	목표량	판매량	목표달성
1	김다원	사원	23	32	달성
2	정승현	사원	12	10	미달성
3	김재훈	대리	25	27	달성
4	이주와	과장	30	30	달성
5	한지원	대리	17	15	미달성
6	김정아	사원	20	21	달성
7	이정희	사원	15	13	미달성
8	박희연	과장	32	35	달성
9	송주연	사원	30	33	달성
10	이경희	과장	35	35	달성
11	이다온	대리	20	23	달성
12	강보현	대리	22	20	미달성
13	이승연	부장	28	25	미달성
14	하민영	사원	15	23	달성
15	정재호	부장	25	26	달성

1분기 판매량 요약

직급	인원	합계	평균
부장	2	51	25.5
과장	3	100	33.3
대리	4	85	21.3
사원	6	132	22.0

목표달성 요약

구분	인원
달성	10
미달성	5

CHAPTER

08

데이터 관리

학습목표

- 외부 데이터를 가져오고 데이터 유효성 검사를 할 수 있다.
- 원하는 항목을 기준으로 데이터를 정렬할 수 있다.
- 조건에 맞는 데이터만 필터링하여 표시할 수 있다.
- 데이터를 그룹화하여 부분합을 계산할 수 있다.

SECTION 01

데이터 관리하기

엑셀을 이용하면 데이터를 체계적으로 정리하고 조건에 따라 필요한 데이터만 골라내거나 그룹화하는 등 많은 양의 데이터를 효율적으로 관리할 수 있다. 또 텍스트 파일(.txt)이나 CSV 파일(.csv) 등 다른 형식의 데이터를 읽어 엑셀 데이터 목록으로 만들 수 있고, 중복된 항목을 제거하거나 데이터 유효성 검사도 할 수 있다. 텍스트 파일을 이용하여 엑셀 워크시트를 작성하고 텍스트 나누기와 중복 데이터 제거하기 등 데이터 도구를 사용하여 데이터를 관리하는 방법을 알아본다.

1.1 데이터 가져오기

엑셀 작업을 하다보면 필요한 데이터가 다른 엑셀 파일에 저장되어 있거나 텍스트 파일이나 웹 페이지, 데이터베이스 파일 등 다른 형식의 파일에 들어있는 경우가 있다. 이런 경우 데이터 가져오기 기능을 사용한다.

TIP 엑셀 2019에서 기본으로 제공하는 데이터 가져오기 마법사로는 [기본예제 8-1]을 실습할 수 없으므로 이전 버전의 텍스트 파일 가져오기 옵션을 먼저 설정해야 한다. 엑셀 실행 후 [파일] 탭-[옵션]을 눌러 [Excel 옵션] 대화상자를 열고, [데이터] 옵션에서 [텍스트에서(레거시)]를 클릭한 다음 [확인]을 누른다.

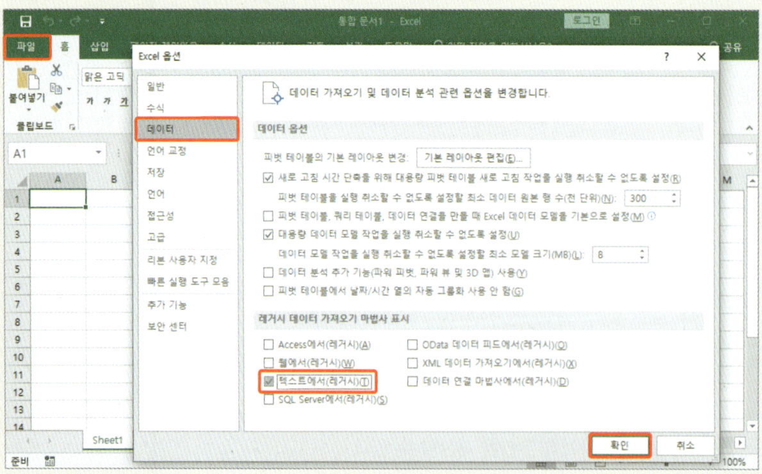

기본예제 8-1 텍스트 파일로 워크시트에 데이터 생성하기

텍스트 파일로 저장된 물품 판매 현황 데이터를 모두 가져와 엑셀 워크시트에 저장해 보자.

01 엑셀을 실행하여 새 통합 문서를 열고 [데이터] 탭–[데이터 가져오기 및 변환] 그룹–[데이터 가져오기] 목록에서 [레거시 마법사]–[텍스트에서(레거시)]를 선택한다.

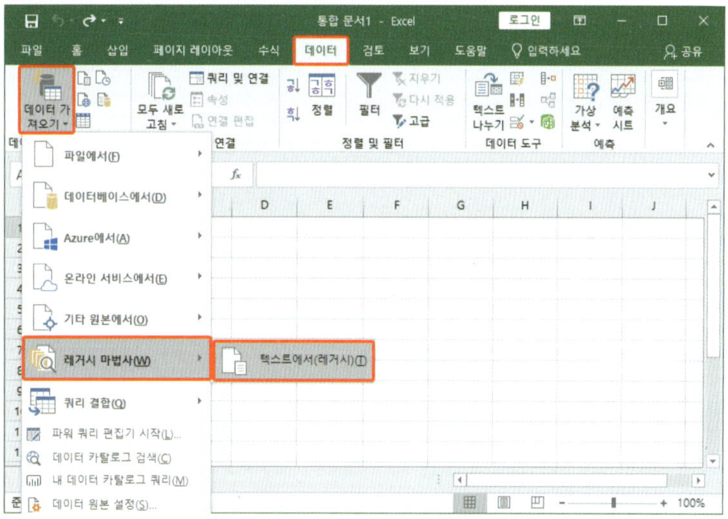

02 [텍스트 파일 가져오기] 대화상자에서 '판매목록.txt' 파일을 선택한다.

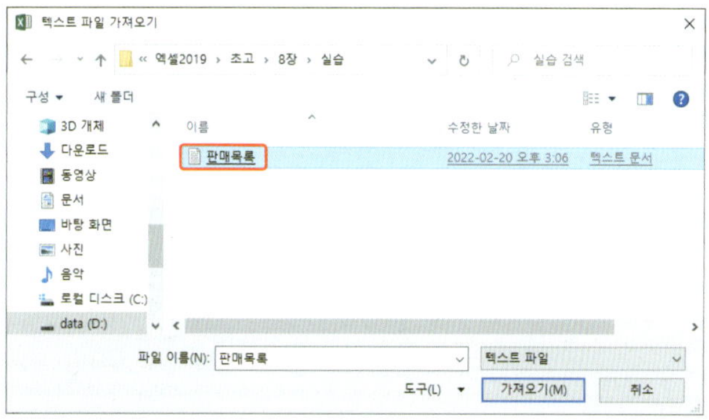

03 [텍스트 마법사] 1단계에서 [원본 데이터 형식]을 [구분 기호로 분리됨]으로 선택하고 [다음]을 누른다.

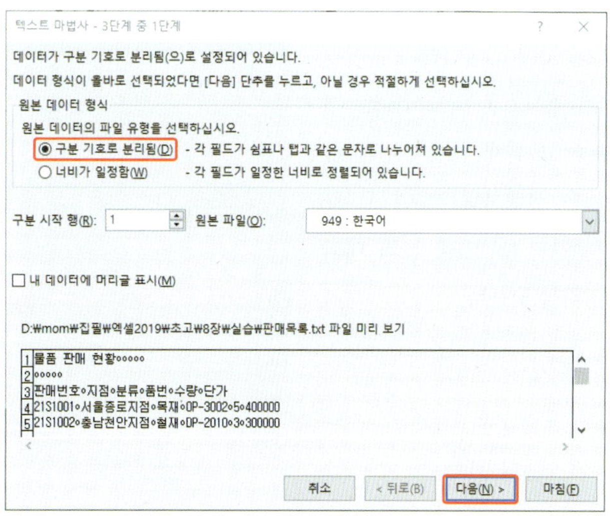

04 [텍스트 마법사] 2단계에서 [구분 기호]를 [탭]으로 선택하고 [다음]을 누른다.

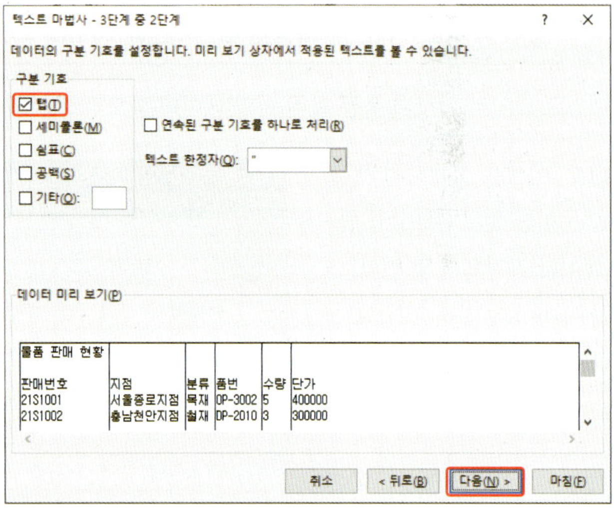

05 [텍스트 마법사] 3단계에서는 각 열의 데이터 서식을 시성할 수 있는데, 모두 [일반]으로 선택하고 [마침]을 누른다.

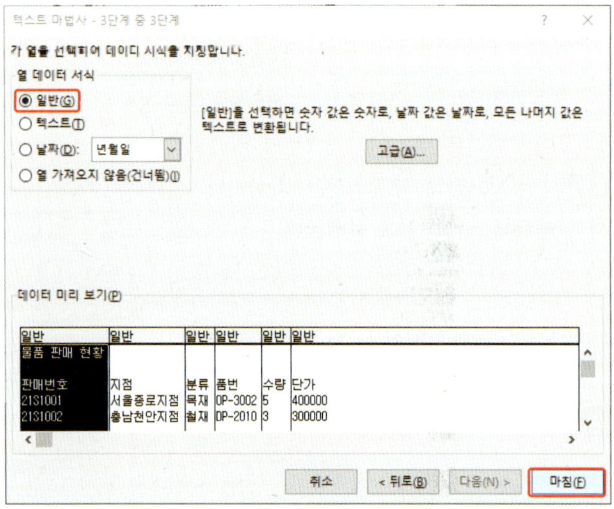

06 [데이터 가져오기] 대화상자에서 데이터가 들어갈 위치를 [기존 워크시트]로 선택하고 현재 워크시트의 A1 셀을 선택하면 =$A$1로 표시된다. [확인]을 눌러 대화상자를 닫는다.

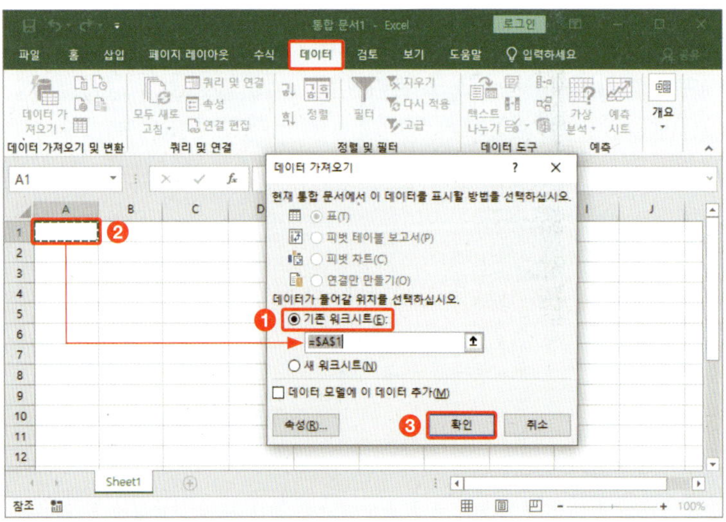

07 데이터가 입력된 워크시트의 이름을 '*판매목록*'으로 바꾸고, 통합문서를 '*판매.xlsx*'라는 이름으로 저장한다.

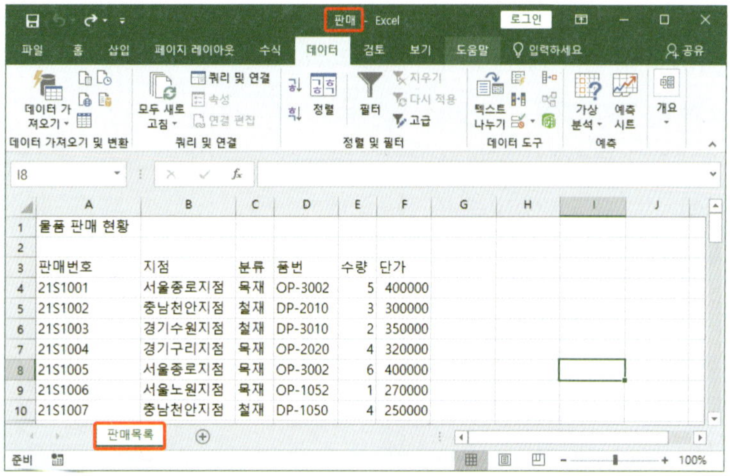

TIP 엑셀 2019에서 기본으로 제공하는 텍스트 데이터 가져오기는 [데이터] 탭–[데이터 가져오기 및 변환] 그룹–[텍스트/CSV]를 선택하면 된다. 가져올 텍스트 파일(원본 파일)을 선택하면 마법사 창이 나타나 미리보기로 데이터를 확인할 수 있고, [로드]를 누르면 워크시트에 데이터가 입력된다. 워크시트로 가져온 데이터는 원본 파일과 연결되어 있어서 원본이 변경되는 경우 [새로 고침]으로 수정해야 한다.

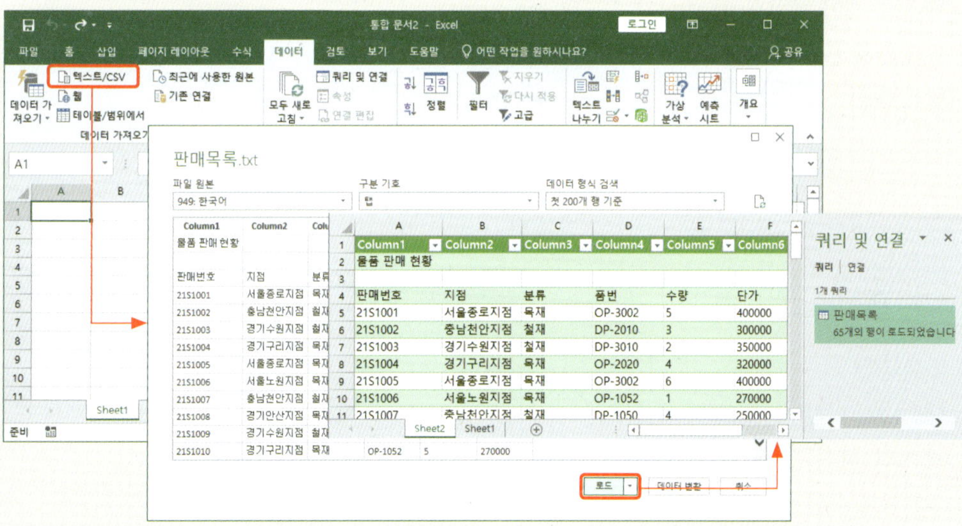

기본예제 8-2 텍스트 파일에서 일부 필드만 가져오기

텍스트 파일로 엑셀 데이터를 만들 때 불필요한 필드를 제외하고 가져올 수 있다. 품번별 단가 정보를 관리할 목적으로 '판매목록.txt' 파일에 있는 '품번'과 '단가'를 가져와 새 워크시트에 만들어 보자.

01 '판매.xlsx' 파일을 열고 [데이터] 탭-[데이터 가져오기 및 변환] 그룹-[데이터 가져오기] 목록에서 [레거시 마법사]-[텍스트에서(레거시)]를 선택한다.

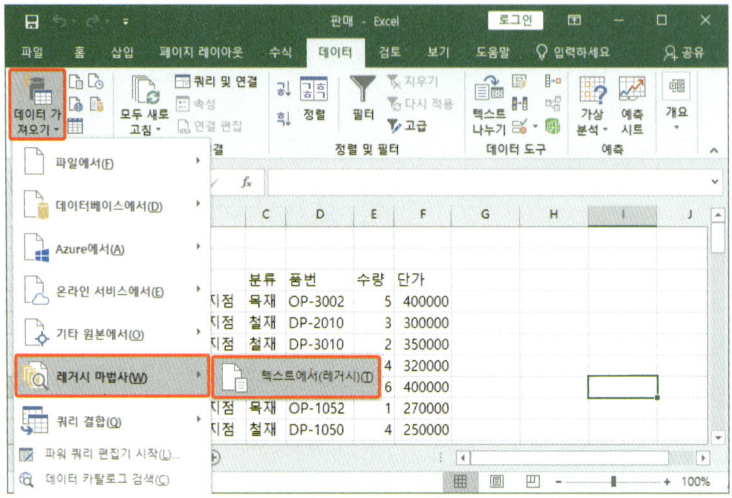

TIP 시트에 저장된 데이터 영역 내에서는 [레거시 마법사]를 선택할 수 없으므로 데이터 범위 바깥의 빈 셀을 선택해야 한다.

02 [텍스트 파일 가져오기] 대화상자에서 '판매목록.txt' 파일을 선택하고 [열기]를 누른다.

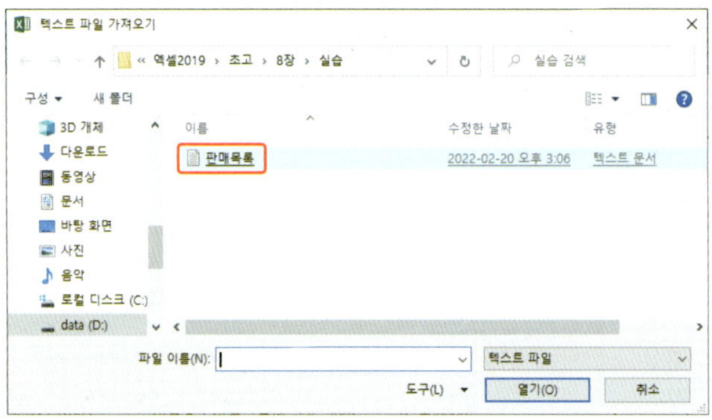

03 [텍스트 마법사]의 1단계에서 [원본 데이터 형식]으로 [구분 기호로 분리됨]을 선택하고 [다음]을 누른다.

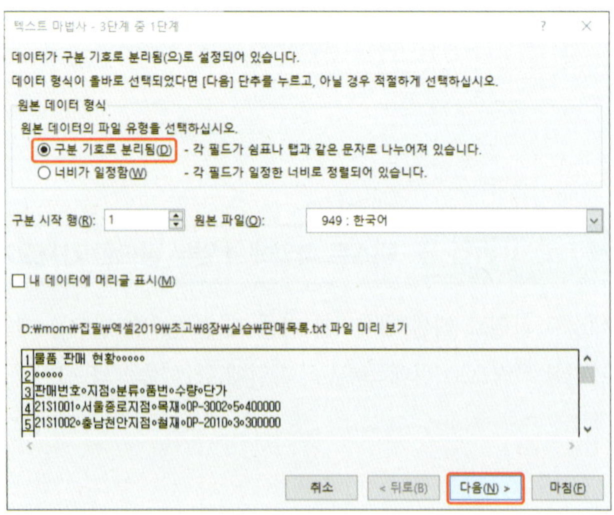

04 [텍스트 마법사]의 2단계에서 [구분 기호]를 [탭]으로 선택한 뒤 [다음]을 누른다.

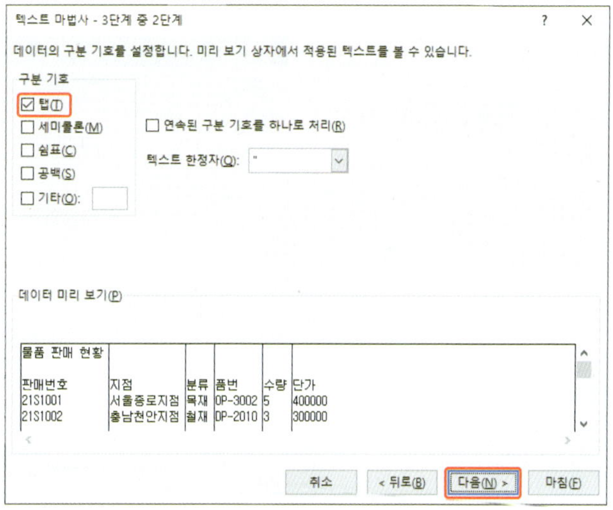

05 [데이터 미리 보기]에서 '판매번호', '지점', '분류', '수량' 필드를 차례로 선택하고 [열 데이터 서식]에서 [열 가져오지 않음(건너뜀)]을 클릭한 후 [마침]을 누른다.

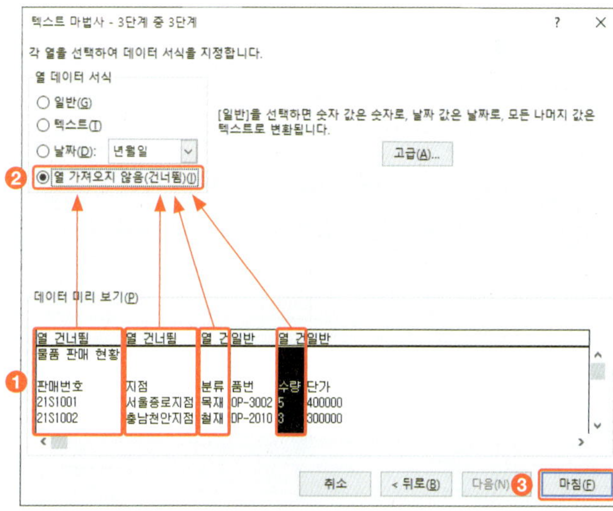

TIP 텍스트 파일에서 '품번'과 '단가' 데이터만 가져온다.

06 [데이터 가져오기] 대화상자에서 데이터가 들어갈 위치로 [새 워크시트]를 선택하고 [확인]을 누른다.

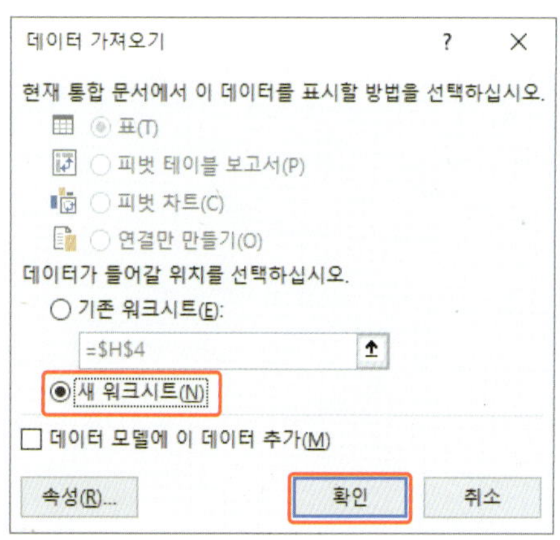

07 추가된 시트의 이름을 *단가표*로 수정하고 '판매목록' 시트 뒤로 위치를 이동시킨다.

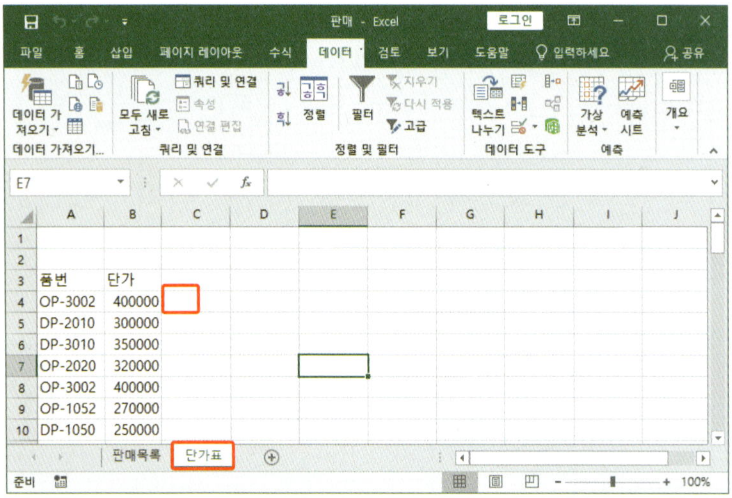

1.2 데이터 도구

많은 데이터를 모아 놓고 사용할 때는 데이터를 검색하거나 수정하기 편하도록 체계적으로 관리하는 것이 좋다. 데이터를 입력할 때는 일반적으로 '판매번호', '지점' 같은 필드명을 먼저 만들고 그 아래에 해당 값을 입력한다. 필드의 값을 입력할 때 가령, 판매 수량을 음수로 하거나 등록되지 않은 품번을 사용하는 경우 등 유효하지 않은 값을 처리하기 위해 엑셀의 데이터 도구를 사용할 수 있다.

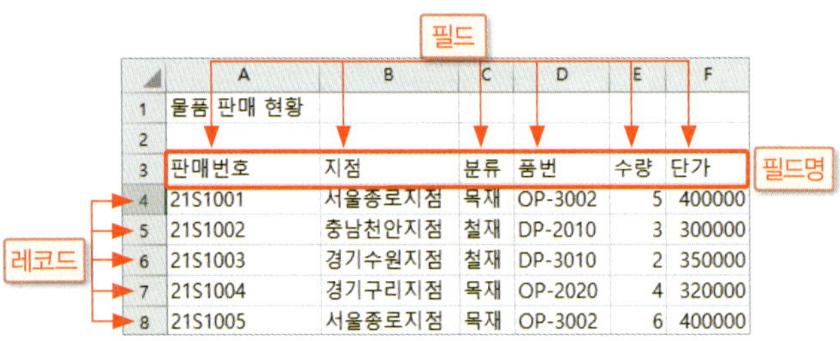

기본예제 8-3 중복된 항목 제거하기

[기본예제 8-2]에서 텍스트 파일에서 가져온 '단가표' 시트에는 품번과 단가 정보가 중복으로 저장되어 있다. 데이터 도구를 사용하여 중복된 항목을 제거해 보자.

01 '판매.xlsx' 파일의 '단가표' 시트에서 데이터 영역 내 임의의 셀을 선택하고 [데이터] 탭-[데이터 도구] 그룹-[중복된 항목 제거]를 누른다.

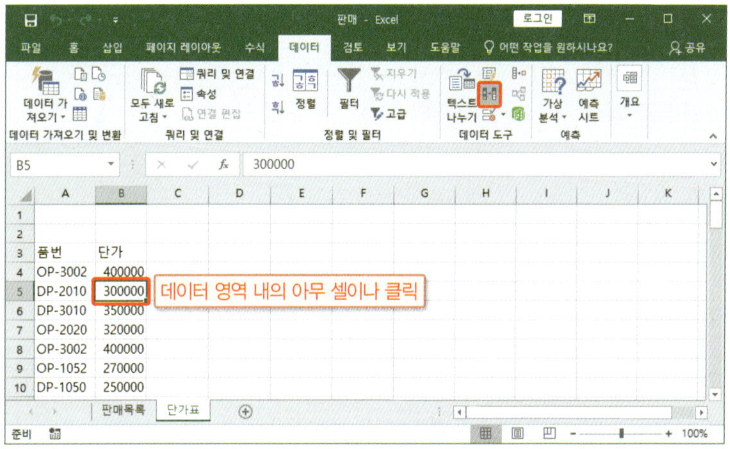

02 [중복 값 제거] 대화상자에서 '품번'을 선택하고 [확인]을 누른다.

03 중복된 값이 제거되었다는 메시지 창이 나타나면 [확인]을 누른다.

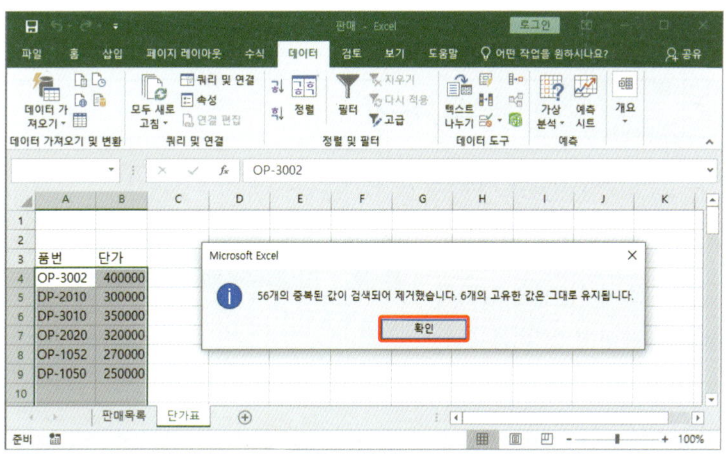

04 중복 데이터가 제거된 '단가표' 시트의 A4:B9 범위를 선택하고 이름을 정의한다. [이름 상자]에 *단가표*라고 입력하고 셀 테두리와 맞춤, 통화 등의 서식을 설정한다.

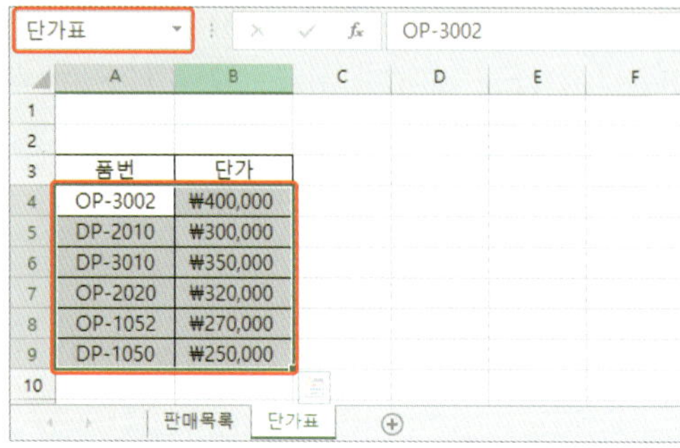

05 '판매목록' 시트의 '단가' 필드 값을 VLOOKUP 함수로 '단가표'에서 가져오도록 수정한다. '판매목록' 시트의 F4:F65 범위를 선택하고 *=VLOOKUP(D4,단가표,2,FALSE)* 수식을 입력한 후 Ctrl+Enter를 누른다.

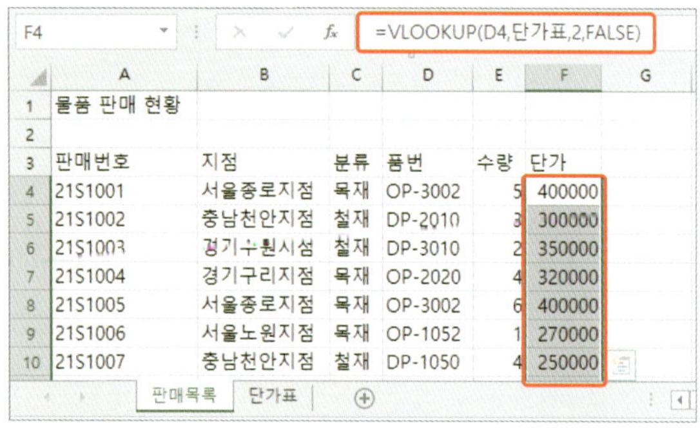

TIP F4 셀을 선택하고 Ctrl+Shift+↓를 누르면 F4:F65 범위를 쉽게 선택할 수 있다.

TIP 예제에서처럼 단가 정보를 따로 관리하면 제품 단가가 바뀌는 경우 '판매목록' 시트의 모든 데이터를 일일이 수정하지 않고 단가표만 변경하면 된다.

기본예제 8-4 텍스트 나누기

텍스트 나누기 기능을 사용해 '판매목록' 시트의 '지점' 필드를 '지역'과 '지점명'으로 분리하자.

01 '판매.xlsx' 파일의 '판매목록' 시트에서 C열의 임의의 셀을 선택하고 [홈] 탭–[셀] 그룹–[삽입] 목록에서 [시트 열 삽입]을 선택한다.

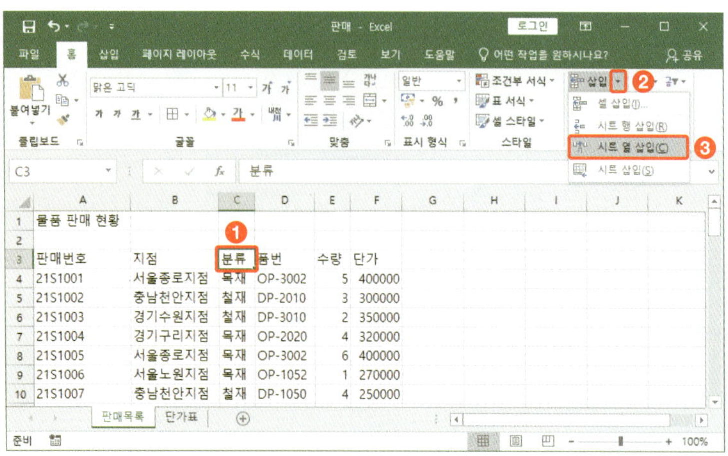

02 B4:B65 범위를 선택하고 [데이터] 탭-[데이터 도구] 그룹-[텍스트 나누기]를 누른다.

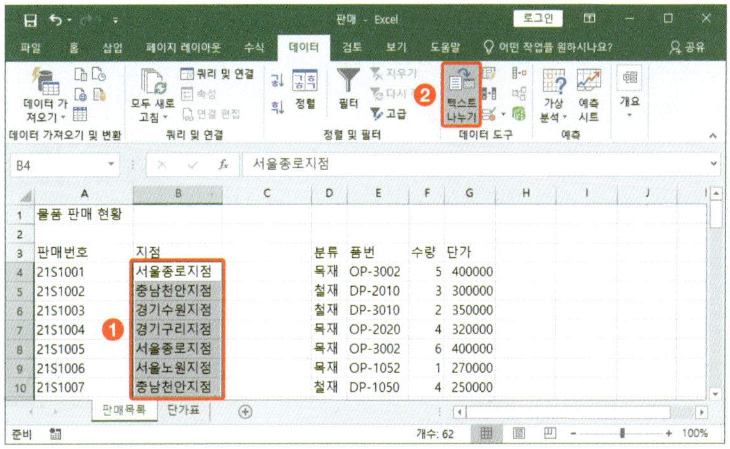

03 [텍스트 마법사] 1단계에서 [원본 데이터 형식]을 [너비가 일정함]으로 선택하고 [다음]을 누른다.

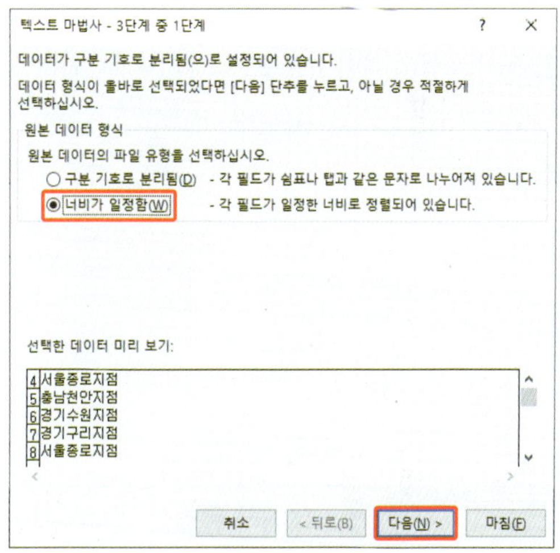

04 [텍스트 마법사] 2단계에서 [데이터 미리 보기]의 눈금자를 마우스로 클릭하여 두 개의 열 구분선을 지정하고 [다음]을 누른다.

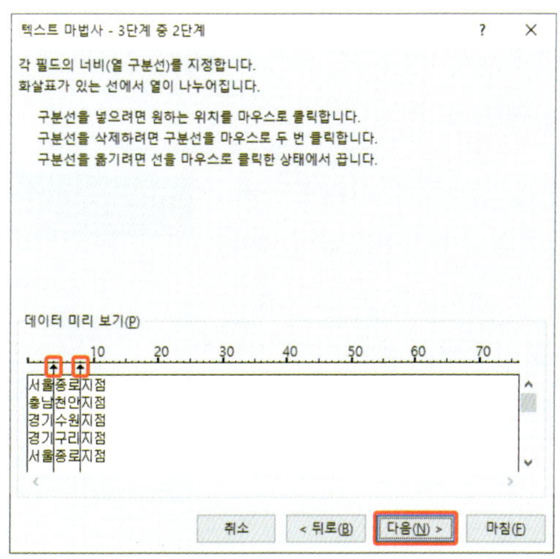

TIP 열 구분선은 화살표로 표시되며 열 구분선이 표시되는 곳을 경계로 열이 나누어진다.

05 첫째 열과 둘째 열은 [열 데이터 서식]을 [일반]으로, 마지막 열은 [열 가져오지 않음(건너뜀)]을 선택한 후 [마침]을 누른다.

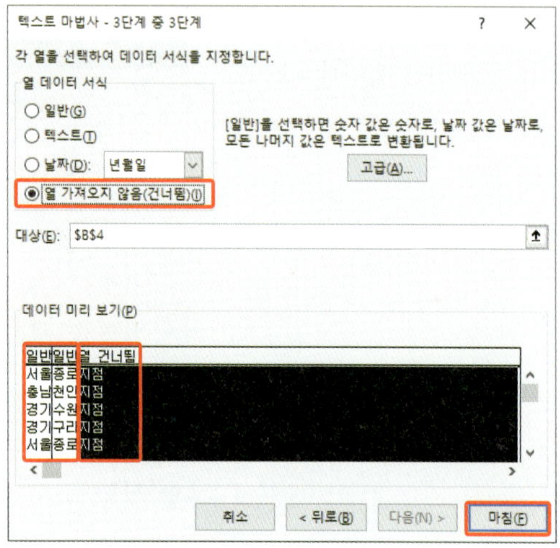

06 B3 셀은 지역, C3 셀은 지점명으로 입력하여 필드명을 수정한다.

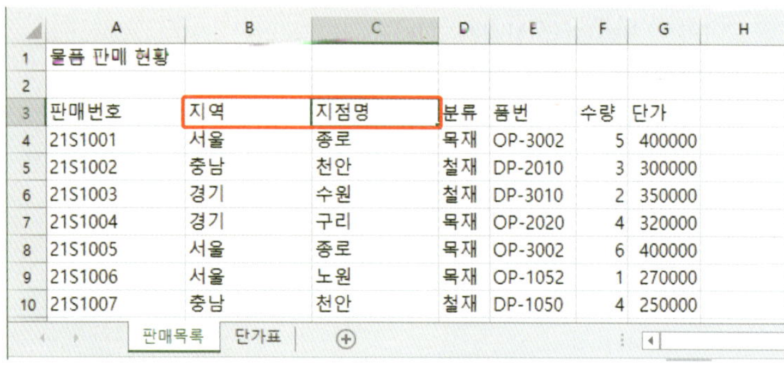

기본예제 8-5 데이터 유효성 검사하기

품번을 잘못 입력하거나 판매 수량을 음수나 0으로 입력하는 등 데이터를 입력할 때 오류가 발생하는 경우가 있다. 오류를 미리 검사하여 잘못된 값을 입력하는 것을 방지하는 데이터 유효성 검사 기능을 사용해 보자.

01 '판매목록' 시트에서 '품번' 필드에 잘못된 값이 입력되지 못하도록 E4:E65 범위를 선택하고 [데이터] 탭-[데이터 도구] 그룹-[데이터 유효성 검사]를 누른다.

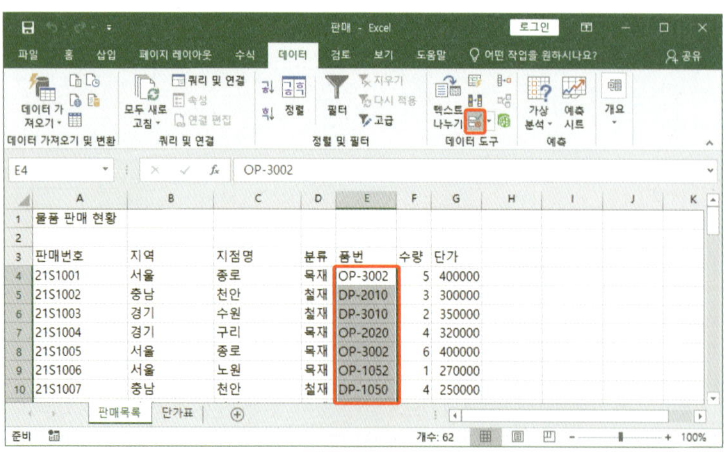

02 [데이터 유효성] 대화상자의 [설정] 탭에서 [유효성 조건]의 [제한 대상]은 [목록]으로 하고, [원본]은 '단가표' 시트의 A4:A9 범위를 선택한다.

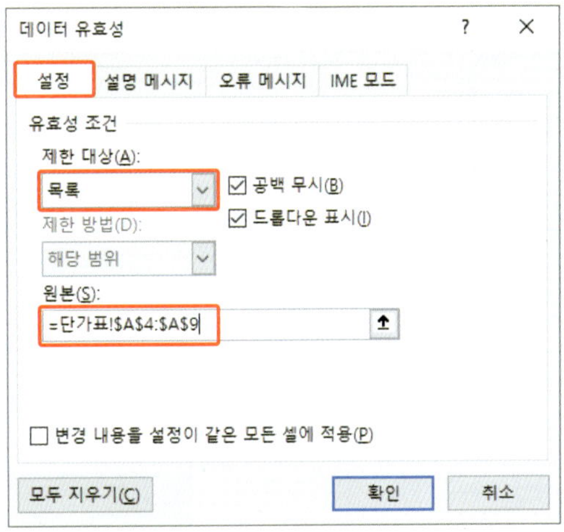

03 [오류 메시지] 탭의 [제목]에는 *품번 오류*, [오류 메시지]에는 *입력한 품번이 단가표에 없습니다.*를 입력하고 [확인]을 누른다.

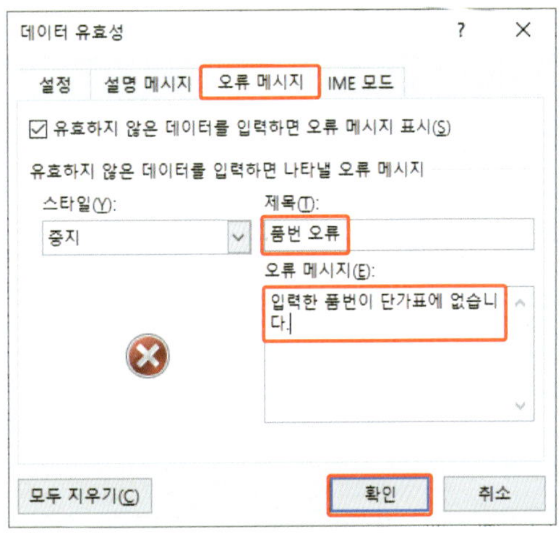

04 데이터 유효성 조건을 설정한 '품번' 필드는 목록에서 값을 선택할 수 있어서 입력 오류를 방지할 수 있다.

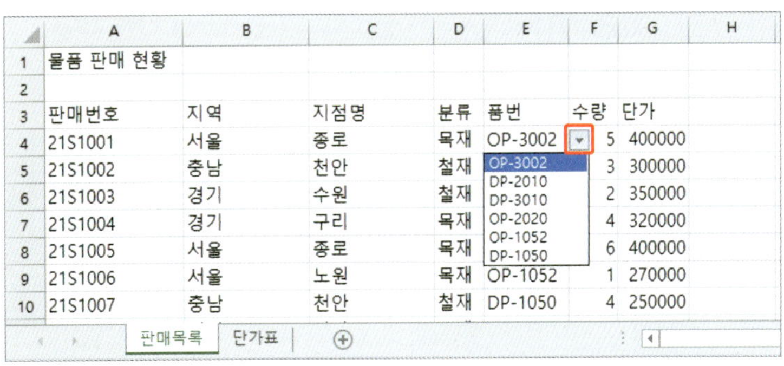

TIP 품번을 목록에서 선택하지 않고 잘못 입력하면 다음과 같은 메시지 창이 나타난다.

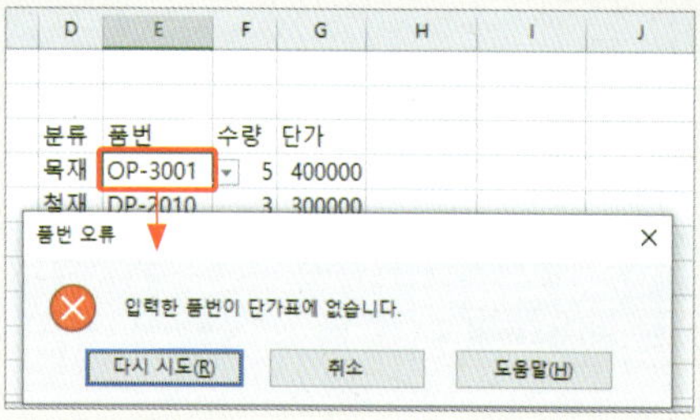

05 '수량' 필드에는 양수만 입력할 수 있도록 데이터 유효성 검사 조건을 설정하기로 한다. F4:F65 범위를 선택하고 [데이터] 탭–[데이터 도구] 그룹–[데이터 유효성 검사]를 누른다.

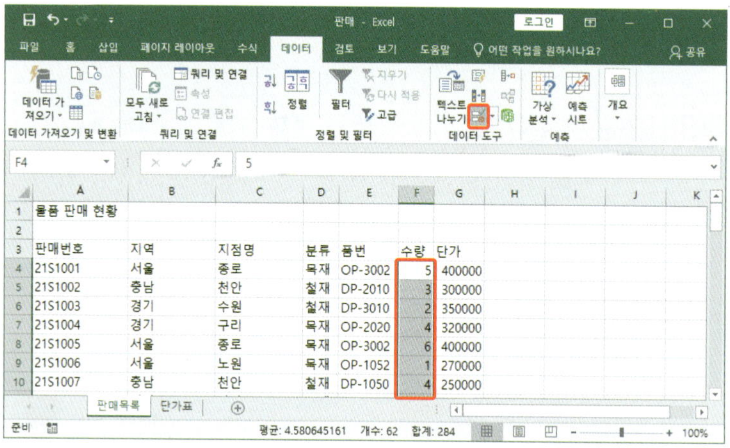

06 [데이터 유효성] 대화상자의 [설정] 탭에서 [유효성 조건]의 [제한 대상]은 [정수]로, [제한 방법]은 [>]로 선택하고, [최소값]에 0을 입력한다.

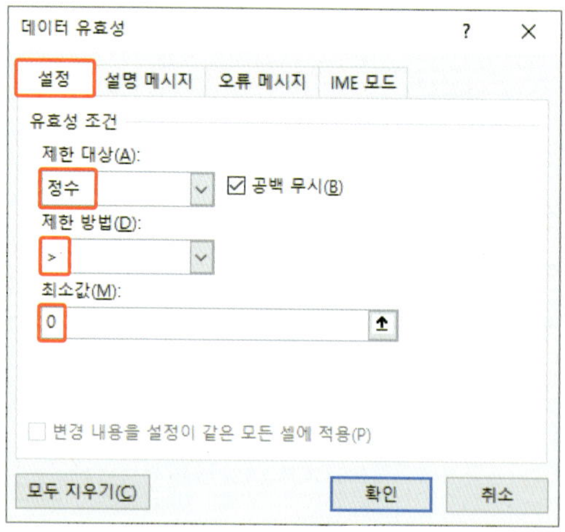

07 [오류 메시지] 탭의 [스타일]은 [경고]를 선택한다. [제목]에는 *수량 오류*, [오류 메시지]에는 *수량은 양수로 입력하세요.*를 입력하고 [확인]을 누른다.

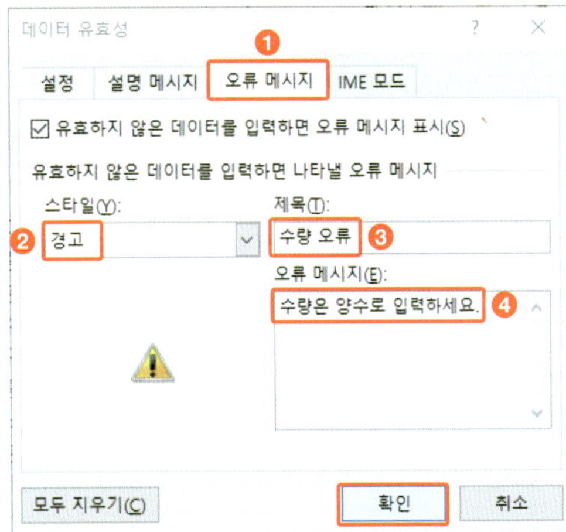

08 '수량' 필드에 양수가 아닌 값을 입력하면 경고 메시지 창이 나타난다.

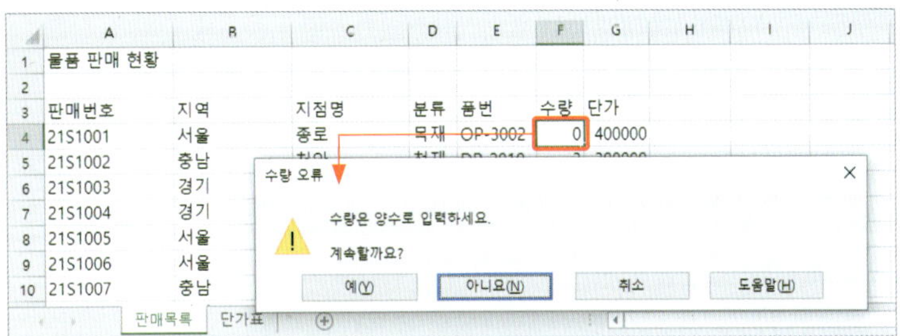

TIP 오류 메시지 스타일이 '경고'인 경우 대화상자에서 [예]를 누르면 양수가 아닌 값도 저장할 수 있다.

TIP 설정한 유효성 검사 조건을 해제하려면 해제할 셀을 선택하고 [데이터 유효성] 대화상자의 [모두 지우기]를 누른 다음 [확인]을 누른다. 유효성 검사 조건을 해제할 셀이 여러 개라면 [변경 내용을 설정이 같은 모든 셀에 적용]을 선택하면 된다.

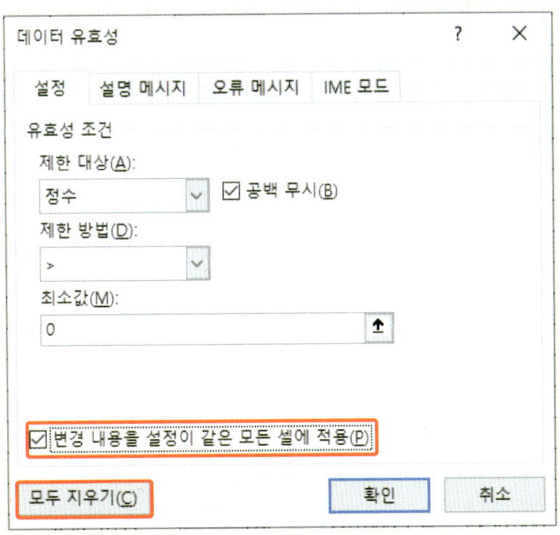

SECTION 02

데이터 정렬하기

많은 양의 데이터를 관리하는 기본적인 방법은 보기 쉽게 정렬하는 것이다. 판매번호순, 지점별 판매금액순 등과 같이 원하는 기준을 하나 이상 지정하여 순서대로 빠르게 재배치하는 정렬 기능에 대해 알아본다.

2.1 단일 항목 정렬

하나의 필드나 사용자 지정 목록에 등록한 값의 순서를 기준으로 데이터를 오름차순 또는 내림차순으로 정렬할 수 있다. 지점순이나 판매금액순과 같이 정렬할 수 있으며, 정렬된 데이터는 순서에 따라 셀에 다시 배치되어 저장 위치가 변경된다.

기본예제 8-6 판매액을 기준으로 정렬하기

판매번호 순서대로 입력되어 있는 '판매목록' 시트를 판매액을 기준으로 내림차순 정렬해 보자.

01 '판매.xlsx' 파일의 '판매목록' 시트에서 '판매액' 필드를 H열에 추가한 다음, '수량'과 '단가'를 곱한 *=PRODUCT(F4:G4)* 수식으로 계산해서 표시한다.

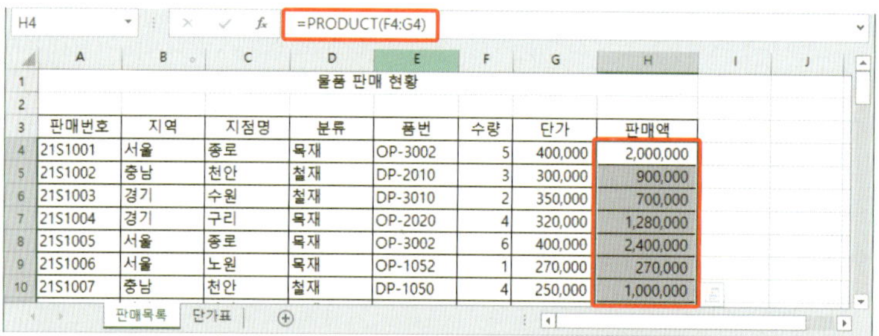

TIP '판매목록' 시트는 그림과 같이 서식을 설정한다. A1:H1 범위는 [병합하고 가운데 맞춤]으로, A3:H3 범위는 [가운데 맞춤], A3:H65 범위는 [모든 테두리]로, '단가'와 '판매액' 필드의 표시 형식은 [쉼표 스타일]로 설정하고 열 너비를 보기 좋게 조정한다.

02 판매액을 기준으로 정렬하기 위해 판매액 필드에서 임의의 셀을 선택하고 [홈] 탭-[편집] 그룹-[정렬 및 필터] 목록에서 [숫자 내림차순 정렬]을 선택한다.

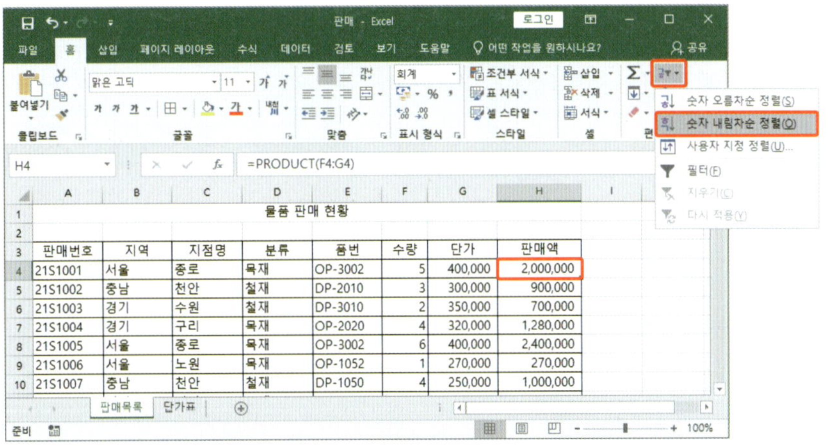

TIP 단일 필드를 기준으로 정렬할 때는 해당 필드에서 임의의 셀을 선택하면 되는데 이때 선택한 셀을 포함하는 전체 데이터 범위가 정렬된다. 만약 빈 행이나 빈 열이 있어 데이터 범위가 연속적이지 않다면 정렬 범위를 직접 지정해야 한다.

TIP 정렬 도구는 [홈] 탭에서도 선택할 수 있지만, 다음 그림과 같이 셀을 선택하고 마우스 오른쪽 단추를 눌러 나타나는 단축 메뉴에서 선택할 수도 있다.

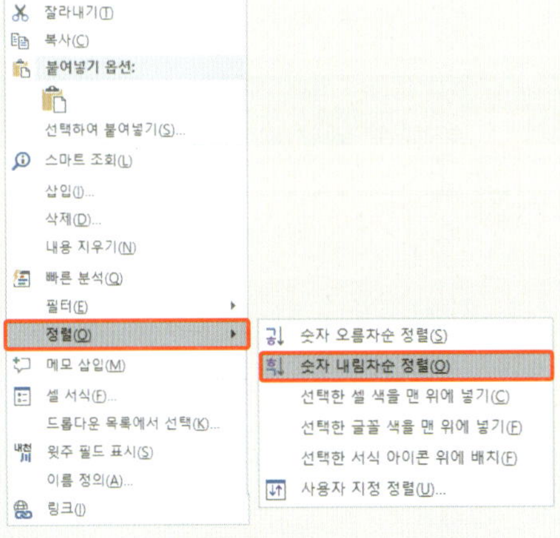

03 판매액이 큰 순서대로 판매목록이 정렬된다.

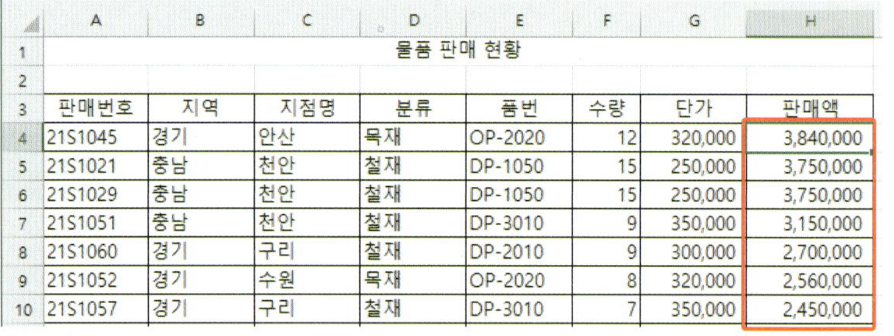

	A	B	C	D	E	F	G	H
1	물품 판매 현황							
2								
3	판매번호	지역	지점명	분류	품번	수량	단가	판매액
4	21S1045	경기	안산	목재	OP-2020	12	320,000	3,840,000
5	21S1021	충남	천안	철재	DP-1050	15	250,000	3,750,000
6	21S1029	충남	천안	철재	DP-1050	15	250,000	3,750,000
7	21S1051	충남	천안	철재	DP-3010	9	350,000	3,150,000
8	21S1060	경기	구리	철재	DP-2010	9	300,000	2,700,000
9	21S1052	경기	수원	목재	OP-2020	8	320,000	2,560,000
10	21S1057	경기	구리	철재	DP-3010	7	350,000	2,450,000

TIP 정렬 후에는 판매목록 데이터의 순서가 달라진다. 원래 순서대로 표시하고 싶으면 '판매번호' 필드를 정렬 기준으로 다시 정렬하면 된다.

2.2 복수 항목 정렬

지역별로 판매액을 기준으로 정렬하거나 지점별로 품번을 기준으로 정렬하는 등 두 개 이상의 필드가 정렬 기준이 되기도 한다. 이와 같이 여러 필드를 기준으로 데이터를 정렬하는 방법을 알아본다.

기본예제 8-7 지역별 판매액을 내림차순으로 정렬하기

여러 필드를 기준으로 데이터를 정렬하려면 [데이터] 탭의 [정렬] 메뉴를 이용한다. 판매목록 데이터를 이용하여 지역별 판매액 순으로 정렬해 보자.

01 '판매목록' 시트의 데이터 범위에 있는 임의의 셀을 선택하고 [데이터] 탭–[정렬 및 필터] 그룹–[정렬]을 누른다.

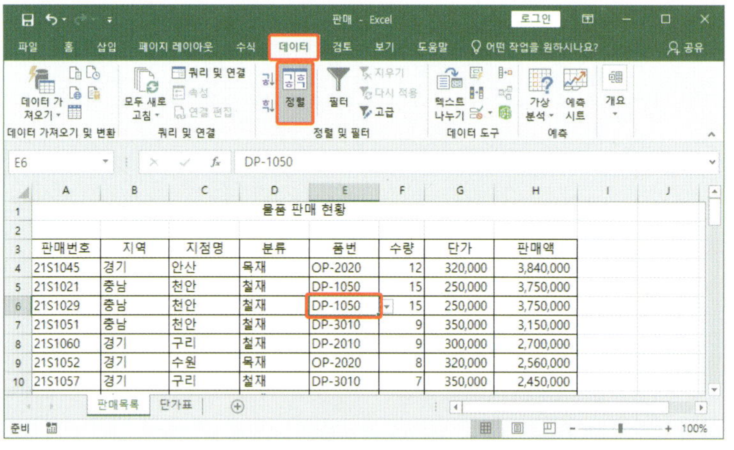

	A	B	C	D	E	F	G	H
1	물품 판매 현황							
2								
3	판매번호	지역	지점명	분류	품번	수량	단가	판매액
4	21S1045	경기	안산	목재	OP-2020	12	320,000	3,840,000
5	21S1021	충남	천안	철재	DP-1050	15	250,000	3,750,000
6	21S1029	충남	천안	철재	DP-1050	15	250,000	3,750,000
7	21S1051	충남	천안	철재	DP-3010	9	350,000	3,150,000
8	21S1060	경기	구리	철재	DP-2010	9	300,000	2,700,000
9	21S1052	경기	수원	목재	OP-2020	8	320,000	2,560,000
10	21S1057	경기	구리	철재	DP-3010	7	350,000	2,450,000

02 [정렬] 대화상자가 나타나면 [정렬기준]은 [지역], [정렬]은 [오름차순]으로 선택한다.

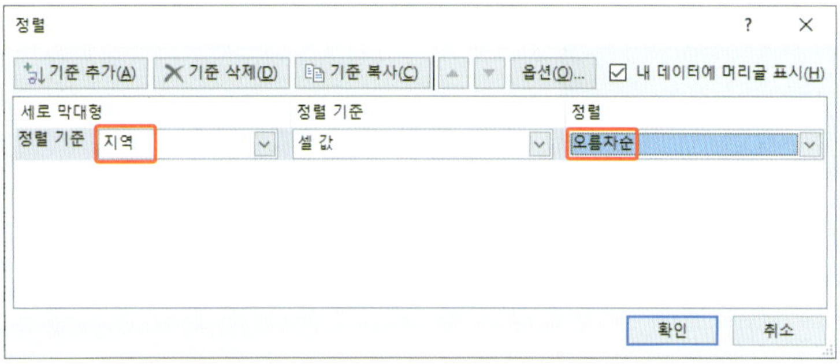

03 [기준 추가] 단추를 눌러 [다음 기준]을 추가하고 [판매액]과 [내림차순]을 차례로 선택한 다음 [확인]을 누른다.

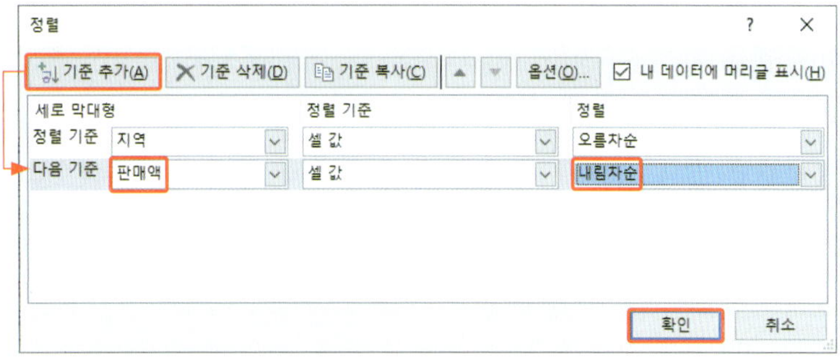

04 지역별로 판매액을 내림차순으로 정렬한 결과가 표시된다.

	A	B	C	D	E	F	G	H
12	21S1009	경기	수원	철재	DP-2010	6	300,000	1,800,000
13	21S1055	경기	구리	철재	DP-1050	7	250,000	1,750,000
14	21S1053	경기	안산	목재	OP-1052	6	270,000	1,620,000
15	21S1008	경기	안산	목재	OP-3002	4	400,000	1,600,000
16	21S1018	경기	수원	목재	OP-2020	5	320,000	1,600,000
17	21S1022	경기	구리	목재	OP-3002	4	400,000	1,600,000
18	21S1024	경기	수원	목재	OP-2020	5	320,000	1,600,000
19	21S1026	경기	구리	목재	OP-2020	5	320,000	1,600,000
20	21S1030	경기	수원	목재	OP-3002	4	400,000	1,600,000
21	21S1032	경기	구리	목재	OP-2020	5	320,000	1,600,000
22	21S1033	경기	안산	철재	DP-2010	5	300,000	1,500,000
23	21S1043	경기	구리	철재	DP-2010	5	300,000	1,500,000
24	21S1010	경기	구리	목재	OP-1052	5	270,000	1,350,000
25	21S1061	경기	수원	목재	OP-1052	5	270,000	1,350,000
26	21S1004	경기	구리	목재	OP-2020	4	320,000	1,280,000
27	21S1049	경기	수원	목재	OP-1052	3	270,000	810,000
28	21S1003	경기	수원	철재	DP-3010	2	350,000	700,000
29	21S1012	경기	수원	목재	OP-3002	1	400,000	400,000
30	21S1039	경기	구리	철재	DP-3010	1	350,000	350,000
31	21S1020	경기	구리	목재	OP-1052	1	270,000	270,000
32	21S1028	경기	수원	목재	OP-1052	1	270,000	270,000
33	21S1005	서울	종로	목재	OP-3002	6	400,000	2,400,000
34	21S1001	서울	종로	목재	OP-3002	5	400,000	2,000,000
35	21S1047	서울	노원	목재	OP-3002	5	400,000	2,000,000
36	21S1054	서울	종로	철재	DP-2010	5	300,000	1,500,000
37	21S1036	서울	종로	목재	OP-2020	3	320,000	960,000
38	21S1059	서울	노원	목재	OP-2020	3	320,000	960,000
39	21S1016	서울	노원	철재	DP-2010	2	300,000	600,000
40	21S1041	서울	노원	철재	DP-2010	2	300,000	600,000
41	21S1037	서울	노원	철재	DP-2010	1	300,000	300,000
42	21S1050	서울	노원	철재	DP-2010	1	300,000	300,000
43	21S1006	서울	노원	목재	OP-1052	1	270,000	270,000

SECTION 03

필터 사용하기

판매 현황 목록에서 임의의 지역만 골라서 표시하거나 일정 수량 이상 판매된 데이터만 보이도록 하려면 필터를 이용한다. 필터는 많은 양의 데이터 중에서 조건에 맞는 데이터만 추출해서 표시하는 기능이다. 엑셀의 필터 기능에는 메뉴에서 편리하게 설정할 수 있는 자동 필터와 다양한 조건을 직접 작성해 설정할 수 있는 고급 필터 방식이 있다. 필터 기능을 실행하면 워크시트에 전체 데이터 대신 필터링된 결과만 보이지만, 데이터가 삭제된 것이 아니므로 필터를 해제하면 원래대로 표시된다.

3.1 자동 필터

자동 필터 메뉴는 필터 기능을 가장 쉽게 사용할 수 있는 방법이다. 데이터 목록의 필드 이름 옆에 [▾ 필터] 단추를 표시하고 이 단추를 눌러 원하는 조건을 선택할 수 있다. 숫자와 문자 등 데이터의 종류에 따라 범위를 지정하거나 값을 비교하여 판단하는 등 다양한 메뉴를 지원하며 한 가지 이상의 필터 기준을 AND 조건으로 조합할 수 있으므로 복잡한 조건도 쉽게 처리할 수 있다.

기본예제 8-8 자동 필터 설정하고 해제하기

자동 필터 기능을 활용하여 특정 지점의 특정 분류 제품만 표시되도록 하자. 그리고 적용된 필터의 설정을 해제하는 방법도 알아보자.

01 '판매.xlsx' 파일의 '판매목록' 시트를 열고 [데이터] 탭–[정렬 및 필터] 그룹–[필터]를 누른다.

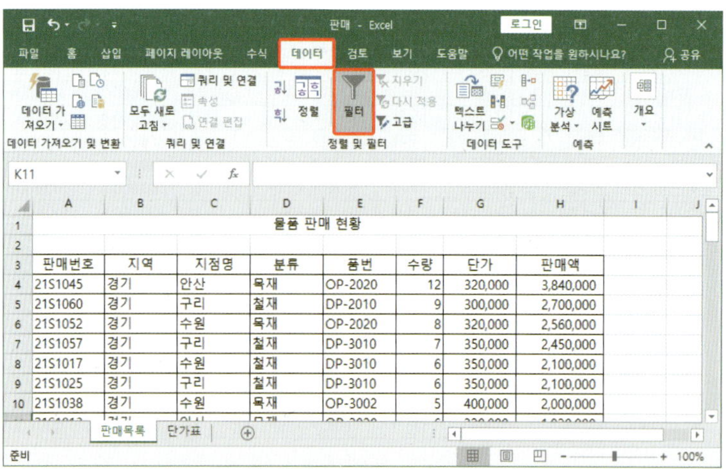

TIP 데이터 범위 내에 있는 셀을 선택해야 필터 도구를 사용할 수 있다.

02 각 필드 이름에 [필터] 단추가 표시된다. '지점명'의 [필터] 단추를 눌러 목록에서 [노원]만 선택하고 [확인]을 누른다.

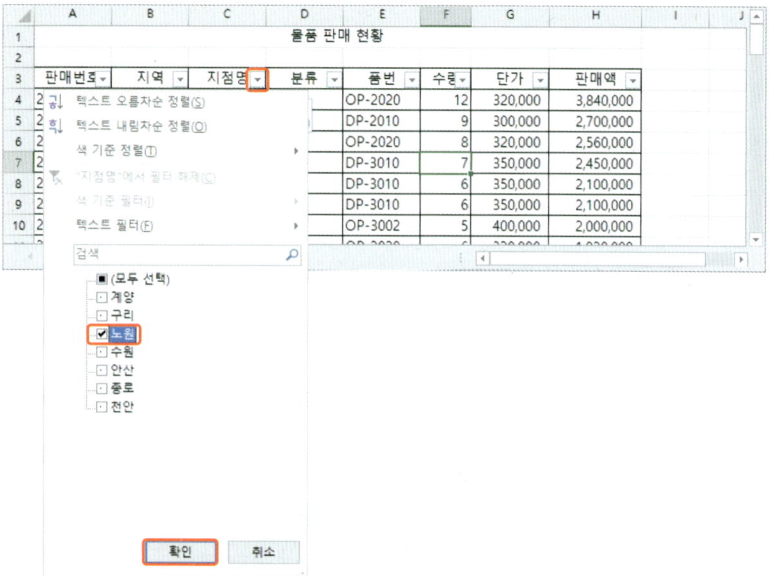

TIP 필터 결과가 표시될 때 워크시트의 행 번호는 파란색으로 바뀌고, 필터 조건에 사용한 필드 이름 옆의 필터 단추는 모양으로 변경된다.

03 '분류' 필드의 [필터] 단추를 눌러 목록에서 [목재]만 선택하고 [확인]을 누른다.

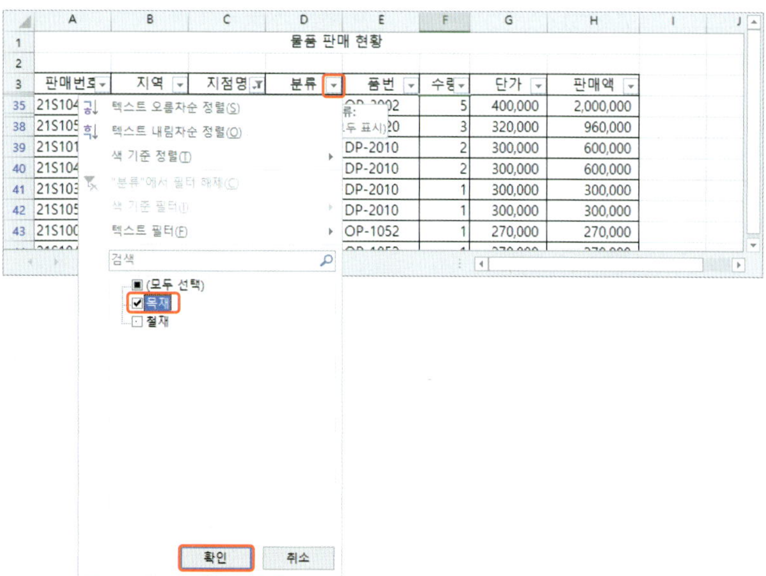

04 필터링된 결과가 워크시트에 표시된다. [데이터] 탭–[정렬 및 필터] 그룹–[지우기]를 누르면 필터 설정이 해제되고 원래의 데이터가 모두 나타난다.

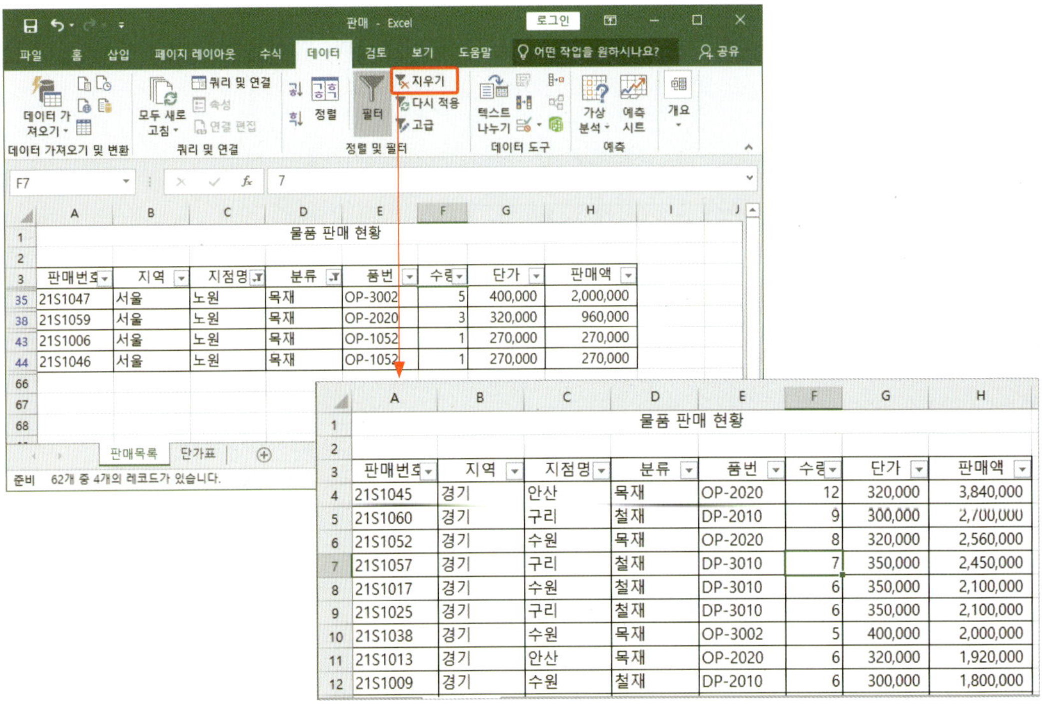

TIP [지우기] 대신 [필터]를 눌러도 되는데, 이 경우 필드 이름 옆에 있는 [▾ 필터] 단추도 제거된다.

기본예제 8-9 선택적 자동 필터 설정하기

필터링에 사용할 필드 값이 특정 조건에 해당하는지 판단하거나 특정 값과 비교할 수도 있다. 데이터 형식에 따라 필터 조건을 선택할 수 있는 자동 필터 메뉴를 활용하여 판매액이 상위 20% 이상인 데이터만 표시해 보자.

01 '판매목록' 시트에서 '판매액'의 [▾ 필터] 단추를 누르고 메뉴에서 [숫자 필터]–[상위 10]을 선택한다.

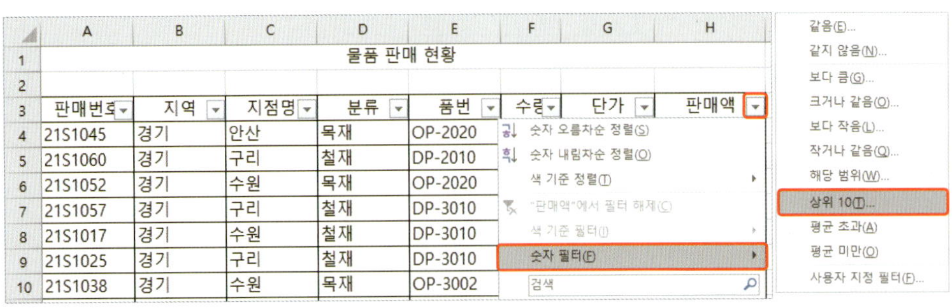

02 [상위 10 자동 필터] 대화상자에서 표시 조건으로 [상위], [20], [%]를 각각 선택하고 [확인]을 누른다.

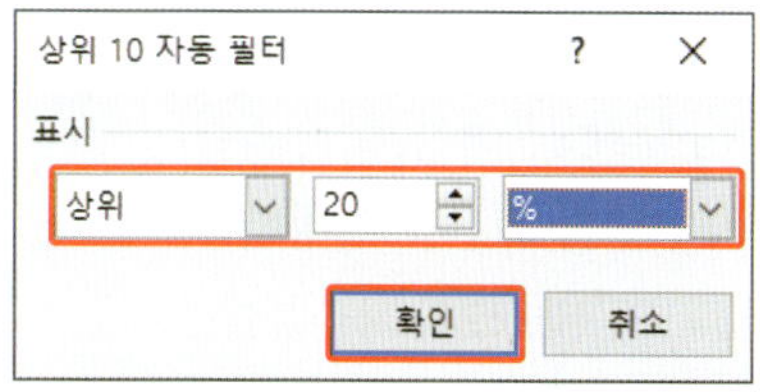

03 판매금액이 상위 20%인 결과만 표시된다.

	A	B	C	D	E	F	G	H
1	물품 판매 현황							
2								
3	판매번호	지역	지점명	분류	품번	수량	단가	판매액
4	21S1045	경기	안산	목재	OP-2020	12	320,000	3,840,000
5	21S1060	경기	구리	철재	DP-2010	9	300,000	2,700,000
6	21S1052	경기	수원	목재	OP-2020	8	320,000	2,560,000
7	21S1057	경기	구리	철재	DP-3010	7	350,000	2,450,000
8	21S1017	경기	수원	철재	DP-3010	6	350,000	2,100,000
9	21S1025	경기	구리	철재	DP-3010	6	350,000	2,100,000
10	21S1038	경기	수원	목재	OP-3002	5	400,000	2,000,000
33	21S1005	서울	종로	목재	OP-3002	6	400,000	2,400,000
34	21S1001	서울	종로	목재	OP-3002	5	400,000	2,000,000
35	21S1047	서울	노원	목재	OP-3002	5	400,000	2,000,000
49	21S1021	충남	천안	철재	DP-1050	15	250,000	3,750,000
50	21S1029	충남	천안	철재	DP-1050	15	250,000	3,750,000
51	21S1051	충남	천안	철재	DP-3010	9	350,000	3,150,000
52	21S1035	충남	천안	철재	DP-1050	8	250,000	2,000,000
53	21S1056	충남	천안	목재	OP-3002	5	400,000	2,000,000

기본예제 8-10 사용자 지정 자동 필터 설정하기

사용자가 직접 원하는 조건을 식으로 작성하는 자동 필터 방법도 있다. 사용자 지정 자동 필터 기능을 활용하여 단가가 35만 원에서 40만 원 사이인 물품의 판매 데이터만 표시해 보자.

01 [지우기]를 눌러 이전 실습에서 적용한 필터를 모두 해제한 후, '단가'의 [필터] 단추를 눌러 [숫자 필터]–[사용자 지정 필터]를 선택한다.

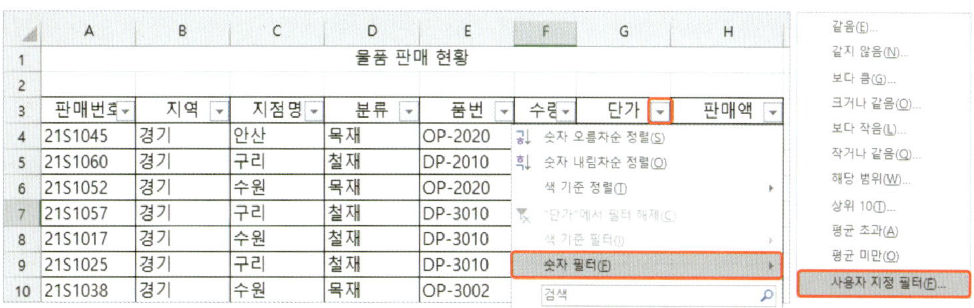

02 [사용자 지정 자동 필터] 대화상자에서 [찾을 조건]의 [단가] 조건을 설정한다. [>=]을 선택하고 기준값으로 *350000*을 입력한다. 다음으로 [그리고]와 [<=]을 선택하고 기준값으로 *400000*을 입력하고 [확인]을 누른다.

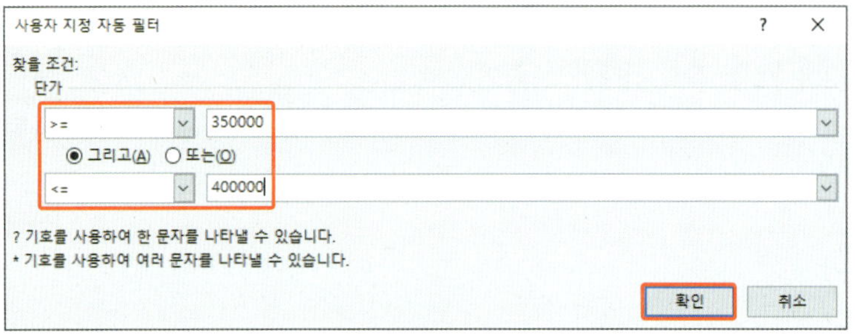

03 설정한 조건에 맞는 판매 데이터만 표시된다.

	A	B	C	D	E	F	G	H
1	물품 판매 현황							
2								
3	판매번호	지역	지점명	분류	품번	수량	단가	판매액
7	21S1057	경기	구리	철재	DP-3010	7	350,000	2,450,000
8	21S1017	경기	수원	철재	DP-3010	6	350,000	2,100,000
9	21S1025	경기	구리	철재	DP-3010	6	350,000	2,100,000
10	21S1038	경기	수원	목재	OP-3002	5	400,000	2,000,000
15	21S1008	경기	안산	목재	OP-3002	4	400,000	1,600,000
17	21S1022	경기	구리	목재	OP-3002	4	400,000	1,600,000
20	21S1030	경기	수원	목재	OP-3002	4	400,000	1,600,000
28	21S1003	경기	수원	철재	DP-3010	2	350,000	700,000
29	21S1012	경기	수원	목재	OP-3002	1	400,000	400,000
30	21S1039	경기	구리	철재	DP-3010	1	350,000	350,000
33	21S1005	서울	종로	목재	OP-3002	6	400,000	2,400,000
34	21S1001	서울	종로	목재	OP-3002	5	400,000	2,000,000
35	21S1047	서울	노원	목재	OP-3002	5	400,000	2,000,000
51	21S1051	충남	천안	철재	DP-3010	9	350,000	3,150,000
53	21S1056	충남	천안	목재	OP-3002	5	400,000	2,000,000
55	21S1062	충남	천안	목재	OP-3002	4	400,000	1,600,000

3.2 고급 필터

일반적으로 자동 필터는 편리하게 사용할 수 있지만, 조건 설정이 불가능한 경우가 있다. 10개 이상 판매되거나, 또는 3백만 원 이상 판매된 데이터를 필터링하는 경우라면 서로 다른 필드('수량'과 '판매액')에 대해 각각 필터링해서 함께 표시해야 한다. 이와 같은 OR 조건은 자동 필터를 사용할 수 없다. 이럴 때 엑셀에서 제공하는 고급 필터를 사용하면 다양한 필터 조건을 AND나 OR 조건식으로 결합할 수 있다. 또한 필터링 결과를 원본 데이터와 다른 위치에 표시하거나 중복된 값을 제거할 수 있다.

기본예제 8-11 고급 필터 조건 작성하기

고급 필터를 사용하려면 먼저 빈 셀에 조건을 적용할 필드 이름과 조건식을 작성해야 한다. 조건식을 같은 행에 입력하면 AND 조건이 되고, 다른 행에 입력하면 OR 조건이 된다. '수량'이 10개 이상이거나 '판매액'이 3백만 원 이상인 데이터를 필터링하기 위한 OR 조건을 작성해 보자.

01 기존의 필터는 제거하고 '판매목록' 시트의 J1:K1 범위에 조건에 사용할 필드 이름(*수량, 판매액*)을 입력한다.

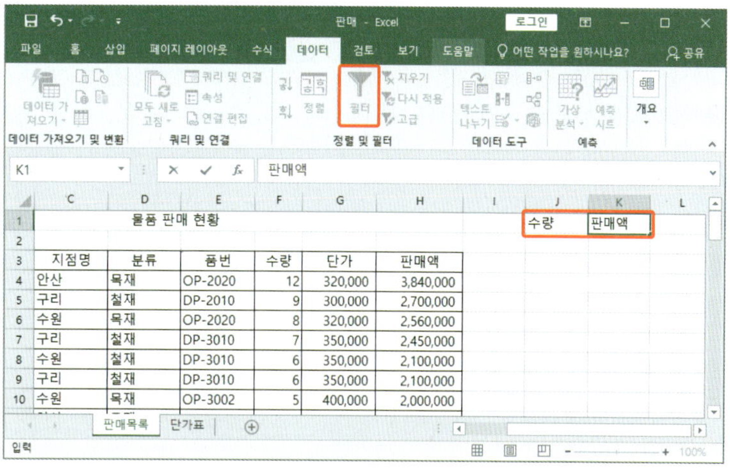

TIP 조건에 사용할 필드명 F3 셀과 H3 셀을 복사해서 붙여넣어도 된다.

02 '수량'이 10개 이상이거나 '판매금액'이 3백만 원 이상인 필터 조건을 지정하기 위해 J2 셀에 *>=10*, K3 셀에 *>=3000000*을 입력한다.

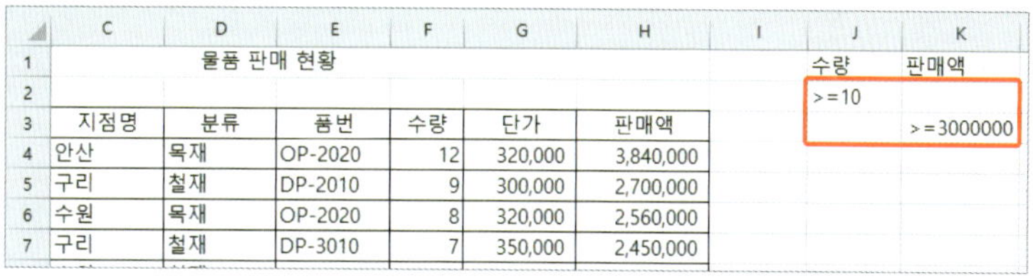

TIP 두 개 이상의 필드에 대한 필터 조건을 OR로 결합하는 경우, 단계 02와 같이 식을 각각 다른 행에 적으면 된다. 만약 "판매 수량이 10개 이상이고 판매액은 3백만 원 이상"인 경우처럼 필터 조건을 AND로 결합해야 한다면 식을 같은 행에 적어야 한다. AND와 OR의 복합 형태 필터 조건도 가능한데, 아래의 오른쪽 그림과 같이 조건을 작성하면 "경기 또는 인천 지역에서 수량이 5개 이상"인 데이터를 필터링할 수 있다. 이처럼 고급 필터는 원하는 조건에 맞게 다양하게 식을 작성할 수 있어서 자동 필터보다 더 활용하기 좋다.

수량	판매액
>=10	>=3000000

▲ AND 조건

지역	수량
경기	>=5
인천	>=5

▲ AND와 OR의 복합 조건

기본예제 8-12 고급 필터 설정하기

[기본예제 8-11]에서 작성한 필터 조건을 이용하여 수량이 10개 이상이거나 판매액이 3백만 원 이상인 데이터를 필터링해 보자.

01 '판매목록' 시트에서 [데이터] 탭–[정렬 및 필터] 그룹–[고급]을 누른다.

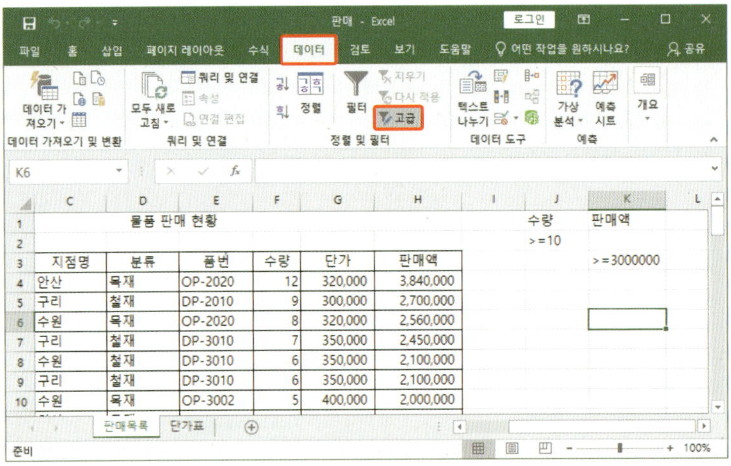

02 [고급 필터] 대화상자에서 [결과]와 [목록 범위], [조건 범위]를 각각 그림과 같이 설정하고 [확인]을 누른다.

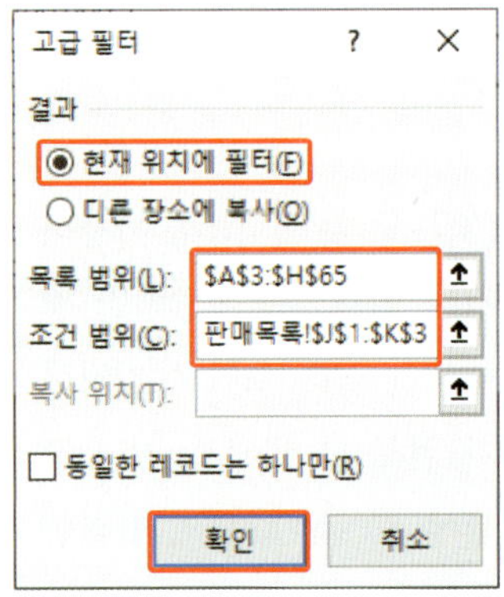

TIP [목록 범위]에는 현재 시트의 데이터 영역이 자동으로 설정되는데, 만약 직접 영역을 설정하려면 반드시 필드 이름이 포함되도록 해야 한다. [조건 범위]는 [기본예제 8–11]에서 만든 J1:K3 범위를 선택한다.

03 필터링 결과가 표시된다. [데이터] 탭–[정렬 및 필터] 그룹–[지우기]를 누르면 필터가 해제되고 원래의 데이터가 모두 나타난다.

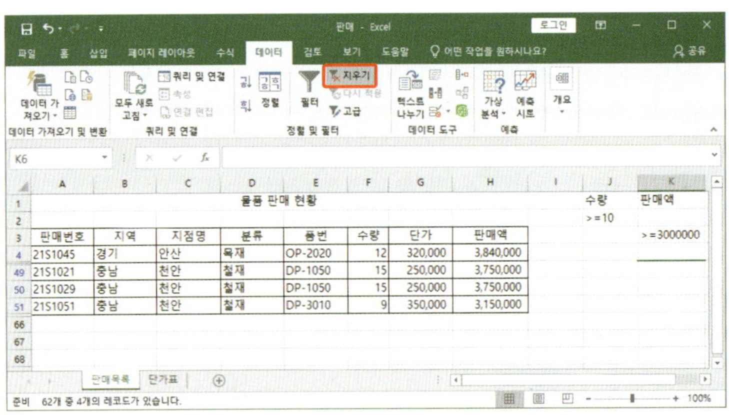

기본예제 8-13 필터링 결과를 다른 위치에 표시하기

고급 필터를 사용하면 다양한 조건을 결합할 수 있을 뿐 아니라, 필터링한 데이터를 원하는 곳에 표시할 수도 있다. 고급 필터를 이용하여 수량이 10개 이상이거나 판매액이 3백만 원 이상인 판매 데이터를 필터링하여 다른 셀에 표시해 보자.

01 '판매목록' 시트에서 [데이터] 탭–[정렬 및 필터] 그룹–[고급]을 누른다.

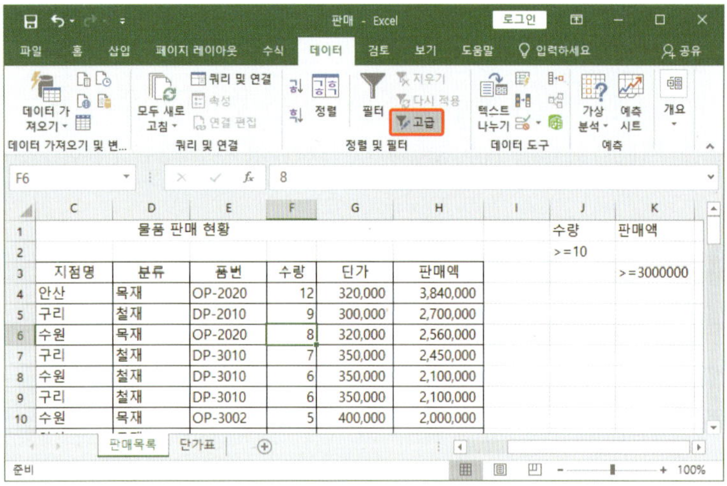

02 [고급 필터] 대화상자에서 [다른 장소에 복사]를 선택하고 [복사 위치]는 '판매목록' 시트의 A67 셀을 선택한 후 [확인]을 누른다.

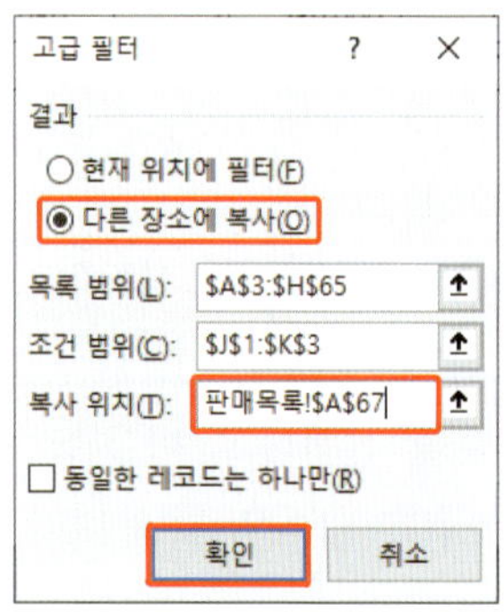

TIP [목록 범위]와 [조건 범위]는 [기본예제 8–12]와 같이 '판매목록' 시트의 A3:H65 범위와 J1:K3 범위로 각각 설정한다.

03 A67 셀에 필터링 결과가 표시된다.

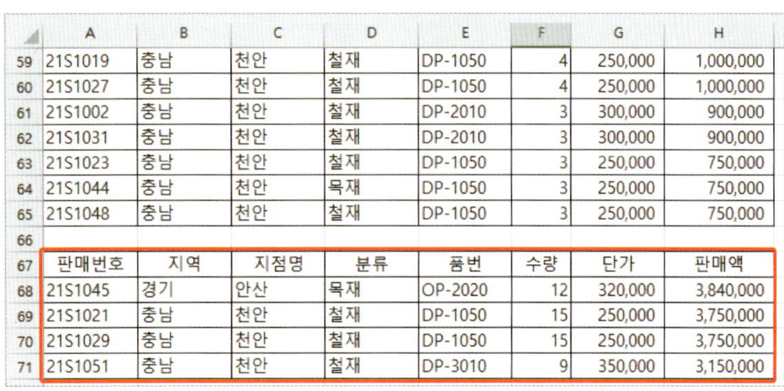

SECTION 04

부분합 구하기

지역별 혹은 지점별로 판매액의 소계나 평균을 구하는 경우 부분합 도구를 사용할 수 있다. 합계와 평균 외에 최대값, 최소값, 개수, 표준편차, 분산 등을 구할 때도 부분합 기능을 활용할 수 있다.

4.1 부분합

특정 그룹의 부분합을 구하려면 먼저 해당 그룹을 기준으로 정렬해 두어야 한다. 가령 지역별 판매액의 부분합을 구하는 경우, 부분합을 구하기 전에 먼저 지역을 기준으로 데이터 목록을 정렬해야 한다. 정렬되지 않은 데이터에 대해 부분합을 구하면 그룹별 계산 결과가 올바르게 표시되지 않는다.

기본예제 8-14 지역별 합계 구하기

부분합 도구를 사용하여 지역별로 그룹화해 판매 수량과 판매액의 합계를 구해 보자.

01 '판매목록' 시트의 '지역' 필드에서 임의의 셀을 선택하고 마우스 오른쪽 단추를 눌러 [정렬]-[텍스트 오름차순 정렬]을 선택한다.

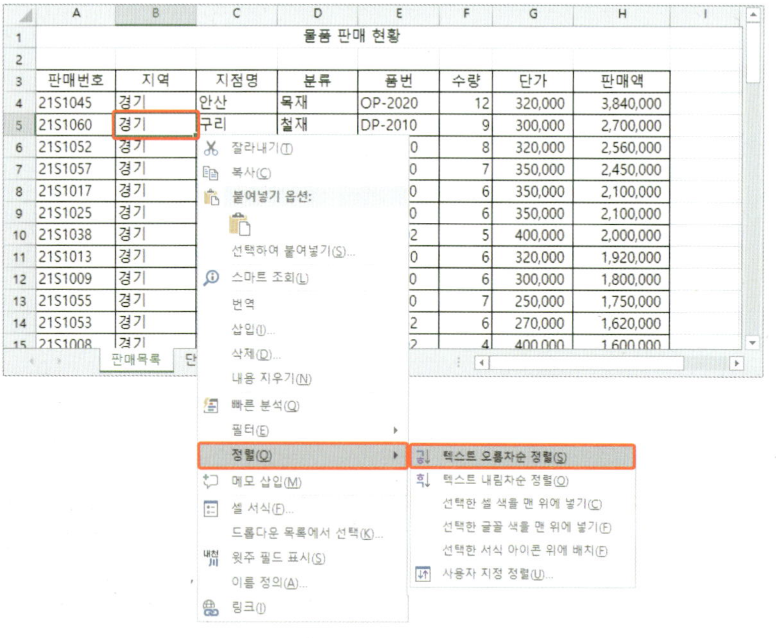

02 데이터 영역 중 임의의 셀을 선택하고 [데이터] 탭-[개요] 그룹-[부분합]을 누른다.

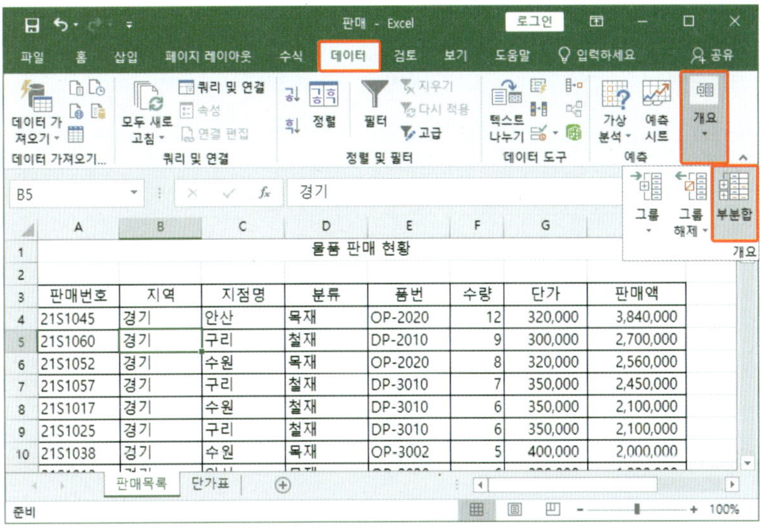

03 [부분합] 대화상자에서 [그룹화할 항목]은 [지역], [사용할 함수]는 [합계], [부분합 계산 항목]은 [수량]과 [판매액]을 선택하고 [확인]을 누른다.

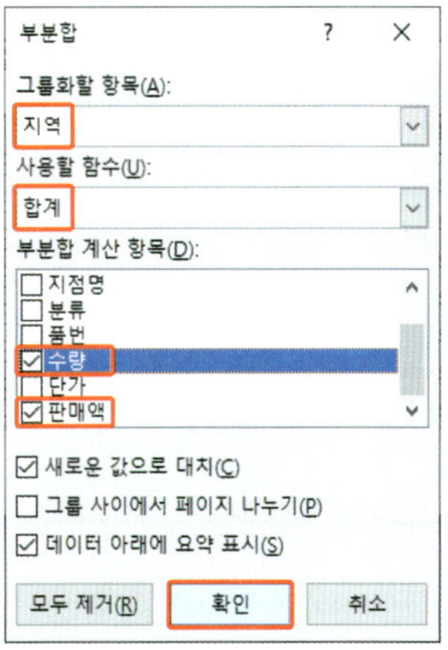

04 행 번호 왼쪽에 윤곽선과 수준 번호 [1][2][3]이 표시된다. [2]를 누르면 상세 데이터는 감춰지고 지역별 요약 정보가 표시된다.

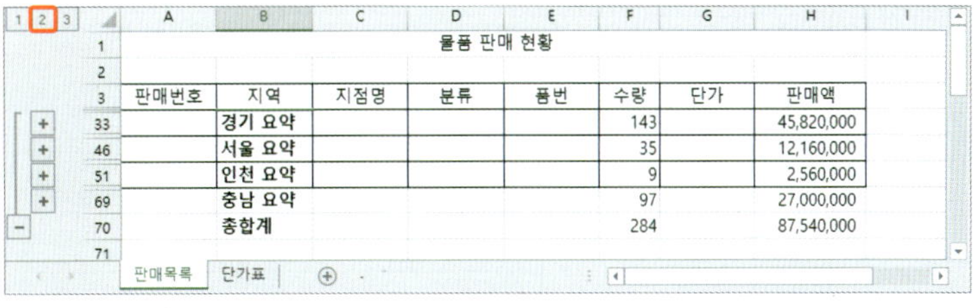

TIP [[1][2][3] 수준 번호]를 누르거나 [+ 확장], [- 축소] 단추를 이용하면 수준별 상세 정보나 요약 정보를 원하는 형태로 바꿀 수 있다.

05 작성한 부분합을 삭제하려면 [데이터] 탭–[개요] 그룹–[부분합]을 눌러 [부분합] 대화상자를 다시 열고 [모두 제거]를 누른다.

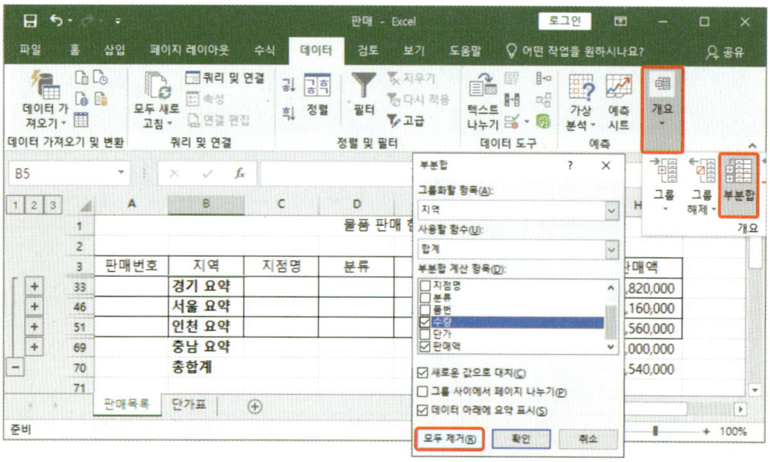

4.2 부분합의 중첩

두 개 이상의 기준으로 그룹화하여 부분합을 작성하는 경우, 예를 들어 지역별 소계와 지역 내 지점별 소계를 함께 표시하려면 먼저 지역과 지점명으로 데이터를 정렬하고 부분합을 중첩 설정한다. 하나의 그룹에 대한 소계를 구할 때도 합계와 평균처럼 서로 다른 종류의 함수를 사용해야 한다면 부분합을 중첩 설정한다.

기본예제 8-15 지역별 합계와 지점별 평균 구하기

판매목록의 지역별 수량과 판매액 소계를 계산하고, 같은 지역 내에서는 지점별로 수량과 판매액의 평균을 표시하도록 만들어 보자.

01 '판매목록' 시트에서 [데이터] 탭–[정렬 및 필터] 그룹–[정렬]을 누른다.

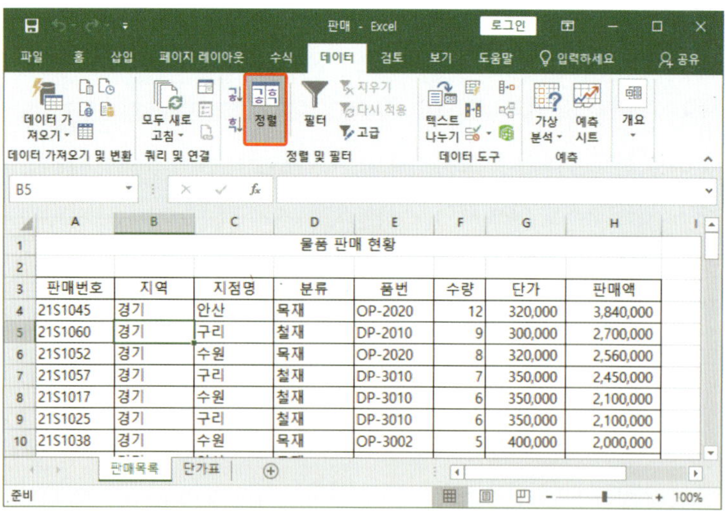

02 [정렬] 대화상자에서 [기준 추가] 단추를 눌러 정렬 기준을 [지역]과 [지점명]으로 설정한 다음, 각각 '오름차순'을 선택하고 [확인]을 누른다.

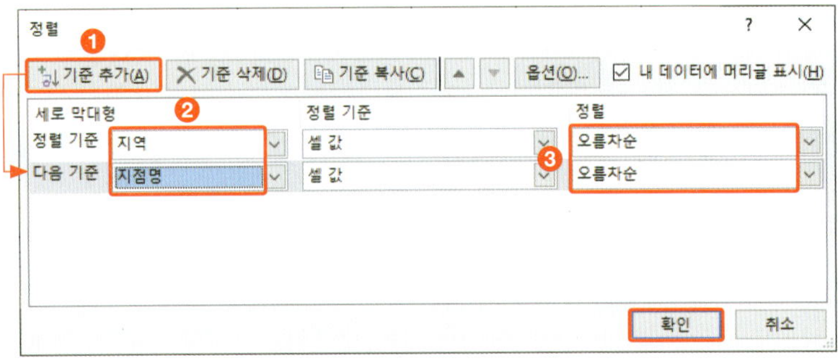

03 데이터 영역 중 임의의 셀을 선택하고 [데이터] 탭–[개요] 그룹–[부분합]을 누른다.

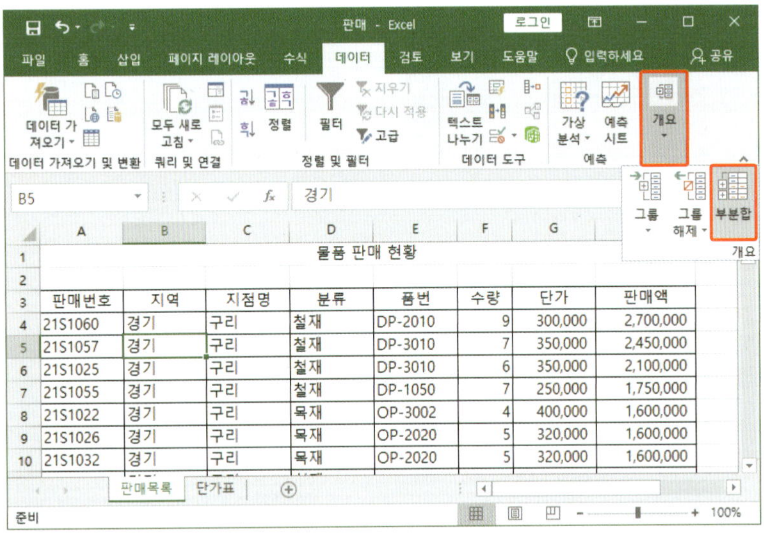

04 [부분합] 대화상자에서 [그룹화할 항목]을 [지역], [사용할 함수]는 [합계], [부분합 계산 항목]은 [수량]과 [판매액]으로 설정하고 [확인]을 누른다.

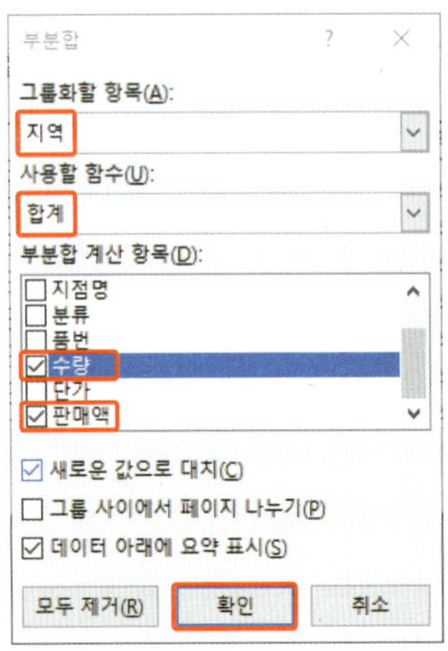

05 윤곽선과 수준 번호가 표시된다. 지점별 소계를 추가하기 위해 단계 **03**과 같이 [데이터] 탭–[개요] 그룹–[부분합]을 다시 누른다.

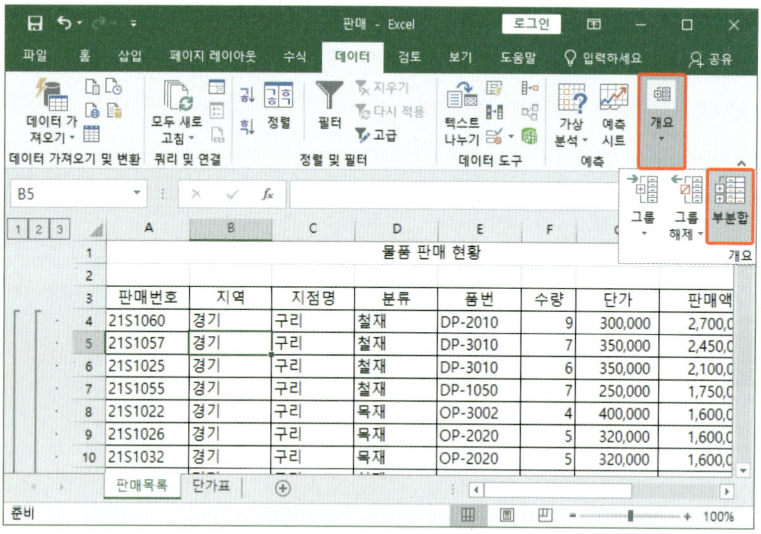

06 [부분합] 대화상자에서 [그룹화할 항목]은 [지점명], [사용할 함수]는 [평균], [부분합 계산 항목]은 [수량]과 [판매액]으로 설정하고, [새로운 값으로 대치] 항목의 선택을 해제한 다음 [확인]을 누른다.

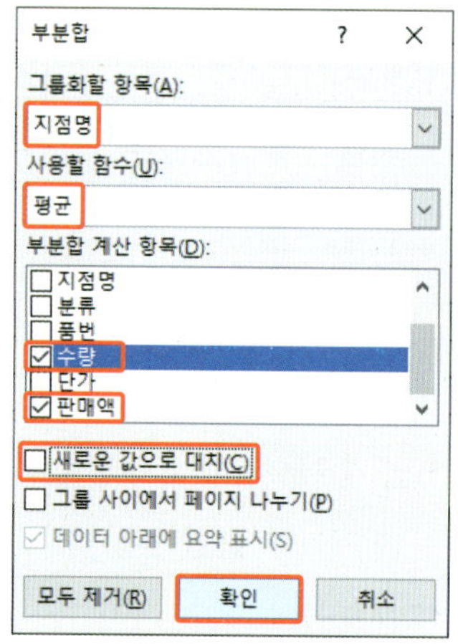

TIP [새로운 값으로 대치] 항목이 선택되어 있으면 기존 부분합이 제거되고 새로 설정한 부분합만 표시된다. 부분합을 중첩하려면 반드시 선택을 해제해야 한다.

07 [1 2 3 4 수준 번호] 중 3을 누르면 지역별 요약과 지점별 평균을 함께 볼 수 있다.

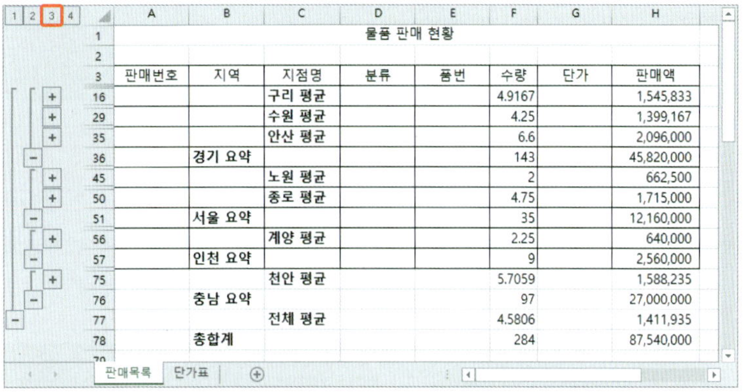

08 '수량' 필드는 [홈] 탭–[표시 형식] 그룹–[자릿수 줄임]을 이용하고, '판매금액' 필드는 [표시 형식]을 [회계]로 설정해 보기 좋게 편집한다.

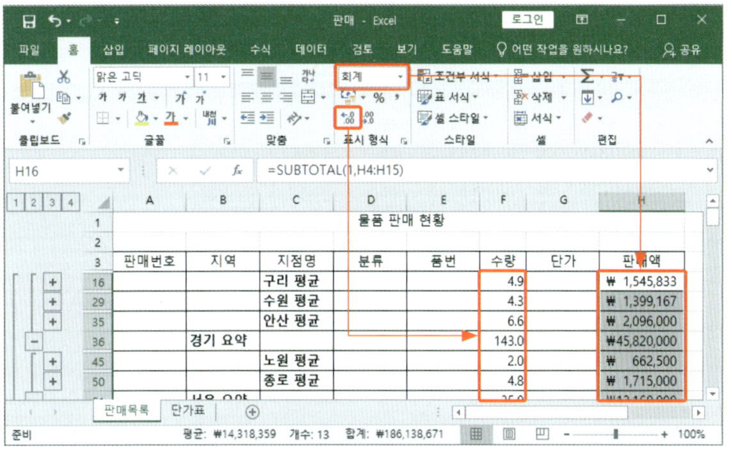

종합예제

이번 장에서 학습한 데이터 유효성 검사, 정렬과 필터, 부분합을 활용하여 작업 명세서를 만들어 보자.

1 '8장–종합.xlsx' 파일의 '작업' 시트에서 '현장명' 필드인 A3:A14 범위를 선택하고 [데이터] 탭–[데이터 도구] 그룹–[데이터 유효성 검사] 목록에서 [데이터 유효성 검사]를 선택한다.

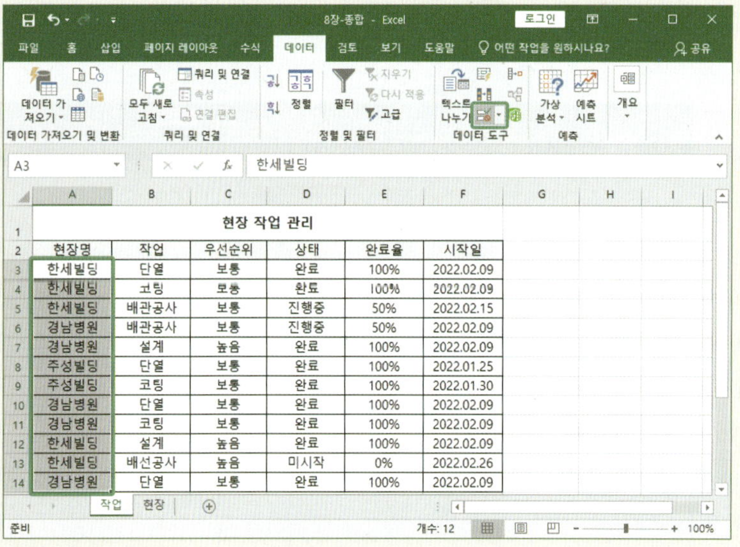

2 [데이터 유효성] 대화상자의 [설정] 탭에서 [유효성 조건]의 [제한 대상]은 [목록], [원본]은 '현장' 시트의 A2:A6 범위를 선택하여 =현장!$A$2:$A$6로 설정하고 [확인]을 누른다.

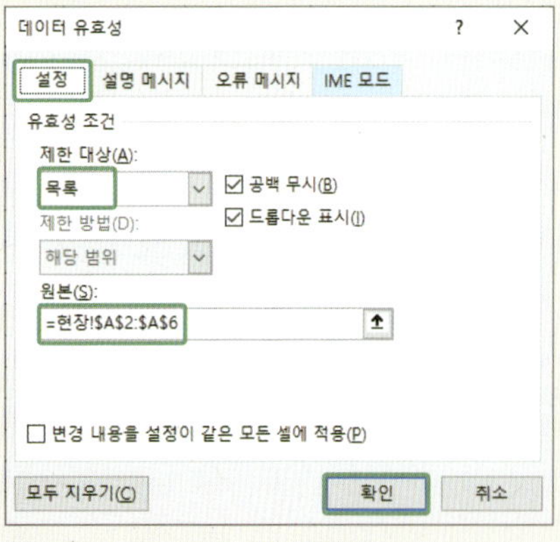

TIP 데이터 유효성 검사 조건을 목록으로 설정하면 현장명을 직접 입력하지 않고 목록에서 간편하게 선택할 수 있다.

3 '시작일' 필드는 올바른 날짜 형식의 데이터가 아니라서 날짜 계산을 하거나 기간으로 그룹화할 수 없으므로 형식을 변환해 보자. F3:F14 범위를 선택하고 [데이터] 탭-[데이터 도구] 그룹-[텍스트 나누기]를 누른다.

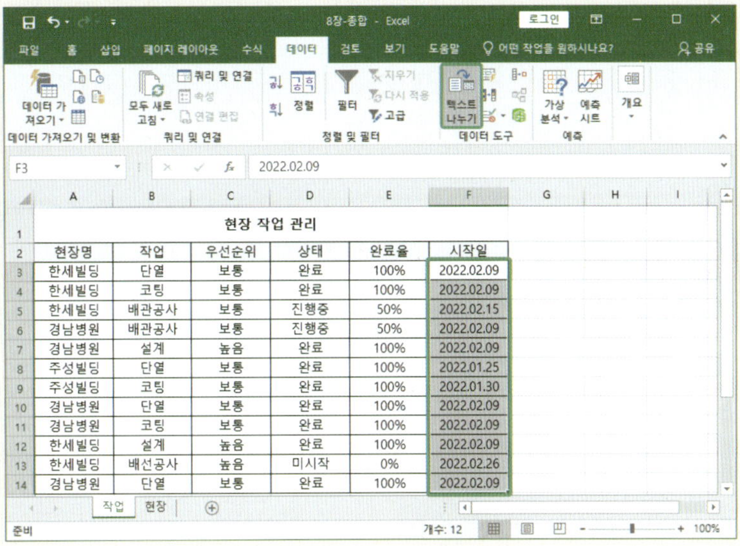

4 [텍스트 마법사]의 1, 2단계에서 모두 [다음]을 누른다.

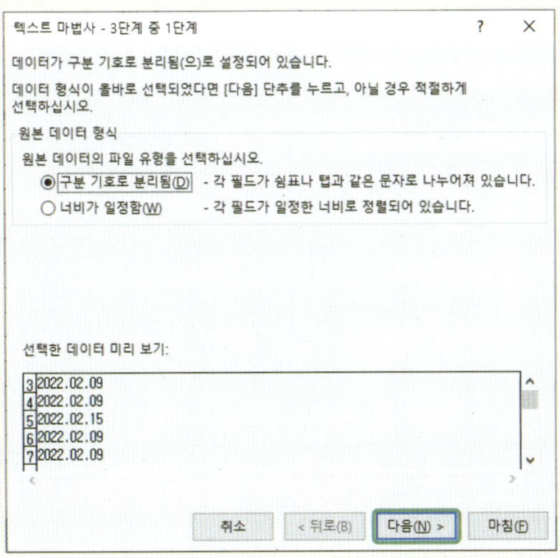

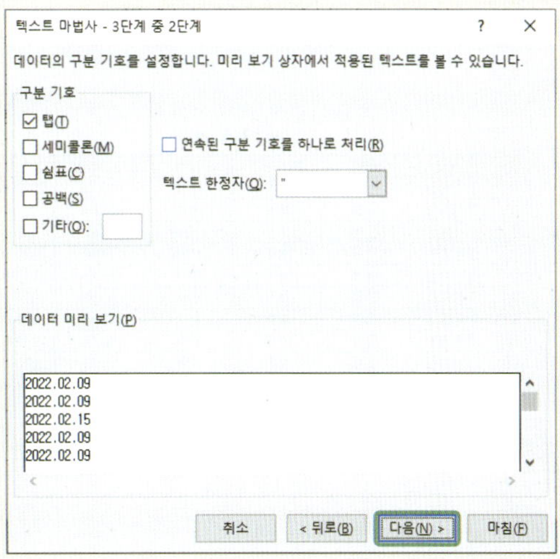

종합예제

5 [텍스트 마법사]의 3단계에서 [열 데이터 서식]을 [날짜]로 선택하고 [마침]을 누른다.

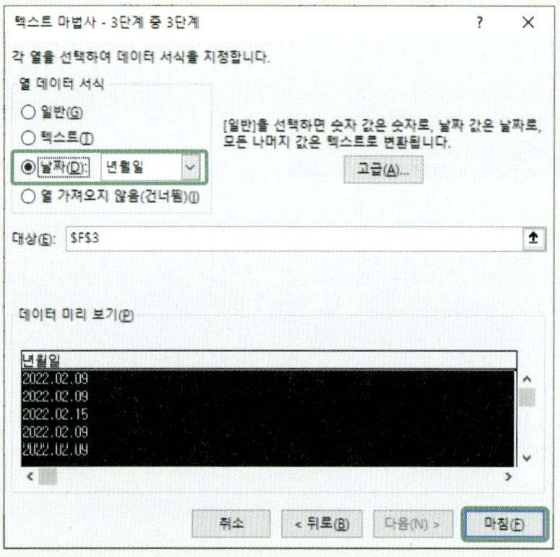

6 우선순위가 높은 미완료 작업을 필터링해 보자. 고급 필터를 사용하기 위해 먼저 H1:I3 범위에 그림과 같이 우선순위는 높음, 완료율은 〈100%로 입력하여 필터 조건을 작성한다.

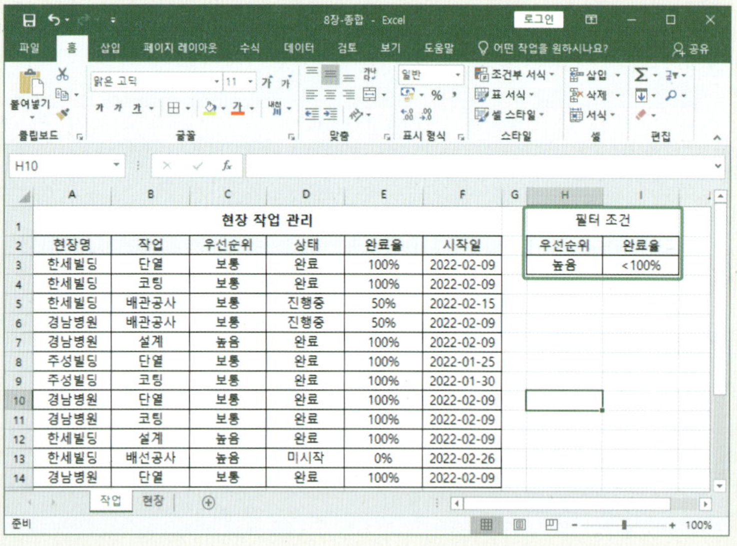

7 현장 작업 관리 데이터 영역 내 임의의 셀을 선택하고, [데이터] 탭–[정렬 및 필터] 그룹–[고급]을 누른다.

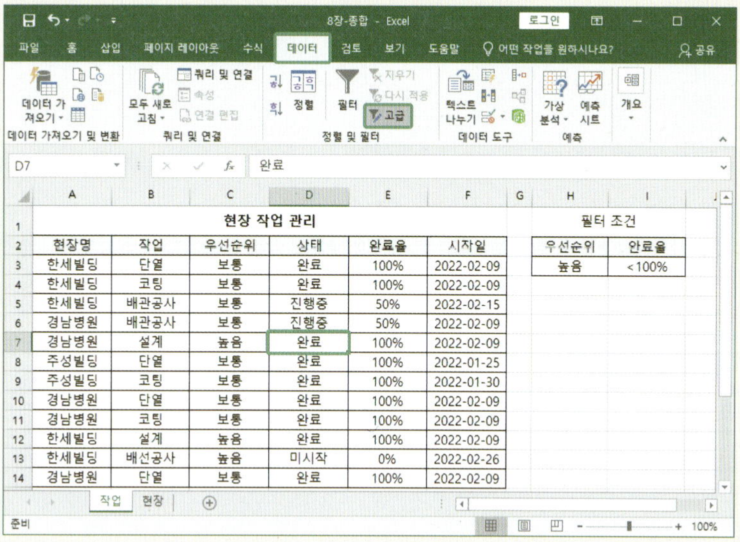

8 [고급 필터] 대화상자에서 [결과]를 [다른 장소에 복사]로 선택하고 [목록 범위]는 $A$2:$F$14, [조건 범위]는 작업!$H$2:$I$3, [복사 위치]는 작업!$H$5로 설정하고 [확인]을 누르면 필터링 결과가 H5 셀에 표시된다.

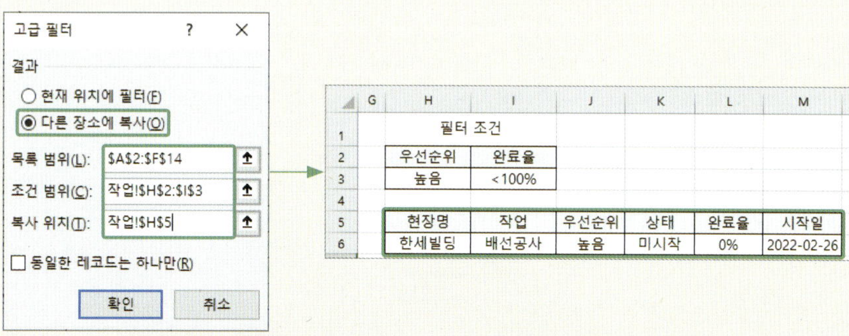

종합예제

9 현장별 작업에 대한 부분합도 계산해 보자. 데이터 영역 내 임의의 셀을 선택하고 [데이터] 탭-[정렬 및 필터] 그룹-[정렬]을 누른다.

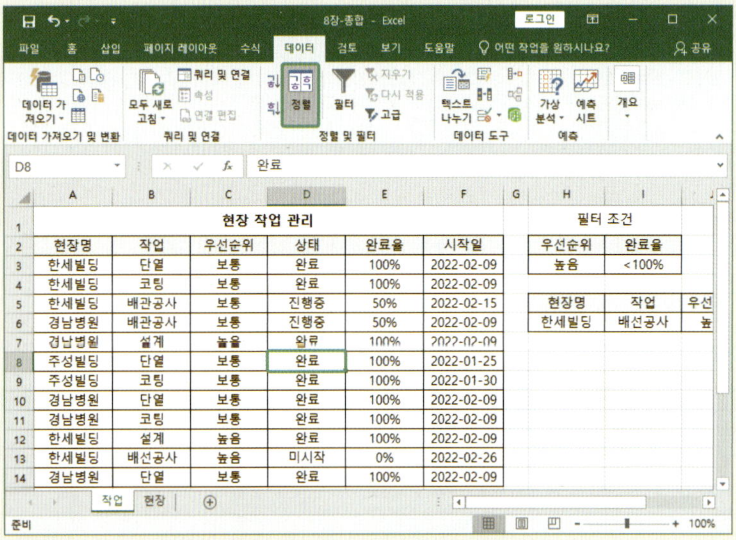

TIP 부분합을 계산하기 전에 해당 그룹을 기준으로 데이터를 정렬해 두어야 한다.

10 [정렬] 대화상자에서 [정렬 기준]을 [현장명]과 [작업]으로 하고, 모두 [오름차순]으로 설정한 후 [확인]을 누른다.

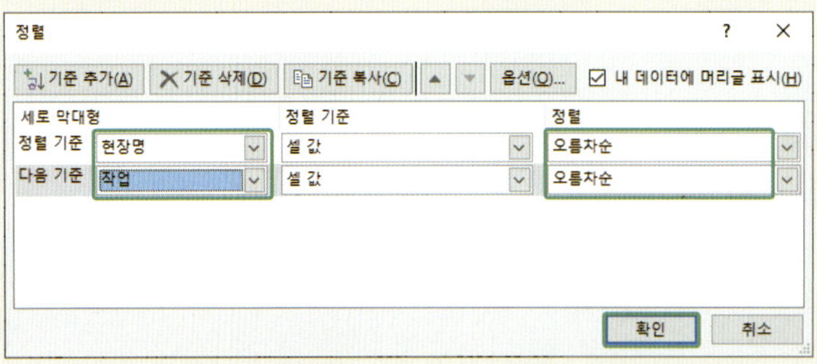

11 데이터 영역 내 임의의 셀을 선택하고 [데이터] 탭–[개요] 그룹–[부분합]을 누른다.

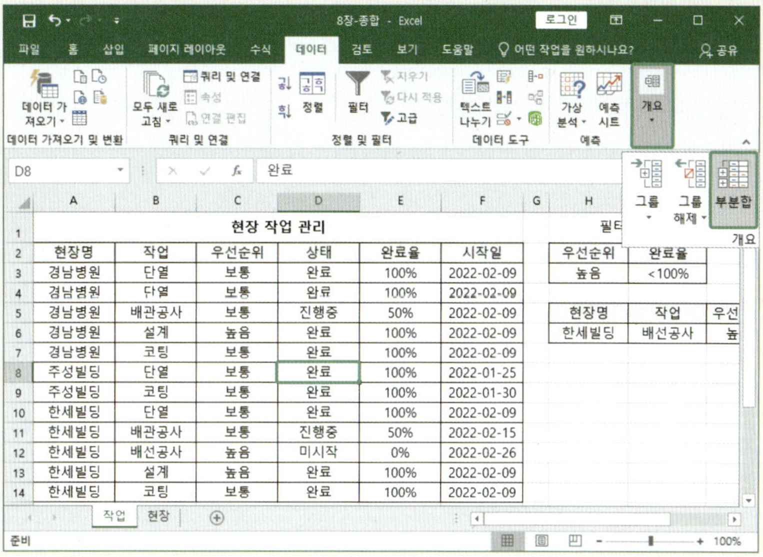

12 [부분합] 대화상자에서 [그룹화할 항목]을 [현장명], [사용할 함수]는 [평균], [부분합 계산 항목]은 [완료율]로 설정하고 [확인]을 누른다.

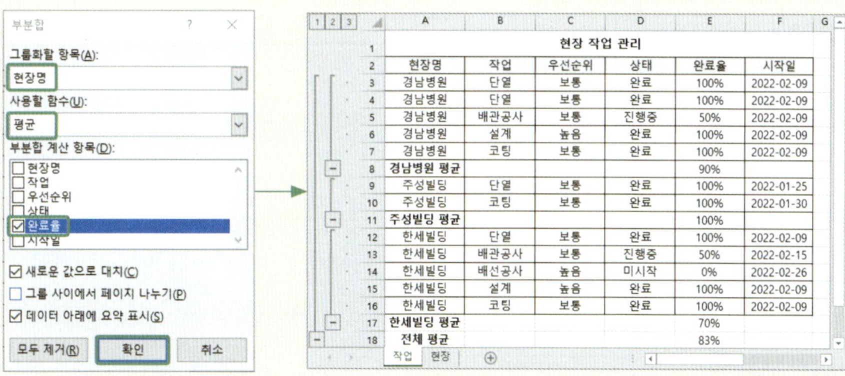

연습 문제

1 '8장-연습.xlsx' 파일의 '연습1' 시트를 열어 연도별 매출액을 지시대로 작성하시오.

❶ '연도'와 '우편물종류', '우편물상세' 필드를 기준으로 정렬하시오. 단, '연도' 필드는 내림차순으로, 나머지 필드는 오름차순으로 정렬하시오.

❷ '우편물종류'가 '소포'이고 '금액'이 60만 원 이상이거나 '우편물상세'가 '특수'이고 '금액'이 65만 원 이상인 데이터를 필터링하시오. 필터 조건을 F2 셀에 작성하여 고급 필터를 사용하고, 필터링 결과는 J2 셀부터 표시하시오.

❸ 조건부 서식을 이용하여 '우편물상세' 필드의 값이 '등기'인 행 전체를 노란색으로 채우시오.

❹ 부분합 기능을 이용하여 연도별 '금액'의 합계와 평균을 구하시오.

	A	B	C	D
1	연도별 매출액			
2	연도	우편물종류	우편물상세	금액
3	2021	소포	등기	636,141
4	2021	소포	보통	3,630
5	2021	통상	일반	1,036,144
6	2021	통상	특수	645,486
7	2021 평균			580,350
8	2021 요약			2,321,401
9	2020	소포	등기	574,762
10	2020	소포	보통	3,512
11	2020	통상	일반	1,049,076
12	2020	통상	특수	644,332
13	2020 평균			567,921
14	2020 요약			2,271,682
15	2019	소포	등기	598,445
16	2019	소포	보통	3,809
17	2019	통상	일반	1,150,953
18	2019	통상	특수	654,467
19	2019 평균			601,919
20	2019 요약			2,407,674
21	2018	소포	등기	605,711
22	2018	소포	보통	4,099
23	2018	통상	일반	1,101,517
24	2018	통상	특수	622,256
25	2018 평균			583,396
26	2018 요약			2,333,583
27	2017	소포	등기	513,452
28	2017	소포	보통	4,273
29	2017	통상	일반	1,139,066
30	2017	통상	특수	604,327
31	2017 평균			565,280
32	2017 요약			2,261,118
33	2016	소포	등기	497,256
34	2016	소포	보통	4,537
35	2016	통상	일반	1,089,840
36	2016	통상	특수	594,559
37	2016 평균			546,548
38	2016 요약			2,186,192
39	전체 평균			574,235
40	총합계			13,781,650

연습1 | 연습2 | 연습3

J	K	L	M
필터 결과			
연도	우편물종류	우편물상세	금액
2021	소포	등기	636,141
2019	통상	특수	654,467
2018	소포	등기	605,711

2 '8장-연습.xlsx' 파일의 '연습2' 시트를 열어 다음 조건에 맞게 작성하시오.

❶ SUM 함수와 RANK.EQ 함수를 이용하여 총점과 순위를 계산하여 표시하시오.

❷ 제목 셀은 병합하고, 데이터 영역의 모든 셀에 테두리 선을 설정하시오.

❸ D3:G22 범위에 음수가 입력되면 오류 메시지를 표시하도록 데이터 유효성 검사 기능을 설정하시오.

❹ '학과'와 '이름' 필드를 기준으로 오름차순 정렬하시오.

❺ '총점' 필드에 조건부 서식을 이용하여 점수가 전체 학생 중 70% 이상, 30% 이상, 그 이하인 경우로 구분하여 그림과 같이 '별 3개 아이콘'으로 표시하시오.

❻ 조건부 서식을 설정하여 '출석' 필드의 값이 10 미만인 학생의 이름을 주황색으로 채우시오.

❼ 학과별 과제, 출석, 중간, 기말의 평균을 부분합 기능을 이용하여 계산하고 그림과 같이 표시되도록 서식을 설정하시오.

	A	B	C	D	E	F	G	H	I
1	성적 관리								
2	학과	이름	학번	과제	출석	중간	기말	총점	순위
3	경영학과	김재훈	20201801	15	15	18	27	75	9
4	경영학과	김희호	20174651	16	20	22	25	83	7
5	경영학과	이정희	20218451	12	8	26	28	74	10
6	경영학과	정승현	20191021	18	20	16	19	73	11
7	경영학과	최준석	20174571	20	15	15	20	70	14
8	**경영학과 평균**			16.2	15.6	19.4	23.8		
9	물리학과	김정아	20211451	20	20	16	17	73	11
10	물리학과	박준영	20217891	16	20	26	30	92	2
11	물리학과	이동희	20196857	20	20	19	25	84	5
12	물리학과	이성욱	20214869	20	15	16	17	68	18
13	물리학과	황혜민	20204761	20	20	28	30	98	1
14	**물리학과 평균**			19.2	19	21	23.8		
15	수학과	김수빈	20204670	16	20	20	16	72	13
16	수학과	김한표	20196575	15	17	30	22	84	5
17	수학과	서다은	20200214	15	5	15	16	51	20
18	수학과	이수현	20184596	20	15	20	15	70	14
19	수학과	한지원	20184572	20	20	10	20	70	14
20	**수학과 평균**			17.2	15.4	19	17.8		
21	행정학과	김나영	20192154	16	17	23	14	70	14
22	행정학과	김민수	20204672	18	10	17	12	57	19
23	행정학과	김수경	20219871	18	20	25	27	90	3
24	행정학과	이건표	20193145	20	20	15	25	80	8
25	행정학과	이주와	20210416	19	20	22	25	86	4
26	**행정학과 평균**			18.2	17.4	20.4	20.6		
27	**전체 평균**			17.7	16.85	19.95	21.5		

연습1 연습2 연습3

3 '8장-연습.xlsx' 파일의 '연습3' 시트를 열어 다음 조건에 맞게 작성하시오.

❶ 텍스트 나누기 기능을 이용하여 '주소' 필드를 '읍/면', '동/리', '번지' 필드로 구분해서 표시하시오.

❷ 제목 셀은 병합하고, 필드명은 가운데 맞춤, 데이터 영역의 모든 셀에는 테두리 선을 설정하시오.

❸ '읍/면', '카메라대수' 필드를 기준으로 데이터를 정렬하시오. '읍/면'은 오름차순, '카메라대수'는 내림차순으로 정렬하시오.

❹ 부분합 기능을 이용해 읍/면 단위로 카메라대수의 합계를 계산하고 그림과 같이 표시되도록 서식을 설정하시오.

	A	B	C	D	E
1	소재지별 CCTV 현황				
2	읍/면	동/리	번지	카메라대수	
3	군내면	하성북리	610	3	
4	군내면	구읍리	691	2	
5	군내면	구읍리	691	2	
6	군내면	하성북리	610	2	
7	군내면	하성북리	610	2	
8	군내면	구읍리	691	1	
9	군내면	하성북리	610	1	
10	군내면 합계			13	
11	소흘읍	송우리	726-81	12	
12	소흘읍	송우리	729-6	12	
13	소흘읍	이동교리	194-17	2	
14	소흘읍	이동교리	194-17	2	
15	소흘읍	이동교리	194-18	2	
16	소흘읍	이동교리	산1	2	
17	소흘읍	이동교리	194-17	1	
18	소흘읍 합계			33	
19	신북면	만세교리	101	3	
20	신북면	만세교리	101	1	
21	신북면	만세교리	101	1	
22	신북면	만세교리	101	1	
23	신북면 합계			6	
24	영북면	대회산리	451	5	
25	영북면	대회산리	446	5	
26	영북면 합계			10	
27	창수면	오가리	941	2	
28	창수면	오가리	941	2	
29	창수면	오가리	941	1	
30	창수면 합계			5	
31	총합계			67	
32					
33					

연습1 | 연습2 | 연습3

CHAPTER 09

그래픽 활용

학습목표

- 표를 작성하고 편집할 수 있다.
- 도형의 서식을 설정하고 활용할 수 있다.
- 그림을 삽입하여 편집하고 수식에 연결하여 활용할 수 있다.

SECTION 01

표 활용하기

엑셀의 표 기능은 데이터를 체계적으로 관리하기 좋은 도구로, 필드 단위로 만들어지는 데이터를 묶어 놓은 형태라 할 수 있다. 표를 시트에 직접 삽입할 수도 있고 셀 범위를 표로 바꿀 수도 있다. 표에 저장된 데이터는 엑셀에서 제공하는 스타일 목록을 이용하여 손쉽게 꾸밀 수 있고 수식 자동 복사나 요약 정보 표시, 필터링 작업 등도 간편하게 할 수 있다.

1.1 표 작성

엑셀에서는 표를 워크시트에 삽입하고 직접 데이터를 입력할 수도 있지만, 셀에 입력된 데이터를 표로 바꿀 수도 있다. 표가 생성되면 기본 서식이 설정되는데, 표 도구를 이용하여 다양한 스타일을 설정할 수 있다.

기본예제 9-1 표 만들고 스타일 설정하기

셀에 입력된 데이터를 표로 변환하고 스타일을 설정해 보자.

01 '9장.xlsx' 파일의 '재고' 시트를 열고 [삽입] 탭–[표] 그룹–[표]를 누른다.

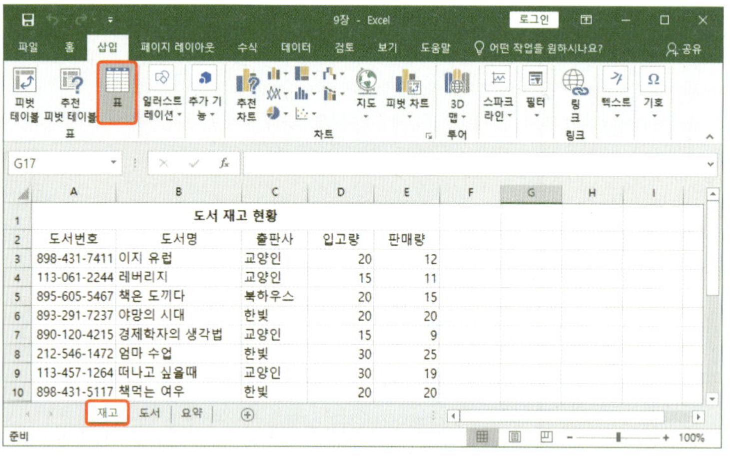

TIP 표 만들기는 단축키 Ctrl+T를 이용해도 된다.

02 [표 만들기] 대화상자에서 표에 사용할 데이터는 *$A$2:$E$16* 으로 지정하고 [머리글 포함]을 선택한 후 [확인]을 누른다.

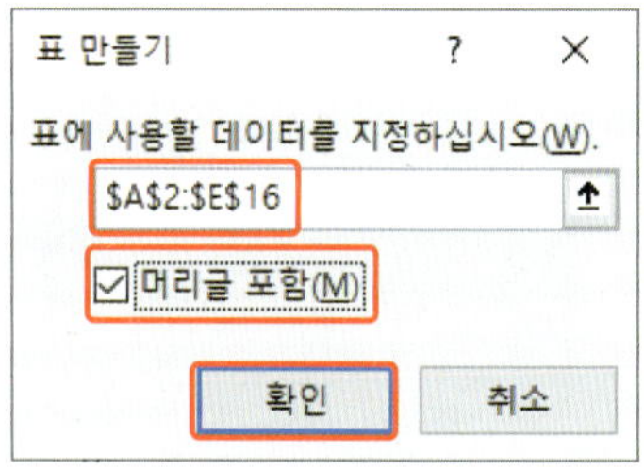

TIP 데이터 영역 내 임의의 셀을 선택하고 [표 만들기]를 실행하면 사용할 데이터가 자동 지정된다.

03 변환된 표가 선택된 상태에서 [표 도구]의 [디자인] 탭–[속성] 그룹–[표 이름]을 *도서재고*로 수정한다.

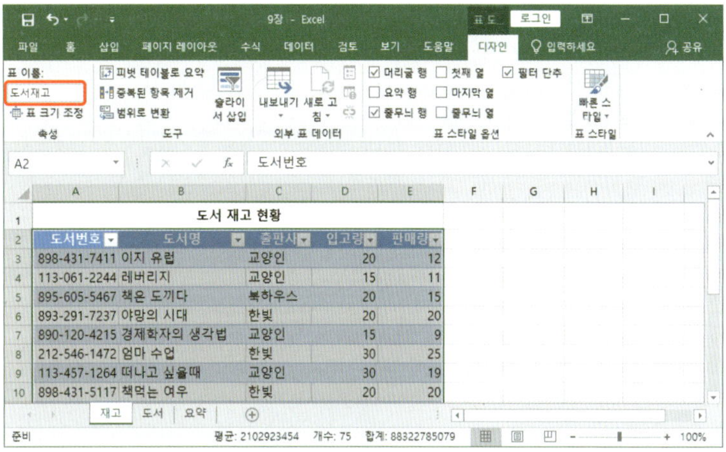

04 [표 도구]의 [디자인] 탭–[표 스타일] 그룹–[빠른 스타일] 목록에서 [흰색, 표 스타일 밝게 1]을 선택한다.

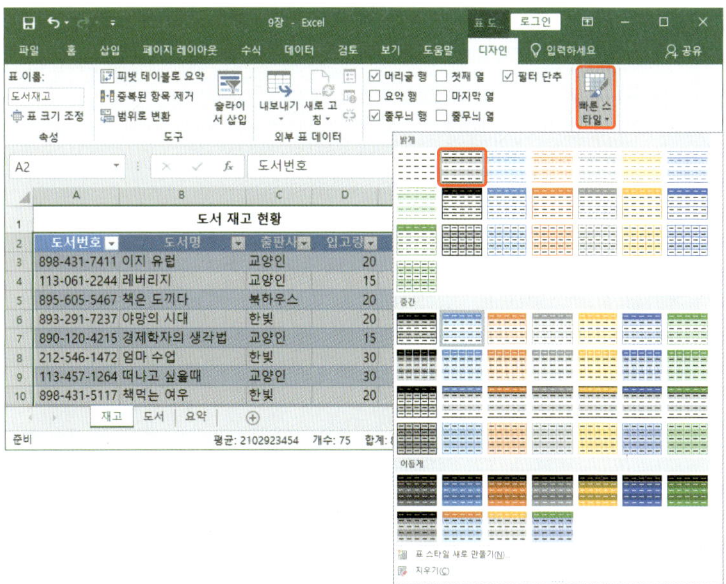

TIP 표를 선택하고 [표 도구]의 [디자인] 탭–[도구] 그룹에서 [범위로 변환]을 누르면 표가 다시 셀로 변환되며, 표 데이터와 설정한 스타일은 그대로 사용할 수 있다.

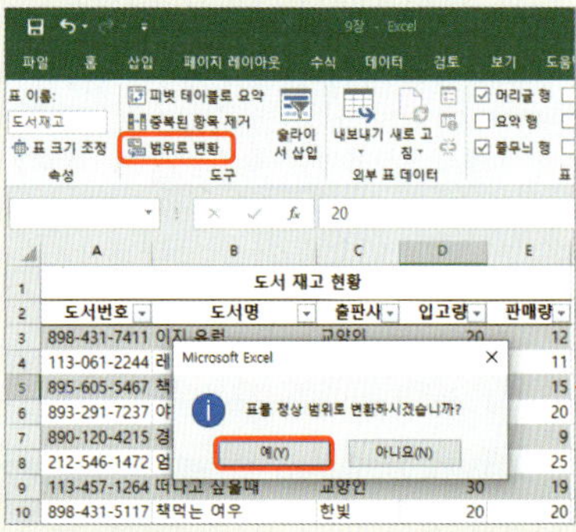

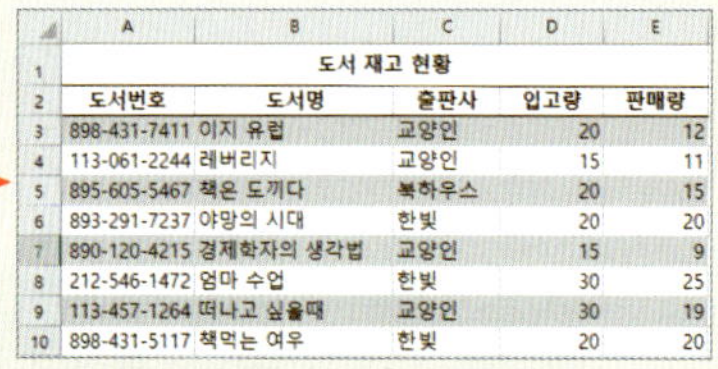

05 필드 이름 옆의 [필터] 단추를 제거하려면 [표 도구]의 [디자인] 탭–[표 스타일 옵션] 그룹에서 [필터 단추] 선택을 해제한다.

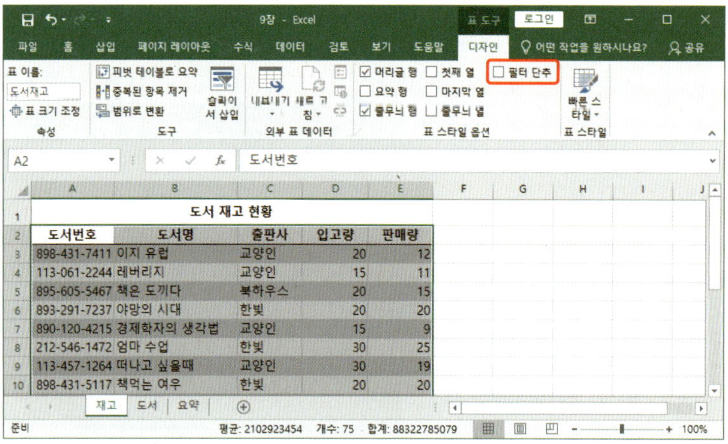

여기서 잠깐 **표를 먼저 만들고 데이터 추가하기**

표에 사용할 데이터가 셀에 입력되어 있지 않으면 워크시트에 표를 먼저 만들고 데이터를 추가한다.

① 표가 위치할 셀(A1)을 먼저 선택하고 [삽입] 탭–[표] 그룹–[표]를 누른다. [표 만들기] 대화상자에서 표에 사용할 데이터를 =$A$1로 설정하고 [확인]을 누른다.

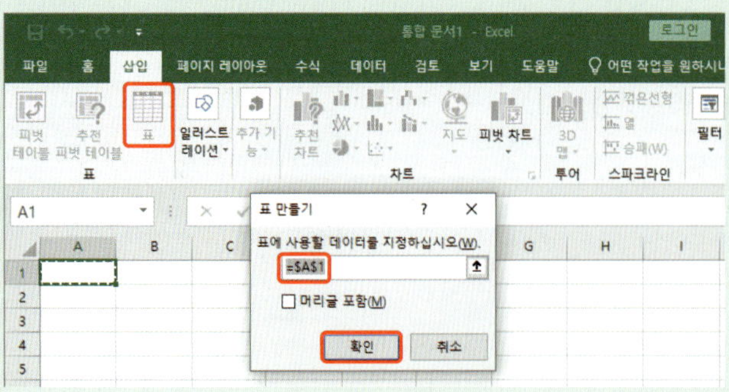

② 표가 삽입되면 *출판사*를 입력하고 Enter나 Tab을 누른다. 추가된 '출판사' 필드의 값을 입력한다.

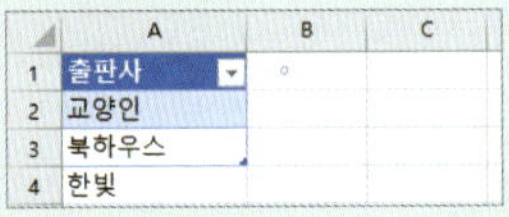

	A	B	C
1	출판사		
2	교양인		
3	북하우스		
4	한빛		

③ B1 셀에 *담당자*를 입력해 필드를 추가하고 '담당자' 필드의 값을 입력한다.

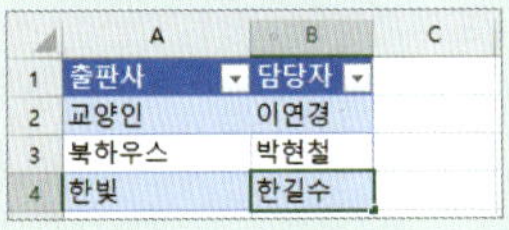

	A	B	C
1	출판사	담당자	
2	교양인	이연경	
3	북하우스	박현철	
4	한빛	한길수	

④ 표의 행이나 열을 삽입/삭제/선택하거나 내용을 지우는 등의 표 편집 작업은 표 범위를 마우스 오른쪽 단추로 누르면 나타나는 단축 메뉴에서 선택할 수 있다.

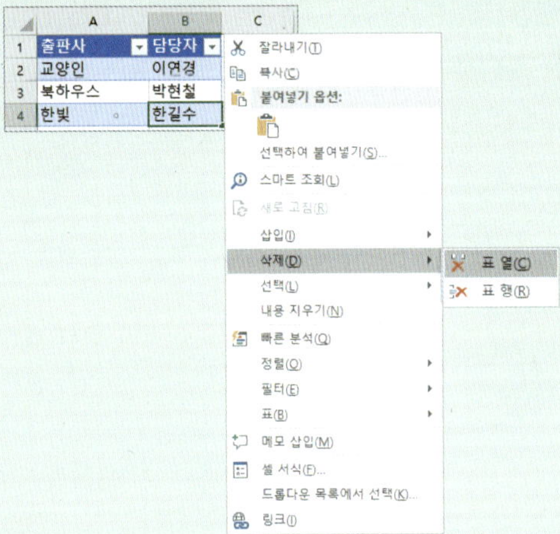

기본예제 9-2 표 편집하고 수식 계산하기

표에 행이나 열을 추가하고 합계나 개수 등을 간편하게 계산해 보자.

01 F2 셀에 *재고량*을 입력하고 Enter를 누르면 표에 필드가 추가되어 표가 자동으로 확장된다.

	A	B	C	D	E	F	G
1	도서 재고 현황						
2	도서번호	도서명	출판사	입고량	판매량	재고량	
3	898-431-7411	이지 유럽	교양인	20	12		
4	113-061-2244	레버리지	교양인	15	11		
5	895-605-5467	책은 도끼다	북하우스	20	15		
6	893-291-7237	야망의 시대	한빛	20	20		
7	890-120-4215	경제학자의 생각법	교양인	15	9		
8	212-546-1472	엄마 수업	한빛	30	25		
9	113-457-1264	떠나고 싶을때	교양인	30	19		
10	898-431-5117	책먹는 여우	한빛	20	20		

TIP 표에 인접한 셀에 데이터가 입력되면 표가 자동으로 확장된다. 표가 자동 확장되지 않는다면, [파일] 탭–[옵션]–[언어 교정]에서 [자동 고침 옵션]을 눌러 [자동 고침] 대화상자가 나타나면 [입력할 때 자동 서식] 탭–[표에 새 행 및 열 포함]을 선택한다.

02 F3 셀에 *=D3−E3* 수식을 입력하고 Enter를 누르면 '재고량' 필드의 값이 모두 계산된다.

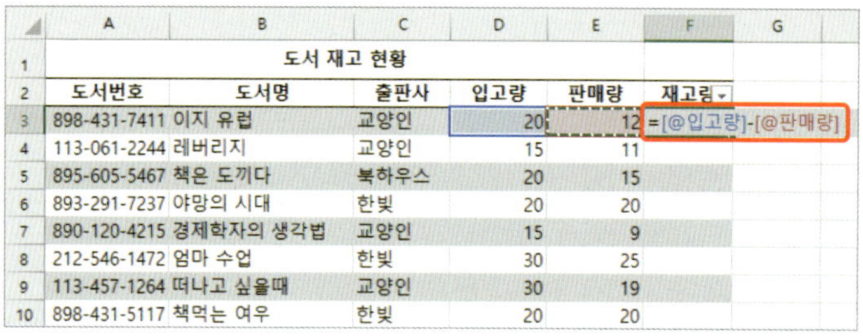

TIP 입력한 수식이 =[@입고량]−[@판매량]으로 자동 변환된다. [@입고량]은 D3 셀과 동일하며, 필드 이름([입고량]) 앞에 현재 행 기호(@)를 붙여 수식이 입력된 셀과 같은 행(3행)의 '입고량' 값을 참조하게 된다.

03 [표 도구]의 [디자인] 탭–[표 스타일 옵션] 그룹에서 [필터 단추]를 두 번 눌러 '재고량' 필드의 필터 단추를 제거한다.

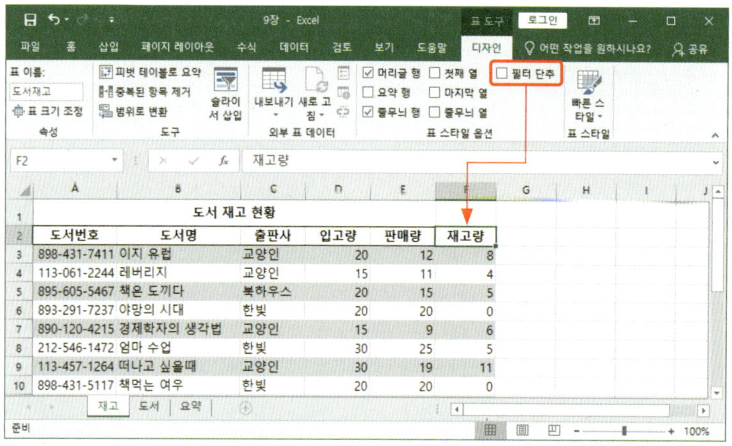

04 [표 도구]의 [디자인] 탭–[표 스타일 옵션] 그룹에서 [요약 행]을 선택해 표에 행을 추가한다.

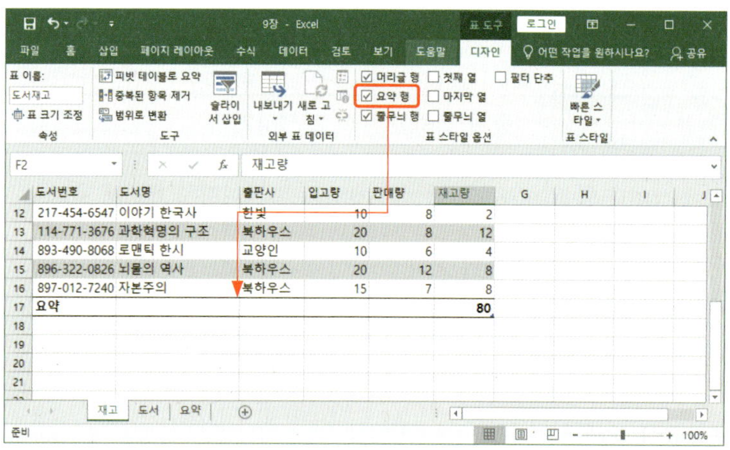

05 '도서명' 필드는 [개수]를, '입고량', '판매량', '재고량' 필드는 [합계]를 각각 선택한다.

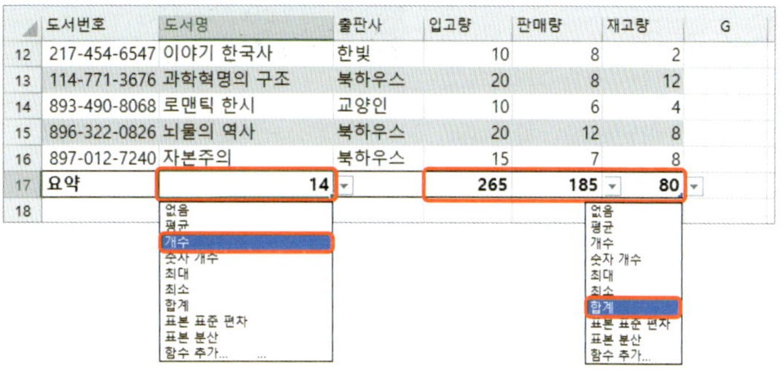

기본예제 9-3 슬라이서 삽입하기

표 도구에는 조건을 선택하는 슬라이서 기능이 있어서 필터 단추를 이용하지 않고도 조건에 따라 필터링한 결과만 표시할 수 있다. 슬라이서를 만들어 이용해 보자.

01 표 안에 있는 임의의 셀을 선택하고 [표 도구]의 [디자인] 탭–[도구] 그룹–[슬라이서 삽입]을 누른다.

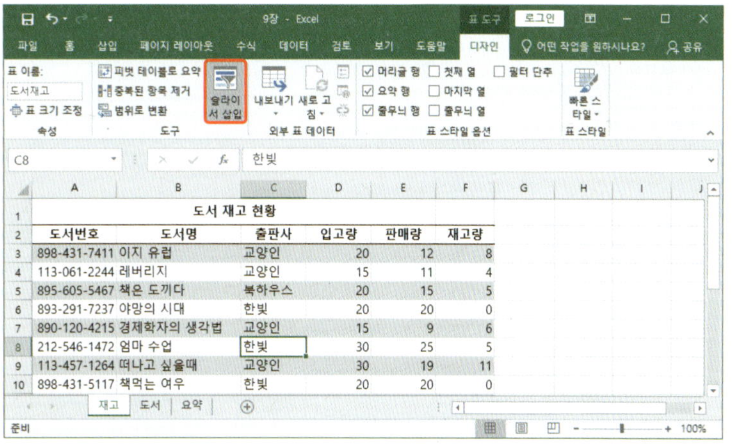

02 [슬라이서 삽입] 대화상자에서 '출판사'를 선택하고 [확인]을 누른다.

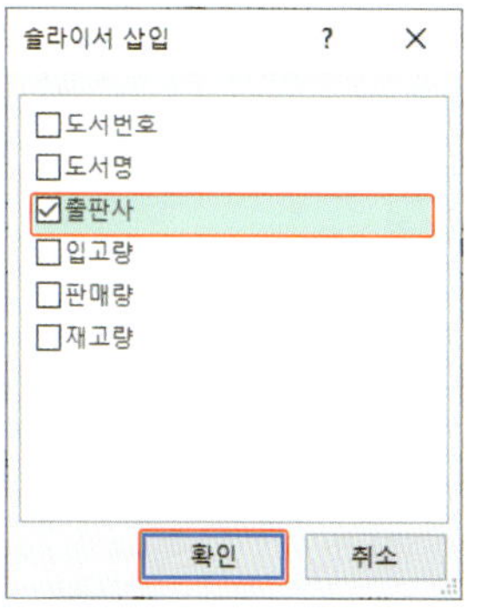

03 삽입된 슬라이서의 크기와 위치를 마우스로 조절한다. [슬라이서 도구]의 [옵션] 탭–[슬라이서 스타일] 그룹–[빠른 스타일] 목록에서 [연한 노랑, 슬라이서 스타일 밝게 4]를 선택한다.

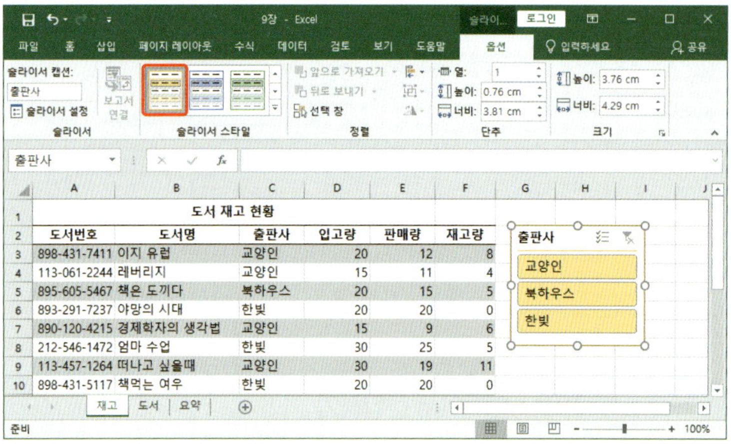

여기서 잠깐 슬라이서 제거

삽입된 슬라이서를 삭제하려면 슬라이서를 마우스 오른쪽 단추로 누르고 ["출판사" 제거]를 선택한다.

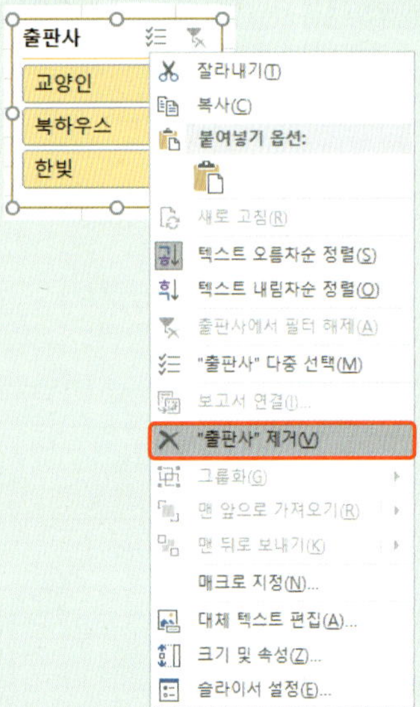

04 슬라이서에서 '교양인'을 선택하면 해당 출판사의 도서 목록만 표시된다.

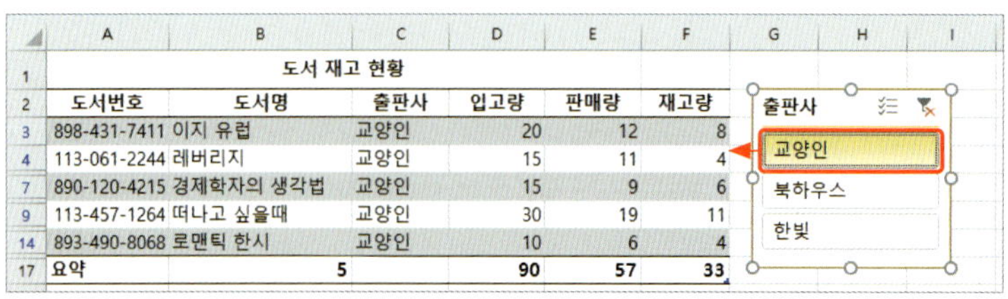

05 필터를 해제하려면 슬라이서에서 [필터 지우기] 단추를 누른다.

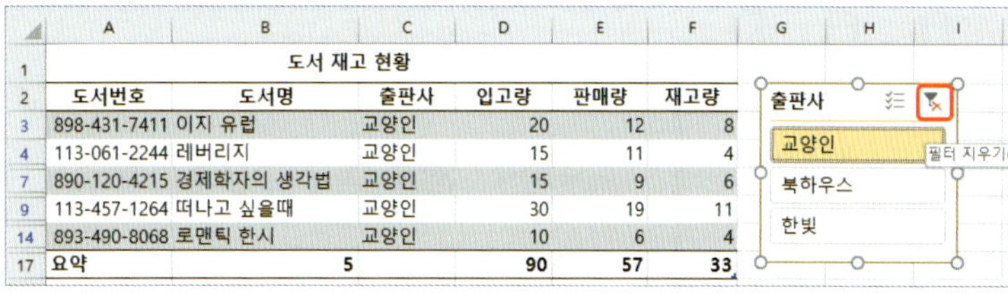

	A	B	C	D	E	F
1	도서 재고 현황					
2	도서번호	도서명	출판사	입고량	판매량	재고량
3	898-431-7411	이지 유럽	교양인	20	12	8
4	113-061-2244	레버리지	교양인	15	11	4
7	890-120-4215	경제학자의 생각법	교양인	15	9	6
9	113-457-1264	떠나고 싶을때	교양인	30	19	11
14	893-490-8068	로맨틱 한시	교양인	10	6	4
17	요약	5		90	57	33

06 여러 출판사를 선택해서 한꺼번에 필터링하려면 슬라이서의 [☰ 다중 선택] 단추를 누른 후, 출판사를 선택하면 된다.

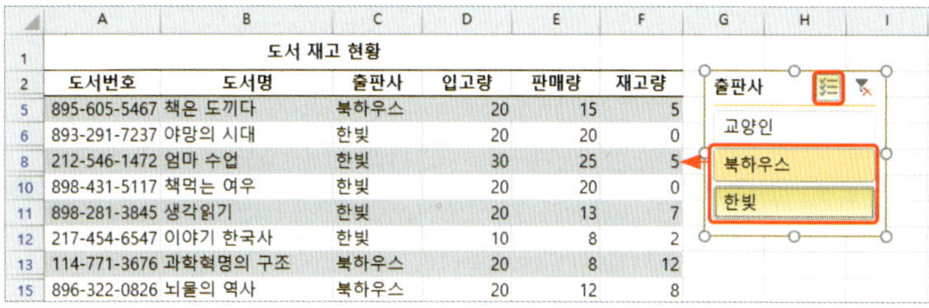

	A	B	C	D	E	F
1	도서 재고 현황					
2	도서번호	도서명	출판사	입고량	판매량	재고량
5	895-605-5467	책은 도끼다	북하우스	20	15	5
6	893-291-7237	야망의 시대	한빛	20	20	0
8	212-546-1472	엄마 수업	한빛	30	25	5
10	898-431-5117	책먹는 여우	한빛	20	20	0
11	898-281-3845	생각읽기	한빛	20	13	7
12	217-454-6547	이야기 한국사	한빛	10	8	2
13	114-771-3676	과학혁명의 구조	북하우스	20	8	12
15	896-322-0826	뇌물의 역사	북하우스	20	12	8

SECTION 02

도형 활용하기

엑셀 워크시트에도 여러 가지 형태의 도형을 사용할 수 있다. 도형을 잘 활용하면 정보를 시각화하여 전달 효과를 높일 수 있다. 자주 사용되는 사각형이나 원형과 같은 도형을 워크시트에 삽입하고 서식을 설정하거나 하이퍼링크에 활용하는 방법을 알아본다.

2.1 도형 삽입과 편집

엑셀에서는 텍스트 상자, 선, 원, 사각형 등의 기본 도형을 비롯해 다양한 모양의 도형을 워크시트에 삽입할 수 있다. 삽입된 도형의 서식을 설정할 수 있고 여러 개 도형을 그룹화하여 하나의 개체처럼 다루거나, 하이퍼링크를 설정하여 도형을 누르면 다른 시트나 프로그램이 바로 실행되도록 연결할 수도 있다.

기본예제 9-4 도형 삽입하고 서식 설정하기

워크시트에 도형을 삽입하고 크기를 조절하거나 모양을 변경해 보고, 그리기 도구를 이용해 서식을 설정해 보자.

01 '9장.xlsx' 파일의 '요약' 시트를 열고 [삽입] 탭–[일러스트레이션] 그룹–[도형] 목록에서 [직사각형]을 선택한다.

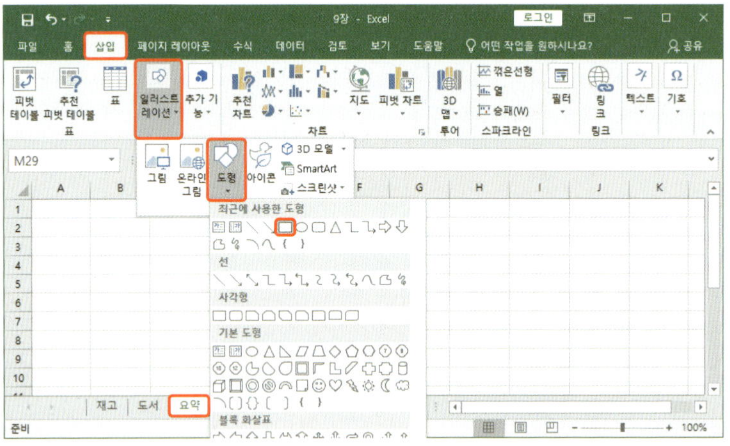

02 Alt를 누른 채 B2:E5 범위를 드래그하여 셀 크기에 꼭 맞는 직사각형을 삽입한다.

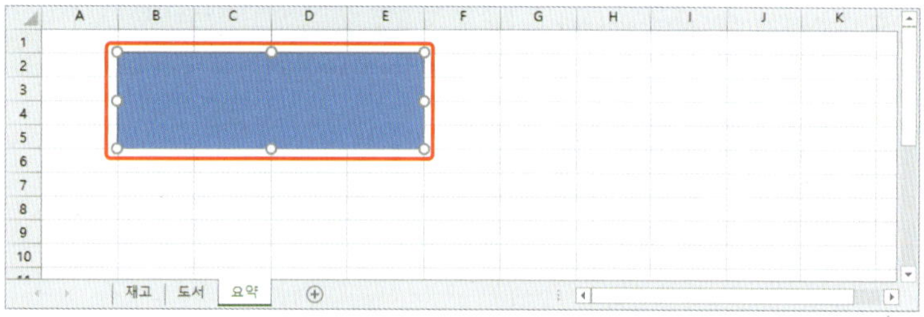

TIP 도형을 그려 넣을 시작 위치부터 드래그하면 셀 범위와 상관없이 원하는 크기로 그릴 수 있다. 이때 Ctrl을 누른 채로 드래그하면 마우스를 누른 시작 위치가 도형의 중심이 된다. 도형을 삽입할 위치를 더블클릭하거나 Shift를 누른 채 드래그하면 정사각형, 정원 등 가로와 세로 길이가 동일한 도형을 만들 수 있다.

03 직사각형을 선택하고 *도서 목록 보기*라고 입력한 후 [홈] 탭–[맞춤] 그룹에서 [위쪽 맞춤]과 [가운데 맞춤]으로 설정한다.

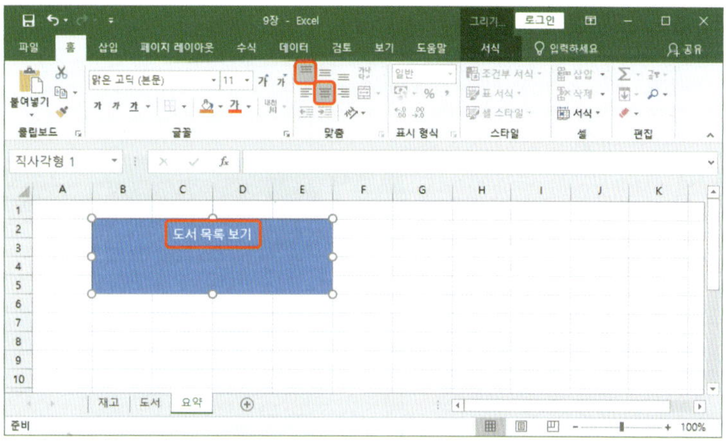

04 직사각형을 선택하고 [그리기 도구]의 [서식] 탭–[도형 스타일] 그룹의 빠른 스타일 목록에서 [미세 효과 – 회색, 강조 3]을 선택한다.

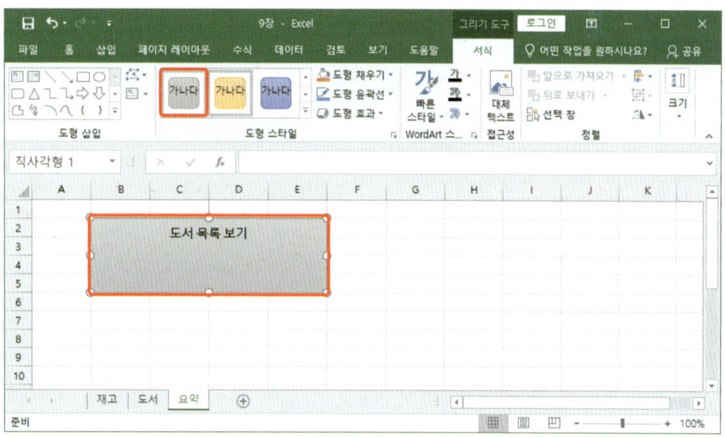

05 [그리기 도구]의 [서식] 탭–[도형 삽입] 그룹에서 [모서리가 둥근 직사각형]을 선택한다. 마우스를 드래그하여 직사각형 안에 그려 넣고 *재고 현황*이라고 입력한다.

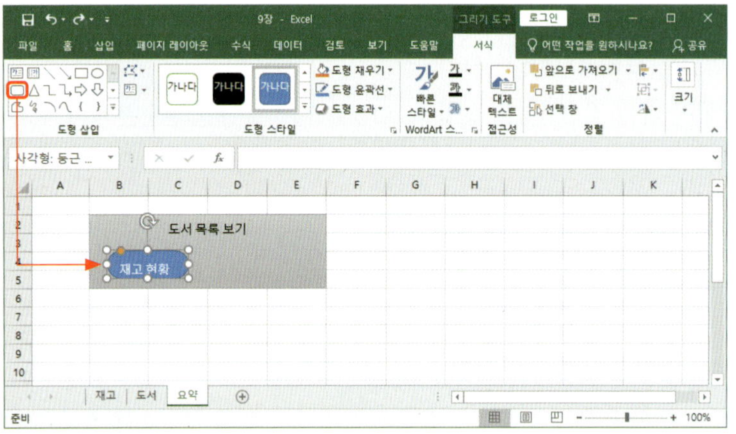

TIP [삽입] 탭–[일러스트레이션] 그룹–[도형] 목록에서 [모서리가 둥근 직사각형]을 선택해도 된다. 도형의 노란 조절점을 드래그하면 모서리를 둥글게 변형할 수 있다.

06 입력한 텍스트를 드래그해 [홈] 탭–[글꼴] 그룹에서 [글꼴]–[HY헤드라인M]으로 글꼴을 변경하고, [홈] 탭–[맞춤] 그룹에서 가로와 세로를 모두 [가운데 맞춤]으로 설정한다.

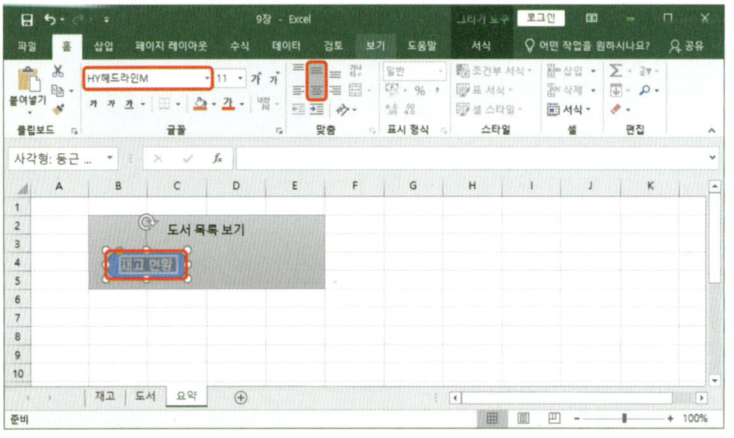

TIP 도형의 위치는 방향키를 이용하면 마우스보다 더 세밀하게 조절할 수 있고, Shift와 방향키를 함께 누르면 도형의 크기를 바꿀 수 있다.

기본예제 9-5 도형 복제하고 그룹화하기

도형을 복제하거나 여러 도형을 그룹으로 묶어 하나의 개체처럼 다루는 방법을 알아보자.

01 Ctrl과 Shift를 함께 누른 상태에서 모서리가 둥근 도형을 마우스로 드래그하여 수평 방향으로 복제한다.

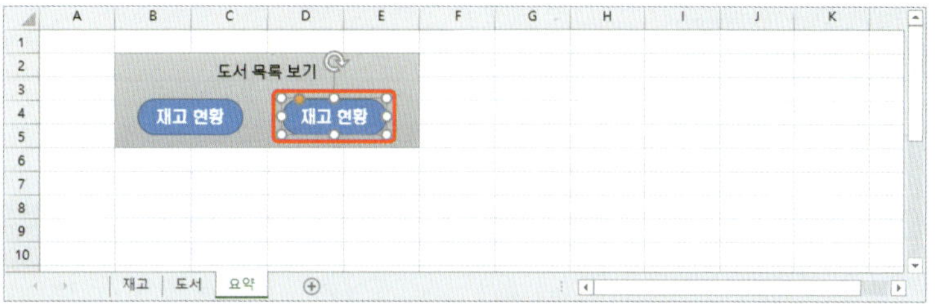

TIP 도형을 복제할 때는 [홈] 탭–[클립보드] 그룹의 [복사]와 [붙여넣기]를 이용해도 되고 단축키 Ctrl+D를 사용해도 된다.

02 복제한 도형의 텍스트를 *도서 정보*라고 수정하고, [그리기 도구]의 [서식] 탭–[도형 스타일] 그룹에서 [도형 채우기]를 눌러 [녹색, 강조 6]으로 설정한다.

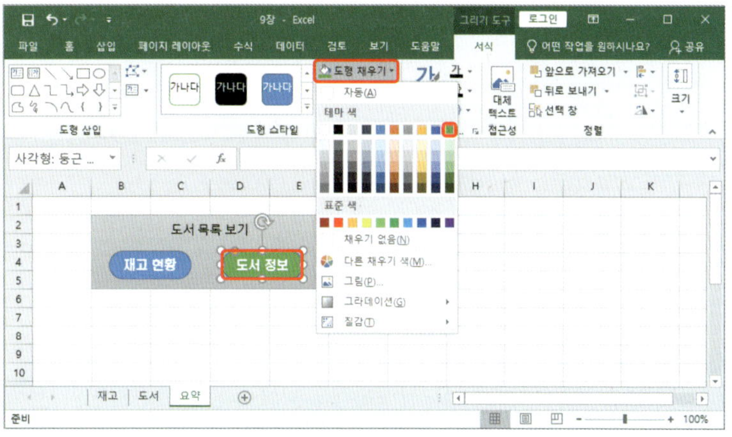

03 Shift를 누른 상태에서 마우스를 클릭해 모든 도형을 선택하고 [그리기 도구]의 [서식] 탭–[정렬] 그룹에서 [그룹화]–[그룹]을 선택한다.

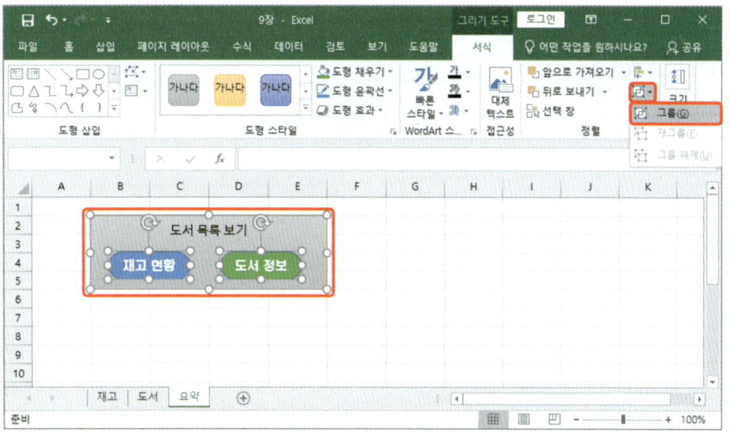

TIP 도형을 모두 선택한 후 마우스 포인터가 십자 모양일 때 마우스 오른쪽 단추를 눌러 [그룹화]–[그룹] 메뉴를 선택해도 된다.

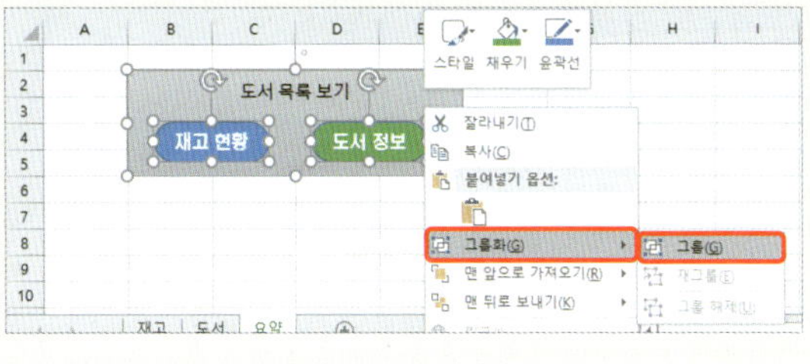

기본예제 9-6 도형에 하이퍼링크 설정하기

도형을 누르면 원하는 시트나 셀로 연결되도록 하이퍼링크를 설정해 보자.

01 '요약' 시트의 '재고 현황' 도형을 선택하고 [삽입] 탭–[링크] 그룹–[링크]를 누른다.

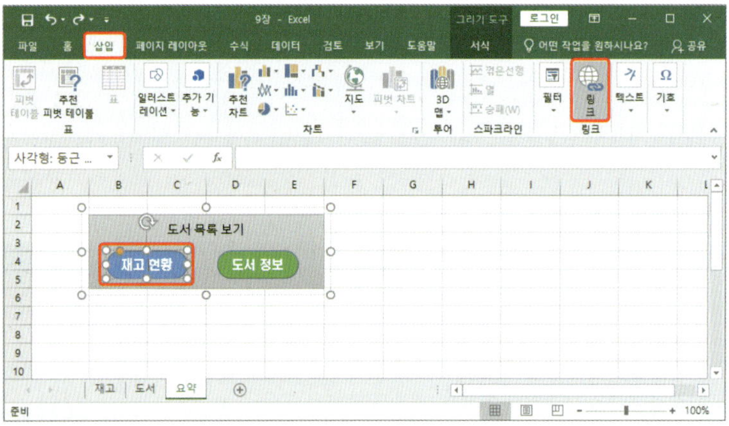

TIP 도형을 마우스 오른쪽 단추로 클릭해서 [링크]를 선택해도 된다.

02 [하이퍼링크 삽입] 대화상자에서 [연결 대상]은 [현재 문서]로 하고, [이 문서에서 위치 선택]은 [재고]를 선택한 후 [확인]을 누른다.

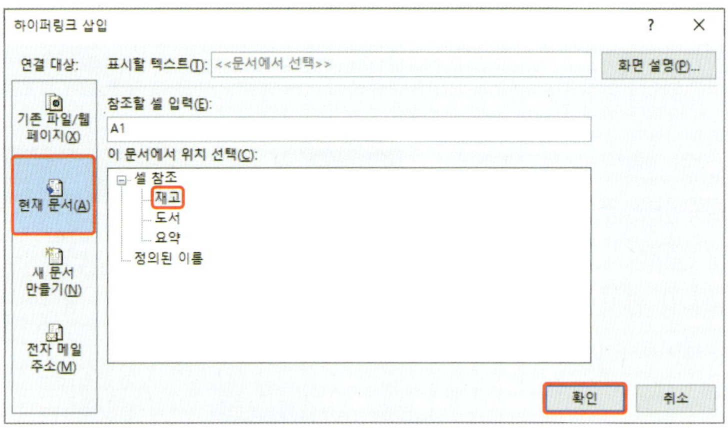

03 하이퍼링크가 설정된 '재고 현황' 도형을 클릭하면 '재고' 시트로 연결된다.

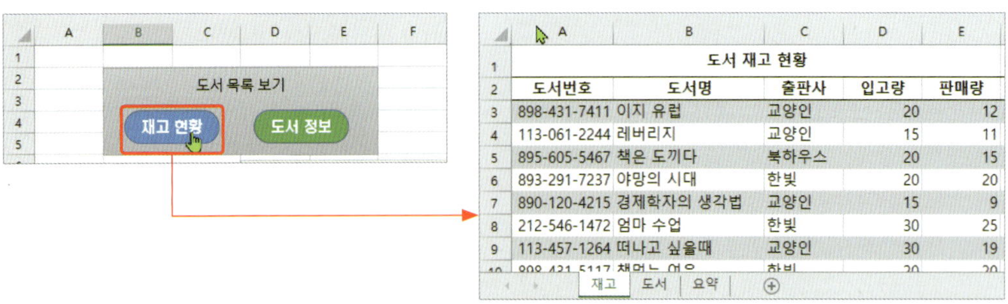

TIP 하이퍼링크가 설정된 도형의 서식을 설정하거나 텍스트를 편집하려면 마우스 오른쪽 단추를 눌러 선택하거나 Ctrl을 누른 상태에서 선택해야 한다.

04 같은 방법으로 '도서 정보' 도형에도 하이퍼링크를 설정하여 '도서' 시트로 연결되도록 한다.

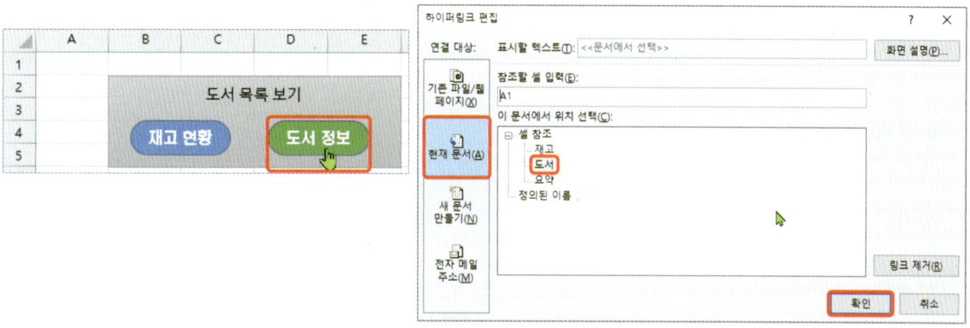

TIP 하이퍼링크를 편집하거나 제거하려면 도형을 마우스 오른쪽 단추로 눌러 단축 메뉴에서 [링크 편집]이나 [링크 제거]를 선택한다.

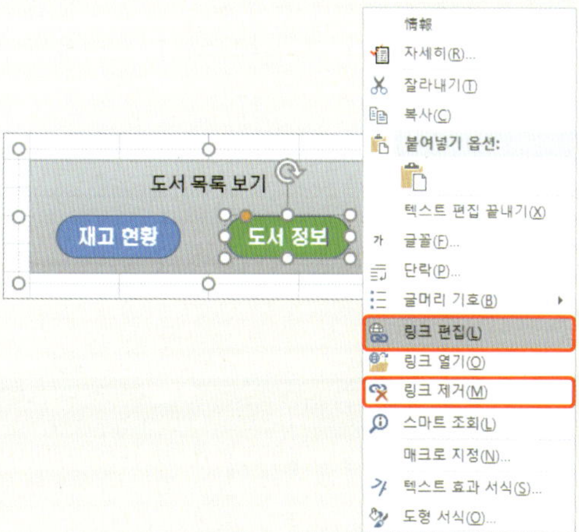

SECTION 03

그림 활용하기

엑셀 문서에 그림이나 사진과 같은 그래픽 개체를 삽입하면 텍스트나 숫자 위주로 만든 시트보다 더 효과적으로 정보를 전달할 수 있다. 엑셀에는 그림을 삽입하고 편집하기 위한 다양한 그림 도구가 있으므로 그림의 밝기나 선명도, 자르기와 같은 작업을 손쉽게 할 수 있다. 그림을 삽입하고 서식을 설정하거나 그림에 수식을 적용하는 방법을 알아본다.

3.1 그림 삽입과 편집

셀에 그림을 삽입하고 편집하는 작업은 도형 개체를 다루는 방법과 비슷하며, 그림 도구의 다양한 편집 기능을 이용하여 서식을 설정하거나 원본 그림과 다르게 변형할 수 있다. 또 셀에 수식을 입력하듯이 그림에도 수식을 적용해 활용할 수 있다.

기본예제 9-7 셀에 그림 삽입하고 크기 조절하기

워크시트에 그림을 삽입하고 셀에 맞게 크기를 조절하는 방법을 알아보자.

01 '9장.xlsx' 파일의 '도서' 시트에서 H3 셀을 선택하고 [삽입] 탭-[일러스트레이션] 그룹-[그림]을 누른다

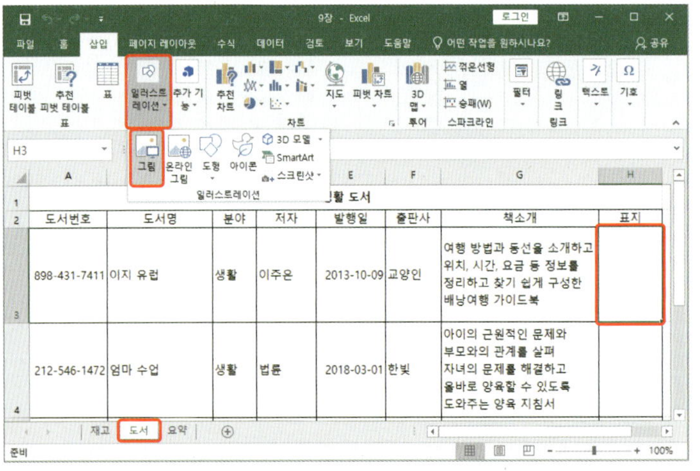

TIP [온라인 그림]을 선택하면 시트에 삽입할 그림을 인터넷으로 검색할 수 있고, [스크린샷]을 선택하면 실행 중인 컴퓨터에서 작업하던 창이나 화면을 캡처할 수 있다. 엑셀 2019 버전에는 [아이콘]과 [3D 모델] 개체를 시트에 삽입할 수 있는 메뉴도 지원된다.

02 [그림 삽입] 대화상자에서 삽입할 그림을 선택하고 [삽입]을 누른다.

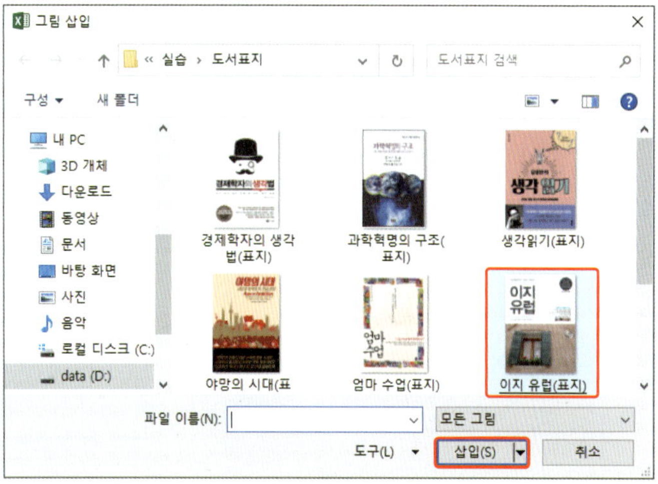

TIP 다운로드한 실습 자료의 그림 파일을 사용한다.

03 Alt를 누른 채로 그림의 경계선을 드래그해 셀 크기에 그림을 맞춘다.

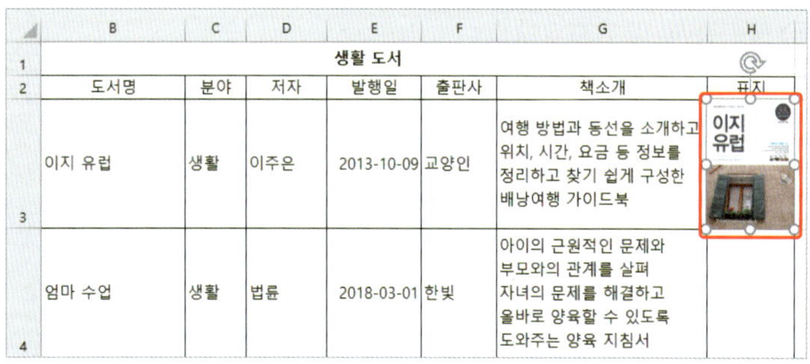

여기서 잠깐 **비율이 고정된 그림의 경우**

가로, 세로 비율이 고정된 그림은 셀 영역의 크기에 꼭 맞게 삽입되지 않는다. 그림을 마우스 오른쪽 단추로 눌러 그림 서식 작업 창의 [크기 및 속성] 탭-[크기]의 [가로 세로 비율 고정] 항목을 해제하거나 그림을 셀 크기에 맞게 잘라야 한다.

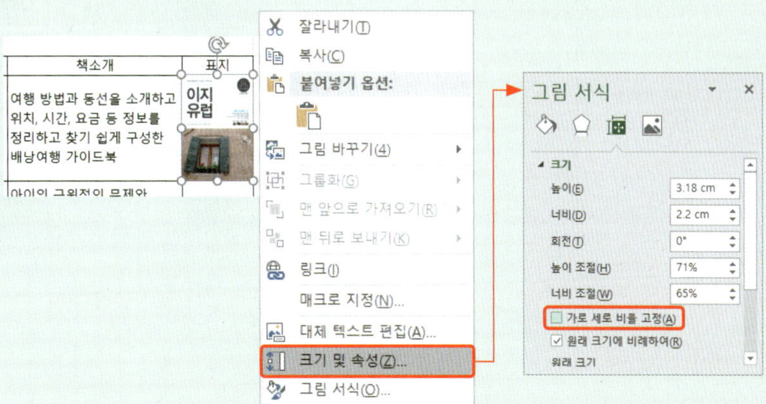

04 삽입한 그림을 선택하고 [그림 도구]의 [서식] 탭–[크기] 그룹–[자르기]를 누른다. Alt를 누른 채 그림의 자르기 핸들을 드래그하면 셀 크기에 꼭 맞게 자를 수 있고, 작업을 끝내려면 그림 바깥쪽을 누른다.

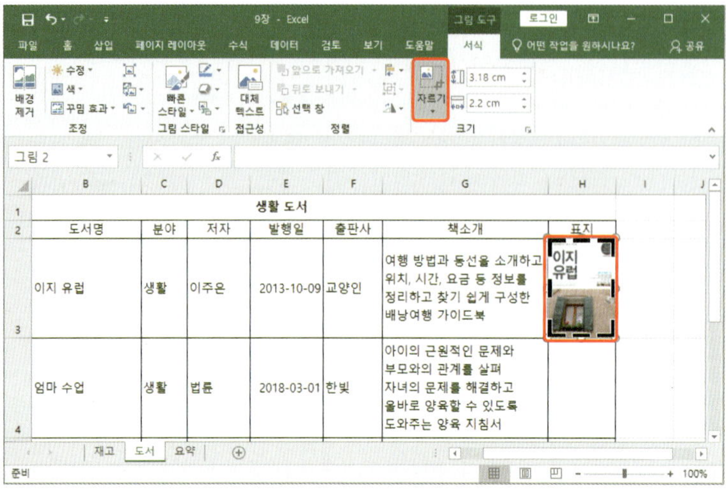

TIP 그림을 자르지 않고 확대하거나 축소해서 셀 크기에 맞추면 그림의 비율이 달라져 보기에 좋지 않다.

05 같은 방법으로 H4:H9 셀에도 모두 그림을 삽입한다.

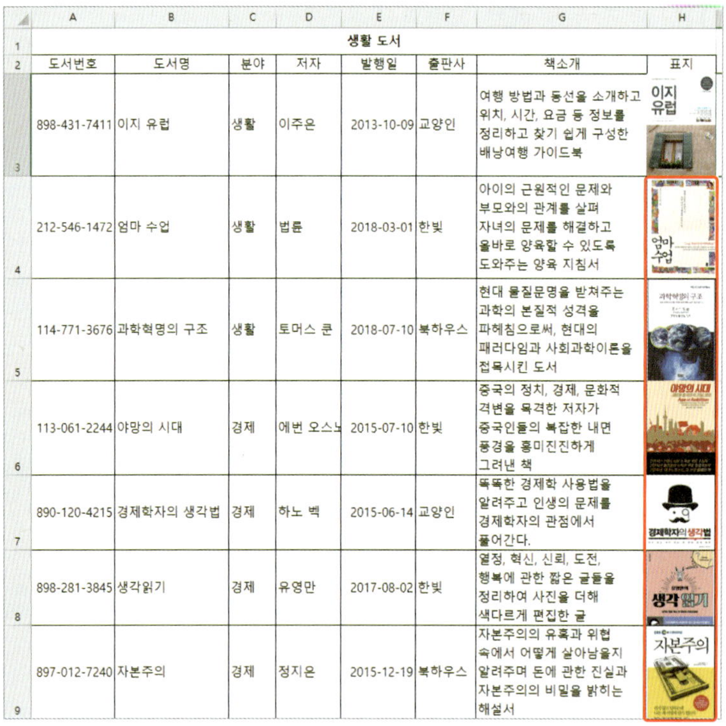

기본예제 9-8 그림 편집하기

그림 도구를 이용하여 밝기나 대비 효과를 적용하고 그림 테두리를 설정하는 등 그림을 편집하는 방법을 알아보자.

01 '9장.xlsx' 파일의 '도서' 시트에서 H3 셀에 있는 그림을 선택하고 [그림 도구]의 [서식] 탭–[조정] 그룹에서 [수정]–[밝기: 0%(표준) 대비: +20%]을 선택한다.

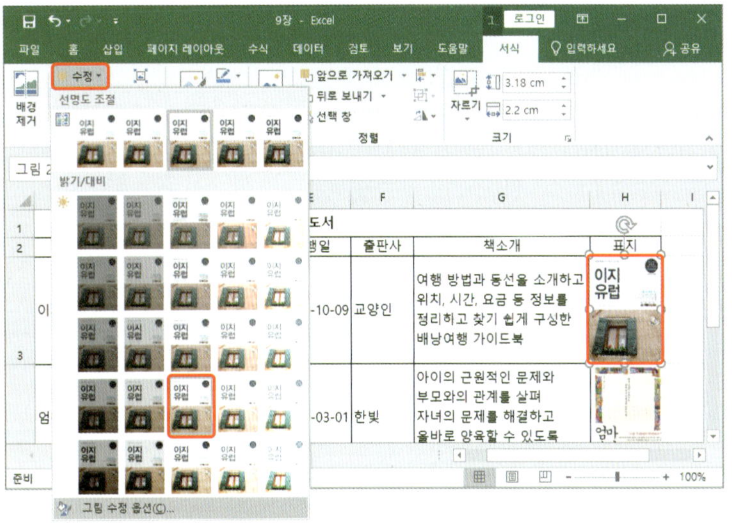

TIP 밝기를 조정하면 원본 그림을 밝게 또는 어둡게 수정할 수 있다. 대비는 밝은 부분과 어두운 부분의 차이를 의미하므로, 대비를 높이면 밝은 부분과 어두운 부분에 경계가 생겨 그림이 또렷해지는 효과가 생긴다. 선명도나 밝기 및 대비를 더 세밀하게 변경하려면 [그림 수정 옵션]을 선택한다.

02 Shift를 누른 상태로 H3:H9 셀의 그림을 모두 선택하고, [그림 도구]의 [서식] 탭–[그림 스타일] 그룹–[그림 테두리]–[검정, 텍스트 1]로 설정한다.

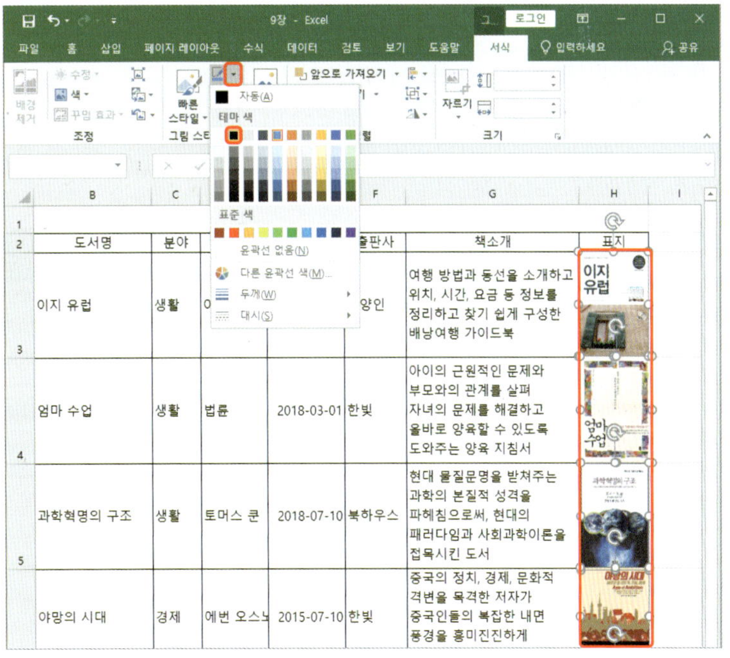

기본예제 9-9 그림 목록 만들기

그림이 삽입된 셀 범위를 목록 이름으로 정의하고 정의된 목록에서 특정 그림을 선택할 수 있게 만들어 보자.

01 '실습.xlsx' 파일의 '도서' 시트에서 H3:H9 범위를 선택하고 [이름 상자]에 *표지목록*이라고 입력한다.

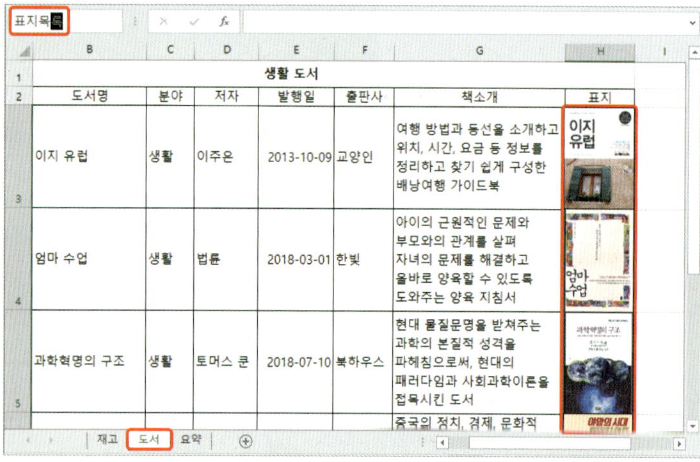

> **TIP** 삽입된 그림을 선택하는 것이 아니라 반드시 셀 영역을 선택하고 이름을 정의해야 한다. H2 셀을 먼저 선택하고 아래쪽 방향키를 눌러 H3 셀로 이동한 다음, Shift를 누른 채 H9 셀까지 방향키를 눌러 이동하면 H3:H9 범위를 선택할 수 있다.

02 '도서' 시트에 삽입된 표지 그림 중 하나를 복사하여 '요약' 시트의 J4 셀에 붙여넣는다. 열의 너비와 그림의 크기를 조정한다.

03 [수식] 탭–[정의된 이름] 그룹–[이름 정의]를 누른다.

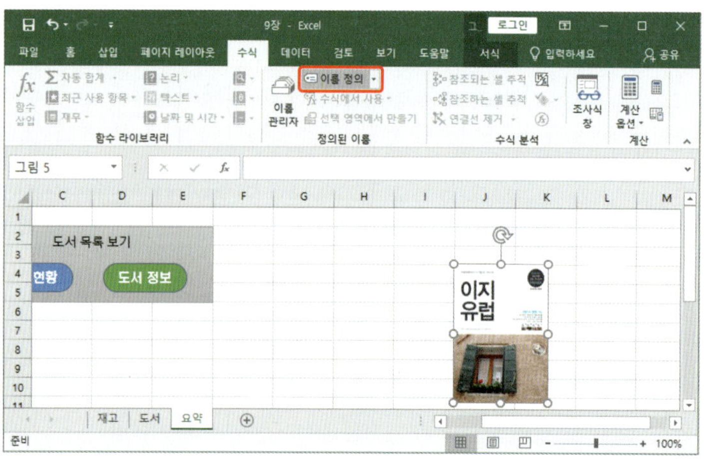

04 [새 이름] 대화상자의 [이름]에는 *표지검색*을 입력하고 [참조 대상]에는 *=INDEX(표지목록,요약!$H$4)* 수식을 입력한 후 [확인]을 누른다.

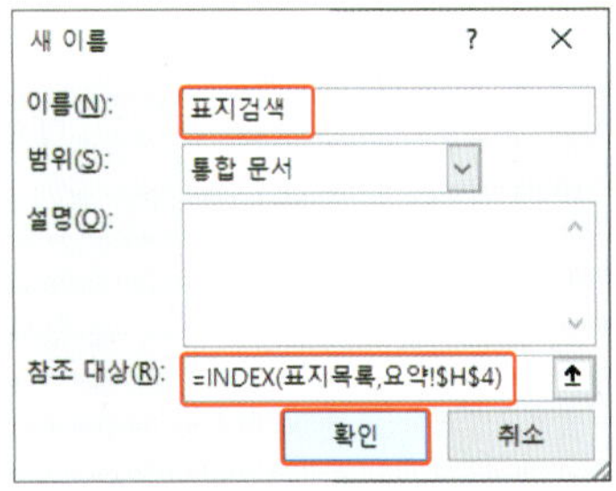

05 G4 셀에는 *도서 :*, H4 셀에는 *1*이라고 입력한다. J4 셀의 그림을 선택하고, 수식 입력줄에 *=표지검색*이라고 입력한다.

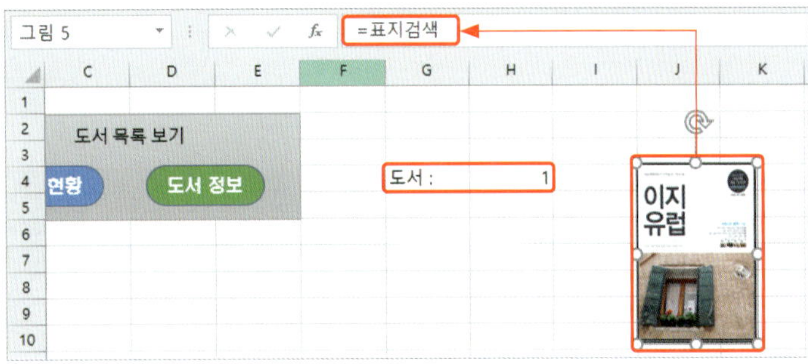

06 H4 셀의 값을 1~7로 변경해 보면 그림이 바뀌는 것을 확인할 수 있다.

기본예제 9-10 목록 상자를 활용해 그림 선택하기

[기본예제 9-9]에서처럼 그림 목록의 번호를 직접 입력해 그림을 가져오는 대신, 목록 상자에서 도서명을 선택하면 해당 표지 그림이 나타나도록 수정해 보자.

01 '요약' 시트에서 H4 셀을 선택하고 [데이터] 탭-[데이터 도구] 그룹-[데이터 유효성 검사] 목록에서 [데이터 유효성 검사]를 선택한다.

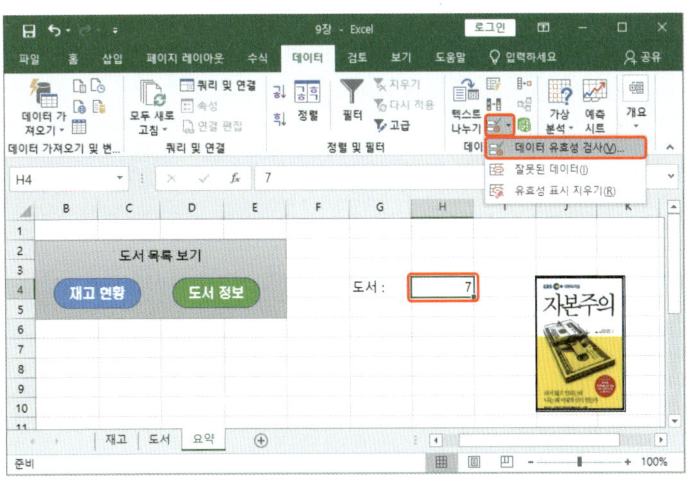

02 [데이터 유효성] 대화상자의 [설정] 탭에서 [제한 대상]은 [목록]을 선택하고 [원본]에 *=도서!$B$3:$B$9*를 입력한 후 [확인]을 누른다.

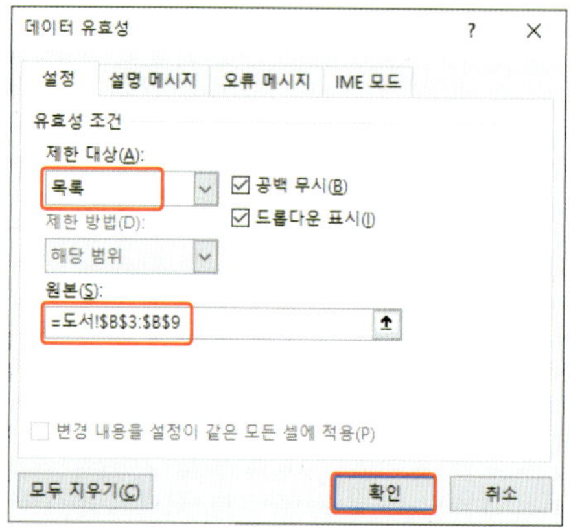

03 그림에 연결된 수식을 수정하기 위해 [수식] 탭–[정의된 이름] 그룹–[이름 관리자]를 선택한다.

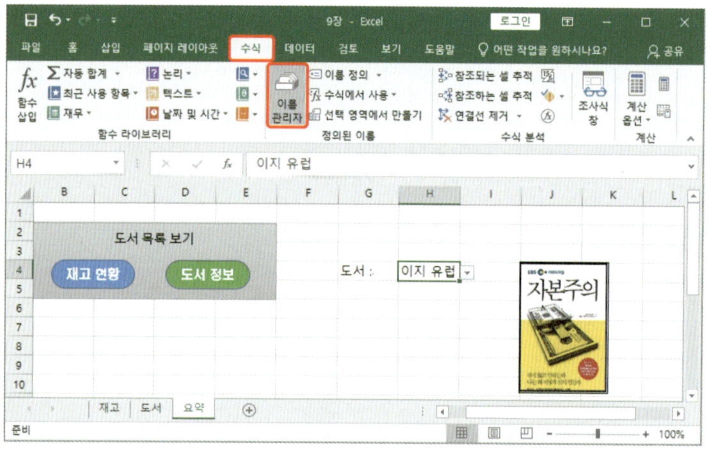

04 [이름 관리자] 대화상자에서 [표지검색]을 선택하고 [참조 대상]에 *=INDEX(표지목록, MATCH(요약!$H$4,도서!$B$3:$B$9,0))* 수식을 입력한 후 [닫기]를 누른다.

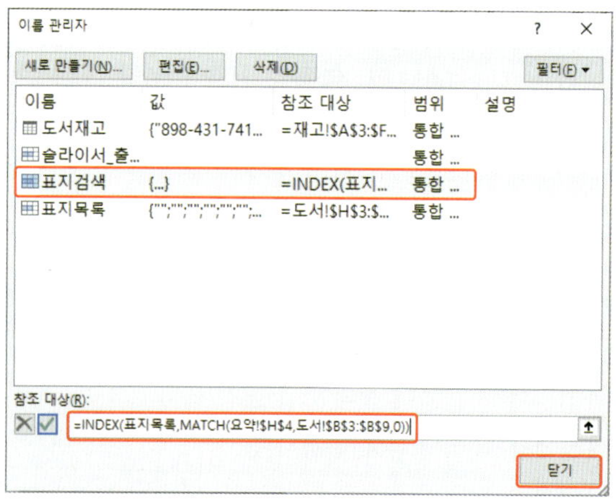

05 변경 내용을 저장할지 확인하는 대화상자가 나타나면 [예]를 누른다.

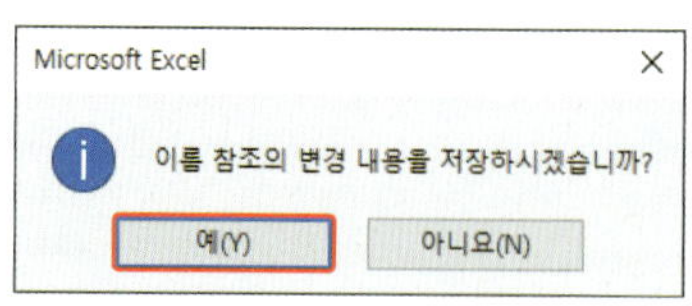

06 H4 셀의 목록 상자에서 도서명을 선택하면 해당 도서의 표지가 J4 셀에 표시된다.

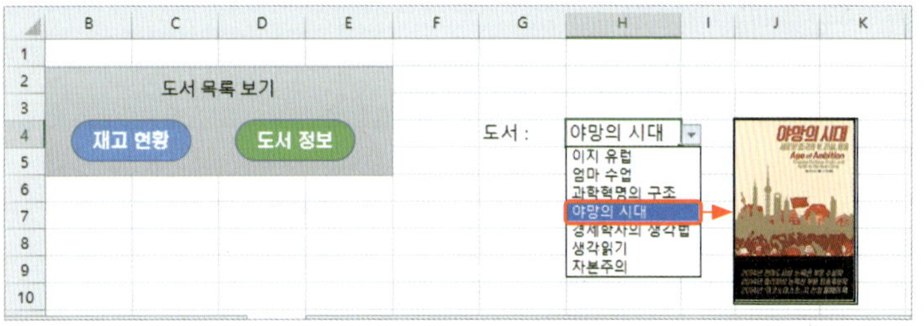

07 [삽입] 탭-[일러스트레이션] 그룹-[도형] 목록에서 [직사각형]을 그림과 같이 삽입하고 *도서 정보 찾기*라고 입력한다.

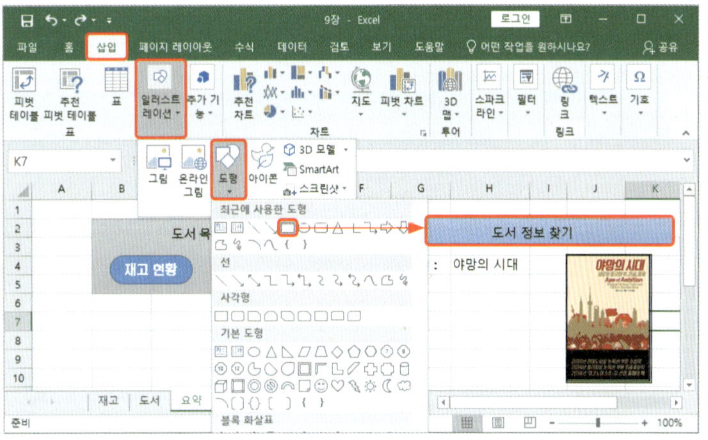

종합예제

이번 장에서 학습한 그래픽 기능을 활용하여 소비자물가총지수와 물가상승률에 관한 엑셀 문서를 만들어 보자.

1 '9장–종합.xlsx' 파일의 '요약' 시트를 선택하고 [삽입] 탭–[텍스트] 그룹에서 [WordArt]–[채우기: 검정, 텍스트 색 1, 그림자]를 선택한다.

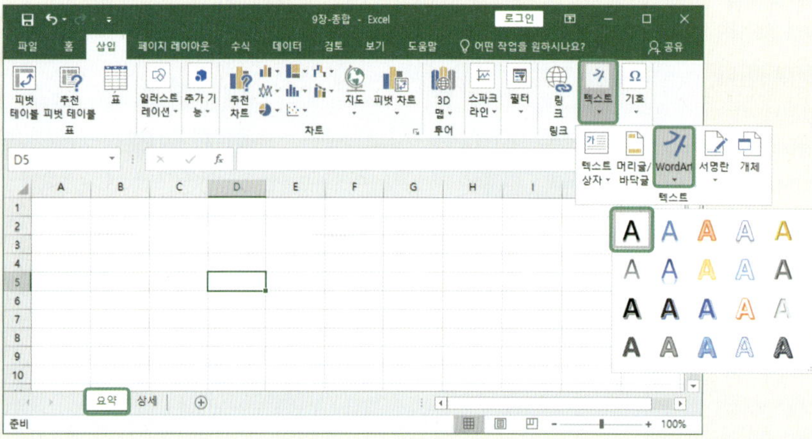

2 삽입된 워드아트 개체에 *소비자물가지수 현황*이라고 입력하고, 시트 상단으로 위치를 이동한다. [그리기 도구]의 [서식] 탭–[WordArt 스타일] 그룹에서 [텍스트 효과]–[변환]–[휘기]의 [중지]를 눌러 변환하고 크기를 조절한다.

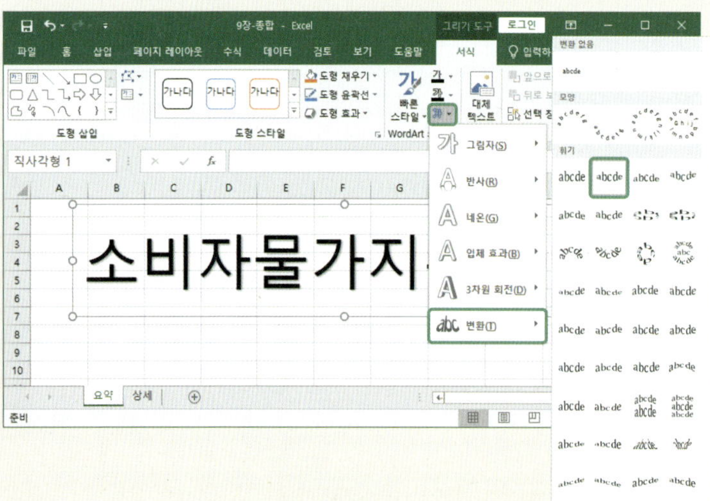

TIP 변환 효과를 설정한 워드아트 개체는 도형과 같이 크기 조절점을 이용해 글꼴과 전체 크기를 조절할 수 있다.

3 [삽입] 탭–[일러스트레이션] 그룹–[SmartArt]를 누른다.

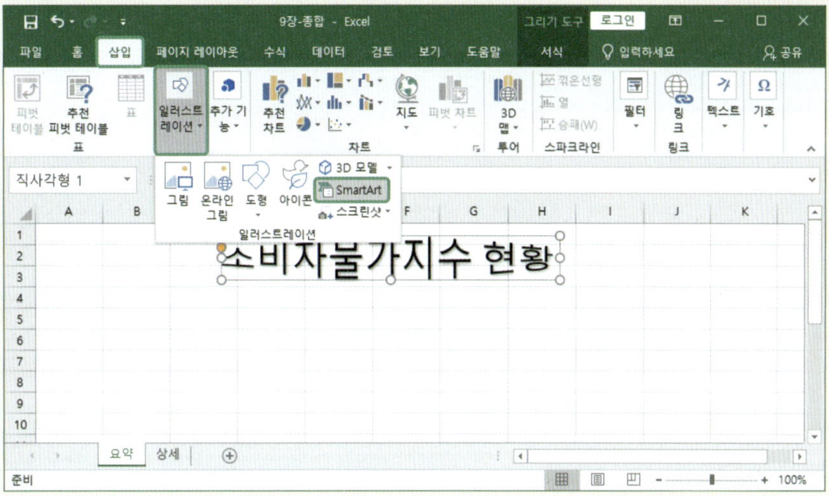

4 [SmartArt 그래픽 선택] 대화상자에서 [프로세스형]–[기본 프로세스형]을 선택하고 [확인]을 누른다.

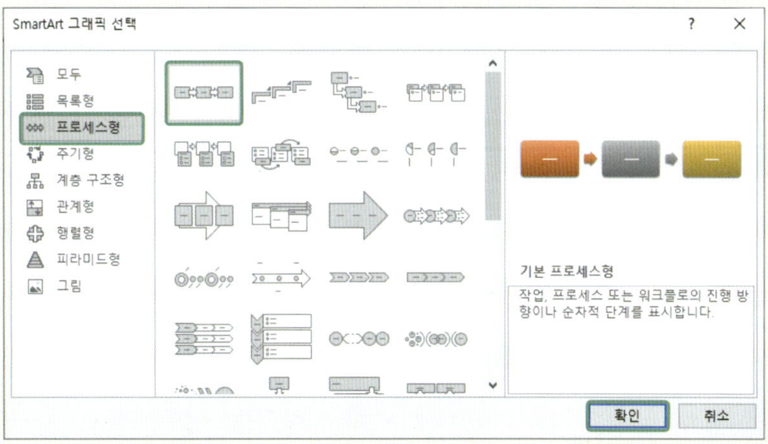

종합예제

5 스마트아트의 조절점을 드래그하여 크기를 조절하고, Ctrl+Shift를 누른 상태에서 마우스로 드래그하여 수직 방향으로 복제한다.

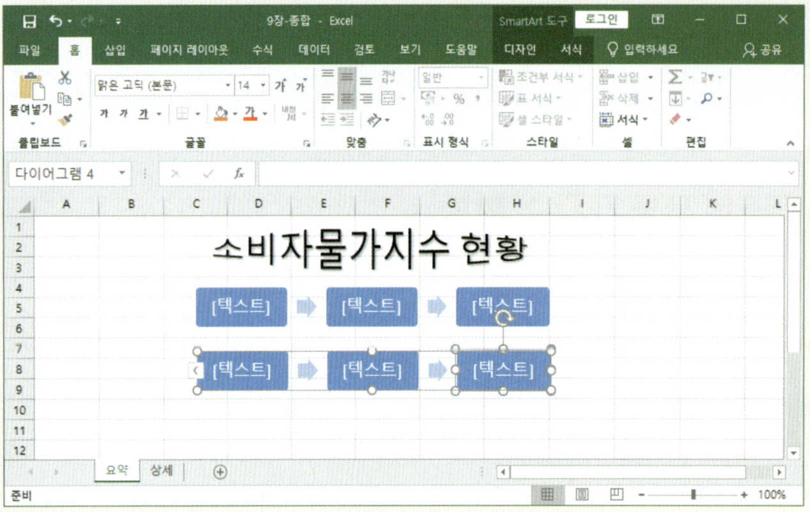

6 [SmartArt 도구]의 [디자인] 탭–[SmartArt 스타일] 그룹–[색 변경] 목록에서 [강조 2]의 [색 채우기 – 강조 2]를 선택한다.

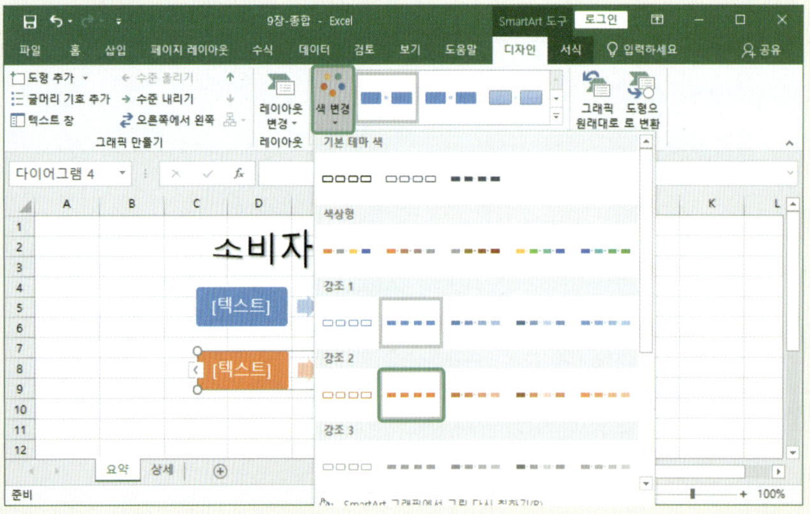

7 [SmartArt 도구]의 [디자인] 탭–[원래대로] 그룹에서 [도형으로 변환]을 눌러 두 개의 스마트아트를 모두 도형으로 변환시킨다.

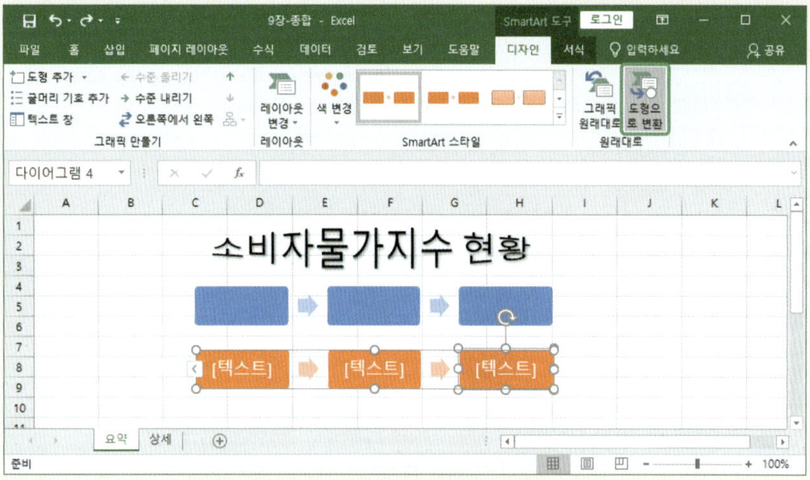

8 [삽입] 탭–[일러스트레이션] 그룹의 [도형]–[타원]을 눌러 시트에 추가한다.

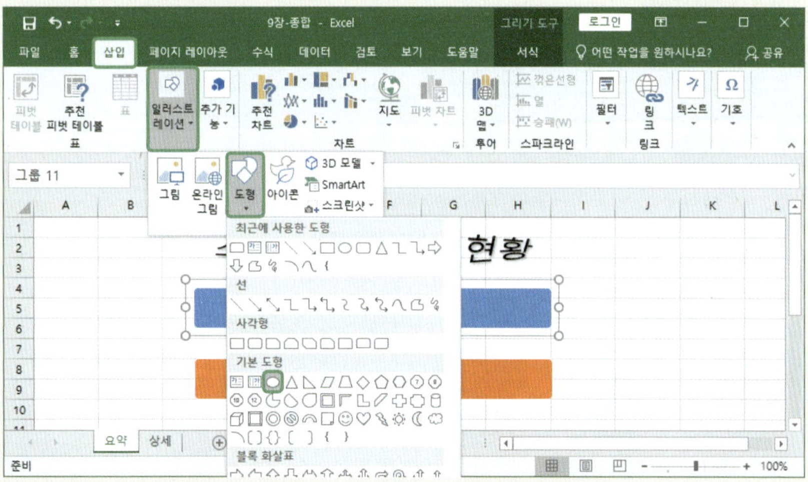

종합예제

9 삽입한 타원을 [그리기 도구]의 [서식] 탭–[도형 스타일] 그룹에서 [도형 스타일]–[반투명–검정, 어둡게 1, 윤곽선 없음]으로 설정한 후, Ctrl+Shift를 누른 채 드래그하여 수평 방향으로 복제한다.

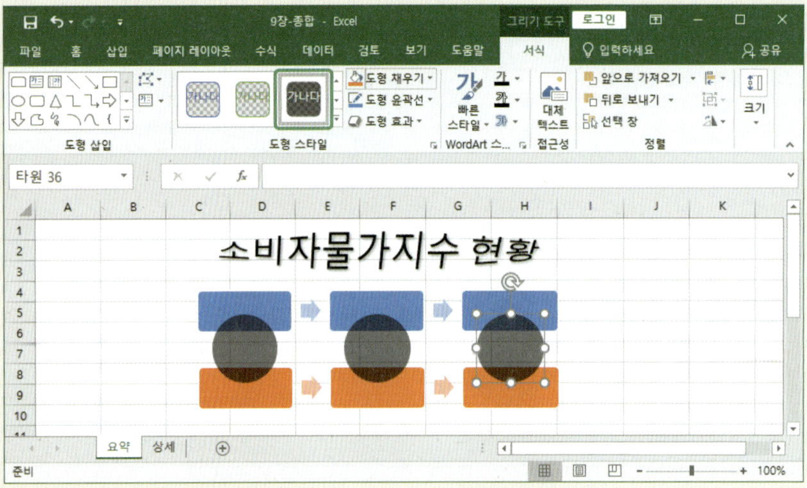

10 Shift를 누른 상태에서 타원을 클릭해 모두 선택하고 [그리기 도구]의 [서식] 탭–[정렬] 그룹–[맞춤] 목록에서 [가로 간격을 동일하게]로 설정한다.

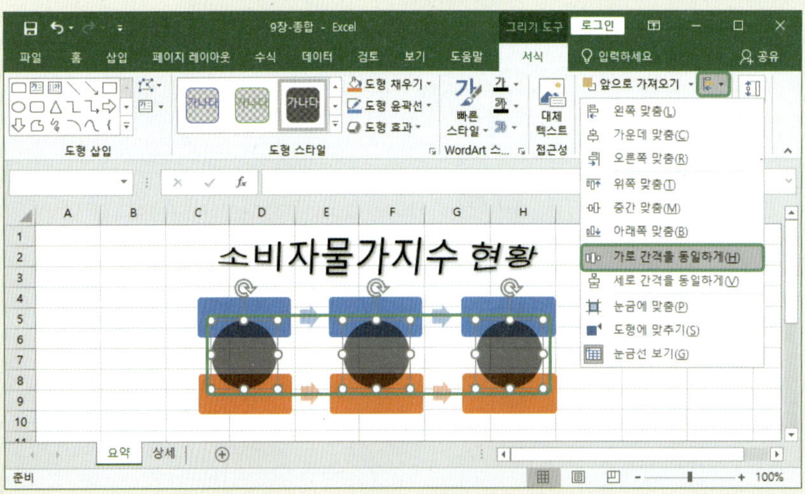

11 타원을 모두 선택한 상태에서 [그리기 도구]의 [서식] 탭–[정렬] 그룹–[그룹화] 목록의 [그룹]을 선택해 그룹으로 설정한다.

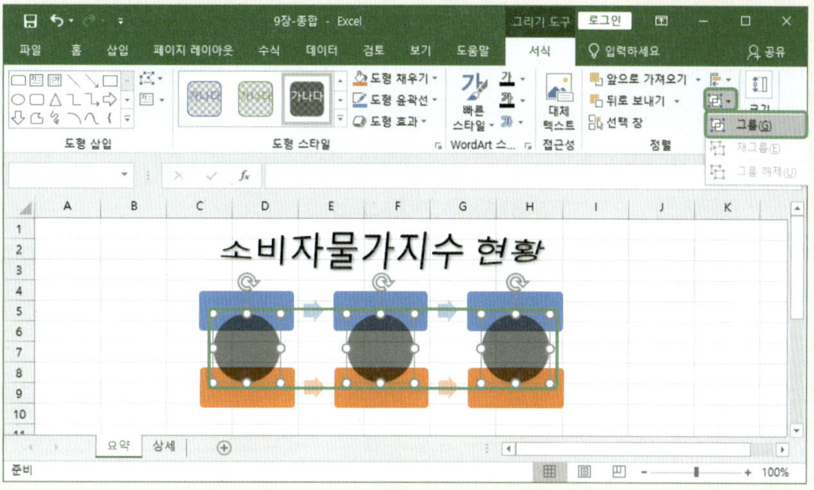

12 A5 셀에는 *소비자물가총지수*, A9 셀에는 *소비자물가상승률(%)*라고 입력한다. [홈] 탭–[글꼴] 그룹에서 [글꼴]은 [HY견고딕]으로, [글꼴 색]은 각각 [파랑, 강조 5], [주황, 강조 2]로 설정한다.

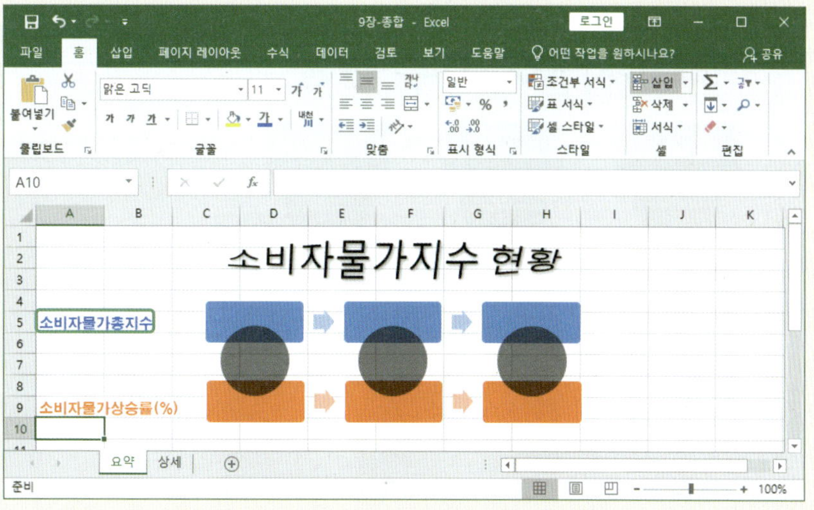

종합예제

13 위에서부터 도형을 하나씩 차례로 선택하고 수식 입력줄에 *=상세!B4*, *=상세!B3*, *=상세!B5* 수식을 각각 입력한다.

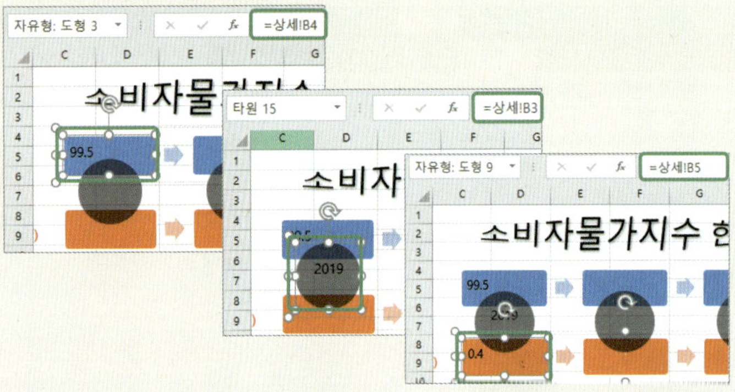

TIP 도형을 선택하고 수식 입력줄에 해당 셀의 이름이나 셀 주소를 입력하면 셀 값이 도형에 연결된다. 셀 값이 변경되면 도형에 표시되는 값도 자동으로 바뀐다.

14 같은 방법으로 수식을 작성하여 2020년과 2021년의 데이터를 도형에 연결하고, [맞춤]과 [글꼴 색]을 설정하여 표시되는 정보가 잘 드러나도록 한다.

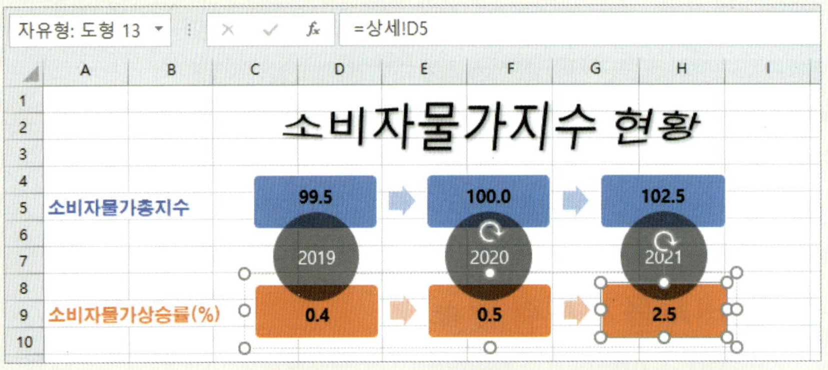

15 Shift를 누른 채 모든 도형을 선택하고 마우스 오른쪽 단추를 눌러 단축 메뉴에서 [그룹화]–[그룹]을 선택한다.

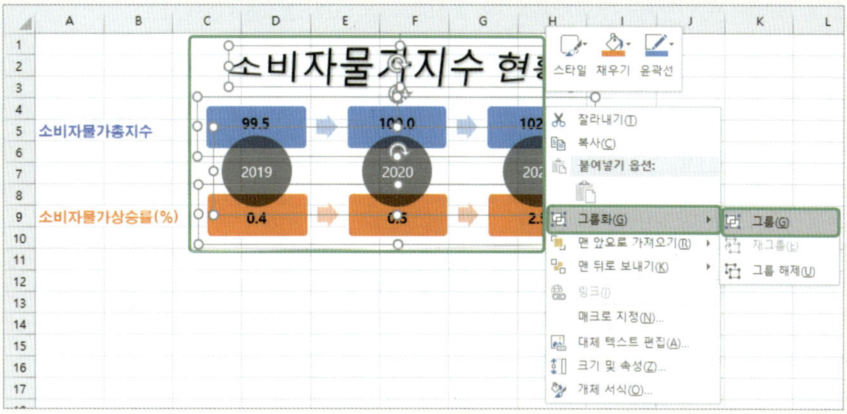

16 그룹화된 도형을 마우스 오른쪽 단추로 클릭하고 [링크]를 누른다. [하이퍼링크 삽입] 대화상자에서 [연결 대상]–[현재 문서]로, [이 문서에서 위치 선택]–[상세]를 선택하고 [화면 설명]을 누른다. [화면 설명 텍스트]에는 *상세 데이터를 보려면 클릭하세요.*라고 입력하고 [확인]을 눌러 모든 대화상자를 닫는다.

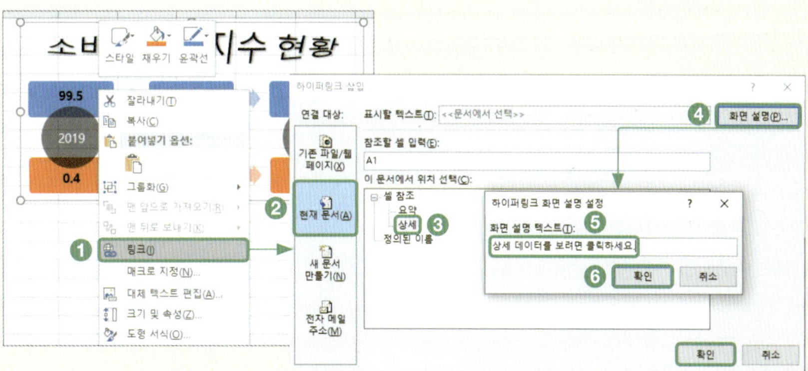

TIP 그림 위에 마우스를 올리면 입력해둔 화면 설명 텍스트가 나타나고, 마우스를 누르면 '상세' 시트로 이동할 수 있다.

연습문제

1 '9장-연습.xlsx' 파일의 '연습1' 시트를 열어 다음과 같이 표와 슬라이서를 만드시오.

❶ 도서 판매 현황 데이터를 표로 바꾸고, 표 스타일은 [연한 파랑, 표 스타일 밝게 16]으로 설정하시오.

❷ 요약 행('수량' 합계, '할인율' 평균, '판매금액' 합계)을 추가하고 그림과 같이 표시 형식을 설정하시오.

❸ 슬라이서를 삽입하여 '분야'를 기준으로 필터링하시오.

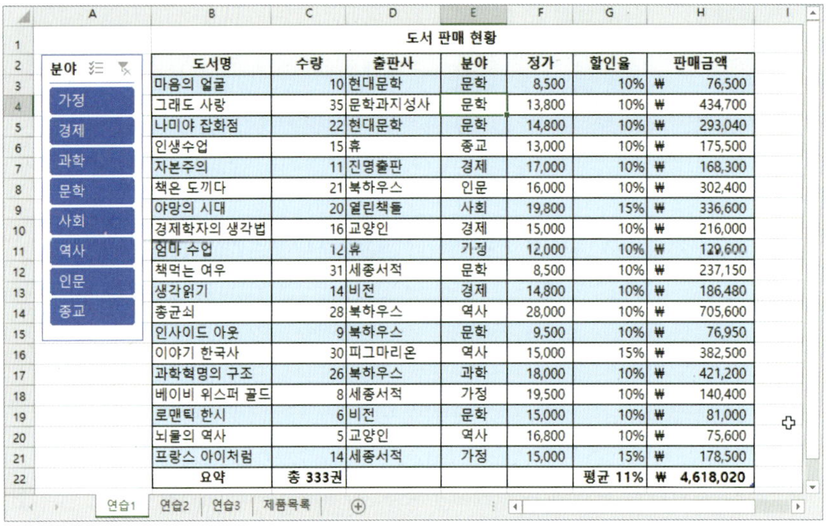

도서 판매 현황

도서명	수량	출판사	분야	정가	할인율	판매금액
마음의 얼굴	10	현대문학	문학	8,500	10%	₩ 76,500
그래도 사랑	35	문학과지성사	문학	13,800	10%	₩ 434,700
나미야 잡화점	22	현대문학	문학	14,800	10%	₩ 293,040
인생수업	15	휴	종교	13,000	10%	₩ 175,500
자본주의	11	진명출판	경제	17,000	10%	₩ 168,300
책은 도끼다	21	북하우스	인문	16,000	10%	₩ 302,400
야망의 시대	20	열린책들	사회	19,800	15%	₩ 336,600
경제학자의 생각법	16	교양인	경제	15,000	10%	₩ 216,000
엄마 수업	12	휴	가정	12,000	10%	₩ 129,600
책먹는 여우	31	세종서적	문학	8,500	10%	₩ 237,150
생각읽기	14	비전	경제	14,800	10%	₩ 186,480
총균쇠	28	북하우스	역사	28,000	10%	₩ 705,600
인사이드 아웃	9	북하우스	문학	9,500	10%	₩ 76,950
이야기 한국사	30	피그마리온	역사	15,000	15%	₩ 382,500
과학혁명의 구조	26	북하우스	과학	18,000	10%	₩ 421,200
베이비 위스퍼 골드	8	세종서적	가정	19,500	10%	₩ 140,400
로맨틱 한시	6	비전	문학	15,000	10%	₩ 81,000
뇌물의 역사	5	교양인	역사	16,800	10%	₩ 75,600
프랑스 아이처럼	14	세종서적	가정	15,000	15%	₩ 178,500
요약	총 333권				평균 11%	₩ 4,618,020

2 '9장-연습.xlsx' 파일의 '제품목록' 시트를 이용하여 '연습2' 시트에 주문서를 작성하시오.

❶ VLOOKUP 함수를 이용하여 각 제품의 '제품명'과 '가격'을 '제품목록' 시트에서 검색하시오.

❷ '주문금액'은 '수량*가격*(1-할인율)' 수식으로 계산하고 '할인율'은 VLOOKUP 함수로 '제품목록' 시트에서 검색하시오.

❸ '수량'과 '주문금액'의 합계를 구하여 C6 셀과 E6 셀에 각각 표시하시오.

❹ '가격'과 '주문금액'은 그림과 같이 표시 형식을 설정하시오.

❺ '대표사진'은 A3 셀의 '제품코드'를 기준으로 '제품목록' 시트의 '사진' 목록에서 INDEX 함수로 찾아 표시하시오.

주문서

제품코드	제품명	수량	가격	주문금액	대표사진
1	Focus	2	$4.80	$8.64	
4	Sea	1	$10.00	$8.00	
5	Pink	3	$12.00	$30.60	
합계		**6**		**$47.24**	

연습1 | 연습2 | 연습3 | 제품목록

3 '9장-연습.xlsx' 파일의 '연습3' 시트를 열고 다음과 같이 표와 도형을 활용한 엑셀 문서를 작성하시오.

❶ 전체 데이터를 선택해 표로 바꾸고, 표 스타일은 [흰 색, 표 스타일 밝게 1]로 설정하시오.

❷ 표 이름은 '소비자물가지수'로 설정하고 필터 단추를 해제하시오.

❸ [사각형: 둥근 모서리] 도형을 삽입해 *소비자물가총지수와 물가상승률(단위: 2020=100, %)*이라고 입력한 후, 도형 스타일은 [색 채우기 - 파랑, 강조 5]로 설정하시오.

❹ 슬라이서를 삽입하여 '연도'를 기준으로 필터링하시오.

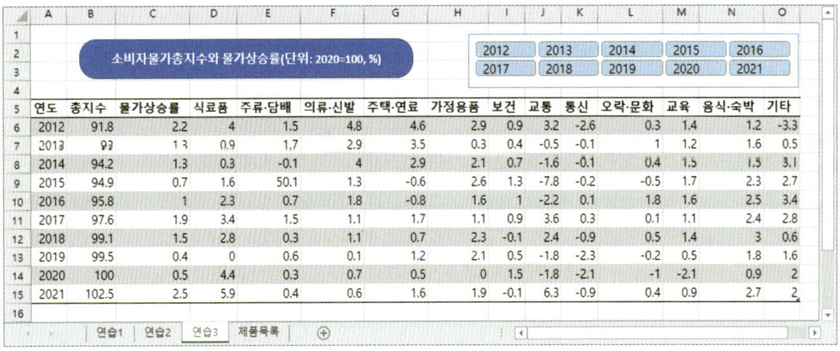

연도	총지수	물가상승률	식료품	주류·담배	의류·신발	주택·연료	가정용품	보건	교통	통신	오락·문화	교육	음식·숙박	기타
2012	91.8	2.2	4	1.5	4.8	4.6	2.9	0.9	3.2	-2.6	0.3	1.4	1.2	-3.3
2013	93	1.3	0.9	1.7	2.9	3.5	0.3	0.4	-0.5	-0.1	1	1.2	1.6	0.5
2014	94.2	1.3	0.3	-0.1	4	2.9	2.1	0.7	-1.6	-0.1	0.4	1.5	1.5	3.1
2015	94.9	0.7	1.6	50.1	1.3	-0.6	2.6	1.3	-7.8	-0.2	-0.5	1.7	2.3	2.7
2016	95.8	1	2.3	0.7	1.8	-0.8	1.6	1	-2.2	0.1	1.8	1.6	2.5	3.4
2017	97.6	1.9	3.4	1.5	1.1	1.7	1.1	0.9	3.6	0.3	0.1	1.1	2.4	2.8
2018	99.1	1.5	2.8	0.3	1.1	0.7	2.3	-0.1	2.4	-0.9	0.5	1.4	3	0.6
2019	99.5	0.4	0	0.6	0.1	1.2	2.1	0.5	-1.8	-2.3	-0.2	0.5	1.8	1.6
2020	100	0.5	4.4	0.3	0.7	0.5	0	1.5	-1.8	-2.1	-1	-2.1	0.9	2
2021	102.5	2.5	5.9	0.4	0.6	1.6	1.9	-0.1	6.3	-0.9	0.4	0.9	2.7	2

CHAPTER 10

차트와 스파크라인

학습목표

- 차트 종류와 사용법을 알고 활용할 수 있다.
- 차트 구성 요소를 알고 차트를 편집할 수 있다.
- 스파크라인을 만들고 활용할 수 있다.

EXCEL 2019

SECTION 01

차트 만들기

차트는 숫자 데이터를 그래프로 표시하고 데이터 레이블이나 범례 등 여러 가지 구성 요소를 포함하는 시각화 도구이다. 엑셀에서 다루는 많은 숫자를 차트로 시각화하면 데이터를 직관적으로 표현할 수 있다. 셀이나 표에 입력한 데이터는 정확하고 상세하지만 추세를 파악하거나 서로 비교하기는 쉽지 않다. 엑셀에서 제공하는 다양한 종류의 차트를 이용하면 다양한 유형의 데이터를 효과적으로 비교하고 분석할 수 있다.

1.1 차트의 종류

엑셀에서 제공하는 차트는 세로 막대형, 가로 막대형, 꺾은선형, 원형 등으로 분류되어 있어 나타내고자 하는 데이터 유형에 알맞은 것을 선택할 수 있다. 각 차트의 특징과 주로 활용되는 분야는 다음과 같다.

- **세로 막대형**: 일정 기간의 데이터 변화를 표시하거나 여러 항목의 데이터를 함께 표시하여 각 항목을 비교할 수 있다.

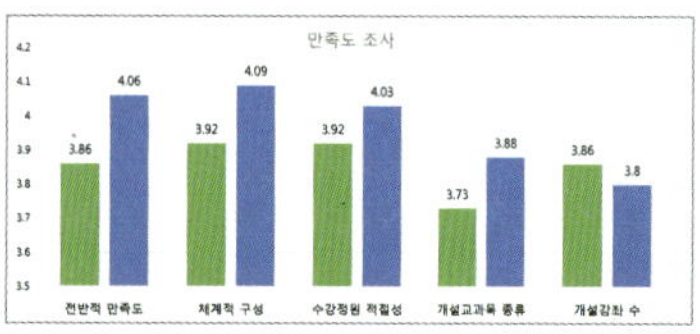

- **원형**: 데이터의 합계 비율을 표시하는 차트로, 하나의 데이터 계열만 강조할 때 유용하다.

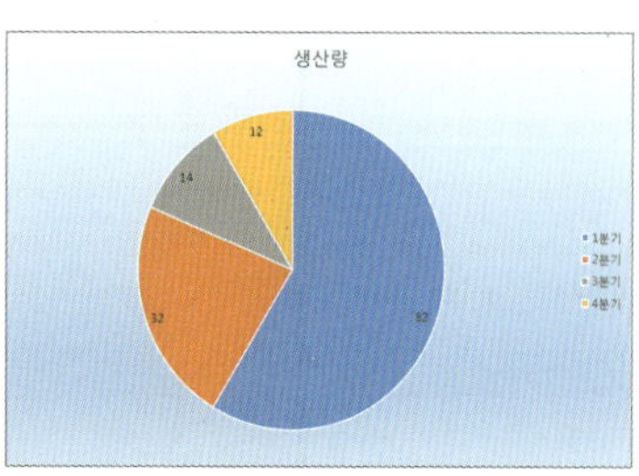

- **꺾은선형**: 일정 기간의 데이터 추세나 데이터 변화를 표시할 때 유용하다.

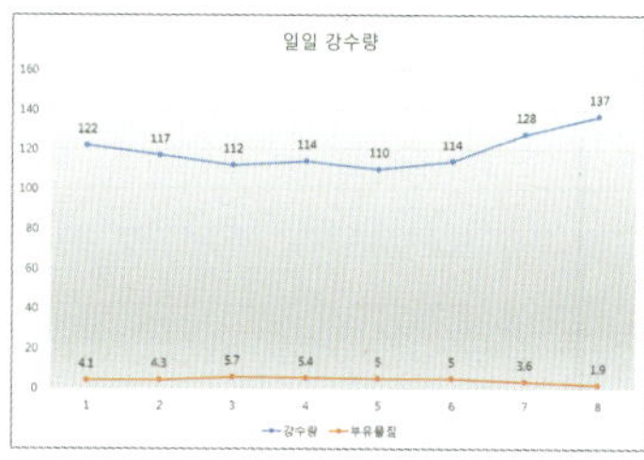

- **가로 막대형**: 축 레이블이 길거나 차트로 표시하는 값이 기간인 경우에 유용하다.

- **영역형**: 개별 값과 총합의 관계를 보여주거나 시간에 따른 변화를 전체와 비교하여 보여줄 때 유용하다.

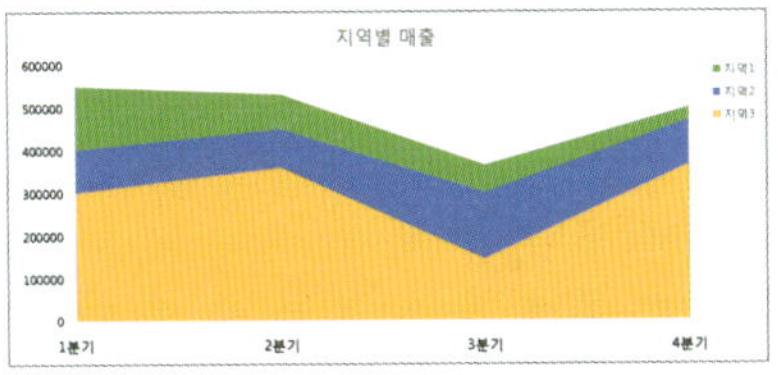

- **주식형**: 주가 변동이나 기온 변화와 같이 일정 기간에 증감하는 데이터를 표시한다.

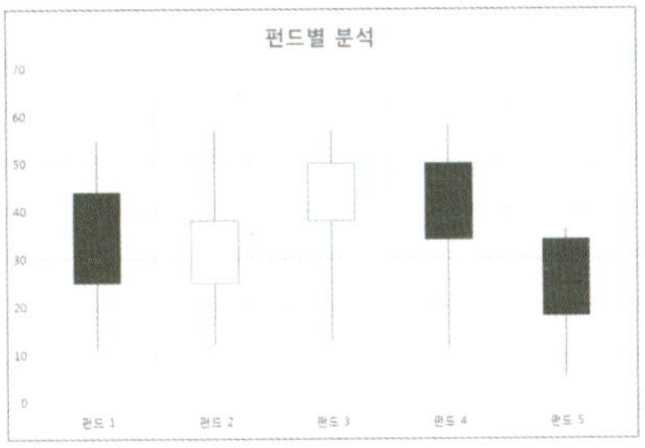

- **표면형**: 같은 값의 범위를 색과 무늬로 표시하여 두 데이터 집합 최적의 조합을 찾을 수 있다.

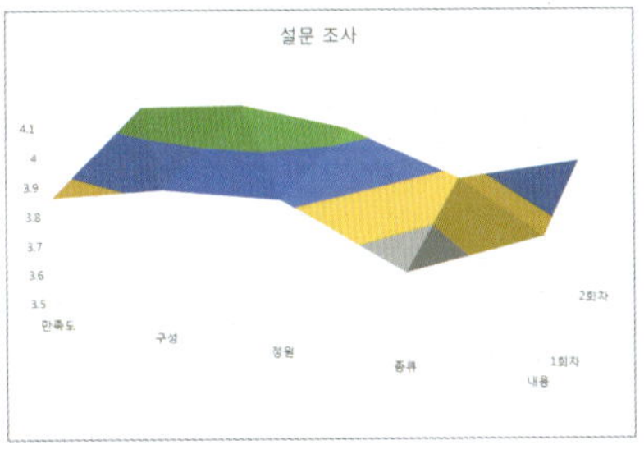

- **트리맵**: 데이터를 계층 구조로 표시하는 차트로, 서로 다른 데이터 계열 안에서 비율을 비교할 때 유용하다.

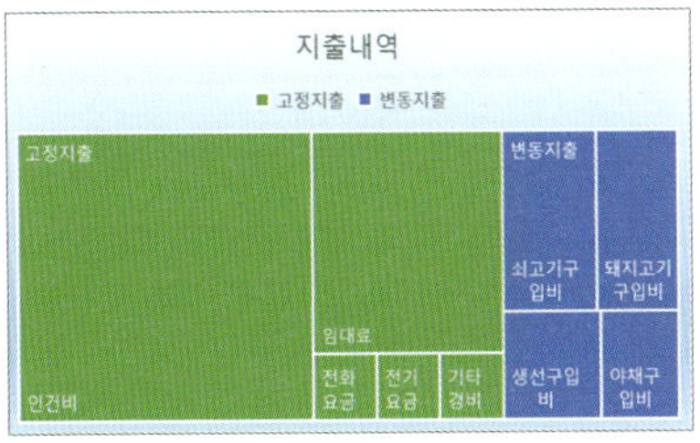

- **분산 및 거품형**: 두 데이터 그룹을 하나의 xy 좌표 계열로 그리는 차트로, 데이터의 불규칙한 간격이나 묶음을 표시할 수 있다. 거품형은 분산형 차트에 하나의 데이터 요소를 더 추가하여 거품의 크기로 그 값을 표시한다.

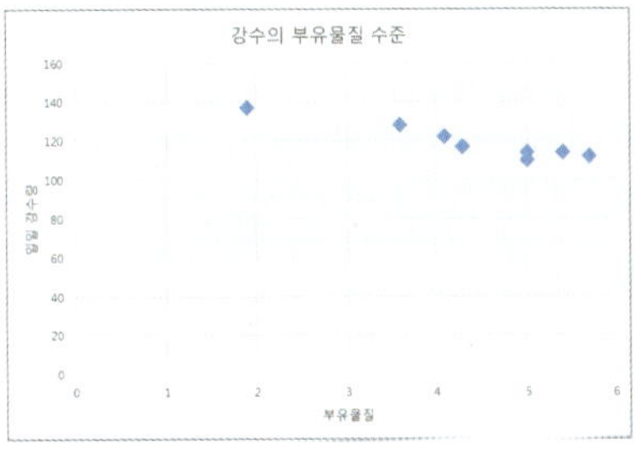

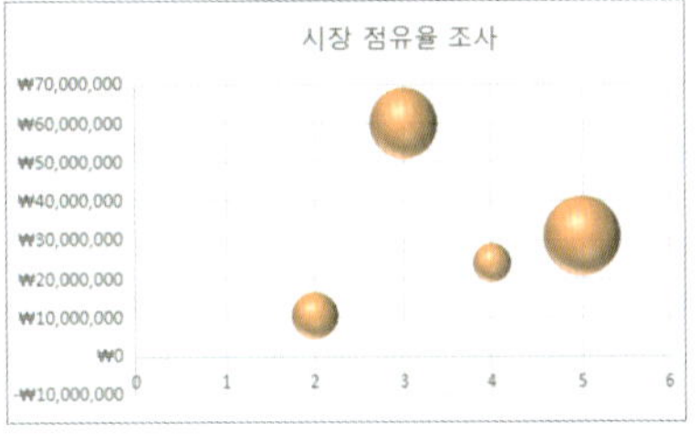

- **방사형**: 여러 데이터 계열의 값을 집계해서 서로 비교할 수 있다.

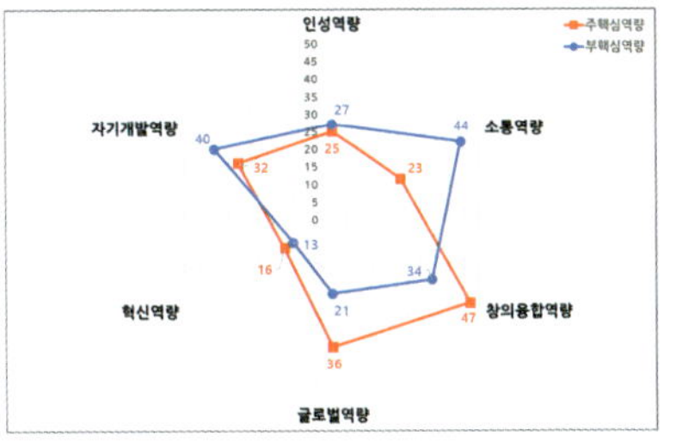

- **선버스트**: 계층 구조를 갖는 데이터를 여러 수준의 고리로 표시하는 차트로, 각 고리가 어떤 구성 요소로 이루어져 있는지 나타낼 때 유용하다.

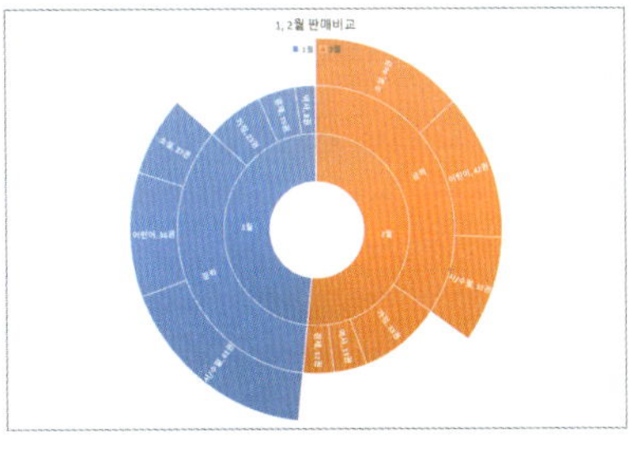

- **히스토그램**: 데이터의 분포와 빈도를 표시하는 차트로, 계급구간을 변경하면 데이터를 세부적으로 분석할 수 있다.

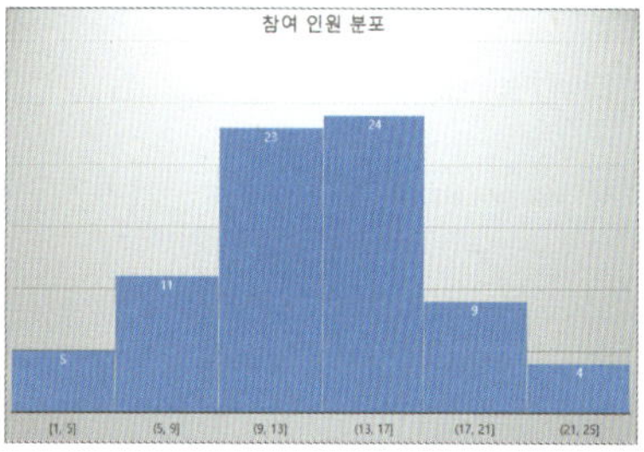

- **상자 수염 그림**: 데이터 분포를 사분위수로 표시하는 차트로, 평균값 및 이상값을 강조할 때 유용하다.

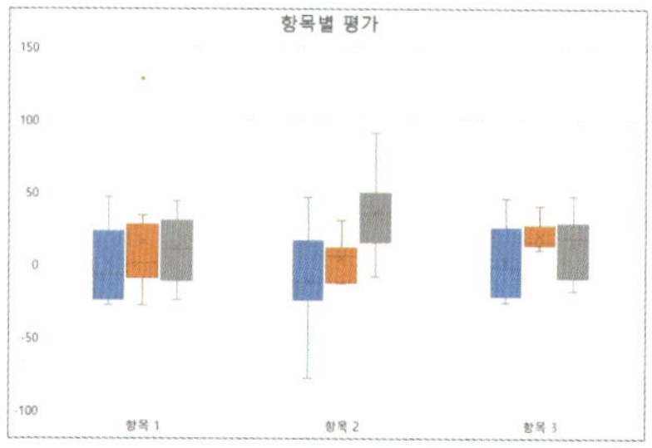

- **폭포**: 양수와 음수를 색이 다른 막대로 표시하여 값이 변화할 때 데이터 누계를 표시한다.

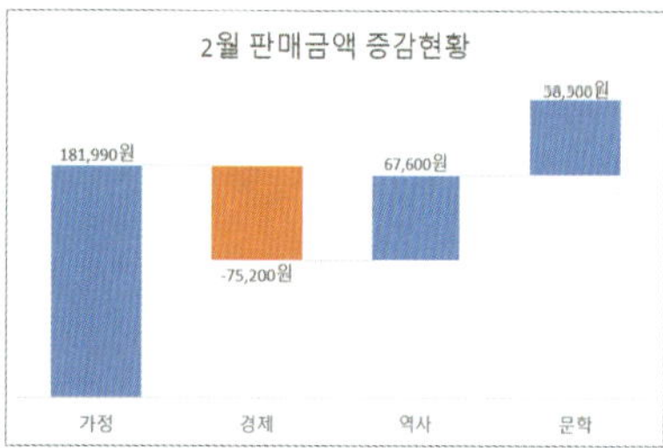

- **깔때기형**: 프로세스에 따른 여러 단계의 값을 표시할 수 있다.

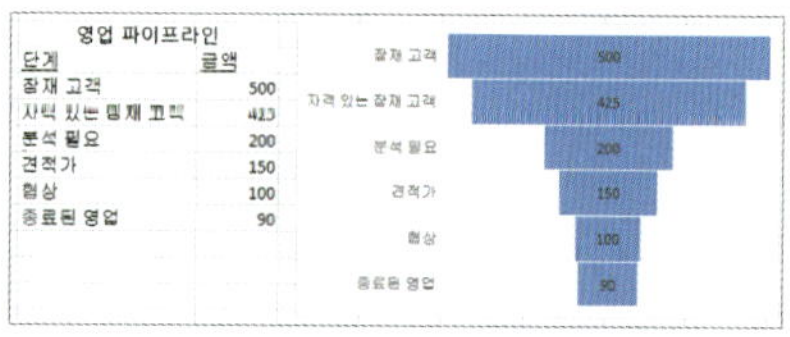

- **콤보**: 데이터 범위가 광범위한 경우에 두 개 이상의 차트 종류를 결합하여 보조 축과 함께 표시할 수 있다.

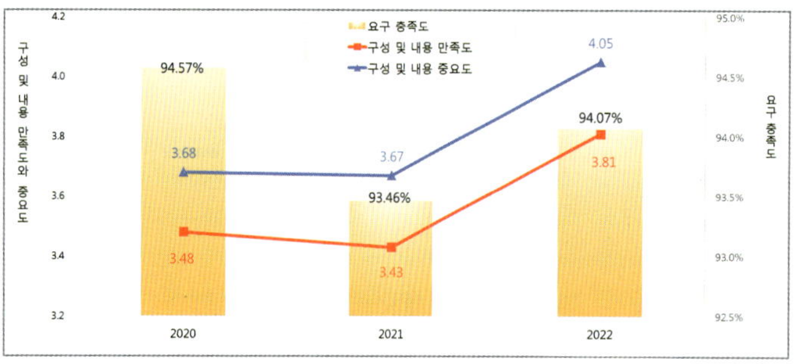

1.2 추천 차트

여러 가지 차트 중에서 필요한 차트가 무엇인지 선택하기 어려운 경우에는 차트로 나타내고자 하는 데이터를 선택하기만 하면 된다. 선택한 데이터를 분석하여 몇 가지 적당한 차트를 추천하는 기능인 추천 차트 도구를 사용할 수 있기 때문이다.

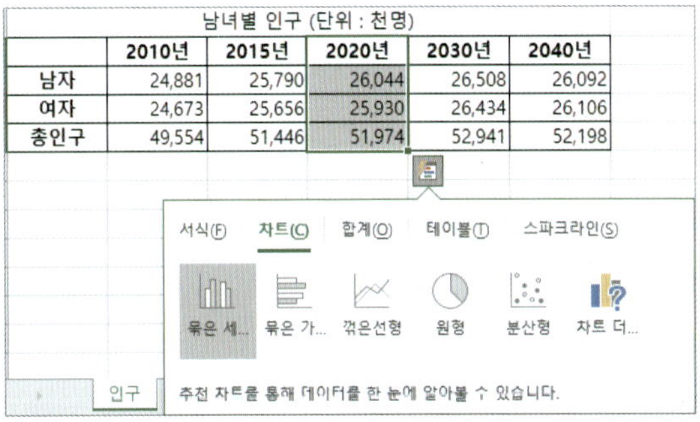

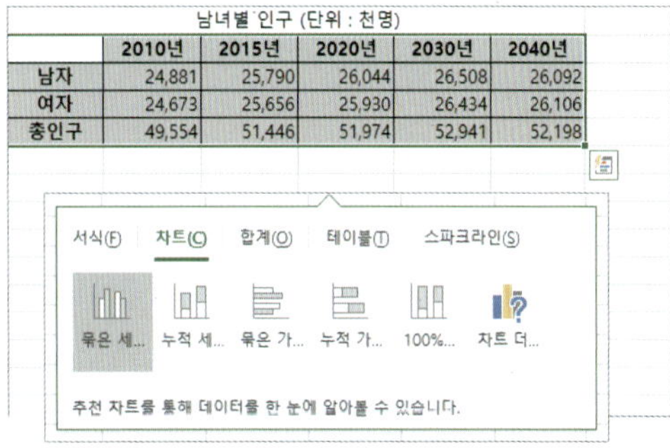

기본예제 10-1 추천 차트 삽입하기

남녀별 인구 데이터를 이용하여 워크시트에 추천 차트를 삽입해 보자.

01 '10장.xlsx' 파일의 '인구' 시트에서 A2:F5 범위를 선택하고 [삽입] 탭-[차트] 그룹-[추천 차트]를 누른다.

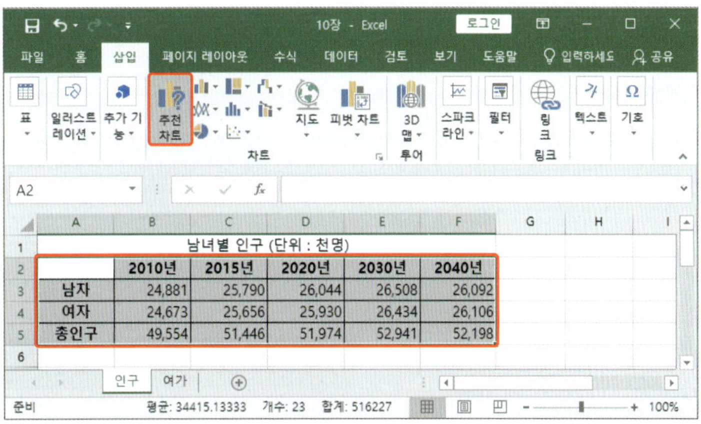

TIP 데이터 범위 내의 임의의 셀을 선택하고 있으면 영역이 자동으로 선택되어 추천 차트에 사용된다. 시트에서 연속적인 셀이 데이터 범위가 되면 [빠른 분석] 단추를 사용할 수 있고, [빠른 분석] 단추를 누르고 [차트] 탭을 선택하면 추천 차트를 볼 수 있다.

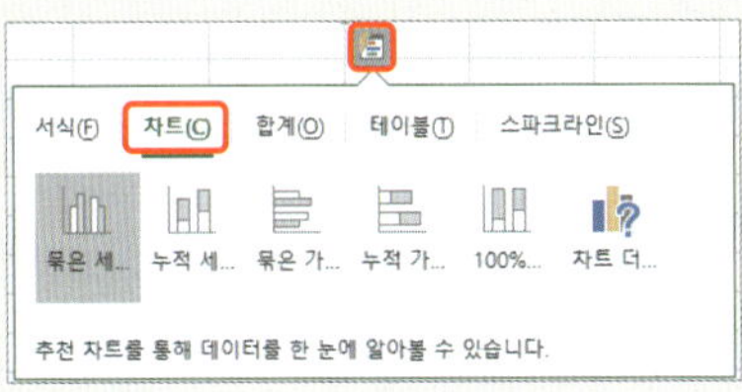

02 [차트 삽입] 대화상자의 [추천 차트] 탭에서 차트 목록을 확인할 수 있다. [묶은 세로 막대형]을 선택하고 [확인]을 누른다.

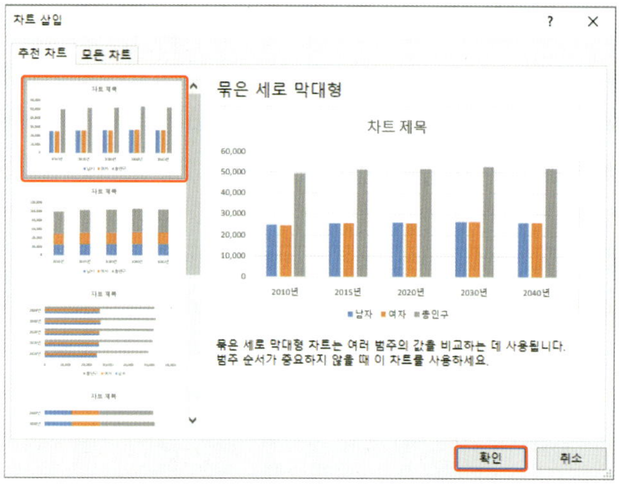

03 삽입된 차트를 선택하고 드래그하여 적당한 위치로 이동하고, 차트의 조절점을 드래그하여 크기를 조절한다.

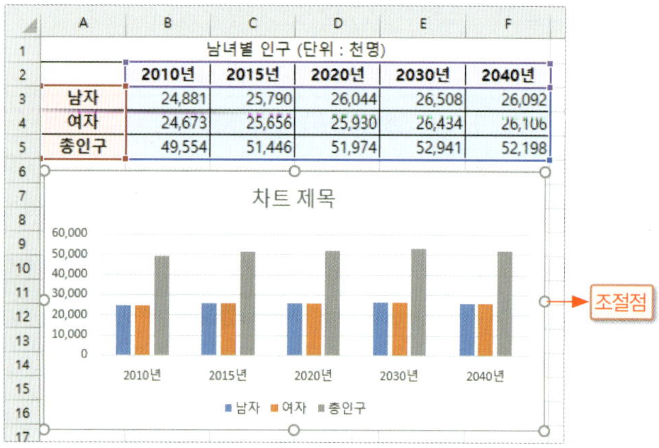

TIP 삽입된 차트를 삭제하려면 차트를 선택한 상태에서 Delete를 누른다.

04 차트를 선택하고 [차트 도구]의 [디자인] 탭–[종류] 그룹–[차트 종류 변경]을 누른다.

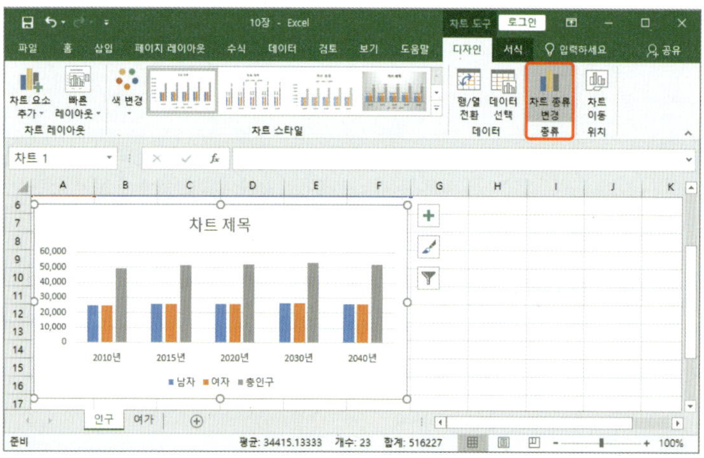

05 [차트 종류 변경] 대화상자의 [모든 차트] 탭에서 [콤보]를 선택한다. '총인구'의 차트 종류는 [표식이 있는 꺾은선형]으로 설정하고, [보조 축] 항목을 선택한 다음 [확인]을 누른다.

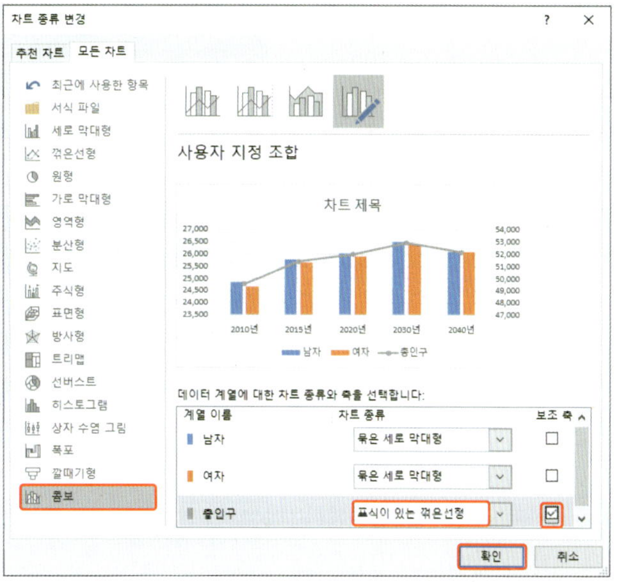

TIP 콤보 차트는 두 가지 이상의 유형을 하나의 차트로 구성하는 형태로, 차트에 표시할 데이터 중 값의 범위나 종류가 유사하지 않은 항목을 보조 축으로 나타내면 항목 간 차이와 값을 더 정확하게 볼 수 있다.

06 차트 스타일을 변경하기 위해 [차트 도구]의 [디자인] 탭–[차트 스타일] 그룹–[차트 스타일] 목록에서 [스타일 6]을 선택한다.

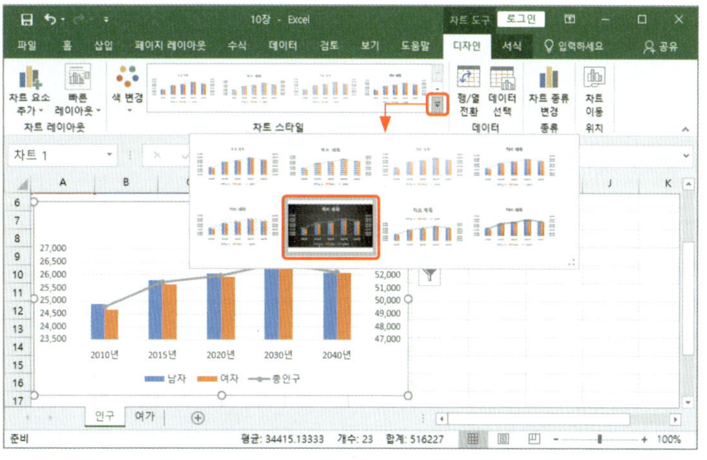

07 차트 제목을 선택하여 *성별 인구 분석*으로 수정하고, [차트 도구]의 [디자인] 탭–[위치] 그룹–[차트 이동]을 누른다.

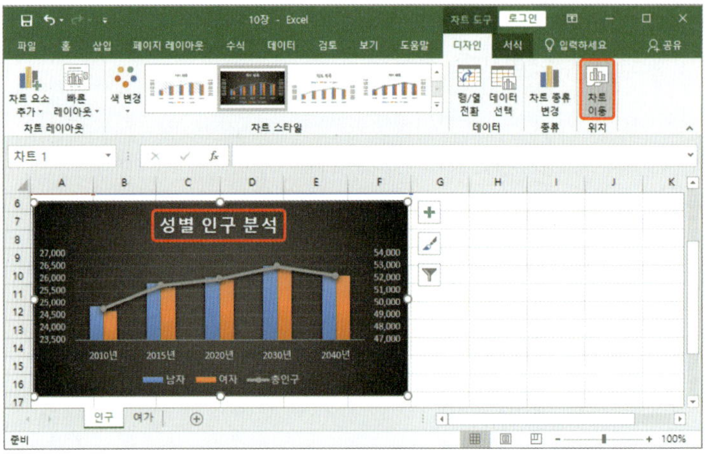

08 [차트 이동] 대화상자에서 [새 시트]를 선택하고 시트의 이름을 *인구 차트*로 입력한 후 [확인]을 누르면 시트가 만들어진다.

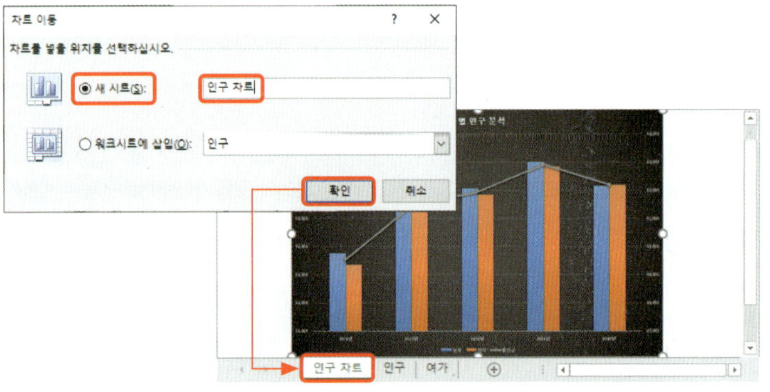

SECTION 02

차트 편집하기

추천 차트와 엑셀에서 제공하는 차트 디자인 도구를 활용하면 손쉽게 차트를 만들고 보기 좋게 꾸밀 수 있다. 사용자가 직접 차트 서식을 설정하려면 차트의 구성 요소를 구별할 필요가 있다. 여기서는 차트의 구성 요소를 이해하고 각 요소의 서식을 세부적으로 설정하여 원하는 모양으로 차트를 만들고 편집하는 방법을 학습한다.

2.1 차트의 구성 요소

차트는 그래프가 표시되는 그림 영역과 제목, 데이터 계열, 축, 범례 등 여러 가지 구성 요소로 이루어져 있다. 원하는 모양의 차트를 만들려면 차트의 구성 요소를 정확히 파악하고 각 요소별 속성을 설정하는 방법을 알아야 한다.

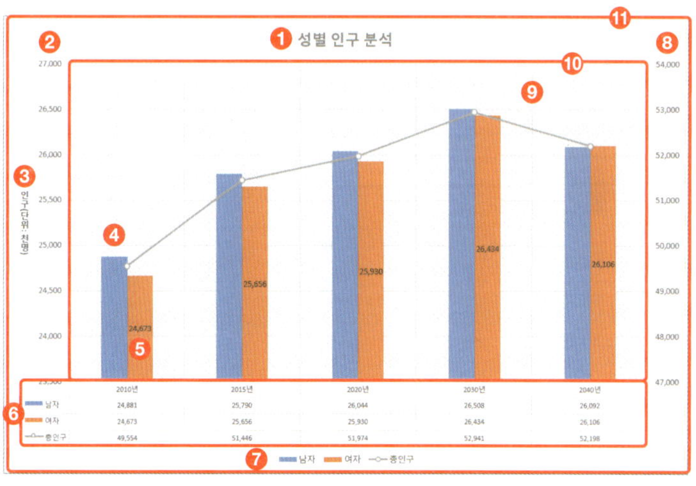

1. 차트 제목
2. 축
3. 축 제목
4. 데이터 계열/요소
5. 데이터 레이블
6. 데이터 표
7. 범례
8. 보조 축
9. 눈금선
10. 그림 영역
11. 차트 영역

2.2 차트의 서식 설정

차트의 서식을 설정하려면 서식 작업 창에서 차트 구성 요소의 속성을 변경한다. 서식 작업 창을 화면에 표시하려면 차트 구성 요소를 마우스 오른쪽 단추로 누르거나(방법 1), [차트 도구]의 [서식] 탭을 이용하거나(방법 2), 차트 구성 요소를 더블클릭하면 된다(방법 3).

• **방법 1.** 차트 구성 요소를 마우스 오른쪽 단추로 눌러 서식 메뉴를 선택한다.

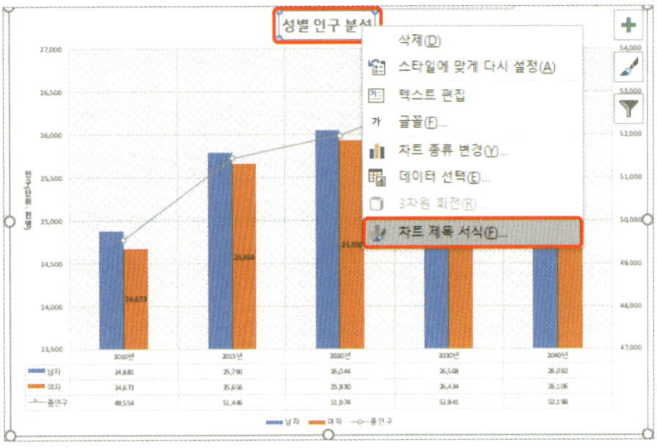

• **방법 2.** 차트를 선택하고 [차트 도구]의 [서식] 탭–[현재 선택 영역] 그룹–[차트 요소] 목록에서 구성 요소를 선택하고 [선택 영역 서식]을 누른다.

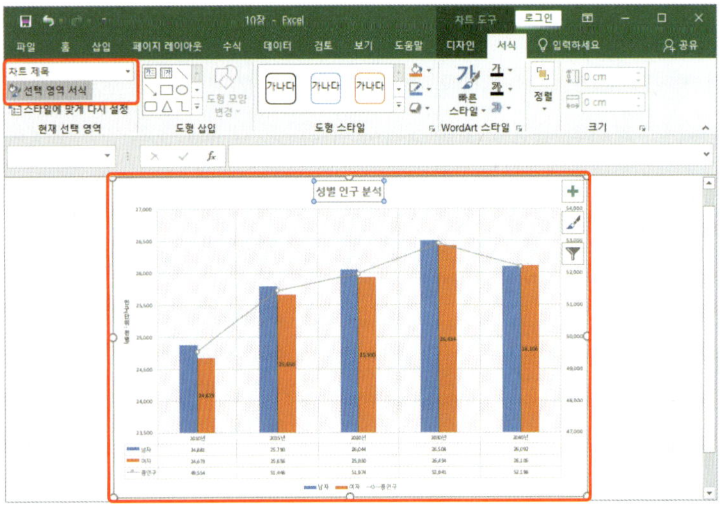

• **방법 3.** 차트의 구성 요소를 더블클릭한다.

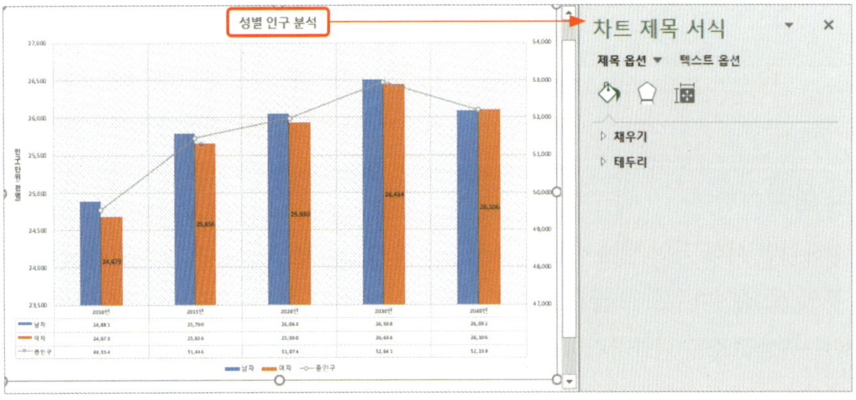

기본예제 10-2 차트 서식 설정하기

평균 여가시간 데이터를 이용하여 차트를 삽입하고 차트 서식을 설정해 보자.

01 '10장.xlsx' 파일의 '여가' 시트에서 A2:C9 범위를 선택하고 [삽입] 탭-[차트] 그룹-[세로 또는 가로 막대형 차트 삽입] 목록에서 [3차원 누적 가로 막대형]을 선택한다.

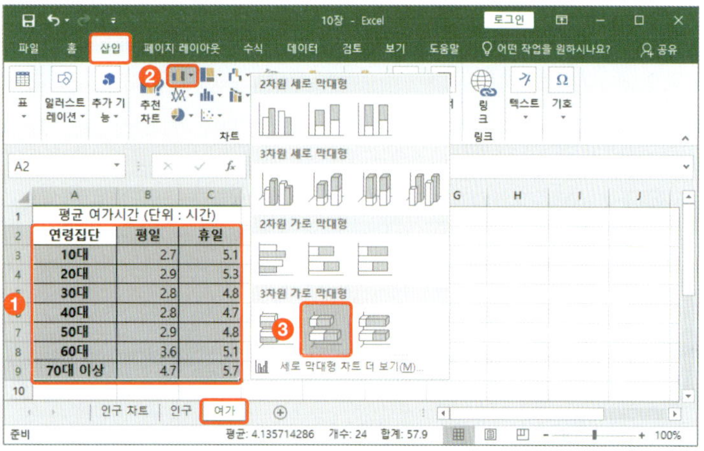

02 삽입된 차트를 선택하고 [차트 도구]의 [디자인] 탭-[차트 스타일] 그룹 [색 변경] 목록에서 [색상형]의 [다양한 색상표 4]를 선택한다.

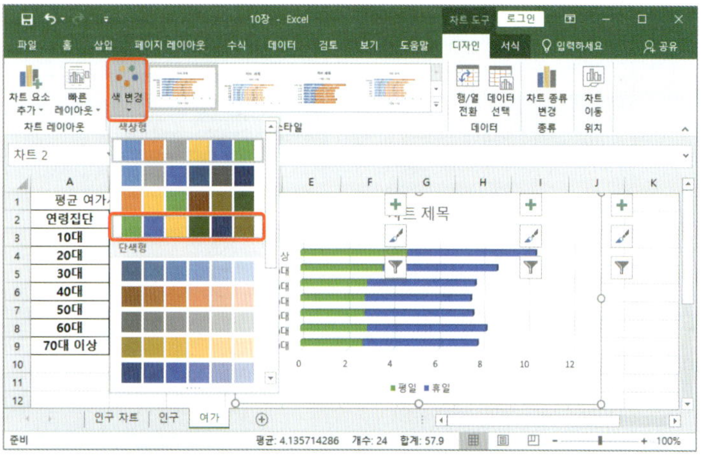

03 차트 하단에 있는 [범례]를 더블클릭하면 오른쪽에 [범례 서식] 작업 창이 나타난다.

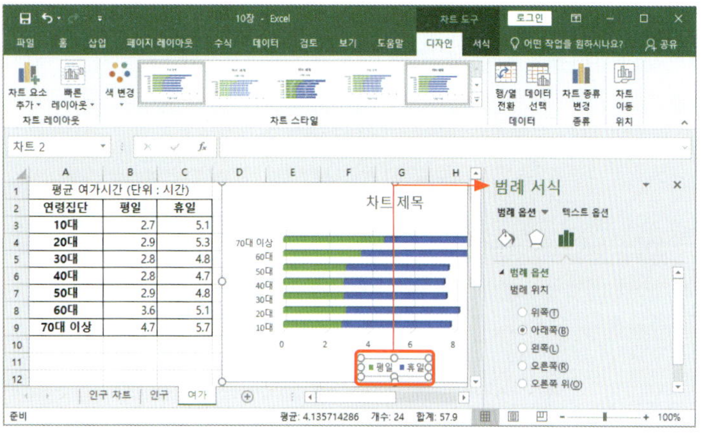

04 [범례 서식] 작업 창의 [범례 옵션]에서 [범례 옵션] 탭–[범례 위치]를 [오른쪽 위]로 선택하고 [범례를 차트와 겹치지 않게 표시] 항목의 선택을 해제한다.

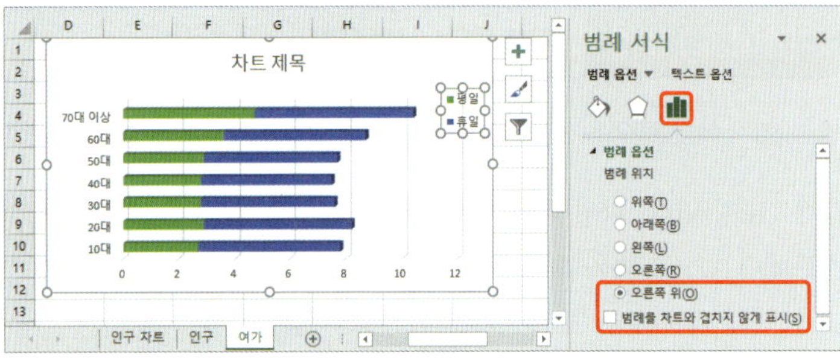

TIP [범례를 차트와 겹치지 않게 표시]를 선택하면 범례가 자리를 차지하게 되어 그래프가 나타나는 그림 영역이 상대적으로 작아진다.

05 [범례 서식] 작업 창에서 [옵션] 단추를 눌러 [밑면]을 선택하면 [밑면 서식] 작업 창으로 바뀐다. [밑면 옵션]의 [채우기 및 선] 탭–[채우기]에서 [단색 채우기]를 선택하고 원하는 색상으로 [색]을 바꾼다.

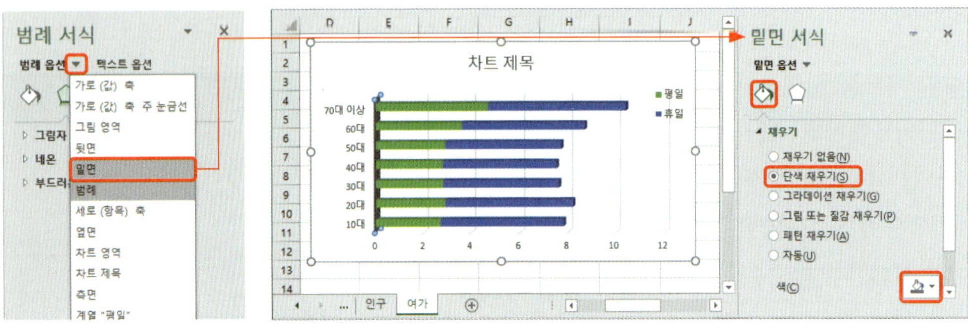

06 그래프의 막대를 클릭하면 [데이터 계열 서식] 작업 창으로 전환된다. [계열 옵션]의 [계열 옵션] 탭에서 [간격 너비]는 *50%*로 설정하고, [세로 막대 모양]은 [원통형]을 선택한다.

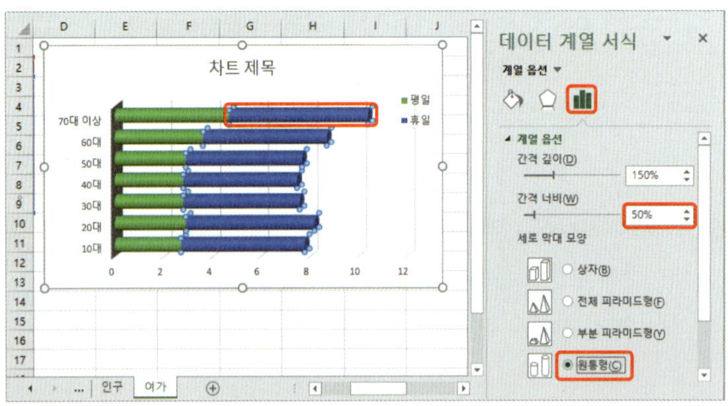

TIP '평일' 또는 '휴일' 중 어떤 막대를 선택해도 된다.

07 [차트 도구]의 [서식] 탭–[현재 선택 영역] 그룹의 [차트 요소] 목록에서 [차트 영역]을 선택하면 [차트 영역 서식] 작업 창이 나타난다. [차트 옵션]–[효과] 탭–[3차원 회전]에서 [X 회전]은 *50°*, [Y 회전]은 *–20°*로 설정한다.

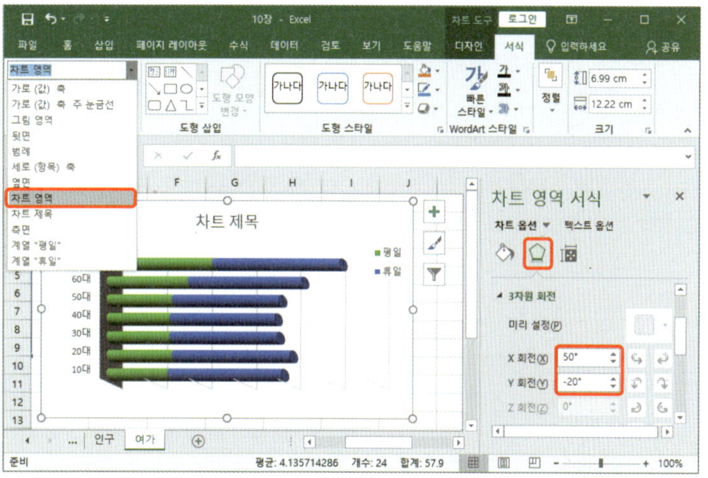

08 [차트 영역 서식] 작업 창에서 [차트 옵션]의 [채우기 및 선] 탭–[채우기]에서 [그라데이션 채우기]를 선택한다.

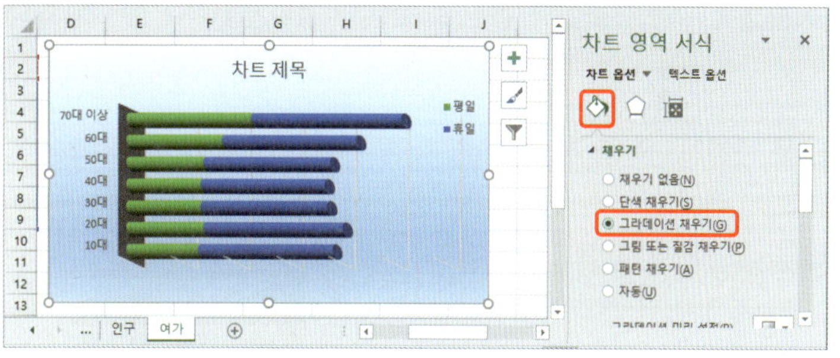

기본예제 10-3 차트 요소 추가/삭제와 차트 필터링하기

축 제목과 데이터 레이블 등의 차트 구성 요소를 추가하고 삭제하는 방법과 차트에 표시되는 데이터를 필터링하는 방법을 알아보자.

01 '여가' 시트에 있는 차트를 선택하고 [차트 도구]의 [디자인] 탭–[차트 레이아웃] 그룹–[차트 요소 추가] 목록에서 [차트 제목]–[없음]을 선택해서 차트 제목을 제거한다.

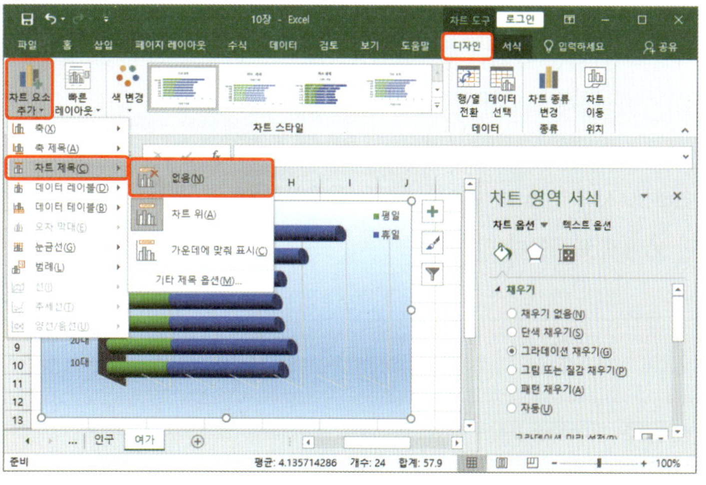

02 차트 오른쪽의 [차트 요소] 단추를 눌러 [축 제목]–[기본 가로]를 선택한다. 추가된 축 제목에 *여가 시간*을 입력한다.

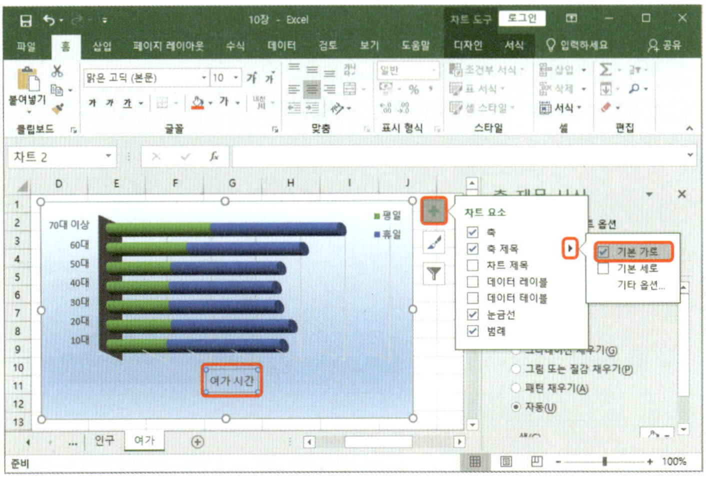

TIP [+ 차트 요소] 단추를 한 번 더 누르면 차트 요소 선택 메뉴가 화면에서 사라진다.

03 [차트 요소] 메뉴에서 [데이터 레이블]을 선택하여 막대 위에 값을 표시한다.

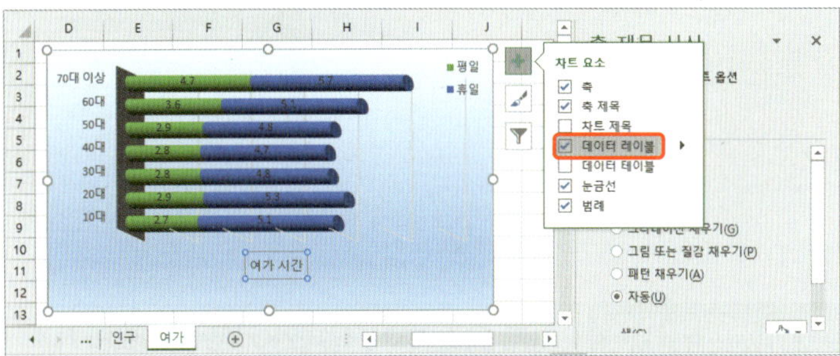

04 추가된 데이터 레이블 중에서 '휴일' 계열의 값을 하나 클릭하면 '휴일' 막대 위의 값이 모두 선택된다. [홈] 탭–[글꼴] 그룹의 [채우기 색]과 [글꼴 색], [글꼴 크기]를 변경해서 강조하고 싶은 데이터 레이블이 잘 보이게 표시한다.

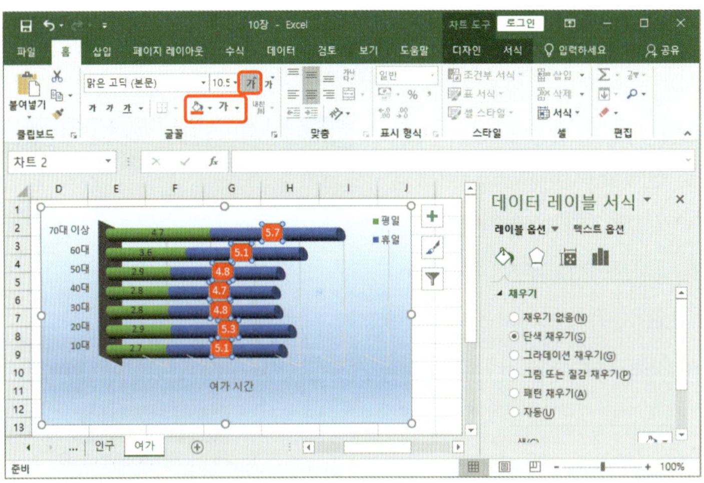

TIP 막대 위에 표시된 데이터 레이블을 한 번 클릭하면 동일 계열의 값이 모두 선택되는데, 그 상태에서 한 번 더 클릭하면 해당 값만 선택할 수 있다.

05 '휴일' 데이터만 필터링하기 위해 차트를 선택하고 [▽ 차트 필터] 단추를 누른다. [값] 탭-[계열]에서 '평일'의 선택을 해제하고 [적용]을 누른다.

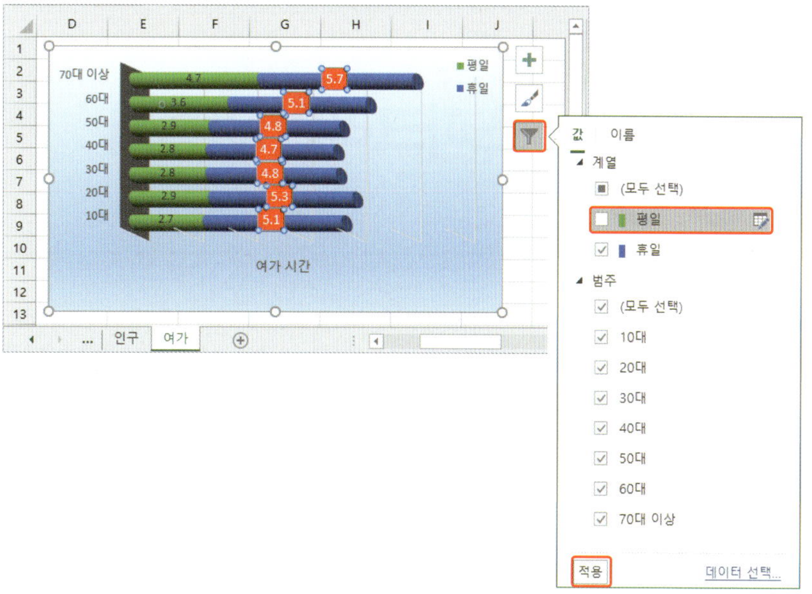

06 차트 필터로 데이터를 필터링하면 데이터를 편집하지 않고도 원하는 정보만 차트에 표시할 수 있다.

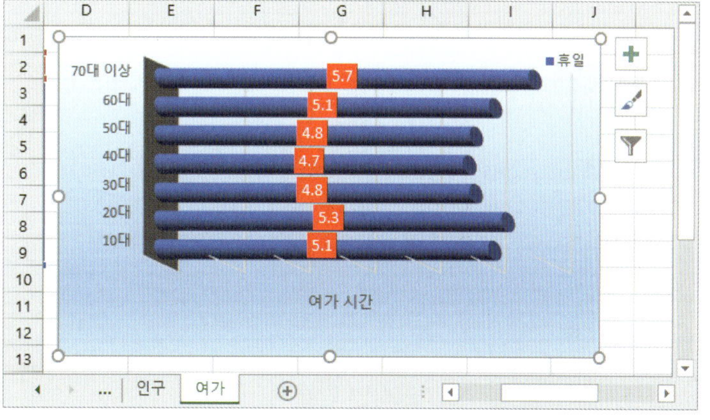

SECTION 03

스파크라인 만들기

스파크라인은 셀 안에 작은 차트를 만들어 추세를 간편하게 분석하거나 크기를 쉽게 비교할 수 있게 표시하는 기능이다. 엑셀의 스파크라인 도구를 활용하면 데이터를 시각적으로 표현할 수 있어서 숫자 데이터를 훨씬 이해하기 쉽게 만들 수 있다.

3.1 스파크라인의 특징

데이터를 시각적으로 표현해서 더 쉽게 이해하고 분석할 수 있다는 점은 차트와 유사하지만, 스파크라인은 차트처럼 워크시트에 삽입되는 개체가 아니라 셀에 포함되는 작은 차트라는 점이 다르다. 다음 그림과 같이 스파크라인은 마치 셀 배경처럼 텍스트와 함께 표시된다.

남녀별 인구 (단위 : 천명)						
	2010년	2015년	2020년	2030년	2040년	추이
남자	24,881	25,790	26,044	26,508	26,092	남
여자	24,673	25,656	25,930	26,434	26,106	여
총인구	49,554	51,446	51,974	52,941	52,198	전체

기본예제 10-4 스파크라인 만들기

남녀별 인구 데이터를 이용하여 연도별 추이를 알 수 있게 셀 안에 스파크라인을 만들어 보자.

01 '10장.xlsx' 파일의 '인구' 시트에서 G2 셀에 *추이*라고 입력한다. G2:G5 범위는 [홈] 탭–[글꼴] 그룹–[테두리] 목록에서 [모든 테두리]를 설정하고, 너비와 높이를 조절한다.

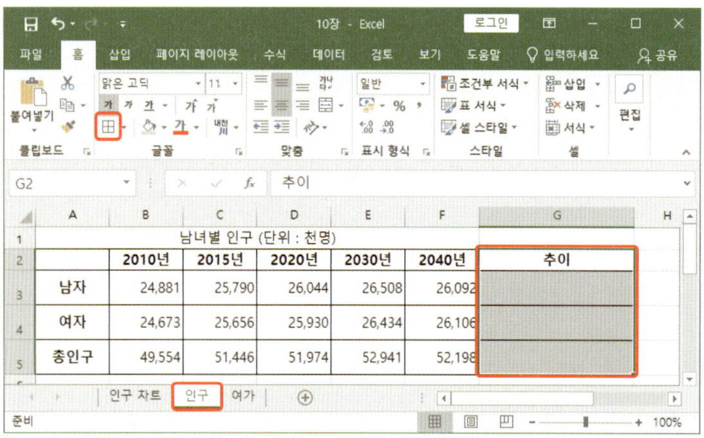

02 데이터 영역인 B3:F5 범위를 선택하고 [삽입] 탭-[스파크라인] 그룹-[열]을 누른다.

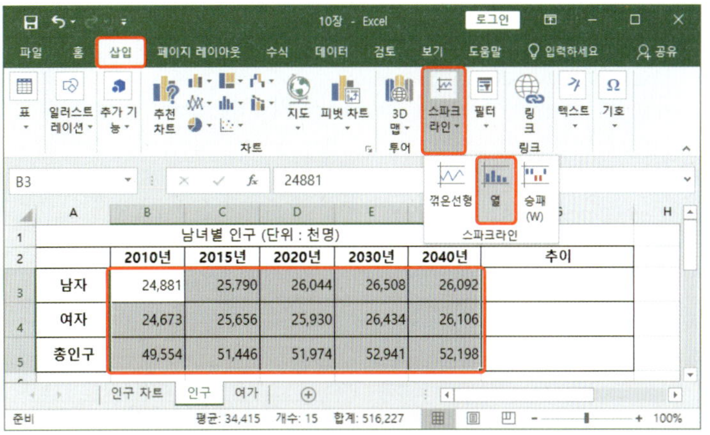

03 [스파크라인 만들기] 대화상자에서 [데이터 범위]는 *B3:F5*, [위치 범위]는 *$G$3:$G$5*로 설정하고 [확인]을 누른다.

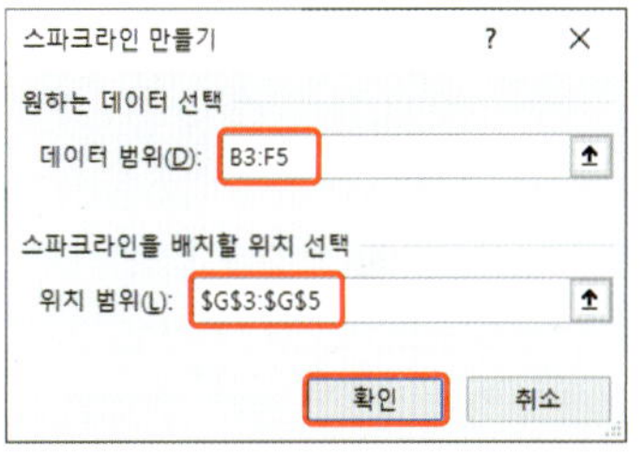

TIP 데이터 범위나 스파크라인을 배치할 위치는 마우스로 드래그하여 선택하면 된다.

04 G3:G5 범위의 각 셀 안에 스파크라인이 만들어진다.

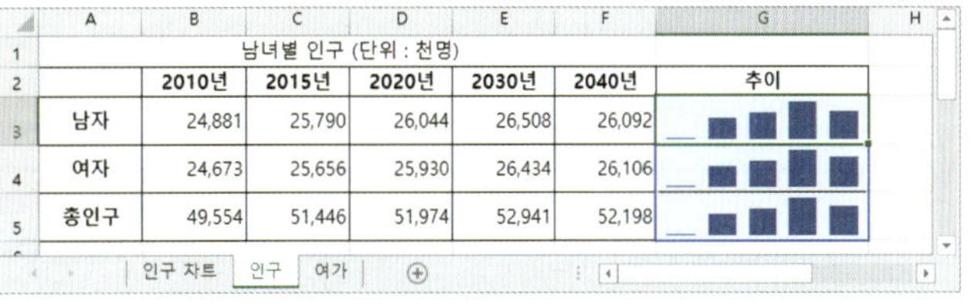

여기서 잠깐 **스파크라인 삭제하기**

스파크라인을 삭제하려면 [스파크라인 도구]의 [디자인] 탭-[그룹] 그룹-[지우기]를 누른다. 예제와 같이 여러 셀을 범위로 지정하여 한 번에 스파크라인을 만들면 스파크라인 셀이 그룹화되므로 [선택한 스파크라인 그룹 지우기]로 그룹화된 모든 스파크라인을 한 번에 지울 수 있다. [선택한 스파크라인 지우기]는 스파크라인을 개별적으로 지울 때 사용한다.

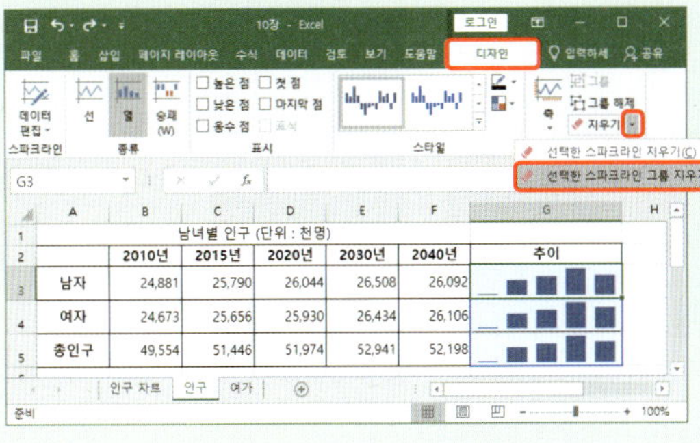

기본예제 10-5 스파크라인 편집하기

스파크라인 도구를 사용하여 스파크라인의 종류, 스타일, 색 등을 수정해 보자.

01 '10장.xlsx' 파일의 '인구' 시트에서 스파크라인 영역인 G3:G5 범위를 선택하고 [스파크라인 도구]의 [디자인] 탭–[종류] 그룹–[선]을 누른다.

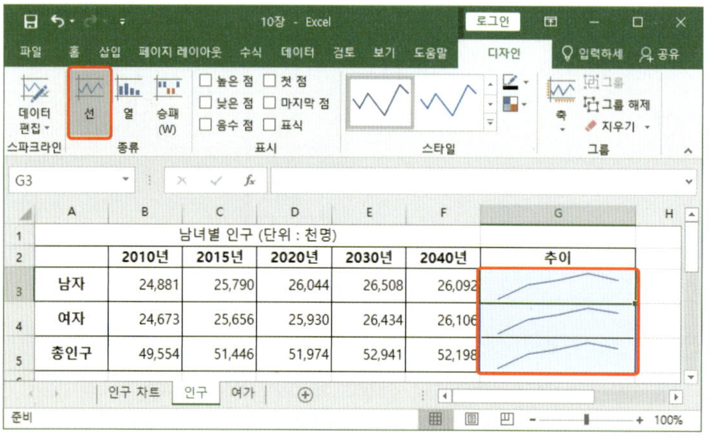

TIP 스파크라인이 그룹화되어 있어서 스파크라인 영역 중 아무 셀이나 누르면 전체 영역이 모두 선택되고, 디자인을 변경하면 모든 셀이 함께 변경된다.

02 [스파크라인 도구]의 [디자인] 탭–[표시] 그룹–[표식]을 선택하고, [스타일] 그룹–[진한 파랑, 스파크라인 스타일 어둡게 #6]으로 설정한다.

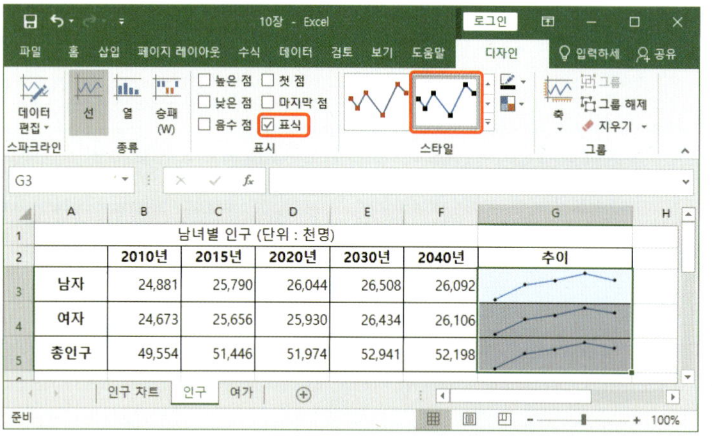

03 [스파크라인 도구]의 [디자인] 탭–[스타일] 그룹–[스파크라인 색] 목록에서 [두께]–[2¼pt]를 선택한다.

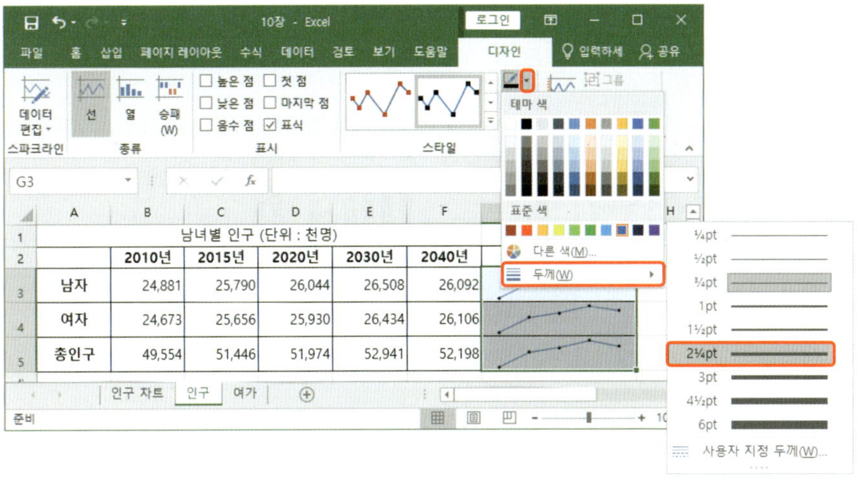

04 [스파크라인 도구]의 [디자인] 탭–[스타일] 그룹–[표식 색] 목록에서 [높은 점]을 [빨강]으로 설정한다.

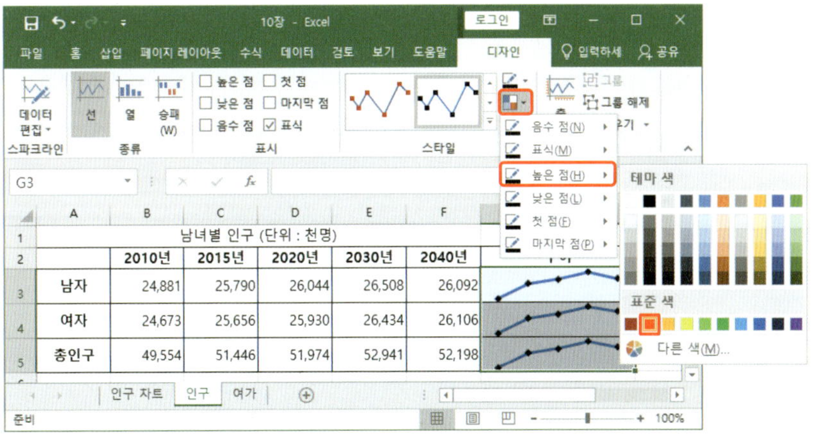

05 단계 **04**와 같은 방식으로 스파크라인의 [표식 색] 목록–[낮은 점]을 [녹색]으로 설정한다.

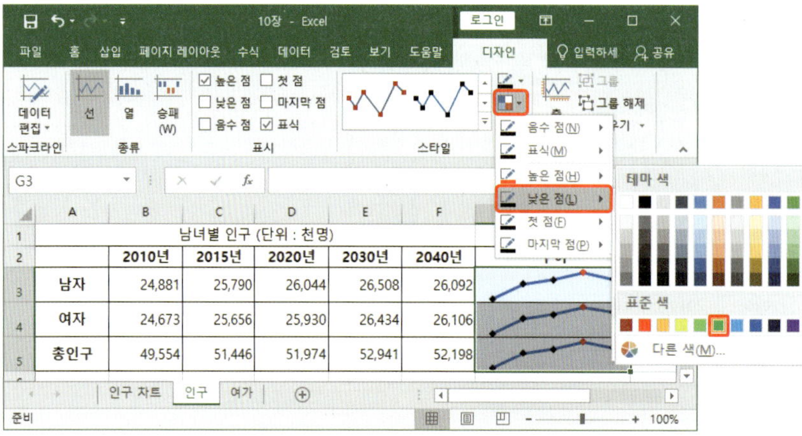

06 스파크라인과 함께 표시할 내용이 있으면 셀을 선택하고 데이터를 입력한다.

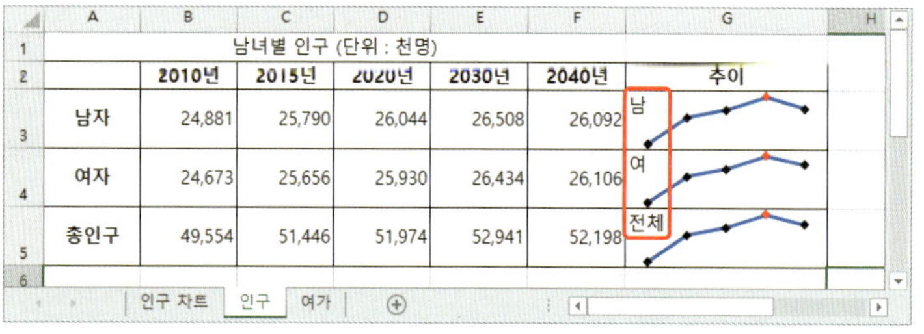

종합예제

엑셀에는 기본적인 차트 외에도 트리맵, 선버스트, 상자 수염, 폭포, 깔때기, 지도와 같이 다양한 종류의 차트가 지속적으로 추가되어 데이터의 유형이나 용도에 따라 선택할 수 있다. 계층 구조 데이터를 표시하기에 좋은 선버스트 차트와 데이터의 증감을 나타내기 좋은 폭포 차트를 만들어 보자.

1 월별 판매량을 선버스트 차트로 나타내기 위해 '10장–종합.xlsx' 파일의 '판매' 시트에서 A2:D14 범위를 선택한다.

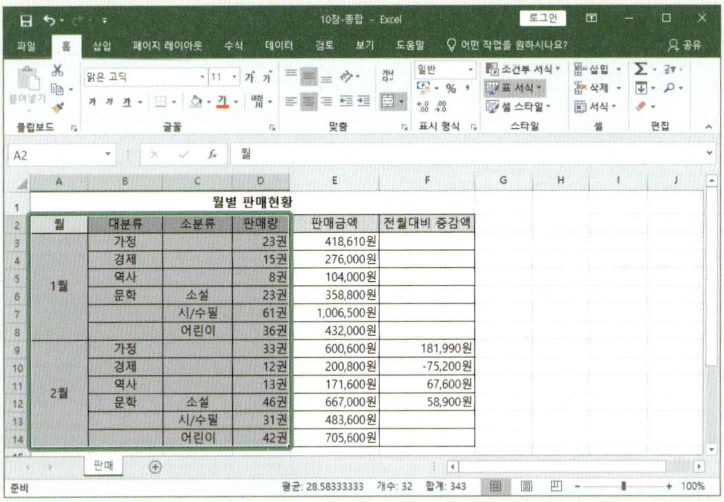

2 [삽입] 탭–[차트] 그룹–[계층 구조 차트 삽입] 목록에서 [선버스트]를 선택한다.

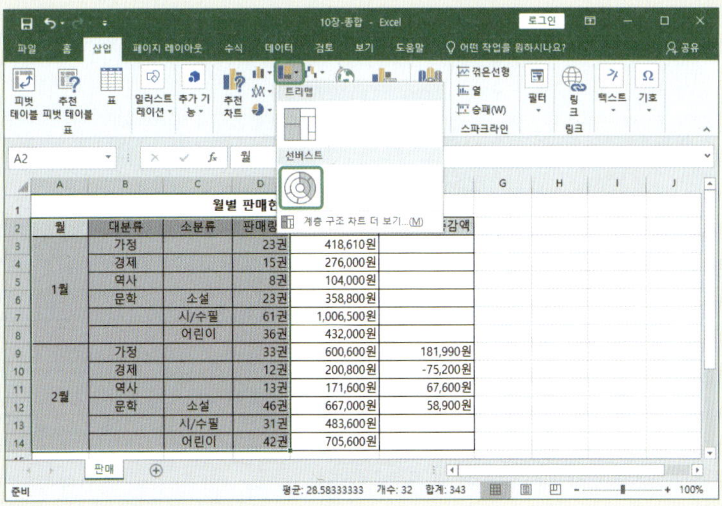

TIP 선버스트 차트는 여러 수준으로 이루어진 계층 구조를 표시하기에 적합하다.

종합예제

3 차트 제목에 *1, 2월 판매비교*라고 입력하고 임의의 데이터 레이블을 선택하고 마우스 오른쪽 단추를 눌러 [데이터 레이블 서식]을 선택한다.

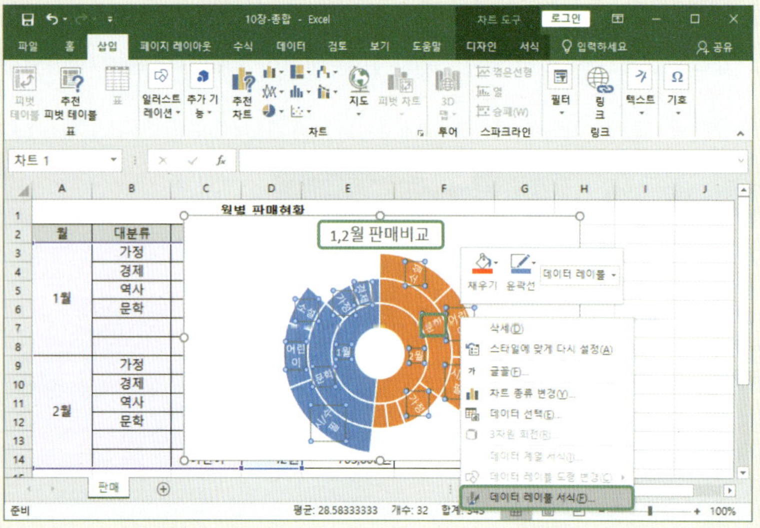

4 [데이터 레이블 서식] 작업 창에서 [레이블 옵션]의 [레이블 내용]–[값]을 선택한다. [홈] 탭–[글꼴] 그룹–[굵게]를 눌러 데이터 레이블을 강조한다.

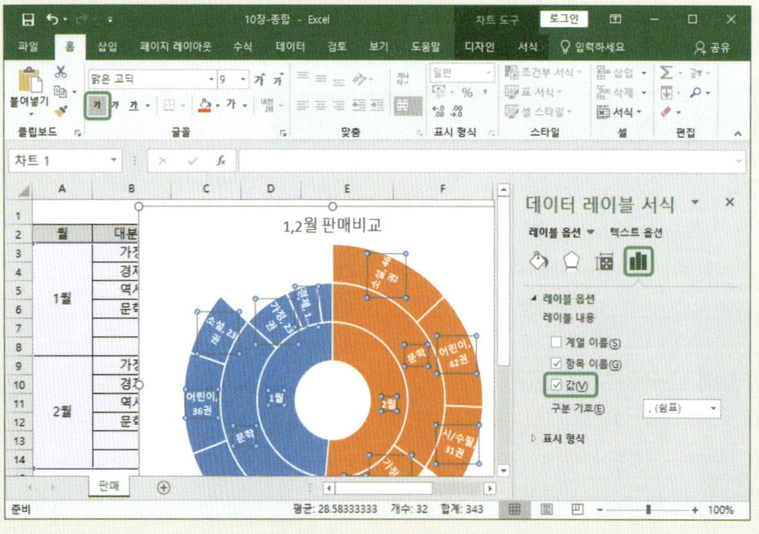

TIP 항목 이름과 값이 데이터 레이블에 잘 나타나지 않으면 차트를 더 크게 조정한다.

5 [차트 도구]의 [디자인] 탭–[위치] 그룹–[차트 이동]을 눌러 [차트 이동] 대화상자가 나타나면 [새 시트]를 선택하고 시트 이름에 *판매 차트*라고 입력한 다음 [확인]을 누른다.

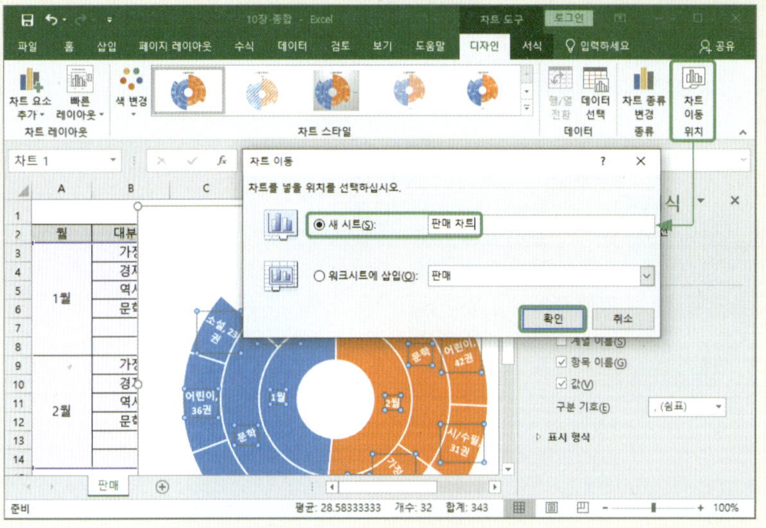

6 [차트 도구]의 [디자인] 탭–[차트 스타일] 그룹에서 [스타일 3]을 선택한다.

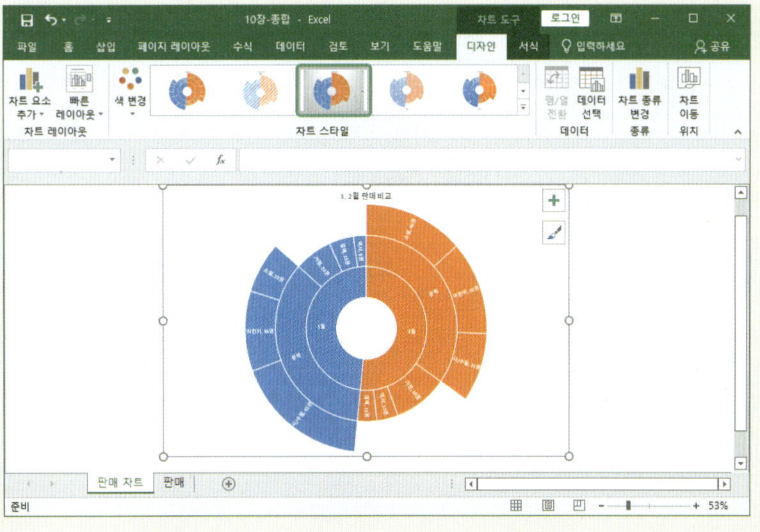

종합예제

7 [차트 요소] 메뉴에서 [범례]를 선택하여 추가한다.

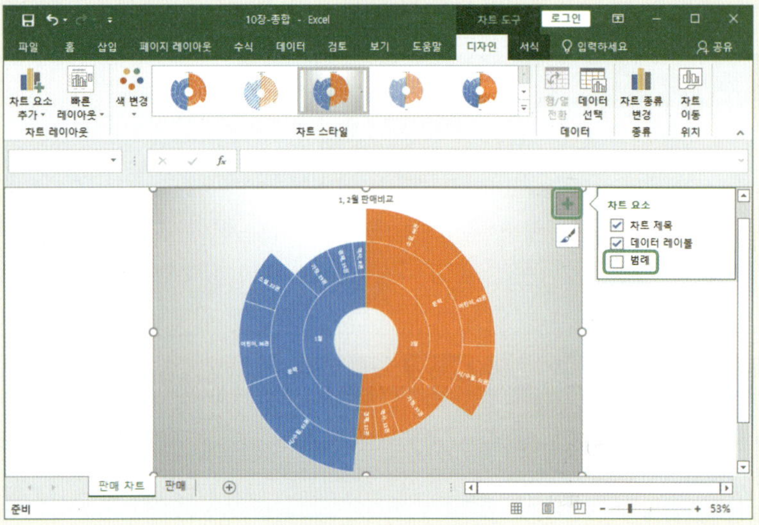

8 범례를 더블클릭해 [범례 서식] 작업 창이 열리면 [범례 옵션] 탭-[범례 위치]를 [위쪽]으로 하고, [범례를 차트와 겹치지 않게 표시] 선택을 해제한다.

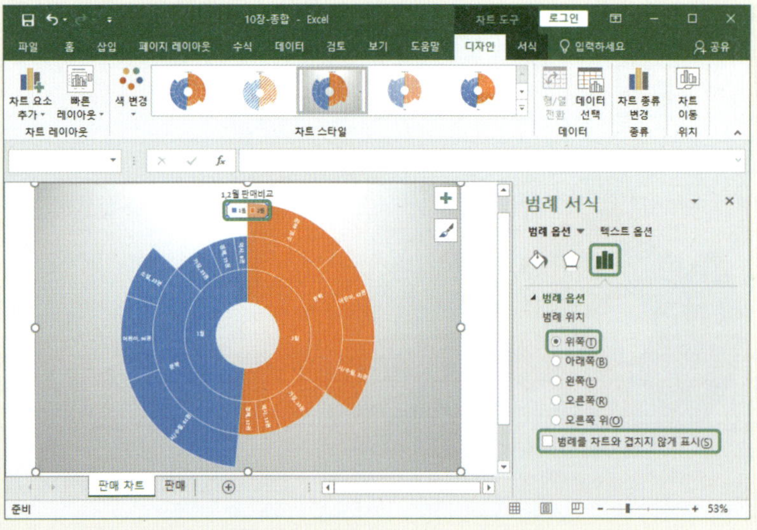

9 이번에는 2월 판매금액에 대한 전월대비 증감액을 폭포 차트로 만들어 보자. '판매' 시트에서 B9:B12 범위를 선택하고 Ctrl을 누른 채 F9:F12 범위를 함께 선택한다.

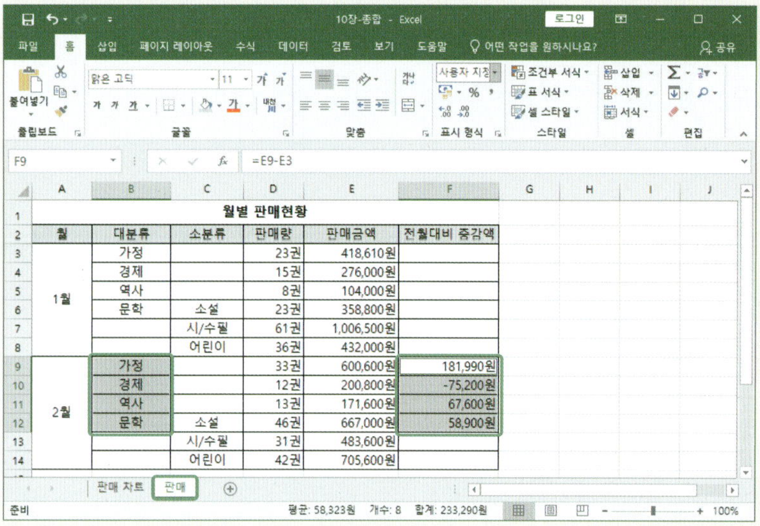

10 [삽입] 탭-[차트] 그룹-[폭포, 깔때기형, 주식형, 표면형, 또는 방사형 차트 삽입] 목록에서 [폭포]를 선택한다.

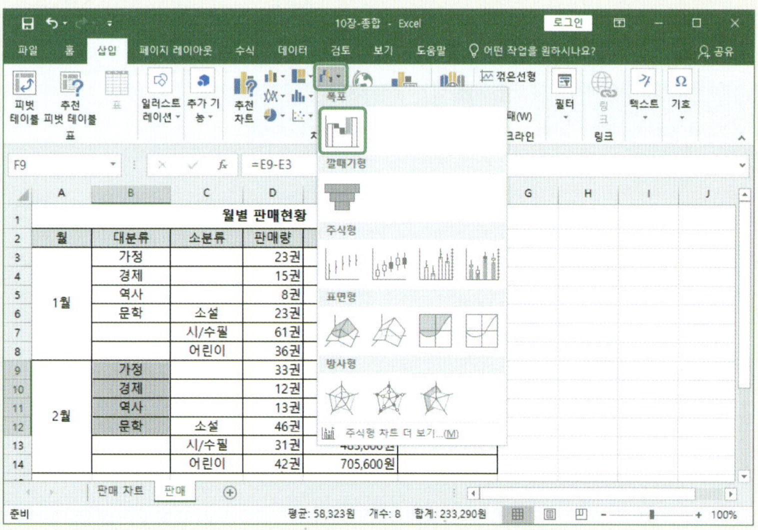

종합예제

11 임의의 데이터 막대를 더블클릭해 [데이터 계열 서식] 작업 창이 나타나면 [계열 옵션] 탭–[계열 옵션]에서 [간격 너비]를 [75%]로 설정한다.

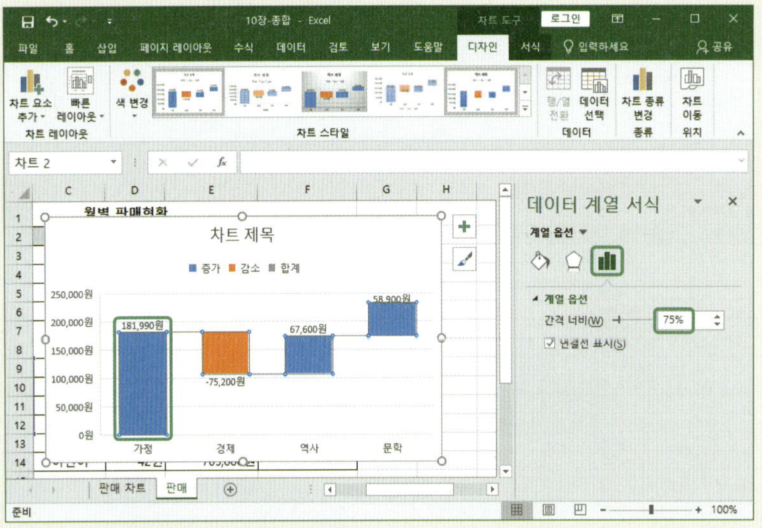

TIP 두 번째 막대부터는 모두 부동 막대 모양이다. 양수와 음수의 색상을 다르게 한 막대를 바로 앞 막대에 연결하여 표시하는 형태로, 다리형 차트라고도 한다.

12 차트 제목에 *2월 판매금액 증감현황*을 입력한다. [+ 차트 요소] 단추를 눌러 [눈금선], [범례], [축]–[기본 세로]의 선택을 해제한다.

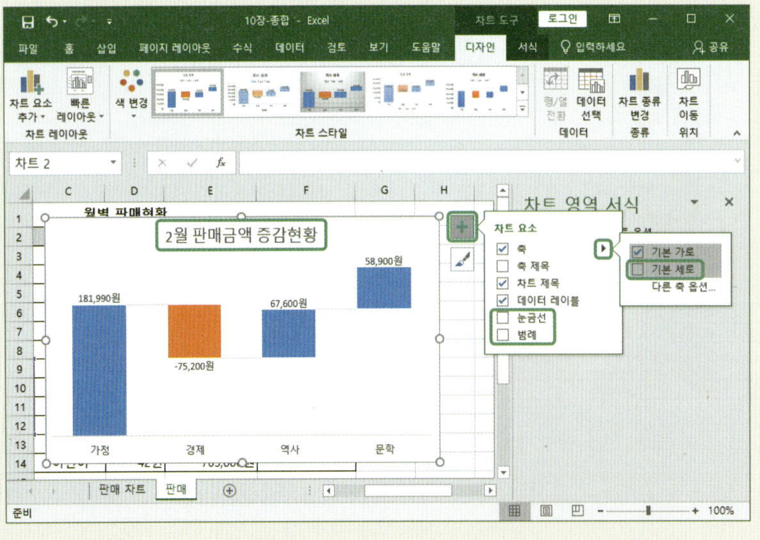

연습 문제

1 '10장-연습.xlsx' 파일의 '연습1' 시트를 열고 다음과 같은 차트를 만드시오.

❶ 차트에 표시할 데이터 범위를 알맞게 선택하고, 차트 종류는 [원형 대 가로 막대형 차트]로 하시오.

❷ [범례] 요소는 제거하고, [데이터 레이블]과 [차트 제목]을 그림과 같이 설정하시오.

❸ [차트 영역] 서식은 [패턴 채우기]에서 임의의 패턴으로 설정하시오.

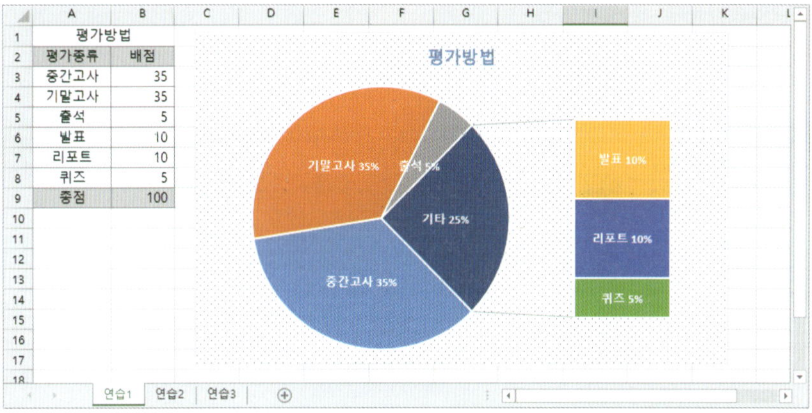

2 '10장–연습.xlsx' 파일의 '연습2' 시트를 열고 다음과 같은 차트를 만드시오.

❶ 차트에 표시할 데이터 범위를 알맞게 선택하고, 차트 종류는 [트리맵 차트]를 이용하시오.

❷ 차트 디자인의 [색 변경]을 이용하여 차트 색상을 [다양한 색상표, 4]로 설정하시오.

❸ [차트 제목]을 그림과 같이 설정하시오.

❹ [차트 영역] 서식은 [그라데이션 채우기]로 설정하시오.

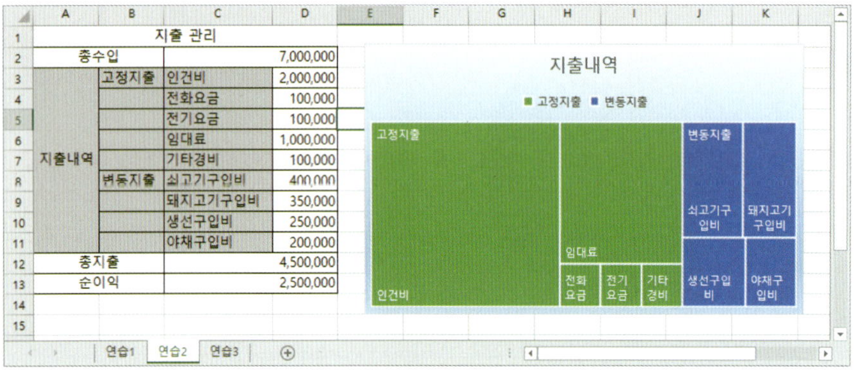

3 '10장-연습.xlsx' 파일의 '연습3' 시트를 열고, 행정구역별 2020년 평균 기온을 지도 차트로 만드시오(지도 차트는 엑셀 2019 버전에서만 가능).

❶ 차트에 표시할 데이터 범위를 알맞게 선택하고, 차트 종류는 [등치 지역도]로 선택하시오.

❷ 차트 도구의 [색 변경]으로 [다양한 색상표, 3]을 설정하시오.

❸ [차트 요소] 목록에서 [차트 제목]은 제거하고, [데이터 레이블]을 추가하시오.

❹ 데이터 레이블이 지도 위에 잘 표시되도록 [글꼴 색]과 [글꼴 크기]를 수정하시오.

❺ 범례 위치는 차트의 오른쪽으로 하고, [차트와 겹치지 않게 표시] 선택을 해제하시오.

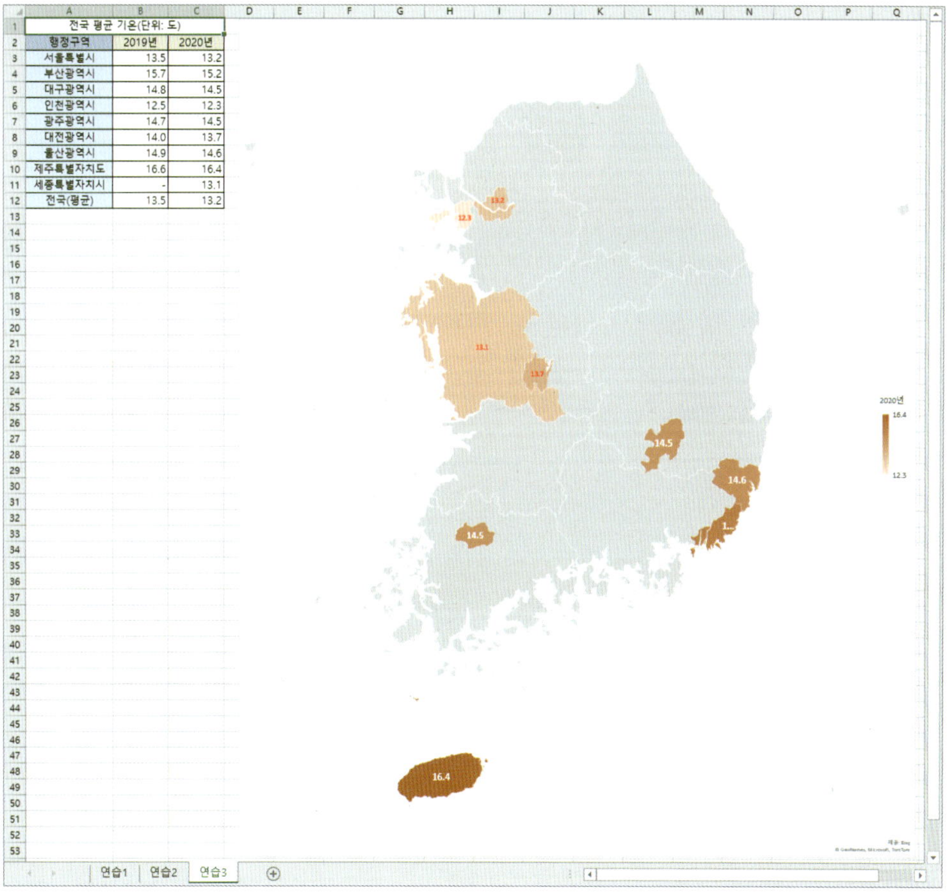

PART

03

엑셀 고급 기능

EXCEL 2019

CHAPTER

11

데이터 분석

학습목표

- 피벗 테이블을 작성하고 편집, 활용할 수 있다.
- 가상 분석을 위해 목표값 찾기와 시나리오 관리자 기능을 사용할 수 있다.

SECTION 01

피벗 테이블 활용하기

피벗 테이블은 합계나 평균과 같이 요약한 값을 열과 행이 교차하는 곳에 표시하는 표이다. 특정 그룹이나 날짜 등의 기준으로 그룹화하여 부분합을 구하거나 필터링할 수 있어서 데이터 분석에 매우 다양하게 활용된다. 피벗 테이블을 사용하면 데이터를 서로 비교할 때 유용한 피벗 차트도 쉽게 만들 수 있다.

1.1 피벗 테이블 작성

엑셀에서 제공하는 추천 피벗 테이블 기능을 이용하면 선택한 데이터에 가장 적합한 레이아웃을 자동으로 만들 수 있다. 자동으로 만든 피벗 테이블을 수정하거나 다양한 함수를 피벗 테이블에 적용하는 방법을 알아본다.

기본예제 11-1 추천 피벗 테이블 활용하기

데이터를 자동으로 분석하여 피벗 테이블을 만드는 추천 피벗 테이블 도구로 월별 매출 보고서를 만들어 보자.

01 '11장.xlsx' 파일의 '매출' 시트에서 데이터 범위 내 임의의 셀을 선택하고 [삽입] 탭-[표] 그룹-[추천 피벗 테이블]을 누른다.

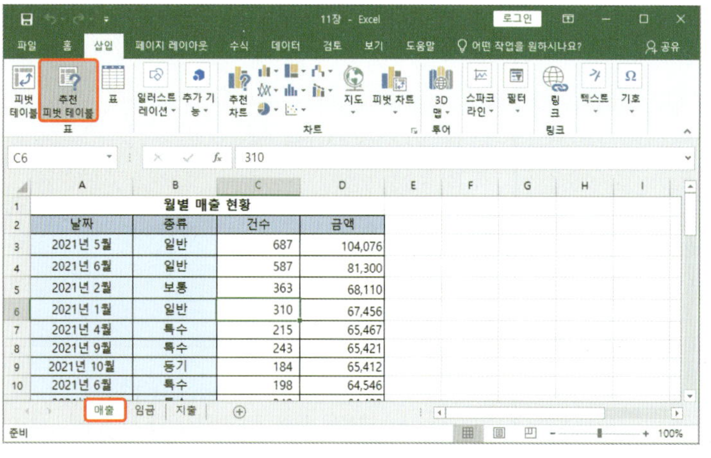

02 [권장 피벗 테이블] 대화상자에서 [합계 : 건수(종류 기준)]을 선택하고 [확인]을 누른다.

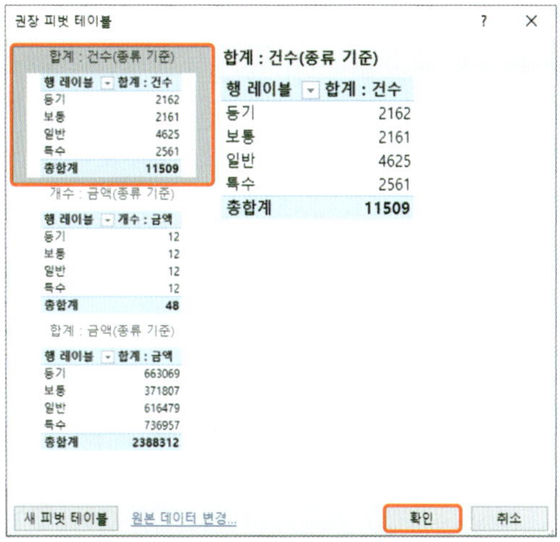

03 새 시트에 피벗 테이블이 만들어진다. [피벗 테이블 필드] 작업 창의 필드 목록에서 '날짜'를 마우스로 선택하여 [열] 영역으로 드래그한다.

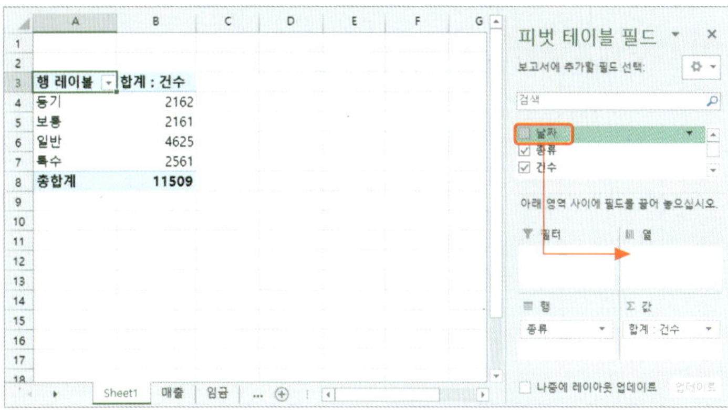

TIP [피벗 테이블 필드] 작업 창에서 필드를 선택하면 피벗 테이블에 해당 필드가 표시된다. 피벗 테이블의 레이아웃을 원하는 모양으로 설정하려면 필드 목록에 있는 필드를 드래그하여 [열]이나 [행], [필터]나 [값] 영역에 위치시키면 된다.

04 월별 매출 건수가 새 시트의 열 영역에 표시된다. 시트 이름을 *피벗*으로 변경한다.

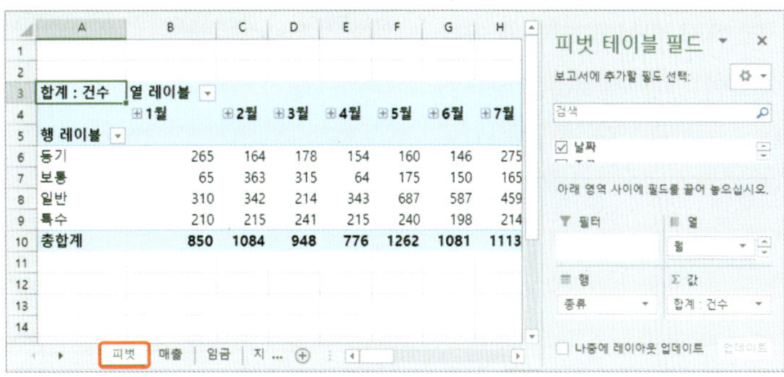

05 피벗 테이블을 삭제하려면 A3:N10 범위를 선택하고 Delete를 누른다.

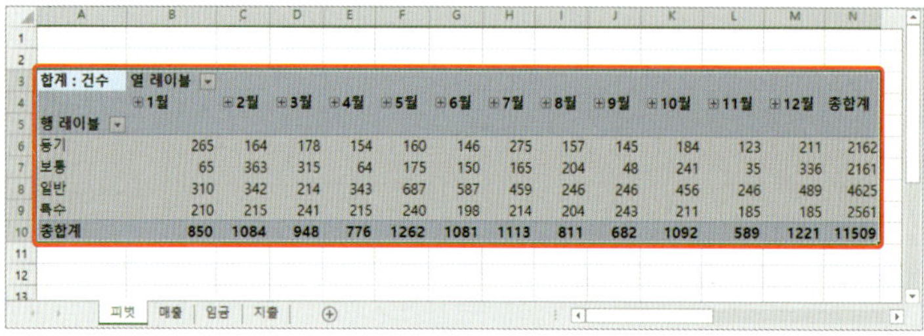

여기서 잠깐 **피벗 테이블의 내용만 지우기**

[피벗 테이블 도구]의 [분석] 탭–[동작] 그룹에서 [지우기]–[모두 지우기]를 누르면 피벗 테이블의 내용만 지울 수 있다.

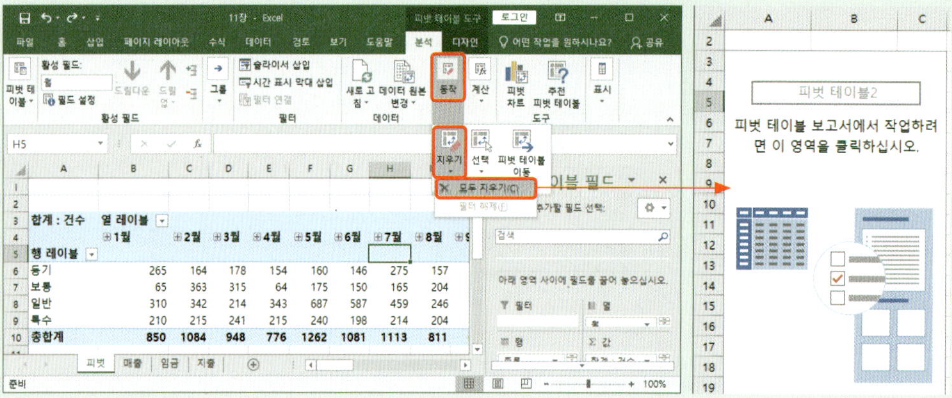

기본예제 11-2 월별 매출액 피벗 테이블 만들기

월별 매출 현황 데이터로 매출액을 분석하고 요약 자료로 활용할 수 있는 피벗 테이블을 만들어 보자.

01 '11장.xlsx' 파일의 '매출' 시트에서 데이터 영역에 있는 임의의 셀을 선택하고 [삽입] 탭–[표] 그룹–[피벗 테이블]을 누른다.

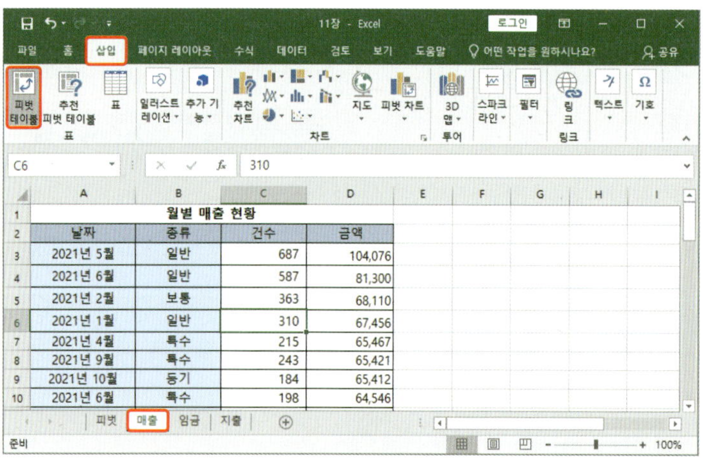

02 [피벗 테이블 만들기] 대화상자에서 [표/범위]는 *매출!$A$2:$D$50*, 피벗 테이블 위치는 [기존 워크시트]의 *피벗!$A$1*으로 설정하고 [확인]을 누른다.

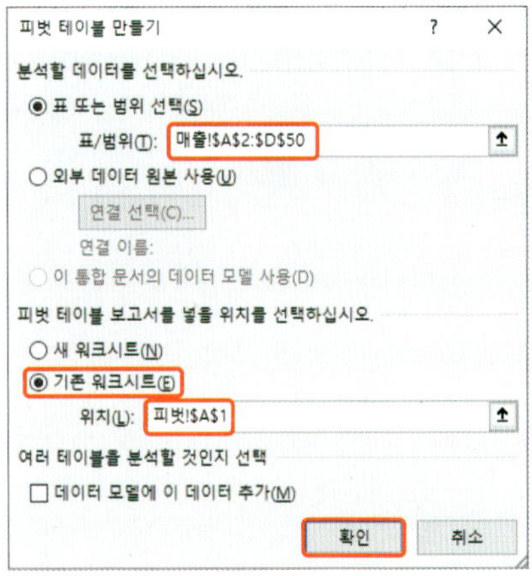

03 [피벗 테이블 필드] 작업 창의 필드 목록에서 '날짜', '종류', '금액'을 차례로 선택한다. 이때 '날짜'를 선택하면 '월'도 같이 선택된다.

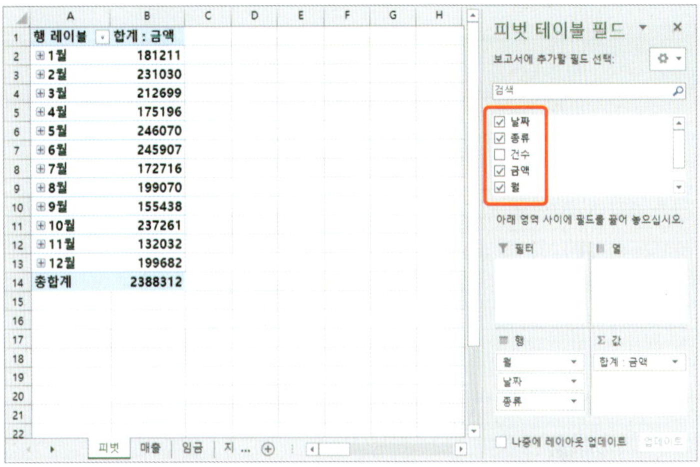

04 [피벗 테이블 필드] 작업 창의 필드 목록에서 '날짜'는 선택을 해제하고 '월'은 [열] 목록으로 드래그하여 레이아웃을 변경한다.

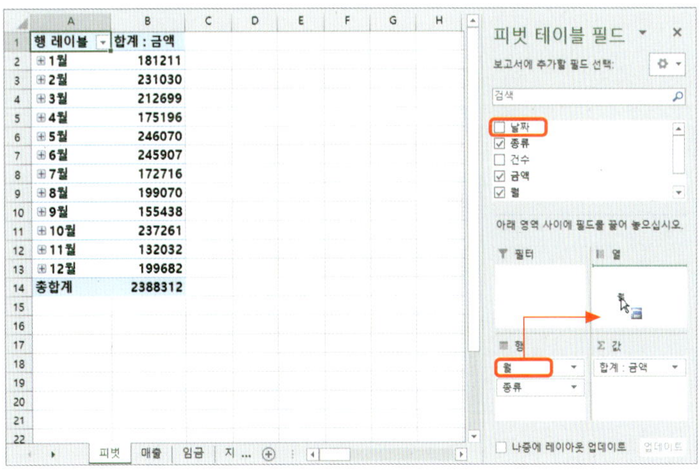

TIP 피벗 테이블에 표시하지 않을 필드는 필드 목록에서 선택을 해제하면 된다. [행]이나 [열] 등 각 영역에서 [피벗 테이블 필드] 작업 창 바깥으로 드래그하거나, 다음 그림과 같이 필드 이름 옆의 [▾ 목록]을 눌러 [필드 제거]를 선택해도 된다.

기본예제 11-3 피벗 테이블의 구조와 함수 변경하기

매출액을 분기별로 요약하고 '선수' 필드의 평균을 계산해 함께 표시하도록 피벗 테이블을 수정해 보자.

01 '피벗' 시트의 열 레이블(1월~12월) 중 하나를 임의로 선택하고 [피벗 테이블 도구]의 [분석] 탭–[그룹] 그룹–[선택 항목 그룹화]를 누른다.

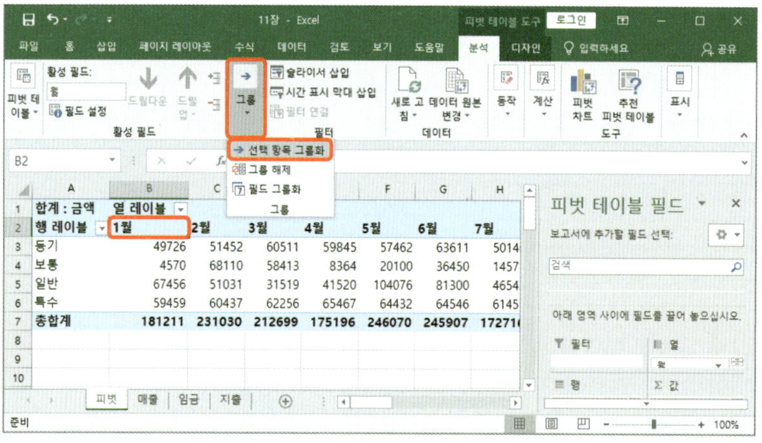

02 [그룹화] 대화상자의 [단위] 목록에서 '분기'만 선택하고 [확인]을 누른다.

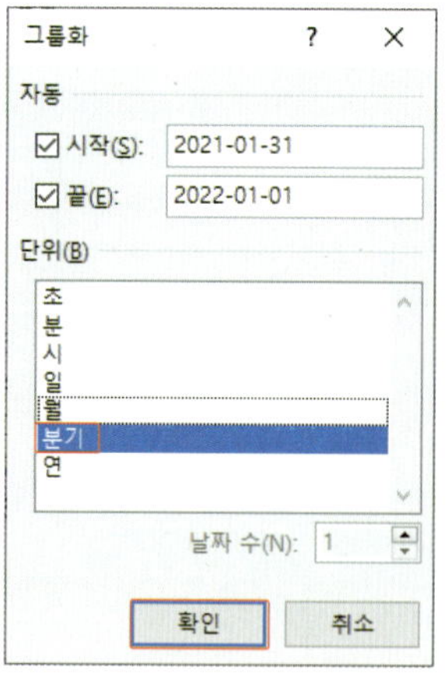

TIP 분기 단위로 데이터를 그룹화하는 다른 방법은 임의의 열 레이블을 마우스 오른쪽 단추로 눌러 [그룹]을 선택하는 것이다. 분기 단위를 다시 월 단위로 표시하려면 [그룹 해제]를 누른다.

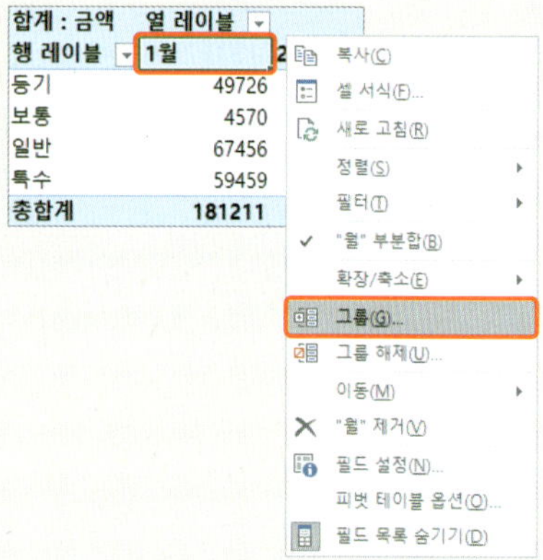

03 필드 목록의 '건수'를 드래그하여 [값] 영역에 추가한다.

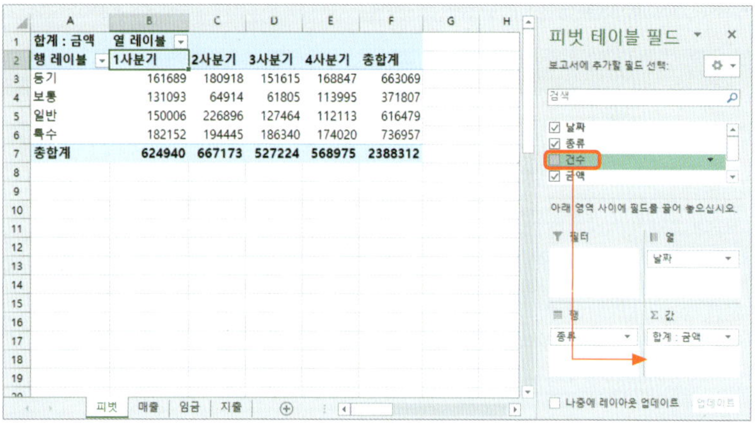

04 '건수'에 대한 합계 대신 평균을 계산하기 위해 [값] 영역의 '합계 : 건수'를 누르고 [값 필드 설정]을 선택한다.

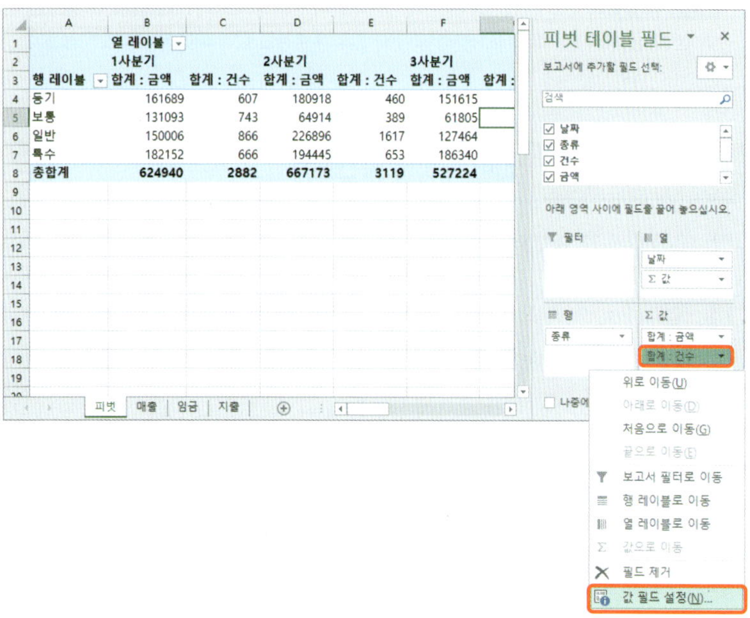

05 [값 필드 설정] 대화상자에서 [값 필드 요약 기준]을 [평균]으로 선택하고 [확인]을 누른다.

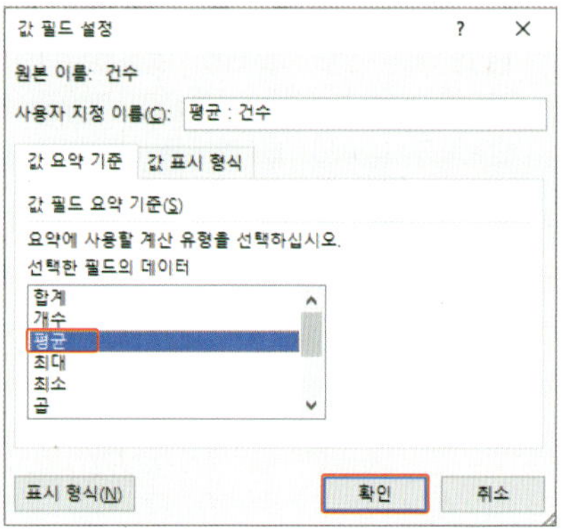

06 분기별 매출액의 합계와 평균 건수가 피벗 테이블에 함께 표시된다. [피벗 테이블 도구]의 [분석] 탭-[피벗 테이블]을 눌러 [피벗 테이블 이름]을 *분기별 매출*로 수정한다.

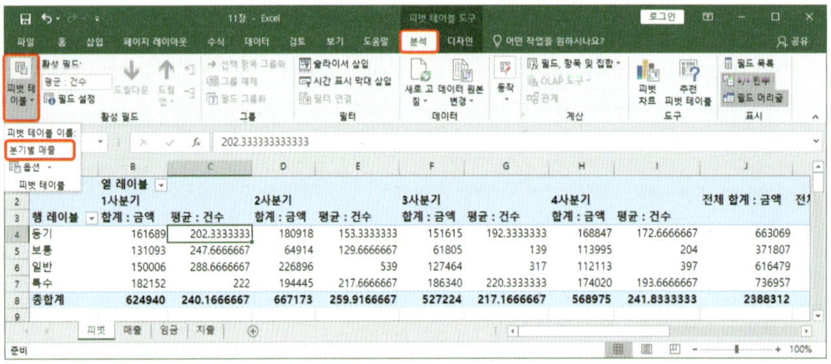

TIP 피벗 테이블을 만든 후에 원본 데이터의 값이 변경되어도 피벗 테이블이 자동으로 수정되지 않는다. [피벗 테이블 도구]의 [분석] 탭-[데이터] 그룹에서 [새로 고침]을 눌러야 변경된 값이 피벗 테이블에 적용된다.

기본예제 11-4 피벗 테이블 편집하기

피벗 테이블에 표시되는 데이터의 표시 형식을 변경하고 피벗 테이블 스타일을 이용해 편집해 보자.

01 '합계 : 금액' 필드의 임의의 값을 마우스 오른쪽 단추로 눌러 [필드 표시 형식]을 선택한다.

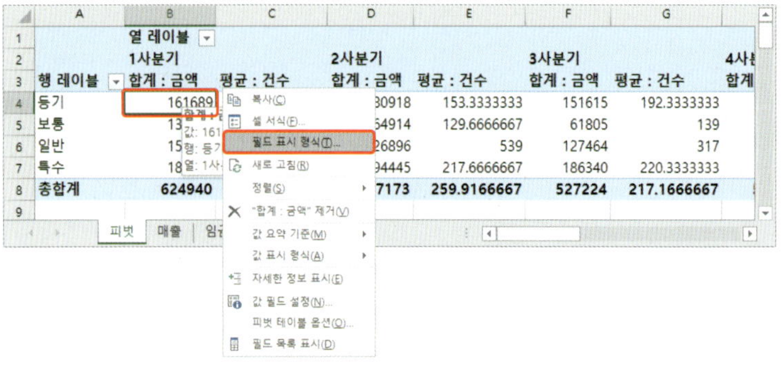

02 [셀 서식] 대화상자의 [범주]에서 [숫자]를 선택하고 [1000 단위 구분 기호 사용]을 선택한 후 [확인]을 누른다.

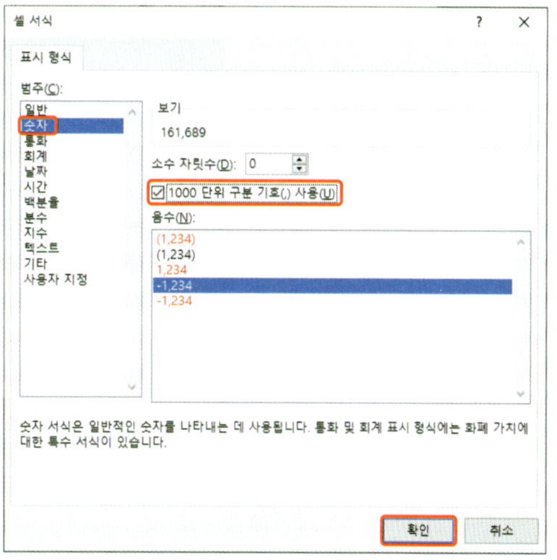

03 '평균 : 건수' 필드도 단계 **01~02**와 같이 [필드 표시 형식]을 설정한다. [셀 서식] 대화상자에서 [범주]는 [숫자], [소수 자릿수]는 [1]로 설정하고, [1000 단위 구분 기호 사용]을 선택한 다음 [확인]을 누른다.

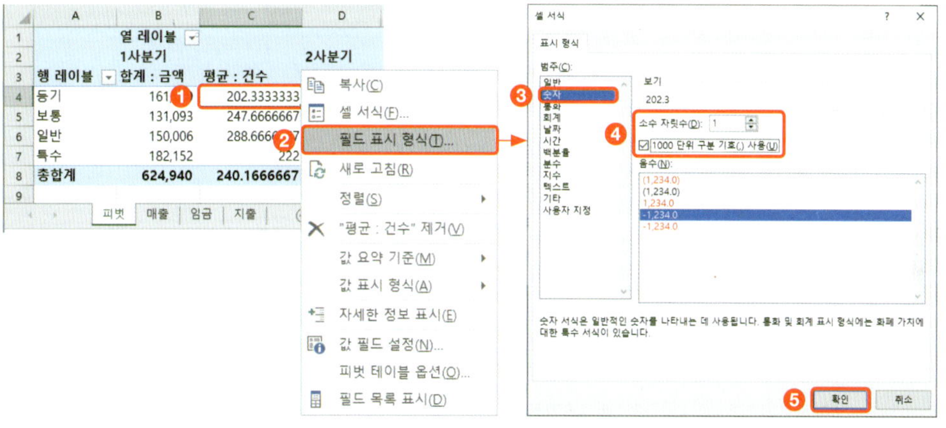

04 [피벗 테이블 도구]의 [분석] 탭–[표시] 그룹에서 [필드 머리글]의 선택을 해제한다.

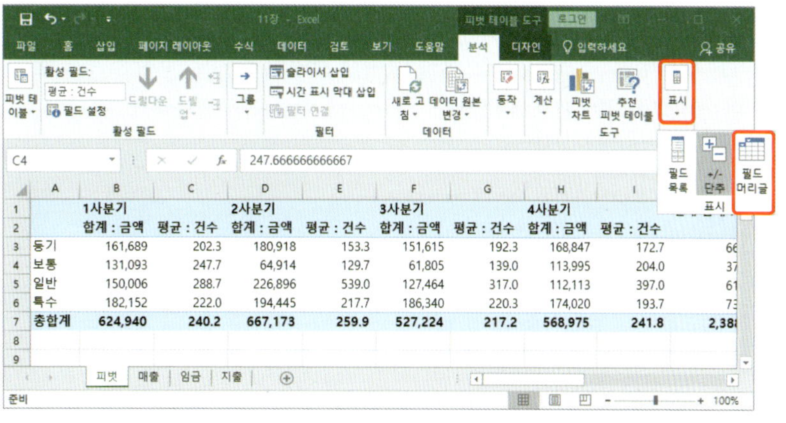

05 [피벗 테이블 도구]의 [디자인] 탭–[피벗 테이블 스타일] 그룹에서 [자세히] 단추를 누르고 [흰색, 피벗 스타일 보통 8]을 선택한다.

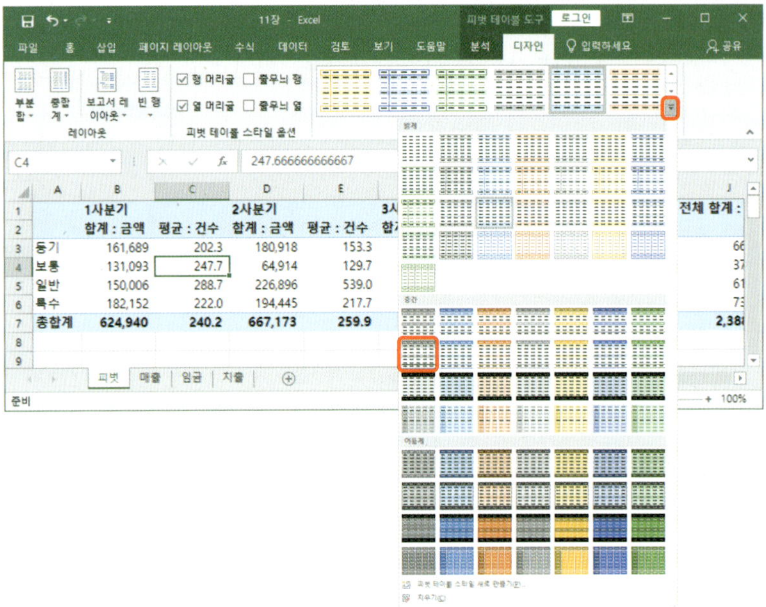

06 [피벗 테이블 도구]의 [디자인] 탭–[피벗 테이블 스타일 옵션] 그룹–[줄무늬 행]을 선택한다.

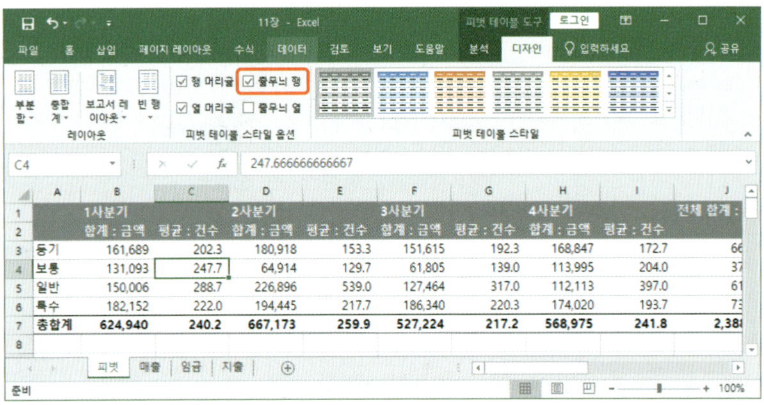

기본예제 11-5 시간 표시 막대와 슬라이서 삽입하기

날짜를 필터링할 수 있는 시간 표시 막대와 데이터 필터링에 사용되는 슬라이서를 피벗 테이블에 삽입해 필요한 데이터만 표시해 보자.

01 [피벗 테이블 도구]의 [분석] 탭–[필터] 그룹에서 [시간 표시 막대 삽입]을 누른다.

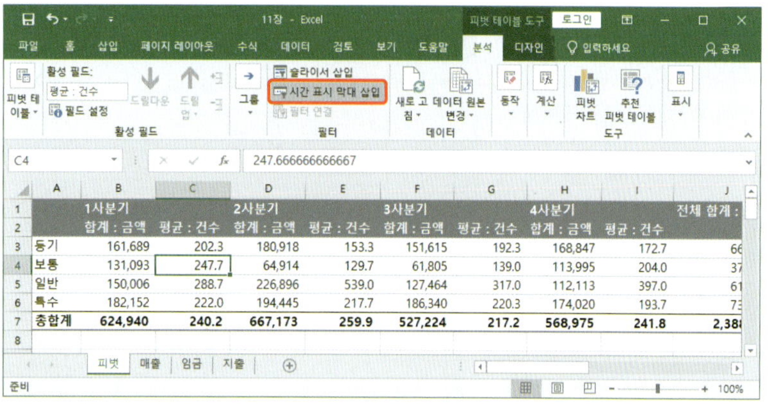

02 [시간 표시 막대 삽입] 대화상자에서 '날짜'를 선택하고 [확인]을 누른다.

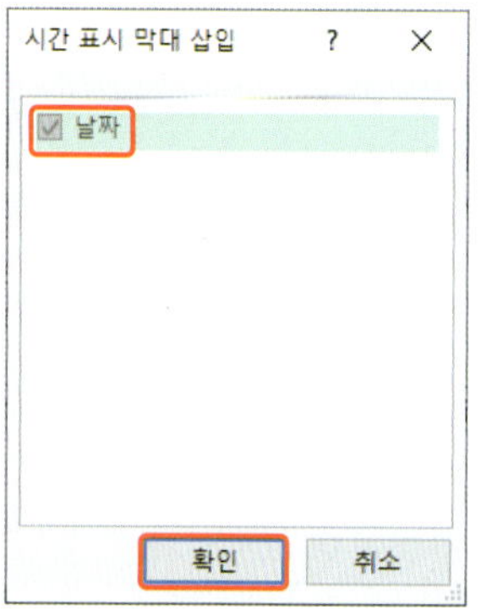

03 삽입된 시간 표시 막대를 선택하고 [시간 표시 막대 도구]–[옵션] 탭의 [크기] 그룹에서 [높이]는 [3cm], [너비]는 [12cm]로 설정하고, [표시] 그룹에 있는 모든 항목의 선택을 해제한다.

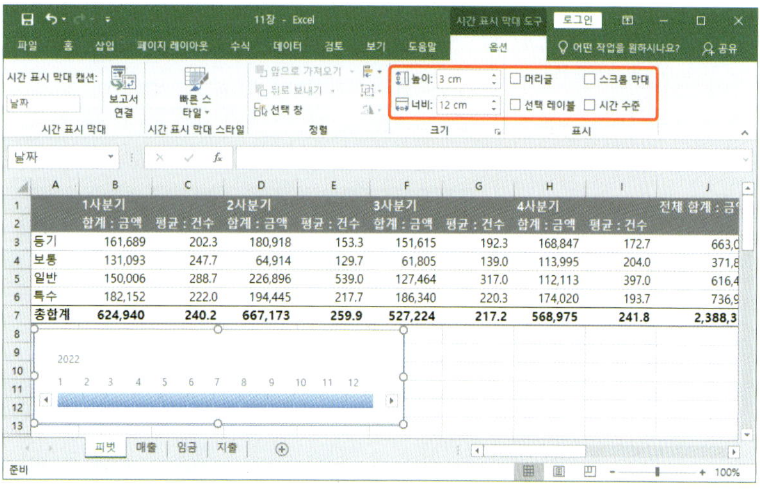

04 [시간 표시 막대 도구]의 [옵션] 탭–[시간 표시 막대] 그룹–[보고서 연결]을 누른다. [보고서 연결(날짜)] 대화상자에서 *분기별 매출*을 선택하고 [확인]을 누른다.

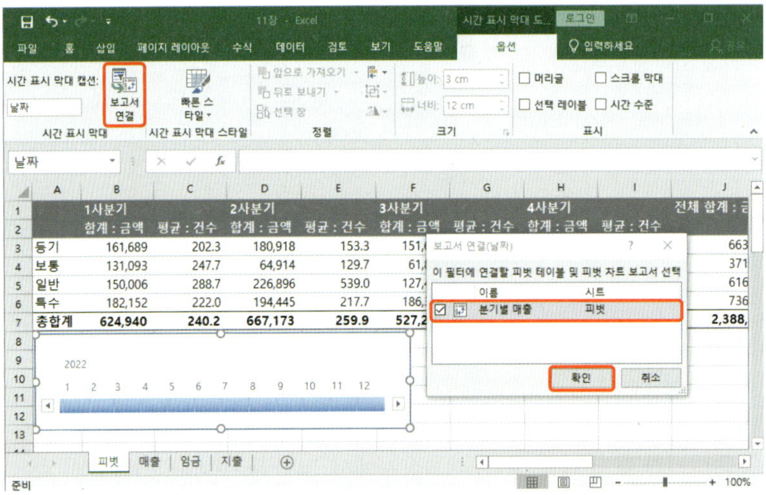

TIP 하나의 시간 표시 막대로 여러 개의 피벗 테이블을 동시에 필터링할 수도 있다.

05 시간 표시 막대를 마우스로 누르거나 드래그해 구간을 선택하면 해당 기간의 데이터만 필터링되어 피벗 테이블에 표시된다.

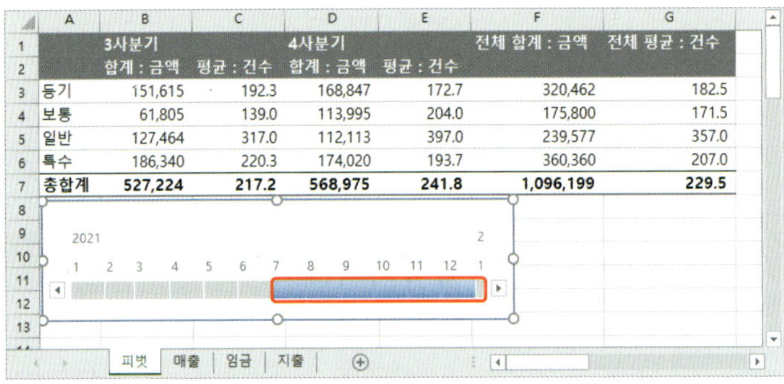

06 피벗 테이블을 선택하고 [피벗 테이블 도구]의 [분석] 탭–[필터] 그룹–[슬라이서 삽입]을 누른다.

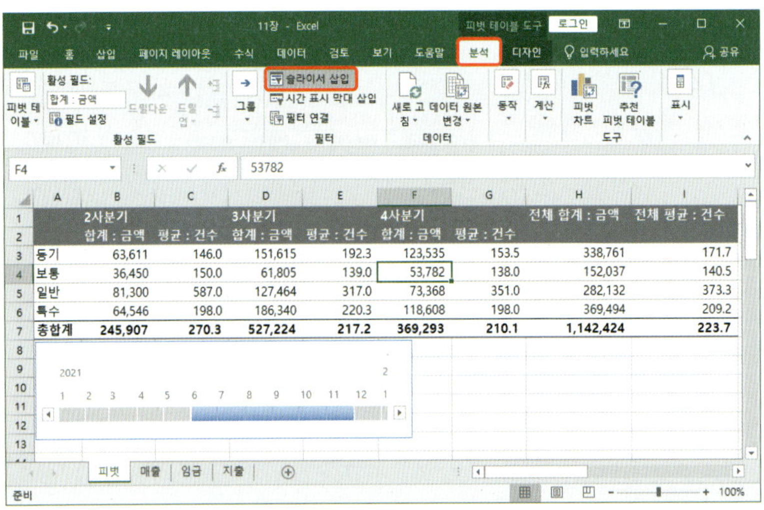

07 [슬라이서 삽입] 대화상자에서 '종류'를 선택하고 [확인]을 누른다.

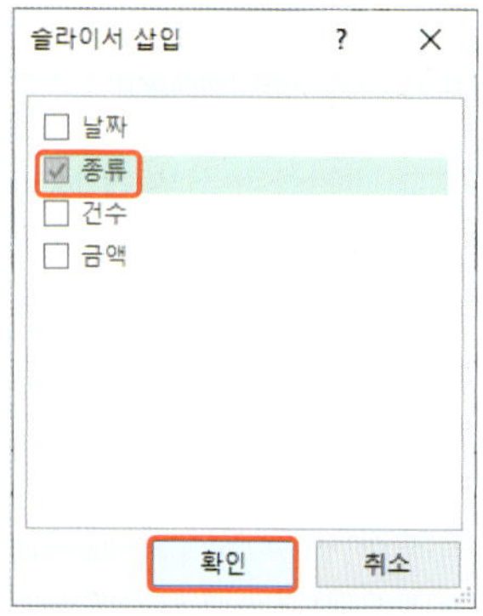

08 슬라이서를 선택하고 [슬라이서 도구]의 [옵션] 탭–[단추] 그룹에서 [열]은 [4], [높이]는 [0.8cm], [너비]는 [1.5cm]로 설정한다. [크기] 그룹의 [높이]는 [2cm]로 설정한 후 드래그하여 배치한다.

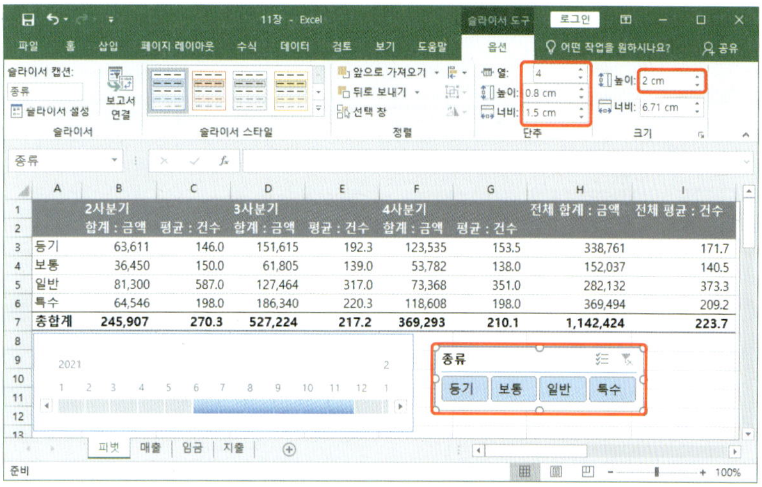

09 슬라이서의 항목을 마우스로 눌러 데이터를 필터링한 결과를 표시해 본다.

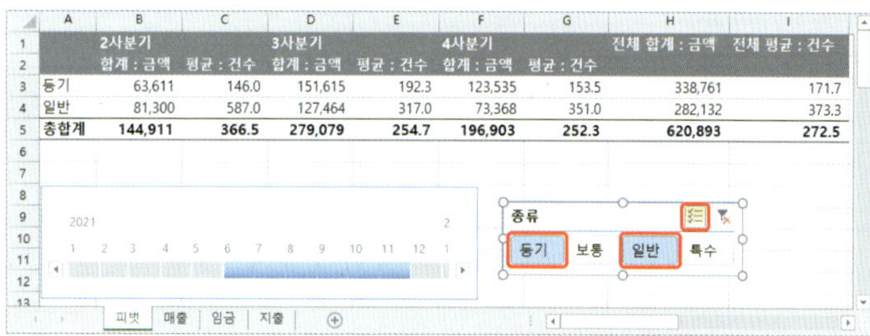

1.2 피벗 차트 작성

피벗 테이블은 데이터를 요약해서 구조화하기 때문에 데이터를 분석하기 용이하다. 이를 피벗 차트로 표현하면 데이터를 시각화할 수 있어 숫자 데이터보다 더 직관적으로 정보를 파악할 수 있다.

기본예제 11-6 피벗 테이블로 피벗 차트 만들기

피벗 테이블의 요약된 데이터로 차트를 손쉽게 만들 수 있다. 피벗 차트를 만들고 차트 도구를 활용해 보자.

01 '피벗' 시트의 '분기별 매출' 피벗 테이블에서 [평균 : 건수] 필드의 값을 마우스 오른쪽 단추로 눌러 ["평균 : 건수" 제거]를 선택한다.

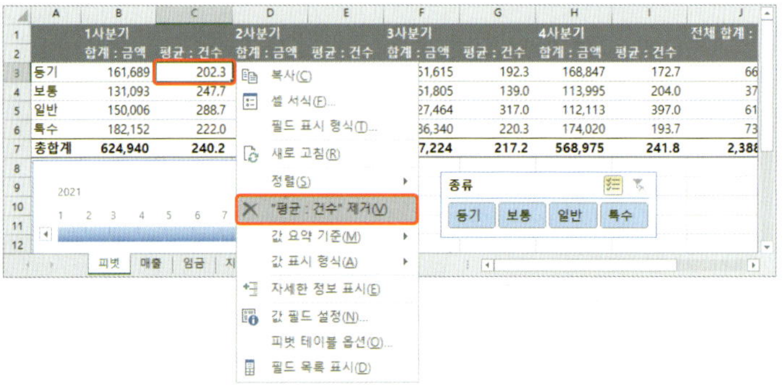

TIP 피벗 차트로 "합계 : 금액" 데이터만 비교해 보기 위해 "평균 : 건수" 필드는 삭제한다.

02 [피벗 테이블 도구]의 [분석] 탭-[도구] 그룹-[피벗 차트]를 누른다.

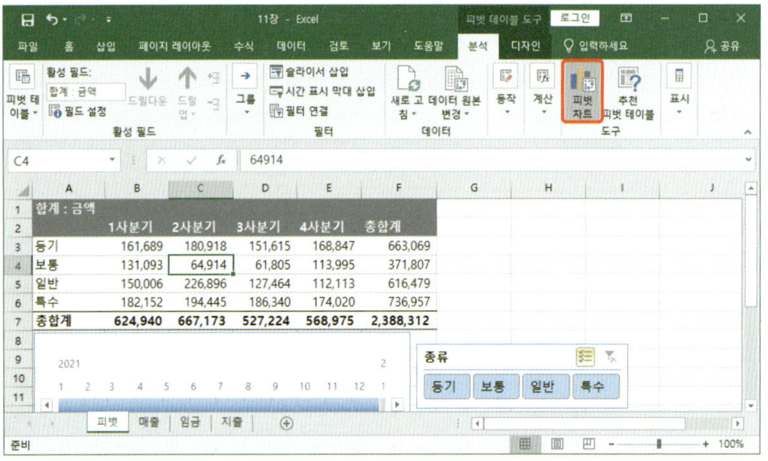

03 [차트 삽입] 대화상자에서 [세로 막대형]의 [묶은 세로 막대형]을 선택하고 [확인]을 누른다.

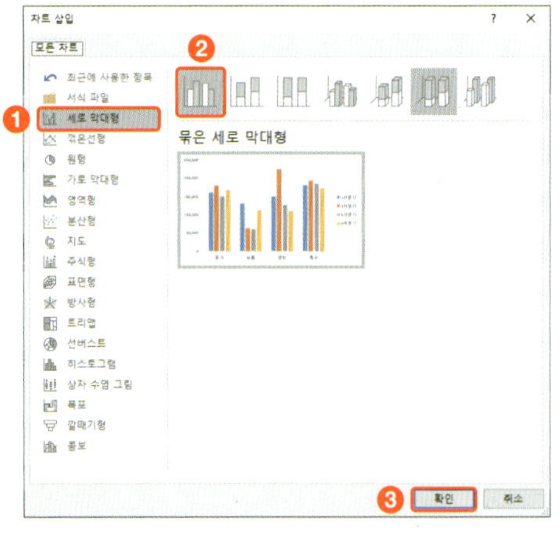

04 삽입된 피벗 차트의 크기와 위치를 조절하고 [피벗 차트 도구]의 [분석] 탭–[표시/숨기기] 그룹–[필드 단추]의 선택을 해제한다.

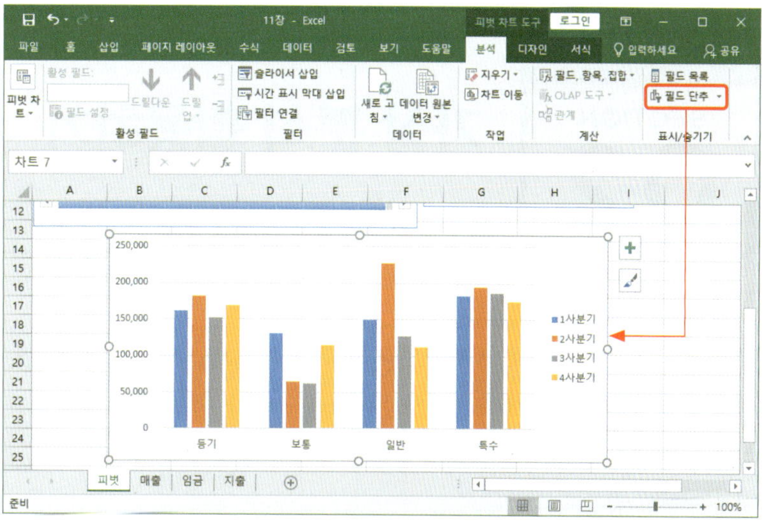

05 [피벗 차트 도구]의 [디자인] 탭–[데이터] 그룹–[행/열 전환]을 눌러 차트에 표시되는 데이터 계열 그룹을 변경한다.

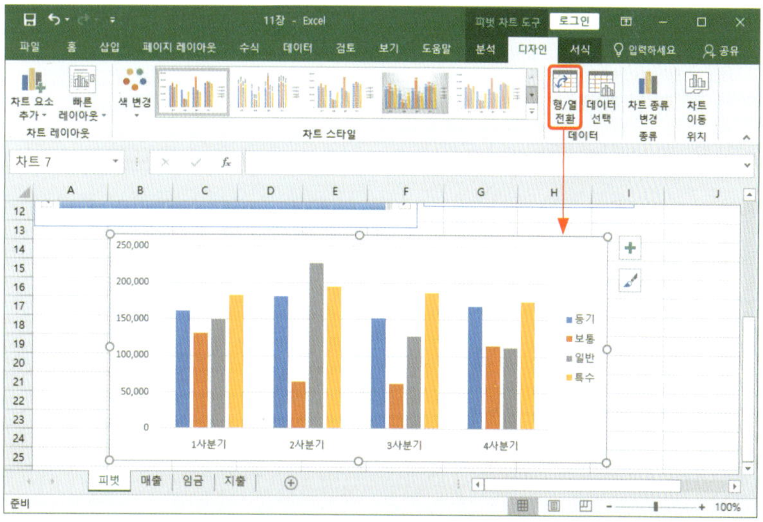

06 [피벗 차트 도구]의 [디자인] 탭–[차트 스타일] 목록에서 [스타일 8]을 선택한다.

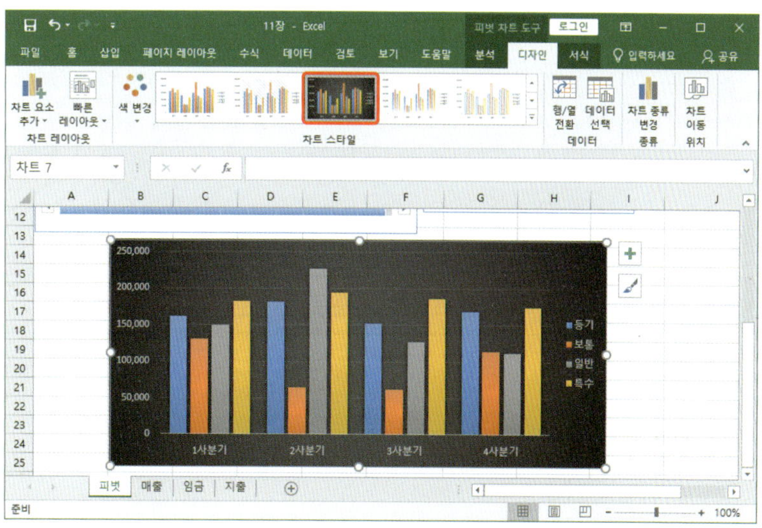

SECTION 02 가상 분석 활용하기

목표값 찾기와 데이터 표, 시나리오 관리자는 목표값을 충족하기 위해 필요한 변수를 예측하거나 다양한 변수에 따라 결과를 예측하는 가상 분석 도구이다. 엑셀에서 이루어지는 작업은 측정된 데이터를 수식에 적용하여 결과를 계산하는 방식이 일반적이다. 반면, 가상 분석 도구를 이용하면 수식의 결과를 먼저 설정하고 결과에 영향을 주는 데이터를 찾을 수 있다. 혹은 데이터를 여러 값으로 가정하여 수식에 적용할 때 발생할 결과를 요약하여 보고서로 작성할 수 있다.

2.1 목표값 찾기

목표값 찾기는 수식의 결과를 기준으로 수식에 적용된 입력 값을 탐색하는 방법이다. 가령 임금총액을 산출하기 위해 필요한 항목으로 기본급 외 각종 수당과 상여금이 있다고 가정하자. 연간 수입을 임금총액이라고 한다면 월평균보수는 임금총액을 12개월로 나누어 계산할 수 있다. 목표로 하는 월평균보수가 있고 이를 받기 위해 기본급은 얼마가 되어야 하는지 계산하는 경우를 생각해 보자. 수식을 역으로 탐색해야 하는데, 이 경우 엑셀의 목표값 찾기 기능을 이용하면 기본급을 간단하게 찾을 수 있다.

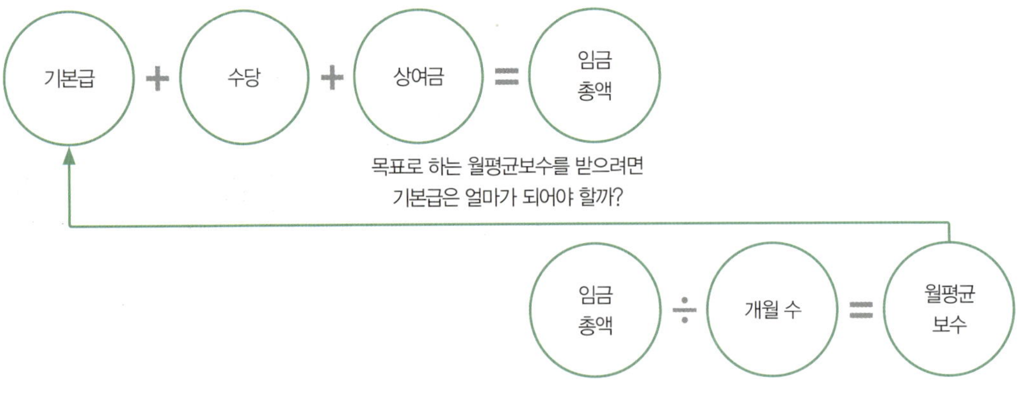

기본예제 11-7 월평균보수를 기준으로 기본급 찾기

임금 산출 데이터를 이용해 '최민아' 사원이 목표로 하는 월평균보수 300만 원을 받으려면 기본급은 얼마가 되어야 하는지 탐색해 보자.

01 '11장.xlsx' 파일의 '임금' 시트에서 G3 셀에 *=SUM(B3:E3)*12+B3*F3* 수식을 입력하여 '임금총액'을 계산하고, 채우기 핸들을 더블클릭하여 임금총액을 모두 표시한다.

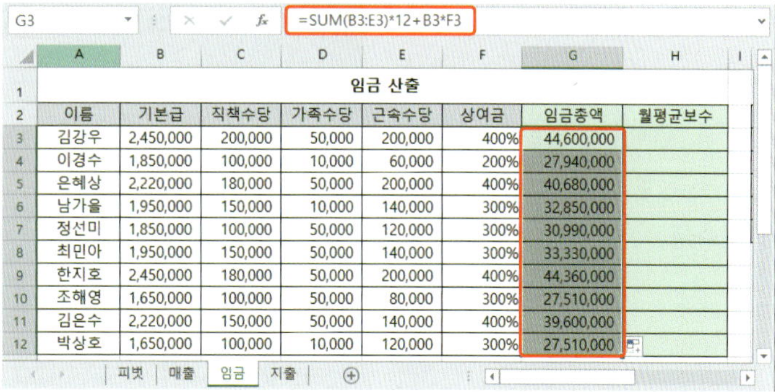

	A	B	C	D	E	F	G	H
1	임금 산출							
2	이름	기본급	직책수당	가족수당	근속수당	상여금	임금총액	월평균보수
3	김강우	2,450,000	200,000	50,000	200,000	400%	44,600,000	
4	이경수	1,850,000	100,000	10,000	60,000	200%	27,940,000	
5	은혜상	2,220,000	180,000	50,000	200,000	400%	40,680,000	
6	남가을	1,950,000	150,000	10,000	140,000	300%	32,850,000	
7	정선미	1,850,000	100,000	50,000	120,000	300%	30,990,000	
8	최민아	1,950,000	150,000	50,000	140,000	300%	33,330,000	
9	한지호	2,450,000	180,000	50,000	200,000	400%	44,360,000	
10	조해영	1,650,000	100,000	50,000	80,000	300%	27,510,000	
11	김은수	2,220,000	150,000	50,000	140,000	400%	39,600,000	
12	박상호	1,650,000	100,000	10,000	120,000	300%	27,510,000	

02 H3 셀에 *=G3/12* 수식을 입력하여 '월평균보수'를 계산하고 채우기 핸들을 더블클릭하여 월평균보수를 모두 표시한다.

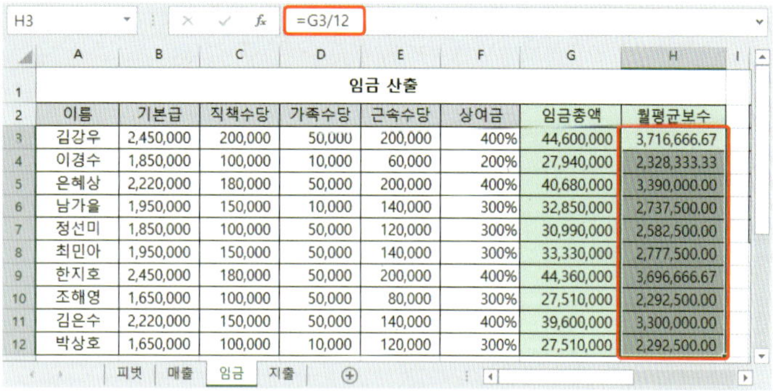

	A	B	C	D	E	F	G	H
1	임금 산출							
2	이름	기본급	직책수당	가족수당	근속수당	상여금	임금총액	월평균보수
3	김강우	2,450,000	200,000	50,000	200,000	400%	44,600,000	3,716,666.67
4	이경수	1,850,000	100,000	10,000	60,000	200%	27,940,000	2,328,333.33
5	은혜상	2,220,000	180,000	50,000	200,000	400%	40,680,000	3,390,000.00
6	남가을	1,950,000	150,000	10,000	140,000	300%	32,850,000	2,737,500.00
7	정선미	1,850,000	100,000	50,000	120,000	300%	30,990,000	2,582,500.00
8	최민아	1,950,000	150,000	50,000	140,000	300%	33,330,000	2,777,500.00
9	한지호	2,450,000	180,000	50,000	200,000	400%	44,360,000	3,696,666.67
10	조해영	1,650,000	100,000	50,000	80,000	300%	27,510,000	2,292,500.00
11	김은수	2,220,000	150,000	50,000	140,000	400%	39,600,000	3,300,000.00
12	박상호	1,650,000	100,000	10,000	120,000	300%	27,510,000	2,292,500.00

03 H3:H12 범위를 선택하고 [홈] 탭–[표시 형식] 그룹–[자릿수 줄임]을 눌러 모두 정수로 표시한다.

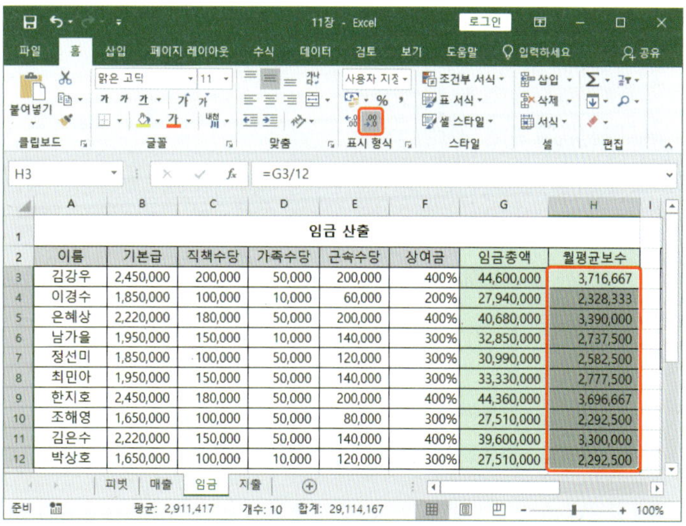

	A	B	C	D	E	F	G	H
1	임금 산출							
2	이름	기본급	직책수당	가족수당	근속수당	상여금	임금총액	월평균보수
3	김강우	2,450,000	200,000	50,000	200,000	400%	44,600,000	3,716,667
4	이경수	1,850,000	100,000	10,000	60,000	200%	27,940,000	2,328,333
5	은혜상	2,220,000	180,000	50,000	200,000	400%	40,680,000	3,390,000
6	남가을	1,950,000	150,000	10,000	140,000	300%	32,850,000	2,737,500
7	정선미	1,850,000	100,000	50,000	120,000	300%	30,990,000	2,582,500
8	최민아	1,950,000	150,000	50,000	140,000	300%	33,330,000	2,777,500
9	한지호	2,450,000	180,000	50,000	200,000	400%	44,360,000	3,696,667
10	조해영	1,650,000	100,000	50,000	80,000	300%	27,510,000	2,292,500
11	김은수	2,220,000	150,000	50,000	140,000	400%	39,600,000	3,300,000
12	박상호	1,650,000	100,000	10,000	120,000	300%	27,510,000	2,292,500

04 '최민아' 사원의 '월평균보수'인 H8 셀을 선택하고 [데이터] 탭-[예측] 그룹-[가상 분석] 목록에서 [목표값 찾기]를 선택한다.

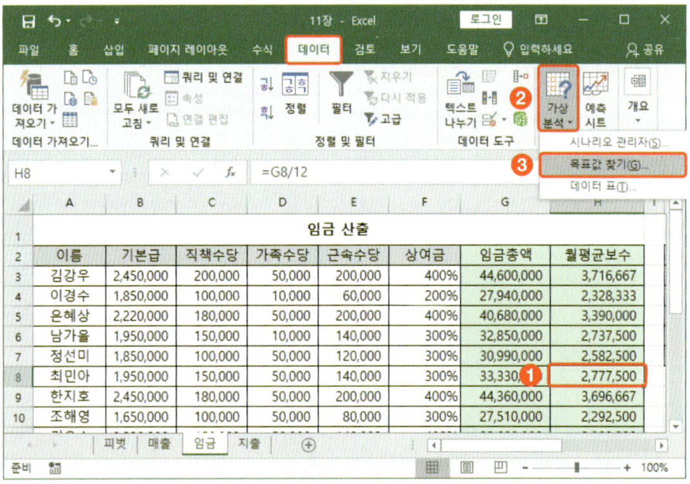

05 [목표값 찾기] 대화상자에서 [찾는 값]은 *3000000*, [값을 바꿀 셀]은 *$B$8*을 입력하고 [확인]을 누른다.

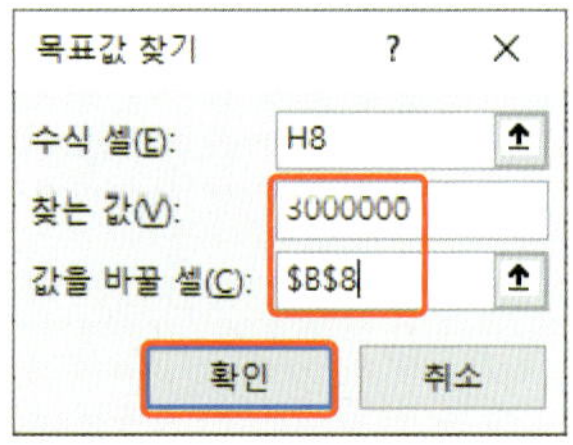

TIP [값을 바꿀 셀]을 입력할 때는 '임금' 시트의 B8 셀을 마우스로 누르면 된다.

06 [목표값 찾기 상태] 대화상자에 답을 찾았다는 메시지가 표시되고, B8 셀과 H8 셀의 값이 변경된다. 원래의 값으로 되돌리려면 [취소]를 누른다.

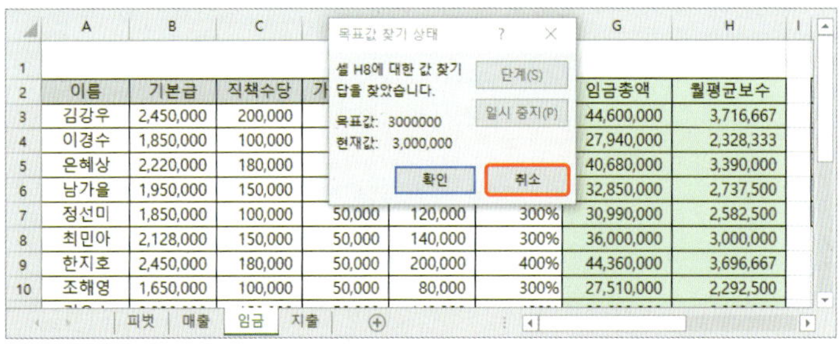

TIP 목표값 찾기 계산으로 변경된 셀 값을 유지하려면 [확인]을 누른다.

2.2 데이터 표 활용

가상 분석 도구 중 데이터 표는 수식에 사용되는 일부 값을 변수로 하여 해당 값의 변경에 따라 결과가 어떻게 달라지는지 확인할 수 있는 방법이다. 환율에 따른 매출액 변동이나 이자율에 따른 대출 상환액을 산정하는 경우 등에 활용할 수 있다.

기본예제 11-8 데이터 표로 상여금 산출하기

데이터 표를 이용하여 상여금 비율이 달라질 때 각 기본급에 해당하는 사원의 상여금 총액이 얼마나 되는지 계산해 보자.

01 '11장.xlsx' 파일의 '임금' 시트에서 J2 셀에 *=B3*F3* 수식을 입력한다.

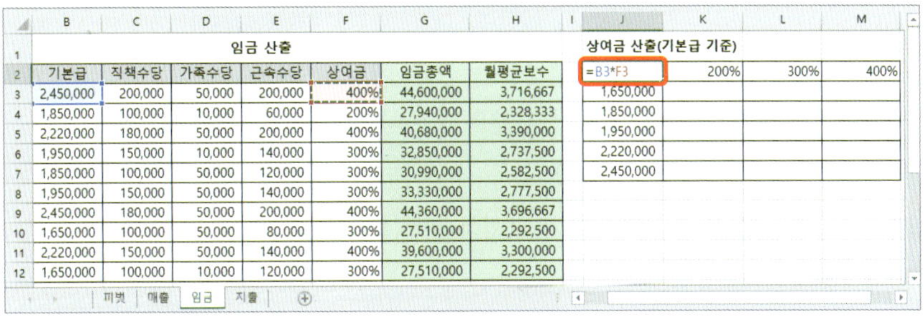

TIP 상여금 총액을 계산하기 위한 *기본급*상여금* 수식을 J2 셀에 입력한다.

02 J2:M7 범위를 선택하고 [데이터] 탭–[예측] 그룹–[가상 분석] 목록에서 [데이터 표]를 선택한다.

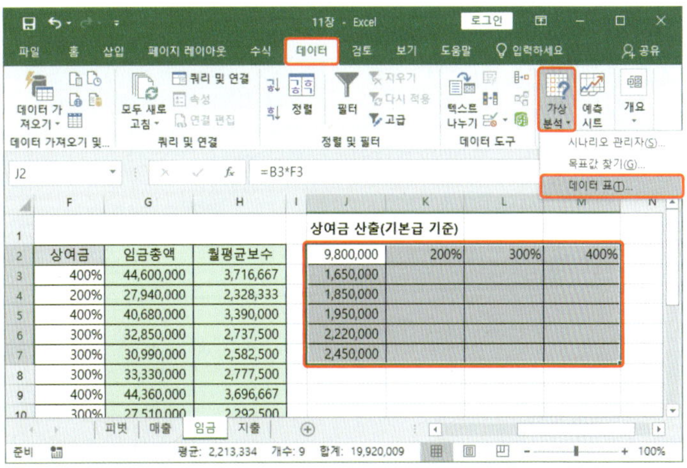

03 [데이터 표] 대화상자가 열리면 [행 입력 셀]에는 *$F$3*, [열 입력 셀]에는 *$B$3*을 입력하고 [확인]을 누른다.

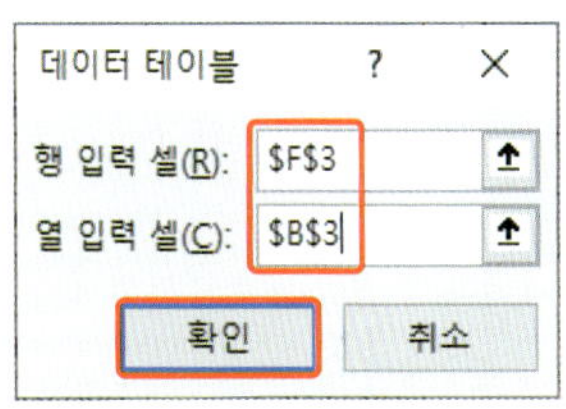

TIP [행 입력 셀]에는 지정한 범위(J2:M7)의 행에 있는 값(상여금 비율)이 수식(B3*F3)에서 참조할 셀(F3)을, [열 입력 셀]에는 열에 있는 값(기본급)이 참조할 셀(B3)을 선택한다.

04 기본급과 상여금 비율에 따라 계산한 상여금 총액이 지정된 범위에 표시된다.

J	K	L	M
상여금 산출(기본급 기준)			
9,800,000	200%	300%	400%
1,650,000	3,300,000	4,950,000	6,600,000
1,850,000	3,700,000	5,550,000	7,400,000
1,950,000	3,900,000	5,850,000	7,800,000
2,220,000	4,440,000	6,660,000	8,880,000
2,450,000	4,900,000	7,350,000	9,800,000

2.3 시나리오 작성

수입과 지출로 순이익을 계산하는 경우, 값이 고정적이지 않은 항목이 있다면 변동하는 값에 따라 여러 가지 시나리오가 있을 수 있다. 엑셀의 시나리오 작성 도구를 사용하면 고정적이지 않은 변수의 값을 변동시켰을 때 결과가 어떻게 달라지는지 분석하여 요약 보고서나 피벗 테이블 형태로 보여줄 수 있다.

기본예제 11-9 시나리오 작성하고 실행하기

변동지출 항목을 포함하는 지출 관리를 통해 최대 순이익과 최소 순이익을 파악하는 시나리오를 작성해 보자.

01 '11장.xlsx' 파일의 '지출' 시트에서 [데이터] 탭–[예측] 그룹–[가상 분석] 목록의 [시나리오 관리자]를 선택한다.

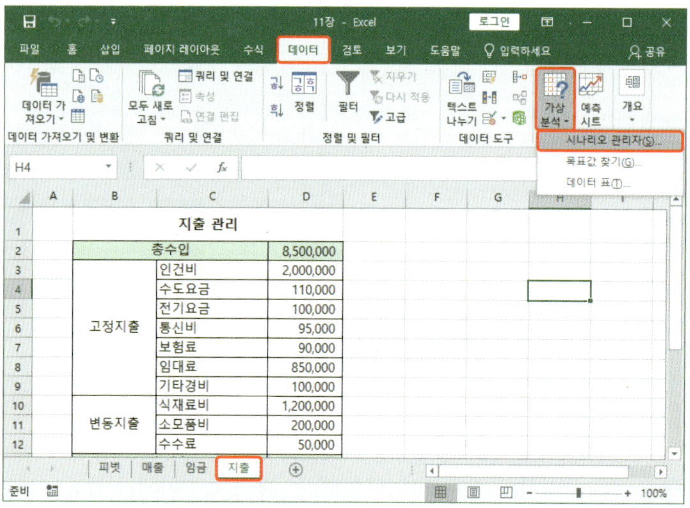

02 [시나리오 관리자] 대화상자에서 [추가]를 누른다.

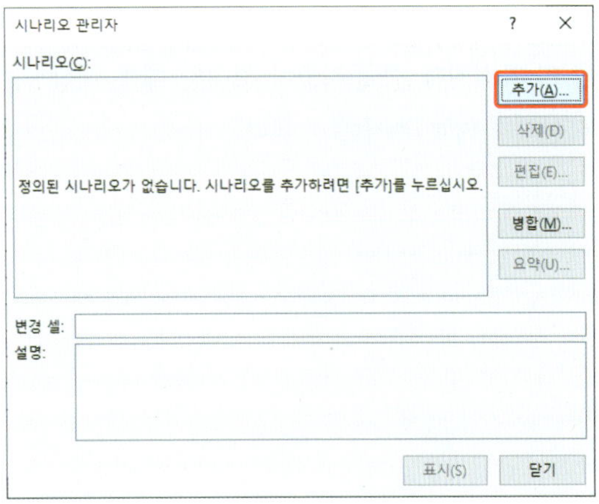

03 [시나리오 이름]에 *최소지출*을 입력하고 [변경 셀]은 *$D$10:$D$12*로 설정한 후 [확인]을 누른다.

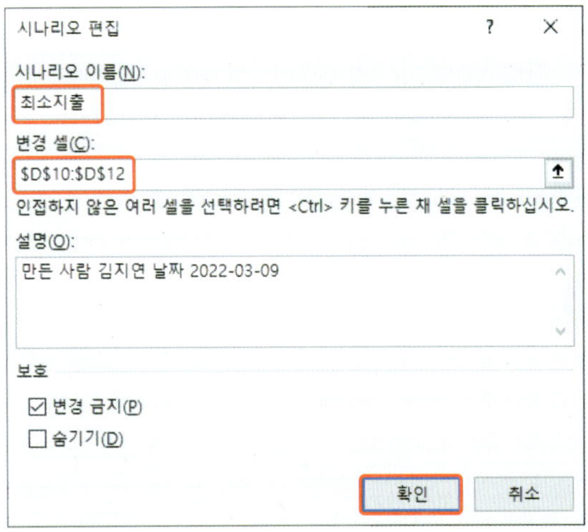

TIP [변경 셀]을 설정할 때는 마우스로 워크시트에서 D10:D12 범위를 선택하면 입력란에 표시된다.

04 변동지출 항목별로 예상되는 최소값을 다음과 같이 각각 입력하고 [확인]을 누른다.

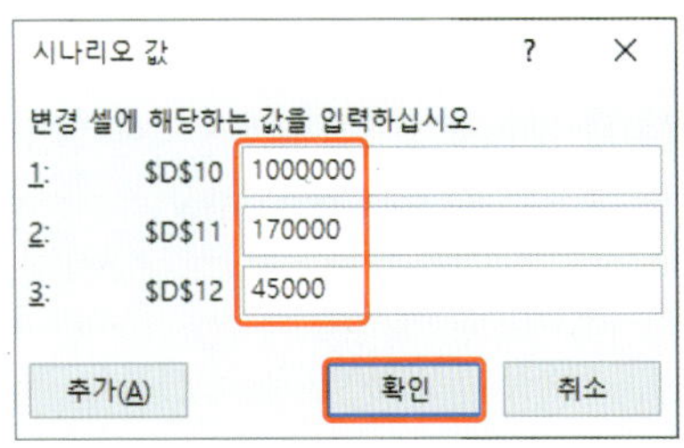

05 [시나리오 관리자] 대화상자의 [시나리오] 목록에 '최소지출'이 표시된다. 변동지출이 최대일 때를 예상하는 시나리오도 작성하기 위해 [추가]를 누른다.

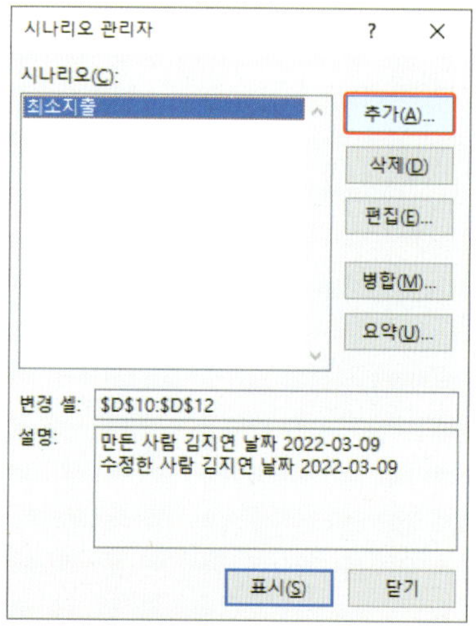

TIP [표시]를 누르면 시트에 있는 변동지출 항목에 대한 값을 최소지출 시나리오에서 지정한 값으로 바꾼다.

06 [시나리오 이름]에 *최대지출*을 입력하고 [변경 셀]은 *D10:D12*인 것을 확인한 후 [확인]을 누른다.

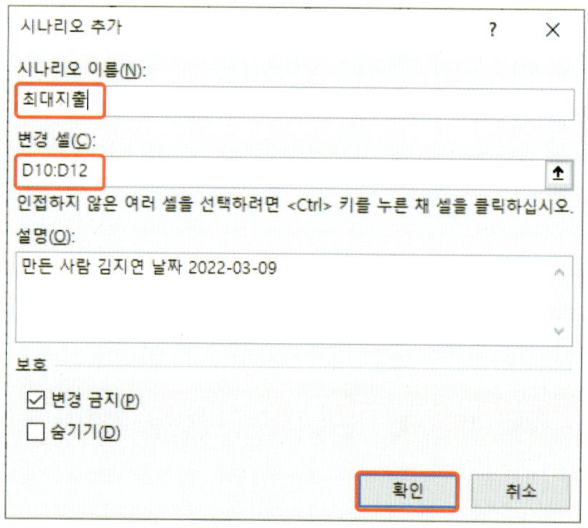

07 [시나리오 값] 대화상자에 변동지출의 최대 예상 값을 각각 입력하고 [확인]을 누른다.

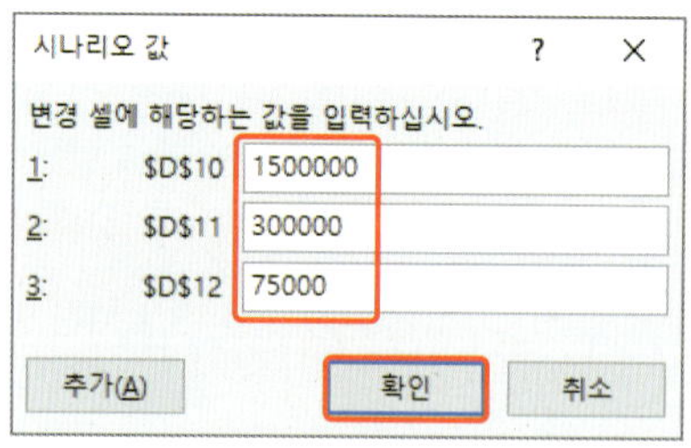

08 [시나리오] 목록에 '최대지출'이 표시된다. 작성한 시나리오를 실행해 요약 보고서를 작성하려면 [요약]을 선택한다.

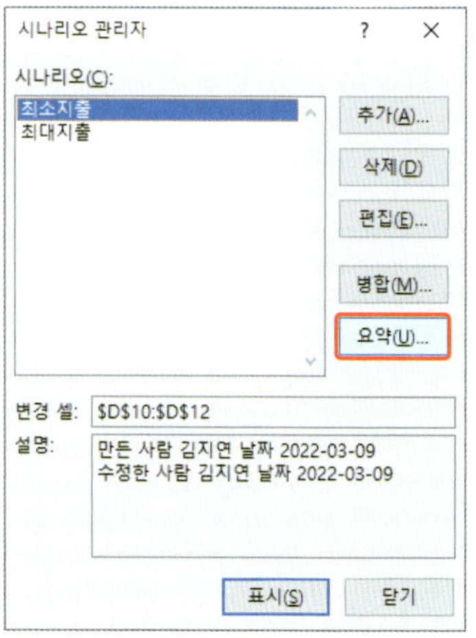

여기서 잠깐 **[시나리오 관리자] 대화상자 알아보기**

[시나리오 관리자] 대화상자에 있는 단추들의 기능은 다음과 같다.

단추 이름	기능
추가	시나리오를 추가한다.
삭제	목록에서 선택하고 있는 시나리오를 삭제한다.
편집	선택한 시나리오에서 설정한 값을 수정한다.
병합	다른 통합문서나 워크시트의 시나리오를 통합한다.
요약	목록에 있는 시나리오를 요약한 보고서를 작성한다.
표시	선택한 시나리오를 워크시트에 반영한다.
닫기	[시나리오 관리자] 대화상자를 종료한다.

09 [시나리오 요약] 대화상자에서 [보고서 종류]는 [시나리오 요약]을, [결과 셀]은 순이익이 표시되는 *D14* 셀로 설정하고 [확인]을 누른다.

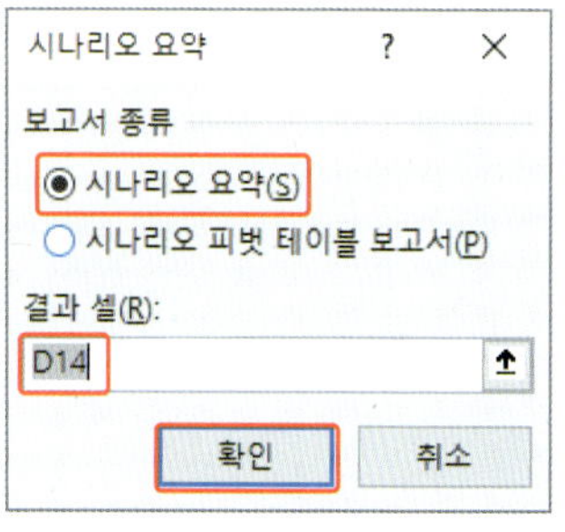

10 시나리오 요약 결과가 표시된 '시나리오 요약' 시트가 추가된다. 요약 결과의 셀 번호 대신 각 항목 이름을 입력해 이해하기 쉽게 수정한다.

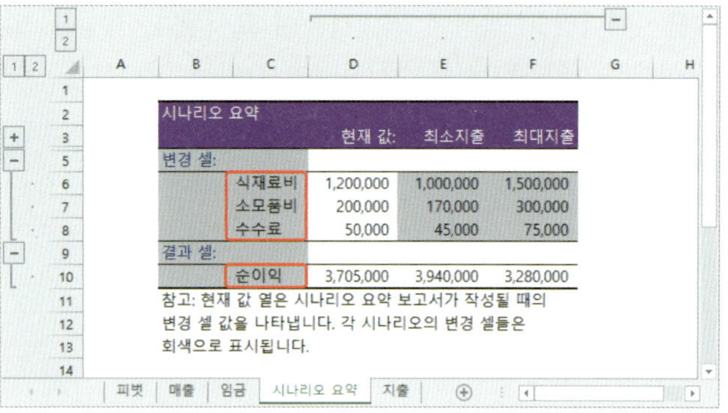

종합예제

이번 장에서 학습한 피벗 테이블을 활용하여 도서 판매 데이터의 월별 요약 보고서를 만들어 보자. 피벗 테이블에 요약해 놓은 데이터를 가져와 보고서 양식에 표시하기 위해 GETPIVOTDATA 함수를 이용한다.

1 '11장-종합.xlsx' 파일의 '도서' 시트를 열고 A2:E12 범위를 선택한다. 단축키 Ctrl+T를 눌러 [표 만들기] 대화상자가 나타나면 [확인]을 누른다.

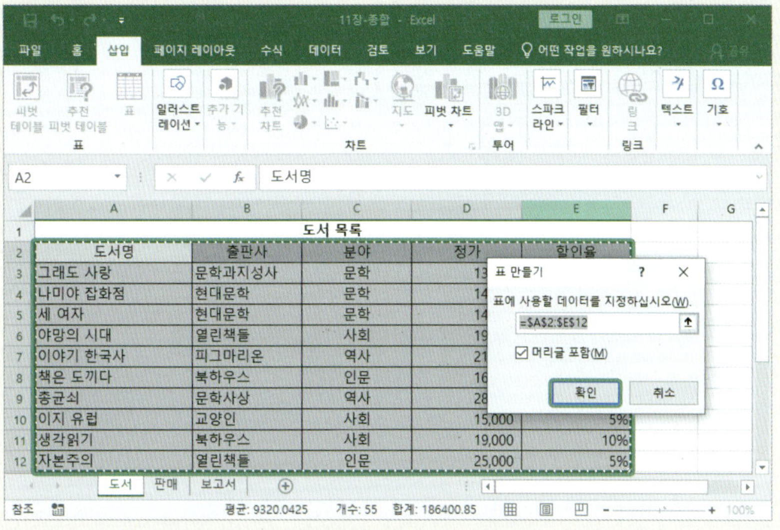

TIP 도서 목록을 표로 만들어두면 도서 정보를 참조하는 수식을 간단하게 작성할 수 있고, 새로운 도서가 목록에 추가되더라도 범위가 자동확장되므로 수식을 변경할 필요가 없다.

종합예제

2 표가 만들어지면 [표 도구]의 [디자인] 탭–[속성] 그룹–[표 이름]을 *도서목록*으로 수정하고, [표 도구]의 [표 스타일] 그룹–[빠른 스타일] 목록에서 [흰색, 표 스타일 밝게 1]을 선택한다.

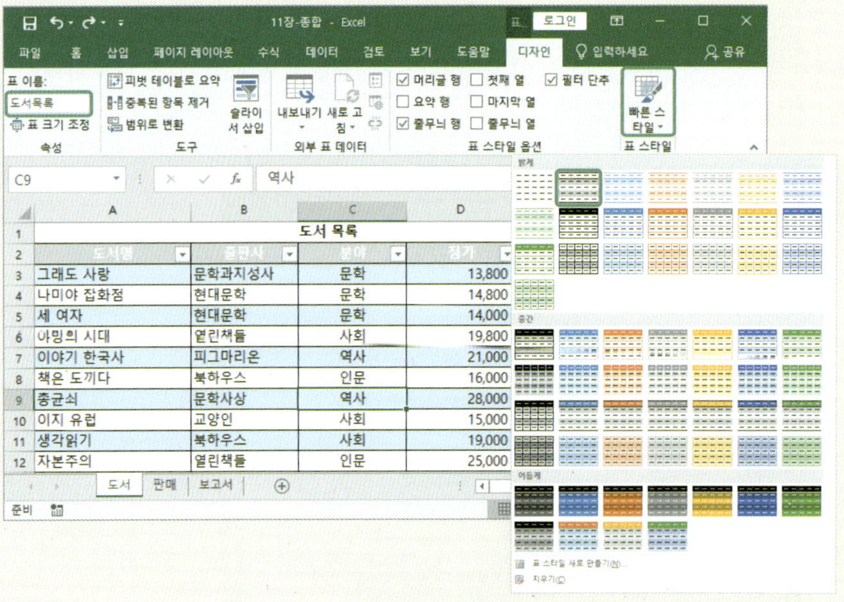

3 '판매' 시트를 열고 '도서명' 필드인 B3:B42 범위를 선택한다. [데이터] 탭–[데이터 도구] 그룹–[데이터 유효성 검사] 목록에서 [데이터 유효성 검사]를 선택한다.

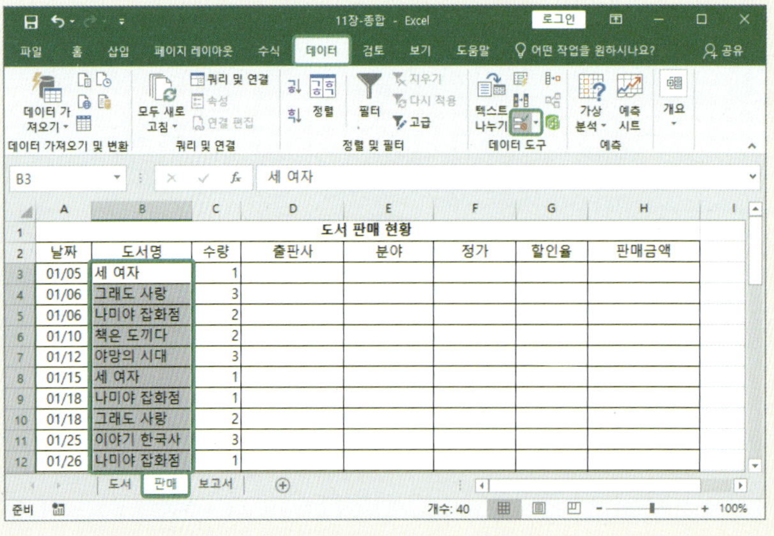

4 [데이터 유효성] 대화상자의 [설정] 탭에서 [제한 대상]은 [목록]을, [원본]은 '도서' 시트의 A3:A12 범위를 선택하여 *=도서!$A$3:$A$12*로 설정한 후 [확인]을 누른다.

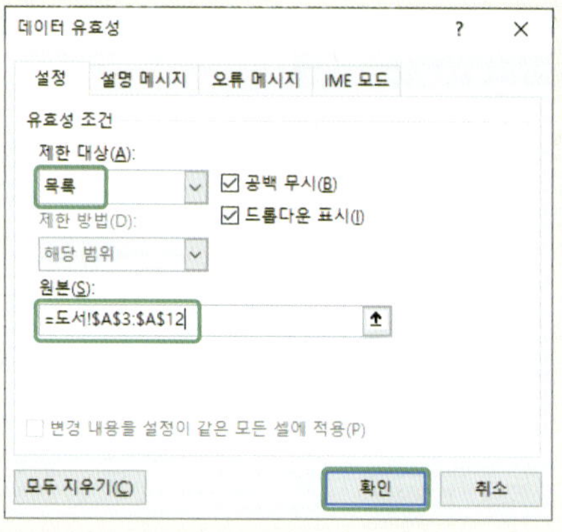

TIP 도서명을 직접 입력하는 대신 목록에서 간편하게 선택할 수 있고 입력 오류도 줄일 수 있다.

5 VLOOKUP 함수를 이용하여 '출판사', '분야', '정가', '할인율'을 '도서목록' 표에서 검색해 모두 표시한다. '정가' 필드는 [쉼표 스타일], '할인율' 필드는 [백분율 스타일]로 표시 형식을 설정한다.

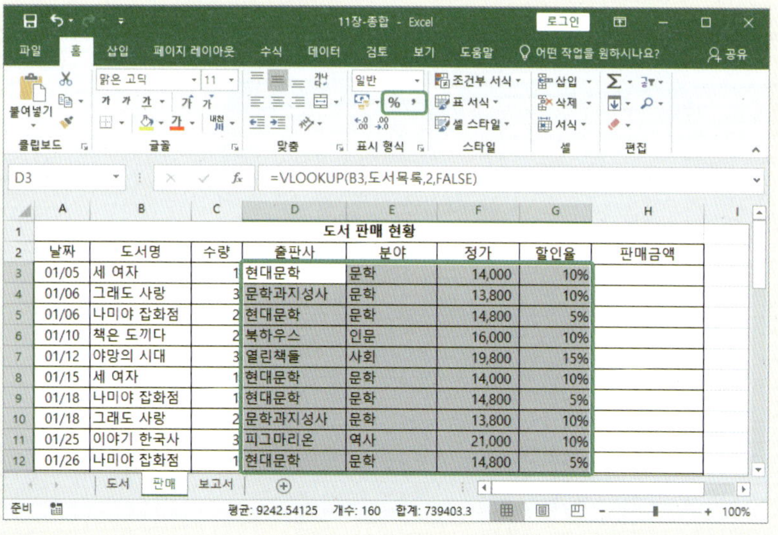

날짜	도서명	수량	출판사	분야	정가	할인율	판매금액
01/05	세 여자	1	현대문학	문학	14,000	10%	
01/06	그래도 사랑	3	문학과지성사	문학	13,800	10%	
01/06	나미야 잡화점	2	현대문학	문학	14,800	5%	
01/10	책은 도끼다	2	북하우스	인문	16,000	10%	
01/12	야망의 시대	3	열린책들	사회	19,800	15%	
01/15	세 여자	1	현대문학	문학	14,000	10%	
01/18	나미야 잡화점	1	현대문학	문학	14,800	5%	
01/18	그래도 사랑	2	문학과지성사	문학	13,800	10%	
01/25	이야기 한국사	3	피그마리온	역사	21,000	10%	
01/26	나미야 잡화점	1	현대문학	문학	14,800	5%	

TIP D3 셀에는 *=VLOOKUP(B3,도서목록,2,FALSE)*, E3 셀에는 *=VLOOKUP(B3,도서목록,3,FALSE)*, F3 셀에는 *=VLOOKUP(B3,도서목록,4,FALSE)*, G3 셀에는 *=VLOOKUP(B3,도서목록,5,FALSE)*을 입력하고, 수식을 자동 채우기로 복사해 다른 모든 행도 계산한다.

종합예제

6 H3 셀에 *=C3*F3*(1−G3)* 수식을 입력해 판매금액을 구하고 채우기 핸들을 더블클릭해 다른 행에 복사한다. 그림과 같이 표시 형식을 [회계]로, 소수 자릿수 없이 나타내도록 한다.

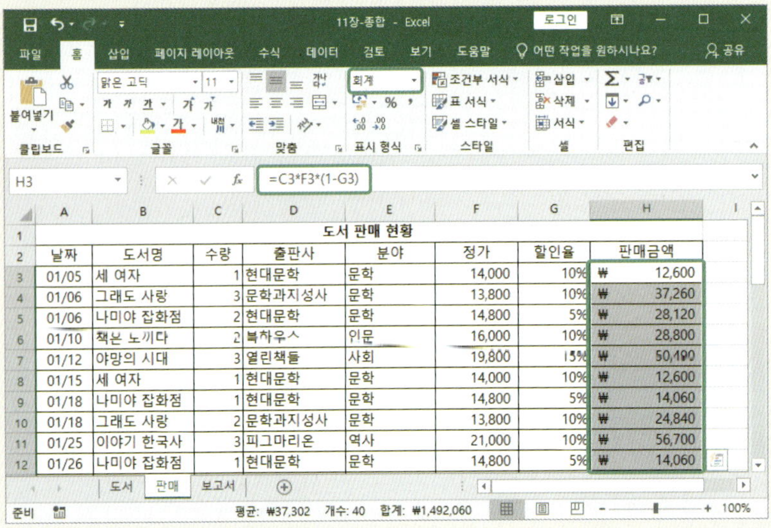

	A	B	C	D	E	F	G	H
1	도서 판매 현황							
2	날짜	도서명	수량	출판사	분야	정가	할인율	판매금액
3	01/05	세 여자	1	현대문학	문학	14,000	10%	₩ 12,600
4	01/06	그래도 사랑	3	문학과지성사	문학	13,800	10%	₩ 37,260
5	01/06	나미야 잡화점	2	현대문학	문학	14,800	5%	₩ 28,120
6	01/10	책은 도끼다	2	북하우스	인문	16,000	10%	₩ 28,800
7	01/12	야망의 시대	3	열린책들	사회	19,800	15%	₩ 50,490
8	01/15	세 여자	1	현대문학	문학	14,000	10%	₩ 12,600
9	01/18	나미야 잡화점	1	현대문학	문학	14,800	5%	₩ 14,060
10	01/18	그래도 사랑	2	문학과지성사	문학	13,800	10%	₩ 24,840
11	01/25	이야기 한국사	3	피그마리온	역사	21,000	10%	₩ 56,700
12	01/26	나미야 잡화점	1	현대문학	문학	14,800	5%	₩ 14,060

TIP 판매금액을 구하는 식은 *=수량*정가*(1−할인율)*이다.

7 데이터 영역 내 임의의 셀을 선택하고 [삽입] 탭–[표] 그룹–[피벗 테이블]을 누른다.

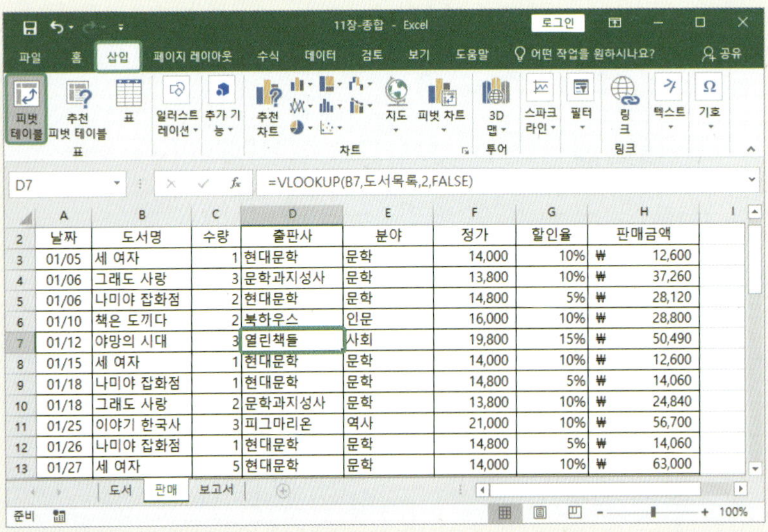

	A	B	C	D	E	F	G	H
2	날짜	도서명	수량	출판사	분야	정가	할인율	판매금액
3	01/05	세 여자	1	현대문학	문학	14,000	10%	₩ 12,600
4	01/06	그래도 사랑	3	문학과지성사	문학	13,800	10%	₩ 37,260
5	01/06	나미야 잡화점	2	현대문학	문학	14,800	5%	₩ 28,120
6	01/10	책은 도끼다	2	북하우스	인문	16,000	10%	₩ 28,800
7	01/12	야망의 시대	3	열린책들	사회	19,800	15%	₩ 50,490
8	01/15	세 여자	1	현대문학	문학	14,000	10%	₩ 12,600
9	01/18	나미야 잡화점	1	현대문학	문학	14,800	5%	₩ 14,060
10	01/18	그래도 사랑	2	문학과지성사	문학	13,800	10%	₩ 24,840
11	01/25	이야기 한국사	3	피그마리온	역사	21,000	10%	₩ 56,700
12	01/26	나미야 잡화점	1	현대문학	문학	14,800	5%	₩ 14,060
13	01/27	세 여자	5	현대문학	문학	14,000	10%	₩ 63,000

8 [피벗 테이블 만들기] 대화상자에서 범위는 '판매' 시트의 A2:H42로, 보고서 위치는 [새 워크시트]로 설정하고 [확인]을 누른다.

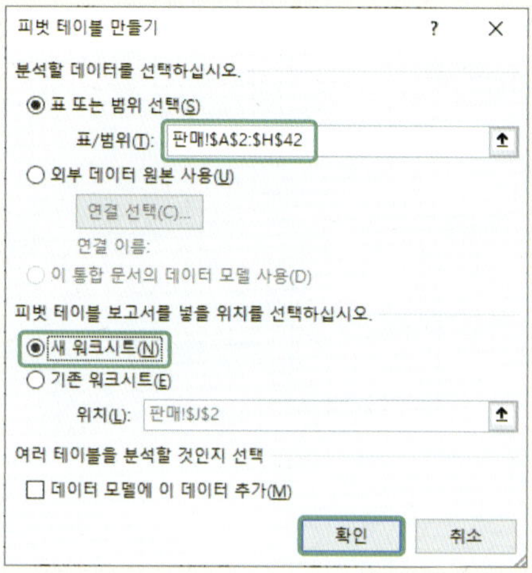

9 추가된 시트의 이름은 *요약*으로, 피벗 테이블의 이름은 *피벗*으로 수정한다. [피벗 테이블 필드] 작업 창에서 [필터] 영역에는 '출판사', [행] 영역에는 '분야', [열] 영역에는 '날짜'를 드래그하여 추가한다.

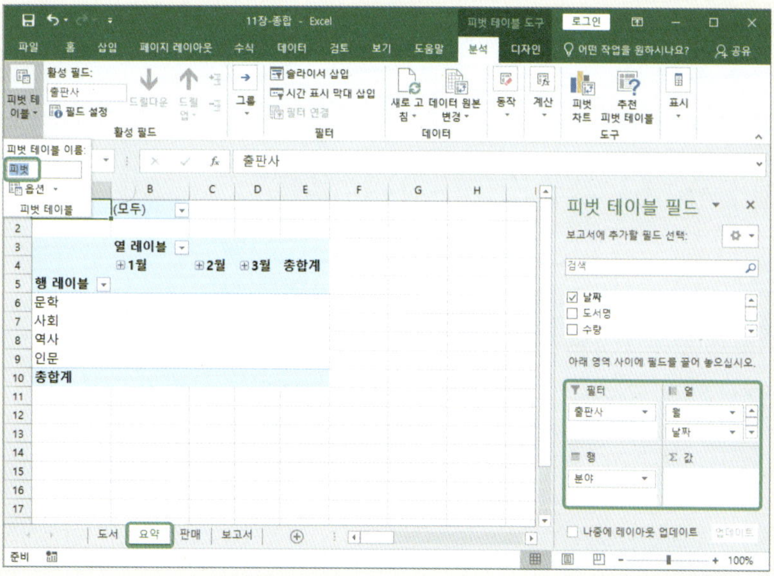

종합예제

10 [피벗 테이블 필드] 작업 창의 [열] 영역에서 '날짜'는 제거하고 [값] 영역에 '수량'과 '판매금액'을 끌어다 놓는다.

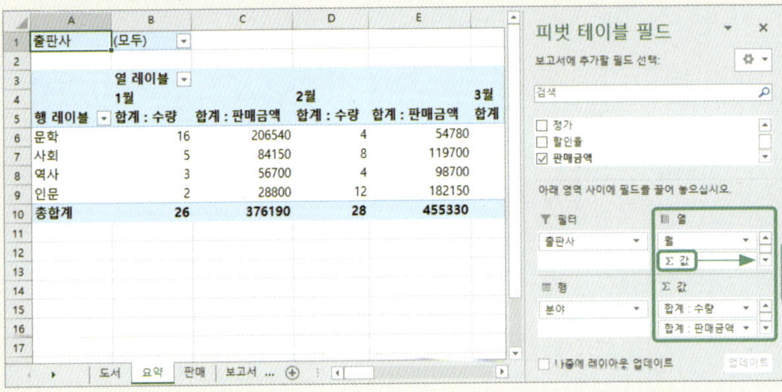

11 피벗 테이블에 요약된 값을 가져와 보고서 양식에 맞게 표시해 보자. 보고서 양식이 입력되어 있는 '보고서' 시트를 열고 C5 셀을 선택한다.

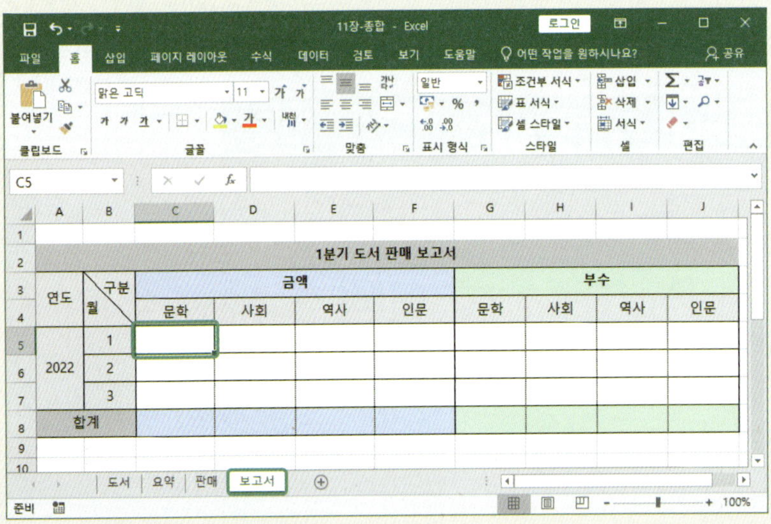

12 피벗 테이블의 판매금액 데이터를 가져오기 위해 C5 셀에 =을 입력하고 '요약' 시트의 C6 셀을 선택한 후 Enter 를 누른다.

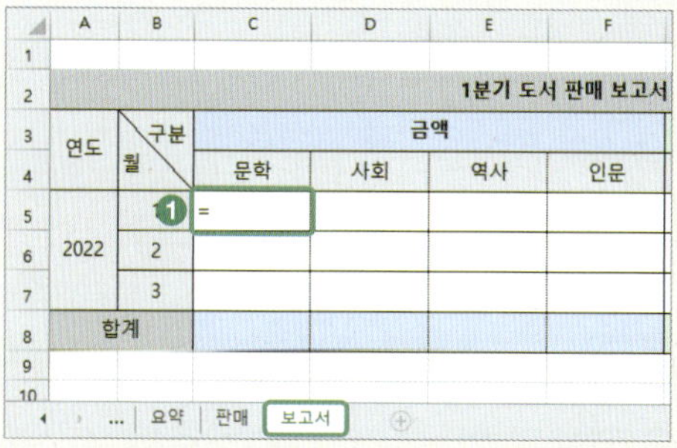

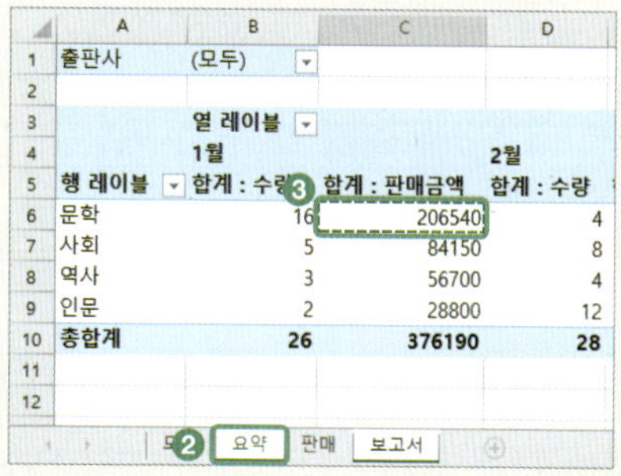

TIP 피벗 테이블에 있는 '문학' 분야의 1월 판매금액을 가져와 보고서 양식에 표시하기 위한 동작으로, [피벗 테이블 도구]의 [피벗 테이블]–[옵션]에 [GetPivotData 생성]이 선택되어 있어야 한다.

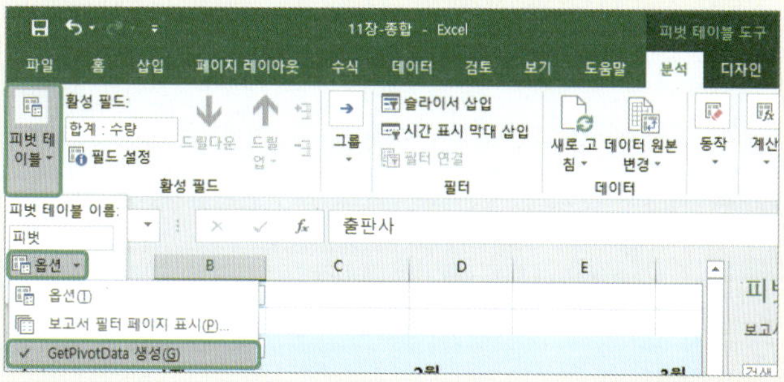

13 '보고서' 시트의 C5 셀에 GETPIVOTDATA 함수를 사용한 수식이 만들어진다. C5 셀의 수식을 *=GETPIVOTDATA("합계 : 판매금액",요약!$A$3,"분야",C$4,"월",$B5)*로 수정한다.

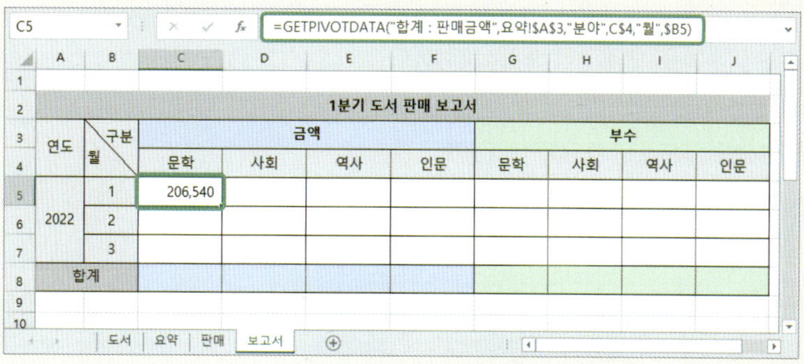

TIP 자동 생성되는 수식 =GETPIVOTDATA("합계 : 판매금액",요약!$A$3,"분야","문학","월",1)의 "문학"은 *C4* 셀로, 1은 *B5* 셀로 수정한다. 또, 수식을 다른 셀에 복사하기 위해 F4 를 눌러 C$4(행 고정)와 $B5(열 고정)의 혼합 참조 형식으로 설정해 둔다.

종합예제

14 C5 셀의 채우기 핸들을 드래그해 모든 분야의 1~3월 판매금액을 모두 표시한다.

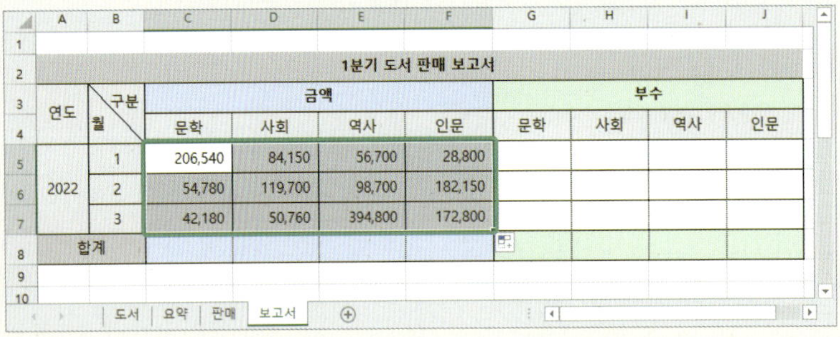

TIP 피벗 테이블에 있는 데이터가 바뀌면 GETPIVOTDATA 함수로 가져와 표시하는 값도 자동으로 변경되므로, 보고서를 번거롭게 수정할 필요가 없다.

15 피벗 테이블의 판매수량 데이터를 가져오기 위해 '보고서' 시트의 G5 셀에 =을 입력하고 '요약' 시트의 B6 셀을 선택한 후 Enter를 누른다.

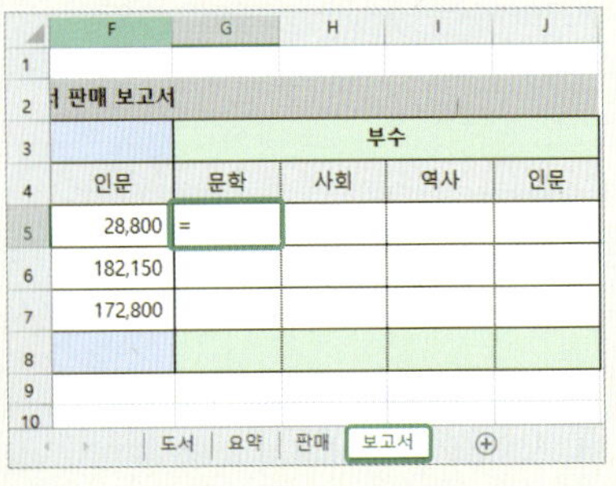

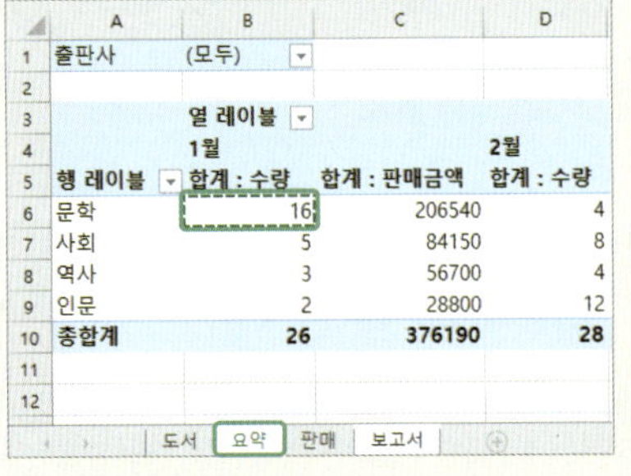

16 '보고서' 시트의 G5 셀의 수식을 *=GETPIVOTDATA("합계 : 수량",요약!$A$3,"분야",G$4,"월",$B5)*로 수정하고, 채우기 핸들을 드래그해 모두 표시한다.

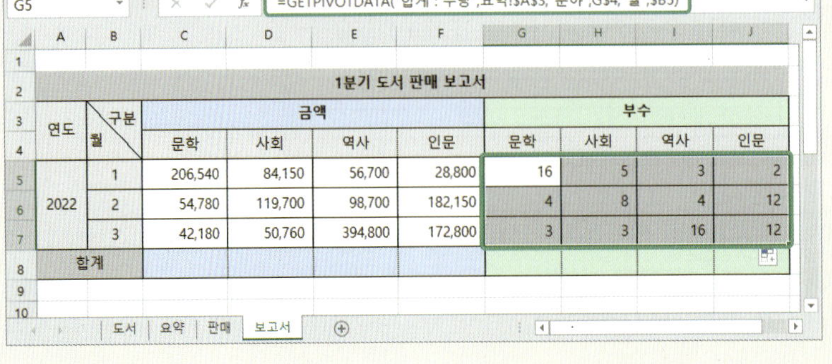

17 C8:J8 범위를 선택하고 [홈] 탭–[편집] 그룹–[자동 합계]를 눌러 합계를 모두 구한다.

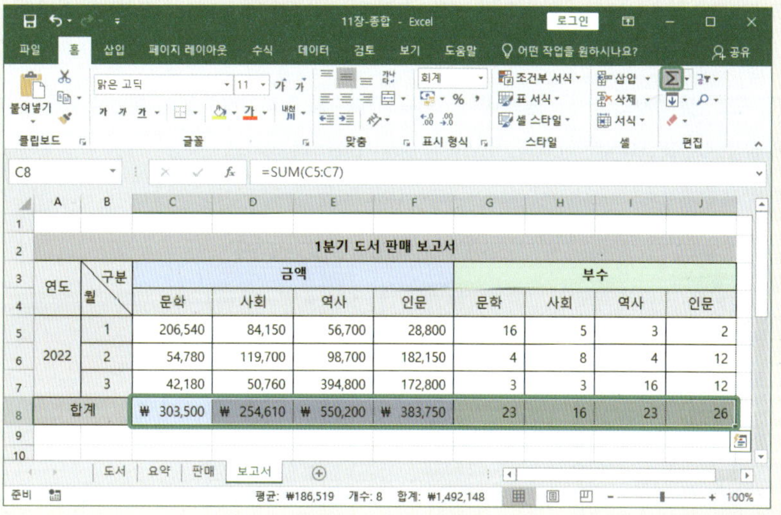

연습문제

1 '11장-연습.xlsx' 파일의 '연습1' 시트를 열어 목표값 찾기를 실행하고 요약 데이터를 표시하시오.

❶ 9행의 '야망의 시대' 도서의 판매금액이 40만 원이 되려면 판매수량이 몇 권이 되어야 하는지 목표값 찾기를 이용하여 찾으시오.

❷ 도서 판매 현황 데이터를 표로 변환하시오. 다음 그림과 같이 요약 행('판매수량' 합계, '분야' 개수, '할인율' 평균, '판매금액' 합계)과 표시 형식을 설정하고, 표 스타일(연한 파랑, 표 스타일 밝게 16)을 설정하시오.

	A	B	C	D	E	F	G
1	도서 판매 현황						
2	도서명	판매수량	출판사	분야	정가	할인율	판매금액
3	순간의 꽃	10	현대문학	문학	8,500	10%	₩ 76,500
4	그래도 사랑	35	문학과지성사	문학	13,800	10%	₩ 434,700
5	나미야 잡화점	22	현대문학	문학	14,800	10%	₩ 293,040
6	인생수업	15	휴	종교	13,000	10%	₩ 175,500
7	자본주의	13	진명출판	경제	17,000	10%	₩ 198,900
8	책은 도끼다	21	북하우스	인문	16,000	10%	₩ 302,400
9	야망의 시대	20	열린책들	사회	19,800	15%	₩ 336,600
10	경제학자의 생	16	교양인	경제	15,000	10%	₩ 216,000
11	엄마 수업	12	휴	가정	12,000	10%	₩ 129,600
12	책먹는 여우	31	세종서적	문학	8,500	10%	₩ 237,150
13	생각읽기	14	비전	경제	14,800	10%	₩ 186,480
14	총균쇠	28	북하우스	역사	28,000	10%	₩ 705,600
15	인사이드 아웃	9	북하우스	문학	9,500	10%	₩ 76,950
16	이야기 한국사	30	피그마리온	역사	15,000	15%	₩ 382,500
17	과학혁명의 구	26	북하우스	과학	18,000	10%	₩ 421,200
18	베이비 위스퍼	8	세종서적	가정	19,500	10%	₩ 140,400
19	로맨틱 한시	6	비전	문학	15,000	10%	₩ 81,000
20	뇌물의 역사	5	교양인	역사	16,800	10%	₩ 75,600
21	프랑스 아이처	14	세종서적	가정	15,000	15%	₩ 178,500
22	요약	총 335권		총 19분야		평균 11%	₩ 4,648,620

2 '11장-연습.xlsx' 파일의 '연습2' 시트를 열고 다음 조건에 맞게 피벗 테이블을 작성하시오.

❶ 품목별 소비자물가상승률 데이터를 이용해 새 시트에 피벗 테이블을 삽입하고, 다음 그림과 같이 구성되도록 [행], [열], [값] 영역에 필드를 배치하시오. 시트 이름은 '분기 요약'으로 수정하시오.

❷ '월' 필드는 분기별로 그룹화하고, [값 요약 기준]은 [평균]으로 설정하시오.

❸ [필드 표시 형식]을 이용해 소수 자릿수를 한 자리로 설정하고, 필드 이름을 '식료품 평균', '의류/신발 평균', ..., '통신 평균' 등으로 수정하고, [필드 머리글] 표시는 해제하시오.

❹ [피벗 테이블 도구]의 [피벗 테이블 스타일 옵션]에서 [줄무늬 행]을 선택하고, [피벗 테이블 스타일] 목록에서 [연한 파랑, 피벗 스타일 밝게 2]로 설정하시오.

소비자물가상승률 분기 요약 (단위 : %)

	식료품 평균	의류/신발 평균	주택 평균	교통 평균	통신 평균
1사분기	5.0	3.5	2.5	3.0	-1.2
2사분기	6.2	3.7	3.8	5.0	-1.7
3사분기	0.9	2.7	1.9	-3.3	-0.1
4사분기	2.4	2.3	0.1	-1.4	0.1
연평균	**3.6**	**3.0**	**2.1**	**0.8**	**-0.7**

연습1 | 분기 요약 | 연습2

3 '11장-연습.xlsx' 파일의 '연습3' 시트를 열고 다음 조건에 맞게 작성하시오.

❶ H2 셀의 '환율(원/달러)'을 적용하여 '총 구매액(원)'을 계산한 결과를 H4 셀에 표시하시오.

❷ '총 구매액(원)'이 20만 원을 초과하는 경우 관부가세가 부과된다면, 관부가세를 피하려면 '환율(원/달러)'이 얼마일 때 물품을 구매해야 하는지 계산하시오.

❸ 환율이 1,100원일 때, 환율이 1,150원일 때, 환율이 1,200원일 때 '총 구매액(원)'에 대한 세 가지 시나리오를 만들어 환율 변동에 따른 요약 보고서를 다음 그림과 같이 새 시트에 작성하시오.

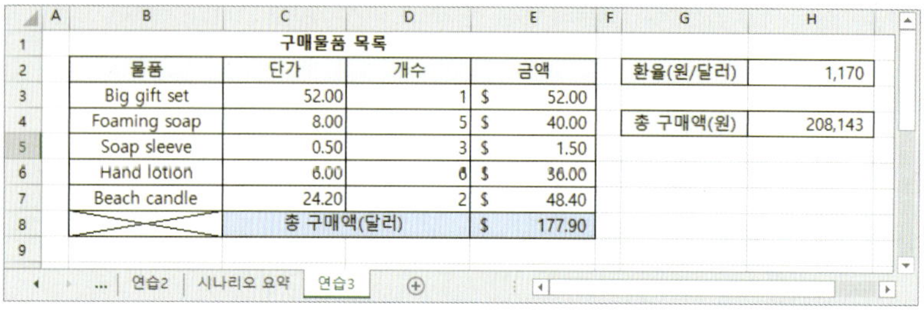

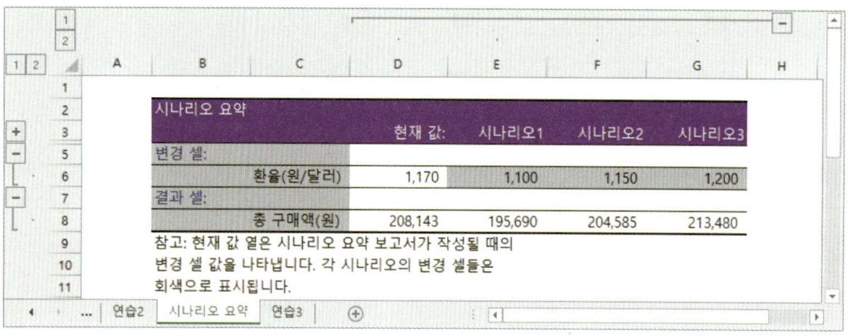

CHAPTER 12

파워 쿼리와 매크로

학습목표

- 파워 쿼리로 데이터를 관리할 수 있다.
- 매크로를 기록하고 실행할 수 있다.
- 매크로를 편집하고 삭제할 수 있다.

SECTION 01

파워 쿼리 활용하기

엑셀의 파워 쿼리(Power Query)는 데이터를 관리하고 통합할 때 편리하게 사용할 수 있는 도구로, 엑셀 2016 버전부터 기본으로 제공된다. 파워 쿼리를 사용하면 엑셀 파일이나 텍스트 파일, CSV(Comma Seperated Value) 파일 등 다양한 형식의 원본 데이터를 필요한 형태로 변환하거나 재구성할 수 있다. 모든 작업이 단계별로 기록되기 때문에 일부 작업을 수정하거나 반복 실행하기가 간편하다. 또한, 여러 개 파일이나 시트로 흩어져 있는 관련 데이터를 연결하여 취합해 데이터를 찾고 정리하는 작업을 간단하게 자동화할 수 있다.

1.1 파워 쿼리의 동작

파워 쿼리는 원본 데이터에서 데이터를 가져와 원하는 형태로 바꾼 후 워크시트에 내보내는 세 가지 동작으로 이루어진다. 원본 데이터는 엑셀 통합 문서를 비롯해 다양한 형태의 파일을 가져와 연결할 수 있고, 파워 쿼리 편집기에서 데이터를 변환하더라도 연결된 원본 데이터에는 영향을 주지 않는다. 파워 쿼리 편집기의 기능을 이용해 데이터를 추출하고 제거하거나 형식을 변경, 계산하는 등 다양한 작업을 수행할 수 있다. 특히, 두 개 이상의 필드를 기준으로 데이터를 연결하여 병합하거나 시트 여러 개에 저장된 데이터를 하나의 표로 통합하는 변환 작업을 수행할 수 있다. 변환한 데이터는 필요에 따라 엑셀의 새 워크시트나 기존 워크시트에 다양한 형태로 내보낼 수 있다.

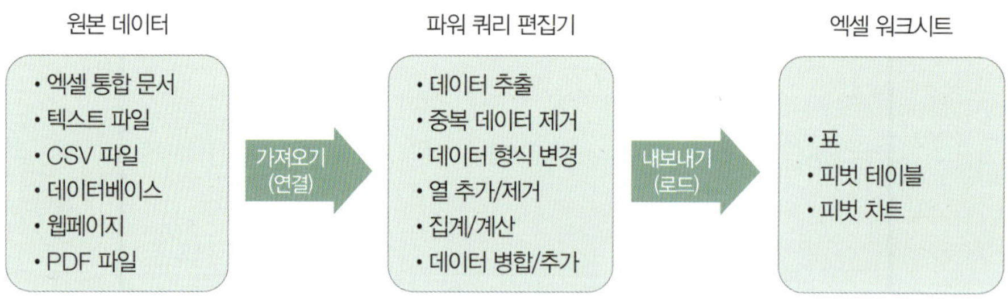

1.2 파워 쿼리의 활용

파워 쿼리 편집기는 데이터 처리를 위한 다양한 기능을 제공하여 실무에서 매우 유용하게 활용된다. 이 절에서는 다른 파일을 연결해 데이터를 추출하는 파워 쿼리의 기본 사용법과 연관된 데이터를 하나의 테이블로 병합하는 방법을 알아보기로 한다.

기본예제 12-1 파워 쿼리로 데이터 연결하고 분리하기

다른 파일에 저장되어 있는 데이터를 가져와 필요한 정보만 추출하려면 8장에서 학습한 [기본예제 8-1]과 [기본예제 8-2]에서처럼 텍스트 마법사를 사용해도 된다. 텍스트 마법사를 사용하는 경우에는 원본 파일에서 추가나 삭제 등 변경이 일어나면 데이터 가져오기 작업을 다시 수행해야 한다. 하지만 파워 쿼리를 이용하면 새로 고침 기능으로 원본 데이터의 수정 사항을 즉각 반영할 수 있다. 파워 쿼리를 이용해 다른 파일을 연결하고 필요한 정보를 추출하는 방법을 알아보자.

01 '12장.xlsx' 파일을 열고 [데이터] 탭-[데이터 가져오기] 목록의 [파일에서]-[통합 문서에서]를 누른다.

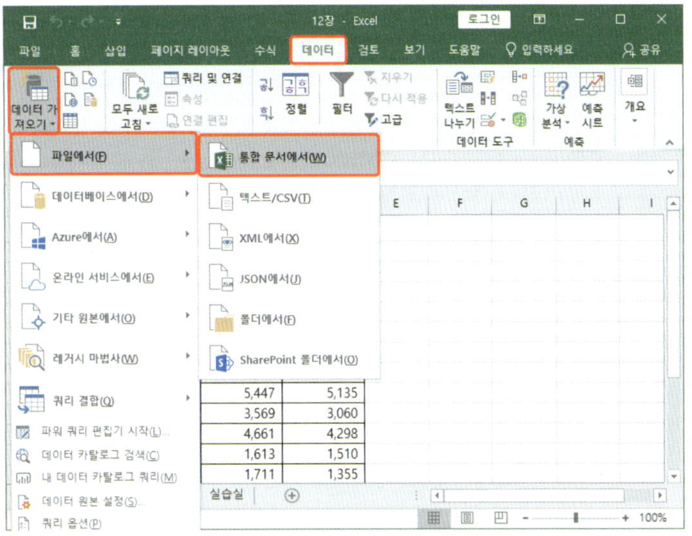

02 [데이터 가져오기] 대화상자에서 '설치현황.xlsx' 파일을 선택한다.

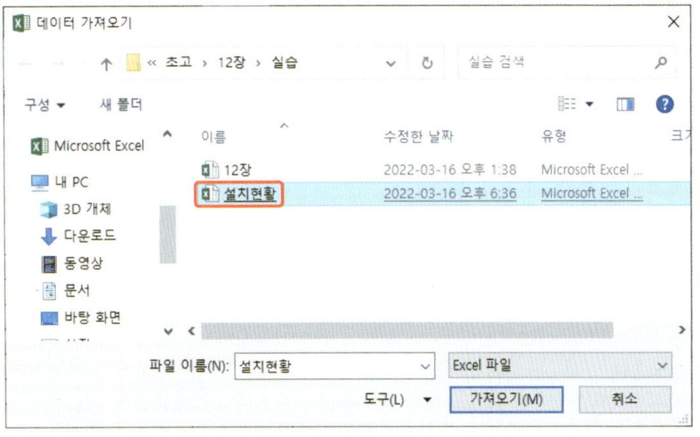

03 [탐색 창]이 나타나면 [설치현황.xlsx] 파일–[카메라] 시트를 선택하고 [데이터 변환]을 누른다.

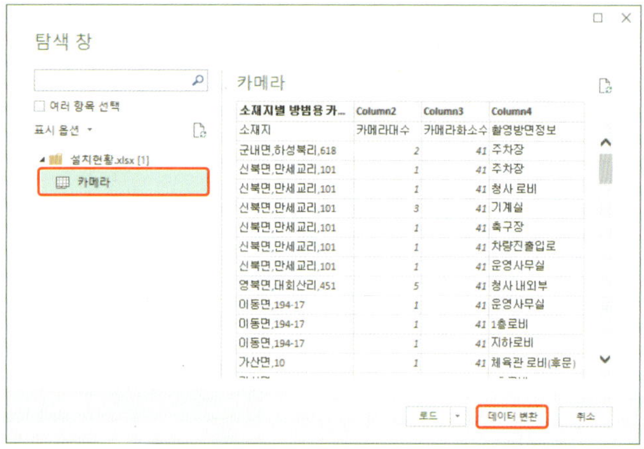

04 '소재지', '카메라대수' 등이 있는 첫 행을 열 머리글로 지정하기 위해 [Power Query 편집기] 대화상자가 나타나면 [홈] 탭–[첫 행을 머리글로 사용]을 누른다.

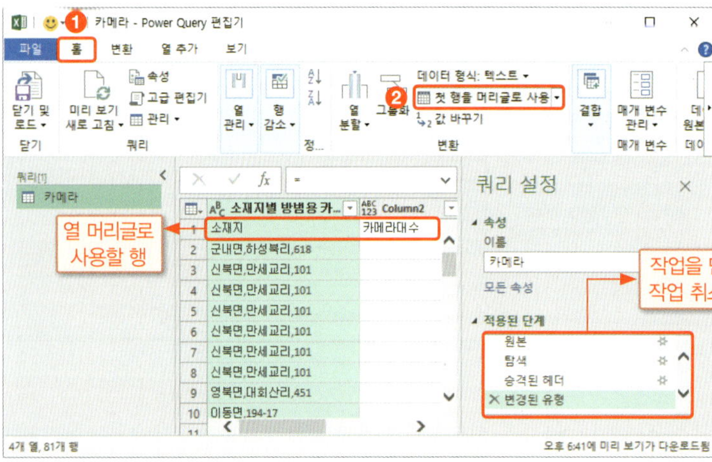

05 소재지 데이터 중에서 '~면' 정보만 추출하기 위해 첫 번째 열을 선택하고 [변환] 탭–[텍스트] 그룹의 [추출] 목록–[구분 기호 앞 텍스트]를 누른다.

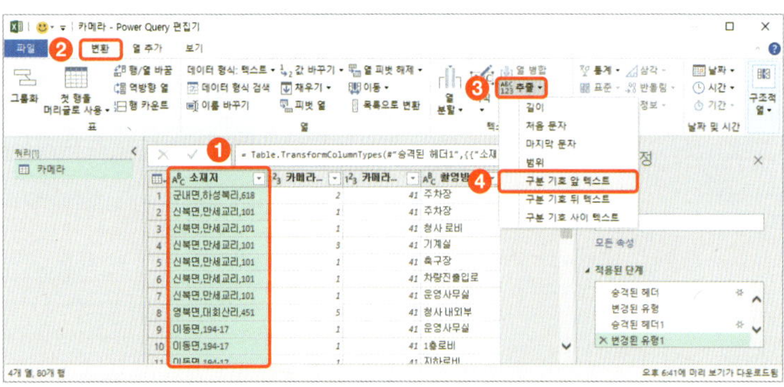

06 [구분 기호 앞 텍스트] 대화상자가 나타나면 [구분 기호]에 ,를 입력하고 [확인]을 누른다.

07 '소재지' 열에 필요한 정보만 추출되어 표시된다. 데이터 변환을 위해 작성한 쿼리를 저장하기 위해 [홈] 탭–[닫기 및 로드]–[닫기 및 다음으로 로드]를 누른다.

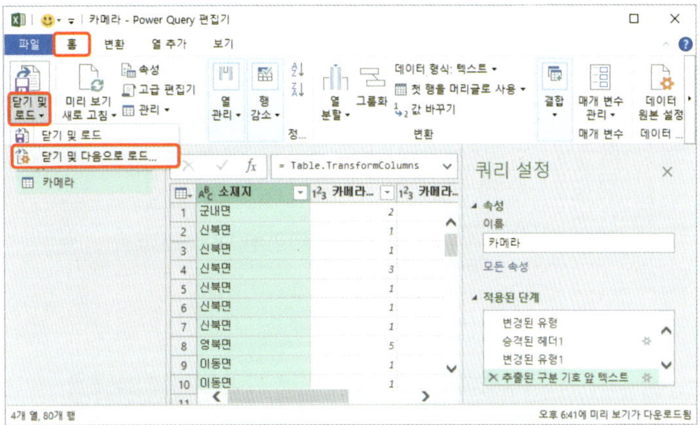

TIP [닫기 및 로드]를 누르면 파워 쿼리로 변환한 데이터가 새 시트로 만들어진다. 이번 실습에서는 변환한 데이터를 따로 만들지 않고 다음 작업을 위해 작성한 쿼리만 저장해 둔다.

08 [데이터 가져오기] 대화상자에서 [연결만 만들기]를 선택하고 [확인]을 누른다. [쿼리 및 연결] 작업 창의 쿼리 목록에 작성한 쿼리가 표시된다.

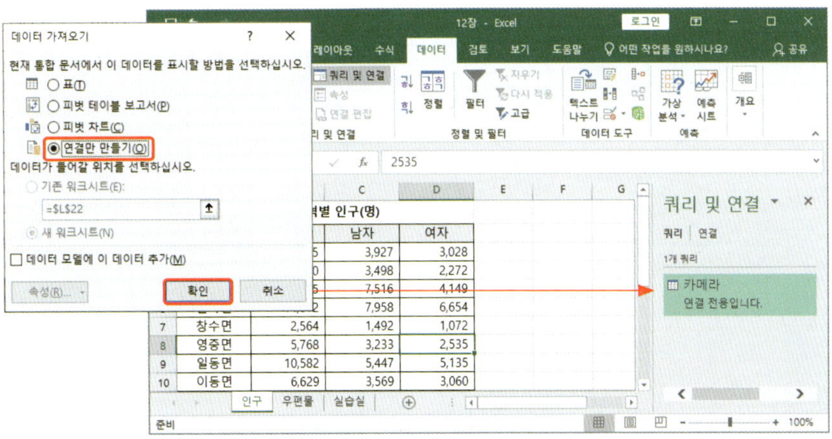

TIP 쿼리 목록에서 [카메라] 쿼리를 더블클릭하면 [Power Query 편집기]가 나타나 쿼리를 수정할 수 있다.

여기서 잠깐 ▶ 원본 데이터가 변경되는 경우의 쿼리 새로 고침 기능

원본 파일에 데이터가 추가되는 등의 변경이 발생하면 쿼리 편집기의 새로 고침 기능을 이용해 변경 사항을 적용한다. 그림과 같이 '카메라' 쿼리에 연결된 원본 파일('설치현황.xlsx')에 새로운 데이터가 추가되는 경우, 쿼리의 새로 고침을 사용하면 데이터를 단순히 추가하는 것이 아니라 원하는 형태로 변환한다. 쿼리에 기록된 단계별 작업이 추가된 데이터에 자동으로 적용되기 때문이다.

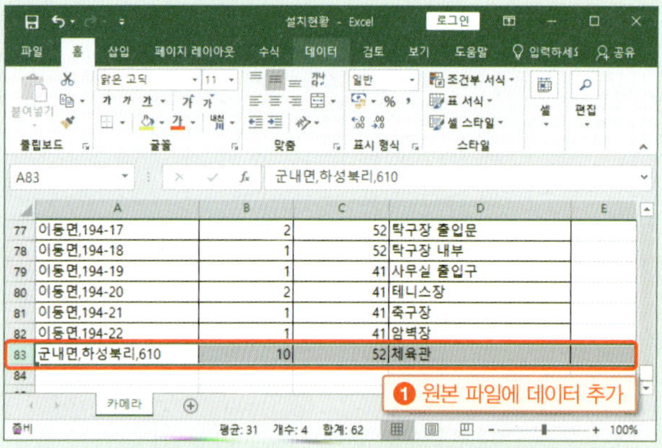

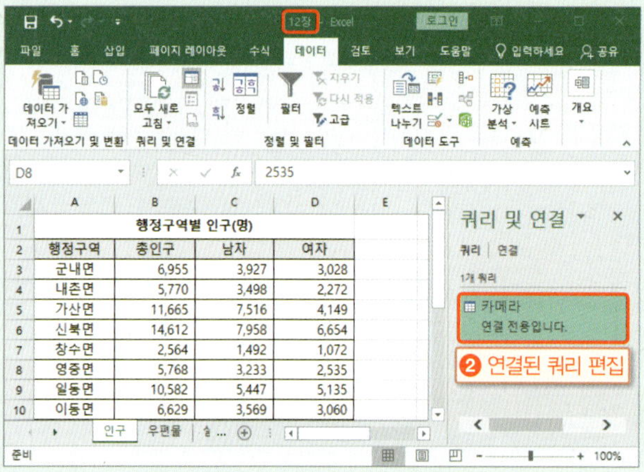

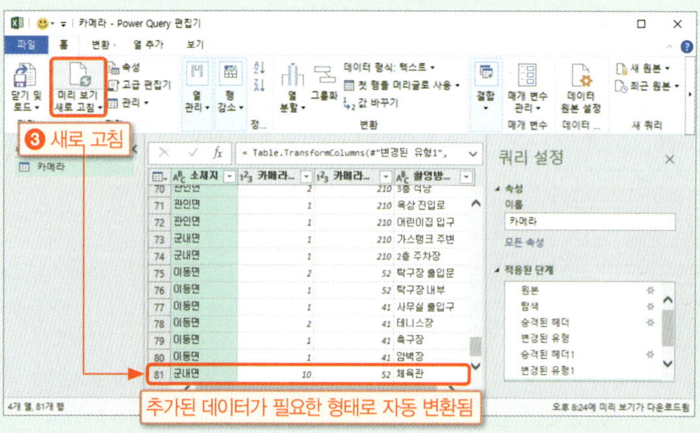

기본예제 12-2 파워 쿼리로 데이터 병합하기

[기본예제 12-1]에서 사용한 '카메라' 데이터를 '인구' 데이터와 병합하여 행정구역별로 인구 수 대비 카메라 설치 대수를 분석해 보려고 한다. 파워 쿼리의 병합 기능을 이용해 두 시트로 나뉘어 관리되고 있는 데이터를 통합하는 방법을 알아보자.

01 '12장.xlsx' 파일의 '인구' 시트를 열고 [데이터] 탭–[데이터 가져오기 및 변환] 그룹–[테이블/범위에서]를 누른다.

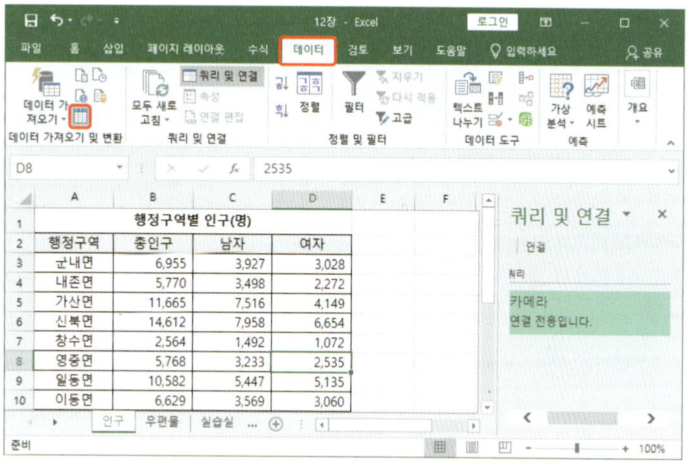

02 [표 만들기] 대화상자에서 데이터 범위를 *$A$2:$D$13*으로 설정하고 [확인]을 누른다.

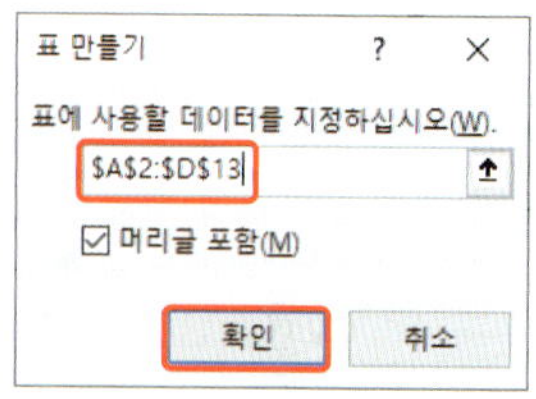

TIP 파워 쿼리에서는 사용할 데이터 범위를 표 형태로 먼저 변환한다.

03 쿼리 목록에서 현재 쿼리를 더블클릭하고 쿼리 이름을 *분석*으로 수정한다.

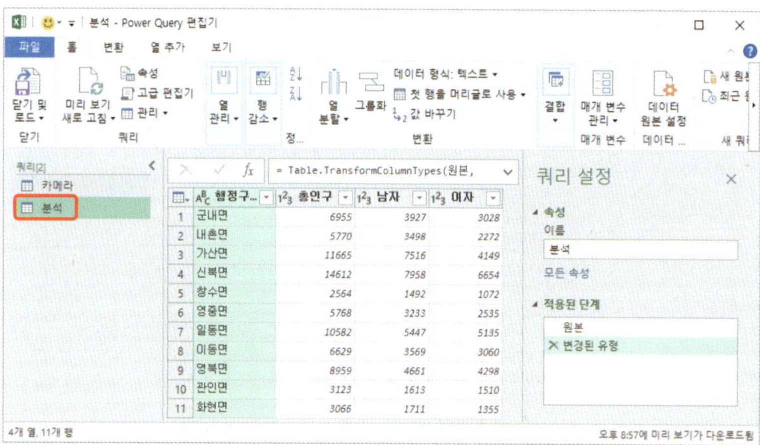

04 [홈] 탭-[결합] 목록에서 [쿼리 병합]을 선택한다.

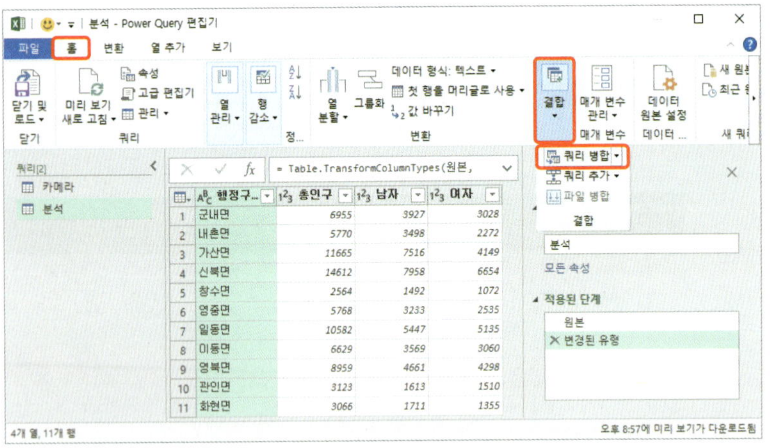

05 [병합] 대화 상자에서 병합할 쿼리 목록에서 [카메라]를 선택한다.

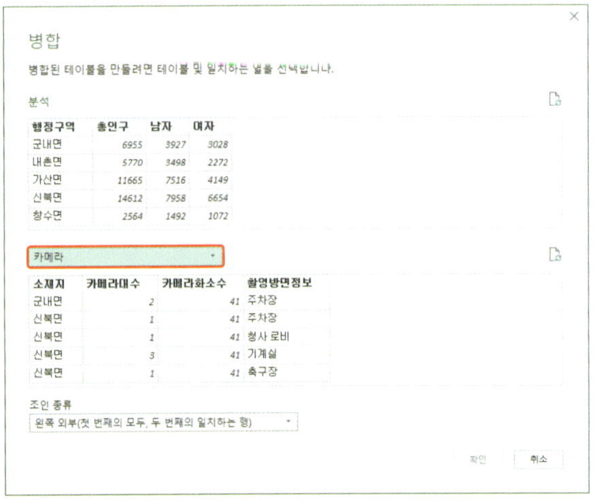

06 [분석] 쿼리의 '행정구역' 열과 [카메라] 쿼리의 '소재지' 열을 마우스로 선택하고 [확인]을 누른다.

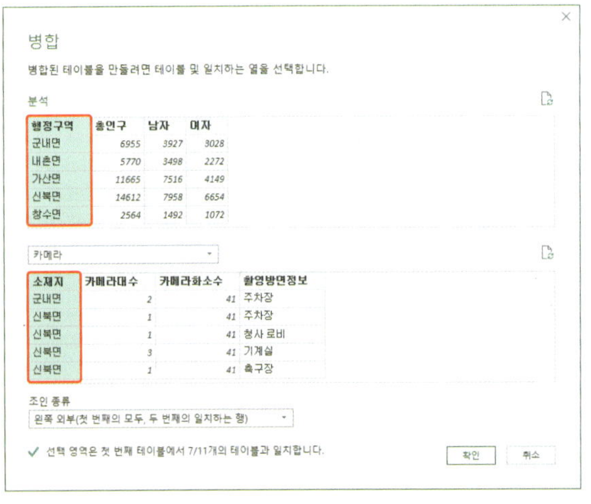

TIP 선택한 각 열이 데이터를 병합하는 기준이 된다.

07 병합 결과가 미리 보기에 표시된다. 추가된 '카메라' 열의 [확장] 단추를 눌러 [집계] 항목의 [Σ합계 카메라대수개]를 선택하고 [확인]을 누른다.

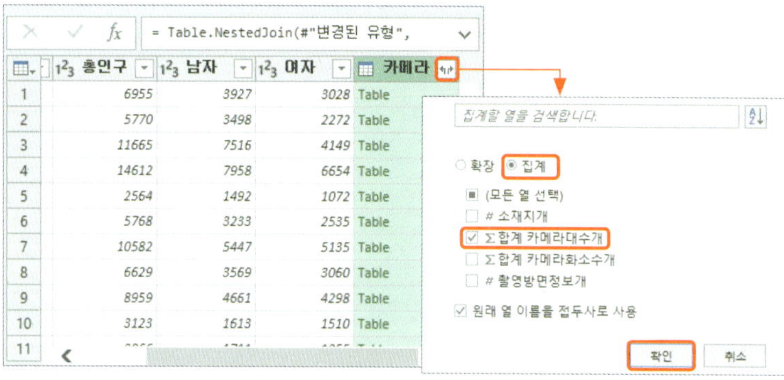

08 데이터 분석에 필요하지 않은 '남자'와 '여자' 열을 선택하고 [홈] 탭–[열 관리] 그룹–[열 제거]를 눌러 제거한다.

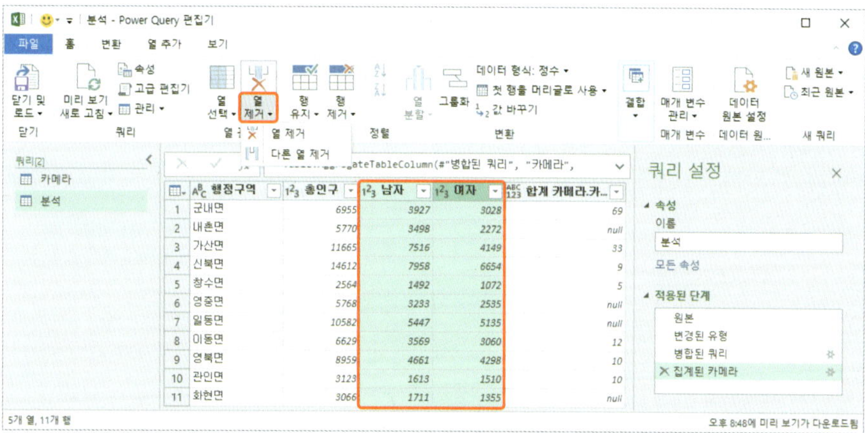

09 '합계 카메라대수개' 열의 열 머리글을 더블클릭해 *카메라 대수*로 수정한다.

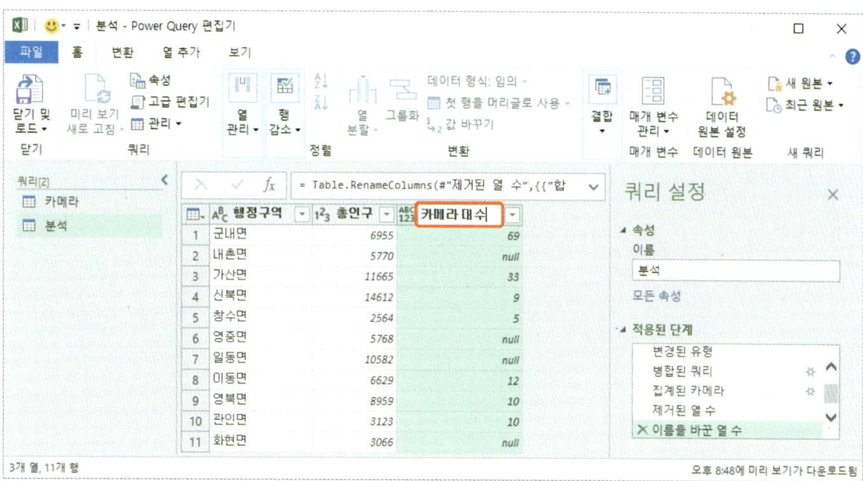

10 [열 추가] 탭–[일반] 그룹의 [사용자 지정 열]을 선택한다.

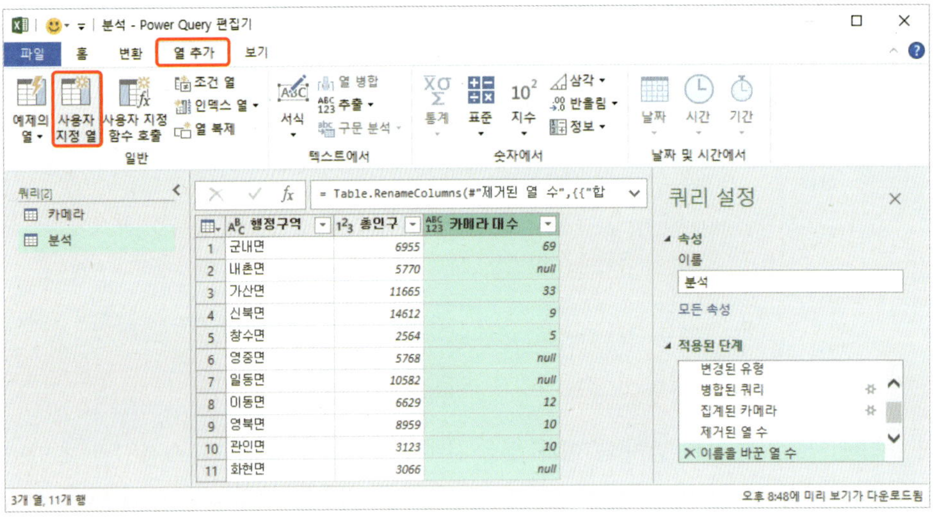

11 [사용자 지정 열] 대화상자의 [새 열 이름]에 *카메라 당 인구수*라고 입력하고, [사용자 지정 열 수식]은 *=[총인구]/[카메라 대수]*를 입력한 후 [확인]을 누른다.

TIP [사용 가능한 열] 목록에서 열 이름을 더블클릭하거나, 열 이름을 선택하고 [삽입] 단추를 누르면 수식을 쉽게 작성할 수 있다.

12 '카메라 당 인구수' 열의 [ABC/123 열 데이터 형식] 단추를 누르고 데이터 형식 목록에서 [정수]를 선택한다.

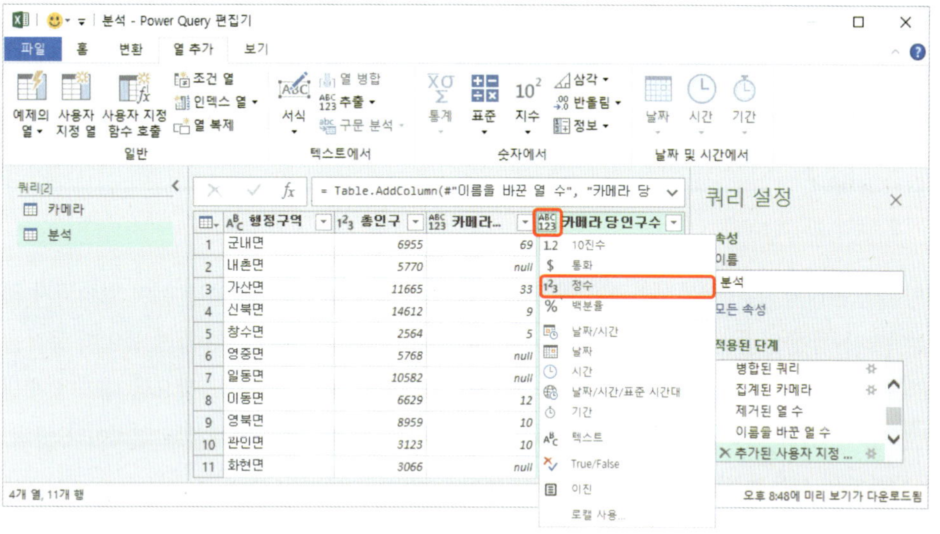

13 [홈] 탭–[닫기] 그룹–[닫기 및 로드]를 누르면 쿼리에서 작업한 결과 데이터가 새 시트에 만들어진다. 시트 이름을 *통합분석*으로 변경한다.

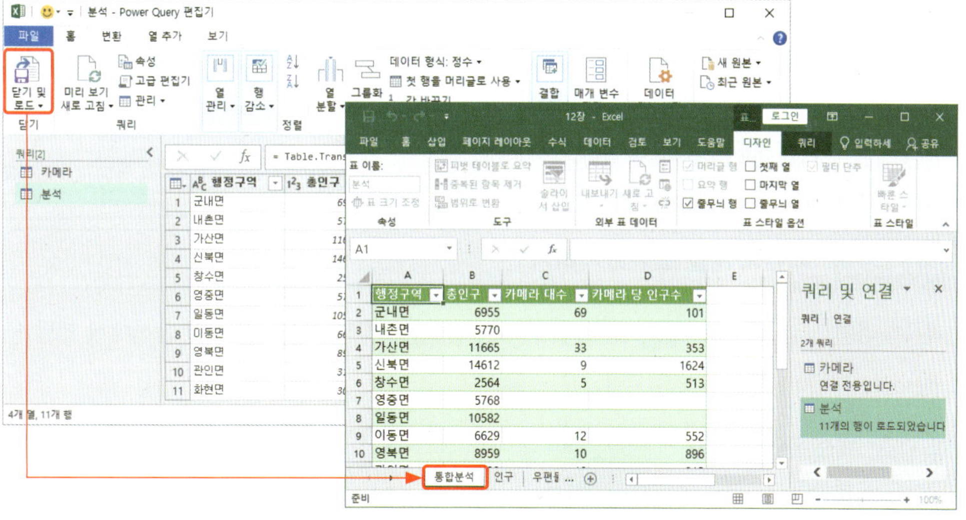

TIP 카메라 설치 현황이나 인구 데이터가 변동되는 경우, '분석' 쿼리의 새로 고침 기능을 수행하면 데이터를 추출하고 통합하는 모든 작업이 자동으로 처리된다.

SECTION 02

매크로 만들기

엑셀에서 데이터를 관리할 때는 반복적인 작업이 필요한 경우가 종종 있다. 예를 들면 값이 입력되지 않은 빈 셀을 없애거나 셀에 입력된 값을 다른 셀로 복사하거나 이동하는 경우이다. 이렇게 동일한 동작을 여러 번 실행하는 경우에는 매크로를 활용할 수 있다. 매크로는 동작을 기록해 놓고 필요할 때마다 재생하여 작업을 실행하는 도구로 사용자가 직접 만들어 사용하는 메뉴이다. 매크로에서는 입력이나 클릭, 서식 설정 등 대부분의 사용자 작업을 모두 기록할 수 있다.

2.1 매크로 기록

매크로는 사용자의 동작을 단계별로 캡처하듯이 기록하여 VBA(Visual Basic for Applications) 코드로 자동 변환한 뒤 저장하는 방식으로 만든다. VBA 코드를 알지 못하더라도 엑셀에서 제공하는 [개발 도구]를 이용하면 매크로를 쉽게 만들고 활용할 수 있다. [개발 도구]는 엑셀의 기본 메뉴에는 표시되지 않으므로 [Excel 옵션]에서 메뉴에 먼저 등록한 후 사용할 수 있다. 엑셀 메뉴에 [개발 도구]를 표시하는 방법과 작업 동작을 매크로에 기록하는 방법을 알아본다.

기본예제 12-3 메뉴에 개발 도구 표시하기

매크로를 기록하려면 리본 메뉴에 [개발 도구] 탭을 표시해야 한다. 엑셀의 환경 설정 옵션에서 개발 도구를 리본 메뉴에 추가하는 방법을 알아보자.

01 '12장.xlsx' 파일을 열고 [파일] 탭–[옵션]을 선택한다.

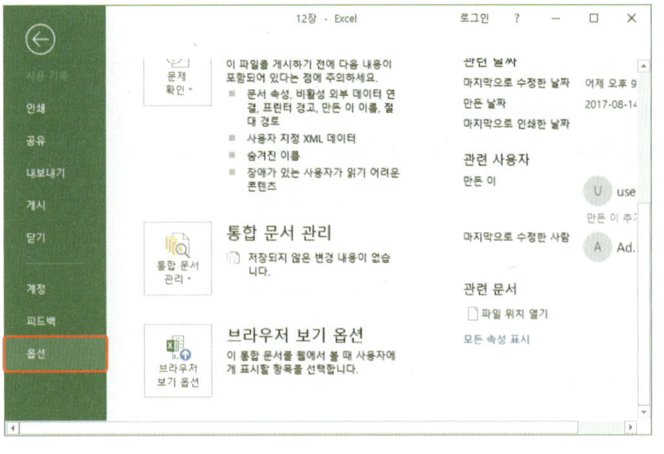

02 [Excel 옵션] 대화상자에서 [리본 사용자 지정]을 누른다. [리본 메뉴 사용자 지정]–[기본 탭] 목록에서 [개발 도구]를 선택하고 [확인]을 누른다.

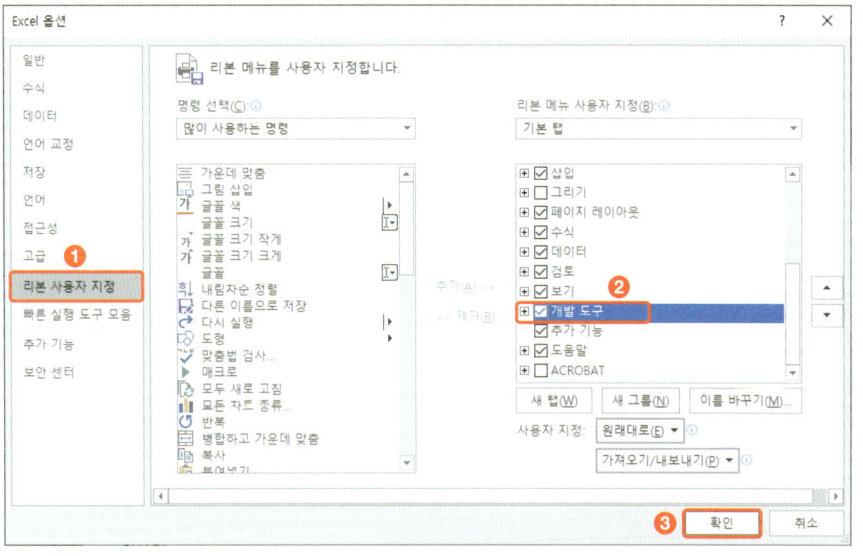

03 리본 메뉴에 [개발 도구] 탭이 나타난다. 이제 [코드] 그룹에서 매크로 관련 도구를 선택할 수 있다.

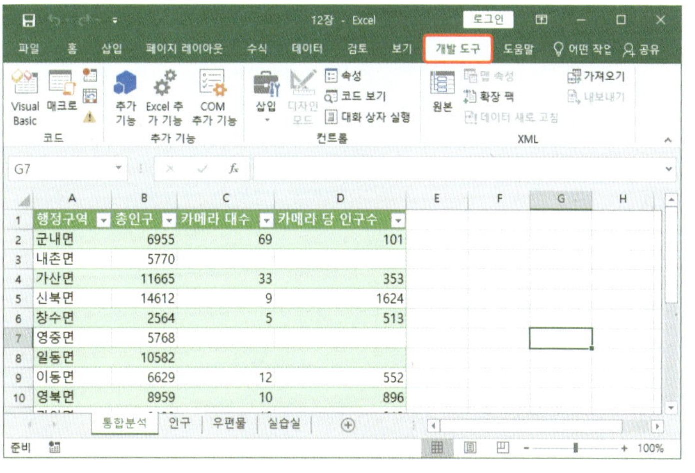

기본예제 12-4 매크로 기록하고 저장하기

고급 필터를 이용하여 데이터를 필터링한 후 그 결과를 새 시트에 표시하려고 한다. 고급 필터는 동일 시트 내에만 필터 결과를 표시할 수 있어서, 매크로를 이용해 필터 결과 데이터를 새 시트로 이동시키도록 하자.

01 '12장.xlsx' 파일의 '우편물' 시트에서 [개발 도구] 탭-[코드] 그룹-[매크로 기록]을 누른다.

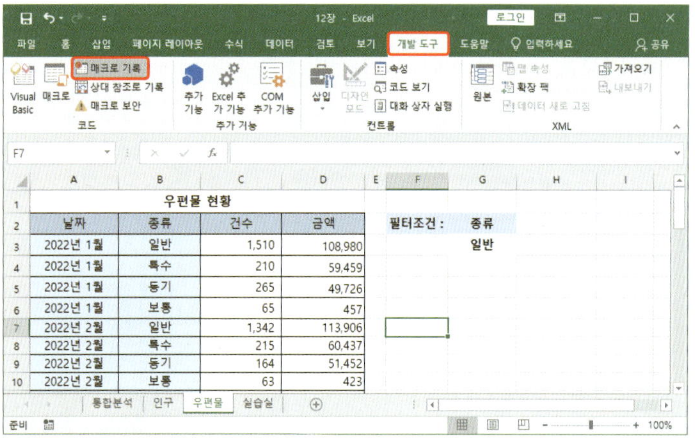

02 [매크로 기록] 대화상자가 나타나면 [매크로 이름]에 *새시트작성*, [바로 가기 키]의 빈 칸에는 *q*를 입력한다. [매크로 저장 위치]는 [현재 통합 문서]로 선택하고, [설명]에는 *종류별로 필터링하여 새 시트에 결과 표시하기*라고 입력하고 [확인]을 누른다.

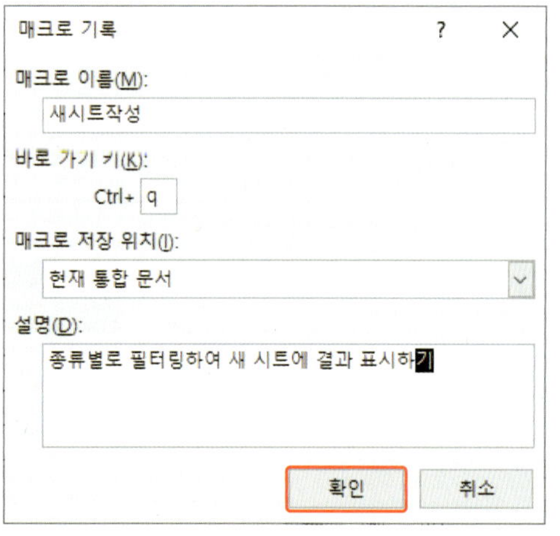

여기서 잠깐 **[매크로 기록] 대화상자 알아보기**

[매크로 기록] 대화상자의 각 항목은 다음과 같이 설정할 수 있다.

항목 이름	설정 방법
매크로 이름	문자로 시작하고 공백과 특수문자(*, &, $ 등)를 제외한 숫자나 밑줄(_)을 사용해야 한다.
바로 가기 키	매크로를 빠르게 실행하기 위한 단축키를 설정한다.
매크로 저장 위치	매크로가 저장되는 위치를 [현재 통합 문서]나 [새 통합 문서]로 선택하면 해당 문서에서만 매크로를 실행할 수 있다. [개인용 통합 문서]로 설정하면 모든 엑셀 문서에서 매크로를 공통으로 사용할 수 있다.
설명	매크로 기능에 대한 설명을 입력한다.

03 매크로 기록이 시작된다. [데이터] 탭–[정렬 및 필터] 그룹–[고급]을 누른다.

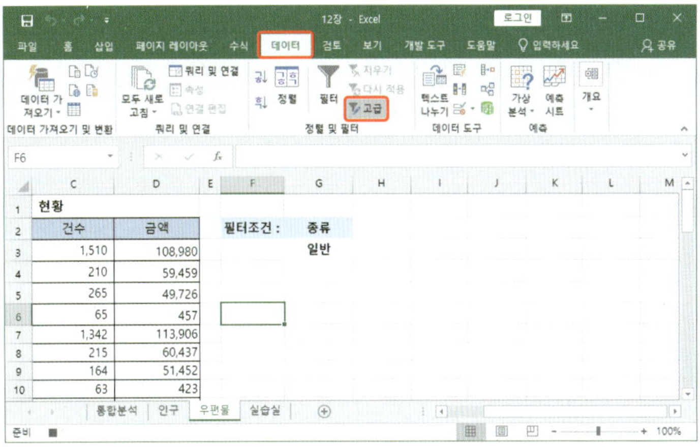

04 [고급 필터] 대화상자가 나타나면 [결과]는 [다른 장소에 복사]를 선택하고 [목록 범위]는 *$A$2:$D$50* 범위로 설정한다. [조건 범위]는 *우편물!$G$2:$G$3* 범위로, [복사 위치]는 H2 셀로 선택하고 [확인]을 누른다.

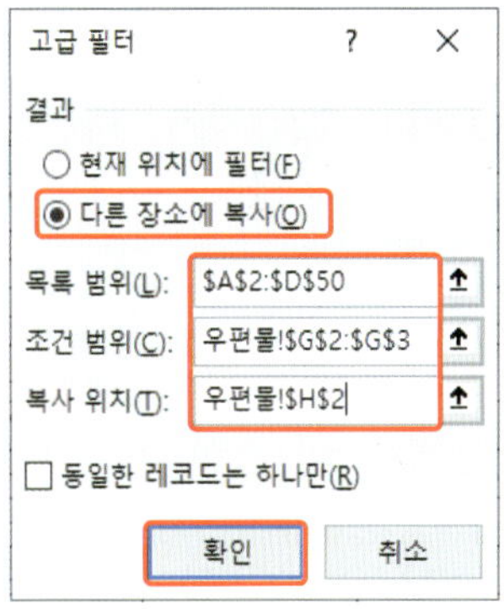

05 필터 결과인 '우편물' 시트의 H:K 열을 선택하고 단축키 Ctrl+X를 눌러 잘라낸 후, [⊕ 새 시트] 단추를 누르고 Ctrl+V를 눌러 붙여넣는다.

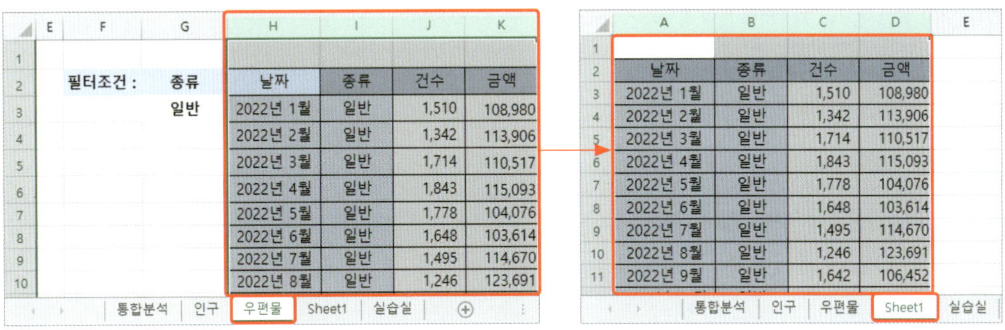

06 '우편물' 시트를 다시 선택하고 [개발 도구] 탭–[코드] 그룹–[기록 중지]를 눌러 매크로 기록을 종료한다.

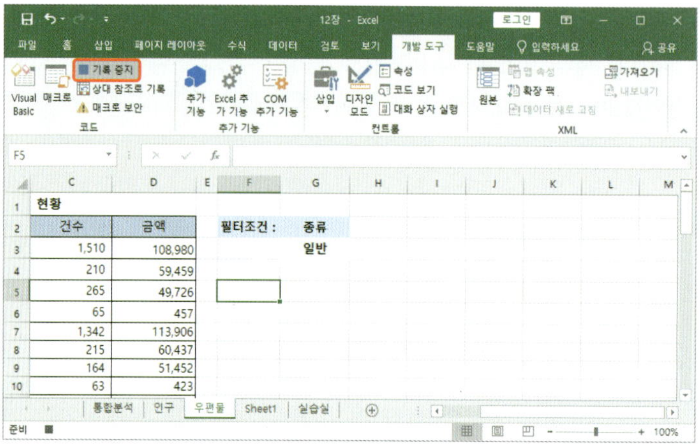

07 [[저장] 단추를 눌러 다음과 같은 메시지 창이 나타나면 [아니오]를 선택한다. [다른 이름으로 저장] 대화상자에서 [파일 형식]을 [Excel 매크로 사용 통합 문서]로 설정하고 [저장]을 누른다.

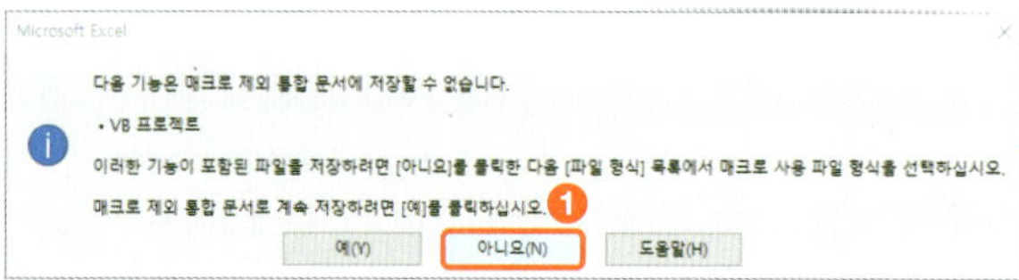

TIP 엑셀 대화상자에서 [예]를 누르면 작성한 매크로 기능을 제외하고 저장하기 때문에 매크로를 사용할 수 없다. [Excel 매크로 사용 통합 문서]로 저장하면 파일 확장자는 .xlsm이 된다.

2.2 매크로 실행

기록한 매크로를 실행하려면 [개발 도구] 탭을 이용하거나 매크로 작성 시 설정한 바로 가기 키를 사용한다. 또, 실행 단추나 옵션 단추, 그림이나 도형과 같은 개체에 매크로를 연결해 두고 개체를 선택할 때마다 매크로가 실행되게 만들 수도 있다.

기본예제 12-5 매크로 실행하기

[기본예제 12-4]에서 작성한 매크로를 다양한 방법으로 실행해 보자.

01 '실습.xlsm' 파일의 '우편물' 시트의 G3 셀의 목록에서 '특수'를 선택해 필터조건을 변경한다.

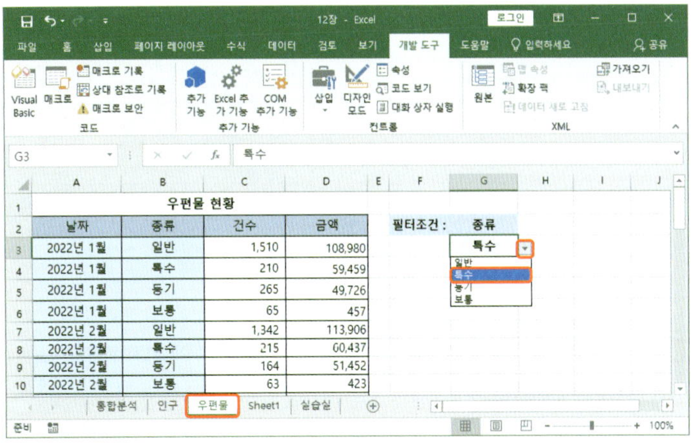

여기서 잠깐 **매크로 보안 수준**

매크로가 포함된 통합 문서를 열 때 매크로를 사용할 수 없게 설정되어 있다면 이를 알리는 [보안 경고] 메시지 줄이 메뉴 하단에 표시된다. 여기서 [콘텐츠 사용]을 눌러야 해당 파일에 있는 매크로를 사용할 수 있다. 매크로가 포함된 파일을 열 때마다 경고 메시지가 나타나 번거롭다면 [개발 도구] 탭-[코드] 그룹-[⚠ 매크로 보안]을 눌러 모든 매크로 파일에 대한 보안 수준을 변경할 수도 있다.

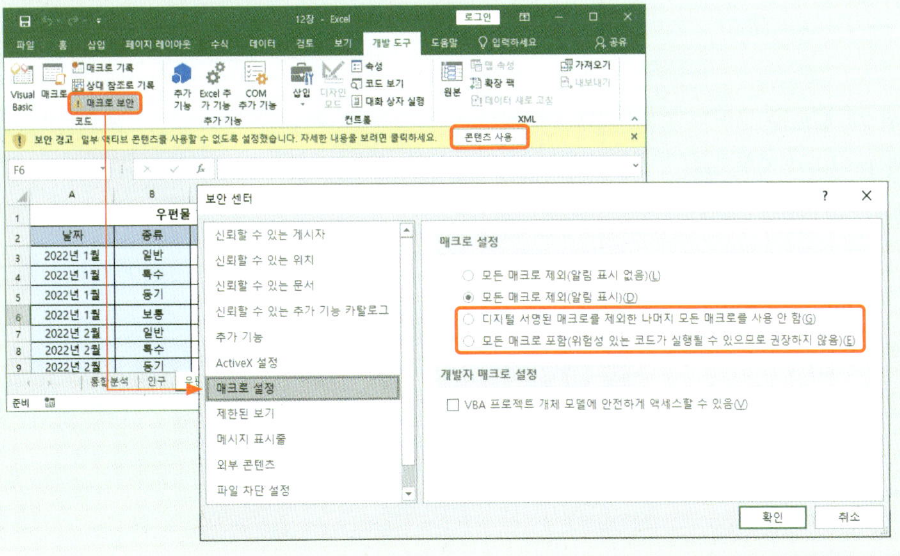

02 [개발 도구] 탭-[코드] 그룹-[매크로]를 누른다.

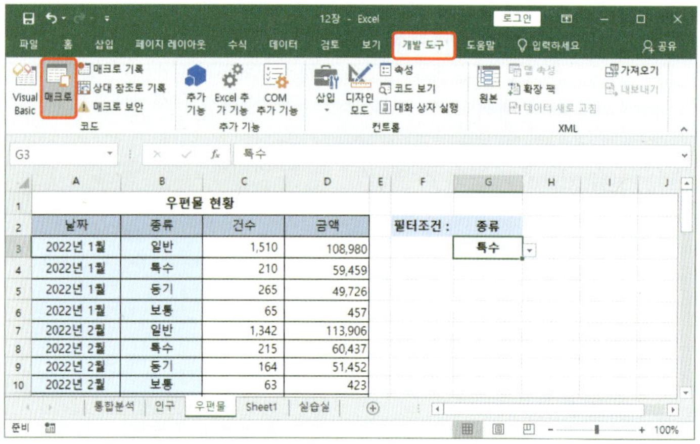

03 [매크로] 대화상자의 [매크로 이름] 목록에서 '새시트작성'을 선택하고 [실행]을 누른다.

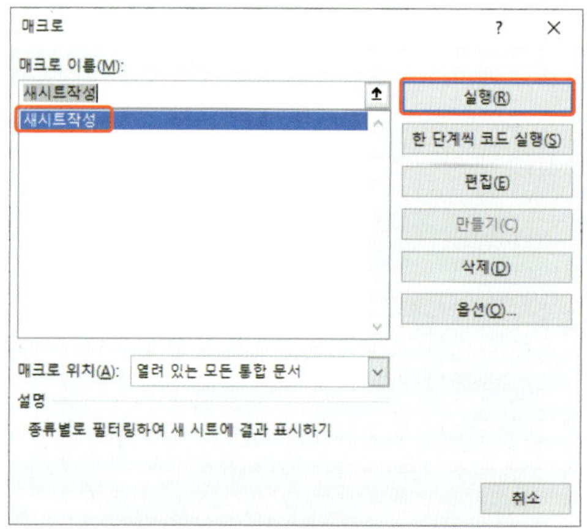

04 추가된 새 시트를 열어보면 필터 결과 데이터가 자동으로 입력되어 있음을 확인할 수 있다.

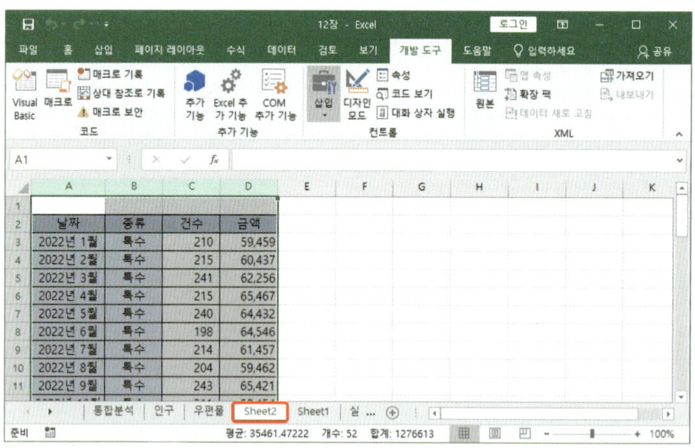

05 '우편물' 시트로 돌아와 필터조건을 '등기'로 변경하고 '새시트작성' 매크로의 바로 가기 키 Ctrl+Q를 누른다.

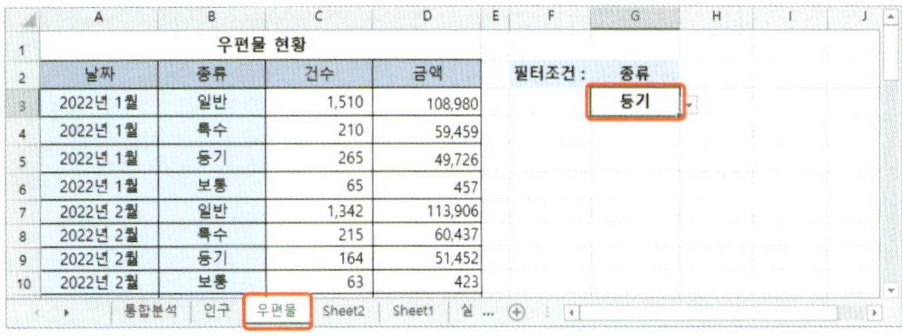

06 새 시트가 다시 추가되고, 지정한 조건에 해당하는 필터 결과 데이터가 표시된 것을 확인할 수 있다.

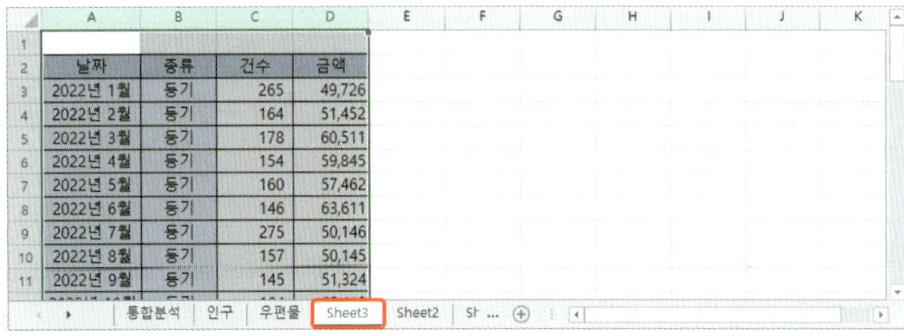

기본예제 12-6 실행 단추에 매크로 연결하기

양식 컨트롤 중 단추를 워크시트에 삽입하고 매크로를 연결해 둔 다음, 단추를 누르면 매크로에 기록된 동작이 실행되도록 해 보자.

01 '12장.xlsm' 파일의 '우편물' 시트를 선택하고 [개발 도구] 탭–[컨트롤] 그룹–[삽입] 목록에서 [단추(양식 컨트롤)]을 선택한다.

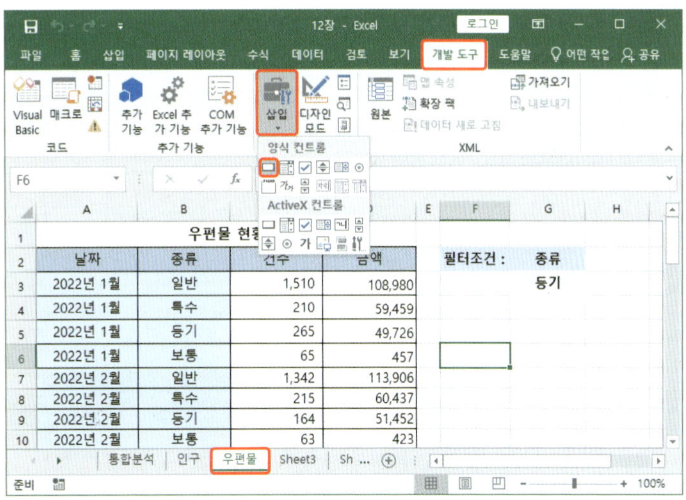

02 F3 셀을 마우스로 드래그해 단추를 삽입한다.

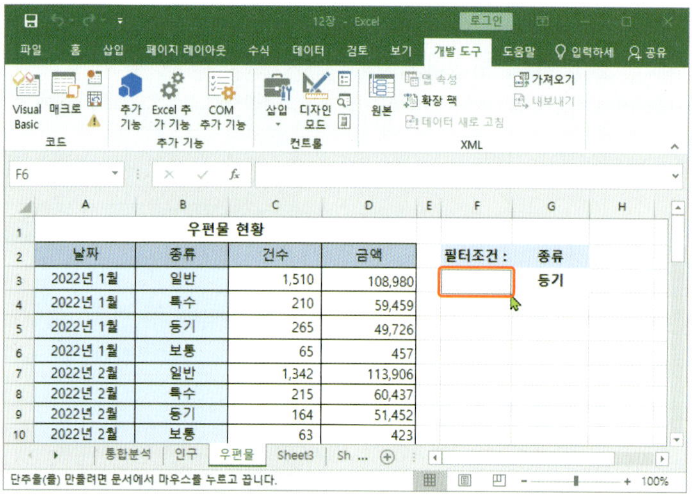

03 이때 [매크로 지정] 대화상자가 나타나면 [매크로 이름] 목록에서 '새시트작성'을 선택하고 [확인]을 누른다.

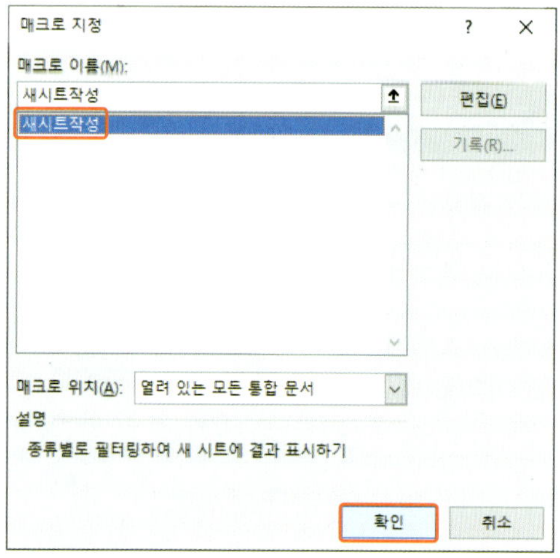

04 생성된 단추를 마우스 오른쪽 단추로 눌러 [텍스트 편집]을 선택하고 단추 이름을 *새시트로*로 수정한다. [홈] 탭–[글꼴] 그룹에서 [글꼴]–[HY견고딕]으로 설정하고 [Esc]를 눌러 설정을 종료한다.

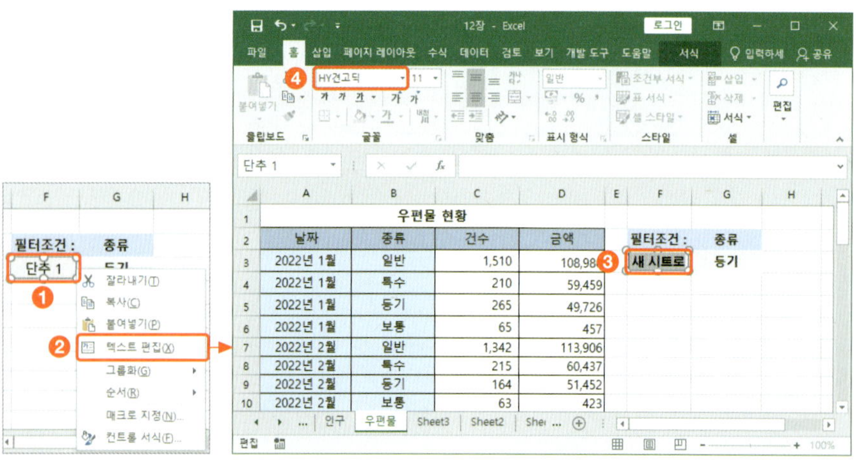

TIP 단추 안의 텍스트 부분을 눌러 이름을 수정해도 된다.

05 필터조건을 '보통'으로 변경하고 [새 시트로] 단추를 누르면 필터 결과 데이터가 새 시트에 만들어진다.

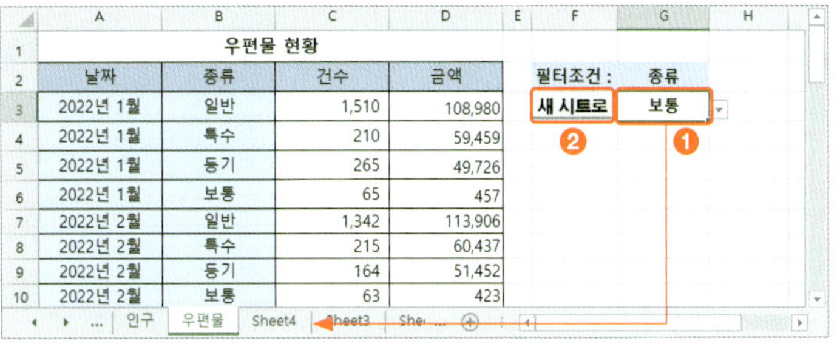

2.3 상대 참조로 기록

일반적으로 매크로를 기록할 때는 선택한 셀 주소나 범위를 절대 참조로 사용하기 때문에 매크로를 실행할 때에도 동일한 셀을 선택하고 기록된 동작을 반복하게 된다. 그런데 특정 셀을 선택하는 것이 아니라 현재 선택하고 있는 셀을 기준으로 상대적으로 이동하려면 매크로를 상대 참조로 기록해야 한다. 상대 참조를 사용하는 매크로는 특정 셀 주소나 범위를 기록하는 대신 매크로를 실행할 때의 위치를 기준으로 동작이 실행되도록 기록된다.

기본예제 12-7 상대 참조 매크로 기록하기

실습실 이용 현황 데이터의 빈 셀을 정리해 입실과 퇴실 시간을 한 행으로 만들기 위한 매크로를 상대 참조로 기록하고, 빠른 실행 도구 모음에 추가해 간편하게 실행되도록 하자.

01 '12장.xlsm' 파일의 '실습실' 시트를 선택하고 [개발 도구] 탭-[코드] 그룹-[상대 참조로 기록]을 누른다.

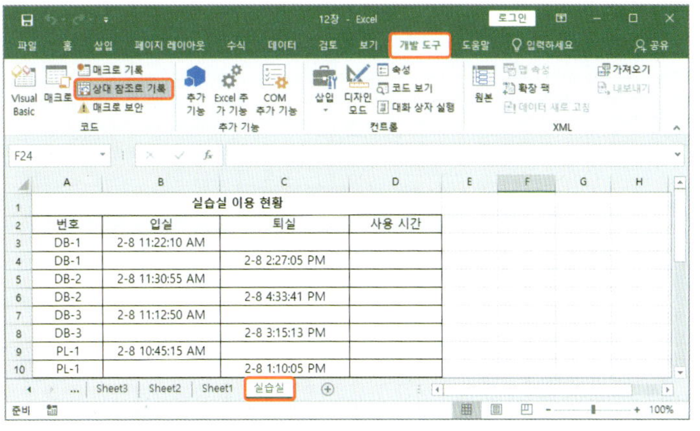

02 C4 셀을 선택하고 [개발 도구] 탭–[코드] 그룹–[매크로 기록]을 누른다.

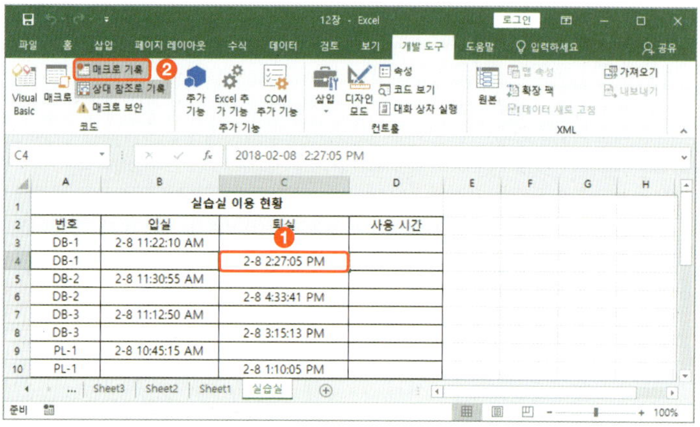

03 [매크로 기록] 대화상자의 [매크로 이름]에 *행정리*라고 입력하고 매크로 저장 위치는 [현재 통합 문서]로 설정한다. [설명]에는 입실과 *퇴실 시간을 한 행으로 만들기*를 입력하고 [확인]을 누른다.

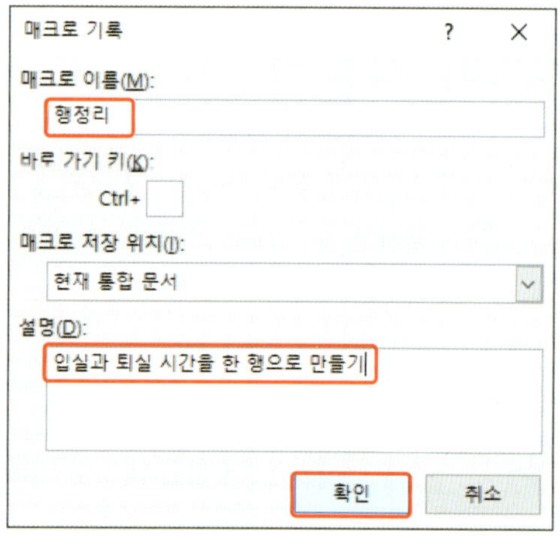

04 C4 셀의 경계선을 마우스로 드래그하여 C3 셀로 이동시킨다.

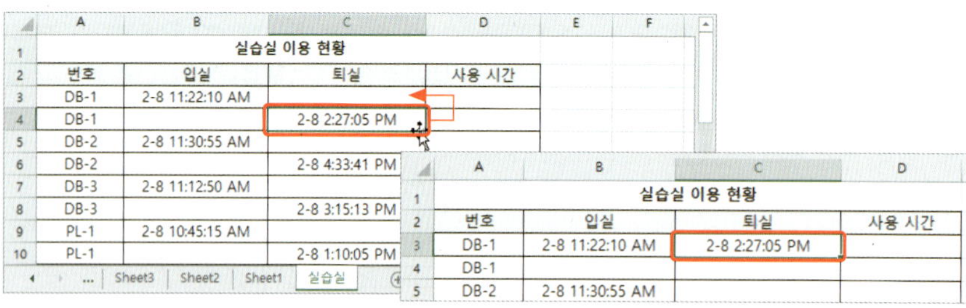

05 행 머리글을 마우스로 눌러 4행을 선택하고 단축키 Ctrl+-를 눌러 행을 삭제한다.

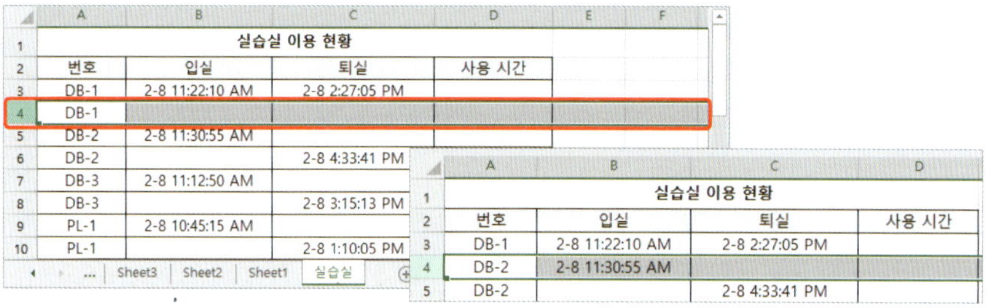

06 C5 셀을 선택하고 [개발 도구] 탭–[코드] 그룹–[기록 중지]를 누른다.

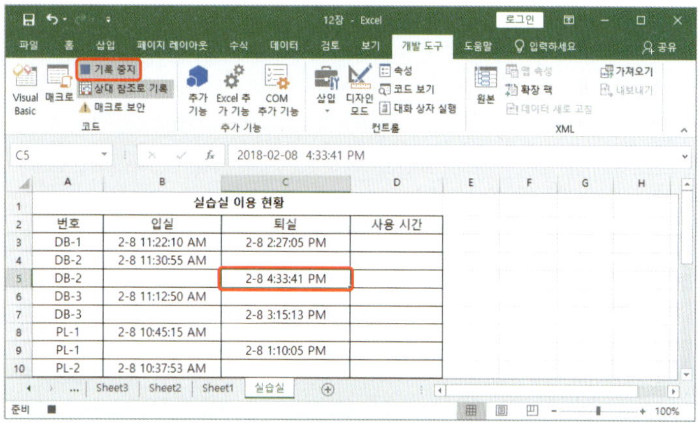

07 기록한 매크로를 빠른 실행 도구 모음에 추가하기 위해 [빠른 실행 도구 모음 사용자 지정] 단추를 누르고 [기타 명령]을 선택한다.

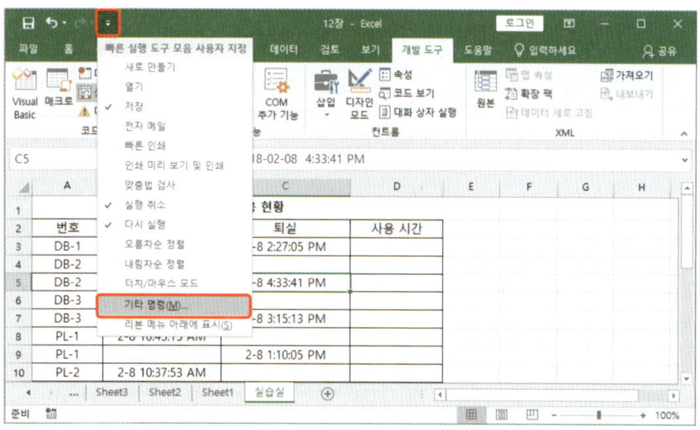

08 [명령 선택]의 목록 단추를 눌러 [매크로]를 선택한다. 하단의 매크로 목록에서 '행정리'를 선택하고 [추가]를 누른 후 [확인]을 누른다.

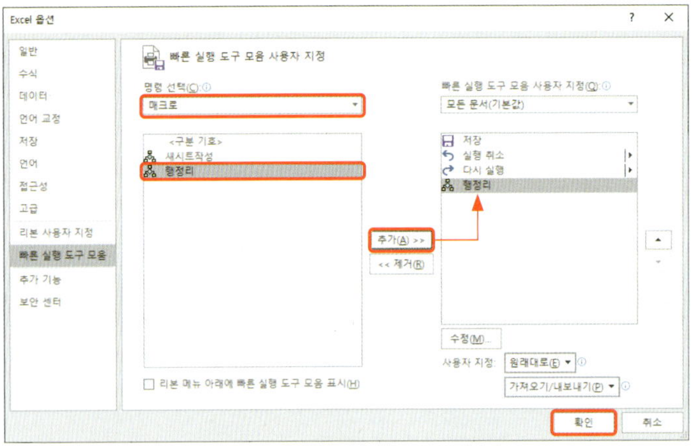

09 C5 셀이 선택된 상태에서 빠른 실행 도구 모음의 [행정리] 단추를 누르면 해당 실습실의 입실과 퇴실 시간이 한 행으로 정리된다.

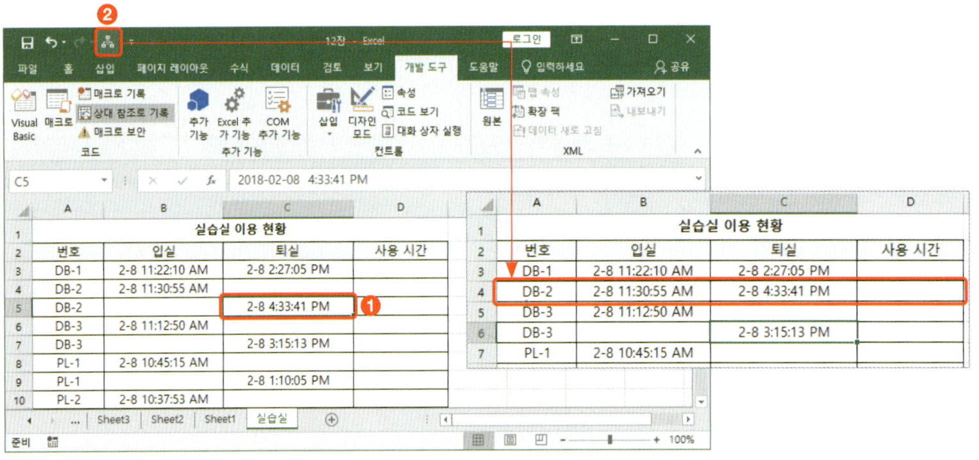

SECTION 03

매크로 편집하기

사용자의 동작을 기록하는 매크로는 VBA 코드로 저장되므로, VBA 편집기를 이용하면 코드를 직접 수정해 원하는 형태로 편집할 수 있다. 또 셀이나 범위를 잘못 선택하거나 값을 잘못 입력하는 실수도 매크로에는 모두 기록되는데, VBA 편집기를 이용하면 잘못 기록한 코드를 삭제할 수 있다.

3.1 VBA 편집기의 구성

VBA 편집기는 다음과 같이 구성된다.

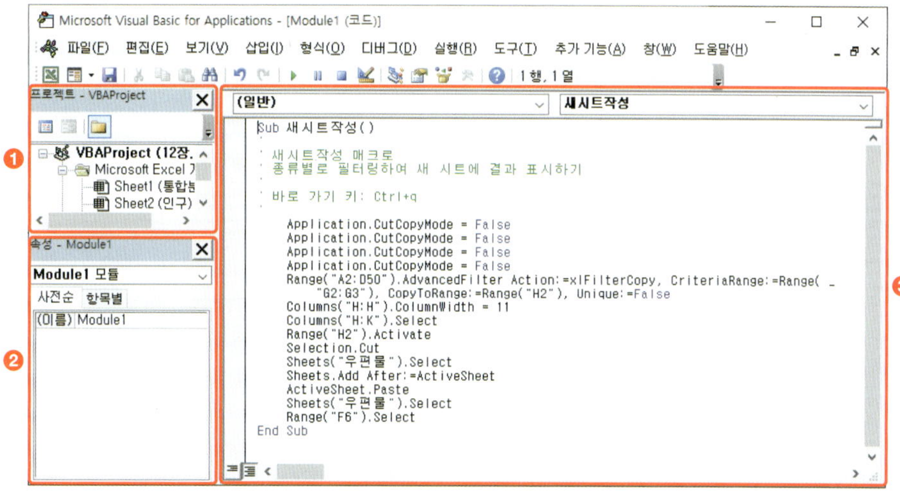

① **프로젝트 탐색기**: 실행 중인 엑셀 통합 문서에 포함되어 있는 워크시트와 매크로로 기록된 모듈 등을 탐색하고 선택한다.

② **속성 창**: 프로젝트 탐색기에서 선택한 항목의 속성을 표시한다.

③ **코드 창**: 선택한 항목에 대한 코드를 표시하고 편집할 수 있다.

VBA 편집기를 이용하여 매크로 기록으로 만든 모듈을 수정 및 삭제하는 등의 코드 편집 방법을 알아본다.

기본예제 12-8 VBA 편집기로 매크로 만들기

[기본예제 12-7]에서 만든 '행정리' 매크로를 VBA 편집기에서 수정해 모든 행을 한 번에 정리하는 코드로 만들어 보자.

01 '12장.xlsm' 파일의 '실습실' 시트에서 [개발 도구] 탭-[코드] 그룹-[Visual Basic]을 누른다.

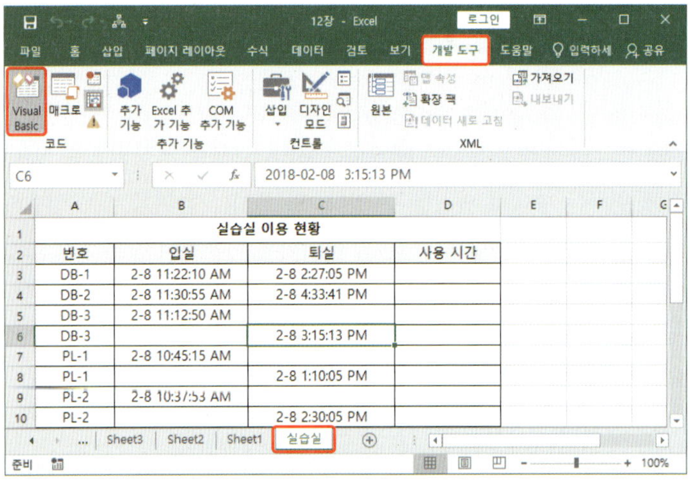

02 VBA 편집기의 프로젝트 탐색기에서 '12장.xlsm'의 'Module2'를 더블클릭한다.

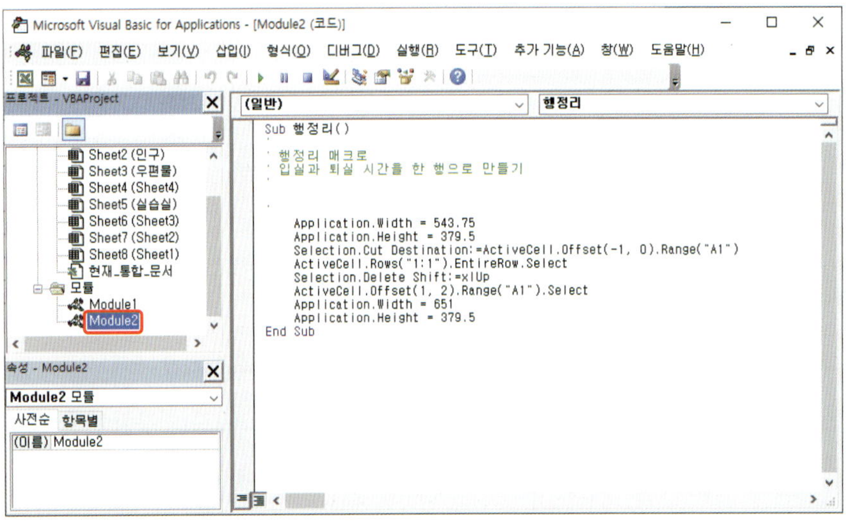

03 코드 창에서 '행정리' 매크로의 코드를 모두 선택하고 단축키 Ctrl+C로 복사한다.

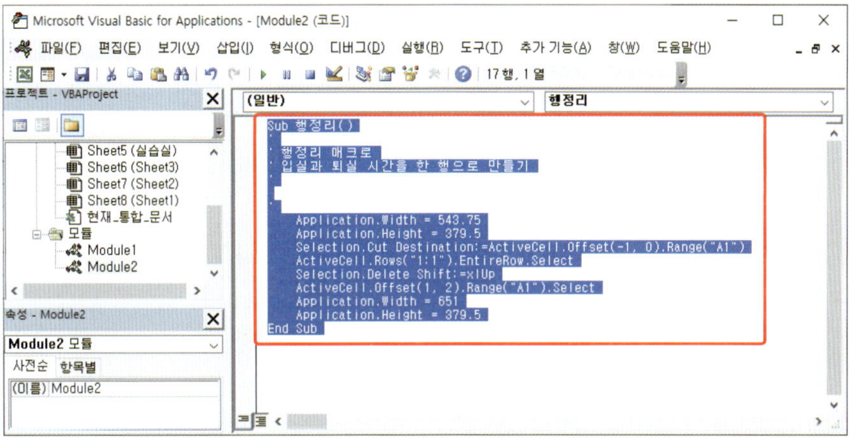

04 코드 창의 마지막 줄에서 단축키 Ctrl+V를 눌러 복사한 코드를 붙여넣는다.

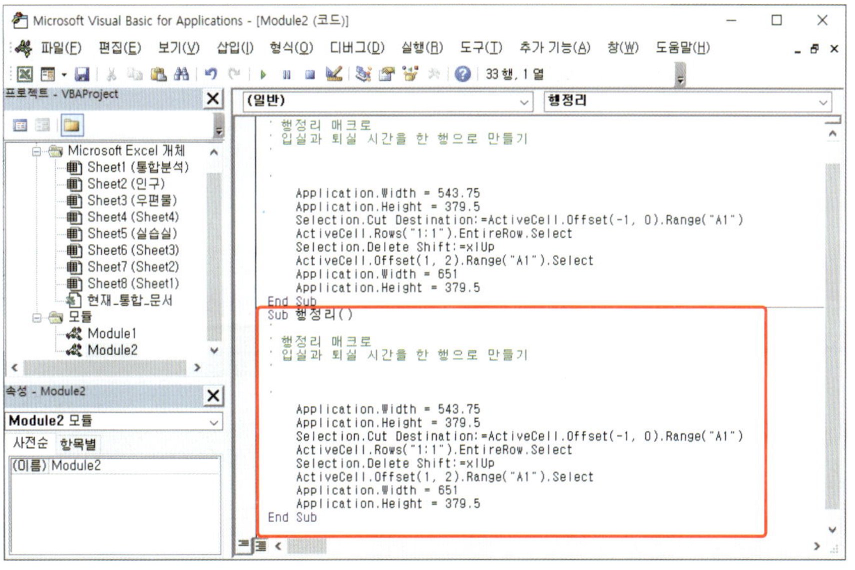

05 붙여넣은 코드의 내용을 다음과 같이 수정하고 저장한 후 창을 닫는다.

1. 매크로 이름 수정: *모든행정리*
2. 매크로 설명 수정: *입실과 퇴실 시간을 한 행으로 만들기(반복)*
3. 코드 추가: *Do While ActiveCell <> ""*
4. 코드 추가: *Loop*

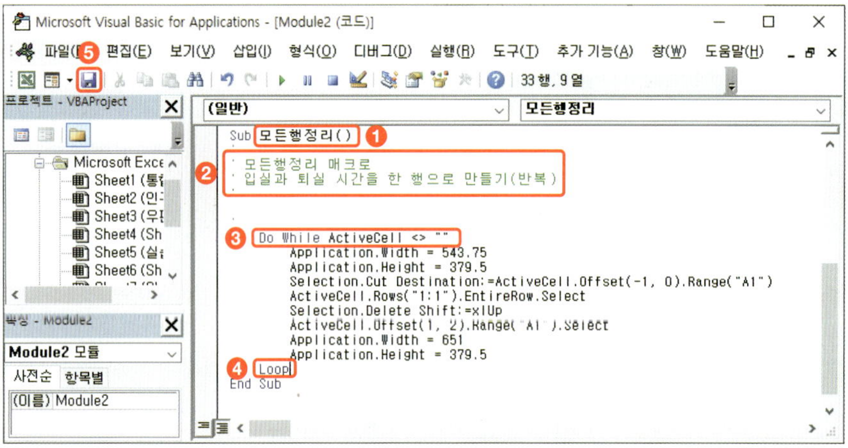

TIP '모든행정리' 매크로는 '실습실' 시트의 '퇴실' 필드에 값이 있는지 검사하면서 '입실'과 '퇴실' 시간을 한 행으로 정리하는 동작을 반복해서 실행한다. 셀 값을 검사하고 그 결과가 참일 때(셀에 값이 입력된 상태) 동작을 반복하기 위해 Do While Active Cell <> "" ~ Loop 코드를 사용한다.

06 C6 셀을 선택하고 [개발 도구] 탭–[코드] 그룹–[매크로]를 눌러 [매크로] 대화상자의 매크로 목록에서 '모든행정리'를 선택하고 [실행]을 누른다.

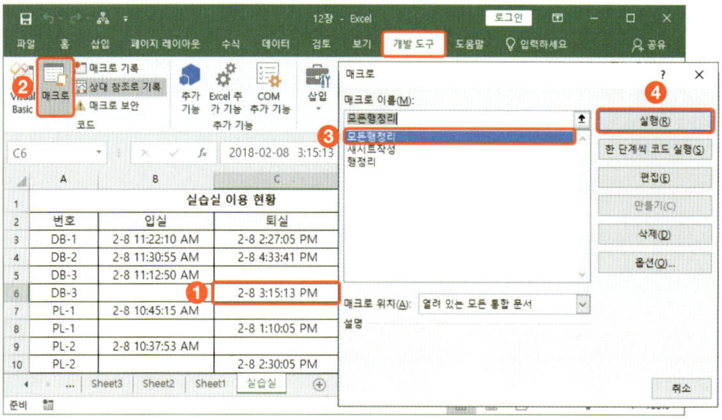

07 시트의 모든 행을 검사하면서 입실과 퇴실 시간을 하나의 행으로 한 번에 정리할 수 있다.

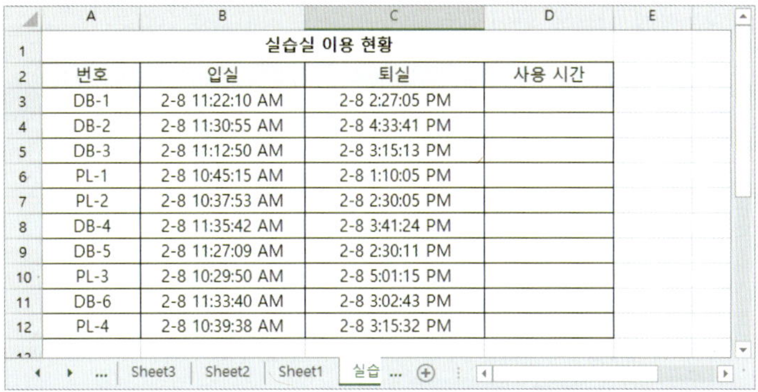

기본예제 12-9 매크로 삭제하기

기록한 매크로는 [매크로] 대화상자에 모두 표시되고, 목록에서 선택한 매크로를 편집하거나 한 단계씩 실행할 수도 있다. 선택한 매크로를 삭제할 수도 있는데, 여러 개의 매크로 코드를 동시에 삭제할 때는 VBA 편집기가 더 편리하다.

01 '12장.xlsm' 파일을 열고 [개발 도구] 탭–[코드] 그룹–[매크로]를 선택한다.

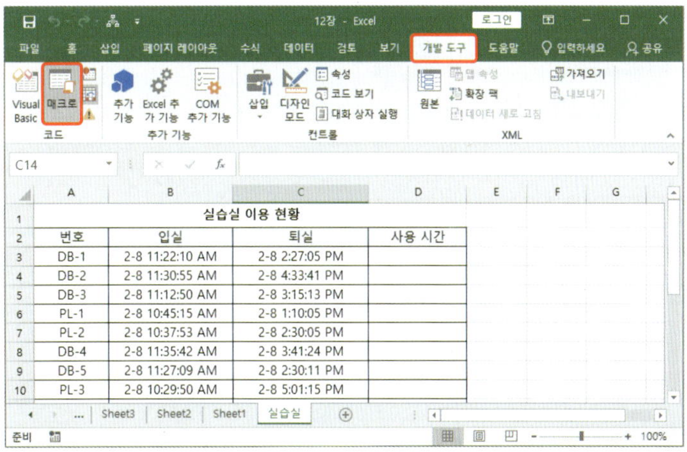

02 [매크로] 대화상자의 [매크로 이름] 목록에서 '행정리' 매크로를 선택하고 [삭제]를 누른다.

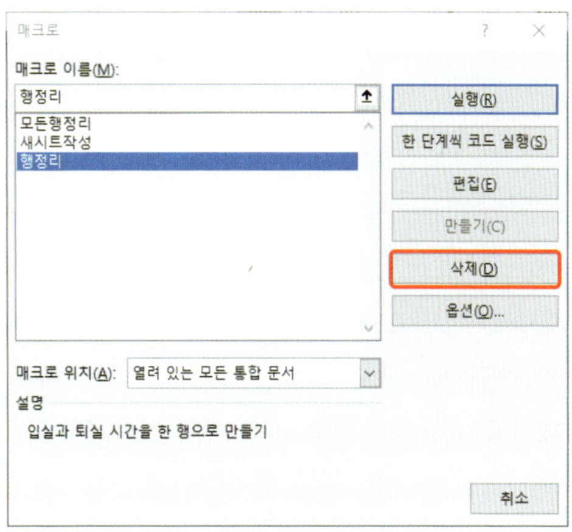

03 삭제 여부를 확인하는 메시지 창이 나타나면 [예]를 누른다.

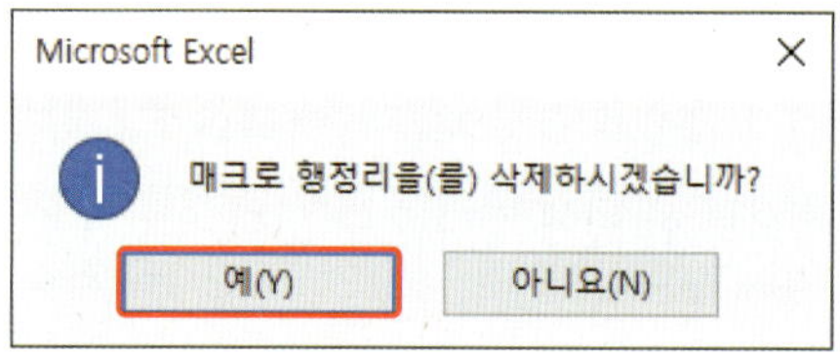

여기서 잠깐 **VBA 편집기에서 매크로 삭제하기**

VBA 편집기에서 매크로를 삭제하려면 [개발 도구] 탭–[코드] 그룹–[Visual Basic]을 눌러 VBA 편집기를 열고 코드 창에서 삭제할 부분을 선택하여 Delete를 누르면 된다.

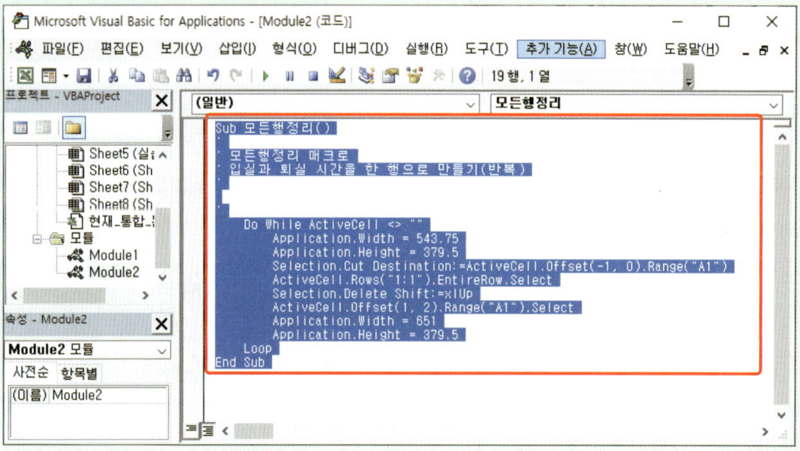

종합예제

이번 장에서 학습한 매크로를 활용하여 도서 판매 현황 데이터의 필터링과 필터 해제 동작을 하는 매크로를 만들어 양식 컨트롤과 연결해 보자.

1 '12장–종합.xlsx' 파일의 '판매' 시트를 열고 [개발 도구] 탭–[컨트롤] 그룹–[삽입] 목록에서 [그룹 상자(양식 컨트롤)]을 선택한다.

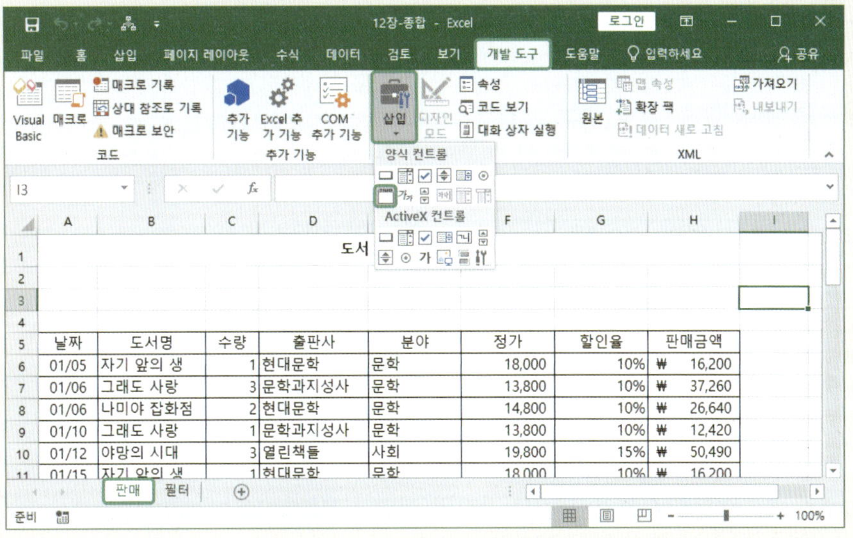

2 마우스를 드래그하여 그룹 상자를 그려 넣고, 표시 텍스트를 더블클릭하여 *분야 선택*으로 수정한다.

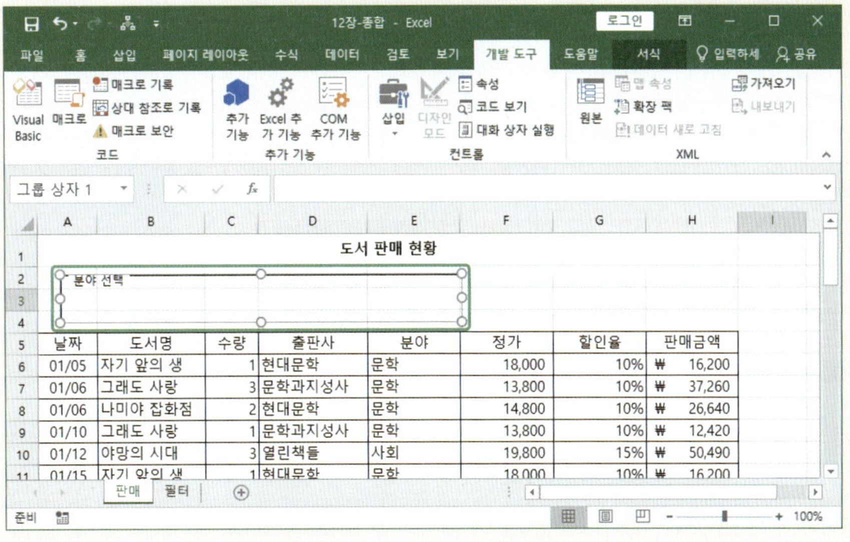

종합예제

3 [개발 도구] 탭–[컨트롤] 그룹–[삽입] 목록에서 [옵션 단추(양식 컨트롤)]을 선택하고, 그룹 상자 안쪽을 드래그해 추가한다.

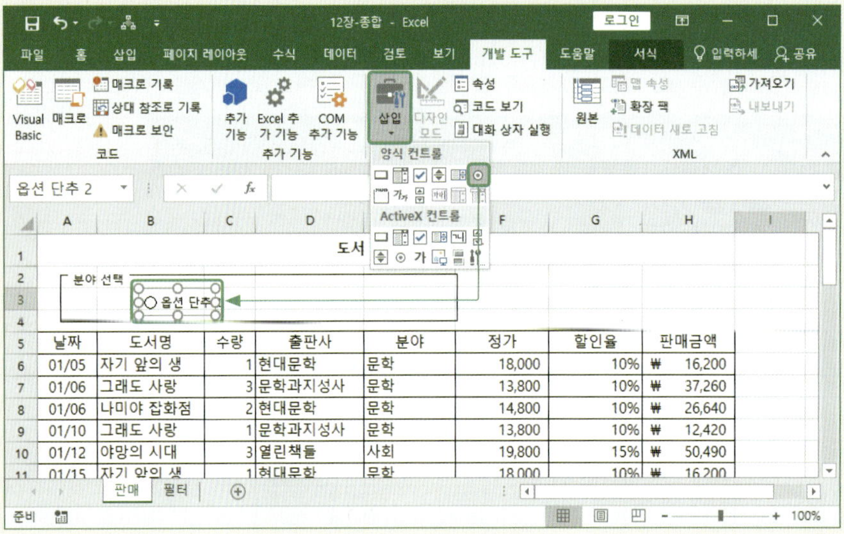

4 옵션 단추를 마우스 오른쪽 단추로 눌러 [텍스트 편집]을 선택하고 *문학*으로 변경한다.

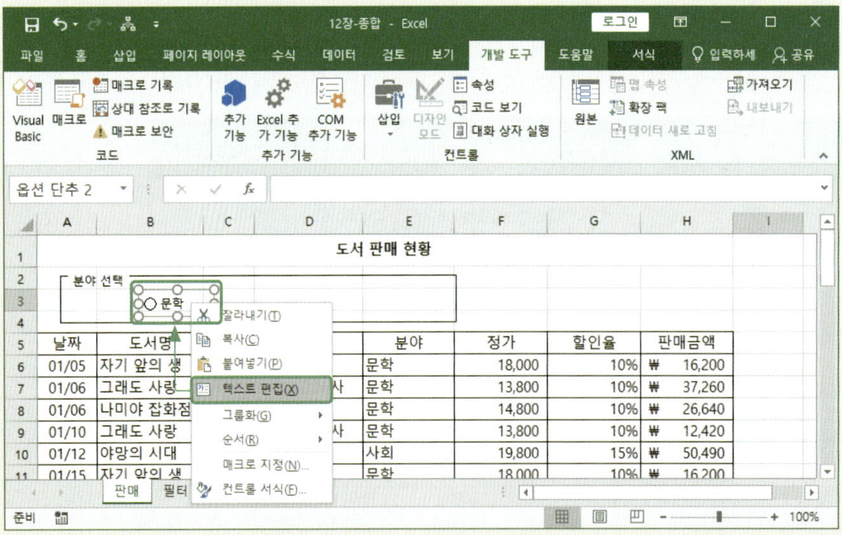

5 *사회, 역사, 인문* 옵션 단추를 그룹 상자 안에 삽입한다. Ctrl을 누른 채로 옵션 단추를 모두 선택하고 [서식] 탭–[정렬] 그룹–[맞춤] 목록에서 [중간 맞춤]과 [가로 간격을 동일하게]를 선택한다.

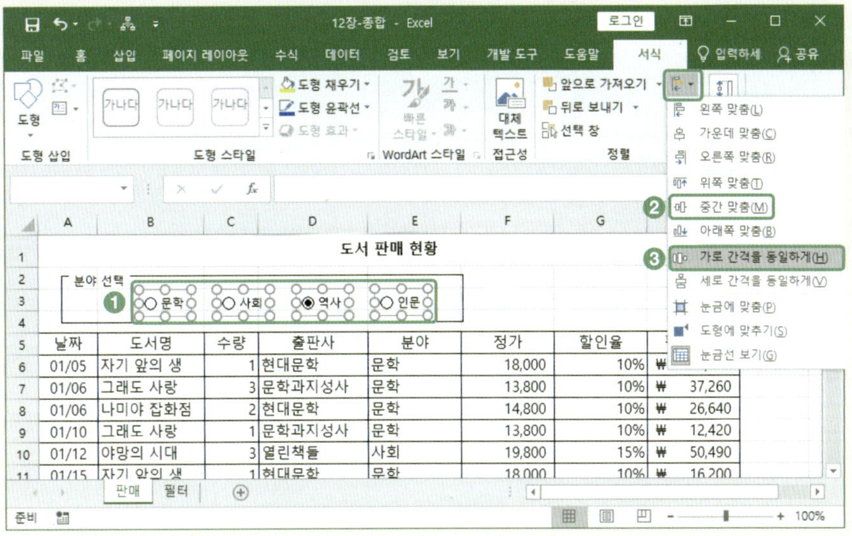

TIP 옵션 단추를 그룹 상자 바깥에 삽입하지 않도록 유의한다. 옵션 단추는 특정 옵션이 선택되면 다른 옵션이 해제되도록 배타적으로 선택되어야 하는데, 옵션 단추들이 하나의 그룹으로 묶여 있을 때만 올바르게 동작할 수 있다.

6 옵션 단추 중 하나를 마우스 오른쪽 단추로 눌러 [컨트롤 서식] 메뉴를 선택한다. [컨트롤 서식] 대화상자의 [컨트롤] 탭–[셀 연결]은 *필터!$A$4* 셀로 선택하고 [확인]을 누른다.

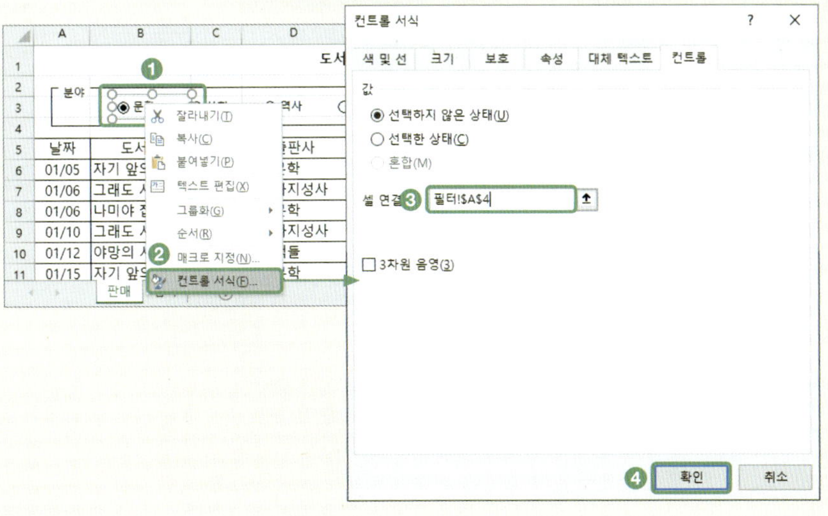

TIP 선택한 옵션 단추의 순서 번호를 '필터' 시트의 A4 셀에 저장한다.

7 [개발 도구] 탭–[컨트롤] 그룹–[삽입] 목록에서 [단추(양식 컨트롤)]을 선택하고 '판매' 시트에 삽입한다. [매크로 지정] 대화상자가 나타나면 [취소]를 누르고, 단추에 표시되는 텍스트를 *선택분야 보기*로 수정한다.

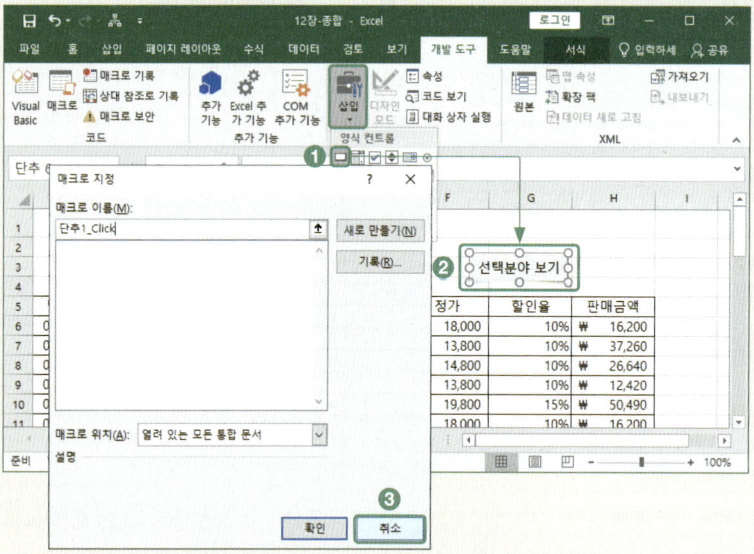

8 단계 **7**과 같이 하여 *전체 보기* 단추도 '판매' 시트에 삽입한다.

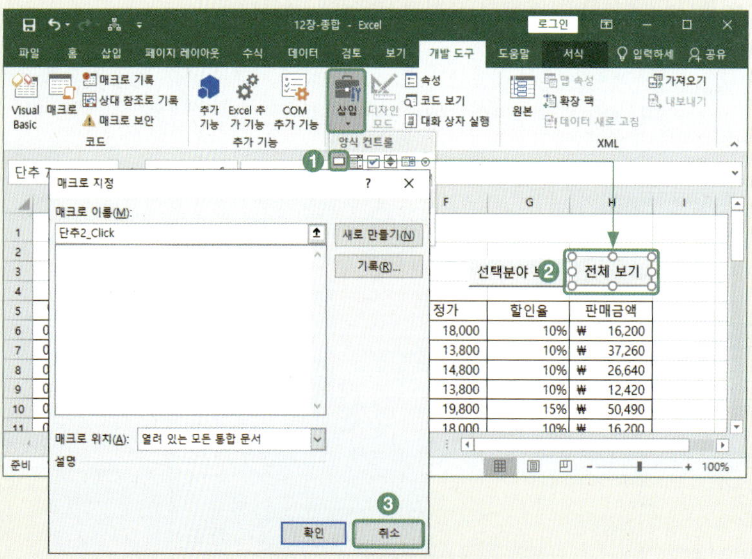

9 선택한 분야를 필터 조건으로 설정하기 위해 '필터' 시트의 A3 셀에 *=CHOOSE(A4, "문학", "사회", "역사", "인문")* 수식을 입력한다.

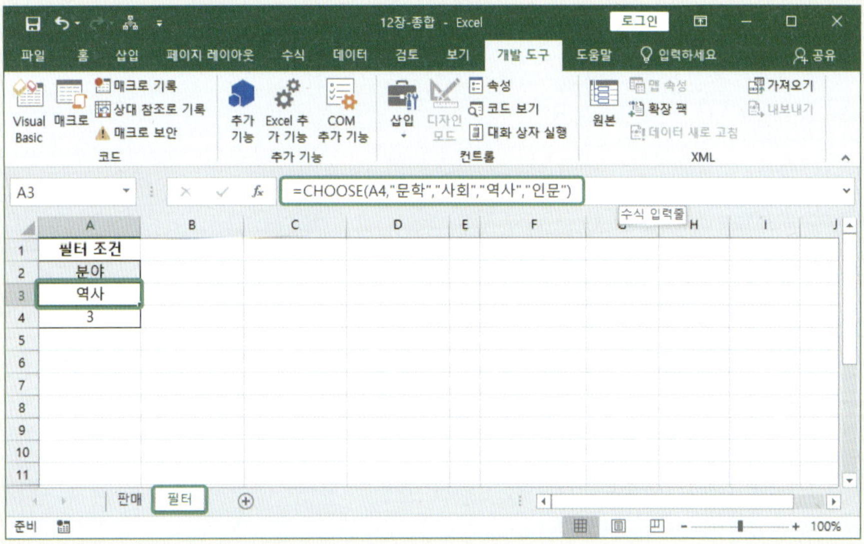

10 고급 필터를 동작시키는 매크로를 작성하기 위해 '판매' 시트에서 데이터 범위 내 임의의 셀을 선택하고 [개발 도구] 탭–[코드] 그룹–[매크로 기록]을 누른다.

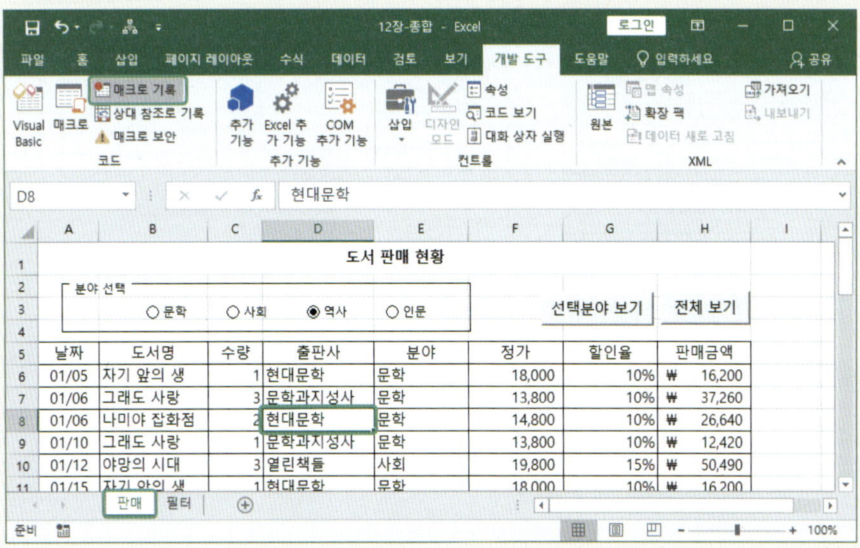

종합예제

11 [매크로 기록] 대화상자에서 [매크로 이름]에는 *분야보기*, [설명]에는 *선택한 분야로 필터링*이라고 입력하고 [확인]을 누른다.

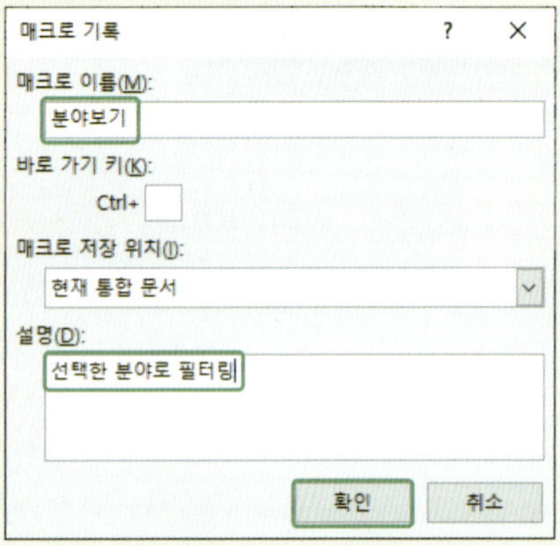

12 [데이터] 탭–[정렬 및 필터] 그룹–[고급]을 누른다. [고급 필터] 대화상자에서 [목록 범위]는 *$A$5:$H$45*, [조건 범위]는 *필터!$A$2:$A$3*으로 설정하고 [확인]을 누른다.

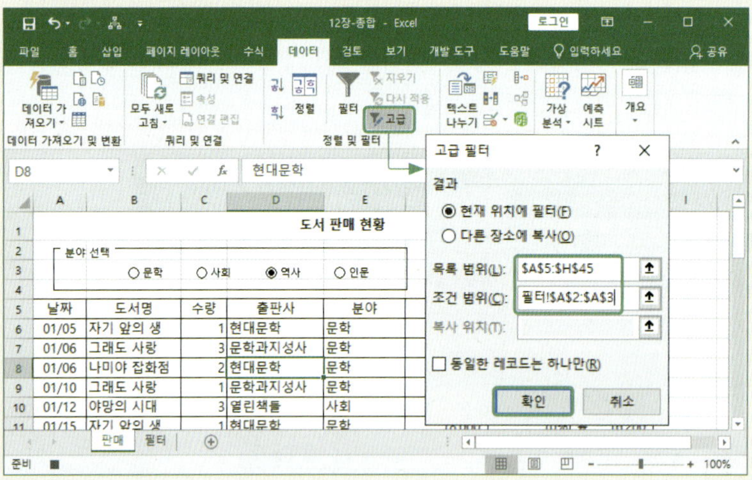

13 시트에 필터 결과가 표시된다. [개발 도구] 탭–[코드] 그룹–[기록 중지]를 눌러 매크로 기록을 종료한다.

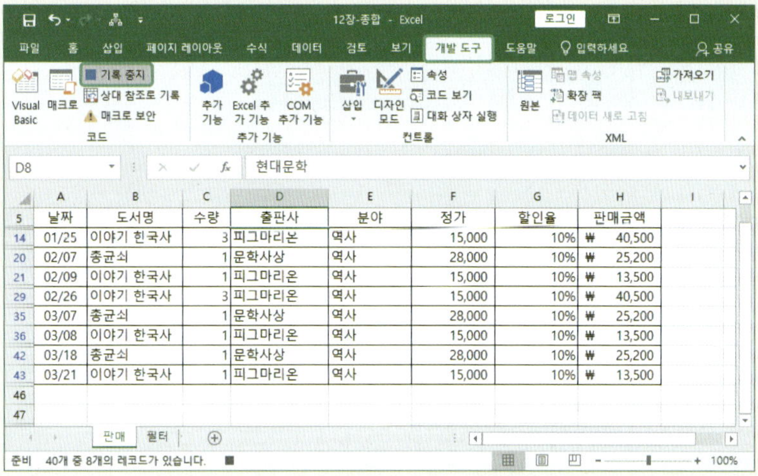

14 '선택분야 보기'를 마우스 오른쪽 단추로 눌러 [매크로 지정]을 선택한다. [매크로 지정] 대화상자의 [매크로 이름] 목록에서 '분야보기'를 선택하고 [확인]을 누른다.

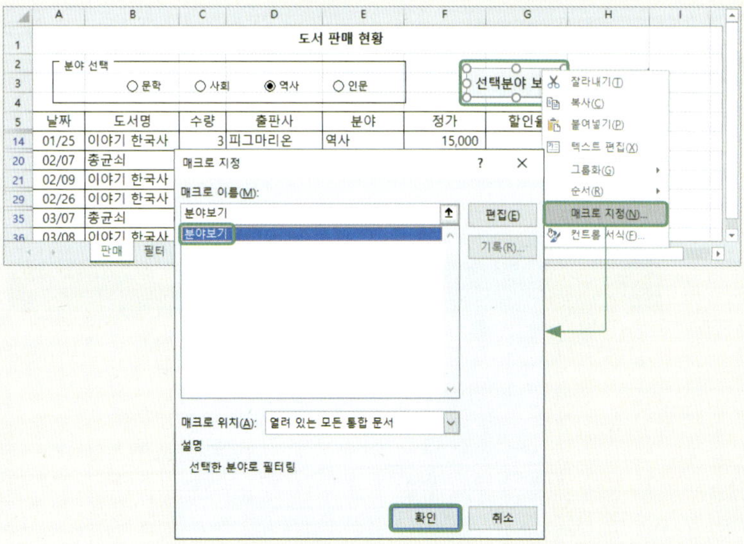

종합예제

15 고급 필터를 제거하고 모든 데이터를 표시하는 매크로를 만들기 위해 데이터 범위 내 임의의 셀을 선택하고 [개발 도구] 탭-[코드] 그룹-[매크로 기록]을 누른다. [매크로 이름]은 *전체보기*, [설명]에는 *필터를 지우고 전체 데이터 보기*를 입력하고 [확인]을 누른다.

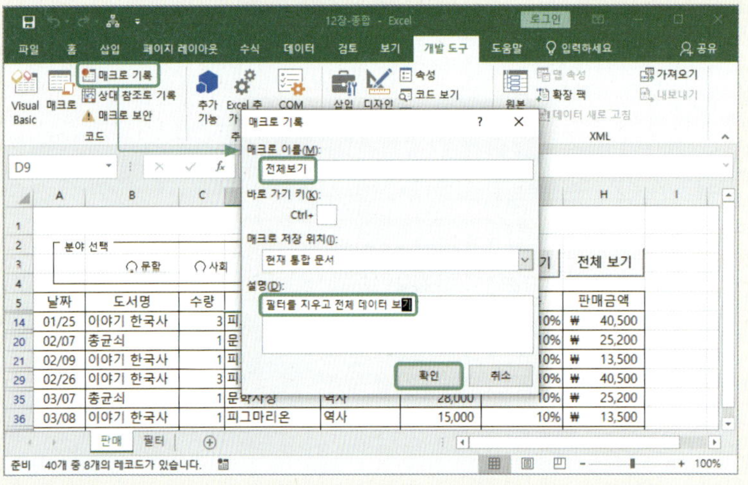

16 [데이터] 탭-[정렬 및 필터] 그룹-[지우기]를 눌러 필터를 지운다. [개발 도구] 탭-[코드] 그룹-[기록 중지]를 눌러 매크로 기록을 중지한다.

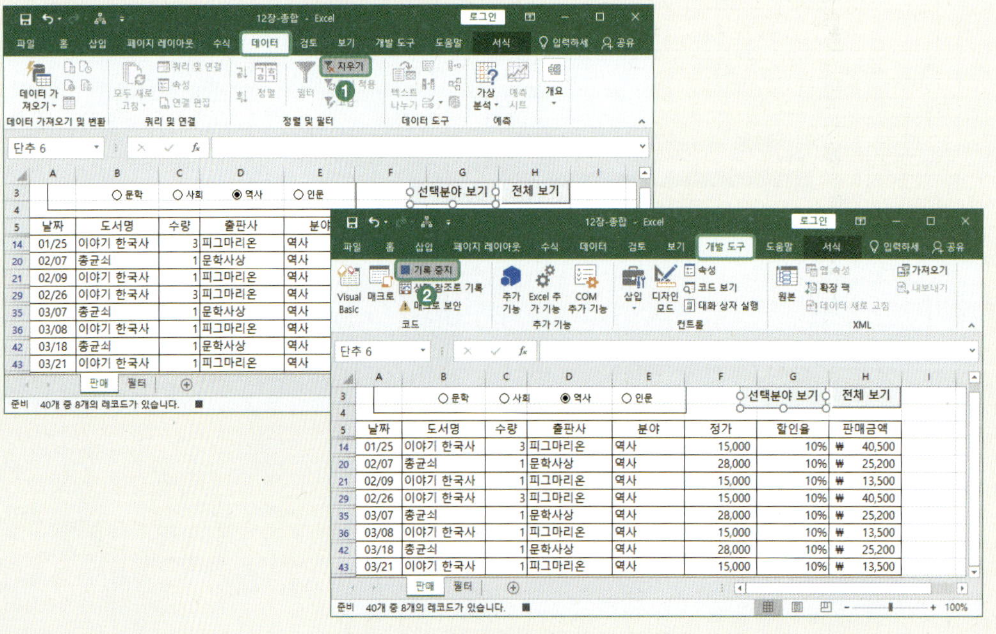

17 '전체보기'를 마우스 오른쪽 단추로 눌러 [매크로 지정]을 선택한다. [매크로 지정] 대화상자의 [매크로 이름] 목록에서 '전체보기'를 선택하고 [확인]을 누른다.

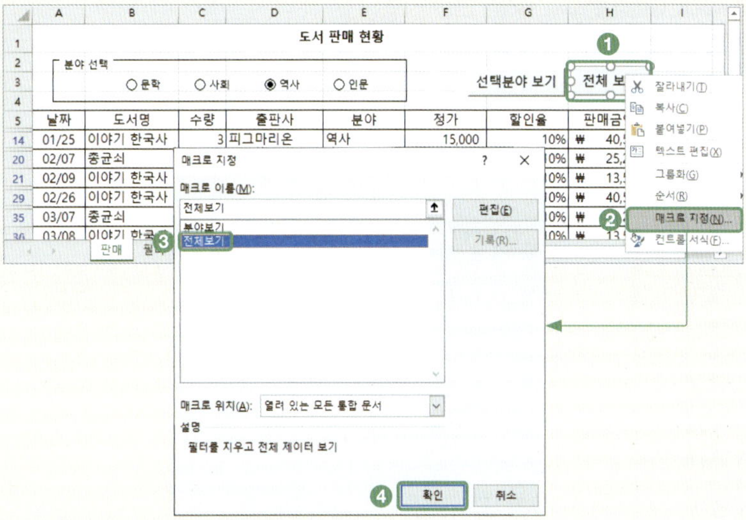

18 [파일] 탭–[다른 이름으로 저장]을 선택하고 저장할 위치를 선택한다. [다른 이름으로 저장] 대화상자에서 [파일 형식]–[Excel 매크로 사용 통합 문서]로 선택하고 [저장]을 누른다.

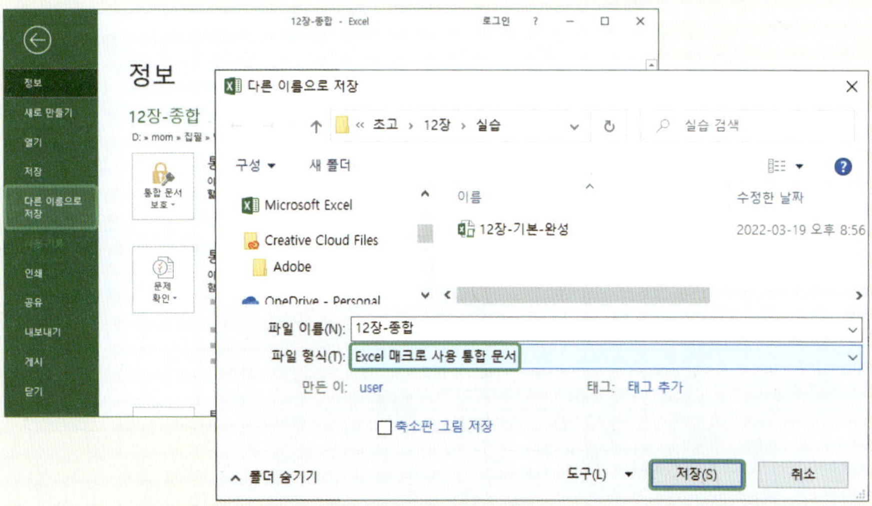

연습 문제

1 '12장-연습.xlsx' 파일의 '판매' 시트와 '도서' 시트에 있는 데이터를 파워 쿼리로 통합하여 '연습1' 시트에 표시하시오.

❶ 파워 쿼리를 이용하여 '도서' 시트의 데이터를 '도서' 쿼리에 연결하시오.

❷ '판매' 시트의 데이터로 '판매' 쿼리를 만들고 '도서' 쿼리를 병합하시오.

❸ 필요한 열을 선택하고 열 머리글을 수정해 '연습1' 시트에 로드하시오.

❹ 그림과 같이 표시되도록 각 열의 표시 형식과 표 디자인을 설정하시오.

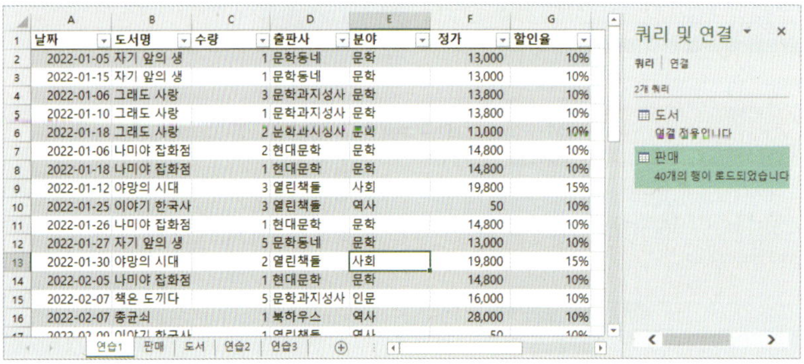

2 '12장-연습.xlsx' 파일의 '연습2' 시트를 열고 다음과 같이 매크로를 만들어 단추에 연결하시오.

❶ 단추 양식 컨트롤을 두 개 삽입하고 이름을 수정한 후 그림과 같이 크기와 위치를 설정하시오.

❷ '현장명' 필드를 기준으로 오름차순 정렬되는 매크로와 '작업' 필드를 기준으로 오름차순 정렬되는 매크로를 각각 만드시오.

❸ 기록한 매크로를 각 단추 양식 컨트롤에 연결하시오.

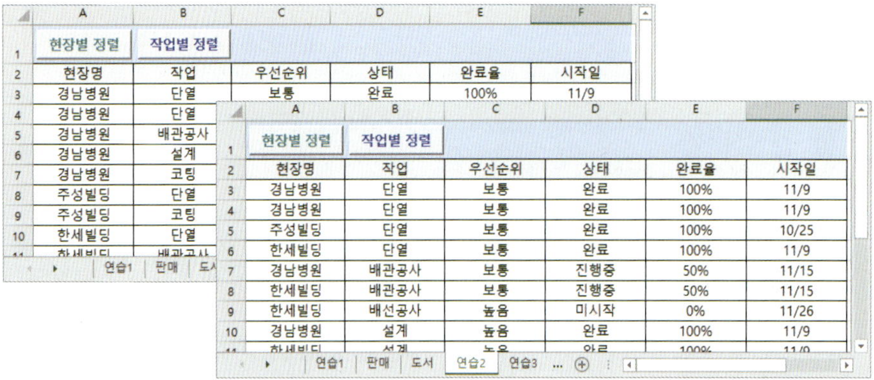

3 '12장-연습.xlsx' 파일의 '연습3' 시트에서 다음과 같이 동작하는 '미제출자삭제' 매크로를 만드시오.

❶ '제출일시' 필드인 E 열을 선택하고 [홈] 탭-[편집] 그룹의 [찾기 및 선택] 목록-[이동 옵션]을 눌러 [빈 셀]을 찾는다.

❷ 빈 셀이 있는 행 전체를 삭제하고 기록을 중지한다.

[기호/숫자]

[알파벳]

A

C

D